Events

Erlebniswelten

Herausgegeben von

Winfried Gebhardt
Ronald Hitzler
Franz Liebl

Band 2

Winfried Gebhardt
Ronald Hitzler
Michaela Pfadenhauer (Hrsg.)

Events

Soziologie
des Außergewöhnlichen

Leske + Budrich, Opladen 2000

Gedruckt auf säurefreiem und alterungsbeständigem Papier.

Die Deutsche Bibliothek – CIP-Einheitsaufnahme
Ein Titeldatensatz für diese Publikation ist bei Der Deutschen Bibliothek erhältlich

ISBN 3-8100-2664-6

© 2000 Leske + Budrich, Opladen

Einbandgestaltung: disegno, Wuppertal
Druck: Druck Partner Rübelmann, Hemsbach
Printed in Germany

Inhaltsverzeichnis

Einleitung

Ein neuer Begriff erobert das „globale Dorf": das Event. Veranstaltungen, die von ihren Organisatoren als „Event" angepriesen werden, nehmen jedenfalls an Zahl – und wie zu vermuten ist – auch an Bedeutung zu. Marktforscher und Werbestrategen propagieren das Konzept des Eventmarketings als Verkaufsveranstaltung der Zukunft, deren primäres Ziel nicht im direkten Verkauf, sondern in der Herstellung emotionaler Bindung an das zu verkaufende Produkt besteht. Dementsprechend multiplizieren sich *Marketingevents* vom Typus der „Red Bull Flugtage" oder der „Marlboro Adventure Tours". – Tourismus- und Freizeitmanager planen in immer schnellerer Abfolge *Kultur- und Freizeitevents*, die möglichst viele unterschiedliche Erlebnismöglichkeiten zu einem beeindruckenden „Ganzen" synthetisieren sollen. Die Bandbreite dieser als Event bezeichneten Veranstaltungen ist groß und reicht von *hochkulturellen* Neuschöpfungen wie den „Baden-Badener Festspielen" oder dem „König Ludwig-Musical" in Neuschwanstein, die mit zusätzlichen Erlebnisangeboten bewusst das klassische Festspiel- und Musicalangebot sprengen, bis hin zu *populärkulturellen* oder *sportzentrierten Massenevents* wie „Rhein in Flammen", „Südtiroler Hüttenzauber", oder „Berlin-Marathon" – eine Entwicklung, die ihren Höhepunkt schließlich im institutionalisierten Dauerevent des Erlebnisparkes á la „Europa-Park" oder „Millenium-Dom" findet. – Kirchen und Glaubensgemeinschaften organisieren regelmäßig *religiöse Massenevents*, die die traditionalen Formen des „Gottesdienstes" überwinden, indem sie – auch mit Hilfe profaner Unterhaltungsangebote – die Erfahrungsmöglichkeiten des „Göttlichen" bewusst steigern. Sowohl die „Katholischen Weltjugendtage", die „Europäischen Jugendtreffen" der Taizé-Bewegung, die Massenveranstaltung von „Pro-Christ" oder auch regionale Jugendfestivals wie „Kirche+Jugend+X" tragen alle Event-Charakter und werden von den Teilnehmern auch als solche aufgefasst. – Regierungen, Parteien oder andere kollektive Politakteure schaffen *politische Events*, um einer politischen oder moralischen Botschaft mit Hilfe weitgehend unpolitischer Unterhaltungs- und Erlebnisprogramme jene Aufmerksamkeit zu verschaffen, die sonst nicht mehr zu erreichen scheint. Mega-Events wie das „Live-Aid/Band-Aid"-Konzert, „Nelson Mandelas 70th Birthday Tribute" oder die von Amnesty International organisierte „Human Rights Now!"-Tournee können als Prototyp solcher Veranstaltungen gelten. – Szene-Organisatoren produzieren immer mehr und immer schneller *jugendkulturelle Szene-Events*, die zumeist an außergewöhnlichen Orten ein alle Sinne ansprechendes „Gesamtkunstwerks" inszenieren, um ihrer Life-Style-Klientel das Erlebnis eines ansonsten nur schwer zu vermittelnden „Wir-Gefühls" zu ermöglichen. Ob „Love-Parade", „Street-Parade", „Wave-Gotik-Treffen" oder „Air&Style Snow-Board-Contest", Zahl und Größe dieser Szene-Events scheinen noch keine Grenzen zu kennen. – Und schließlich: Filmindustrie und Fernsehanstalten neigen in zunehmenden Maße dazu, ausgewählte Produktionen mit enormen finanziellen Aufwand als *Medienevents* zu inszenieren, um in der Überfülle der Angebote noch Aufmerksamkeit zu erregen – eine Entwicklung, die in der Vermarktung des Filmspektakels „Titanic" bisher wohl am deutlichsten geworden ist.

Doch damit nicht genug. Auch etablierte Anbieter von Kultur-, Sport- oder sonstigen Veranstaltungen geraten unter den Druck des „Events", sehen sich gezwungen – wenn auch oftmals widerstrebend – ihre bisherigen Angebote zu „eventisieren". Museumsdirektoren müssen darüber nachdenken, wie sie durch Einbau zusätzlicher Erlebniselemente – von der nächtlichen Museumsparty bei Kerzenschein bis hin zum „Museumsbesuch auf Inline-Skatern" – die Attraktivität ihrer Institutionen steigern können. Intendanten etablierter Opernfestspiele wie in Salzburg oder Verona diskutieren eifrig darüber, wie sich durch technische Aufrüstung und erlebnisgenerierende Begleitveranstaltungen („party with Aida") neue Zielgruppen erschließen lassen. Kirchenverantwortliche, insbesondere die der Katholischen Kirche, garnieren „klassische" Frömmigkeitspraktiken wie Wallfahrten oder Pilgerreisen mit einem unterhaltsamen, „Spaß" versprechenden Beiprogramm. Und weder ein simples Fußball-Bundesliga-Spiel noch eine Wahlveranstaltung etablierter Parteien scheinen heute ohne einen Unterhaltungsmix aus cheer-girls, Samba-Tänzerinnen, Medien-Promis, Feuerwerk und Nebelmaschinen mehr auszukommen. Der Erfolg scheint den Organisatoren recht zu geben.

Trotz aller Unterschiede im Detail, eines scheint all diesen als Event bezeichneten Veranstaltungsformen gemeinsam: das Versprechen eines „totalen Erlebnisses", das – perfekt organisiert und zumeist monothematisch zentriert – unterschiedlichste Erlebnisinhalte und Erlebnisformen zu einem nach ästhetischen Kriterien konstruierten Ganzen zusammenbindet. In einer sich zunehmend differenzierenden, ja partikularisierenden Welt scheinen Events eine der wenigen Möglichkeiten zu sein, die dem spätmodernen Menschen noch die – situative, also zeitlich und räumlich begrenzte – Erfahrung von „Einheit" und „Ganzheit" erlauben, vor allem dadurch, dass sie Erlebnisformen anbieten, die nicht nur den „Intellekt", sondern alle Sinne ansprechen, also „Wirklichkeit" sinnlich fassbar und körperlich spürbar werden lassen. Auch deshalb ist ihnen ein anti-intellektualistischer und unpolitischer Zug gemeinsam. Vieles spricht dafür, dass Events auf einer immer schneller um sich greifenden Sehnsucht nach „Wiederverzauberung" der „entzauberten Welt" der Moderne gründen. Events sind von ihrem Bauprinzip her „romantische" Konstrukte, die der „kalten" und „seelenlosen" Rationalität moderner Lebenswelten wieder „Gefühl", „Wärme" und „Authenzität" zu verleihen versprechen.

Auch deshalb prägen Events zunehmend die ökonomische, politische, kulturelle und soziale Wirklichkeit spätmoderner Gesellschaften. Unabhängig von der Frage, ob die als Event bezeichneten Veranstaltungen – in historischer Perspektive – wirklich etwas „Neues" darstellen, eine Soziologie, die sich in der Tradition Max Webers als Wirklichkeitswissenschaft versteht, kann an diesen Phänomenen nicht unbeeindruckt vorbeigehen: Allzu sehr ist das Event schon Teil unser alltäglichen Lebenswelt geworden. Die Soziologie ist dazu aufgerufen, sich dem Event zuzuwenden, zumal die akzelerierende Eventisierung der Kultur zum einen auf einen fundamentalen Wandel bisheriger Vergemeinschaftungs- und Vergesellschaftungsmuster verweist, zum anderen die bisher relativ fest verankerten Grenzen zwischen Hoch-, Populär- und Massenkultur zunehmend verschwimmen lässt.

Spätmoderne Gesellschaften zeichnen sich typischerweise dadurch aus, dass das Leben in ihnen hochgradig individualisiert und optionalisiert ist. Subjektivierungs-, Pluralisierungs- und Globalisierungsprozesse, die sowohl in ökonomischen wie auch in politischen und kulturellen Bereichen zu beobachten sind, lösen nicht nur die bisher dominierenden Klassen- und Schichtstrukturen der klassischen Moderne zunehmend auf, sie mindern auch die Attraktivität der hier entwickelten assoziationalen Gesellungsformen. Gleichwohl sind auch spätmoderne Gesellschaften nicht strukturlos. Im wirtschaftlichen und politischen Bereich bilden sich neue Organisations- oder Vergesellschaftungsformen und im sozio-kulturellen Bereich entwickeln sich neue Vergemeinschaftungsmuster, deren wesentlichstes Kennzeichen darin besteht, dass sich ihre vergemeinschaftende Kraft nicht länger auf ähnliche soziale Lagen gründet, sondern auf ähnliche Lebensziele und ähnliche ästhetische Ausdrucksformen – eine Entwicklung, die in der Sozialstrukturanalyse zunehmend dazu führt, die herkömmlichen Klassen- und Schichtmodelle durch Milieumodelle zu ersetzen. Diese im sozio-kulturellen Bereich neu entstehenden Gesellungsformen werden gemeinhin als „Szenen" bezeichnet. Szenen lassen sich als ein Netzwerk von Personen verstehen, welche bestimmte materiale und/oder mentale Formen der kollektiven Selbststilisierung teilen und diese Gemeinsamkeiten interaktiv stabilisieren und weiterentwickeln. Voraussetzung dafür ist ein typischer Ort bzw. sind typische Orte und typische Zeiten, an bzw. zu denen die Szenemitglieder kommunizieren und interagieren. Ohne diese wechselseitige Bezugnahme ist die Szene weder von außen noch von innen sichtbar und somit schlicht nicht existent. Die je szenetypische Kommunikation und Interaktion ist in der Regel thematisch mehr oder weniger stark fokussiert (z. B. auf Musik, Sport, Religion, Kleidung, Computer usw.). Im sozial approbierten Wissen von den „richtigen" Verhaltensweisen, Attribuierungen, Codes, Symbolen, Ritualen, Einstellungen, Wissensbeständen, Relevanzen, Kompetenzen usw. konstituiert sich die Szene.

Das besondere Kennzeichen dieser „individualisierten" Sozialform „Szene" ist ihre partikuläre und temporäre Existenz. Anders als traditionale Gemeinschaften aber auch anders als moderne Assoziationen sind sie in ihrem Zugehörigkeitsbedingungen offener und in ihren Wahrheitsansprüchen diffuser und unverbindlicher. Verpflichtende Bekenntnisse, bedingungslose Unterwerfung und hingebungsvolle Opferbereitschaft sind nicht nötig. Die „Mitgliedschaft" ist jederzeit kündbar. Auch deshalb bieten sie nur kurzfristig die Illusion, dass sich ein Urteil über das Richtige und Relevante auf eine allgemeine, verallgemeinerungsfähige Grundlage stellen lässt . Ihre Handlungsanweisungen bleiben über die Situation hinaus unverbindlich, ihre Autorität ist damit stets prekär. Umso wichtiger ist es für die Mitglieder von „Szenen" sich ab und zu ihrer „kollektiven Existenz" zu vergewissern. Diese Aufgaben erfüllen – nicht nur, aber oftmals – Events. Als aus dem Alltag herausgehobene, raum-zeitlich verdichtete, interaktive Performance-Ereignisse besitzen sie eine hohe Anziehungskraft für relativ viele Menschen. Diese Anziehungskraft resultiert – wie oben schon angedeutet – wesentlich aus dem „Versprechen" eines szenespezifischen, typischerweise verschiedene kulturelle Äußerungsformen und Handlungskomplexe übergreifenden hohen Erlebniswertes. Events bieten den Teilnehmern somit wohl außergewöhnliche Chancen, sich sozusagen wie in einem Kollektiv-Vehikel aus Lebens-Routinen heraustransportieren zu lassen und zeitweilig an symbolisch vermittelten, mehrkanaligen Sinnenfreuden zu partizipieren. In diesem Sinn scheinen Szenen und Events sozusagen aufeinander angewiesen zu sein. Zugespitzt formuliert: Ohne Szene keine Events, ohne Events keine Szene.

Events lassen sich also – in individualisierungstheoretischer Perspektive – als die typischen außeralltäglichen Vergemeinschaftungsformen grenzenloser, sich zunehmend individualisierender und pluralisierender Gesellschaften bezeichnen. Die *Eventisierung der Kultur* ist damit das Spiegelbild einer zunehmenden *Verszenung spätmoderner Gesellschaften*. Eine wirklichkeitsgesättigte und zugleich theoretisch reflektierte Analyse des Phänomens Event vermag deshalb vielleicht auch mehr über den Charakter spätmoderner Gesellschaften auszusagen als es umfangreiche quantitative Erhebungen tun können.

12

Ziel dieses Bandes ist, diese „neuen" Phänomene des Events und der E-ventisierung deskriptiv wie theoretisch zu fassen. Und er versucht dies, auf eine eventgemäße Weise zu tun, indem er vielfältige, teilweise sehr unterschiedliche, materiale wie theoretische Perspektiven auf diese Phänomene zulässt – in der Hoffnung, dass am Ende doch das Bild eines irgendwie konsistenten Ganzen entstehen möge. Der Band ist in drei Teile gegliedert: Am Anfang stehen drei Beiträge, die sich – von unterschiedlichen soziologischen Theorietraditionen ausgehend – an einer begrifflichen und theoretischen Klärung des Eventbegriffs versuchen. Es folgen zahlreiche Studien zu ausgewählten Events. Allein die Spannbreite der behandelten Phänome spricht dabei von der Plausibilität unserer These von der akzelerierenden Eventisierung der Kultur. Am Ende des Bandes stehen zwei Beiträge, die auf unterschiedliche Art und Weise versuchen, die kultur- und gesellschaftstheoretische Relevanz der Phänomene „Event" und „Eventisierung" aufzuzeigen.

Der Band geht auf zwei Tagungen zurück, die die Herausgeber 1998 in Dortmund und in Freiburg (dort im Rahmen des 29. Kongresses der Deutschen Gesellschaft für Soziologie) organisierten. Im Nachhinein wurden zusätzliche Autoren aus sozial- und wirtschaftswissenschaftlichen Disziplinen (Soziologie, Politikwissenschaft, Betriebswirtschaftslehre, Pädagogik, Volkskunde) zur Mitarbeit eingeladen. Die Herausgeber bedanken sich bei allen Autoren für ihre Mitarbeit sowie bei Christa-Maria Welsch, Marco Grober, Boris Hehl und Lukas Schreiber für die Hilfestellung bei der Bewältigung der redaktionellen Arbeiten.

Koblenz und Dortmund im Frühjahr 2000

Winfried Gebhardt   *Ronald Hitzler*   *Michaela Pfadenhauer*

I.
Zur Theorie des Events

Winfried Gebhardt

Feste, Feiern und Events.
Zur Soziologie des Außergewöhnlichen

Ein Gespenst geht um in der sich verwestlichenden Welt, das Gespenst des Events. Niemand, der ohne Scheuklappen durch das Leben geht, kann sich ihm entziehen. Events sind allgegenwärtig, und sie treten uns in den unterschiedlichsten Verkleidungen gegenüber. Schaut man nun auf das, was heutzutage alles als Event bezeichnet wird, so steht man – zumindest am Anfang – ziemlich ratlos vor der Frage, was das eigentlich ist, ein Event.

Welche Gemeinsamkeiten bestehen zum Beispiel zwischen dem *einzigartigen Eventangebot* des Robinson-Clubs „Balance your Life", das für den *Event-Preis* von 650,- DM die *Event-Inhalte*: Individuelle Leistungsdiagnostik und Trainingsplan für Herz-Kreislauf, Muskeltraining und Entspannung, regeneratives Cardiotraining, kompensatorisches Krafttraining, Walking, Aqua Fitness, Ernährungsberatung und WellFit-Küche, Make up und Hairstyling verspricht und dem als *special event* angekündigten Aufmarsch der von ihren cheer-girls umrahmten Illinois State University Marching Band in der Main Street von Disneyland? Welche Gemeinsamkeiten bestehen zwischen der als *Super-Event des Jahres* angekündigten Vorstellung eines neuen Fahrzeugtyps in den Räumlichkeiten einer Automobil-Werkstatt, eingebettet in die Ausdünstungen von Weißbier und prosecco, Bratwürsten und Kaviarhäppchen, und abwechselnd getragen von den Schlagern der volkstümlichen Hitparade und den süßlichen Geigenklängen von Mendelsohns Violinkonzert und der als *Hauptstadt-Theater-Event* präsentierten Uraufführung von Esther Vilars neuem Stück „Speer", in der der Superstar Klaus-Maria Brandauer als Regisseur und Hauptdarsteller ein ausgewähltes Publikum in dem kurz vor dem Abriß stehenden (und zusätzlich noch mit allen künstlich herzustellenden Zeichen des Verfalls drapierten) großen Ausstellungssaal der Akademie der Künste beglücken durfte – zusätzlich noch angereichert durch Reflektionen des medialen Möchte-Gern-Gewissens der Nation, Ulrich Wickert? Was sind die Gemeinsamkeiten zwischen dem Oben-Ohne-Table-Dance (inklusive doppeltem Margarita) in der schmutzigen Kneipe der mexikanischen Grenzstadt Tijuana, den der Türsteher in gebrochenem Englisch jedem vorbeiwandelnden Touristen als *great event* anpreist und der als *New-Age-Event der Superlative* propagierten Esoterik-Messe in Frankfurt/Höchst, auf der zwischen wundersamen Steinen und Hölzern ein australischer Didjeridu-Bläser und ein mystischer Clown die Wahrheitsdurstigen dazu anleiten, ihr inneres Ich zu entblößen? Welche Gemeinsamkeiten bestehen zwischen dem (von einem Teilnehmer als *ziemlich geiler Event* bezeichneten) Weltjugendtreffen von Taizé in Wien, auf dem Zehntausende von Jugendlichen aus ganz Europa für drei Tage in karger Umgebung zusammenfinden, um gemeinsam zu beten, zu singen, zu tanzen und zu meditieren und dem *Living Nature Event* in einem Desert-State-Park Südkaliforniens, auf dem ein Lonly Ranger im Cowboy-Outfit seinen Gästen beim Barbecue in die geheimnisvolle Welt der blühenden Kakteen einführt, nachdem diese bei einer Jeep-Safari sich in die Gefühlslage der ersten amerikanischen Siedler einklinken durften? Und was sind schließlich die Gemeinsamkeiten zwischen dem *Mega-Event* der Berliner Love-Parade und dem marketingmäßig hochgeputschten *Hochkulturevent* der gerade begonnenen Baden-Badener Festspiele, die Spitzenkultur zu Spitzenpreisen im umfassenden Erlebnispaket präsentieren?

Angesichts des inflationären Gebrauchs des Event-Begriffs für so unterschiedliche Veranstaltungen stellen sich zumindest zwei Fragen. Wird hier nur unvergleichbaren Ereignissen ein gemeinsames „Etikett" aufgeklebt oder weist der von allen Organisatoren benutzte Begriff „Event" tatsächlich auf formale und inhaltliche Gemeinsamkeiten hin? Handelt es sich bei den genannten Ereignissen wirklich um Veranstaltungen eines neuen Typs, gibt es also überzeugende Gründe, die es rechtfertigen, daß man statt wie in der Vergangenheit von einem Musik-, Theater- oder Kulturfestival, statt von einer Produktpräsentation, einem Ausflug oder einem Fest heute von einem Event sprechen muß? Oder anders gefragt: Gibt es den Event wirklich oder ist diese Bezeichnung nichts anderes als eine wohlklingende Worthülse für etwas, das schon immer da war?

1. Organisierte Einzigartigkeit

Event ist ein englisches Wort. Es wird in gängigen Wörterbüchern in der Regel übersetzt mit Ereignis, Vorfall, Begebenheit. Das Oxford Dictionnary of Current English fügt dieser Wortbedeutung freilich die differenzierende Erläuterung hinzu: „often used to suggest that what happened was on an unusal scale, memorable etc." (Hornby 1974: 279). Das Wort Event besitzt also den Hauch des Außergewöhnlichen, des Besonderen, dessen, was nicht jeden Tag geschieht. Allerdings werden damit im normalen Sprachgebrauch nicht

Ereignisse der oben genannten Art bezeichnet, sondern – jedenfalls in der Vergangenheit – solche, die wie Geburt, Tod, Unfälle oder Katastrophen zwar überraschend eintreten, von denen aber jeder weiß, daß sie „normal" sind – weshalb im Englischen oftmals das Wort special dem Begriff event vorangesetzt wird, um die oben genannten Phänomene zu kennzeichnen.

Events gelten in der Tat als etwas Außergewöhnliches, als etwas, das man nicht jeden Tag erlebt, als etwas, das die alltäglichen Erfahrungen sprengt und übersteigt. So richtig diese Aussage auch ist, sie reicht aber bei weitem nicht aus, um den Begriff hinreichend zu füllen. Was ist das also genau, ein Event? Bei einem Event, so meinte einmal Mark Siemons in der Frankfurter Allgemeinen Zeitung, handelt es sich „um die planmäßige Erzeugung eines einzigartigen Erlebnisses, das dem träge und entfremdet zwischen glatten Oberflächen dahingleitenden Leben die zum weiteren Arbeiten und Konsumieren nötige Vitalität verschaffen soll, eine schockartige Injektion von Wahrheit und Bedeutung gewißermaßen" (Siemons 1998: 31). Ein Event stehe daher, so fuhr er fort, „im Schnittpunkt aller möglichen Existenzbereiche, die sonst getrennt sind: Industrie, Medien, Politik, Kunst" (Siemons 1998: 31). Siemons Definition weist – obwohl sich in ihr deskriptive und normative Aussagen vermischen, auch weil sie in einem spezifischen Sinn nur auf sogenannte Hochkultur-Events bezogen ist – auf einige der wesentlichen Kennzeichen eines Events hin. Diese lassen sich, ohne jeden Anspruch auf Vollständigkeit, wie folgt benennen:

1. Events sind *planmäßig erzeugte* Ereignisse. Sie werden in der Regel – entweder aus kommerziellen oder weltanschaulichen Interessen – von Betrieben, Verbänden, Vereinen, Kirchen, Agenturen oder anderen Organisationen veranstaltet, von einer professionellen Organisationselite vorbereitet und perfekt, unter Einsatz modernster technischer Hilfsmittel, „nach der Uhr" durchgeführt und oftmals von einer ebenfalls professionellen Reflektionselite mit „Sinn" und „Bedeutung" versehen. Nichts, weder der Ablauf noch der zu vermittelnde Sinn, darf außer Kontrolle geraten beziehungsweise uminterpretiert werden. Individuelle Gestaltungsspielräume, wenn überhaupt eingeplant, existieren nur innerhalb exakt definierter räumlicher und zeitlicher Grenzen.

2. Events werden als *einzigartige Erlebnisse* geplant und so – jedenfalls in der Regel – auch erlebt. Sollte dies nicht der Fall sein, gelten sie als gescheitert. Einzigartig sind sie vor allem deshalb, weil zwischen ihnen bemerkbare zeitliche Abstände liegen. Ein Event durchbricht die Routinen und Zwänge des Alltags, er verspricht ein außeralltägliches Erlebnis, auf das man mit Freude und Spannung wartet, auf das man hinlebt. Ein Event bietet aber nicht nur Abwechslung vom Alltag, sondern er offeriert das Ab- beziehungsweise Eintauchen in eine neue, vom Alltag differierende,

teilweise sogar ihn transzendierende Welt. Dazu gehören auch außergewöhnliche „locations", an denen der Event stattfindet, ob in Berghöhlen, verlassenen Bergwerksstollen, aufgelassenen Kirchen oder in Industrieruinen. Einzigartig sind Events aber auch, weil die in ihnen angebotenen Stimuli dem Gesetz des „Immer mehr und immer größer" unterliegen. Ein Event, der nur das gleiche bietet wie ein Vorgänger, ist von vorneherein zum Scheitern verurteilt, weshalb auch die Veranstalter von Events deren „Einzigartigkeit" mit allen medialen Mitteln herausstellen und aggressiv vermarkten. Der Event drängt zur ständigen Überbietung der einmal erlebten Reize. Kann der Veranstalter diese nicht schaffen, reagiert der Besucher entweder mit Verweigerung oder er schafft sie sich selbst. In beiden Fällen aber wird der meistens sorgfältig geplante Ablauf der Veranstaltung empfindlich gestört und das kommerzielle oder weltanschauliche Anliegen der Veranstalter in Frage gestellt. Das bedeutet in letzter Konsequenz, daß Events eine Eigendynamik innewohnen kann, die ihrer Planbarkeit Grenzen setzt.

3. Events bedienen sich der Formsprache eines *kulturellen und ästhetischen Synkretismus*. Zum einen vernetzen sie unterschiedlichste ästhetische Ausdrucksformen wie Musik, Tanz, Theater, Akrobatik, bildende Kunst, Lichtgestaltung etc. zu einem „einheitlichen Ganzen". Sie greifen damit die auf Richard Wagner zurückgehende, romantische Idee des Gesamtkunstwerkes auf und bringen sie in modernisierter Form wieder zum Blühen (vgl. Gebhardt/Zingerle 1998). Zum anderen vermischen sie – meistens wahllos – ganz unterschiedliche kulturelle Traditionsbestände, wobei gerne auf „fremde", exotische Einsprengsel zurückgegriffen wird. Diese versprechen nicht nur einen ganz besonderen „Kick", sondern sollen auch den von vielen Eventorganisatoren gepflegten Anspruch einlösen, Vorreiter einer neuen „globalen Kultur" zu sein. Mit diesen Mitteln der Vernetzung, der Verfremdung und der Kontextverschiebung unterschiedlichster kultureller und ästhetischer Ausdrucksformen soll ein alle Sinne des Menschen ansprechendes und deshalb „totales Erlebnis" geschaffen werden, ein aufreizendes, anrührendes und über den Moment hinaus in guter Erinnerung bleibendes, kontrapunktisches „Lifestyle-Gesamtkunstwerk" in Szene gesetzt werden.

4. Events stehen *im Schnittpunkt aller möglichen Existenzbereiche*. Sie beanspruchen, die partikularisierte und in Routinen und Zwängen gefangene Wirklichkeit des alltäglichen Lebens für einen in der Regel exakt definierten, ästhetisch und emotional verdichteten Zeitraum aufzuheben, um den Teilnehmern die metaphysische Erfahrung „des Ganzen des Seins" zu gestatten. Wie stark dieser Anspruch ausgeprägt und wie explizit er formuliert wird, hängt davon ab, ob neben einer Organisationselite auch noch eine „sinnvermittelnde", den Event mit einer spezifischen, wenn oftmals

auch nur diffusen Weltanschauungs-Botschaft aufladende Reflektionselite vorhanden ist. Doch unabhängig vom Grad des „weltanschaulichen Mehrwerts" eines Events, immer soll er als „Kraftquelle" erlebt werden, die dem in den Bahnen der Routine gefangenen Leben Vitalität einhaucht und kreative Impulse für den entfremdeten Alltag setzt. Insbesondere solche Events, die dem Umfeld der noch dem bürgerlichen Kunstverständnis verhafteten Hochkulturszene entstammen, wie beispielsweise die Bayreuther, Salzburger oder Luzerner Festspiele, vertreten noch offensiv diesen religioiden Anspruch (vgl. Gebhardt/Zingerle 1998). Das außeralltägliche Erleben eines Kunstwerks gilt dem „aufgeklärten" Teilnehmer hier als Erfüllung selbstentworfener Verheißungen: Die sich anläßlich des Events vollziehende „ästhetische Loslösung vom Alltag und den Zwängen der conditio humana" wird, wie Hans-Georg Soeffner sagt, in eine „Überhöhung des Lebens" uminterpretiert und damit in letzter Konsequenz zur einzig noch legitimen Quelle der „innerweltlichen Erlösung" des modernen Menschen hochstilisiert (vgl. Soeffner 1998: 246).

5. Events vermitteln das Gefühl von *exklusiver Gemeinschaft und Zusammengehörigkeit*. Nicht umsonst arbeiten viele Organisatoren von Events mit den Prinzipien der persönlichen Einladung oder der Errichtung von zugangsbegrenzenden Hemmschwellen, garantieren diese doch die Exklusivität der Veranstaltung. Zwar ist es zutreffend, daß sich unter den Teilnehmern eines Events sehr feine interne Differenzierungen beobachten lassen, die sich oftmals zu – für den Außenstehenden nur schwer erkennbaren – subtilen Hierarchien verfestigen. Trotz aller internen Differenzierungen dominiert aber das Gefühl, im gemeinsamen Vollzug des Events eine Einheit, eine „große Familie" zu bilden. Auch deshalb läßt sich der Event als die prototypische Veranstaltungsform spätmoderner Gesellschaften bezeichnen. Events sind die sozialen Orte und Zeiträume, an und in denen die Mitglieder von postmodernen Gesellungsformen (wie z.B. Szenen), die im Vergleich zu den traditionellen (wie z.B. Familien) bzw. klassisch modernen Gesellungsformen (wie z.B. Verbände, Vereine, Parteien) ungleich lockerer und unverbindlicher gebaut sind (vgl. Hitzler 1998), wenigstens partikulär und für den Moment zum Bewußtsein ihrer selbst finden. Hier finden sie Gelegenheit, durch Betonung der eigenen Besonderheit und durch – weitgehend über ästhetische Stilmittel laufende – Abgrenzung gegen andere, Zugehörigkeit zu erfahren und ich-stabilisierende Identität zu entwickeln.

6. Obwohl Events davon leben, dass sie unterschiedliche ästhetische Ausdrucksformen miteinander vernetzen, sind sie doch – jedenfalls in der Regel – *monothematisch fokussiert* (zum Beispiel auf spezifische Musikarten und -stile, Sportarten, Konsumprodukte, weltanschauliche Botschaften etc.). Als *interaktive Ereignisse* benötigen sie kommunikationsfähige In-

halte, also Handlungsformen, Ideen oder Produkte, die sich kommunizieren lassen (wie typischerweise auf Marketing-Events) oder über die sich kommunizieren läßt. Als *identitätsstiftende Ereignisse* benötigen sie identifikationsfähige Inhalte, also Handlungsformen, Ideen oder Produkte, mit denen es sich zu beschäftigen lohnt, die es „wert" sind, dass man Geist, Kraft, Zeit und Geld in sie investiert. Als *gemeinschaftsbildende Ereignisse* benötigen sie distinktionsfähige Inhalte, also Handlungsformen, Ideen oder Produkte, die in irgendeinem Sinn exklusiver Natur sind. Spezifische Inhalte allein reichen freilich nicht aus. Für Events charakteristisch ist, dass sie Anstrengungen unternehmen, ihre „Besonderheit" und „Einzigartigkeit" auch mehr oder weniger theoretisch zu begründen, also anzugeben, warum es sich lohnt, gerade an diesem einen Event teilzuhaben. In Anlehnung an die klassische Institutionentheorie könnte man versucht sein zu behaupten, daß auch Events so etwas wie eine Leitidee, eine „idée directrice" (Maurice Hauriou) zugrundeliegen muß, die das Ereignis als solches legitimiert. Die Begründung kann dabei auf unterschiedliche Art und Weise erfolgen: zum einen durch die Instrumentalisierung „subkultureller", den Eigensinn und die Widerständigkeit des Phänomens betonender Theoreme wie bei Techno-Events, zum anderen durch die Übernahme „elitärer", Leistung verklärender und Überlegenheit demonstrierender Ideologeme wie bei Hochkultur- oder auch bei Trendsportevents und schließlich durch die zeitgemäße Revitalisierung traditioneller Deutungsmuster wie bei religiösen Events. Auch Marketing-Events bedienen sich dieser Strategie. Hier vermischen sich allerdings je nach Zielgruppe, in deren Bewußtsein das entsprechende Produkt verankert werden soll, subkulturelle, elitäre und traditionelle Weltanschauungsfragmente. Sicher gibt es auch Events, denen sowohl die monothematische Fokussierung wie auch die legitimierende Leitidee fehlt, die als sogenannte „Erlebnispackages" aus heterothematischen, bisher auseinandergehaltenen Handlungskontexten zusammengebastelt werden. Hier droht allerdings, wie die Erfahrung zeigt, die Gefahr der allzuraschen Veralltäglichung und Trivialisierung: Heute noch ein Event, morgen schon vergessen!

2. Feste, Feiern und Events

Trotz aller nur zu offensichtlichen Unterschiede zwischen jenen Veranstaltungen, die sich selbst als Event bezeichnen, existieren doch – wie die vorangegangenen Betrachtungen zeigen – genügend Gemeinsamkeiten, die es erlauben den Begriff des Events als einen soziologischen Gattungsbegriff zu verwenden. Die Frage bleibt, ob Events wirklich etwas Neues darstellen, wie ihre Organisatoren so gerne behaupten. Skepsis stellt sich hier vor allem ein, wenn man die Gegenwart verläßt und in die Geschichte zurückblickt. Denn auch in der Vergangenheit finden wir Veranstaltungen genug, auf die die oben genannten Definitionsmerkmale zutreffen, nur wurden solche Veranstaltungen nicht als Events, sondern als Feste oder als Feiern (vgl. Pieper 1963; Kerenyi 1972; Bollnow 1979; Gebhardt 1987; Gebhardt 1992) bezeichnet.

Was unterscheidet das mittelalterliche Ruperti-Fest von einem beliebigen Automobil-Event? Dort sollte – eingerahmt von Musik, Tanz, von besonderen Speisen und Getränken – ein PS an den Mann gebracht, hier sollen – unter ähnlichen Rahmenbedingungen – viele PS verkauft werden. Was unterscheidet den Nürnberger Reichsparteitag der NSDAP von der Berliner Love-Parade? Dort setzten ein brüllender Führer, Marschmusik, Lichtkanonen und Bier Zehntausende in Ekstase, hier erregen aufpeitschende DJs, elektronische Musik, Laserkanonen und Bier enthusiastische Gefühle. Was unterscheidet Robespierres Fest der Vernunft im Paris des Jahres 1793 vom Hauptstadt-Theater-Event im Berlin des Jahres 1998? Dort wurde in volkspädagogischer Absicht und unter wohlgeplantem Einsatz unterschiedlichster ästhetischer Stilmittel Zukunft beschworen, hier wird mit ähnlichen Mitteln und Absichten Vergangenheit abgearbeitet, um Zukunft zu gewinnen. Was unterscheidet die Petrograder Feste aus der Frühphase des revolutionären Rußlands vom Living Nature Event unter der Sonne Kaliforniens? Dort sollte mit Hilfe proletarischen Theaters der neue sozialistische Mensch herangezüchtet werden, hier wird dem amerikanischen Menschen mit Hilfe von Western-Shows seine moralische Überlegenheit demonstriert. Was unterscheidet das Hambacher Fest von 1832 von den Weltjugendtreffen von Taizé in Stuttgart, Wien oder Mailand? Dort schwelgten – eingebettet in ein Meer von Fahnen und Klängen – Tausende im Taumel nationaler Begeisterung und feierten die Geburt des „Neuen Deutschlands", hier setzen sich – umgeben von einem Meer von Licht und Farben – Zehntausende durch meditativen Gesang in religiöse Ekstase, preisen die Erfahrung einer „neuen Spiritualität" und beschwören ein „neues Weltethos".

Manche dieser Vergleiche sind – auch weil bewußt provokativ formuliert – gewagt. Sie sollen auch nur darauf hinweisen, dass es sich beim Event – entgegen dem marktschreierischen Getöse vieler Event-Organisatoren – nicht um eine kulturelle Neuschöpfung von epochaler Bedeutung handelt. Feste und Feiern verbindet zuviel mit Events, als dass es gerechtfertigt wäre, hier von etwas wirklich Neuem zu sprechen. Auch viele Feste und Feiern der Vergangenheit (von den Spielen im Circus Maximus über die Feste der französischen Revolution bis hin zu den politischen Massenspektakeln im Zeitalter des Nationalismus und Sozialismus) waren von einer professionellen Organisationselite perfekt in Szene gesetzte Veranstaltungen mit ausgearbeitetem Programm (vgl. z.B. Vondung 1971; Ozouf 1976; Lane 1981; Bausinger 1988; Dörner 1996). Auch Feste und Feiern traten schon immer mit dem Anspruch auf, etwas „Einzigartiges" zu sein, das dem alltäglichen Leben ein Glanzlicht aufzusetzen vermag. Auch Feste und Feiern inszenierten ihre „Einzigartigkeit" und versuchten, mit Hilfe unterschiedlichster, auch unterschiedlichsten Kulturen entstammender, ästhetischer Stilmittel und Ausdrucksformen ihre Teilnehmer emotional gefangenzunehmen und in einen beglückenden, enthusiastischen, teilweise sogar ekstatischen Gefühlszustand zu versetzen. Auch die kultursynkretistische Vernetzung unterschiedlichster nationaler Traditionselemente und Kunstformen ist somit nichts eigentlich Neues, sondern integraler Bestandteil aller Feste und Feiern – abgesehen von den wenigen nationalen Feiern zur Hochzeit des Nationalismus, die es sich zur Pflicht machten, die „Reinheit" und „Authentizität" der eigenen Kultur (die dazu freilich erst „erfunden" werden mußte) zu inszenieren. Und dass Feste und Feiern Gemeinschaften stiften, entweder nur durch das gemeinsame Herausgehobensein aus den Zwängen alltäglicher Rollenzuweisungen oder aber sogar durch die wertrationale Beschwörung der sittlichen Grundlagen der zu feiernden Gemeinschaft, und daß sie mit dem Anspruch auftreten, im festlich-feierlichen Akt die partikularisierte Wirklichkeit des Alltags zu überwinden und den feiernden Menschen zu einem höheren Bewußtsein seiner selbst und der Welt als Ganzes zu führen, hat die sozialwissenschaftliche Fest- und Ritualforschung seit Emile Durkheim (vgl. Durkheim 1981) und Max Weber (vgl. Weber 1976: 245 ff.) hinreichend nachgewiesen (vgl. Villadary 1973; Bausinger 1987; Gebhardt 1987; Hugger 1987; Turner 1989).

3. Die Eventisierung des Festlichen und die Verszenung der Gesellschaft

Aus einer historischen Perspektive betrachtet erweist sich das Event also als eine spezifische Variante des Festlichen, freilich als nur eine unter vielen anderen. In diesem Sinne ist der Event nichts Neues. Auch die römischen Gladiatorenkämpfe, die mittelalterlichen Narren- und Eselfeste, die großen höfischen Festspektakel des Absolutismus, die französischen Revolutionsfeiern oder auch die organisierten festlichen Masseninszenierungen des sozialistischen Staates, lassen sich – nimmt man die oben genannten Merkmale als Kriterium – ohne weiteres als Events begreifen. Das eigentlich Neue, das sich in spätmodernen Gesellschaften beobachten läßt, besteht in einer *akzelerierenden Eventisierung der Festlandschaft*.

Die Festkultur moderner Gesellschaften ist durch fünf, eng miteinander korrespondierende Entwicklungen gekennzeichnet, die sich als Deinstitutionalisierung, Entstrukturierung und Profanisierung sowie als Multiplizierung und Kommerzialisierung des Festlichen begrifflich fassen lassen (vgl. Gebhardt/Zieschang 1998). *Deinstitutionalisierung* heißt, dass die Feste und Feiern des Staates oder anderer „klassischer" politischer, ökonomischer oder kultureller Institutionen – wie die Institutionen selbst – zunehmend an Akzeptanz und Legitimation verlieren (vgl. Gebhardt 1992). An ihre Stelle treten offenere (auch politische) Festformen wie Happenings, Demonstrationen und Paraden, Sit-Ins, Musik- und Kulturfestivals, Sport- und Spielfeste (vgl. Lipp 1994a; Lipp 1994b), in denen sich nicht selten politisch diffuse und unverbindliche Ziele, Ideen und Sinnwelten mit einem locker – unverbindlichen Gemeinschaftserlebnis vermischen – eine Gemengelage, die unter bestimmten Bedingungen bis hin zum festlichen Exzess in Form von Straßenterror und Barrikadenkampf führen kann.

Entstrukturierung heißt, dass sich die für viele Feste und Feiern der Vergangenheit typische, relativ deutliche soziale Homogenität des Teilnehmerkreises zunehmend auflöst, Klassen-, Schicht-, ja selbst Milieugrenzen – von einigen wenigen, elitären Veranstaltungen einmal abgesehen – bei der Rekrutierung der Festgemeinde also kaum noch eine Rolle spielen, und sich auch deshalb die einstmals klar definierten Grenzen zwischen repräsentativer und populärer Kultur im allgemeinen, zwischen hochkulturellen und volkskulturellen Festen und Feiern im besonderen, zunehmend verwischen (vgl. von Beyme 1998: 49; Steinert 1998: 182).

Profanisierung (vgl. Thurn 1997) heißt, dass sich die Erwartungen, die Menschen an ein gelungenes Fest richteten, ändern. Im Gegensatz zu früher wird heute zunehmend alles Objektive, also alles Formelhafte, Rituelle, Vorgeschriebene und normativ Verbindliche im Fest abgelehnt, während die subjektive Freiheit im Festgeschehen, das Nutzlos-Spielerische und die Möglichkeit des Sich-Gehen-Lassen-Könnens zunehmend in den Vordergrund treten. Feste und Feiern wandeln sich immer mehr zu ideologie- beziehungsweise weltanschauungsarmen Veranstaltungen, in deren Mittelpunkt nicht mehr Sinnvermittlung steht, sondern das – höchstens noch in eine relativ unverbindliche, weil unpersönliche, liebesakosmistische Botschaft eingebundene – „schöne Erlebnis" des „Ich fühle mich super". Man muß sich nicht der Meinung eines englischen Kulturkritikers anschließen, heutige Massenveranstaltungen seien die Kunstform der egomanen und wehleidigen Lady-Di-Generation. Dass aber in das Zentrum moderner Feste immer mehr die Suche nach dem individuellen Vergnügen, nach emotionaler Hochgestimmtheit in Form von Spaß und Nervenkitzel rückt, läßt sich freilich kaum bestreiten. Dies gilt selbst für jene Feste und Feiern, denen ein expliziter politischer oder karitativer Zweck zugrundeliegt. Menschen zu einer Teilnahme an einer – in irgendeinem Sinn – politischen Aktion oder auch nur zu einem Solidaritätsbeweis in Form einer Geldspende zu bewegen, scheint nur noch dann zu gelingen, wenn die Initiatoren solcher Zwecksetzungen eine

„unterhaltsame" Gegenleistung anbieten, so dass Engagement oder Wohltätigkeit auch noch Spaß machen (vgl. Gebhardt 1999b).

Multiplizierung heißt, dass sich das Angebot an festlichen Ereignissen – rein quantitativ gesehen – stetig vermehrt. Fast täglich wächst die Zahl der Festangebote, zwischen denen die Menschen wählen können, ob es nun Volks- oder Minderheitenfeste sind, Wein- oder Bierwochen, Stadt- oder Stadtteilfeste, Musik-, Theater- und Opernfestivals, Marketing-Events, Kulturwochen oder Sportfeste. Feste und Feiern lösen sich immer mehr von biographisch oder historisch begründeten Anlässen und werden willkürlich – meist aus kommerziellen Gründen – gesetzt. Es fällt allerdings auf, dass auch diese „Setzungen" scheinbar immer einer Legitimation bedürfen: entweder, indem man eine Tradition „erfindet", auf die das Fest dann bezogen wird, oder indem man an einem Mythos bastelt, der die Unterscheidbarkeit des betreffenden Festes betont. Auf die Spitze getrieben wird diese Entwicklung in Weltausstellungen wie der Expo, in Freizeit- und Erlebnisparks, die alle versuchen, das den Alltag sprengende festliche Erlebnis als ein dauerhaftes und jederzeit abrufbares Angebot fest zu institutionalisieren (vgl. Zukin 1992; Korff 1994; Bormann 1998).

Kommerzialisierung schließlich heißt, dass Feste und Feiern zunehmend dem Prinzip der Gewinnmaximierung unterliegen. Immer mehr – bereits bestehende oder auch neu „erfundene" Feste – werden veranstaltet, um mit ihnen direkt oder indirekt Geld zu verdienen. Die in der sozialwissenschaftlichen Festtheorie oftmals postulierte „Zweckfreiheit" des festlichen Erlebnis löst sich auf. Das Fest selbst wird zum Zweck (vgl. Lipp 1994c). Dies beginnt schon bei kleinen Vereinsfesten, die von der Vereinsführung ganz gezielt dazu eingesetzt werden, um den Jahresetat des Vereins auszugleichen. Noch deutlicher wird es bei jenen als Fest deklarierten Verkaufsveranstaltungen, in denen Firmen direkt oder indirekt für ein von ihnen hergestelltes oder vertriebenes Produkt werben (zur Logik des Event-Marketing vgl. Nickel 1998; Zanger/Sistenich 1996, Zanger/Sistenich 1998). Am deutlichsten jedoch läßt sich das rein kommerzielle Motiv dort finden, wo – wie in Erlebnisparks oder bei Musikfestivals – eigens private oder öffentlich-rechtliche Gesellschaften gegründet werden, um das scheinbar universale Bedürfnis der Menschen nach einem außeralltäglichen Erlebnis professionell auszubeuten.

Die genannten Entwicklungen, insbesondere die zunehmende Multiplizierung und Kommerzialisierung des Festlichen führen nun – wie die französische Soziologin Agnès Villadary schon vor mehr als 25 Jahren prognostiziert hat – zu einer *Veralltäglichung des festlichen Erlebnisses* (vgl. Villadary 1973). Feste und Feiern galten bisher immer als spezifisch außeralltägliche, weil zum einen seltene, zum anderen zeitlich begrenzte und deshalb die Handlungsroutinen des Alltags sprengende Formen menschlicher Vergemeinschaftung, die in der Lage sind, Zeit als soziale Zeit erfahrbar zu machen

26

und damit dem träge dahinfließenden Alltag Struktur und Ordnung zu verleihen. Feste und Feiern galten bisher als jene Sozialformen, die soziale Gruppen und Institutionen „lebendig" erhalten, entweder durch das bloße „zweckfreie" verbindende Zusammensein oder dadurch, dass sie in einem wertrationalen Akt deren Aufgabe und Zwecke darstellen, reflektieren und begründen. Feste und Feiern galten als besondere Kommunikationsformen, die gemeinsame Selbstverständlichkeiten erneuern und so Gemeinsamkeit, Solidarität und Verläßlichkeit stiften, die in den Alltag nachwirken. Als solche betrachtete man sie als notwendige Voraussetzung für die Ausbildung individueller Identität und als Garanten der Legitimität bestehender oder auch neu zu errichtender sozialer Ordnungen (vgl. Gebhardt 1987).

Diese Funktionen gehen mit der Veralltäglichung des Festlichen zwar nicht verloren, sie werden aber transformiert und dabei – aber dies sei mit aller gebotenen Vorsicht formuliert – vielleicht sogar in ihrer spezifischen Wirkungsweise beeinträchtigt. Diese Transformation, dieser Gestaltwandel des Festlichen vollzieht sich auf drei, eng miteinander verbundenen Ebenen:

1. Ein festliches Erlebnis, das – weil massenhaft angeboten – jederzeit abrufbar ist, verliert an Reiz. Dieser generelle Reizverlust des Festlichen scheint nur dadurch kompensiert werden zu können, dass die Erlebnisangebote, die ein spezifisches Fest beinhaltet, immer reizintensiver, immer sensationeller, immer aufsehenerregender gestaltet werden. Das Sich-Freuen aufs Fest wird ersetzt durch die Lust aufs Spektakel.

2. Ein festliches Erlebnis, das ideologisch oder weltanschaulich heimatlos ist, vermittelt kaum mehr dauerhaften sinn- und identitätsstiftenden Halt. Gleichwohl scheint das Bedürfnis, im festlichen Erleben einen Sinn zu finden, der dem eigenen Leben Orientierung bietet, bestehen zu bleiben. Da es aber nur noch bedingt einen stabilen, Handlungssicherheit garantierenden institutionellen Bezug findet, gestaltet sich die Sehnsucht nach Sinn zum einen als Bekenntnis zu einem universalistisch orientierten und deshalb notwendig diffusen und weitgehend unverbindlichen, unpersönlichen Humanitarismus oder zu einem zumeist esoterisch angehauchten Liebesakosmismus, zum anderen als permanente Suche nach dem Außergewöhnlichen, dem Besonderen, dem Ganz-Anderen, das man an einem – in irgendeinem Sinn herausragenden – entweder weil landschaftlich einzigartigen oder besonders geschichtsträchtigen Ort, in der spektakulären äußeren Aufmachung des Ereignisses und schließlich in der Apotheose der perfekten künstlerischen, sportlichen oder sonstigen Hochleistung zu finden glaubt. Die Form wird dann, wie es Gerhard Schulze einmal ausgedrückt hat, wichtiger als der Inhalt (vgl. Schulze 1992: 145ff.).

3. Ein festliches Erlebnis, das die Menschen nur noch zur Befriedigung partikulärer Freizeitinteressen zusammenführt, scheint kaum mehr in der La-

ge zu sein, Gemeinsamkeit zu stiften, die auch im Alltag dauerhaft anhält und Verläßlichkeit garantiert, sondern beschränkt das Erleben von Gemeinschaft eigentlich nur auf die Dauer des Ereignisses. Um so mehr aber scheinen die Erwartungen zu steigen, die die Menschen an das Fest als Gemeinschaftserlebnis richten: Wenn sich Gemeinschaft nur noch im Fest erleben läßt, dann muß dieses Gemeinschaftserlebnis auch besonders intensiv sein, d.h. Gemeinschaft zu erleben, wird von Organisatoren und Teilnehmern als explizites Ziel formuliert. Das sich daraus ergebende grundsätzliche Dilemma moderner Feste läßt sich an einem charakteristischen Beispiel verdeutlichen. Auf einem der größten und aufsehenerregendsten religiösen Events der letzten Jahre, auf dem 12. Katholischen Weltjugendtreffen in Paris 1997, forderte der Osnabrücker Jugendbischof Franz-Josef Bode – hellsichtig dieses Dilemma erkennend – die dort versammelten erlebnis- und gemeinschaftsbereiten Jugendlichen dazu auf, die hier gesammelten Erfahrungen nicht wie „auf einem Drahtseil" zum nächsten Jugendtreffen hinüberzuretten, sondern „unter dem Seil ein Netz des Glaubens zu spannen, das dauerhaft hält und auch in den Alltag hineinwirkt" (Hummel 1997: 10). Die Realisierungschancen solcher Aufforderungen scheinen freilich gering (vgl. Gebhardt 1999a). Es ist eben nicht mehr die Gemeinschaft, die ein Fest feiert, sondern das Fest konstituiert – für den Moment – eine Gemeinschaft.

Werden die Begriffe des Events und der Eventisierung dazu benutzt, diesen inneren wie äußeren Gestaltwandel des Festlichen in modernen Gesellschaften herauszuheben, dann sind sie sinnvolle Begriffe. Dann nämlich werfen sie Licht auf die *kulturelle Dimension* jener in der Soziologie ausführlich beschriebenen, für spätmoderne Gesellschaften typischen Individualisierungs- und Pluralisierungsprozesse (vgl. Beck 1986; Giddens 1991; Bauman 1992; Gross 1999). Individualisierungs- und Pluralisierungsprozesse führen nämlich nicht, wie eine leichtfertige Rezeption der Individualisierungstheorie oftmals unterstellt, zu einer Auflösung „klassischer" traditionaler und moderner Gesellungsformen (Familie, Vereine, Verbände, Parteien etc.) und damit zur Vereinzelung, ja Vereinsamung des spätmodernen Menschen. Sie führen vielmehr dazu, dass sich die Formen und Modalitäten der Vergemeinschaftung und Vergesellschaftung ändern. Zum einen transformieren sich die bisherigen Gesellschaftsformen, das heißt: sie werden in ihren Wahrheitsansprüchen diffuser und in ihren normativen Vorgaben unverbindlicher. Zum anderen werden sie zunehmend der Konkurrenz von neu entstehenden, offeneren und partikularen Gesellungsformen wie es typischerweise Szenen sind (vgl. Irwin 1977; Rohmann 1999), ausgesetzt – eine Entwicklung, die die Soziologie inzwischen als zunehmende *Verszenung der Gesellschaft* begrifflich zu fassen versucht (vgl. Gebhardt/Hitzler/Liebl 1999). Betrachtet man

Events in diesen größeren, gesellschaftstheoretischen Zusammenhängen, dann lassen sie sich als die spezifischen Feste und Feiern einer sich individualisierenden, pluralisierenden und zunehmend verszenenden Konsum- und Erlebnisgesellschaft (vgl. Schulze 1992; Schulze 1998) bezeichnen.

Literatur:

Bauman, Z.: Moderne und Ambivalenz. Das Ende der Eindeutigkeit. Frankfurt/M. 1996

Bausinger, H.: „Ein Abwerfen der großen Last...". Gedanken zur städtischen Festkultur. In: Hugger, P. (Hrsg.): Stadt und Fest. Stuttgart 1987, S. 251-267

Bausinger, H.: Anmerkungen zum Verhältnis von öffentlicher und privater Festkultur. In: Düding, D. et al. (Hrsg.): Öffentliche Festkultur. Politische Feste in Deutschland von der Aufklärung bis zum Ersten Weltkrieg. Reinbek 1988, S. 390-404

Beck, U.: Risikogesellschaft. Auf dem Weg in eine andere Moderne. Frankfurt/M. 1986

Beyme, K. von: Die Kunst der Macht und die Gegenmacht der Kunst. Studien zum Spannungsfeld von Kunst und Politik. Frankfurt/M. 1998

Bollnow, O. F.: Neue Geborgenheit. Das Problem einer Überwindung des Existenzialismus. 4. Aufl. Stuttgart 1979

Bormann, R.: „Spaß ohne Grenzen". Kulturtheoretische Reflexionen über einen europäischen Themenpark. In: Sociologia Internationalis 1998, S. 33-59

Dörner, A.: Politischer Mythos und symbolische Politik. Der Hermannmythos: zur Entstehung des Nationalbewußtsein der Deutschen, Reinbek bei Hamburg 1996

Durkheim, E.: Die elementaren Formen des religiösen Lebens, Frankfurt/M. 1981

Gebhardt, W.: Fest, Feier und Alltag. Über die gesellschaftliche Wirklichkeit des Menschen und ihre Deutung. Frankfurt/M. u.a. 1987

Gebhardt, W.: Der Reiz des Außeralltäglichen. Zur Soziologie des Festes. In: Casper, B./Sparn, W. (Hrsg.): Alltag und Transzendenz. Studien zur religiösen Erfahrung in der gegenwärtigen Gesellschaft. Freiburg/München 1992, S. 67-88

Gebhardt, W.: Kirche zwischen charismatischer Bewegung und formaler Organisation. Religiöser Wandel als Problem der soziologischen Theoriebildung. In: Krüggeler, M./Gabriel, K./Gebhardt, W. (Hrsg.): Institution, Organisation, Bewegung. Sozialformen der Religion im Wandel, Opladen 1999a, S. 101-120

Gebhardt, W.: „Spaß und niemanden weh tun!" Über die Interpretation und Geltung der Goldenen Regel in pluralistischen Gesellschaften. In: Bellebaum, A./ Niederschlag, H. (Hrsg.): Was Du nicht willst, daß man Dir tu' ... Die Goldene Regel – ein Weg zum Glück? Konstanz 1999b, S. 159-178

Gebhardt, W./Zieschang, K.: Feste. In: Lexikon der Ethik im Sport. Schorndorf 1998, S. 158-160

Gebhardt, W./Zingerle, A.: Pilgerfahrt ins Ich. Die Bayreuther Richard Wagner-Festspiele und ihr Publikum. Eine kultursoziologische Studie. Konstanz 1998

Gebhardt, W./Hitzler, R./Liebl, F.: Szene-Entwicklungen und Szene-Events. Ms. (unveröff.) Dortmund/Koblenz/Witten-Herdecke 1999

Gross, P.: Ich-Jagd. Im Unabhängigkeitsjahrhundert. Frankfurt/M. 1999

Hitzler, R.: Posttraditionale Vergemeinschaftung: Über neue Formen der Sozialbindung. In: Berliner Debatte INITIAL, 9/1998, S. 81-89

Hornby, A.S.: Oxford Advanced Learner's Dictionary of Current English. London 1974

Hugger, P.: Das Fest – Perspektiven einer Forschungsgeschichte. In: Ders. (Hrsg.): Stadt und Fest. Zu Geschichte und Gegenwart europäischer Festkultur. Stuttgart/Unterägeri 1987, S. 9-24

Hummel, K.: Nun kommt langsam der Glaube hinzu. In: Frankfurter Allgemeine Zeitung vom 22.08.1997, S. 10

Irwin, J.: Scenes. Beverly Hills/CA, 1977

Korff, G.: Euro-Disney und Disney-Diskurse. Bemerkungen zum Problem transkultureller Kontakt- und Kontrasterfahrungen. In: Schweizerisches Archiv für Volkskunde 90/1994, S. 207-232

Lane, C.: The Rites of Rulers. Ritual in Industrial Society – The Soviet Case. Cambridge 1981

Lipp, W.: Feste heute: Animation, Partizipation und Happening. In: Ders.: Drama Kultur. Berlin 1994a, S. 523-547

Lipp, W.: Feste, Festivals und Jubiläen. Kulturpolitik im Schnittpunkt lokaler Selbstdarstellung und überregionaler europäischer Entwicklung. In: Ders.: Drama Kultur. Berlin 1994b, S. 564-571

Lipp, W.: Warenhäuser. Zentren moderner Stadtkultur. In: Ders.: Drama Kultur. Berlin 1994c, S. 572-588

Nickel, O.: Event – Ein neues Zauberwort des Marketing? In: Nickel, O. (Hrsg.): Eventmarketing: Grundlagen und Erfolgsbeispiele. München 1998, S. 3-12

Ozouf, M.: La fête révolutionnaire 1789-1799. Paris 1976

Pieper, J.: Zustimmung zur Welt. Eine Theorie des Festes. München 1963

Rohmann, G.: Spaßkultur im Widerspruch. Skinheads in Berlin. Bad Tölz 1999

Schulze, G.: Die Erlebnisgesellschaft – Kultursoziologie der Gegenwart. Frankfurt/M. 1992

Schulze, G.: Die Zukunft des Erlebnismarktes: Ausblick und kritische Anmerkungen. In: Nickel, O. (Hrsg.): Eventmarketing: Grundlagen und Erfolgsbeispiele. München 1998, S. 303-316

Siemons, M.: Was ist ein Event? In: Frankfurter Allgemeine Zeitung vom 02.02.1998, S. 31

Soeffner, H.-G.: Zum Verhältnis von Kunst und Religion in der „Spätmoderne". In: Fritz-Assmus, D. (Hrsg.): Wirtschaftsgesellschaft und Kultur. Bern/Stuttgart/Wien 1998, S. 239-255

Steinert, H.: Kulturindustrie. Münster 1998

Thurn, H.-P.: Die Kunst in der Gesellschaft. Zur Standortbestimmung der Kunstsoziologie. In: Ders.: Bildmacht und Sozialanspruch. Studien zur Kunstsoziologie. Opladen 1997, S. 9-26

Turner, V.: Das Ritual. Struktur und Anti-Struktur. Frankfurt/New York 1989

Villadary, A.: Fête et vie quotidienne. Paris 1973

Vondung, K.: Magie und Manipulation. Ideologischer Kult und politische Religion des Nationalsozialismus. Göttingen 1971

Weber, M.: Wirtschaft und Gesellschaft. 5. Aufl. Tübingen 1976

Zanger, C./Sistenich, F.: Eventmarketing: Bestandsaufnahme, Standortbestimmung und ausgewählte theoretische Ansätze zur Erklärung eines innovativen Kommunikationsinstruments. In: Marketing ZFP, 17/1996, S. 233-242

Zanger, C./Sistenich, F.: Theoretische Ansätze zur Begründung des Kommunikationserfolgs von Eventmarketing – illustriert an einem Beispiel. In: Nickel, O. (Hrsg.): Eventmarketing: Grundlagen und Erfolgsbeispiele. München 1998, S. 39-60

Zukin, Sharon: Landscapes of Power: From Detroit to Disney World. Berkeley/CA 1992

Hubert Knoblauch

Das strategische Ritual der kollektiven Einsamkeit.
Zur Begrifflichkeit und Theorie des Events

1. Einleitung: Event, „Event" und Event-History

Was immer von der Postmoderne sonst noch überdauern mag – die her-kömmlichen Bemühungen, wissenschaftliche Begriffe zu definieren, hat sie vermutlich für lange Zeit in Verruf gebracht. Gerade aber für eine Wissen-schaft, die traditionell der Begriffsverwirrung geziehen wird, scheint dies ein nahezu tragisches Schicksal: Denn worüber geredet, geschrieben und gestrit-ten wird, bliebe nun nur noch dem Gusto derer überlassen, die das besitzen, was Bourdieu die soziale Magie des Wortes nennt. Glücklicherweise hat sich der Alltagsverstand nur an seinen Rändern von den postmodernen Sprachwir-ren anstecken lassen. Das zeigt sich gerade an einem neuen Begriff wie dem des „Event". So viel darüber geschrieben wird, so wenig liegt eine schriftli-che Umschreibung des Begriffes vor. Und dennoch hat der Begriff im All-tagswortschatz durchaus eine Bedeutung angenommen, die zwar nicht scharf umrissen und klar bestimmt ist, aber doch einen gesellschaftsweiten gemein-samen Nenner aufzuweisen scheint und deswegen von kompetenten Spre-chern des Deutschen (bzw. „Denglischen") gekannt wird. Freilich handelt es sich bei „Event" zuerst um einen Begriff aus dem Englischen. Deswegen wird es sinnvoll sein, einen Blick auf dessen Bedeutung zu werfen.

Der Oxford Paperback Dictionary bezeichnet als „event" „something that happens, especially something important" sowie „the fact of a thing happe-ning". Collins Paperback English Dictionary fügt eine weitere Bedeutung hinzu: nämlich „a planned and organised occasion". Als Beispiel dient hier: „the wedding was one of the social events of the year". Eine weitere Nuance erhalten wir von Longmans Dictionary of American English, der das „event" kurz umdefiniert als „happening, usually an important one". In diesem sub-stantivisch gebrauchten „Happening" klingt, gleichsam ins Ästhetische übersetzt, das an, was wir im deutschen Event mitzuhören glauben: jene prozeßhafte Auflösung des (in diesem Falle: künstlerischen) Gegenstandes in eine symbolische Handlung für und vor anderen. Doch auch wenn das amerikanisierte „Happening" der Bedeutung noch am nächsten kommt, die das Event heute im bundesdeutschen Denglisch hat, dann sollte man sich doch nicht darüber hinwegtäuschen, daß viele der vermeintlich englischen Begriffe im Deutschen eine eigene Bedeutung annehmen. Diese Bedeutung wird auch sprachlich markiert: „DAS Event" heißt das Tier aus dem interaktiven Zoo, mit dem wir es hier zu tun haben werden (vermutlich in Anspielung an die generell sächlichen angelsächsischen Artikel).

Das Event findet sich durchaus auch in der (auch deutschsprachigen) Soziologie, und zwar in einer ähnlichen Bedeutung: als „Event-history analysis". Dabei handelt es sich um Langzeitstudien, in deren Mittelpunkt weder Individuen noch soziale Gruppen stehen, sondern ein sozial bedeutsames Ereignis, wie etwa ein Berufswechsel, die Hochzeit oder ein anderes wichtiges Lebensereignis (in der Kriminologie handelt es sich auch um die Ausübung von Verbrechen, Gefängnisaufenthalte und Entlassungen, in der Epidemiologie um Zeitpunkte des Gebrauchs von Drogen oder Medikamenten, des Absetzens und der Wiederaufnahme usw.) Die Event-history-analysis blickt auf eine lange Tradition zurück und findet auch heute noch Aufmerksamkeit, besonders wenn es um die Erforschung von Biographien geht. Allerdings werden hier nicht die Ereignisse als solche untersucht, sondern ihr bloßes Vorkommen und ihre Auswirkungen (Yamaguchi 1991).

Einen sehr viel prägnanteren Begriff des Event finden wir dagegen in der kulturanthropologischen Tradition der Ethnographie der Kommunikation. Hier wird von Events als besonderen Formen sozialer Ereignisse gesprochen, und zahlreiche Untersuchungen liefern anschauliche Beispiele für Events aus allen Ecken der Erde. Man könnte deswegen auch von einem *anthropologischen Begriff des Event* sprechen. In dieser Tradition habe ich selbst einige empirische Untersuchungen über Phänomene vorgenommen, die als Event bezeichnet werden können.

Methodisch möchte ich mich hier an diesen drei Gesichtspunkten orientieren: (a) dem alltagssprachlichen Begriff, von dem ich mich als kompetenter Sprecher des Deutschen leiten lasse; (b) den Begriff des Event, wie er in der Ethnographie der Kommunikation entwickelt und als Rahmen für den spätmodernen Eventbegriff dienen kann, und (c) den empirischen Fällen von Veranstaltungen, die in einer engen Beziehung zu dem stehen, was heute als Event bezeichnet wird, sowie den wenigen vorliegenden Untersuchungen zu Events. (Freilich muß ich gestehen, daß diese methodische Orientierung hier nur heuristisch und nicht in entwickelter Systematik verfolgt werden kann.) Dabei gehe ich davon aus, daß Events eine Reihe von allgemeinen, sozusagen anthropologischen Merkmalen sozialer Situationen teilen, deren Begrifflichkeit ich in den nächsten zwei Abschnitten skizzieren will. In den letzten zwei Abschnitten will ich schließlich versuchen, einige spezifische gesellschaftstheoretisch relevante Merkmale heutiger, „spätmoderner" Events herauszustellen.

2. Allgemeine Merkmale des Events

2.1 Nichtrauchen oder: Ein anthropologischer Vorbegriff des „event"

So neu der hier gebrauchte Begriff des Event im Deutschen auch erscheint – er hat durchaus eine Vorgeschichte. Es ist nicht ganz zufällig, daß sich diese Vorgeschichte in einem Bereich abspielt, der irgendwo zwischen der Kulturanthropologie und der Interaktionssoziologie angesiedelt ist.[1] Denn Event wird als eine Beschreibungskategorie für soziale Situationen gebraucht, die als typisch für vormoderne Gesellschaften angesehen werden. Sie beziehen sich auf kollektive Rituale, in denen sich die Gemeinschaft sozusagen leibhaftig selbst repräsentiert. (Kollektivität und Rituale zählen denn auch zu den Elementen von Events, mit denen wir uns noch auseinandersetzen müssen.) Die Interaktionssoziologie wiederum hat sich solchen sozialen Situationen auch in der modernen Gesellschaft zugewandt, weil sie die Mechanismen der Vergemeinschaftung in actu behandelt und sie als Basisprozesse der Gesellschaft betrachtet. So finden wir etwa bei Erving Goffman (1994) eine Reihe von Bausteinen für die Beschreibung von Events, die er als „social situation", „encounter", „social occasion", „social gathering" usw. bezeichnet. Für ihn bilden sie sozusagen situative Formationen des Sozialen, die gleichsam die grundlegenden Moleküle der Gesellschaft ausmachen: Wenn sich Menschen zusammentun, dann tun sie das eben in Formen, die mit solchen Begriffen beschrieben werden können.

Dazu gehören auch die Events. Denn was immer sich hinter diesem Begriff verbergen mag: ganz ohne Zweifel handelt es sich um *soziale Situationen*, in denen Menschen miteinander interagieren. Wie alle sozialen Situationen zeichnen sich auch Events zusätzlich dadurch aus, daß sie nicht abstrakt sind: es handelt sich vielmehr um konkrete, beobachtbare Ausprägungen des Sozialen vor Ort, also in dem, was Goffman (1994) die Interaktionsordnung nennt. Nicht das Soziale im Abstrakten ist kennzeichnend für das Event – es ist die körperliche Ko-Präsenz: Ob wir den Papst endlich einmal „live" sehen oder die Rolling Stones, ob wir selber mit den Snowboards durch den Kanal

---

[1] Methodisch ist daran natürlich die Ethnographie beteiligt, die sich zum einen Teil mit der Beschreibung der unmittelbar beobachtbaren Formen des Sozialen beschäftigt. Vgl. dazu Goldschmidt 1972 und vor allem die an diesen Artikel anschließende heftige Kritik.

fegen oder ob wir am May Day den ganzen Tag „raven" dürfen: *körperliche Kopräsenz* ist die Basis des Event.

Events fallen aber zweifellos in eine besondere Klasse sozialer Situationen. Events sind nämlich solche soziale Situationen, die durch fokussierte Interaktionen charakterisiert sind. Das wirre Durcheinander der vielfältigen Aktionen und Interaktionen in einer samstäglichen Fußgängerzone würden wir schwerlich als Event bezeichnen können. Event bedeutet doch vielmehr, daß die daran Beteiligten einen gemeinsamen Fokus der Aufmerksamkeit teilen und sich daran in ihren Handlungsweisen orientieren.

Fokussierte Interaktionen stellen dabei so etwas wie eine Elementarform des Event dar. Nehmen wir als Beispiel eine Triade aus drei Personen, die sich auf der Straße unterhält. Die drei orientieren sich nicht nur aneinander, sie bilden einen Fokus, den sie mit ihren Körpern markieren: ihre Körper bilden einen Kreis, der auch von außen wahrgenommen wird. Wer immer dazustößt, vollzieht Aktivitäten, die als Aufnahmerituale in den Kreis erscheinen. Löst sich der Fokus auf – werden aus dem Vierparteiengespräch zwei Zweiparteiengespräche – so drückt sich das auch in der entsprechenden Neuformierung der Körper und ihrer Ausrichtung aus.[2] Indessen sind zwar alle Events fokussierte Interaktionen, aber nicht alle fokussierten Interaktionen sind auch Events.

Events zählen vielmehr zu jener spezifischeren Klasse sozialer Situationen, die Goffman als „social occasions" bezeichnet. Im Deutschen liegt dafür der Begriff der Veranstaltung nahe (Knoblauch 1995). Veranstaltungen sind anberaumte Zusammenkünfte einer größeren Zahl von Handelnden, die sich für eine bestimmte Zeit an einem bestimmten Schauplatz einfinden und bereit sind, einen oder mehrere gemeinsame Foci der Interaktion zu teilen. Soziale Veranstaltungen zeichnen sich überdies durch einen mehr oder weniger festgelegten Ablauf typischer Handlungen aus, die häufig konventionellen, in vielen Fällen auch rituellen Charakter annehmen. Solche *Rituale* können ein regelrechtes Skript bilden, wie wir es aus religiösen Messen kennen. Um diese Rituale zu illustrieren, betrachten wir uns das Skript von Veranstaltungen von Anonymous-Gruppen.[3]

Die Zeremonie wird meist durch eine Sekretärin geleitet, die den Anleitungen eines schriftlichen Skriptes („format") folgt. Die Teilnehmenden sitzen im Rund um einen Tisch; genügen die Plätze nicht, so bilden sich um dieses Rund weitere Kreise oder Halbkreise. Offiziell beginnt die Sitzung mit einer vorformulierten Begrüßung der Anwesenden durch die Sekretärin, die sich dann selbst vorstellt. Darauf folgt eine kurze Meditation. Dann wird der „serenity prayer" gesprochen, eine Art Bittgebet, das gleichsam das Credo

---

2   Sehr eindrucksvolle Beschreibungen dieser Körperformationen finden sich in Kendon 1991
3   Zu Veranstaltungen vgl. Knoblauch 1995: 179ff.; zu weiteren Ausführungen zu den Anonymen-Gruppen
     bzw. "Nicotine Anonymous" vgl. ebd. 145ff. und 211ff.

der Veranstaltung bildet. Entsprechen die Handlungsmuster bis zu diesem Punkt den Eröffnungsritualen, so folgt nun – analog zum „Wortgottesdienst" in der katholischen Messe – auch bei den Nica-Sitzungen eine Lesung aus schriftlichen Texten. Zunächst verliest die Sekretärin die „mission" von Nica. Der nächste Teil des „Wortgottesdienstes" besteht im Verlesen der Schriften: die zwölf Schritte, die zwölf Traditionen und die Versprechungen (promises).

Auf die Lesung folgt ein Teil mit „freien Beiträgen". Hier werden persönliche Geschichten über eigene Erfahrungen mit dem Rauchen bzw. den Problemen im Umgang damit erzählt. Die Zuhörenden müssen sich von Zwiegesprächen enthalten. Trotz dieses (methodistisch erscheinenden) freien Teils erinnert die rituelle Struktur insgesamt an die katholische Messe: Auf die „ritus initiales" (Begrüßung der Sekretärin, Hi-Formel und Chor, Meditation mit Händehalten und „Serenity Prayer") folgt die Lesung („liturgia verbi": das Verlesen der „Mission", der „12 Schritte", der „12 Traditionen" und/ oder der „Promises" (reihum); darauf der „ritus communicationis": die Vorstellung der Personen, die „discussion" und Ankündigungen, und schließlich der Schußteil („ritus conclusionis"): die Kollekte, das Abschlußgebet mit Händehalten („I put my hand in yours...") und die Entlassung („Keep coming").

Die hier kurz skizzierte Sitzung ist nicht nur eine soziale Veranstaltung, die einem ausgeprägt rituellen Muster folgt. Weil es sich bei diesen Ritualen weitgehend um sprachlich-kommunikative Handlungsmuster handelt, kann diese Veranstaltung in der Begrifflichkeit der linguistischen Anthropologie als „event" bezeichnet werden. Oder genauer: als *speech event* bzw. *communicative event*. „Communicative (speech) events" stellen sogar eines der zentralen Objekte der sogenannten Ethnographie der Kommunikation dar (vgl. Saville-Troike 1982: 107ff.; Knoblauch 1995: 100ff.). Und die dafür entwickelten Analysekategorien können auch für uns als anthropologischer begrifflicher Rahmen zur Bestimmung dessen dienen, was wir als Event bezeichnen. Hymes (1979) brachte diese analytischen Elemente auf die mnemotechnische Formel SPEAKING (*S*etting bzw. *S*cene, *P*articipants oder *P*ersonel, *E*nds, *A*ct Characteristics, *K*ey, *I*nstrumentalities, *N*orms und *G*enres): Wie die Sitzungen der Nicotine Anonymous zeichnen sich alle diese „events" jeweils durch bestimmten Typen an Beteiligten, durch besondere Formen der Kommunikation, bevorzugte Kanäle, bestimmte Themen und einen mehr oder weniger festgelegten Schauplatz aus. Darüberhinaus sind „speech" oder „communicative events" aus dem Strom des Üblichen ausgegrenzte Ereignisse, in denen bestimmte Formen der Kommunikation gepflegt werden. (Es ist treffender von „communicative events" als von „speech events" die Rede, weil sich die Analysen innerhalb der Ethnographie der

Kommunikation auch auf musikalische oder theatralische Ereignisse beziehen.)[4]

Der Begriff des „communicative event", der in der Ethnographie der Kommunikation vorgeschlagen wird, kann tatsächlich als allgemeiner Rahmen für das angesehen werden, was heute auch im deutschsprachigen Raum als Event bezeichnet wird: In diesem anthropologischen Sinne sind „events" kommunikative Veranstaltungen, bei denen in   leibhafter Kopräsenz eine größere Zahl Handelnder auf eine mehr oder weniger festgelegte, rituelle Weise miteinander fokussiert kommuniziert. Allerdings handelt es sich hier um einen sehr allgemeinen, eben anthropologischen Begriff des „event", der nicht nur auf die gegenwärtig und in unserer Gesellschaft mit diesem Begriff benannten Phänomene zutrifft. Um uns diesen Phänomenen zu nähern, sind zusätzliche Merkmale aufzuführen, die im folgenden Abschnitt erläutert werden.

2.2 Die Kaffeefahrt oder: Vorführung, Partizipation und Performance

Der anthropologische Begriff umfaßt noch einen weiteren Aspekt dessen, was wir auch von heutigen Events kennen. Dazu gehören der Einbezug des Publikums und daraus resultierend ein bestimmter Inszenierungscharakter, der in der Kulturanthropologie mit dem Begriff der Performance bezeichnet wird. Um diese Aspekte zu illustrieren, wenden wir uns vielleicht wieder einem Beispiel von etwas zu, das dem sicher sehr nahekommt, was wir hierzulande als Event bezeichnen: der Werbeveranstaltung bei Kaffeefahrten. (Die vielfältigen Aspekte dieses speziell für Pensionäre veranstalteten Events habe ich an anderer Stelle ausführlicher behandelt (Knoblauch 1988)).

Der Propagandist beginnt seine Vorführung meist mit kleinen Aufwärmungen: er verspricht, nicht lange zu reden, lobt das Publikum über den Klee und erzählt Witze, Anekdoten oder malt die Schönheit des Reiszieles aus (das meist erst nach der Werbeveranstaltung besucht werden kann). Abgesehen von den vielen interessanten Aspekten des Vortrags ist hier vor allen Dingen erwähnenswert, daß die Pensionäre, die den Großteil des Publikums stellen, keineswegs passive Teilnehmende sind: Propagandisten und ihre Assistenten gehen durch die Sitzreihen und verteilen Proben, bitten Teilnehmer auf die Bühne, um die Produkte zu testen, und selbst während des eigentlichen Vortrags kommen sie wortwörtlich und lautstark zur Sprache: In rhetorischen Publikumsanreden, Partizipationsspielen und Publikumsbefragungen äußern sie sich und beteiligen sich auf eine aktive Weise an der Ver-

---

4   Anschauliche Beispiele finden sich in: Bauman und Sherzer 1989; in Bauman und Sherzer 1975 findet sich ein ausführlicher Forschungsüberblick.

kaufsrede. (Es gibt gute Gründe zur Annahme, daß erst diese Beteiligung die Grundlage für den späteren Verkauf bildet.)[5]

Erst wenn wir uns vor Augen halten, daß diese Form der Partizipation von der Rhetorik (und der Erforschung von Publikumsereignissen) bis heute weitgehend übersehen wird, dann erscheint es gerade für die Beschreibung von Events dringlich, ihnen gebührende Beachtung zu schenken: Denn was wäre ein „Fußballfest" ohne die Lieder der Fans? Was wäre ein Rockereignis ohne die armeschwingenden, mitsingenden, tanzenden Massen? Die Publikumspartizipation ist nicht nur ein Merkmal der Kaffeefahrten, sie scheint auch wesentlich für das Event zu sein, und zwar unabhängig davon, ob das Publikum selbst die Hauptrolle einnimmt, also Akteur und Beobachter ist (und mittanzt wie bei der Berliner Love Parade) oder ob es als „Publikum" etikettiert wird (und sich selbst so sieht), das sich an einem *Event-Fokus* orientiert.

Mit dem Begriff des Event-Fokus soll auf ein weiteres Merkmal hingewiesen werden, das bei Kaffeefahrten auftritt, aber auch Events grundsätzlich eigen ist: sie erscheinen als Bühnenereignisse. Dabei sollte man den Begriff der Bühne nicht zu wörtlich nehmen. So fehlen in vielen Gasthäusern, in denen Werbeveranstaltungen durchgeführt werden, Bühnen. Dennoch gelingt es den Propagandisten, einen Eindruck von Bühne zu erzeugen: sie legen ihre Waren auf einen Tisch, der von den anderen Tischen abgesetzt ist; diese wiederum sind sie ausgerichtet, daß die Blicke auf den herausgehobenen Tisch gerichtet sind. Zusätzliche Lampen und Schweinwerfer tun ein übriges, um ein Bühnenformat zu erzeugen. Aus diesem Grunde ziehe ich auch den Begriff des Event-Fokus vor, der den zentralen Orientierungspunkt des Events ausmacht.

Kommunikative Veranstaltungen, die ein solches Bühnenformat aufweisen, werden in der Kulturanthropologie in der Regel mit dem Begriff der *Performances* bezeichnet. Es handelt sich also um das, was wir im Deutschen als Vorführungen bezeichnen (Knoblauch 1995: 179ff.). Performances beziehen sich aber keineswegs nur auf jene theatralische Kunstgattung, die sich seit den sechziger Jahren im Westen ausbreitet; gerade diesem von Schechner geprägten Begriff liegt eine (von Turner übernommene) anthropologische Vorstellung zugrunde, die sich – grob gesprochen – auf die verschiedensten kollektiven Rituale bezieht (Schechner 1994). Performance kann sich auf den Kachina-Tanz der Hopi beziehen oder auf eine politische Dorf-Versammlung, sie kann die Aufführung eines Kabuki-Theaters oder den „Gig" einer modernen Musikgruppe bezeichnen. Performances oder – in den Begriff von Milton Singer (1972) – „Cultural Performances" umfassen etwa: Schauspie-

---

5   Die genauere Analyse solcher Publikumsinteraktionen findet sich in Knoblauch 1987.

le, Konzerte und Vorlesungen, aber auch Gebete, rituelle Lesungen und Re-
zitationen, Riten und Zeremonien, Feste.

Im Unterschied zu bloßen Veranstaltungen zeichnen sich Vorführungen
durch *eine besondere Art der Fokussierung* aus: Dabei kann es sich um situative Markierungen, besondere Schauplätze (erhobene Bühne), Ausstattungen
(Kostüme, Masken) oder besondere Aktivitäten (Tanz, Lärm) handeln. Performances weisen weitere Elemente auf, die auch auf Events zutreffen: Sie
sind anberaumt und vorgängig organisiert; sie weisen Anfang und Ende auf,
und sie sind räumlich eingegrenzt. Auch ästhetisch zeichnen sie sich dadurch
aus, daß sie keineswegs nur in einem Medium auftreten, sie sind „orchestra-
tions of media, not expressions of a single medium" (Turner 1986: 23).

Wie immer Performances auch fokussiert werden, sie sind dadurch erkennbar, daß sie sich von den übrigen, „alltäglichen" Aktivitäten abheben
und ein Merkmal annehmen, das Turner (1986) als Liminalität bezeichnet:
Sie werden als Feste, als Feiern oder in anderer Weise als besonders herausgehobene soziale Ereignisse gerahmt.[6] Dieses Abheben oder Rahmen (Goffman 1977) gelingt in der Regel durch *Rituale*, also konventionellen Handlungsmustern, durch die Performance eingeleitet wird, die ihren Kern auszeichnet und mit denen sie beendet wird.

Unabhängig davon, wie streng diese Rituale dem Muster der Passageriten
entsprechen und wie deutlich die Abgrenzung der Performances vom alltäglichen Strom der Handlungen ausfällt, zeichnen sich Performances durch ein
weiteres Merkmal aus, das auch Events kennzeichnet: *Communitas*. Damit
bezeichnet Turner einen Zustand unmittelbarer, totaler und egalitärer Konfrontation menschlicher Identitäten, ein Zustand, der den durch Rollen, Sta-
tuspositionen und Hierarchien der Sozialstruktur vermittelten Interaktionen
völlig entgegengesetzt ist. Die Communitas ähnelt durchaus dem, was Simmel (1970) im Deutschen als „Geselligkeit" bezeichnet, also jener situativen
Gemeinschaftlichkeit, die Standesgrenzen, Klassen- und Schichtunterschiede
für ihre Dauer ignoriert, ja: transzendiert.

Partizipation, Eventfokus, Performance und Communitas sind, wie schon
mehrfach betont, zweifellos auch Aspekte der Events, mit denen wir es in
unserer Kultur und heutzutage zu tun haben. Doch bewegen sich diese Begriffe noch auf einer allgemeinen anthropologischen Ebene der Bestimmung
von „events": Was bisher als „event" bezeichnet wurde, kann in allen auch
nur ansatzweise differenzierten Gesellschaften gefunden werden. Der Begriff
„event", von dem wir bisher sprechen, weist also noch nichts Spezifisches
auf, das nur hier und heute zutreffen würde. Sind Events also sozusagen
zeitlose Formen gesellschaftlicher Ritualpraxis, die sich nur in den gewandelten Ausdrucksformen von dem unterscheiden, was in den verschiedensten

---

6   Zu dem dafür einschlägigen Begriff des Alltags vgl. Schütz/ Luckmann 1979. Der Zusammenhang von
     Events mit Festen und Feiern wird auch behandelt von Gebhardt (in diesem Band).

Kulturen betrieben wird? Wäre das der Fall, dann bedürften wir des Begriffes gar nicht: Performance, Veranstaltung, Vorführung usw. – all diese Begriffe würden durchaus genügen. Daß sich aber dennoch der Begriff des Events durchsetzt, könnte einerseits auf eine sprachliche und kulturelle Mode zurückzuführen sein. Im anderen Falle aber wäre es naheliegend, daß er etwas bezeichnet, was tatsächlich neu ist – also die Züge der Jetzt-Zeit trägt und deswegen besonders für die Soziologie von Interesse ist.

3. Spätmoderne Events

3.1 *Mixed Reality oder: Erfahrung, Metakommunikation und Ganzheitlichkeit*

Wenn wir uns mit sehr gegenwärtigen Formen von Events beschäftigen wollen, ist es vielleicht ratsam, sich solchen Events zuzuwenden, die mit den neuesten Technologien arbeiten. Betrachten wir also ein Mixed-Reality-Event, bei dem Vorgänge in unserem eigenen Erfahrungsraum, also in der Interaktionsordnung, mit Vorgängen in der virtuellen Wirklichkeit, also einem mittels Elektronik erzeugten Wahrnehmungsraum gemischt werden. Als Beispiel wähle ich die Performance von „Murmuring Fields", die im Rahmen der Fidena in Bochum aufgeführt wurde. Gestaltet wurde sie von Monika Fleischmann und Wolfgang Strauß, die mit dieser Vorführung das ästhetische Potential virtueller Technologie auszuloten versuchen (vgl. Heath, Knoblauch, Vom Lehn 2000).

Bei Murmuring Field handelt es sich um eine virtuelle Klanglandschaft aus Geräuschen, Tönen und sprachlichen Zitaten, die durch Computertechnologie strukturiert wird (auch visuelle Aspekte sind an diese Landschaft gekoppelt). Anstatt aber eines „Avatars" (also eines mehr oder weniger stilvollen Agenten auf dem Bildschirm, der meist von außen durch reale Handelnde direkt gesteuert wird) bewegen sich reale Menschen selbst in diesem virtuellen Raum, der auf eine Bühne projiziert wurde. Um die Mischung mit „präsenzrealer Kunst" herzustellen, wurden Performer gewählt, die sich vor einem Publikum in diesem virtuellen Raum bewegten. Durch ein optisch-elektronisches Trackingsystem wurden ihre Körperbewegungen verfolgt und in das System der virtuellen Klanglandschaft übersetzt. (Es wird hier auch von TRACE Avataren oder virtuellen Körperspuren gesprochen.)

Als eingeladener „professioneller" Beobachter nahm ich an der Performance teil, die an einem Sonntagmorgen stattfand. Ein Publikum von etwa hundert Personen, dazu eine Belegschaft von etwa 25 Technikern, Wissenschaftlern und Künstlern hatten sich eingefunden, um Murmuring Field zu bewundern. Was sie sahen, waren ein bis zwei Menschen, die sich auf einer sehr dunklen Bühne bewegten. Lichtteppiche änderten sich langsam, und ab und an erschallte ein Geräusch, das irgendwie mit den Bewegungen der beiden Performerinnen zusammenhing. Allerdings war dieser Zusammenhang weder für die Performerinnen noch für die Zuschauenden erkennbar. Deswegen verwundert nicht, daß die Veranstaltung vom Publikum, aber auch von den Künstlern als eine gescheiterte Performance betrachtet wurde. Und gerade dieses Scheitern macht sozusagen ex negativo auf einige Aspekte aufmerksam, die konstitutiv für Performances sind.

Dabei sollte ein positives Merkmal dieser Performance nicht unerwähnt bleiben, das durchaus als ästhetische Erfahrung bezeichnet werden kann. Diese zeigt sich lediglich aus der subjektiven Perspektive derjenigen, die sich mit ihrem eigenen Körper in diesem virtuellen Raum bewegen. Denn die Bewegung erfolgte wie in einem nächtlichen Raum, und die Verbindung von zunächst erratisch scheinenden Klängen mit der eigenen Körperbewegung erzeugte eine sehr eigenwillige, zu erkundende Raumordnung, die mit Tönen verknüpft war. Allein die Knüpfung der Raumerfahrung an Töne erzeugt eine besondere ästhetische Erfahrung, die noch durch die Anbindung an die eigene Körperbewegung verstärkt wurde.

Damit ist aber auch schon ein für Performances wie für Events durchgängiges Merkmal angesprochen: es ist die (nicht notwendig ästhetische) *Herausgehobenheit der Erfahrung*, die sich subjektiv deutlich gegen alltägliche Routinen absetzt. Und dabei bleibt diese Herausgehobenheit nicht unvermittelt: sie findet ja keineswegs nur im Innenraum des erfahrenden Bewußtseins statt, sondern ist an die Körperlichkeit des Erfahrenden gebunden. (Und dies gilt auch für „rein virtuelle Events", die nur dann „Sinn" machen, wenn sie an wirkliche Körper zurückgebunden werden.)

Doch gerade die Vermittlungsfähigkeit des Körpers, die ja in der Regel von künstlerischen Performances ausgenutzt wird, erwies sich in der Mixed Reality Performance als das eigentliche Problem. Was immer diejenigen subjektiv erfuhren, die sich mit ihren Körpern in der virtuellen (damit als „mixed") Realität bewegten: Diejenigen, die außerhalb standen, also die Beobachtenden, konnten nicht verstehen, was vor sich ging. Sie bemerkten, daß Töne sich änderten oder wiederholten, aber weil die Raumordnung für sie so undurchsichtig war wie die Raumerkundungsversuche derjenigen, die sie beobachteten, konnten sie keinen sinnvollen Zusammenhang erkennen. (Besonders unverständlich war das für zwei Personen entworfene System, wenn auch wirklich zwei Personen zugleich auftraten: Dann war von außen nicht mehr zu erkennen, was die einzelne jeweils tat und in welchem Zusammenhang die Geräusche und visuellen Bewegungen mit ihrem Körper standen; selbst die Performerinnen konnten kaum mehr ausmachen, welche Geräusche auf sie selbst und welche auf die andere zurückzuführen war.) Anders betrachtet, spricht dieses Problem ein Grundmerkmal von Performances und Events an: Das, was im Event-Fokus steht, und diejenigen, die diesen Fokus konstituieren, müssen in einer Art von kommunikativer Verbindung stehen, die es ihnen wechselseitig ermöglicht, zu verstehen, was sie machen. Diese Verbindung kann auch als *Metakommunikation* bezeichnet werden: die Beteiligten kommunizieren nicht nur miteinander, sie machen sich auch gegenseitig (und anderen Beobachtern) deutlich, daß und wie sie kommunizieren. (Daß Metakommunikation auch von Außenstehenden beobachtet werden kann, eröffnet ein spezifisches Potential für gegenwärtige Events, auf das ich später eingehen möchte.) Diese wechselseitige Kommunikation erst ermöglicht auch das Gemeinschaftserlebnis (und damit die Herausgehobenheit der Erfahrung als Erfahrung von etwas Wirklichem), das Durkheim mit dem Begriff der Efferveszenz bezeichnet: Die zuweilen ekstatische Erfahrung des Kollektivs als eines Größeren, das Subjekt Überschreitenden. Diese Kommunikation fußt auch hier auf derselben Grundlage wie die Herausgehobenheit der Erfahrung: sie muß nicht sprachlich sein, sie braucht nur körperliche, visuelle Kommunikation zu sein, die sich in Körperausdruck, Bewegungen, aber auch in Kleidung, Raumverteilung usw. manifestieren kann.[7]

Geht man davon aus, daß das Soziale ein völlig anderes System bildet als das psychische Erfahren und die Körperlichkeit des Organismus (Luhmann 1984: 153ff., 331ff.), dann sind Events sozusagen systematische Systemkopplungen: sie gehen nicht nur von der Kommunizierbarkeit der Erfahrung durch Körper aus, sondern bestehen geradezu aus der Körperhaftigkeit der Kommunikation, die als vermittelnde Ebene die Gemeinsamkeit der Erfahrung schlicht voraussetzt. Gerade vor dem Hintergrund des geschilderten Scheiterns könnte man hier auch von der Ganzheitlichkeit des Sozialen im Event sprechen, die übrigens auch in der breiten Sinnesmodalität und Multimedialität zum Ausdruck kommt: Das Ereignis ist nicht nur mit Tönen, Bildern und Bewegung erfüllt, auch die Präsenz der Menschen ist körperlich evident: im Riechen, Stinken, Spüren usw. (zu den vielfältigen Modalitäten der Erfahrung vgl. auch Hitzler/ Pfadenhauer 1998a).

3.2 Der Papstbesuch oder: beobachtete Repräsentation, organisierte Gemeinschaften und das reflexiv gewordene Ritual

So paradox es klingt: die gegenwärtigen Erscheinungsformen des Events lassen sich am besten an einem Beispiel betrachten, das eine der ältesten Formen des Events, ja geradezu das Ur-Event darstellt: die katholische Messe, insbesondere in der Gestalt der Papst-Messe, die Papst Johannes Paul II.

---

7 Dieses Problem ist noch dramatischer bei rein medialen Veranstaltungen wie dem Inhabited Television, bei dem die Fernsehspielgäste in Gestalt von Avataren im virtuellen Raum vertreten sind. Die realen Personen haben dabei enorm große Schwierigkeiten, zu verstehen, was die anderen im virtuellen Raum machen – und die Fernsehzuschauer empfinden es insgesamt als recht fad.

im Laufe seiner zahlreichen Reisen entwickelt hat.[8] Die Messe, die hier als Exempel dienen soll, wurde vor mehreren zehntausend Menschen auf dem Wiener Heldenplatz 1998 abgehalten.

Zwar hatten sich einzelne Besucher (und vor allem Besucherinnen) aufklappbare Knieschemel mitgebracht und waren vor der Veranstaltung auch entsprechend in Pose gegangen. Es stellte sich jedoch gleich heraus, daß es kaum etwas mitzubeten gab. Denn die Messe wurde auf der Bühne zelebriert: unterstützt von einem klassischen Orchester und einer Band in Rock-Besetzung sang ein riesiger Chor die Lieder in Melodien, die eigens für diesen Anlaß geschrieben worden waren und die sogar mehr an Soft-Rock als an Sakropop erinnerten. Weil viele der Melodien der Lieder neu waren, konnte das Publikum nur sehr bedingt mitsingen. Nicht einmal das Credo konnte mitgebetet werden, denn es wurde in einer neu geschaffenen Melodie von einer Opernsängerin vorgetragen. Allerdings bedeutete das nicht, daß das Publikum nicht partizipierte. Weil dem Publikum die anderen, für Messen üblichen Handlungsformen nicht verfügbar war, beschränkte es sich jedoch auf die, die auch bei Pop-Konzerten üblich ist: Klatschen.[9] Klatschen war auch aus anderen Gründen die einzig angemessene Handlungsform des Publikums: Denn zum einen konnte man den Papst ohnehin nur über die überdimensionale Leinwand sehen. Zum zweiten bildeten die direkt vor der Bühne erhöht sitzenden Gäste und die auf der Bühne versammelten Chöre, Musiker, Kirchenpersonal und Organisatoren die eigentliche Gemeinde, insbesondere die 300 „Konzelebranten", also kirchliches Personal, und die Ehrengäste sowie die Presse, die direkt vor dem pyramidischen Bühnenbau plaziert wurden. (Die Behinderten setzte man vor die Chorbühne.[10]) Und drittens wären die Wortbeiträge aus dem Publikum ohnehin recht problematisch gewesen, denn viele waren aus der Slowakei, Tschechien und Ungarn angereist und konnten die deutsch gesprochenen Beiträge auf der Bühne (und die englischen Lieder!) ohnehin kaum verstehen. Was also vorderhand als eine Vernachlässigung des Publikums erscheint, entpuppt sich bei genauerer Beobachtung als eine dem modernen, interkulturell gemischten Publikum höchst

---

8   Ich möchte mich hier auf Beobachtungen der Papstmesse stützen, die während des letzten Papstbesuches in Wien (1998) durchgeführt wurde. Diese Beobachtungen werden ergänzt durch Video-Aufzeichnungen sowie einer reichhaltigen Dokumentation, die mir das erzbischöfliche Sekretariat in Wien zugänglich machte.

9   Weil sich zu der Zeit eine Unzufriedenheit über die Situation der katholischen Kirche Österreichs breitmachte, war die Messe nicht so gut besucht, wie erwartet worden war, und es gab auch Mißstimmigkeiten, die auch in der Publikumsreaktion zum Ausdruck kamen.

10 Diese privilegierte Gemeinde war durch eine Tretgitter-Absperrung vom restlichen Publikum abgeschirmt, das wiederum, in acht Sektoren unterteilt, von den Schaulustigen außerhalb räumlich abgetrennt war.

angemessene Vorführung. (Das erklärt auch die Erhaltungskraft des Katholizismus.[11])

Angemessen war offenbar auch die visuelle Form des Event. Denn fast jede soziale Einheit (Familien, Paare, Einzelne) der Teilnehmenden hatte einen Fotoapparat oder eine Videokamera dabei, um den Papst (und nicht seine Leinwandabbildung) aufs Bild zu bannen. Zugleich wurde das gesamte Ereignis von der größten Zahl an Fernsehkameras aufgezeichnet, die das ORF je an einem Ort versammelt hatte: Mehr als 200 Reporter, Kameramänner und Techniker (und fünf Regisseure) waren im Einsatz, und zwar nicht nur auf den umgebenden Gebäuden (nicht der Papst stand auf dem Balkon der Hofburg, sondern Kameras), sondern auch in einer Kabine auf einem eigens aufgestellten, fünfzig Meter hohen Kran. Das Fernsehen übertrug fast 30 Stunden der Papstreise live und erzielte – etwa bei der Messe auf dem Heldenplatz – eine Zuschauerquote, die deutlich über der der zur selben Zeit stattfindenden Fußballweltmeisterschaft lag.

Damit ist auf ein sehr spezifisches Moment gegenwärtiger, spätmoderner Events hingewiesen, die schon in ihrer prinzipiellen metakommunikativen Beobachtbarkeit angelegt ist: *die Verdoppelung der Beobachtung* bzw. ihr repräsentativer Charakter. Das Event wird nicht nur für ein Präsenzpublikum gefeiert, es ist ein Ereignis, das auch von denen beobachtet wird, die gar nicht leibhaftig daran teilnehmen. (Die Rolle der professionellen Kommunikationsverdoppler wird dabei häufig von Medienorganisationen übernommen.) Dadurch ändert sich die Grundstruktur aber grundlegend: Denn die Beteiligten wissen ja auch, daß sie von denen beobachtet werden, die gar nicht da sind. Ob sie auf Fernsehkameras oder Videokassetten gebannt werden – es ist gerade so wie beim technisch reproduzierbaren Kunstwerk: Die Einmaligkeit des Ereignisses wird aufgehoben, indem es für alle Zeiten konserviert wird. Im Unterschied aber zum Kunstgegenstand setzt hier kein Verlust der Aura ein. Ganz im Gegenteil: Die Events scheinen vielmehr noch an Qualität zu gewinnen. Für die Beteiligten verstärkt die Aufzeichnungswürdigkeit zum einen die Herausgehobenheit des Events aus dem Fluß der Alltagserfahrung, sie erzeugt also sozusagen eine soziale „Denkwürdigkeit". Zum anderen und wichtiger noch: die Beobachtung von außen erzeugt eine fundamentale soziale *Verweisungsstruktur* zwischen denen, die leibhaftig am Event beteiligt sind und jenen, die nicht am Event teilnehmen. Die Eventgemeinde steht nun nämlich nicht mehr nur für sich, sie steht „für andere". Und vor diesem Hintergrund ist es auch nicht überraschend, daß sie auch als „stellvertretend" oder „repräsentativ" für etwas angesehen wird: Hier findet nicht einfach ein Ereignis statt: das Ereignis symbolisiert eine Gruppierung (im Grenzfall le-

---

11 Diese Popularisierung beschränkt sich keineswegs auf den Katholizismus. Auch der Protestantismus weist solche Erscheinungen auf, die sich insbesondere am Kirchentag festmachen lassen (Soeffner 1993: 201).

diglich die Gruppierung derer, die an diesem Event teilnehmen), es ist symbolische Repräsentation. Freilich muß es sich keineswegs um eine Teil-Ganzes-Repräsentation handeln. Denn Events wie etwa die Love-Parade versammeln vermutlich den Großteil derjenigen, die ihn auch repräsentieren. Dennoch stehen sie als Symbole „für etwas" anderes. Gemäß den strukturellen Änderungen der heutigen Gesellschaft kann es sich dabei um Lebensstilgruppen, um Gleichgesinnte oder einfach Menschen mit einem ähnlichen Hobby handeln (wie etwa bei der Motorradwallfahrt im Rheinland).

Erst vor diesem Hintergrund können wir verstehen, daß Events auch als posttraditionale Vergemeinschaftungen angesehen werden. Weil auch Events in einem Spannungsverhältnis zu Institutionen und eingelebten Gemeinschaften stehen, werden sie als *posttraditionale Gemeinschaften* bezeichnet. Diese zeichnen sich dadurch aus, „daß die soziale Einbindung des Individuums auf seiner kontingenten Entscheidung für temporäre Mitgliedschaft in einer (...) (Freizeit- und Konsum-)Szene beruht" (Hitzler/Pfadenauer 1998a: 88f.). Allerdings halte ich im Zusammenhang mit Events den Begriff der Mitgliedschaft, die jederzeit abgebrochen werden kann (Hitzler/ Pfadenhauer 1998: 78), für zu stark, denn die „Mitgliedschaft" in solchen Gemeinschaften bedarf ja keines anderen Ausweises als der bloßen Präsenz und ist nicht mit einer anhaltenden Verpflichtung verbunden. Das „Posttraditionale" dieser Vergemeinschaftung liegt deswegen besonders in ihrem *wesentlich situativen Charakter* begründet. Dieser wird besonders deutlich, wenn wir ihn aus der Perspektive der sechziger Jahre betrachten. So bezeichnet Lipp (1968) die soziale Veranstaltung (also die Interaktionsgattung, zu der zweifellos auch das Event zählt) nicht nur als Gegenbegriff zur Institution, sondern geradezu als eine „pervertierte Organisationsform des menschlichen Zusammenlebens". Was zu Zeiten einer unbezweifelten Moderne als „pervertiert" galt, ist nun rehabilitiert, so daß man sagen kann: *Posttraditionale Gemeinschaften bestehen im wesentlichen aus den situativen Ereignissen des Zusammenkommens, also aus Events, Veranstaltungen und Treffen.* Und dies gilt nicht nur für „Raver"; es gilt auch für viele christliche Fundamentalisten oder – nicht zu übersehen – auch für die Selbsthilfegruppen, deren Millionen umfassende „Organisation" fast ausschließlich aus situativen Zusammenkünften besteht (Zur Konstitution von Gemeinschaften durch „Zusammenkünfte" vgl. Knoblauch 1995).

Aus diesem Blickwinkel aber unterscheiden sich aus Events gebildete posttraditionale Gemeinschaften von dem, was die Papstmesse repräsentiert. Denn die Gläubigen sind sozusagen schon im voraus eine Gemeinschaft, sofern sie etwa zum gläubigen und steuerzahlenden Teil der katholischen Kirche zählen. Im Unterschied dazu konstituieren sich posttraditionale Event-Gemeinschaften weniger aus einer vorgängigen gesellschaftlichen Organisation der Personen, Interessen und Einstellungen. Sie bilden sich im Event, und erst hier zeigt (und repräsentiert) sich die Ähnlichkeit der Personen, Interessen und Einstellungen (die freilich mediale und sozialstrukturelle Vorlagen haben). Denn Events sind „für einschlägig Interessierte relevante Ereignisse" (Hitzler/ Pfadenhauer 1998: 80), sie sind „single purpose communities". (Allerdings ist dies den Kirchen auch nicht fremd. Wie der Begriff der Festreligiosität andeutet, werden sie vielfach nur noch „benützt", um individuellen Biographien durch Hochzeit, Taufe usw. Marken zu verleihen. Im Sinne der oben genannten Event-History-Analysis könnte man hier sogar besser von Event-Religiosität sprechen, denn die Kirchen liefern sozusagen die „Events", die dem Lebenslauf eine Struktur verleihen.)

An dieser Stelle können wir endlich das Problem wieder aufnehmen, wieviele Teilnehmende es sein müssen, damit wir von einem Event reden können. Jetzt nämlich können wir sagen, daß es sich auf jeden Fall um eine Versammlung handeln muß, die größer sein muß als eine Gruppe, um Schließungseffekte zu vermeiden. Zum zweiten muß sie groß genug sein, um als repräsentativ für einen Teil dessen angesehen zu werden, was als Gesellschaft bezeichnet wird. Und drittens schließlich muß die Versammlung aus Menschen bestehen, die sich aufgrund anonymer Ähnlichkeiten zusammentun und nicht aufgrund persönlicher Bekanntschaft. Ein Treffen von Bekannten macht keinen Event.

Weil Events eine Art situative Zugehörigkeit erzeugen, erfordern sie vielfach auch eine entsprechend situative Zugehörigkeitsbezeugung. Dabei handelt es sich in der Regel um *Embleme, Symbole und andere Zeichen*, durch die sie ihre Bereitschaft anzeigen, wenigstens situativ in der Öffentlichkeit der jeweiligen Gemeinschaft anzugehören (vgl. dazu Soeffner 1992). Solche Zeichen können etwa die verschiedenen Devotionalien, Votivbilder und Uniformelemente der Sportfans oder die Kleidungsstile von Musikkulturen sein (die von der Lederkluft der Heavy-Metal-Fans über den Raver-Stil bis zum Populär-Trachtenstil der neuen Volksmusik reichen können).

Daß sich diese Gemeinsamkeit im Event erst zeigt, hat schließlich noch einen letzten Grund, der schon erwähnt wurde: Das Event will erlebt werden, und zwar am eigenen Körper. Die Beteiligten, ja selbst die Zaungäste machen sich auf zu dem Ort, um die besondere Erfahrung zu machen: dessen, was sie zum Event führt (Musik, Motorräder, Maria), vor allem aber der Anwesenden selbst. Die Beteiligten wollen auch die Masse am Leib spüren. Selbst bei den Kirchentagen ist das leitende Motiv zur Teilnahme zumindest bei Jugendlichen das Erlebnis der riesigen menschlichen Gemeinschaft, die am eigenen Leib erfahren sein will. Dagegen ist die Selbsterfahrung etwa bei Techno-Raves eher an die ekstatische Körperlichkeit gebunden (Hitzler/ Pfadenhauer 1998b), die sich aber auch in der Menge auslebt. Vor diesem Hintergrund erklärt sich, warum die Beteiligten keine dauerhafte Gemeinschaft bilden: weil sie sich lediglich die Gefühle und Erfahrungen während des Events selbst zum Ziel setzen. Das spätmoderne Event ist die gezielte Selbsterfahrung der Gemeinschaft, die sich in den Ritualen des Event ausbildet.

Der geringe Verpflichtungsgrad der posttraditionalen Gemeinschaft im Event liegt aber nicht nur in der Subjektivierung begründet, die Gemeinschaft zum subjektiven Erlebnisziel macht. Er steht auch in einem Zusammenhang mit der Regulierung der Zugehörigkeit durch Geld. Das bedeutet keineswegs, daß Unsummen an Geld erforderlich sind, um teilzunehmen. Aber die Bereitschaft, eine bestimmte Menge Geld für die Teilnahme an Events (Reise, Aufenthalt, Eintritt, Spenden) aufzubringen, stellt doch eine bedeutsame Schwelle für die Teilnahme dar. (Diese Bereitschaft macht es für die Medien attraktiv, an den Events Präsenz zu zeigen, die ihrerseits aufgrund des Wunsches nach Selbstbeobachtung akzeptiert ist.) Diese finanzielle, wirtschaftliche Basis erklärt, daß es etwa in der auf Events spezialisierten Rave-Kultur ein enormer Stab an Organisatoren existiert, der mittlerweile Milliardenumsätze macht (Hitzler/ Pfadenhauer 1998a). Aber auch die Papstbesuche fordern eine effektive *Eventorganisation*, die Kirche, Polizei und Medien umfaßt. (Die Kosten des österreichischen Papstbesuchs beliefen sich 45 Millionen Schilling, also etwa 7 Millionen DM.)

Gerade aber dieses Kalkül verhindert, daß Events zu „neuen Stämmen" (Maffesoli 1988) werden und sich damit als dauerhaft stabilisierte Gemeinschaften institutionalisieren. Zwar sind sie rituell und damit „kultisch fokussierte und stabilisierte soziale Aggregationen" (Hitzler/ Pfadenhauer 1998a: 89); wie aber gerade der organisatorische (und – im Gegensatz zur Kirche: freiwirtschaftliche) Rahmen zeigt, sind sie gleichzeitig in hohem Maße zweckrational orientiert. Und diese *Zweckrationalität* beschränkt sich ja keineswegs auf die Hinterbühne, wie beim klassischen Event der Papst-Messe. Auch die Teilnehmenden auf der Vorderbühne erwarten für ihre wie immer gearteten (meist finanziellen) Leistungen in einem ebenso zweckrationalen Sinne eine Gegenleistung, die sich hier eben vor allem im subjektiven Erleben und in Gemeinschaft äußert.

Gerade dies aber scheint das Spezifische der heutigen Events zu sein: Sie besteht aus Ritualen, die funktional der Stiftung einer Gemeinschaft dienen, wobei den Beteiligten die Funktion durchaus bewußt – und damit sozusagen reflexiv – ist. Die Rituale dieser Gemeinschaft sind eingegliedert in eine mit Kosten-Nutzen-Kalkülen planende Organisation, die den gemeinschaftlichen Vollzug dieser Rituale selbst zum Gegenstand mehr oder weniger ausgefeilter sozialtechnologischer Überlegungen macht. Auf diese Weise wird verknüpft, was eigentlich unverbindbar ist und analytisch geschieden existieren müßte: Strategie und Ritual, Handlungskalkül und Kommunikation, Kult und Organisation. Das Event ist sozusagen ein spätes Oxymoron des Sozialen: Strategisch wird hier das Ziel verfolgt, unstrategische Situationen zu erzeugen. Oder anders gesagt: die Erzeugung des kollektiven Rituals, des subjektiven (Körper-) Erlebens und der Efferveszenz ist Gegenstand einer rationalen, reflexiven Organisation geworden, der es sogar gelingt, Naturereignisse zu Events umzugestalten: Die Sonnenfinsternis, die im August 1999 stattfand, wird in ein kollektives Ereignis umfunktioniert (vor allem Medienorganisationen erscheinen hierbei als die treibenden Akteure), das die zweiminütige Verdunkelung zum Höhepunkt eines kleinen sozialen Dramas macht.

Freilich könnte man einwenden, daß solche Kalküle schon immer angestellt wurden, wenn kollektive Rituale durchgeführt wurden. Priester hatten schon immer strategische Überlegungen darüber angestellt, ob ihre Liturgie die Teilnehmenden mit den entsprechenden symbolischen Gehalten erfüllt, und Politiker haben sich vermutlich schon immer Gedanken über den strategischen Nutzen ihrer kollektiven Aktionen gemacht. Neu scheint mir aber am Event, daß alle wissen, daß die Rituale strategisch geplant sind. Event also, so kann man sagen, ist das (sozialtechnologisch) reflexiv gewordene kollektive Ritual: Es wird nicht nur vollzogen, um eine ominöse (transzendente) Wirkung auf das Kollektiv auszuüben. Die Wirkung wird von denen gekannt, die sie organisieren. Und diejenigen, die organisiert werden, erwarten dieses Wissen bei den Organisatoren, um zweckrational ihre eigenen, sogenannten „irrationalen Handlungen" zu planen. Die Paradoxie wird noch dadurch erhöht, daß diese Handlungen gar nicht am Kollektiv orientiert sind. Vielfach wird Gemeinschaft lediglich genutzt, um die dadurch ermöglichten besonderen Erfahrung machen zu können. Das Ritual also wird nicht vollzogen, um anderes zu bewirken; es wird vollzogen, weil sein Vollzug eine Gemeinschaft stiftet, die Erfahrungen schafft. Und genau dies ist wohl auch der Grund, warum die „Gemeinschaft" posttraditional, folgenlos und damit auch in ihrer Dauerhaftigkeit prekär bleibt. Wenn leitendes strategisches Motiv der rituell gebildeten Gemeinschaftlichkeit ist, keine dauerhafte Gemeinschaft bilden zu wollen, könnte man auch sagen: Events sind strategische Rituale der kollektiven Einsamkeit.

Literatur:

Bauman, R./Sherzer J.: The ethnography of speaking. In: Annual Review of Anthropology 1995, S.95–119

Bauman, R./Sherzer J. (Hrsg.): Explorations in the Ethnography of Speaking. New York/ Cambridge 1989

Goffman, E.: Rahmen-Analyse. Ein Versuch über die Organisation von Alltags-Erfahrungen. Frankfurt/M. 1977

Goffman, E.: Die Interaktionsordnung. In: Interaktion und Geschlecht. Frankfurt/M. 1994

Goldschmidt, W.: An Ethnography of Encounters. In: Current Anthropology 13/1972, S.59-78

Heath, C./Knoblauch, H./vom Lehn, D.: Aesthetics and Interaction. In: Knoblauch, H./Kotthoff, H. (Hrsg.), Aesthetic Forms of Communication. Tübingen 2000 (im Druck)

Hitzler, R./Pfadenhauer, M.: Eine posttraditionale Gemeinschaft.Integration und Distinktion in der Techno-Szene. In: Hillebrandt, F./Kneer, G./Kraemer, K. (Hrsg.): Verlust der Sicherheit? Lebensstile zwischen Multioptionalität und Knappheit. Opladen 1998a, S.83-102

Hitzler, R./Pfadenhauer, M.: „Let your body take control!" Zur ethnographischen Kulturanalyse der Technoszene. In: Bohnsack, R./Marotzki, W. (Hrsg.): Biographieforschung und Kulturanalyse. Opladen 1998b, S.75-92

Hymes, D.: Soziolinguistik. Zur Ethnographie der Kommunikation. Frankfurt/M. 1979

Kendon, A.: Conducting Interaction. Patterns of Behavior in Focussed Encounters. Cambridge 1991

Knoblauch, H.: Wenn Engel reisen... Kaffeefahrten und Altenkultur. In: Soeffner, H.-G. (Hrsg.): Kultur und Alltag. Soziale Welt, Sonderband 16/1988, S.397-412

Knoblauch, H.: „Lacht euch gesund, bei mir ist lustige Werbung" – Die Rhetorik von Werbeveranstaltungen bei Kaffeefahrten. In: Zeitschrift für Soziologie 39/1988, S.127-144

Knoblauch, H.: Kommunikationskultur. Die kommunikative Konstruktion kultureller Kontexte. Berlin/ New York 1995

Lipp, W.: Institution und Veranstaltung. Zur Anthropologie der sozialen Dynamik. Berlin 1972

Luhmann, N.: Soziale Systeme. Frankfurt/M. 1984

Maffesoli, M.: Le temps de tribus. Paris 1988

Schechner, R.: Ritual and Performance. In: Ingold, T. (Hrsg.): Companion Encyclopedia of Anthropology. London 1994, S.613-647

Schütz, A./Luckmann, T.: Strukturen der Lebenswelt 1. Frankfurt/M. 1979

Simmel, G.: Grundfragen der Soziologie. Berlin 1970

Singer, M.: When a Great Tradition Modernizes. New York 1972

Soeffner, H.-G.: Stil und Stilisierung. Punk oder die Überhöhung des Alltags. In: Ders.: Die Ordnung der Rituale. Frankfurt/M. 1992, S. 76-101

Turner, V.: Images and reflections: Ritual, drama, carnival, form, and spectacle in cultural performance. In: The Anthropology of Performance. New York 1986.

Turner, V.: Vom Ritual zum Theater. Der Ernst des menschlichen Spiels. Frankfurt/M. 1989

Yamaguchi, K.: Event History Analysis. Newbury Park 1991.

Herbert Willems

Events: Kultur – Identität – Marketing

Die Überlegungen dieses Aufsatzes sollen vor allem auf zwei Ebenen zu einem soziologischen Verständnis eines Phänomens beitragen, das von „Praktikern" wie von wissenschaftlichen Beobachtern Events genannt wird. Auf einer ersten Ebene geht es um die Form und die Genese des Selbstes, das von Events vorausgesetzt wird. Es stellt sich insbesondere die Frage nach der Entstehung entsprechender Bedürfnisse, Orientierungen und Kompetenzen. Auf einer zweiten Ebene wird die wirtschaftliche Kernkomponente der E-vent-Kultur thematisiert: das Event-Marketing. Als eine Form von Werbung bedient es sich der gesellschaftlich erzeugten oder zumindest präfigurierten Selbst-Dispositionen der Nachfrager und Performatoren von Events. Bevor nun diese Selbst-Dispositionen zum Thema gemacht werden, sind grundlegende Elemente eines soziologischen Event-Begriffs zu skizzieren.

1. Events als soziales Gebilde und Erlebnisangebot

Seitdem es Menschen als Kulturwesen gibt, hat es mehr oder weniger organisierte soziale „Ereignisse" gegeben, die sich aus dem Alltag herausgehoben haben und – daher – durch eine besondere Atmosphäre oder Aura und einen besonderen Erlebniswert ausgezeichnet gewesen sind. Vor allem religiöse Rituale, Zeremonien, Feste und Feiern, aber auch Karnevalsumzüge, Paraden und andere Veranstaltungen mehr waren (und sind) in gewisser Weise immer schon „Events". Das soziale Gebilde, um das es im folgenden geht, ist also nicht prinzipiell neu und als sozialer Systemtyp nicht außergewöhnlich. Bei allen Varianten – von der öffentlichen Hinrichtung über den Kirchen- oder Soziologentag bis zur Love-Parade – handelt es sich, formal betrachtet, um mehr oder weniger abgegrenzte und durchstrukturierte soziale Veranstaltungen, um bestimmte soziale Anlässe im Sinne Goffmans (1971a, b). Als eine soziale Anlaß-Klasse liefern Events mit Implikationen für die Selbst-Definition und Plazierung ihrer Teilnehmer den „strukturellen sozialen Kontext, in dem sich viele Situationen und Zusammenkünfte bilden, auflösen und umformen, während sich ein Verhaltensmuster als angemessen und (häufig) offiziell beabsichtigt herausbildet und anerkannt wird – ein ‚feststehendes Verhaltensmuster', um Barkers Terminologie zu verwenden" (Goffman 1971a: 29).[1] Wie für andere mehr oder weniger durchstrukturierte soziale Anlässe gilt auch für Events: Sie haben „ihr eigenes Ethos, ihren Geist, ihre emotionale Struktur, die in angemessener Weise geschaffen, erhalten und aufgehoben werden müssen; der Teilnehmer spürt, daß er sich für die Angelegenheit engagieren muß (...) Solche Anlässe – sie sind meist vorausgeplant – haben eine Tagesordnung, die alles enthält, was zu tun ist. (...) der Ablauf in einzelnen Phasen und mit einem Höhepunkt liegt fest" (Goffman 1971a: 30). Eingebettet ist der Ablauf von Events ebenso wie der einiger anderer sozialer Anlaß-Klassen in eine eigentümliche Grenzstruktur. Im Anschluß an Kenneth Pike spricht Goffman von der Staffelung „zwischen ‚Spiel' und ‚Spektakulum', d. h., zwischen Theaterstück oder Wettkampf oder Hochzeit oder Gerichtsverhandlung und dem sozialen Ereignis, in das diese Vorgänge eingebaut sind" (Goffman 1977: 289). Das „Spiel" des Events – die „Party" – bedarf notwendigerweise des „Spektakulums", der Einbettung in einen herzustellenden – und d. h. mehr oder weniger aufwendigen – sozialen Rahmen. Er fungiert als eine den Alltag distanzierende und das „sakrale" Geschehen eingrenzende soziale Sinn- und Wirklichkeitsmarkierung. Geschaffen werden derartige infrastrukturelle Voraussetzungen normalerweise von professionellen und kommerziellen Organisationen bzw. Betrieben und Spezialisten.

Diese Akteure erzeugen die Grundlagen, auf denen die Event-Spieler Spiele spielen, deren soziale Realität sich auch aus diversen Ex ante- und Ex post-Reflexionen in direkter und vor allem *medialer* Kommunikation ergibt. Events sind also nicht nur spezifische soziale Anlässe, sondern auch in Makrosystemen kontextiert, insbesondere in den gesellschaftlichen Subsystemen der Wirtschaft und der Massenmedien (vgl. Hitzler 1998a: 3). Diese Systeme (die Wissenschaft eingeschlossen) konstruieren die Wirklichkeit der Events aufgrund ihrer je eigenen sinnstrukturellen Identität in je besonderer Weise. Ein Event ist insofern nie nur *ein* Event, sondern vielmehr eine Multiplizität von Wirklichkeiten, die sich aus den spezifischen Sinnzusammenhängen der mit dem Event befaßten Sozialsysteme ergeben.

Die bisherige Definition von Events ist ziemlich formal und unhistorisch. Wenn heute in bezug auf heutige Ereignisse von Events die Rede ist, sei es „im Leben" oder in der Forschung, dann ist inhaltlich Spezifischeres gemeint.

---

1   Ganz im Sinne Goffmans spricht Roger Barker von Behavior Settings (vgl. 1968)

Ein „vorläufiger Definitionsversuch" von Gebhardt, Hitzler und Pfadenhauer lautet:

„Events (...) sind (...) in der Regel aus kommerziellen Interessen organisierte Veranstaltungen, deren primäres Ziel die Herstellung eines alle Teilnehmer umfassenden ‚Wir-Gefühls' ist. Dieses Ziel soll erreicht werden durch die Vernetzung unterschiedlichster interaktiver Unterhaltungsangebote, durch die Verschmelzung multinationaler Kulturelemente in allein nach ästhetischen Kriterien konstruierten Spektakeln, so daß der Eindruck eines ‚totalen' Erlebnisses entsteht. Als solche bilden sie die ‚ideale' Voraussetzung für die Entstehung dessen, was derzeit unter den Begriffen ‚ästhetische', ‚imaginierte' oder ‚posttraditionale' Gemeinschaften diskutiert wird" (Arbeitspapier zur Tagung Soziologie der Events, Dortmund 1998).

An anderer Stelle definiert Hitzler teils genauer, teils komplementär:

„‚Events' sollen heißen: aus unserem spät-, post- bzw. reflexiv-modernen Alltag herausgehobene, raum-zeitlich verdichtete, performativ-interaktive Ereignisse mit hoher Anziehungskraft für relativ viele Menschen. Diese Anziehungskraft resultiert wesentlich aus dem ‚Versprechen' eines hohen, teilnehmerspezifisch vorangelegten, typischerweise verschiedene Kulturformen übergreifenden Spaß-Erlebens. D. h., Events sind vor-produzierte Gelegenheiten zur massenhaften Selbst-Inszenierung der Individuen auf der Suche nach einem besonderen (und besonders interessanten) ‚eigenen Leben'" (Hitzler 1998a: 2).

Die wesentliche Schnittmenge beider Definitionen ist der „Spaßaspekt" oder, wie man nach Schulze (1992) sagen muß, der Aspekt der „Erlebnisgesellschaft". Events zeichnen sich m.a.W. dadurch aus und sind von anderen sozialen Anlaß-Klassen mit gratifizierenden Erlebnis- bzw. Emotionswerten dadurch zu unterscheiden, daß ihr Zweck wie ihre Motivgrundlage in den Spaß-Erlebnissen als solchen liegt. Die soziale Organisation der Events ist ebenso wie die psychische Organisation ihrer Teilnehmer ganz auf die Herstellung von Spaß-Erlebnissen abgestellt. Events und Event-Teilnehmer sind sozusagen koordinierte Spaßgeneratoren.[2]

Interessanterweise setzen die obigen Definitionen, was die Erlebnisinhalte und „Ziele" der Events betrifft, unterschiedliche Akzente. Während die erste Definition den Aspekt der „Gemeinschaft" bzw. des „Wir-Gefühls" betont, legt die zweite den Schwerpunkt auf individuelle oder individualistische Selbstinszenierung und Lebensführung. Diese Unterschiedlichkeit mag damit

---

2 Events sind allerdings auch auf der Teilnehmer-Seite weder voraussetzungslos noch kostenlos. Die „Fun-Komponente" ist in jedem Fall mit Leistung und Kosten verbunden. Wer sich auf die Bühne des Events begibt, ist gezwungen, im Sinne dieses sozialen Anlasses und seiner Engagementnormen zu handeln; er steht insbesondere unter dem Druck sich in die erwartete Euphorie „hineinzusteigern" und mindestens eine Art Spaß-Disziplin unter Beweis zu stellen. In dem Maße, in dem es für den Event-Teilnehmer nicht nur um Lust und Laune sondern auch um Anerkennung, Gratifikation und Identität geht, ist Streß (nicht nur „Erlebnisstreß") zu erwarten. Die Teilnahme an einem Event kann auch all die anderen Probleme des Rollenspiels mit sich bringen, z. B. Distanz- und Orientierungsverluste, die in Alltagsrollen auftreten können (vgl. Zanger/Sistenich 1996: 240).

zu tun haben, daß Events inhaltlich paradox veranlagt sind, nämlich einerseits auf Gemeinschaft und andererseits auf individualistische Selbstverwirklichung zielen. Die „Gemeinschaft" und die „Sehnsucht nach Gemeinschaft" (Hitzler 1998: 3), mit der man es im Kontext heutiger Events zu tun hat, besitzt jedenfalls eine „posttraditionalistische" Qualität. Das Gemeinschaftsstreben des „Erlebnistieres" (um einen Foucaultschen Ausdruck zu modulieren) ist in gewisser Weise egozentrisch: Es geht dem betreffenden Individuum kaum (mehr) darum, mit der Gemeinschaft „identifiziert" zu sein oder gar in der Gemeinschaft „aufzugehen", um aus ihr Identität zu beziehen; eher geht es ihm darum, die Gemeinschaft in ihm selbst nach Maßgabe seiner selbst „aufgehen" zu lassen, und zwar vorübergehend. Die Gemeinschaft wird zum bloßen Vehikel individueller Bedürfnisbefriedigungen bzw. individueller Befriedigungen von Individualismusbedürfnissen. Hitzler spricht von der Vergemeinschaftungssehnsucht des „Existenzbastlers", die nur noch wenig gemeinsam hat mit dem Gemeinschaftsverständnis „traditioneller Milieus" (Familie, Verwandtschaft, Gemeinde u.s.w.). Der Existenzbastler „sucht Anschluß lediglich im Sinne der je von *ihm* gewünschten Sozialverortung. Er sucht Verbündete für *seine* Interessen, Kumpane *seiner* Neigungen, Partner für *seine* Projekte, Komplementäre *seiner* Leidenschaften. Kurz: Er sucht *Gesinnungsfreunde*. Diese findet er aber typischerweise eben *nicht* in schicksalhaft auferlegten Traditionsmilieus, sondern weit eher in single-issue- und lifestyle-Gruppierungen: in Arbeitslosen-Selbsthilfe-Sportvereinen, in Sado-Maso-Netzwerken, in Senioren-Bodybuilding-Studios, in gewalttätigen Fußball-Fanclubs, in Gesprächskreisen schwangerer Frauen (oder schwängernder Männer), in Nichtraucher-Bastelgruppen, in Mountain-Bike-Clubs, in Behinderten-Initiativen, in Selbstverteidigungs-Komitees, in Naturkost-Genossenschaften, in Techno-Posses und so weiter" (Hitzler 1998: 3 f.).

Entscheidend an den sozialen Gebildetypen, um die es hier wie auch bei Events geht, sind nicht nur die Aspekte der sachlichen Spezialisierung und der Episodenhaftigkeit. Zentral ist vielmehr auch eine moralische Transformation bzw. Ent-Bindung, nämlich ein zumindest tendenzielles Schwinden von sozialer *Identifikation* und *Solidarität* als Gemeinschaftsprinzipien (vgl. Jäckel 1999: 191). Das impliziert im Falle von Events, daß die Teilnehmer nichts bindet und hält als ihr eigener Wille und (d. h.) ihr Interesse. Events bieten eine Art von Gemeinschaft, die ihre Mitglieder „nicht über das hinaus verpflichten (kann, H. W.), was diese sich je individuell als Verpflichtung *selber* auferlegen. Sie kann Mitgliedschaft nicht erzwingen, sondern lediglich zur Mitgliedschaft verführen (...) Sie besitzt nur Autorität, weil und solange ihr Autorität *zugestanden* wird" (Hitzler 1998: 5).

Was aber ist das Interesse, das zur Partizipation an Events motiviert (verführt)? Worin besteht der Reiz und die Funktion dieses allseitig reduzierten Gemeinschaftstyps? Eine erste Antwort auf diese Fragen läuft – wiederum –

unter dem Titel „Individualisierung", und zwar in zweierlei Hinsicht: Zum einen kann das Gemeinschaftserlebnis des Events schnelle und „preiswerte" Kompensation individueller Vereinzelung und sozial exkludierter oder problematischer Einzigartigkeit verschaffen. Zum anderen bietet die Gemeinschaft eine Bühne für die Selbstinszenierung eigener Individualität, speziell individuellen Ausdrucks-Vermögens (unter anderem im Hinblick auf den Körper auch im Sinne von Kapital). Die Event-Gemeinschaft hält auch ein Reservoir an Zeichen und Symbolen bereit, auf deren Grundlage der Existenz-Bastler seine „ästhetische" Fassade und seine „Show" individuell und distinktiv gestalten kann.

Vor allem aber befriedigt die Event-Gemeinschaft in, sei es „hyper" – sei es „postmoderner" Weise das „Fundamentalbedürfnis der sozialen Anerkennung" (Jäckel 1999: 191). Diese ergibt sich einerseits – bei Einhaltung gewisser Minimalstandards – aus der Teilnahme als solcher. Aufgrund seiner symbolischen Grenzziehungen (Exklusion und Inklusion) bedeutet das Event kollektive Distinktion, von der jeder Teilnehmer als Individuum profitieren kann. Andererseits fungieren die Event-Gemeinschaften als „Spiegel" und Anerkennungssubjekte der Selbstinszenierungen, die die Dramatisierung von Individualität und Distinktion als symbolische bzw. „ästhetische" Gestaltung der und *in* der Gemeinschaft bezwecken. Die Event-Gemeinschaft schafft – mit Rückwirkungen auf Selbstbild und Identität – eine Bühne, auf der das Individuum Qualitäten demonstrieren und erzeugen kann, die in anderen (System-) Kontexten nicht interessieren oder deren „Entfaltung" stören würde: Qualitäten des Körpers, des „Charakters", der Geschicklichkeit, der Phantasie u.s.w. So kann jede „graue System-Maus" vor anderen dramatisches Format gewinnen und sich selbst als jemand mit solchem Format erleben, z. B. als Held oder Virtuose. Dabei besteht natürlich ein strategischer Vorteil für das Individuum darin, die Gemeinschaft und die Bühne nach dem Gesichtspunkt der persönlichen Erfolgswahrscheinlichkeit *wählen* zu können.

Damit stellt sich die Frage nach dem gesellschaftlichen Ort und nach der Genese des „existenzbastelnden" Individuums bzw. „Erlebnistiers". Die Beantwortung dieser Frage muß nach dem bisher Gesagten differenzierungstheoretisch , und d. h. historisch, ansetzen. Vor allem muß nach der Entstehung des neuen Individualitätstyps gefragt werden, für den der Begriff des Existenz-Bastlers steht. Dabei geht es nicht nur um einen Typus von Praxis und Handelndem, sondern auch um ein kulturelles Konstrukt, eine Form von Semantik im Sinne Luhmanns.

2. Zur sozio-kulturellen Genese und Verfassung des (Event-)Existenzbastlers

Im 18. Jahrhundert entsteht ein neuer semantischer Individualitätstypus, der bis heute – und heute in besonderer Weise – die Rede vom Individuum und das Selbstbewußtsein des Individuums beherrscht: die Vorstellung vom einzigartigen, selbstbestimmten, emanzipierten Subjekt. Die Wurzeln dieser Vorstellung, deren jüngste Ausläufer im Kontext der „Erlebnisgesellschaft" zu beobachten sind, reichen tief; sie sind religiöser Art (vgl. Willems 1995). Der Boden ihrer dynamischen Entwicklungsgeschichte aber ist die gesellschaftliche Modernisierung. Hans-Georg Soeffner skizziert diese als sozialstrukturellen und semantischen Individualisierungsprozeß:

„Die seit der Reformation unaufhaltsam fortschreitende Selbstreflexivität des Einzelnen, der in Selbstbeobachtung und Selbstthematisierung zunächst sein ‚reformiertes', frisch erworbenes, durch keine Kirche mehr verwaltetes, sondern ‚unmittelbares' Verhältnis zu Gott reflektierte, bevor er sich als so neu formiertes Individuum selbst zu seinem beliebtesten Gegenstand machte, erhielt in der Folge der letzten drei Jahrhunderte in den sich immer schneller entwickelnden Industriegesellschaften einen starken Schub. Zunehmende funktionale Arbeitsteilung, soziale [...] Mobilität, das Zusammengehen von anwachsender Rollenkomplexität und Rollenspezialisierung sorgten dafür, daß die Individualisierung als sozialstruktureller Prozeß nicht zur Ruhe kam.

In eins mit dieser Entwicklung vollzog sich die Ausformulierung einer heute alltäglichen Selbstdeutungsfigur ‚moderner westlicher Gesellschaften': Die Norm und Rede von der ‚*Emanzipation* (Selbstfindung, Autonomie, Authentizität etc.) des Individuums'. Damit zeigt sich an, was mancher am liebsten gar nicht und andere nur ungern akzeptieren wollen: Das Ideal vom ‚autonomen, selbstbestimmten Individuum' wurde nicht *gegen* die ‚Zwänge' moderner Industrie- und Verwaltungsgesellschaften entwickelt, sondern wird als Verhaltenstyp von eben diesen Gesellschaften dem einzelnen funktional – und das bedeutet: immer wieder und alltäglich – abverlangt" (Soeffner 1998a: 284).

Der dem „sozialstrukturierten" Individuum der Moderne entsprechende semantische Individualitätstypus antwortet auf basale Identitäts- und Orientierungsprobleme, die sich primär als Folgen *funktionaler* Differenzierung charakterisieren lassen.

Im Verlauf eines sich über vierhundert Jahre hinziehenden Prozesses sind die gesellschaftlichen Funktionsbereiche an Hand ihres jeweiligen zentralen Bezugsproblems ausdifferenziert worden. Damit geraten die Individuen in eine strukturelle Außenstellung zur Gesellschaft (vgl. Luhmann 1984). Sie sind in alle Sphären der Gesellschaft eingelassen, jedoch jeweils nur in für sie selbst partiellen Engagements, z.B. als Kunden, Gläubiger, Ärzte, Patienten,

Verkehrsteilnehmer usw. Sie können nun nicht mehr nur einem Teilsystem der Gesellschaft angehören, wie man nur einem Stand angehörte. Vielmehr muß jeder Zugang zu allen funktionalen Teilsystemen der Gesellschaft erhalten können, „je nach Bedarf, nach Situationslagen, nach funktionsrelevanten Fähigkeiten oder sonstigen Relevanzgesichtspunkten" (Luhmann 1980: 31). Die moderne Gesellschaft schließt den einzelnen also *als Individuum* aus dem Gesellschaftssystem aus. Das moderne Individuum ist ein Kosmos, der sich in keiner realen kommunikativen Situation mehr voll kommunizieren läßt, der in keines der Subsysteme als ganzes kommunikativ „eingebracht" werden kann. Weil es an verschiedenen, als Sinnsphären eigengesetzlichen und nicht aufeinander abgestimmten Funktionsbereichen partizipieren muß, kann das Individuum seine Identität nicht mehr auf soziale Inklusion gründen. Es kann nur mehr durch soziale Exklusion bestimmt werden (vgl. Luhmann 1989: 158), und d.h.: es wird in gewisser Weise sich selbst überlassen und auf sich selbst gestellt. Es darf und soll nunmehr „sich selbst verwirklichen". Mit der Legitimation „eines Anspruchs auf ‚Selbstverwirklichung' entspricht das Gesellschaftssystem der sozialstrukturellen Außenstellung des Individuums" (Luhmann 1984: 365). War in der vormodernen, primär stratifikatorisch differenzierten Gesellschaft Identität mit der Einordnung in die Gesellschaft, mit Familienzugehörigkeit, Stand, Geschlecht etc. relativ konkret gegeben und damit das Individuum durch den Bezug auf andere auch für sich selbst relativ eindeutig „identifiziert", so wird in der modernen Gesellschaft jedermann – mit der Implikation von Zwängen und Freiheiten – zugemutet, sich selbst seine Identität zu geben. Mit den im 18. Jahrhundert voll durchschlagenden sozialstrukturellen Veränderungen, die die traditionalen Gemeinschaftsformen und semantischen Orientierungen auflösen, beginnt der „Kampf um ‚Identität' und Autonomie" (Soeffner 1998b: 241), entstehen neue und erhöhte Anforderungen an die Identitätskonstitution und Verhaltensorientierung.

In diesem Zusammenhang spielen die Institutionen, die Alois Hahn „Biographiegeneratoren" nennt (vgl. Hahn 1982; 1987; Willems 1994; 1999), eine historische Schlüsselrolle. Mit Biographiegeneratoren sind institutionelle Formen der Identitäts*reflexion* und Identitäts*konstruktion* gemeint, die als latentes Kompensativ für die Unmöglichkeit gesamtgesellschaftlicher Integration des Individuums fungieren. Das Individuum läßt sich nur noch in Spezialinstitutionen wie der Beichte, Tagebüchern oder poetischen Texten als einzelnes in seiner biographischen Totalität thematisieren und „behandeln". Umgekehrt entspringt dann auch erst die biographische Identität, d. h. eine bestimmte Selbst-Beschreibung, den Verfahrensbedingungen, Deutungsmustern und kommunikativen (Interaktions-) Geschichten solcher Biographiegeneratoren. Diese selbst aber reagieren zunächst auf Defizite, die mit der sozialen Differenzierung zusammenhängen. Sie ist der Resonanzboden und begründet die gesellschaftliche Funktionsstelle von Biographiegeneratoren.

Der Psychoanalyse kommt in diesem Kontext eine besondere Bedeutung zu, weil sie die Idee des „eigentlichen individuellen Selbst", in einem den modernen Individualisierungsbedingungen angemessenen Identitätsentwurf ausformuliert (vgl. Willems 1994). Auf dieser Sinnbasis erhebt sie in einem Raum außerhalb der Gesellschaft den Anspruch, das Selbst zur Begegnung und Verbindung mit sich selbst zu führen. Die Prozesse, in denen dies geschehen soll, sind vorgegeben und strukturiert. Damit besteht ein das Selbst *inhaltlich* bestimmender Erzeugungskontext. Das Individuum, das in der Gesellschaft und durch die Gesellschaft keine Identität mehr gewinnen kann, erhält in dem Prozeß, in dem sein „Inneres" artikuliert und erkannt werden soll, Identität und Orientierung; es wird mit einem biographischen Begriff seiner selbst und einem Weltbild ausgestattet.

Mittlerweile scheinen nun aber Sinngebungen dieser Art funktional zu veralten. Biographisierungen und Habituseffekte wie die der Psychoanalyse passen immer weniger zur Struktur und Kultur der Gesellschaft. Wie immer heute das Bewußtsein existentiellen Sinn gewinnt, es muß, wenn es nicht soziale Kosten verursachen und dafür sozial bezahlen will, zugleich in einem historischen Höchstmaß beweglich und offen bleiben. Was mehr und mehr zählt, ist eine Flexibilität des Selbst, die eine erneute „Emanzipation" impliziert, nämlich die von der Idee einer ausdefinierten und ein für allemal stimmigen Identität. Diese Idee und überhaupt die lange dominierende Sinnfrage, wer man „eigentlich" ist, verliert, wie Gerhard Schulze (1992) feststellt, gesellschaftsgenerell an Einfluß.[3] Damit schwindet auch die subjektive Bedeutung der eigenen Vergangenheit und das Bedürfnis, seine biographische Totalität zu thematisieren. Was nachfolgt, ist die sozialen Systemgrenzen angemessene (Freizeit-) Orientierung an *gegenwärtigen* und *zukünftigen* Gratifikationserlebnissen, vor allem besonderen und besondernden Spaß-Erlebnissen. Diese neue „Innenorientierung" geht einher mit der Identität und Kompetenz des Identitätenmanagers, der geneigt und in der Lage ist, die Spielräume seiner „Selbstverwirklichung" zu verwalten und zu optimieren. Zu dieser Subjektivität gehört auch das Vermögen, „ein komplexes Gefüge von Reflexionsbezügen auf sich selbst und von Ansprüchen an die Gesellschaft zu balancieren, einschließlich der Fähigkeit, jeweils auf den angemessenen Bezug umzuschalten" (Popitz 1987: 643).

---

3   In der Therapiekultur sind es vor allem die Gruppentherapien, die in diese Richtung weisen (vgl. Willems 1994; 1999). Das Selbst, das sie entwerfen, und das ihre Verfahrensbedingungen vorzeichnen, ist in jeder Hinsicht „dynamisch". Es bedient sich – man ist versucht zu sagen: bastelnd – seiner Biographie und erzeugt sie als Ressource einer pragmatischen Sinnstiftung; es macht sich in einem geradezu (auto-)poetischen Sinne zum „Gegenstand der Fiktion". Statt sich biographisch zu identifizieren, baut es seine körperlichen und emotionalen „Hemmungen" ab; steigert es seine Selbstachtung und erwirbt es „Sozialkompetenzen", aus denen neben ihm selbst die sozialen Systeme Nutzen ziehen können.

Auf der Basis außenbezogener Managementkompetenz und relativer innerer (psychischer) Offenheit kann das Individuum eine bewegliche Identitätspolitik betreiben und versuchen, möglichst viele Selbste zu verwirklichen, die möglichst viel „Spaß" machen sollen. Und in der Tat kennzeichnet die heutige Situation nicht mehr nur, wie Gehlen (1957) vor einem halben Jahrhundert feststellte „das Auftreten von Millionen von ich-betonten, selbstbewußten und auf Anreicherung ihres Erlebens bedachte Menschen" (Gehlen 1957: 63), sondern die Tendenz zu einem flexiblen und multiplen Individualismus (vgl. Soeffner 1995a: 49f.). Dieser beinhaltet eine gewisse strategische Subjektivität und „Performancekunst", die Fähigkeit, „sich selbst" in vielen, zum Teil sehr flüchtigen Gesichtern „hervorzubringen", z.B. in Gesprächstypen, die „die Qualität einer ‚Show', einer Selbstpräsentation und Selbstdemonstration" erhalten (Soeffner 1995a: 49). Im Alltagsleben wie in dem sich zunehmend ausdehnenden und differenzierenden „Supermarkt" der Identität (von der Sekte bis zum Internet) verbreitet sich ein Individuum, das, statt nach seinem „wahren Selbst" zu suchen, den selbstbestimmten Wechsel der Selbstdefinitionen und dramaturgischen Selbstgestaltungen als seine „Wahrheit" und als Moment seiner Autonomie und „Selbstverwirklichung" erfährt.

Dieser neuen Qualität von Individualismus entprechen jene neuen Formen von (Event-) Gemeinschaft, die „vor-produzierte Gelegenheiten zur massenhaften Selbstinszenierung der Individuen auf der Suche nach einem besonderen (und besonders interessanten ‚eigenen Leben'" (Hitzler 1998a: 2) darstellen. Diese neuen Formen der Vergemeinschaftung laufen den traditionellen Organisationstypen der Freizeit zunehmend den Rang ab. Symptomatisch ist der Bedeutungsverlust des Vereins (vgl. Jäckel 1999: 180f.) und der korrelative Aufstieg kommerzieller Organisationen, deren Erlebnisangebote Gemeinschaft nur noch als Randbedingung individuellen Spaßerlebens vorsehen. Ein wichtiges Beispiel ist die Entwicklung im Sportbereich. In einem Artikel des „Spiegel" hieß es dazu kürzlich treffend:

„Nun steht am Ende des Jahrtausends die ideologische Zäsur. Während der Deutsche Sportbund mit dem Slogan ‚Sport ist im Verein am schönsten' für Gemeinschaftssinn wirbt, kontern die Trendsetter von der anderen Seite: ‚Distance yourself'. Denn die neue Sportgeneration pfeift auf Vereinsmeierei, Medaillen und Rekorde. Ihr geht es um Spaß und nicht um Schweiß. Im Mittelpunkt steht das Individuum – und der nächste emotionale Kick. Als ‚frei vagabundierende Sporthopper' bezeichnet der Hamburger Freizeitforscher Horst W. Opaschowski die neue Spezies. Prägendes Merkmal dieser Sportmodernen: ‚Konsum nach Lust und Laune'" (Der Spiegel 1998: 179).

Bedient wird der konsumistische Erlebnisindividualismus von einer expandierenden und immer zielgenauer operierenden (Kultur-) Industrie, die die Formen der „alten Lebenswelt" (die wie der Verein auch einmal „modern" waren) gleichsam kolonisiert. Dabei wird der primär als Folge funktionaler

Gesellschaftsdifferenzierung charakterisierte Individualitätstypus in einem permanenten Wechsel von „Angeboten" mit „Formulierungshilfen" für seine Selbst- und Lebensgestaltung ausgestaltet. Die Spezialisten der (Spaß-)Wirtschaft, denen es weder an Ideen noch an Möglichkeiten mangelt, sie in Konsumofferten umzusetzen[4], produzieren unentwegt Ressourcen und damit Rahmen einer „selbstlosen" Selbstverwirklichung.

3. Event-Marketing

Die Vermarktung von Events floriert, und mit ihr floriert das Event-Marketing als eine Strategie der *Werbung*. Deren (Beobachtungs-) Spezialisten haben das „Erlebnistier" längst entdeckt und entsprechend adressiert – mit Hilfe von Events. Zanger und Sistenich sehen im Event-Marketing zudem ein Symptom und einen Teil einer qualitativen Transformation des ökonomischen Feldes, das nicht nur auf den Wandel seiner kulturellen Umwelt sondern auch auf den Wandel seiner selbst reagieren muß (bekannte Tatsachen sind in diesem Zusammenhang: Nachfragesättigung, Qualitätskonvergenz der Produkte, Verschärfung des Produktions- und Kommunikationswettbewerbs, Reizüberflutung u.a.m.). Auf der ökonomisch-strategischen Kommunikations- bzw. Werbungsebene wird das sich verschärfende Problem der Passivität der potentiellen Konsumenten als entscheidend – und durch die Strategie des Event-Marketings lösbar – angesehen. Um eine „Aktivierung des Konsumenten" zu erreichen, wird „versucht, eine neue Wirklichkeit zu inszenieren, die sich in Zeiten einer fortschreitenden Erlebnis- und Genußorientierung und damit einer Verschiebung des Interesses von der Produkt- zur Erlebnisqualität eines Angebotes von den für die Zielgruppe gewohnten Alltagswirklichkeiten unterscheidet und damit potentiell interessant erscheint" (Zanger/Sistenich 1996: 238).

Bevor ich mich der hier angesprochenen „Wirklichkeit" eingehender zuwende, will ich auf deren zentralen ökonomischen Hintergrund bzw. Grund eingehen: das Feld der Werbung und dessen Wandel.

---

4   Rührig sind z.B. die Trend-Erfinder im Bereich der „Thrill-Events". Deren Klientel ist, so Der Spiegel, „wie von Sinnen: 20 Event-Anbieter stillen derzeit in Deutschland die Lust am Adrenalinschub. Bis zu 200 Besucher bezahlen an guten Tagen 100 bis 160 Mark für den kurzen Fall am Bungeeseil. Und jeder neue Trend verspricht weitere, satte Rendite. Die Kreationen der Nervenkitzler sind Ausgeburten des Absurden: ,Vertibiker' strampeln sich an einer speziellen Seilkonstruktion am Fernsehturm in Hamburg senkrecht empor. ,Hot Rocket' heißt der Gegenimpuls zum Bungeesprung: Statt hinunterzuhüpfen, wird der Kunde hinaufgeschossen. Auf dem Prinzip des freien Falls ohne Seil fußt ,Scad Diving'. 20 Meter stürzen besonders Hartgesottene aus einer Krangondel oder einem Hubschrauber hinab, ehe sie in ein Fangnetz tauchen" (Der Spiegel 1998: 179).

3.1 Wandlungen der Werbung

In den letzten Jahrzehnten hat sich das Methodenarsenal der Werbung wesentlich verändert, pluralisiert und weiterentwickelt. Bestehende Methoden sind variiert worden, neue sind hinzugekommen, die mit immer größerem Aufwand in immer mehr Bereichen wirksam werden. Unübersehbar ist seit etwa zwanzig Jahren ein Trend zur Massierung und Diversifizierung von Werbung. Er hat seine Hauptursache in den sich verschärfenden Erreichungs- und Wirkungsproblemen „klassischer" Werbung. Desinteresse, Reaktanz, Täuschungsverdacht, Aversionen des Publikums sind bekannte Phänomene.[5] Jüngsten Umfragen zufolge fühlen sich 99% der Fernsehzuschauer von Werbung gestört. Die Werbetreibenden reagieren auf diese Situation und die zugleich auftretenden Probleme der Zielgruppendifferenzierung und dramaturgischen Zielgruppenansprache mit neuartigen Werbungsformen. Sie sollen strategischen Einfluß auf Konsumenten zurückgewinnen oder noch vorhandenen steigern (vgl. Bente 1990: 1; Hermanns 1993: 629; Spitzer 1996: 24). Vor allem gilt es, so der Konsens der „Praktiker", Wege aus der Indifferenz der Werbungsflut zu finden.[6] „Denn in einem Umfeld, in dem täglich 2.224 TV-Spots, 4.456 Radio-Spots gesendet und 1.568 Anzeigen-Seiten gedruckt werden ..., bleibt der Marke gar keine andere Möglichkeit: Sie muß sich (...) nach Alternativen umsehen" (Michael 1993: 550). In ihren erneuerten und in ihren neuen Formen dringt die Werbung stärker, differenzierter und subtiler als früher in die Lebens- bzw. Erlebenswelt ihrer Rezipienten ein. Deren alltägliche Umwelt wird immer öfter nicht nur von Werbung durchdrungen, sondern regelrecht zum „Rahmenprogramm" von Werbung. Auf der Medienebene ist die Werbung längst mehr als eine Randerscheinung. Sie schafft sich immer häufiger adäquate Umfelder und macht die „eigentlichen" Programme zu Dauerwerbesendungen (vgl. Schierl 1996: 298). Bezüglich der „Kolonialisierung" des Programms durch die Werbung stellt Schierl fest:

„Der Einfluß der Veränderungen auf die Sendeformate beschränkt sich nicht nur alleine auf die Entstehung neuer Werbeformen, sondern bezieht sich auch auf das Programm. Denn besonders zu den Tageszeiten, für die Werbung aquiriert werden soll, verliert das Programm vielfach seine journalistische Eigenständigkeit und entwickelt sich mehr und mehr zum möglichst werbeaffinen und zielgruppenoptimierten *Werberahmenprogramm*" (Schierl 1997: 31).

Die Alternativen zur „klassischen" Werbung, seien sie medialer oder nichtmedialer Art, haben im Rahmen unternehmerischer Kommunikationspolitik

---

5   Die stärksten Abwehrreaktionen und Blockaden hat die 1986 eingeführte Unterbrecher-Werbung im Privatfernsehen zur Folge. Die dort geschalteten „ghettoisierten" Werbeinseln werden durchweg als massiv störend empfunden (vgl. Schierl 1996).

6   Immer öfter ist von einer „Werbungskatastrophe" die Rede (vgl. z.B. Michael 1993; Spitzer 1996). Im Prozeß ihrer Expansion wird die Werbung sich selbst zur problematischsten Umwelt.

mittlerweile eine zentrale Bedeutung erlangt. In den USA wurden Anfang der 90er Jahre bereits 65% der Werbeausgaben für die immer reichhaltigere Palette neuer Werbetypen aufgewandt (vgl. Schmidt/Spieß 1997: 12). Die Entwicklung in Deutschland verläuft ähnlich: Berndt (1993: 13) berichtet, daß zum gleichen Zeitpunkt bereits fast 40% der Kommunikationsbudgets der deutschen Markenartikelindustrie nicht mehr auf „klassische" Werbung entfallen. Tostmann und Trautmann (1993: 427) gehen in bezug auf Fernsehwerbung bereits von einem Anteil von etwa 15% an (noch) sogenannten Werbesonderformen aus.

Zu beachten ist, daß es hier nicht um „K.O.-Entscheidungen" geht. Vielmehr gilt allgemein ein „Kommunikationsmix" verschiedener Werbungstypen als erfolgversprechendste Strategie. Bei dieser „integrierten Kommunikationspolitik" (Berndt 1993: 14) handelt es sich nicht nur im Sinne einer Arbeitsteilung um die „Abstimmung verschiedener Instrumente wie Werbung, Public Relations, Sales Promotions, Persönlicher Verkauf und Sponsoring" (Berndt 1993: 14). Vielmehr sollen „durch formale bzw. stilistische, inhaltliche und zeitliche Synchronisation (...) im Vergleich zur nicht-integrierten Marketing-Kommunikation Synergieeffekte zwischen den eingesetzten Elementen der Marketing-Kommunikation realisiert und eventuell auch Rationalisierungseffekte im Sinne einer Verbesserung der Kosten/Nutzen-Relation des Mitteleinsatzes bewirkt werden" (Hermanns/Püttmann 1993: 22).

Das Kommunikationsfeld der Werbung war und ist primär ein Medienfeld. Auf ihm findet die enorme Expansion und Differenzierung der Werbung hauptsächlich statt. Vor allem im Fernsehen haben sich zahlreiche neue Werbungsmethoden etabliert. Zum Beispiel: Teleshopping[7], „Infomercials"[8], Werbequizsendungen, Werbung in Verbindung mit dem Wetterblock[9], Werbeuhr, „interaktive Werbung"[10], Werbung mit „virtuellen Produkten"[11] u.s.w. (vgl. Harbrücker/Wiedmann 1987; Tostmann/Trautmann 1993; Schierl 1997:

---

7 Das Charakteristikum des Teleshoppings ist die Offerte, das Beworbene direkt zu bestellen. Tostmann und Trautmann (1993: 428) sprechen von „Direct-Response-Werbung".

8 Hierbei handelt es sich um etwa 30-minütige Produktpräsentationen; eine Werbungsform, die sich in den USA schon seit geraumer Zeit großer Beliebtheit erfreut. In Deutschland ist sie wegen (noch) geringer Publikumsakzeptanz nur in den Randzeiten der Spartensender zu sehen.

9 Diese Form der Werbung ist dem TV-Sponsoring sehr ähnlich.

10 Im September 1997 war im digitalen Fernsehen der erste interaktive Werbefilm zu sehen: „Maggi hat einen seiner Kochstudio-Spots geschaltet, bei dem die Zuschauer per Knopfdruck den weiteren Verlauf des Commercials bestimmen können: Nach Wahl erhalten sie Informationen zur internationalen Küche oder zum Kochen mit Gemüse" (o. V. 1997a: 4). Dem (digitalen) Werbefernsehen werden sich in naher Zukunft Möglichkeiten der unmittelbaren Interaktion mit dem Publikum bieten, womit ein neues Werbungszeitalter anbricht.

11 Vorstellbar wird „auch der Einsatz virtueller Produkte in der Fernsehwerbung. Beim Empfang einer Werbebotschaft kann man durch das Tragen von VR-Endgeräten (»Home-VR«) die Produkte testen, ohne das Produkt wirklich verfügbar zu haben. Der Zuschauer kann das Warenangebot studieren: dreidimensionale, interaktive Produkte zum Anfassen, zum Hören, zum Riechen und Sehen" (Anweiler 1998: 236).

26ff.). Neben medialer Werbung tauchen nun zunehmend Verbindungen zwischen medialer und nicht-medialer Werbung auf. Die wohl wichtigste Variante ist das Event-Marketing, bei dem ein soziales „Ereignis", der erwähnten Strategie der Medienwerbung analog, zum Werberahmenprogramm wird. Event-Marketing beginnt und endet normalerweise in den Medien, die mit dem „Ereignis", auf das sie sich beziehen, eine funktionale und strategische Synthese eingehen.

3.2 Strukturen und Funktionen des Event-Marketings

Zanger und Sistenich (1996) definieren Marketings-Events „als inszenierte Ereignisse in Form erlebnisorientierter firmen- oder produktbezogener Veranstaltungen (...), die dem potentiellen Kunden emotionale und physische Reize darbieten, die zu einem starken Aktivierungsprozeß führen. Unter dem Begriff Eventmarketing wird in diesem Zusammenhang die Planung, Gestaltung, Durchführung und Kontrolle dieser Veranstaltungen im Rahmen der Kommunikationspolitik des Unternehmens subsumiert" (Zanger/Sistenich 1996: 234). [12] An diese Definition ist eine Reihe von Spezifikationen anzuschließen:

a) Marketing-Events sind als *Interaktions*ereignisse im Gegensatz zu herkömmlicher Medienwerbung „dialogisch" verfaßt (Zanger/Sistenich 1996: 235). Das heißt nicht nur, daß jeder Teilnehmer mit jedem anderen Teilnehmer kommunizieren kann. Das „Dialogische" betrifft vielmehr auch das spezifische kommunikative Verhältnis zwischen dem anzusprechenden Publikum und den im Auftrag der „Event-Urheber" agierenden Rollenspielern. Meist handelt es sich um attraktiv wirkende „junge Menschen", die als Symbole und Funktionäre der Event-Inszenierung operieren. In direkter Interaktion mit dem Publikum (potentiellen Konsumenten) geht es diesen Rollenspielern um die dramaturgische Umsetzung von Vorstellungen (Marken-Mythen, Images, Slogans u.s.w.) sowie in Verbindung

---

12 Die wichtigste Rolle spielt das Event-Marketing gegenwärtig im Bereich der Tabakindustrie, die zum Teil sehr kostenintensive Event-Kampagnen betreibt. Dies hat mit der Jugendlichkeit der fokussierten Zielgruppe, aber auch mit zurückgehendem Tabakkonsum und mit rechtlich begrenzten Werbemöglichkeiten zu tun. Das „Marlboro-Abenteuer-Team" und die „Camel-Trophy" – als Inszenierungen des „Single-Hero" haben bereits den Status von Klassikern. „Camel Airrave", „Camel Move Town" und „West in Space" sind neuere Varianten, die sich z. T. stark an „Szenen" orientieren (vgl. Kinnebrock 1993: 71). Schnibben stellt fest: „Wo etwas los ist in Deutschland, ist irgendein Zigarettendreher mit ‚Event-Marketing' zur Stelle. Lord besorgt Premierenkarten für Oper und Theater in 21 Städten. West überraschte die Documenta-Besucher mit Jan-Hoet-Zigaretten und schoß Ende Oktober die erste von deutschen und russischen Malern gestaltete Rakete ins Weltall. (...) Da den Zigarettenfirmen die Welt gelegentlich nicht ereignisreich genug scheint, haben sie begonnen, in die Wirklichkeit einzugreifen. Sie entführen ihre Konsumenten in die Werbewelten, die sie selbst erfunden haben. (...) All diese Inszenierungen sollen erreichen, was die Plakate und Anzeigen allein nicht mehr schaffen: das Markenzeichen wie ein Brandzeichen im Gehirn zu verewigen" (Schnibben 1992: 123).

damit um die aktive Involvierung des Publikums (vgl. Böhme-Köst 1992: 341). Zu den wichtigsten Strategien, die mit diesem Ziel eingesetzt werden, gehören (als Inbegriff von „Dialogizität") Geschenke.[13]

b) Das Event-Marketing inszeniert Ereignisse, die *außeralltäglich* verortet sind und einen *gegenalltäglichen* Charakter haben. Sich von der Alltäglichkeit des Alltags inhaltlich-spezifisch abhebend, erzeugt das jeweilige Marketing-Event besondere Erlebnisse, Lebens- und Selbstgefühle, durch die zwei werbestrategische Schlüsselfunktionen erfüllt werden: zum einen wird ein Image für das beworbene Objekt verkörpert und zum anderen wird das umworbene Subjekt an das beworbene Objekt gebunden. In diesem Sinne fungieren z.B. Events wie die des „Marlboro-Abenteuer-Teams". Dieses Beispiel steht auch für einen zentralen Typus von „Gegenalltäglichkeit", nämlich für Events, die mit Risiken oder Risikoeindrücken verbunden sind und ihren Charakter als Events aus Risiken bzw. Risikobewußtsein beziehen. Goffman spricht im Hinblick auf die entsprechende psycho-soziale Befindlichkeit, das heißt die mit dem freiwilligen und aktiven Eingehen begrenzter Risiken verbundene *Spannung*, von „Action" (vgl. 1971a: 164 ff.). Sie ergibt sich aus „Handlungen, die folgenreich und ungewiß sind und um ihrer selbst willen unternommen werden. (...) In solchen Augenblicken wird meist ein besonderer affektiver Zustand hergestellt, der sich in Form von Erregung darstellt" (Goffman 1971a: 203). Michael Balint nennt diese Erregung, die z. B. von (Risiko-) Events wie dem Bungee-Jumping oder Extremsportarten wie dem Free Climbing hervorgerufen wird, „Angstlust". Sie zerfällt in drei Komponenten: „a) ein gewisser Betrag an bewußter Angst oder doch das Bewußtsein einer wirklichen äußeren Gefahr; b) der Umstand, daß man sich willentlich und absichtlich dieser äußeren Gefahr und der durch sie ausgelösten Furcht aussetzt; c) die Tatsache, daß man in der mehr oder weniger zuversichtlichen Hoffnung, die Furcht werde durchgestanden und beherrscht werden können und die Gefahr werde vorübergehen, darauf vertraut, daß man bald wieder unverletzt zur sicheren Geborgenheit werde zurückkehren dürfen" (Balint 1972: 20). Die „Gegenalltäglichkeit", um die es hier geht, bedeutet eine strategische Möglichkeit der Selbsterfahrung und Selbstbestätigung in einer Gesellschaft, die moralisch identitätsrelevante Herausforderungen systematisch verknappt und nicht zuletzt durch Versorgungsgarantien Gratifikationsverluste bewirkt.[14] Von Risiko-

---

13 Mit der Strategie des Schenkens sind häufig Sonderverkaufsaktionen verbunden, deren quantitative oder/und zeitliche Begrenzung besonders attrahieren soll. Primäres Ziel ist dabei nicht „der unmittelbare Verkauf, sondern die emotionale Bindung des Konsumenten an die Markenwelt" (Zanger/Sistenich 1996: 235) durch die Imagination einer Begünstigung oder eines Nutzens.

14 Risiko-Events sind soziale Räume, in denen sozialstrukturbedingte symbolische Unterforderungen, Geltungs- und Anerkennungsdefizite kompensiert werden können. Darüber hinaus scheinen diese Räume geeignet zu sein, sozial positiv bewertete „Charaktereigenschaften" nicht nur demonstrativ unter Beweis

Events zu unterscheiden sind z.B. konsumptive Genußevents, die von der Knappheit oder seltenen Intensität der Befriedigung von Warenbedürfnissen den Eindruck des besonderen Spaßes und des Spaßes des Besonderen beziehen.[15]

c) Der Sinnkern von Marketing-Events ist eine Kopie, die ihre strategische Signifikanz und Funktionalität ihrer „Lebendigkeit" verdankt. Kopiert wird das medial inszenierte Image bzw. der Mythos eines kommerziellen Objektes. Diese Fiktion, die immer auch auf der Werbung vorgängige Alltagsvorstellungen referiert, wird im Event in gewisser Weise, nämlich durch eine Inszenierung, die das strategisch adressierte Publikum miteinbezieht, „realisiert". Im Blick auf Marken stellen Zanger und Sistenich fest:

„Die symbolische Markenwelt wird durch Schaffung einer potentiell realen Situation (Special-Event) in Szene gesetzt. Der Event macht aus Rezipienten der Markenbotschaft Beteiligte an der Erlebniswelt der Marke. Die symbolische Markenwelt wird für den Konsumenten unmittelbar erlebbar. Sie geht damit in die emotionale Erlebniswelt des Konsumenten über, führt zu einer emotionalen Bindung des Konsumenten an die Marke. Beispielsweise erreichte die Firma *adidas* durch die Inszenierung von Streetball-Wettkämpfen als Special-Events im Rahmen einer Eventmarketing-Strategie den Mythos einer jugendlichen Marke (Zielgruppe 10-19jährige Jungen und Mädchen), der Attribute wie trendig, modisch, sportlich-flippig zugeordnet werden. Die symbolische Markenwelt *adidas* ist heute fest mit den Streetball-Events verbunden. Die jugendliche Zielgruppe fühlt sich der Marke emotional stark verbunden, das dokumentiert die große Resonanz auf Wettkampfangebote. 1994 spielten beim Europafinale in Berlin über 1000 Teams auf über 100 Streetball-Plätzen" (Zanger/Sistenich 1996: 237).

Die Chancen des Event-Marketings, Werbeideen zu verkörpern, hängen allerdings stark von dem beworbenen Objekttyp (als Träger von Bedeutungen) und vom Typ der medialen Werbungsinszenierung ab. Beide Vor-

---

zu stellen, sondern auch mit Rückwirkungen auf das Alltagsleben zu bilden. Beschrieben werden zudem mehr oder weniger umfassende Umstellungen der Lebens- und Selbstauffassung, die auch das (ganz und gar nicht hedonistische) Ziel und Motiv der Event-Teilnahme sein können. Im „Spiegel" hieß es kürzlich: „Manche Abenteuerurlauber hoffen, als veränderte Menschen in die gewohnte Umgebung zurückzukehren. Auch der CDU-Politiker Heiner Geißler, in seiner Freizeit Extremsportler, beschwört den ‚Transfereffekt des intimen Umgangs mit Extremsituationen in das private und berufliche Leben'. Wer durch die Arktis gestapft ist, den kann der Abteilungsleiter daheim nur noch schwer erschrecken" (Der Spiegel 1999: 95).

15   Das „Erlebnistier" kann und muß also eine sachlich differenzierte Befriedigungspolitik betreiben. Diese schließt auch einen wesentlichen Kampf gegen die Hauptleiden der Zivilisation ein: Entfremdung, Langeweile, Normalität und Entsinnlichung. Events wie das Wildwasser-Rafting oder die Love-Parade bieten thematisch je spezifische „Urlaube" für den zivilisierten „Homo clausus" (Elias 1972). Solche kleinen „Ausbrüche" oder „Fluchten" (vgl. Cohen/Taylor 1980: 193) aus den Zwangs- und Mangellagen des Alltags sind besonders starke, weil verführerische Basen einer Kommerzialisierung, die ihre eigenen sozialisatorischen Effekte hat.

aussetzungen, die ihrerseits nicht unabhängig voneinander sind, begrenzen den Spielraum der Event-Gestaltung.[16]

d) Marketing-Events sind also dramatische „Verwirklichungen" von Werbe-fiktionen. Es geht um die „Umsetzung einer Werbewelt in persönliches Erleben: Reality Advertising" (Mosch 1995: 134). Die „Realität" des Marketing-Events wird dann typischerweise wiederum zum Gegenstand massenmedialer Kopie[17], die die Raum-, Zeit- und Sozialgrenzen des E-vents überschreitet. Beispielsweise „berichten" mehrere TV-Kanäle von der jährlichen Camel-Trophy.[18] Zu beachten ist hier auch der medienver-dankte Werbungswert der Bewerbung von Interessenten für die Teilnahme an Events. Ähnlich wie die Teilnahme an Preisausschreiben impliziert dieser Bewerbungstyp Aufmerksamkeit und Interesse für das beworbene Objekt sowie eine Beschäftigung mit ihm. Dabei gibt es – im Gegensatz zum Event selbst – im Prinzip keine quantitativen Partizipationsgrenzen. Und die Bewerberzahlen sind tatsächlich oft erstaunlich. Ein Beispiel ist das „Event ‚West in Space 97': Hatten sich 1996 noch 20.000 aus Deutschland darum bemüht, für ein Kosmonautentraining in Rußland aus-gewählt zu werden, waren es 1997 schon 100.000" (o. V. 1997b: 18). Viele Marketing-Events haben ausschließlich oder hauptsächlich den Zweck, angekündigt zu werden, Bewerbungen zu motivieren und „Be-richterstattungen" zu ermöglichen.

e) Event-Marketing ist und macht sich nicht nur von der Art des beworbenen Gegenstands und von der Kommunikationspolitik des jeweiligen Unter-nehmens abhängig, sondern auch von den Zielgruppen. Diese lassen sich kaum präziser adressieren als durch Events. Um eine optimale Passung (eine Art „recipient design") zwischen Event-Inszenierung und Publikum bzw. Publikumsgeschmack herzustellen, muß es allerdings zunächst ge-lingen, ein mehr oder weniger homogenes Publikum zu identifizieren und dessen werbestrategisch relevante Vorstellungen, speziell von dem, was „Spaß" bedeutet, aufzudecken.[19] Dementsprechend kann dann nach Kon-texten und Bühnen für die Event-Aufführung gesucht werden. Ein Bei-

---

16 Mosch illustriert diesen Punkt: „Mal ehrlich, wer hätte schon Lust, mit Klementine die Waschtrommel zu tauschen oder eine Woche lang seine Hände in Tilly's Palmolive zu baden. (...) Nur der Ausbruch aus dem Alltäglichen zählt, und den kann die Knorr-Familie nun mal nicht bieten. Alles dreht sich um die Vermittlung von Erlebniswelten. Die Verbraucher sollen das Produkt, das dahintersteht, mit bestimmten Erfahrungen assoziieren" (Mosch 1995: 134).

17 Medien spielen natürlich auch im Kontext des Marketing-Events selbst bzw. in seiner Vorbereitung eine Rolle. Es wird meist mit klassischen Werbemaßnahmen angekündigt und von TV-Spots und Printanzei-gen begleitet. Auch innerhalb von Events werden mediale Werbungsformen eingesetzt, z. B. Plakate und Werbedisplays.

18 Bei derartigen Mediendarstellungen handelt es sich natürlich um eigenlogische bzw. strategische Insze-nierungen, die das inszenierte Geschehen, über das sie „berichten", keineswegs abbilden, sondern viel-mehr mindestens selektiv und synthetisch „aufbereiten".

19 Auch in lokaler Hinsicht kann es darauf ankommen, das Publikum dort „abzuholen", wo es sich befindet. So führen Parfüm- und Bekleidungsanbieter Event-Aktionen aus gutem Grund in Diskotheken durch.

spiel sind die Trendsportarten, die die Industrie sehr schnell als (Event-) Werbeplattform für sich entdeckt hat. In einer aktuellen Studie befragte die Sportvermarktungsagentur ISPR Sponsoren, wo in Zukunft investiert werde: „An erster Stelle landete die neue Fun-Bewegung, vor Radsport und Fußball. Die Prognose resultiert aus werbetechnisch idealen Bedingungen: Mit kaum einer anderen Sportart läßt sich so exakt die kaufkräftige Zielgruppe der 14- bis 35jährigen erreichen. Zudem dient der Trendsport perfekt dem Imagetransport" (Der Spiegel 1998: 179).

4. Schlußbemerkungen

Abschließend möchte ich, einige Überlegungen dieses Aufsatzes zusammenfassend, andere fortsetzend, nach zentralen Analyseebenen und Theoriemitteln einer soziologischen Untersuchung von Events fragen.

a) Ein in diesem Aufsatz und, soweit ich sehe, überhaupt vernachlässigter Aspekt von Events ist deren anthropologische Dimension. Ohne die Bedeutung der spezifischen Kulturverfassung der Gegenwartsgesellschaft zu leugnen, kann man feststellen, daß Events in einem sehr fundamentalen Sinne fungieren, nämlich von einem Gratifikationsverlust entlasten, der die Konsequenz routinisierten Handelns ist. Alois Hahn faßt die insbesondere von Gehlen und Tenbruck formulierten Argumente zusammen, auf die es hier ankommt: „Die stabil befriedigten Bedürfnisse scheiden aus dem Aufmerksamkeitshorizont des Handelnden aus. Die Befriedigung wird nicht mehr als ausdrücklich gratifizierend empfunden. Vielmehr nehmen die permanent und gewohnheitsmäßig befriedigten Bedürfnisse den Charakter von „Hintergrunderfüllungen" (Gehlen) an. Jede Form der auf Dauer gestellten Befriedigung erleidet so einen „Gratifikationsverfall" (Tenbruck). Der Antriebsüberschuß des Menschen läßt sich nur teilweise durch die alltäglichen und gewohnheitsmäßigen Akte abführen. Er ,drängt' gleichsam auf neue Befriedigungsformen, auf Außeralltägliches, auf Aufhebung der Alltagsroutine. Insofern bieten alle uns bekannten Gesellschaften ihren Mitgliedern nicht nur Festlegungen ihres Handelns, Gewohnheiten und Routinisierungen von individuell und kollektiv verbindlicher Art, sondern auch deren zeitweise exstatische oder rauschhafte Aufhebung" (Hahn 1972: 425). Von dem Erlebnisangebot der Event-Kultur (von den Erlebnistypen, die sie offeriert und von denen, die sie *nicht* offeriert) kann man also gewisse Rückschlüsse auf die Struktur der alltäglichen Bedürfnisbefriedigung ziehen.

b) Events sind in den Kontext einer in Ansätzen bereits existierenden Soziologie der Außeralltäglichkeit zu stellen (vgl. z.B. Hitzler 1994a, b; Willems 1997). Diese kann von der Feststellung ausgehen, daß sich die Differenz von Alltäglichkeit und Außeralltäglichkeit im Modernisierungsprozeß mit zunehmender Dynamik pluralisiert und diversifiziert hat: Events stehen in einer sich verlängernden Reihe außeralltäglicher Sozialräume, in denen Gegenalltägliches praktiziert wird.[20] Die sich damit zunächst stellenden deskriptiv-typologischen Fragen lassen sich ebenso wie die Frage nach der „Einbettung" des Außeralltäglichen in das Alltägliche mit Hilfe der in diesem Aufsatz verwandten Konzeptmittel (Rollentheorie, Behavior-Setting-Theorie, Rahmentheorie, Skripttheorie) beantworten. Eine besondere Bedeutung kommt hier der Ritualtheorie zu, weil sie sowohl die entsprechenden Interaktionsordnungen zu erfassen erlaubt als auch eine funktionale Erklärung des Außeralltäglichen anleiten kann (vgl. Hahn 1972; 1977; Soeffner 1995b; 1998).

c) Events sind als solche und in ihrer jeweiligen Besonderheit auf Lebens*stile* und damit auf Lebens- und Welt*anschauungen* zu beziehen. Gerhard Schulzes umfassende Kulturdiagnose, die auch auf „neue existentielle Anschauungsweisen" referiert (vgl. Schulze 1992: 67ff.), ist in diesem Zusammenhang zweifellos höchst instruktiv. Besonders vielversprechende *konzeptuelle* Instrumente bieten die Habitustheorie und der Deutungsmusteransatz (vgl. Willems 1997).

d) Die Untersuchung der sozialen Genese und des sozialen Ortes von Events bedarf differenzierungstheoretischer Mittel, die auch Aufschluß über das Event-Publikum geben. Relevant sind hier zunächst funktionale Differenzierungsaspekte, insbesondere hinsichtlich der Bereiche Wirtschaft (bzw. Märkte) und Massenmedien. Daneben sind Schicht- bzw. Milieudifferenzierungen, wie sie etwa Schulze (1992) oder Bourdieu (1982) im Auge haben, von Bedeutung. Besondere Beachtung verdienen dabei die Variablen Alter bzw. Jugend, Einkommen und Bildung. An ihnen differenziert sich offensichtlich sowohl das Ob der Event-Partizipation als auch die Art der gewählten bzw. privilegierten Events. Diese lassen sich also vermutlich mit den Kapitalbegriffen, die Bourdieu (1982) vorgelegt hat, in Verbindung bringen. Mit seinem Feldbegriff liefert Bourdieu zudem einen Ansatz, Events vor dem Hintergrund der „sachlichen" Ordnung des sozi-

---

20 Die Massenmedien fungieren in diesem Zusammenhang als Verstärker. Sie sind ja ihrem ganzen Wesen nach auf außergewöhnliche „Ereignisse" fixiert und greifen gerne und mit der Tendenz zu weiterer Dramatisierung auf, was schon „im Leben" als „Ereignis" erscheint. Man könnte sagen, daß die Massenmedien wegen ihres Strukturzwangs, Aufmerksamkeit und Interesse zu erzeugen, die natürlichen Hauptfeinde der Alltäglichkeit sind. Von den „vermischten" Katastrophenmeldungen der Nachrichten über die Außergewöhnlichkeiten der Fiktion bis hin zu den vielfach „abweichenden" Selbstthematisierungen in Talk Shows reicht die Palette der massenmedialen Inversionen der Alltäglichkeit (vgl. Willems 1998: 70ff.; Bourdieu 1999) – Inversionen, deren Rezeption bekanntlich Alltag mit ausmacht und das Alltagsbewußtsein vermutlich nicht unbeeinflußt läßt. Im Hinblick auf Events könnte das bedeuten, daß deren permanente Mediendramatisierung ein Alltagsbewußtsein der Langeweile erzeugt oder verschärft und damit wiederum den psychischen Resonanzboden von Events verbessert.

alen Raumes zu typologisieren. So wie etwa das religiöse Feld seine E-vents hat (Wallfahrten, Papst-Besuche, Kirchentage usw.), so haben die Felder der Politik, des Sports, der Kunst usw. ihre je eigenen Events, die jeweils durch die Bedingungen ihres Feldes geprägt sind. Events müssen schließlich auch auf die Ebene segmentärer Differenzierungen bezogen werden. Typischer Hintergrund von Events sind heute „Spezialkulturen" (Eckert u.a. 1991) im Sinne spezialisierter Interessen- und Zweckgemein-schaften, in die sich die moderne Gesellschaft, durch medientechnische Entwicklungen forciert, zunehmend auffächert.

e) In enger Verbindung mit Mitteln der Differenzierungstheorie und Kultur-diagnosen wie der der „Erlebnisgesellschaft" können zivilisationstheoreti-sche Ansätze (von Elias bis Foucault) zum Verständnis von Events und entsprechenden Verhaltensdispositionen beitragen. In den Blick tritt vor diesem Hintergrund neben dem oben beschriebenen neuen *Individuali-täts*typus, der vor allem sozialstrukturell konditioniert ist, ein neuer *Sub-jektivitäts-* bzw. *Habitus*typ. Besonders interessant sind in diesem Zu-sammenhang Dreitzels an Elias anschließende Überlegungen zu einer „neuen Subjektivität", die sich durch einen „reflexiven Gebrauch des Körpers, der Gefühle, der äußeren Natur und, allgemeiner, der realitäts-konstruierenden Tätigkeiten in Interaktionen" auszeichnet (1981: 192). Dreitzel erkennt in dieser Subjektivität ein gesteigertes Maß an Selbst-Disponibilität und damit Zivilisierung.[21] Sie erübrigt eine undifferenzierte Affektkontrolle und ermöglicht stattdessen sowohl ein den sozialen Sys-temgrenzen angemessenes Emotionsmanagement als auch eine flexible Selbstemotionalisierung, z.B. durch den Konsum entsprechender Erleb-nisangebote.[22] Auf der Basis des Typs von „Selbstzwangapparatur" (Elias 1980), den Dreitzel im Auge hat, lassen sich heute immer mehr (Spaß-) Emotionen als Ressourcen der Lebens- und Selbstgestaltung manipulieren und nutzen. Das bedeutet keineswegs Hedonismus oder die Rückkehr des Lust-Prinzips. Vielmehr geht es um zivilisatorisch voraussetzungs- und

---

21 Dreitzels Überlegungen zu einer sich „anbahnenden neuen Phase des Zivilisationsprozesses", die eine „reflexive Einstellung zur Sinnlichkeit" erfordere (vgl. 1981: 194), beziehen sich vor allem auf die thera-peutische Kultur. So sehr sich die Inhalte dieser Kultur von den Inhalten der Event-Kultur unterscheiden, so ähnlich sind die Medien- und Subjektivitätsformen, die jeweils im Spiel sind. In beiden Fällen geht es um außeralltägliche Gemeinschaften mit gegenalltäglichen Praktiken und Intimitätswerten. Und in bei-den Fällen stehen in gewisser Weise methodisch generierte und „gepflegte" *Gefühle* im Mittelpunkt des Geschehens. Auch die Möglichkeiten des (gruppen-)therapierten Individuums, an „flexiblen und experi-mentellen Wirklichkeitskonstruktionen" teilzunehmen (Dreitzel 1981: 194), sind durchaus mit Erlebnis-chancen von Events zu vergleichen.

22 Zu diesen gehören auch kontrollierte „Zivilisationsfluchten", die Naturerlebnisse, körperliche Anstren-gungen, Abenteuer und Nervenkitzel verbinden. Die Natur ist ein zivilisationsbedingter und zivilisati-onskonstituierter Event-Schauplatz, der ähnlich wie Sport und auch im Zusammenhang mit Sport eine besondere Klasse von Welt- und Selbsterfahrungen ermöglicht und auch gleichsam eine Metapher für Freiheit von Zivilisationszwängen darstellt. Diese „Freiheit" wird heute überwiegend als „Urlaub von der Stange" gekauft und genossen.

effektvolle Identitätsprojekte durch ein Management von (Spaß-)Erlebnissen, die oft hart erarbeitet werden müssen.

Literatur:

Anweiler, R.: „Virtual Reality: Kommunikations- und Werbemedium von morgen?". In: Jäckel, M. (Hrsg.): Die umworbene Gesellschaft. Analysen zur Entwicklung der Werbekommunikation. Opladen 1998, S. 231-244

Balint, M.: Angstlust und Regression. Beitrag zur psychologischen Typenlehre. Stuttgart 1972

Barker, R. G.: Ecological Psychology. Stanford 1968

Bente, K.: Product Placement. Entscheidungsrelevante Aspekte in der Werbepolitik. Wiesbaden 1990

Berndt, R.: „Kommunikationspolitik im Rahmen des Marketing". In: Berndt, R./Hermanns, A. (Hrsg.): Handbuch Marketing-Kommunikation. Strategien – Instrumente – Perspektiven – Werbung – Sales Promotions – Public Relations – Corporate Identity – Sponsoring – Product Placement – Messen – Persönlicher Verkauf. Wiesbaden 1993, S. 5-18

Berndt, R./Hermanns, A. (Hrsg.): Handbuch Marketing-Kommunikation. Strategien – Instrumente – Perspektiven – Werbung – Sales Promotions – Public Relations – Corporate Identity – Sponsoring – Product Placement – Messen – Persönlicher Verkauf. Wiesbaden 1993

Böhme-Köst, P.: „Ein Event ist ein Event ist ein Event ...". In: Marketing Journal 1992, S. 340-343

Bourdieu, P.: Die feinen Unterschiede. Kritik der gesellschaftlichen Urteilskraft. Frankfurt/M. 1982

Bourdieu, P.: Über das Fernsehen. Frankfurt/M. 1999

Cohen, S./Taylor, L.: Ausbruchsversuche. Identität und Widerstand in der modernen Lebenswelt. Frankfurt/M. 1980

Der Spiegel: „So geil wie Sex". Nr. 29, 1998, S. 178-180

Der Spiegel: „Sehnsucht nach dem Kick". Nr. 31, 1999, S. 92-98

Dreitzel, H.-P.: Körperkontrolle und Affektverdrängung. Zum gesellschaftlichen Hintergrund körper- und gefühlsbetonter Therapieformen. In: Integrative Therapie 1981, S. 179-196

Eckert, R./Vogelgesang, W./Wetzstein, T. A./Winter, R.: Grauen und Lust. Die Inszenierung der Affekte. Pfaffenweiler 1991

Elias, N.: Soziologie und Psychiatrie. In: Wehler, H.-U. (Hrsg.): Soziologie und Psychoanalyse. Stuttgart 1972, S. 11-42

Elias, N.: Über den Prozeß der Zivilisation: soziogenetische und psychogenetische Untersuchungen. 2 Bde. Frankfurt/M. 1980

Gehlen, A.: Die Seele im technischen Zeitalter. Sozialpsychologische Probleme in der industriellen Gesellschaft. Hamburg 1957

Goffman, E.: Interaktionsrituale. Über Verhalten in direkter Kommunikation. Frankfurt/M. 1971a

Goffman, E.: Verhalten in sozialen Situationen. Strukturen und Regeln der Interaktion im öffentlichen Raum. Gütersloh 1971b

Goffman, E.: Rahmen-Analyse. Ein Versuch über die Organisation von Alltagserfahrungen. Frankfurt/M. 1977 (Frame Analysis. An Essay on the Organization of Experience. New York 1974)

Hahn, A./Willems, H.: Wurzeln moderner Subjektivität und Individualität. In: Eibl, K./Willems, M. (Hrsg.): Individualität (= Aufklärung 9/2). Hamburg 1996, S. 7-37

Hahn, A.: Religion. In: Bellebaum, A. (Hrsg.): Die moderne Gesellschaft. Freiburg/Basel/Wien 1972, S. 398-434

Hahn, A.: Kultische und säkulare Riten und Zeremonien in soziologischer Sicht. In: Hahn, A. et al.: Anthropologie. Frankfurt/M./New York 1977, S. 51-81.

Hahn, A.: Zur Soziologie der Beichte und anderer Formen institutionalisierter Bekenntnisse: Selbstthematisierung und Zivilisationsprozeß. In: Kölner Zeitschrift für Soziologie und Sozialpsychologie 34/1982, S.407-434

Hahn, A: Identität und Selbstthematisierung. In: Hahn, A./Kapp, V. (Hrsg.): Selbstthematisierung und Selbstzeugnis: Bekenntnis und Geständnis. Frankfurt/M. 1987, S. 9-24

Harbrücker, U./Wiedmann, K.-P. : Product Placement: Rahmenbedingungen und Gestaltungsperspektiven. Arbeitspapier Nr. 58 des Instituts für Marketing, Universität Mannheim. Mannheim 1987

Hermanns, A.: Charakterisierung und Arten des Sponsoring. In: Berndt, R./Hermanns, A. (Hrsg.): Handbuch Marketing-Kommunikation. Strategien – Instrumente – Perspektiven –Werbung – Sales Promotions – Public Relations – Corporate Identity – Sponsoring – Product Placement – Messen – Persönlicher Verkauf. Wiesbaden 1993, S. 628-648

Hermanns, A./Püttmann, M.: Integrierte Marketing-Kommunikation. In: Berndt, R./ Hermanns, A. (Hrsg.): Handbuch Marketing-Kommunikation. Strategien – Instrumente – Perspektiven – Werbung – Sales Promotions – Public Relations – Corporate Identity – Sponsoring – Product Placement – Messen – Persönlicher Verkauf. Wiesbaden 1993, S. 19-42

Hitzler, R.: Devotion und Dominanz. Rituelle Konstruktionen in der algophilen Lebens-Welt. In: Schröer, N. (Hrsg.): Interpretative Sozialforschung. Opladen 1994a, S. 151-166.

Hitzler, R.: Sadomasochistische Rollenspiele. Ein Beitrag zur Ethnographie algophiler Milieus. In: Soziale Welt 45/1994b, S. 139-153.

Hitzler, R.: „Verführung statt Verpflichtung.“ Die neuen Gemeinschaften der Existenz-Bastler. Dortmund 1998 (unveröffentlichtes Manuskript)

Hitzler, R.: „Ein bißchen Spaß muß sein“. Zur Konstruktion kultureller Erlebniswelten. Dortmund 1998a (unveröffentlichtes Manuskript)

Hitzler, R.: Die „Entdeckung“ der Lebens-Welten. Individualisierung im sozialen Wandel. In: Willems, H./Hahn, A. (Hrsg.): Identität und Moderne. Frankfurt/M. 1999, S. 200-218.

Jäckel, M.: „Bowling Alone“. Die Soziologie und der Individualismus. In: Willems, H./Hahn, A. (Hrsg.): Identität und Moderne. Frankfurt/M. 1999, S. 180-199

Kinnebrock, W.: Integriertes Eventmarketing: Vom Marketing-Erleben zum Erlebnismarketing. Wiesbaden 1993

Luhmann, N.: Gesellschaftsstruktur und Semantik. Studien zur Wissenssoziologie der modernen Gesellschaft. Bd. 1. Frankfurt/M. 1980

Luhmann, N.: Soziale Systeme: Grundriß einer allgemeinen Theorie. Frankfurt/M. 1984

Luhmann, N.: Gesellschaftsstruktur und Semantik. Studien zur Wissenssoziologie der modernen Gesellschaft. Bd. 3. Frankfurt/M. 1989

Michael, B. M.: Die Marke ist tot. Es lebe die Marke! Acht Herausforderungen. In: Marketing Journal 1993, S. 548-551

Mosch, M.: Gelebte Werbewelt. In: Kellner, J. (Hrsg.): 1945 bis 1995, 50 Jahre Werbung in Deutschland: eine Veranstaltung des Deutschen Werbemuseums im Rahmen des Projektes „45ff" der Stadt Düsseldorf und der Stiftung Kunst und Kultur des Landes NRW. Ingelheim 1995, S. 134-135.

Nickel, O.: Events als Instrumente der Emotionalisierung Ihres Angebotes - erlebnisorientierter Handel. Vortragsmanuskript, Institut für Konsum- und Verhaltensforschung. Saarbrücken 1995

o. V.: Interaktiver Maggi-Spot feiert bei DF1 Premiere. In: Horizont, August, 1997a, S. 4

o. V.: Feeling als Faktor des Markenerfolgs. In: Markenartikel 1997b, S. 12-18

Popitz, H: Autoritätsbedürfnisse. Der Wandel der sozialen Subjektivität. In: Kölner Zeitschrift für Soziologie und Sozialpsychologie 39/1987, S. 633-647

Schierl, T.: Veränderungen in der Fernseh-Werbung. In: Schatz, H. (Hrsg.): Fernsehen als Objekt und Moment des sozialen Wandels, Faktoren und Folgen der aktuellen Veränderung des Fernsehens. Opladen 1996, S. 288-331

Schierl, T.: Vom Werbespot zum interaktiven Werbedialog. Über die Veränderungen des Werbefernsehens. Forum Neue Medien. Bd.1. Köln 1997

Schmidt, S. J./Spieß, B.: Die Kommerzialisierung der Kommunikation. Fernsehwerbung und sozialer Wandel 1956-1989. Frankfurt/M. 1997

Schnibben, C.: Die Reklame-Republik. In: Der Spiegel, Nr. 52, 1992, S. 114-126.

Schulze, G.: Die Erlebnisgesellschaft. Kultursoziologie der Gegenwart. Frankfurt/M. 1992

Soeffner, H.-G.: Luther – Der Weg von der Kollektivität des Glaubens zu einem lutherisch-protestantischen Individualitätstypus. In: Ders., Die Ordnung der Rituale. Die Auslegung des Alltags 2. 2. Aufl. Frankfurt/M. 1995a, S. 20-75

Soeffner, H.-G.: Stil und Stilisierung. Punk oder die Überhöhung des Alltags. In: Ders.: Die Ordnung der Rituale. Die Auslegung des Alltags 2. 2. Aufl., Frankfurt/M. 1995b, S. 76-101

Soeffner, H.-G.: Handeln im Alltag. In: B. Schäfers/W. Zapf (Hrsg.): Handwörterbuch zur Gesellschaft Deutschlands. Opladen 1998 S. 276-287

Soeffner, H.-G.: Zum Verhältnis von Kunst und Religion in der „Spätmoderne". In: Fritz-Assmus, D. (Hrsg.): Wirtschaftsgesellschaft und Kultur (= Beiträge zur Wirtschaftspolitik, 70). Bern/Stuttgart/Wien 1998b, S. 239-255

Spitzer, G.: Sonderwerbeformen im TV: Kommunikationskooperationen zwischen Fernsehen und Wirtschaft. Wiesbaden 1996

Tostmann, T./Trautmann, M.: Die Fernsehwerbung in Deutschland: Status und Perspektiven. In: Berndt, R./Hermanns, A. (Hrsg.): Handbuch Marketing-Kommunikation. Strategien – Instrumente – Perspektiven – Werbung – Sales Promotions –

Public Relations – Corporate Identity – Sponsoring – Product Placement – Messen – Persönlicher Verkauf. Wiesbaden 1993, S. 419-435

Willems, H.: Psychotherapie und Gesellschaft. Voraussetzungen Strukturen und Funktionen von Individual- und Gruppentherapien. Opladen 1994

Willems, H.: Inszenierungsgesellschaft? Zum Theater als Modell, zur Theatralität von Praxis. In: Willems, H./Jurga, M. (Hrsg.): Inszenierungsgesellschaft. Opladen 1998, S. 23-81

Willems, H.: Modernisierung institutioneller Selbstthematisierung: Von der Beichte über die Psychoanalyse zur Gruppentherapie. In: Graevenitz, G. von (Hrsg.): Konzepte der Moderne. Stuttgart/Weimar 1999, S. 120-146

Willems, M.: Das Problem der Individualität als Herausforderung an die Semantik im Sturm und Drang. Tübingen 1995

Zanger, C./Sistenich, F.: Eventmarketing. Bestandsaufnahme, Standortbestimmung und ausgewählte theoretische Ansätze zur Erklärung eines innovativen Kommunikationsinstruments. In: Marketing ZFP 1996, S. 233-242.

Zils, O.: Der Schlüssel, Marken erlebbar zu machen. In: Horizont, September 1997, S. 24.

II.
Jugendkulturelle Events

Ralf Bohnsack und Arnd-Michael Nohl

Events, Efferveszenz und Adoleszenz: „battle" – „fight" – „party"

Der interaktiven Gattung „Event" kommt eine besondere Bedeutung für die Konstitution von Vergemeinschaftungen und für Milieubildungen sowie deren Konsolidierung zu. Drei Typen und empirische Variationen von Events möchten wir in unserem Beitrag vorstellen: die „party" der Musik- bzw. Rockgruppen, den „fight" der Hooligans und den „battle" der Breakdancer.[1] Wir verstehen unter Event dabei eine (mehr oder weniger) organisierte Verfestigung und Überhöhung von „Aktionismen". Letztere sind Phänomene kollektiver Steigerung (Efferveszenz) und gewinnen eine herausragende Funktion u.a. während der lebenszyklischen Phase der Adoleszenz, der wir uns im folgenden genauer zuwenden werden. Bevor wir jedoch zu unserer empirischen Analyse der Funktion von Aktionismen und Events in der Jugendphase kommen, soll zunächst der begriffliche Rahmen dieser Analyse in einigen Vorbemerkungen skizziert werden.

1. Vorbemerkungen zur Milieu- und Handlungstheorie

Die gegenwärtigen soziologischen Analysen sind sich hinsichtlich ihrer Diagnose eines Verlusts der Einbindung in tradierte Bestände der Vergemeinschaftung und Milieuzugehörigkeit weitgehend einig. Erhebliche Unterschiede zeigen sich allerdings im Hinblick auf die Einschätzung von Konsequenzen derartiger Phänomene der Desintegration oder Erosion. Die eine Perspektive rückt die Prozesse der Auflösung und Zersetzung von Milieus mit ihren Konsequenzen einer Individualisierung und individuellen Isolierung in den Vordergrund und zeigt Tendenzen einer „Verfallsrhetorik" oder „Verfallssemantik" (vgl. Neckel 1993: 79). Dem steht – auf der anderen Seite – der Blick auf neue Formen der Vergemeinschaftung und Milieubildung gegenüber.

Letztere Perspektive findet sich überwiegend auch in der Forschung zu Events. Hier ist der Blick u.a. auf die „posttraditionalen Vergemeinschaftun-

---

[1] Die hier vorzustellenden empirischen Analysen sind im Kontext zweier aufeinanderfolgender DFG-Projekte unter der Leitung von Ralf Bohnsack entstanden mit dem Titel: „Entwicklungs- und milieutypische Ausgrenzungs- und Kriminalisierungserfahrungen in Gruppen Jugendlicher".

gen" (Hitzler/Pfadenhauer 1998: 79) gerichtet. Diese werden allerdings zumeist unter dem Gesichtspunkt eines „freien Entschlusses" (ebd.: 78) zu derartigen Milieubildungen analysiert. Hierin zeigt sich eine Eigenart der Analyse sozialen Handelns, wie sie in der Soziologie ganz allgemein zu finden ist. Diese neigt zu einer binären Schematisierung: Einer objektivistischen Perspektive, die die Determiniertheit des Handelns durch (vorreflexive) tradierte Wissensbestände bzw. spezifische soziale Lagen in den Mittelpunkt rückt, wird eine subjektivistische gegenübergestellt, die von der Zweckrationalität und theoretisch-reflexiven Einstellung der individuellen Akteure ausgeht. Ein Handeln, welches keinem der beiden Pole zuordenbar ist, erscheint irrational und verschließt sich einer Rekonstruktion seiner internen Logik. Zwar hat Goffman (1967 u. 1974) mit seinem Modell des – von Habermas (1981) so genannten – „dramaturgischen Handelns" hier Alternativen aufgewiesen. Allerdings bleibt dieses Modell an die Selbstpräsentation *individueller* Akteure gebunden und erweist sich als ungeeignet für die Analyse der hier interessierenden Prozesse der Vergemeinschaftung und der Konstitution kollektiver Zugehörigkeit.

Demgegenüber hat Bourdieu mit seinem Konzept des Habitus, mit dem er sich dezidiert der Praxis des Handelns zugewandt hat, den binären Schematismus von (objektivistischem) Determinismus einerseits und (subjektivistischem) Utilitarismus andererseits zu überwinden und zugleich die Konstitution kollektiver Zugehörigkeiten in das Blickfeld zu rücken vermocht. Im Sinne von Bourdieu ist „der Habitus nichts anderes als dieses durch die primäre Sozialisation jedem Individuum eingegebene Gesetz, lex insita, das nicht nur Voraussetzung der Übereinstimmung der Praxis(formen), sondern auch die Voraussetzung der Praxis der Übereinstimmung darstellt" (Bourdieu 1976: 178). Allerdings gerät dieser Weg der Analyse von Formen einer – wie wir (Bohnsack et al. 1995 sowie Bohnsack 1997) es genannt haben – „habituellen Übereinstimmung" dort in eine deterministische Betrachtung hinein, wo es um den Aufweis der *Konstitutionsbedingungen*, d.h. um die *Soziogenese* des Habitus geht. Denn der Habitus ist „nicht nur strukturierende, die Praxis wie deren Wahrnehmung organisierende Struktur, sondern auch strukturierte Struktur" (Bourdieu 1982: 283). Bei jener Struktur, durch die der Habitus seinerseits strukturiert ist, handelt es sich nach Bourdieu um „objektiv klassifizierbare Lebensbedingungen" im Sinne der Klassenlagerung (ebd.: 280). Im Unterschied zur empirischen Analyse des Habitus selbst ist der Zugang zu dessen Konstitutionsbedingungen, also der Zugang zur sozialen Lagerung, zum gesellschaftlichen Sein im Rahmen der Kultursoziologie von Bourdieu, kein interpretativer oder rekonstruktiver, d.h. über die Erfahrungen der Handelnden vermittelter.

Hierin unterscheidet sich die Kultur- und Wissenssoziologie im Sinne von Bourdieu von derjenigen bei Karl Mannheim. Dort ist die soziale Lagerung bzw. das gesellschaftliche Sein derart zu verstehen, dass es sich durch Gemeinsamkeiten des handlungspraktischen Erlebens, Gemeinsamkeiten der Sozialisationsgeschichte, des Schicksals, d.h. durch gemeinsame, durch „konjunktive" Erfahrung hindurch konstituiert und auf diese Weise auch empirisch zugänglich ist. Somit wird es – im Unterschied zu der eher statischen Betrachtungsweise bei Bourdieu – in der empirischen Analyse auch möglich, einen Zugang zu finden zur Dynamik und zur Emergenz des Habitus und der Formen habitueller Übereinstimmung. Dabei resultieren derartige emergente Formen habitueller Übereinstimmung nicht allein – wie im Falle tradierter Gemeinsamkeiten – aus biographischer Kontinuität, sondern ebenso aus dem gemeinsamen bzw. strukturidentischen Erleben biographischer Diskontinuitäten (z.B. dem handlungspraktischen Erleben der „Wende").

Formen habitueller Übereinstimmung sind das Produkt von Suchprozessen. Eine derartige Sondierung neuer sowie eine Konsolidierung porös gewordener Zugehörigkeiten und Vergemeinschaftungen entfaltet ihre Eigendynamik in der gemeinsamen Handlungspraxis – vorzugsweise im kollektiven *Aktionismus* (s. auch Gaffer 1999) und seinen efferveszenten Praktiken (s. auch Liell 2000). Und hierin liegt die zentrale Bedeutung der Aktionismen und Events für die Genese von Vergemeinschaftungen. Im experimentellen Sich-Einlassen auf eine gemeinsame Handlungspraxis erweist es sich, ob eine habituelle Übereinstimmung gelingt. Ein unmittelbares Verstehen, eine konjunktive Verständigung im Sinne von Karl Mannheim, wie sie im Falle habitueller Übereinstimmung gegeben ist, ist keine theoretisch-reflexive Leistung.[2] Mannheim (1980) unterscheidet die *konjunktive* Verständigung als eine unmittelbare Verständigung, wie sie sich *innerhalb* und *durch* eine *Praxis* vollzieht, von einer *kommunikativen* Verständigung *über* die Praxis, die sich begrifflich-theoretischer Klassifikationen bedient. Im Fall der konjunktiven Verständigung spricht Mannheim auch von „*Verstehen*", im Falle der kommunikativen Verständigung von (wechselseitigem) „*Interpretieren*" (vgl. Mannheim 1980: 272).

Diese beiden Bedeutungsdimensionen, die kommunikative und die konjunktive, stehen in einem Spannungsverhältnis zueinander. Dazu ein Beispiel aus einer Gruppendiskussion mit jugendlichen Mitgliedern einer Band, deren Musik generalisierend dem Hip-Hop-Stil bzw. „Rap" zuzuordnen ist. Die Jugendlichen interpretierten eine Frage der Diskussionsleitung („Was macht Ihr eigentlich für Musik?") als diejenige nach einer Klassifikation ihres Stils in einem kommunikativen, generalisierenden Sinn:[3]

---

2   Verstehen ist nach Heidegger (1986: 123) „eine ursprüngliche Seinsart".

3   Vgl. für das Transkript Bohnsack et al. 1995: 278 sowie Schäffer 1996: 122f.. Alle Transkripte sind stark vereinfacht abgedruckt.

Y1:	Hmm (.) ja was macht ihr eigentlich für Musik?
	(4 Sekunden Pause)
Cm:	Schweigen
mehrere:	(Lachen)
Bm:	hmm
Cm:	hmm
Bm	mal laute, mal leise, mal schnell, mal langsame
Cm:	mal schnelle, mal langsame
Bm:	mal gute, mal schlechte
Cm:	und immer mit Worten
Aw, Cm:	(Lachen)
Bm:	und ab und zu singt mal jemand
Cm:	meistens sprechen welche (.) hmm
Bm:	n Mädel is ooch mit bei (3)

Die Jugendlichen reagieren zunächst mit einer langen Pause und dann mit Schweigen, was von Cm thematisiert wird. Schließlich folgt eine ironisch-distanzierte und bis hin zur Banalisierung getriebene Beschreibung der eigenen musikalischen Praxis: „mal laute, mal leise" etc. Die Jugendlichen zeigen also zunächst Distanz gegenüber der Ausgangsfrage mit einer Tendenz zu deren Verweigerung. Indem sie ansatzweise in einen Sprechgesang fallen, also zu rappen beginnen, bringen sie zudem den Vorrang der Praxis und der Performativität ihres Tuns zur Geltung. Die Beschreibung mündet später in eine Erzählung, mit der die Gruppe die eigene Entwicklung und Alltagspraxis darstellt. Diese hat nun keinen ironisch-distanzierten Unterton mehr. In der *gemeinsamen* Erzählung dieser gemeinsamen musikalischen Praxis dokumentiert sich die Funktion dieser Praxis für die Entfaltung einer habituellen *Übereinstimmung*, einer Suche *nach habituellen Stilelementen*, nach Gemeinsamkeit und Milieuzugehörigkeit. Diese Suche ist nicht zweckrational am musikalischen Produkt und auch nicht an kommunikativ-generalisierend klassifizierbaren Stilen orientiert. Das, was hier generalisierend als „Hip-Hop"-Stil bezeichnet werden kann, wird, wie die Musik überhaupt, lediglich als Medium benutzt, um eine habituelle Übereinstimmung und die „eigentlichen" Stilelemente entfalten zu können. In der Reaktion der Gruppe auf die Frage nach ihrem Musikstil dokumentiert sich somit das Spannungsverhältnis von kommunikativ-generalisierender oder gesellschaftlicher Klassifikation einerseits und konjunktiver oder milieuspezifischer Erfahrung andererseits. Anders ausgedrückt: Es handelt sich einerseits um *generalisierende*, über die Medien und den Konsum vermittelte Stile (also z. B. „Hip-Hop") und auf der anderen Seite um *habitualisierte* Stilelemente.

Während jene von den Marktmechanismen und den kommerzialisierten Moden abhängigen *kommunikativen Ausdrucksstile*[4] in der empirischen Forschung direkt abfragbar sind, also per Fragebogen erhoben werden können, bedarf es, um einen Zugang zu den habitualisierten Stilelementen als Ausdrucksform milieuspezifischer Erfahrungen gewinnen zu können, eines methodisch kontrollierten Fremdverstehens auf der Basis der Interpretation von Erzählungen und Beschreibungen, der Interpretation metaphorischer Darstellungen oder der direkten Beobachtung.

Entsprechend haben wir mit den Jugendlichen Gruppendiskussionen und biographische Interviews geführt und ihre Aktivitäten im Sinne teilnehmender Beobachtung begleitet. Das so gewonnene Datenmaterial wurde mit den Mitteln der dokumentarischen Methode in einer komparativen Vorgehensweise interpretiert (vgl. Bohnsack 1999).

2. Adoleszenz

Unter Bedingungen des Verlusts traditionsfester Milieuzugehörigkeiten verliert die Adoleszenz nicht etwa an Bedeutung. Diese verlagert sich vielmehr in Richtung auf die Funktion eines „Bildungsmoratoriums" (Zinnecker 1991: 73), eines zunehmend „relativ eigenständigen Lebensabschnitts, in dessen Rahmen sich spezifische soziale Lebensweisen, kulturelle Formen und politisch-gesellschaftliche Orientierungsmuster ausbilden". Der soziale Ort einer Artikulation der für ein derartiges „Milieu der Altersgleichen" (ebd.) typischen Orientierungen ist die peer-group. Unsere empirische Analyse nimmt hier ihren Ausgangspunkt.

Im Zentrum unserer empirischen Analysen (Bohnsack 1989; Bohnsack et al. 1995; Bohnsack/Nohl 1998; Nohl 1999a; Bohnsack/Loos/Przyborski 2000) stehen die peer-groups jener Jugendlichen, die ins formelle Bildungssystem wenig integriert sind. Auch hier hat – wie unsere empirischen Ergebnisse zeigen – die Rede von der Jugendphase als Bildungsmoratorium, d. h. eines Moratoriums der (experimentellen) Suche nach spezifischen kulturellen und kollektiven Lebensformen, nach Gemeinsamkeit und Zugehörigkeit, nach habitueller Übereinstimmung ihre Gültigkeit. In der Adoleszenz der von uns untersuchten jungen Arbeiter geht die Suche nach habitueller Übereinstimmung mit einer Krise einher, wie sie aus den allerersten Erfahrungen mit dem in seiner Praxis bisher nicht bekannten Arbeitsalltag resultiert. In einer der Gruppen Berliner Hooligans kommt es im Rückblick auf zahlreiche Er-

---

4   Zur Unterscheidung von Ausdrucksstilen und habituellen Stilelementen siehe Bohnsack et al. 1995, Bohnsack 1997 sowie Schäffer 1996.

fahrungen mit dem „fight", dem „Sich-Klatschen", wie die Hooligans auch sagen, zu folgendem Dialog:[5]

Cm: Na det isset halt, Du jehst die janze Woche arbeiten und irgendwo willste halt mal abschalten. Dann siehste deine Kumpels am Wochenende, det wars dann
Bm: Und det is wirklich n Abschalten aus dem janz normalen, *diskreten, stupiden Leben*, wat de in der Woche hast.
Bm: (.) und da bist du vollkommen draußen, du hast nicht mehr die gewissen normalen Gedanken, die de bei der Arbeit hast, sondern du sagst dir einfach: so, jetz schalt ick aus dem gewissen normalen stupiden Leben, schalt ich einfach aus.

Der Wunsch, vom „Leben abschalten" oder „aus dem Rhythmus rauskommen" zu können, steht im Zusammenhang erster Erfahrungen mit der Eintönigkeit des Arbeitsalltages. Ähnliche Metaphern finden sich bei anderen Hooligans aus dem Ost- und Westteil der Stadt Berlin. Diese Metaphern stehen für eine Orientierungskrise, die wir in einer bestimmten Phase der Adoleszenzentwicklung bei allen von uns untersuchten Auszubildenden beobachten konnten, ob sie in nordbayerischen Dörfern oder in der Metropole Berlin in deren Plattenbausiedlungen, Altbauvierteln oder Einwanderungscommunities leben.

Der Versuch, sich aus der Alltagsexistenz und dem Arbeitsalltag (dem „stupiden Leben") zumindest am Wochenende gleichsam herauszukatapultieren, ist zugleich Ausdruck einer Adoleszenzkrise wie auch der Versuch ihrer Bewältigung, einer Bewältigung auf dem Wege des kollektiven Aktionismus. Wir bezeichnen dies als „episodale Negation der Alltagsexistenz" und die entsprechende Adoleszenzphase als diejenige der „*Negation*". Auch bei jenen Jugendlichen, die sich in traditionale Lebenszusammenhänge noch relativ sicher eingebettet fühlen, haben wir derartige – aus den Erfahrungen des Arbeitsalltages oder der vergeblichen Arbeitssuche resultierende – Krisenphänomene beobachtet.

Je weniger während dieser Orientierungskrisen die Sicherheiten einer milieuspezifischen Einbindung gegeben sind, desto mehr erhalten diese kollektiven Aktionismen noch eine weitere Funktion. Sie dienen der experimentellen, handlungspraktischen Suche nach Zugehörigkeit und Gemeinsamkeit, nach habitueller Sicherheit oder habitueller Übereinstimmung. Kollektive Aktionismen in ihrer Doppelfunktion der episodalen Negation der Alltagsexistenz einerseits und der Suche nach habitueller Übereinstimmung andererseits nehmen dann, wenn sie in zumindest rudimentärer Weise *organisiert* sind, die Form von Events an.

---

5   Zur Quelle und zum Kontext dieses Transkripts siehe Bohnsack et al. 1995: 232.

3. Events und Efferveszenz: „party" – „fight" – „battle"

Während der fight der Hooligans sich, wie erwähnt, dadurch auszeichnet, dass er lediglich rudimentär organisiert ist, vermag der Organisationsgrad der party und des battle erheblich zu variieren. Die Kernfunktionen der kollektiven Aktionismen und damit der Events insbesondere für die Adoleszenzentwicklung lassen sich jedoch relativ unabhängig von ihrem Organisationsgrad bestimmen. Da die party und der fight bereits an anderer Stelle (vgl. u. a. Schäffer 1996 u. Bohnsack et al. 1995) genauer analysiert worden sind, werden wir diese Aktionismen bzw. Events hier knapper behandeln und uns detaillierter dem battle zuwenden.

3.1 Die „party" der Musikgruppen

Die Suche nach habitueller Übereinstimmung und nach habituellen Stilelementen artikuliert sich in den Musikgruppen[6] auf dem Wege des situativen Aktionismus, des Zusammen-Spiels im ursprünglichen Sinne des Wortes, also im zweckfreien spielerischen Erleben der gemeinsamen Praxis. Wenn die kollektive Stilbildung nicht befriedigend gelingt, führt dies auch zu einer Neukonstellation der Clique oder der Band bzw. zu einem Cliquenwechsel. Insofern ist der Cliquenwechsel nicht zufällig und chaotisch, sondern folgt der Eigengesetzlichkeit probehafter Entfaltung und Ausdifferenzierung des kollektiven Habitus, der probehaften Suche nach Milieuzugehörigkeit. Diese Suche nach habitueller Übereinstimmung – wie sie uns idealtypisch im Event begegnet – hat also durchaus ihre immanente Rationalität. Sie schafft habituelle Sicherheiten und damit auch Sicherheiten der Wahl im Bereich von Lebensorientierungen – so z.B. bei der Partnersuche.

Zugleich hat diese Sondierung von Gemeinsamkeit und Konjunktion ihren Focus aber jenseits zweckrationaler Abstimmung und individueller Selbstpräsentation. Auch in der Beziehung zwischen Band und Publikum geht es nicht primär um die Inszenierung einer Selbstpräsentation („Show"), sondern um die Initiierung habitueller Übereinstimmung. Das Konzert wird dann zu einer „gelungenen Party", wie es in einer der Gruppen heißt, wenn das Publikum am Aktionismus in engagierter Weise beteiligt werden kann und auf diese Weise auch eigene Stilelemente zu entfalten vermag, so z.B. im Medium des Tanzes. Zugleich wird aber versucht, diese individuellen oder gruppenspezifischen Stilelemente in einen übergreifenden Rahmen habitueller Übereinstimmung zu integrieren. Diese entfaltet sich auf dem Wege kollektiver Steigerung, der kollektiven „Efferveszenz", also in einem kollektiven Prozess der Gärung, wie Durkheim (1981: 290ff.) dies mit Bezug auf religiö-

---

6   Zur empirischen Analyse der Musikbands siehe ausführlich: Schäffer 1996.

se Rituale genannt hat: „Innerhalb einer Ansammlung, die eine gemeinsame Leidenschaft erregt, haben wir Gefühle und sind zu Akten fähig, deren wir unfähig sind, wenn wir auf unsere Kräfte allein angewiesen sind" (ebd.: 289). Allein in der kollektiven Handlungspraxis, im Aktionismus zeigt sich, inwieweit und in welcher Hinsicht die Suche nach Konjunktion zu gelingen vermag. Dabei können bruchstückhaft Stilelemente der kollektiven Sozialisationsgeschichte re-organisiert werden. Dies zeigt sich z.B. im Konzert einer Gruppe, welches von uns beobachtet wurde. Dieses Konzert wurde überwiegend von einem Ost-Publikum besucht und kann theoretisch-generalisierend als dem „Punkstil" zugehörig klassifiziert werden. Das Konzert war eigentlich schon beendet, da meinte der Gitarrist der Band:[7]

„Halt, wir haben ja eins vergessen. Wir müssen ja noch ein paar alte Lieder singen". Von den Zuschauern wurde dies begeistert aufgenommen: es wurde gejohlt und geklatscht. Bernd stellte den Klang seiner Gitarre um auf „Wandergitarre", d.h. auf einen gänzlich unverzerrten Klang, und begann mit der Intonation des Liedes: „Brüder zur Sonne, zur Freiheit". Er fuhr fort mit der „Internationalen" und sang schließlich „Bau auf, bau auf" und weitere Lieder, die zu dem in DDR-Institutionen obligatorischen Repertoire gehörten. Die Band begleitete ihn stilgerecht.

Auf dem Wege des ästhetischen Aktionismus wird hier ein Stilbruch kollektiv inszeniert, ein Stilbruch zwischen dem Punk auf der einen und dem Liedrepertoire der DDR-Institutionen auf der anderen Seite. Hierin dokumentiert sich die gemeinsame Erfahrung *sozialisationsgeschichtlicher Brüche*. Diese ästhetisch-aktionistische Artikulation eröffnet damit zugleich Möglichkeiten der Re-Aktivierung und Re-Strukturierung brüchig gewordener bzw. der Genese neuer Vergemeinschaftungen.

Die hier zu beobachtenden Gemeinsamkeiten der Erlebnisschichtung resultieren also nicht aus sozialisationsgeschichtlicher Kontinuität. Nicht nur die Einbindung in *traditionsfeste* Praktiken und Wissensbestände, sondern auch die gemeinsame Erfahrung des Verlustes von Tradition vermögen unter denjenigen, die davon betroffen sind, Gemeinsamkeiten und Zusammengehörigkeiten im Sinne von Milieuzusammenhängen zu stiften. Karl Mannheim hat dies u.a. in seinen Arbeiten zum Generationenbegriff bereits in den zwanziger Jahren (Mannheim 1964) gezeigt. Übereinstimmung und Kollektivität basieren nicht auf Traditionen, sondern konstituieren sich auf einer Ebene *reflexiver* Bearbeitung. Mit reflexiv ist hier aber eben nicht eine theoretisierende oder rationalisierende Art der Bewältigung gemeint. Die reflexive Bearbeitung kann auch in *handlungspraktische Sondierungsprozesse* eingelassen sein und in diesem Sinne aktionistisch entfaltet werden. In dieser spezifischen Art reflexiver Bearbeitung liegt eine zentrale Funktion von Events.

---

7   Der gesamte Beobachtungsbericht findet sich in Schäffer 1996: 111-116.

3.2 Der „fight" der Hooligans

Hinsichtlich der reflexiven Bearbeitung kollektiver und individueller Lebensgeschichten unterscheidet sich der Aktionismus der Hooligans[8] in seiner Struktur deutlich von demjenigen der Musikgruppen. In den Rockgruppen, den Bands, setzt der rituell inszenierte Aktionismus der Musikproduktion ein vergleichsweise hohes Niveau an *Organisation*, an rollenförmiger Abstimmung voraus. Diese kommunikative Abstimmung erfordert eine Perspektivenübernahme auf der Basis wechselseitiger Anerkennung der *persönlichen Identität* und der individuellen Lebensgeschichte. Diese ermöglicht es, die je individuelle Identität der anderen in Rechnung zu stellen als Basis für eine langfristige organisatorische Abstimmung der gemeinsamen Aktivitäten oder Aktionismen. Bei den Hooligans erscheint dies prekär. Der bei ihnen zu beobachtende Aktionismus setzt sozusagen im Voraussetzungslosen an, d.h. nicht z.B. bei einer Organisationsform wie der Band, sondern beim „Mob", wie die Jugendlichen selbst sagen. Für die Mobilisierung des „Mob" ist die Fußballrandale von paradigmatischer Bedeutung. Die Aktivitäten des „Mob" werden durch bekannte und „kampferprobte" Identifikationsfiguren initiiert – immer auf der Suche nach dem *fight*, welcher vorzugsweise mit anderen Gruppen von Hooligans gesucht wird. Während einer Gruppendiskussion erzählt Arno, eine zentrale Identifikationsfigur der Ostberliner Hooliganszene, über die Situation der Initiierung des fight:[9]

„Da hat in der Stadt vielleicht een Mob jetobt von siebenhundert Berliner. Mit dem Mob wird sich nie een Feind stellen. Also, da haben *wir uns* mal so mit dreißigvierzig Mann abjeseilt. Wir alten Leute ham uns ins Café jesetzt in der Mitte von Magdeburg und ham nen Sprecher jemacht, ham jesacht: paß uff *wir sind hier*. Und denn kamen se an, mit hundertfuffzig Mann. Da kann ich nich den Arsch einziehen. Da ham wer uns geknallt, und haben janz schön jekriecht. Und da sind ab und zu die Bullen dazwischen, aber wir sind immer wieder ruffjegangen. Und da weeß ick janz jenau: auf die Leute kann ich mich verlassen. Ick sage: Nachwuchs muß man wirklich sich anerziehen im Fußball."

Der fight hat primär die Funktion einer Verstrickung in die Handlungszwänge eines *situativen Aktionismus*. Er erzwingt eine verlaufskurvenförmig sich verselbständigende, nicht antizipierbare, unberechenbare Dramaturgie. Das daraus resultierende Aufeinander-Angewiesensein konstituiert eine elementar ansetzende Kollektivität: eine episodale *Schicksalsgemeinschaft*. Ähnliches finden wir – wenn auch unter anderen Vorzeichen – im Sport oder in der Schicksalsgemeinschaft von Kriegsteilnehmern an der Front.

---

8   Zur empirischen Analyse der Hooligans siehe ausführlich: Bohnsack et al. 1995.
9   Zur Quelle und zum Kontext dieses Transkripts s. Bohnsack et al. 1995: 74.

Die persönliche Identität der einzelnen, einschließlich ihrer Basis körperlicher Unversehrtheit, tritt hinter die Focussierung des kollektiven Aktionismus zurück. Indem der fight seine Funktion primär im Rahmen der Entstehung, der Emergenz einer episodalen Schicksalsgemeinschaft erhält, ist er einem zweckrationalen Verstehen, einer Analyse im Rahmen eines zweckrationalen Handlungsmodells nicht zugänglich.

Denn hinter diese Funktion des Kampfes tritt auch die zweckrationale Orientierung am Sieg über den Gegner oder gar an dessen „Vernichtung" weit zurück. Vielmehr wird in der Auseinandersetzung mit einem respektablen Gegner – so paradox dies zunächst klingen mag – eine im fight, im „Sich-Klatschen" allmählich sich konstituierende und bewährende sog. „Freundschaftsbereitschaft" angestrebt. Auf dieser Basis werden dann auch Regeln der Fairneß (des „fairen fight"), also Regeln der wechselseitigen persönlichen Anerkennung ansatzweise entfaltet. Neben der Kampferprobtheit und der auf dieser Basis sich konstituierenden sog. „Kameradschaft" sind es diese Regeln der Fairneß, durch die die Mitglieder der Clique sich vom „Mob" abgrenzen und ihren Führungsanspruch ihm gegenüber begründen.

3.3 Der „battle" der Breakdancer

Obschon auch der Aktionismus der Breakdancer[10] ebenso wie derjenige der Hooligans hauptsächlich ein körperlicher ist, unterscheidet er sich dennoch hinsichtlich seiner Funktion wesentlich von letzterem. Diese Unterschiede werden wir später noch einmal explizit herausarbeiten. Es zeigen sich jedoch auch Gemeinsamkeiten zwischen diesen beiden idealtypischen Ausprägungen von Aktionismen, die zunächst darin bestehen, dass beide in jener bereits skizzierten Phase der Adoleszenz ihren Anfang nehmen, die sich durch eine episodale Negation der Alltagsexistenz auszeichnet. In einer Gruppe von 17jährigen Breakdancern heißt es: „und beim Tanzen vergißt man halt alles so. Man konzentriert sich auf das Tanzen, ist in einer anderen Dimension irgendwie".[11]

Innerhalb der Aktionismen der Breakdancer, die sich je nach sozialer Situation noch einmal in (Unter-) Gattungen differenzieren lassen (u.a. das Training und die Meisterschaftspräsentation) kommt dem battle, dem Wettkampf zweier Tanzgruppen ein zentraler Stellenwert zu. Hierzu ein Auszug aus einem Beobachtungsbericht:[12]

An diesem Abend ist der Übungsraum außergewöhnlich gut besucht, etwa 40 Jugendliche beiderlei Geschlechts haben sich versammelt. Wie man hört,

---

10 Vgl. für die Rekonstruktion zu den Gruppen der überwiegend aus Einwanderungsfamilien stammenden Breakdancer und ihrer „Migrationslagerung": Nohl 1999a.
11 Siehe zum Kontext dieses Zitats Nohl 1996: 52.
12 Siehe für die folgenden Beobachtungsberichte Nohl 1999a. Die jüngeren Tänzer sind auch Gegenstand der Magisterarbeit von Gaffer 1999.

soll ein battle stattfinden. Plötzlich springt Tarik auf und schreit: „battle, battle!!" Dabei läuft er, die Hände in die Luft gestreckt, durch den Raum. Auf der einen Seite der Tanzfläche hat die Gruppe *Keller* schon Aufstellung genommen, auf der anderen die Gruppe *Treffer*. Die Tänzer dieser Gruppe hocken auf dem Boden. Um die Mannschaften und den zwischen ihnen entstandenen Raum herum scharen sich die Zuschauenden, sie drängen sich geradezu. Einige steigen auf Tische, die sie von der Wand herbeiziehen. Cengiz und Tarik nehmen zwischen den beiden Tanzgruppen Aufstellung, nachdem sie das Publikum zur Seite geschoben haben, um Platz zu schaffen.

Das Wissen um Zeitpunkt, Mannschaften und Ort des battle sind nirgends expliziert. Für den Außenstehenden völlig spontan nehmen die gegnerischen Mannschaften Aufstellung. Eine implizite, nicht verbalisierte Regelhaftigkeit strukturiert auch den battle selbst; alles läuft ohne Anweisung oder Kommentierung und dennoch in genauester Ordnung. Diese existiert als eine inkorporierte. Der Grad der Inkorporierung macht die älteren Cengiz und Tarik zu Meistern, die Ordnung wahren, und die jüngeren Mitglieder der gegnerischen Tanzgruppen zu Novizen:

Die Gruppe *Keller* beginnt. Einer ihrer Tänzer tritt, begleitet vom Klatschen und Rufen seiner Kameraden, tanzend in die Mitte. Er macht einige leichte Übungen auf dem Boden, stützt sich auf einer Hand ab und umläuft sie, immer im Takt der Musik. Dann geht er in einen komplizierten „freeze"[13], den er in Richtung von *Treffer* ausführt. Da bereits beginnt einer von *Treffer* zu tanzen, die beiden Gegner kollidieren. Daraufhin stürmen alle Mitglieder von *Keller* und *Treffer* auf die Tanzfläche. Doch es kommt nicht direkt zu einer Prügelei. Das Hin- und Hergeschiebe hat eher etwas Spielerisches. Cengiz tritt auf die Fläche und lachend-theatralisch bringen er und Tarik die Teams auseinander. Sie befehlen, dass nun einer nach dem anderen tanzen solle.

Die Abstimmungsprobleme zwischen erstem und zweitem Tänzer führen in eine Kollektivierung des battle, in der Elemente des Kampfes die ästhetischen Aspekte in den Hintergrund drängen. Dies wird durch Cengiz und Tarik ausgeglichen, die mit ihren lachend-theatralischen Gesten wieder Ordnung auf der Tanzfläche herstellen. Auch die (metakommunikative) Bewältigung des Konfliktes erfolgt somit *nonverbal*. Nach der Intervention kann der battle nun seinen geordneten Lauf nehmen.

Nach dem Auftritt eines Mitglieds von *Treffer* löst sich aus der anderen Gruppe ein Tänzer, tritt hervor, läuft die Tanzfläche tanzend ab, wobei er das Publikum mit einem Fingerzeig dazu auffordert, mehr Platz zu machen. Dann macht er Rückenkreisel, die allerdings ohne „freeze" und sonstigen gekonnten Abschluss enden. Er zieht sich zurück, seine Freunde klatschen und rufen

---

13 „Freeze" ist eine Abschlussübung, in der man in einer Verrenkung verharrt, sozusagen „einfriert".

etwas in den Raum. Die Musik spielt unaufhörlich weiter, sie findet kein Ende. Nun tritt ein anderer Tänzer von *Treffer* hervor, ein weiterer versucht, ihn aufzuhalten, was ihm aber nicht gelingt. Der erste setzt sich durch und tanzt. Kurz hält er aber inne, dreht sich zu seiner Gruppe um und fordert sie mit seinen Händen – nach oben gehalten – auf, zu klatschen. Die Gruppe stimmt sofort in den Applaus ein. So wechseln sich die beiden Gruppen immer wieder ab. Schließlich macht einer der Gruppe *Treffer* einen unendlich langen Kreisel auf dem Kopf, einen „headspin". Er dauert sicherlich eine Minute. Seine Mannschaft zieht den wankenden Tänzer dann – unter lautem Beifall – von der Fläche herunter.

Der battle beruht auf der wechselseitigen Steigerung: sowohl innerhalb der Gruppen als auch in der Auseinandersetzung zwischen den Gruppen. In der direkten Konfrontation muss der einzelne Tänzer sich gegenüber dem vorangegangenen Tänzer des gegnerischen Teams als mindestens ebenbürtig erweisen (wobei die gleiche Übung und eine ebenso gut ausgeführte andere funktional äquivalent sind). Im Unterschied zum fight der Hooligans bringt der Einzelne seinen individuellen, persönlichen Stil in die Auseinandersetzung mit ein. Das Kollektiv und die kollektive Leistung konstituieren sich – wie bei den (Rock-) Bands – auf der Basis der Anerkennung des individuellen, des persönlichen Stils, indem dieser im Rahmen einer (stillschweigenden) Choreographie in die kollektive Steigerung eingebunden wird. Individuelle Stilelemente und kollektiver Rahmen bedingen und steigern einander wechselseitig.

Mit dem „headspin" hat dann die Gruppe *Treffer* den „Killer gemacht", wie die Tänzer sagen. Sie hat gegenüber der gegnerischen Mannschaft einen Überraschungseffekt geschaffen, mit dem die vom Gegner erwartete Regelmäßigkeit und sukzessive Steigerung durchbrochen werden. Der Gegner ist darauf nicht vorbereitet und findet keine adäquate Antwort:

Plötzlich, ich habe es nicht so genau mitbekommen, kommt es zu einem Menschenauflauf auf der Tanzfläche. Einer von *Keller* hatte nach dem „headspin" getanzt, daraufhin war einer von *Treffer* auf die Fläche gegangen. Da stürmen alle von *Keller* und *Treffer* auf die Fläche, wobei sie sich gegenseitig stoßen, allerdings nicht prügeln. Auch das Publikum (besser: die Jungen) betritt nun die Fläche, es entsteht ein Tumult und Geschiebe. *Keller* versucht, *Treffer* nach hinten abzudrängen, *Treffer* versucht das gleiche. Da gehen Tarik und Cengiz dazwischen, brüllen 'Stop stop', lachen und schieben die Jugendlichen auseinander. Cengiz schreit weiter: 'Stop stop', beide heben die Hände hoch und laufen in großen Kreisen über die inzwischen freigeräumte Tanzfläche. Die Tänzer haben sich auf ihre Seiten zurückgezogen, einer von *Treffer* zieht sich bereits sein Hemd wieder an. Der battle scheint vorüber zu sein. Es bleibt mir unklar, wer gewonnen hat und ob der battle wegen oder mit dem Tumult zu Ende ging.

Hier kommt es nun zur gruppenübergreifenden kollektiven Steigerung, zur Efferveszenz. In dem Moment, in dem alle auf die Tanzfläche stürmen, sind die Grenzen zwischen den Tanzgruppen und zum Publikum aufgehoben. Auf diesem Höhepunkt des kollektiven Aktionismus tritt die Frage nach dem Sieger des battle in den Hintergrund.[14]

Betrachtet man die im battle präsentierten Übungen im einzelnen, so kann die Basis des kollektiven Aktionismus und der Efferveszenz ganz generell deutlich werden. Ein nicht nur im battle, sondern in unterschiedlichen Gattungen des Breakdance präsentiertes zentrales Element ist der „powerbreak", bei dem die Richtung der Körperdrehung, die Achse und die Lage des Körpers unaufhörlich wechseln:[15]

Seine Füße wirbeln auf dem Boden wie Trommelstöcke. Die Arme fächern. Dann wirft er sich zu Boden und hüpft auf allen vieren weiter. Hechtet auf den Rücken, fliegt seitlich auf die Schulter, dabei dreht er sich, Beine V-förmig in die Luft gestreckt. Jetzt wuchtet er seinen Körper auf die Seite, dann auf den Bauch. Ständig fliegen seine Arme zur Seite, schießen die Beine nach oben ...

Dem powerbreak, der hier von einem Journalisten als fertiges Produkt beschrieben wird, geht ein intensiver Prozess praktischen Lernens voraus. In diesem kann der powerbreak nicht zweckrational geplant oder antizipiert werden. So wird er auch nicht vorab in seiner Performanz kognitiv imaginiert, sondern entsteht in der Aktion, in der „direkten Verkörperlichung"[16]. Die älteren Tänzer, die wie Tarik und Cengiz den Höhepunkt der Adoleszenzkrise bereits überwunden haben, wissen dieses praktische Lernen in die choreographische Einstudierung einer Show zu transformieren:

Die älteren Tänzer stellen sich in einer Formation auf und beginnen, nach einem Lied zu tanzen. Dabei machen sie synchrone Schritte nach vorne und zurück, bewegen die Arme um ihren Körper herum und fallen in einen „freeze". Hubert kommt aus dem Takt und sagt, sie müssten ihm das jetzt richtig zeigen. Die Musik wird ausgeschaltet, alle nehmen Aufstellung und zählen den Takt durch. Dies wiederholen die Tänzer mehrmals, dann hat es Hubert gelernt.

In der Synchronie, in der es auf die Gleichzeitigkeit und Gleichartigkeit der Bewegungen ankommt, werden individuelle und kollektive Zeit durch

---

14 Der Tänzer einer anderen Gruppe, der uns ausführlich und in bunten Farben einen battle in Österreich schilderte, konnte unsere Frage nach dem Sieger nicht nur nicht beantworten, sondern reagierte ihr gegenüber völlig verständnislos.

15 Die folgende Beobachtung derselben, auch von uns untersuchten Gruppe entnehmen wir einem deutschen Life-Style-Magazin, dessen Namen wir aus Gründen der Anonymisierung nicht nennen können.

16 Wacquant entwickelt diese an Bourdieu angelehnte Argumentation in der Analyse des Boxens, das einige Parallelen zum Breakdance aufweist, wird in beiden doch „die praktische Beherrschung der grundlegenden körperlichen, visuellen und mentalen Schemata" (1992: 237f.) gelernt, ohne eine „kontemplative und detemporalisierende Haltung" (ebd.: 236) einzunehmen.

den Takt der Musik koordiniert. Wenn Korrekturen notwendig werden, basiert auch die Metakommunikation wesentlich auf der Praxis der Vorführung:

Cengiz will seinen break nicht wie in der Choreographie vorgesehen tanzen. Er macht einen Vorschlag und tanzt ihn vor. Die anderen zählen mit, der getanzte Vorschlag aber wird abgelehnt, da er für den Takt zu lang ist. Martin zeigt ihm eine neue, indem er sie vormacht. Cengiz bittet ihn, dies zu wiederholen, und übernimmt dann in seiner Übung einiges davon. Die anderen stimmen nun zu.

Die Jugendlichen erarbeiten sich den break, indem dieser vorgemacht, in einer zweiten Handlung hierauf Bezug genommen und der break nochmals ausgeführt wird. Diese Mimesis (vgl. Gebauer & Wulf 1998) stellt weder eine identische Wiederholung noch eine theoretische Bearbeitung des ersten breaks dar, in der eine intendierte Veränderung auszumachen wäre. Vielmehr werden durch das Noch-einmal-Machen „neue ästhetische Qualitäten" (ebd.: 16) und Kontingenzen erzeugt. Diese sind jedoch nicht beliebig und zufällig. In der wiederholten Mimesis, d.h. beim Üben des Breakdance, schleifen sich gespurte Handlungen ein. Diesen wohnt eine Regelhaftigkeit inne, nach der die persönlichen Habitus der Tänzer, die in den breaks ihren Ausdruck und ihre Anerkennung finden, auf dem Wege einer Habitualisierung in den kollektiven Geschmack eingebunden werden. Auch hier konstituiert sich Kollektivität im Modus des Aktionismus und (im Unterschied zu den Hooligans) auf der Basis der persönlichen Stile der Einzelnen. Erst in einem zweiten Schritt können die Tänzer diese dann auch in die Inszenierung einer Show überführen, indem sie sich ihrer aktionistischen Handlungspraxis reflexiv zuwenden und deren Regelmäßigkeiten in ihren Konsequenzen für den kollektiven Stil *explizit* herausarbeiten. Insofern es sich bei denjenigen, die zur Inszenierung einer Show in der Lage sind, ausschließlich um ältere Tänzer handelt, zeichnet sich hier eine adoleszenzspezifische Entwicklung ab.

4. Adoleszenz, Events und neue Vergemeinschaftungen

Wenn die jungen Tänzer im Medium des Aktionismus und teilweise des Event ihre persönlichen und kollektiven Stile handlungspraktisch erproben, habitualisieren und möglicherweise reflexiv konsolidieren, befinden sie sich in der Regel noch in der Negationsphase, der Krisenphase relativer biographischer Orientierungslosigkeit. Hierauf folgt eine Phase in der Adoleszenz, in der sich die jungen Männer wieder in neue Orientierungen von biographischer Relevanz einfinden. Wir haben sie Re-Orientierungsphase genannt.[17] In dieser Phase entfaltet sich bei einigen Jugendlichen aus dem Aktionismus des

---

17 Auch diese Adoleszenzphase wurde bei Bohnsack (1989) grundlegend ausgearbeitet.

Breakdance nicht nur ein habitualisierter Stil, sondern zunehmend auch intendierte Ausdrucksstile, die im Rahmen von Events dann auch für kommerzielle und semi-professionelle Zwecke eingesetzt werden können.[18] Eine ähnliche Entwicklung vom Aktionismus zur Habitualisierung und schließlich zur Reflexion und Konsolidierung des eigenen Stils haben wir bei den Musikgruppen beobachtet.[19] Aber auch (und vor allem) dort, wo die habituellen Stilelemente sich nicht zu kommerzialisierten intendierten Ausdrucksstilen entwickeln, haben sie ihre zentrale Funktion für die Suche nach habitueller Übereinstimmung, nach milieuspezifischer Zugehörigkeit und somit für eine biographisch relevante (Re-) Orientierung.

Hier zeigen sich nun Kontraste zwischen den Breakdance- und Musikgruppen einerseits und den Hooligans andererseits. Denn bei letzteren hat die habituelle Übereinstimmung und die auf dieser Basis sich konstituierende Zugehörigkeit eher episodalen Charakter. Das heißt, die im Aktionismus des Kampfes und der provokativen Auseinandersetzung produzierte Erlebnis- oder Schicksalsgemeinschaft bleibt – da außerhalb bisheriger biographischer Kontinuität – situativ und zeitlich begrenzt, also episodal. Sie tritt in nur unzureichender Weise an die Stelle einer kollektiven Re-Strukturierung oder Re-Organisation biographischer oder sozialisationsgeschichtlich fundierter Erfahrungsräume und Gemeinsamkeiten als Voraussetzung für Solidarität und biographisch relevante Stilbildung. Deshalb finden wir bei den Hooligans vor allem während der Adoleszenzkrise sozusagen fiktive oder imaginäre konjunktive Erfahrungsräume – repräsentiert durch stereotypisierende kollektive Identifizierungen wie z.B. den „Nationalstolz".

Ein ganz anderer Typus der Suche nach Vergemeinschaftung, nach habitueller Übereinstimmung wird durch einige der von uns untersuchten Musik- und Breakdancegruppen verkörpert. Auf der Basis der wechselseitigen Anerkennung der persönlichen, der individuellen Identität und Lebensgeschichte gelingt es – vorzugsweise im Modus von Events – habituelle Gemeinsamkeiten aktionistisch zu inszenieren und auf diese Weise in einen Prozeß der Efferveszenz, der kollektiven Steigerung zu re-organisieren. In der kollektiven Verdichtung individueller Stilelemente im (körperlich-) ästhetischen Aktionismus zeichnen sich habituelle Übereinstimmungen ab – als Keime der

---

18 Auf einen solchen Entwicklungsprozess, der gleichwohl nicht eindeutig in der Adoleszenz verortet wird, weisen auch Henkel & Wolff (1996: 72) hin.

19 Schäffer hat drei Phasen des stilistischen Einfindungsprozesses herausgearbeitet: In der „Experimentierphase" erfolgt eine „Affizierung" (1996: 238): Die Gruppen überlassen sich „einem Prozeß des Machens, von dem sie nicht genau wissen (wollen), wohin er führt. Es wird nicht produktorientiert-zweckrational geprobt, sondern ‚aus Spaß' probiert..." (ebd.: 230). Hier ist der Aktionismus der Events angesiedelt. In einer zweiten Phase versichern sich die Gruppen dieser „präreflexiven Erfahrung... kommunikativ" (ebd.: 231), sie validieren ihre musikalische Praxis. Diese wird in der dritten Phase „als eigenes Stilelement anerkannt" (ebd.: 232). Damit hat sich die Gruppe musikalisch-stilistisch reorientiert. Vgl. auch Bohnsack et al. 1995 und für die Entwicklung von der aktionistischen Praxis zum habitualisierten Stil in einer Breakdance-Gruppe: Nohl 1999b.

Entstehung, der Emergenz neuer kollektiver Lebensorientierungen und neuer Vergemeinschaftungen.[20] Die andere Funktion, die neben der Suche nach habitueller Übereinstimmung den Aktionismen im Zuge der Adoleszenzentwicklung zukommt, ist, wie dargelegt, diejenige der episodalen Negation der Alltagsexistenz während der Adoleszenzkrise. Indem wir die kollektiven Aktionismen in ihrer Funktion genauer bestimmen konnten, haben wir zugleich versucht, zur Klärung der *adoleszenzspezifischen Bedeutung* jener interaktiven Gattung beizutragen, die wir als organisatorische Verfestigung und Überhöhung dieser Aktionismen verstehen: der Events.

Literatur

Bohnsack, R.: Generation, Milieu und Geschlecht. Ergebnisse aus Gruppendiskussionen mit Jugendlichen. Opladen 1995

Bohnsack, R.: Adoleszenz, Aktionismus und die Emergenz von Milieus. Eine Ethnographie von Hooligan-Gruppen und Rockbands. In: Zeitschrift für Sozialisationsforschung und Erziehungssoziologie 17/1997, S. 3-18

Bohnsack, R.: „Milieubildung": pädagogisches Prinzip und empirisches Phänomen. In: Böhnisch, Lothar (Hrsg.): Lebensort Jugendarbeit. Weinheim/München 1998, S. 95-112

Bohnsack, R.: Rekonstruktive Sozialforschung. Einführung in Methodologie und Praxis qualitativer Forschung. 3. überarbeitete und erweiterte Auflage. Opladen 1999

Bohnsack, R./Loos, P./Schäffer, B./Städtler, K./Wild, B.: Die Suche nach Gemeinsamkeit und die Gewalt der Gruppe. Hooligans, Musikgruppen und andere Jugendcliquen. Opladen 1995

Bohnsack, R./Nohl, A.-M.: Adoleszenz und Migration. Empirische Zugänge einer praxeologisch fundierten Wissenssoziologie: In: Bohnsack, R./Marotzki, W. (Hrsg.): Biographieforschung und Kulturanalyse. Transdisziplinäre Zugänge qualitativer Forschung. Opladen 1998, S. 260-282

Bohnsack, R./Loos, P./Przyborski, A.: „Male Honor". Towards an Understanding of the Construction of Gender Relations Among Youths of Turkish Origin. In: Kotthoff, H./Baron, B.(Hrsg.): Gender in Interaction. Amsterdam 2000

Bourdieu, P.: Entwurf einer Theorie der Praxis. Frankfurt/M. 1976

Bourdieu, P.: Die feinen Unterschiede. Frankfurt/M. 1982

Durkheim, E.: Die elementaren Formen des religiösen Lebens. Frankfurt/M. 1981

Gaffer, Y.: Adoleszenz und aktionistische Handlungspraxis. Am Beispiel des Breakdance bei (türkischen) peer groups. Unveröffentlichte Magisterarbeit an der Freien Universität Berlin, 1999

Gebauer, G./Wulf, C.: Spiel, Ritual, Geste – Mimetisches Handeln in der sozialen Welt. Reinbek b. Hamburg 1998

---

20   Zur Milieubildung bei den Hooligans und Musikern vgl. Bohnsack 1998, bei den Tänzern Nohl 1999b.

Goffman, E.: Interaction Ritual. Essays on Face-to-Face Behaviour. New York 1967. (dt.: Interaktionsrituale. Über Verhalten in direkter Kommunikation. Frankfurt/M. 1975)

Goffman, E.: Frame Analysis. An Essay on the Organization of Experience. Harmondsworth 1974 (dt.: Rahmen-Analyse. Ein Versuch über die Organisation von Alltagserfahrungen. Frankfurt/M.1977)

Habermas, J.: Theorie des Kommunikativen Handelns. Bd. 1, Frankfurt/M. 1981

Heidegger, M.: Sein und Zeit. Tübingen 1986

Henkel, O./Wolff, K.: Berlin Underground – Techno und Hiphop zwischen Mythos und Ausverkauf. Berlin 1996

Hitzler, R./Pfadenhauer, M.: „Let your body take control!". Zur ethnographischen Kulturanalyse der Techno-Szene. In: Bohnsack, R./Marotzki, W. (Hrsg.): Biographieforschung und Kulturanalyse – Transdisziplinäre Zugänge qualitativer Forschung. Opladen 1998, S. 75-92

Liell, C.: Subkulturelle Praktiken der Efferveszenz. Dissertationsprojekt an der Freien Universität Berlin, 2000

Mannheim, K.: Das Problem der Generationen. In: Ders.: Wissenssoziologie. Neuwied 1964, S. 509-565

Mannheim, K.: Strukturen des Denkens. Frankfurt/M. 1980

Neckel, S.: Die Macht der Unterscheidung. Beutezüge durch den modernen Alltag. Frankfurt/M. 1993

Nohl, A.-M.: Jugend in der Migration. Türkische Banden und Cliquen in empirischer Analyse. Baltmannsweiler 1996

Nohl, A.-M.: Milieu und Differenzerfahrung. Vergleichende Fallrekonstruktionen zu Adoleszenz, Bildungs- und Migrationslagerung bei männlichen Jugendlichen. Dissertation an der Freien Universität Berlin 1999a

Nohl, A.-M.: Von der praktischen Widerständigkeit zum Generationsmilieu: Adoleszenz und Migration in einer Breakdance-Gruppe. In: Roth, R./Rucht, D. (Hrsg.): Jugend, Politik und Protest. Opladen 1999b (im Druck)

Schäffer, B.: Die Band. Stil und ästhetische Praxis im Jugendalter. Opladen 1996

Wacquant, L.J.D.: The Social Logic of Boxing in Black Chicago: Toward a Sociology of Pugilism. In: Sociology of Sport Journal 1992, S. 221-254

Zinnecker, J.: Zur Modernisierung von Jugend in Europa – Adoleszente Bildungsgeschichten im Gesellschaftsvergleich. In: Combe, A./Helsper, W. (Hrsg.): Hermeneutische Jugendforschung. Opladen 1991, S. 71-98

Michaela Pfadenhauer

Spielerisches Unternehmertum.
Zur Professionalität von Event-Produzenten in der Techno-Szene

Phänomenologisch betrachtet ist das Event eine „kulturelle Erlebniswelt", bestimmt als das Korrelat zu einem als „außergewöhnlich" herausgehobenen thematischen Ausschnitt aus dem Insgesamt der subjektiven Erfahrungen, dessen Rahmenbedingungen von *anderen* mit der Intention vorproduziert werden, vom erlebenden Subjekt benutzt, also im weitesten Sinne konsumiert zu werden.[1] Der (intendierten) Produktion der *Voraussetzungen* dieses Ereignisses gilt in diesem Beitrag die besondere Aufmerksamkeit. Entsprechend dem methodologisch-methodischen Programm „lebensweltlicher Ethnographie"[2] geht es dabei wesentlich darum, die „Sicht der Dinge" dieser „anderen", die Perspektive also des Akteurstypus „Event-Produzent" einzuholen.

Am Beispiel der Organisation eines „Raves" als dem für die – von uns seit längerer Zeit intensiv explorierte – Techno-Szene signifikantesten Event läßt sich zunächst einmal verdeutlichen, daß dieser Aktionsraum zur massenhaften (ästhetischen) Selbst-Stilisierung nicht etwa „aus dem Nichts" entsteht, sondern aufwendig hergestellt werden muß (Teil 1). Infolgedessen hat sich in der Techno-Szene, sozusagen auf der Ressourcenbasis des finanziellen Potentials der Ravermassen, eine von uns sogenannte „Organisationselite" herausgebildet.[3] Es fällt auf, daß sich diese Leistungelite[4] – jedenfalls in Deutschland – weitgehend aus der Techno-Szene selber rekrutiert und reproduziert. Dies läßt sich vermutlich dadurch erklären, daß sich diese Szene in

---

1 Zur phänomenologischen Bestimmung des Events vgl. Hitzler in diesem Band.
2 Vgl. dazu grundlegend Honer 1993 sowie Knoblauch, z.B. 1991 und 1995.
3 Die zwar heterogene, aber (noch) hochgradig vernetzte Organisationselite der Techno-Szene managed inzwischen nahezu die gesamte Infrastruktur der Szene, also z.B. die Produktion und Distribution von Informationen, die einschlägigen Clubs, das DJ-Booking, die technospezifischen Vinyl- und CD-Labels und z.T. auch das Merchandising. Vor allem aber bildet bzw. stellt und aktiviert sie das Personal, das für die Planung, Koordination und Durchführung, also eben für die *Produktion* (der Voraussetzungen) von Techno-Events unabdingbar ist.
4 Die je szenespezifische Leistungselite ist heuristisch in eine Organisations-, Repräsentations- und Reflektionselite funktional differenzierbar. Unter einer „Leistungselite" verstehen wir - im Anschluß an Dreitzel (1962) - die Erbringer sozial erwünschter bzw. nachgefragter Leistungen, denen aufgrund bzw. infolge ihrer Aktivitäten (signifikante) Privilegien, Optionen, Ressourcen und/oder Wertschätzung zuteil werden.

den Neunziger Jahren so rapide entwickelt und verändert hat, daß nahezu ausschließlich Insider das erforderliche organisatorisch-technische Knowhow erwerben *und* zugleich eine hier sozial akzeptable Selbstinszenierung (eben als Szene-Mitglieder) betreiben konnten und können. Eine *unspezifische* organisatorisch-technische Kompetenz reicht dabei in der Regel nicht aus, um in der Techno-Szene als Event-Produzent dauerhaft erfolgreich zu sein (Teil 2). Das *spezifische* Erfolgskriterium der Szene-Elite scheint vielmehr in dem zu liegen, was ich schließlich als „postmodernen Professionalismus" zu kennzeichnen vorschlage (Teil 3).

Die Rekonstruktion der Relevanzsysteme und Wissensbestände der Techno-Event-Produzenten basiert auf zweierlei Arten von Daten: zum einen auf im Rahmen unserer ethnographischen Feldforschung insbesondere auf der Basis beobachtender Teilnahme gewonnenen Erfahrungen, zum anderen auf vielfältigen, sowohl zufällig und beiläufig, als auch im Sinne von offenen Leitfadeninterviews geführten Gesprächen mit diversen Techno-Event-Veranstaltern und -Organisatoren, die in der Szene als Experten für die Produktion von Events gelten und diesen Expertenstatus auch für sich selbst beanspruchen. Auf der Grundlage dieses Materials lassen sich im Sinne der Bildung von Idealtypen zwei extreme Varianten von Event-Produzenten – der „Spieler"-Typus einerseits und der „Unternehmer"- Typus andererseits – kontrastieren. Die Integration des Lebensziels „Selber-Spaß-haben" in die Erwerbsidee „Anderen-Spaß-bereiten" sowie die *Kombination* einer spielerischen Werthaltung mit unternehmerischem Kalkül, also ein „spielerisches Unternehmertum", scheint (zumindest in der Techno-Szene) eine erfolgversprechende Voraussetzung dafür zu sein, sich längerfristig auf dem Erlebnismarkt zu behaupten.

Inwieweit sich dieser Befund für den Bereich der Event-Produktion schlechthin verallgemeinern läßt, kann auf dieser Datenbasis nicht hinlänglich geklärt werden. Konstatieren läßt sich jedoch zumindest, daß dieses Betätigungsfeld im Zuge der von Außenstehenden zumeist negativ bewerteten Kommerzialisierung der Techno-Szene nicht wenigen Jugendlichen sowohl Arbeits- und Erwerbsmöglichkeiten als auch Chancen zu ihrer Professionalisierung eröffnet (vgl. weiterführend dazu Hitzler/Pfadenhauer 2000).

1. Die Organisation eines Techno-Events[5]

Unter der Bezeichnung „Event" versammeln sich in der Techno-Szene verschiedene Arten von Geselligkeiten, wie z.b. Techno-Club-Nächte, Partys in Diskotheken oder auf Kreuzfahrten, wochenendliche Gemeinschaftsausflüge und die sogenannten „Paraden", d.h. Straßenumzüge mit Techno-Musik. Die signifikanteste Form des Events in der Techno-Szene aber ist der „Rave" – eine Tanzveranstaltung, die in oder auf einer „location" stattfindet, welche groß genug ist, daß etliche Tausend bis zigtausend Liebhaber von Techno-Musik zusammenkommen und „raven", d.h. sich tanzvergnüglich austoben und dabei ihren „Spaß haben" können.[6] Die Location für einen Rave ist also typischerweise eine Großhalle bzw. ein Hallenkomplex oder auch ein Open Air-Gelände, wie z.b. ein stillgelegter Militärflughafen, ein überdimensioniertes Sonnenblumenfeld und dergleichen mehr. Raves zeichnen sich üblicherweise dadurch aus, daß den Teilnehmern mehrere „areas", also mehrere Tanzbereiche zur Verfügung stehen, die normalerweise auch mit unterschiedlichen Stilrichtungen von Techno-Musik beschallt werden.

Entgegen dem vor allem im sogenannten „Underground" der Techno-Szene perpetuierten Mythos, demzufolge sich ein guter Rave quasi urwüchsig aus der Situation zu konstituieren habe, setzt ein solches Event gelingenderweise das Zusammenwirken mannigfaltiger Akteure und Akteursgruppen voraus, die ihre vielfältigen Aktivitäten im Hinblick auf das sozusagen sinnstiftende Ereignis einer konkreten und zeitlich lokalisierbaren Veranstaltung (mehr oder weniger gut) koordinieren. Technisch läßt sich ein Event dementsprechend als ein *Trajekt* im Sinne von Anselm Strauss (1993) beschreiben[7]: als ein *situationsübergreifendes* Erzeugnis, an dessen Herstellung vielerlei Akteursgruppen beteiligt sind, deren Aktivitäten letztlich nur dann Sinn ergeben, wenn man sie als durch einen „Ereigniskern" fokussiert begreift.[8]

Aus der Perspektive des Event-Produzenten ist ein Rave hinsichtlich seiner logistischen Rahmenbedingungen ein hochkomplexes, risikoreiches, zeit-, kosten- und personalintensives Unterfangen, das weder spontan noch beiläufig bewerkstelligt werden kann. Die organisatorischen Faktoren, die berücksichtigt, sowie die vielfältigen Aktivitäten, die auf den konkreten Veranstaltungstermin

---

5   Die Literaturlage zur Organisation von Techno-Events ist ausgesprochen dünn: So weisen Papenroth/ Mülleneisen (1996) zwar auf Probleme und Risiken von Techno-Veranstaltern hin, die sich aus der zunehmenden Veranstaltungsdichte, aus gestiegenen Qualitätsansprüchen der Raver und dem daraus resultierenden Bedarf an immer ausgefalleren Ideen ergeben, bleiben ansonsten aber vage, insbesondere hinsichtlich der Erfolgsfaktoren gelungener Techno-Events.

6   Zu strukturellen und „atmosphärischen" Unterschieden von Raves und anderen (Techno-)Veranstaltungen vgl. Hitzler 2000: 226f.

7   Zum Konzept des „trajectory" allgemein vgl. auch Soeffner 1991; Brosziewski 1997: 27-29; zur dreiphasigen Trajektstruktur des Events vgl. nochmals Hitzler in diesem Band.

8   Charakteristisch für Events ist Hitzler (in diesem Band) zufolge, daß dieser „Ereigniskern" prinzipiell am Prinzip „Ein bißchen Spaß muß sein!" orientiert ist.

hin ausgeführt und koordiniert werden müssen, lassen sich im Hinblick auf strukturell wesentliche Aspekte der Planung, der Finanzierung und des Managements eines solchen Ereignisses verdichten[9].

1.1 Die Planung

Die Konzeption eines Events setzt vor allem und zunächst einmal eine (mehr oder weniger) phantastische *Idee* voraus, die alsbald hinsichtlich ihrer logistischen, technischen und finanziellen Realisierungchancen zu überprüfen ist. Die Planung selber bezieht sich im folgenden auf einen geeigneten Zeitpunkt für die Veranstaltung, der sich z.b. nicht mit Terminen anderer „zugkräftiger" Veranstaltungen überschneiden sollte, und auf einen geeigneten Ort, an dem das Event stattfinden soll. Für die Nutzung einer bestimmten „location" zu einem bestimmten Zeitpunkt bzw. in einem bestimmten Zeitraum sind dann von verschiedenen bürokratischen Institutionen (v.a. vom Ordnungsamt und vom Gewerbeaufsichtsamt) Genehmigungen einzuholen, an die in der Regel bestimmte Auflagen im Hinblick z.b. auf Brandschutz, Lautstärke, Veranstaltungsdauer und Hygienebedingungen geknüpft sind.[10]

Die anvisierte Zielgruppe muß (z.B. hinsichtlich ihrer musikalischen Stilvorlieben) konkretisiert, und das Veranstaltungsprogramm sowie die Werbung für das Event muß auf diese Zielgruppe abgestimmt werden. DJs und „Live Act"-Künstler müssen gebucht, Ton- und Lichtanlagen müssen bestellt oder bereitgestellt und (erwartbare) technische Probleme bei der projektierten Installation dieser Anlagen müssen antizipiert und abgeklärt werden. Die Ver- und Entsorgung der erwarteten Teilnehmermassen und auch des Personals ist so weit bzw. so gut wie möglich vorzuplanen.

Generell läßt sich beobachten, daß die Organisatoren bei der Konzeption und Planung eines Techno-Events darauf bedacht sind, dieses wirklich so attraktiv zu machen bzw. erscheinen zu lassen, wie es ihnen unter den je auferlegten, mannigfaltigen Restriktionen möglich ist. Dieser Befund liegt zwar nahe, wichtig dabei ist aber, daß es den Event-Produzenten (zumeist) nicht nur darum geht, im Hinblick auf Profitinteressen den (vermuteten) Erwartungen der zahlenden Gäste zu entsprechen, sondern mit der Qualität der projektierten Veranstaltung auch ihrem Selbstbild (tatsächlich als „Professionelle") gerecht zu werden und –

---

9   Von weiteren logistischen Voraussetzungen eines Techno-Events, wie etwa der Herstellung einschlägiger „Tracks" mittels geeignetem elektronischem Equipment und deren Distribution mittels Vinyl-Scheiben, sehe ich in diesem Beitrag ab; und auch den Bereich der Herstellung und Distribution kulturtypischer illegaler Drogen blende ich hier aus, weil die eine wie die andere Vorleistung zur sozialen Produktion eines Techno-Events von den jeweiligen Akteuren erbracht wird. Akteursgruppen nicht im Hinblick auf eine konkrete und zeitlich lokalisierbare Veranstaltung erbracht wird. – Zum kulturspezifischen Drogenkonsum der Technoiden vgl. Hitzler 1997; Hitzler/Pfadenhauer 1997.

10   Die jährlich immer wieder aufs Neue stattfindende Auseinandersetzung um die Genehmigung der Love Parade, die inzwischen auch mit juristischen Mitteln geführt wird, findet sich in Meyer 2000 dokumentiert.

vor allem – Prestigegewinne im weiten Netzwerk der Organisationselite zu erzielen bzw. zumindest hier stets drohende Imageverluste zu vermeiden. Und schließlich gilt es, den Ansprüchen von Sponsoren und anderen Geldgebern zu genügen, deren Leistungen in aller Regel eben auf einem Vertrauensvorschuß und/oder auf ihrer Beurteilung bereits stattgehabter Veranstaltungen basieren, die von einer bestimmten Organisationseinheit verantwortet wurden. Die Planung eines Techno-Events ähnelt dergestalt symptomatischerweise einer Gratwanderung zwischen Traum- und Wunschvorstellungen hier und Opportunismus gegenüber als „real" definierten Rahmenbedingungen da.

1.2 Die Finanzierung

Als *reale* Rahmenbedingung und infolgedessen als wichtige Richtlinie für die Finanzierung eines Raves gilt, daß zumindest alle vorhersehbaren Kosten durch die Einnahmen – gleich welcher Art – gedeckt sein müssen. Während aber die Ausgaben (z.B. für Werbung, Personal, DJs, Miete von Licht- und Tonanlagen usw.) wenigstens prinzipiell festgelegt und somit im Vorfeld der Veranstaltung in die Kalkulation einbezogen werden können, sind die erhofften Erträge aus Eintrittsgeldern und Getränke- bzw. Lebensmittelverzehr aufgrund der ohnehin nur ungenau abzuschätzenden und durch vielfältige Faktoren bis zum Schluß beeinflußten Besucherzahl ausgesprochen unsichere Posten.

Sowohl für tatsächliche Verauslagungen als auch zur Deckung von aus den abgeschlossenen Verträgen resultierenden Verbindlichkeiten müssen die Event-Produzenten folglich schon (weit) im Vorfeld einer Veranstaltung erhebliche Ressourcen bereitstellen.[11] Soweit sie dabei nicht auf Eigenkapital (z.B. auf Rücklagen und Gewinne aus früheren Veranstaltungen) zurückgreifen oder z.B. mit Einnahmen aus dem Verkauf von Medienrechten rechnen können, sind sie darauf angewiesen, potentielle Geldgeber zum finanziellen Engagement zu bewegen. Dies gelingt eben vorzugsweise dadurch, daß diese mitttels einer durchsichtigen Planung oder im Verweis auf bereits erfolgreich durchgeführte Veranstaltungen davon überzeugt werden, daß sich ihr Engagement für sie in irgendeiner Form „auszahlen" wird. Soweit also gewöhnliche Kredite in Anspruch genommen werden, geht es schlicht um die Frage der Kreditwürdigkeit der eine Veranstaltung „tragenden" Organisationseinheit. Soweit es sich um Sponsoring handelt, beanspruchen die Geldgeber typischerweise je nach Höhe der tatsächlich zur Verfügung gestellten Summe oder sonstiger in Aussicht gestellter Leistungen (wie z.B. Flop- und Ausfall-Garantien) zum Teil massive Mitspracherechte bei der gesamten Konzeption, bei der Art ihrer Einbindung in Wer-

---

11 Dabei ist auch zu berücksichtigen, daß sich zwischenzeitlich zur Produktion zumindest von regelmäßig stattfindenden, größeren Events Firmen etabliert haben, in denen *ganzjährig* Mitarbeiter beschäftigt sind, denen ein festes monatliches Gehalt zu zahlen ist.

beaktionen und im Hinblick auf Präsentationsmöglichkeiten auf dem Event selber.

Die Finanzierung eines in technisch-organisatorischer und künstlerisch-ästhetischer Hinsicht anspruchsvollen Raves stellt zwischenzeitlich, nachdem der „Goldgräberrausch" der Neunziger Jahre – jedenfalls in Deutschland – abgeklungen ist, oft mehr oder weniger ein „Nullsummenspiel" von Einnahmen und Ausgaben dar. Ein finanzieller Gewinn aus einer Veranstaltung wie etwa der „Mayday" in den Dortmunder Westfalenhallen läßt sich inzwischen fast ausschließlich über das Merchandising, also den Verkauf von Kleidungsstücken, (Party-)Accessoires und vor allem Tonträgern, insbesondere der eigens für die Veranstaltung gefertigten „Compilation" erwirtschaften, zumindest dann, wenn diese über Major-Labels vertrieben werden.

1.3 Management

Die praktischen Umsetzungen der vielfältigen Aufgaben, die im Rahmen der Planung und der Finanzierung eines Events anfallen, müssen schließlich unter ständig sich ändernden Bedingungen koordiniert und kontrolliert werden, damit ein reibungsloser Ablauf der Vorbereitung, Durchführung und Abwicklung der Veranstaltung gewährleistet werden kann. Mithin ist es zwingend erforderlich, daß über den wochen- und monatelangen Vorlauf der Veranstaltung ein Zeit- und Ablaufplan für die anfallenden Arbeiten zum einen erstellt, zum anderen eingehalten und zum dritten gleichwohl mehr oder weniger permanent modifiziert wird.

Das jeweils erforderliche Personal muß selektiert, rekrutiert und tatsächlich eingesetzt werden: z.B. für die Verteilung von Flyern an publikumswirksamen Orten im Vorfeld, für Bereitstellungs- und Aufbauarbeiten und für die Gewährleistung der ordnungsamtlichen und sicherheitsrechtlichen Auflagen auf dem Event selber. Die vielfältigen Tätigkeiten müssen koordiniert, aufeinander abgestimmt und hinsichtlich ihrer sachgerechten Ausführung kontrolliert werden (z.B. die Dekoration und künstlerische Gestaltung der „location" einerseits und die Installation der Licht- und Tonanlagen andererseits). Und u.U. muß auch „vor Ort" trotz dieser Vor-Arbeiten ganz erheblich improvisiert bzw. „nachgebessert" werden.

Zusammenfassend läßt sich also festhalten, daß derartig hochkomplexe Massenveranstaltungen – unter denen wohl die bereits erwähnte alljährliche „Mayday" (vom 30. April auf den 1. Mai) nicht nur von den Teilnehmerzahlen her (ca. 20.000), sondern nachgerade in *jeder* Hinsicht imposanteste Techno-(Indoor)-Event darstellt – offenkundig *unabdingbar* auf relativ hohem Kapitaleinsatz und auf mannigfaltigen organisatorischen und logistischen Vor-, Begleit- und Nacharbeiten basieren. Dem technisch-organisatorischen Knowhow, den Kenntnissen und Fähigkeiten, über welche Organisatoren verfügen (müssen), um ein erfolgreiches Techno-Event zu produzieren, gilt deshalb im folgenden unsere besondere Aufmerksamkeit.

2. Das Wissen des Event-Produzenten in der Techno-Szene[12]

Der typische Event-Produzent in der Techno-Szene hat bereits die „Anfänge" der Technobewegung aktiv miterlebt: schon zu Zeiten, in denen Techno-Musik hierzulande relativ unbekannt war und bei nur wenigen jungen Leuten Anklang fand, war er oft nicht nur Teilnehmer, sondern mitunter sogar schon (Mit-)Organisator von Techno-Veranstaltungen. Wenngleich diese Partys von der anvisierten Teilnehmerzahl ebenso wie von der technischen Ausstattung her nicht mit heute üblichen Veranstaltungen zu vergleichen sind, hat er sich im Rahmen dieses Engagements „Zug um Zug" ein komplexes Sonderwissen über die Produktion von Techno-Events angeeignet.

Dieses Wissen umfaßt betriebswirtschaftliche sowie organisatorische und logistische Kenntnisse der Event-Produktion, welche typischerweise im „learning by doing"-Verfahren erworben, deren Aneignung *prinzipiell* aber auch (bzw. zusätzlich) szene-extern, beispielsweise durch ein betriebswirtschaftliches Studium und/oder Management- und Marketingtätigkeiten im Zusammenhang mit Event-Produktionen generell, erfolgt sein kann, und die auf den besonderen Fall eines Techno-Events übertragen und angewendet werden.

Für die Produktion eines Events ist gemeinhin Wissen relevant, das den Produzenten dazu befähigt, kompetent zu beurteilen,

– welche Arbeiten im Prozeß von der Idee über die Planung bis zur Durchführung und Abwicklung eines Events anstehen (Aufgabengebiete);
– in welcher zeitlichen Abfolge diese Arbeiten erledigt werden müssen (Logistik);
– wer über die jeweiligen Fähigkeiten und Kenntnisse zur Erledigung dieser Aufgaben verfügt (Personalmanagement),
– welche finanziellen Aufwendungen zu erwarten sind (Kalkulation/Kostenrechnung);
– wie die Aufmerksamkeit von Konsumenten, Sponsoren und Medien zu erreichen und zu binden ist (Werbung/Marketing).

Der Event-Produzent ist folglich „Experte" auf seinem Gebiet[13]: er kennt nicht nur die konkreten Produktionsabläufe, sondern weiß darüber hinaus,

---

12 Für dieses Kapitel müßte eigentlich Thomas Bucher als Mitautor firmieren, da es teilweise auf von ihm erhobenen Daten und zahlreichen Diskussionen im Rahmen eines gemeinsam durchgeführten Forschungsseminars im WS 1998/99 an der Universität Dortmund basiert – vgl. jedenfalls auch Bucher 1999.

worauf es in den verschiedenen Einzelbereichen ankommt, ohne selbst unbedingt auf einen (oder mehrere) davon spezialisiert zu sein. D.h., er verfügt typischerweise *nicht* über die spezifischen Kenntnisse und Fertigkeiten z.B. eines Graphikers, eines Licht-Installateurs oder Ton-Technikers, sondern betraut diese Spezialisten mit den für sie einschlägigen Aufgaben, wie z.b. eben der graphischen Gestaltung eines Flyers oder dem technischen Aufbau einer Licht- oder Tonanlage. Obwohl er die hierbei erforderlichen Arbeitsschritte nicht im einzelnen kennt, hat er doch eine Vorstellung davon, was im Prinzip hinsichtlich der Aufgabenerfüllung zu erwarten ist, und kontrolliert die Leistung des Spezialisten dahingehend, ob sie eine adäquate Lösung *seines* Problems – z.B. eben eine die Zielgruppe seines Events ansprechende Graphik, ein den Anforderungen einer Techno-Party entsprechende Beschallung[14] oder Ausleuchtung der „location"[15] – darstellt.

Den organisatorischen Rahmen der Event-Produktion bildet in der Regel eine Veranstaltungsagentur[16]: Dem Event-Produzenten obliegt als In- oder Teilhaber des Unternehmens die Geschäftsleitung des Betriebs, in dem neben Angestellten für die Buchführung, PR-Abteilung etc. oftmals Mitarbeiter ganzjährig beschäftigt sind, die aufgrund spezieller Kompetenzen einen oder mehrere Aufgabenbereiche (wie z.B. Werbung, Merchandising, Versorgungs- und Entsorgungs-Catering, Sicherheitsgewährleistung) federführend betreuen.[17] Aus Erfahrung weiß der Techno-Event-Produzent, daß die erwartbaren Leistungen seinen Anforderungen in der Regel umso eher entsprechen, je mehr seine Mitarbeiter ihrerseits in der Szene „zuhause" bzw. mit den (Konsum-)Gewohnheiten und Vorlieben, Verhaltensweisen und Umgangsformen der Szenegänger vertraut sind.

---

13 Vgl. dazu auch Scholder (1997), der die Organisations- und Kommerzialisierungsakteure in der Techno-Szene als „Kulturexperten" bezeichnet. – Experten- und Spezialistenwissen lassen sich hinsichtlich der Anwendungsbreite und des Generalisierungspotentials unterscheiden: Das Wissen des Experten ist abstrakt(er) und befähigt ihn deshalb *nicht* nur zur Lösung eines Problemtyps, sondern verschiedener Arten von Problemtypen (vgl. Hitzler 1994b). Diese Tätigkeit kann nicht in eine klare Abfolge von Einzelschritten zerlegt werden. Damit ist die Problemlösung nicht (vollständig) routinisierbar, sondern bedarf einer gewissen Improvisationsfähigkeit.

14 Eine wesentliche Voraussetzung für einen den Erwartungen der Teilnehmer entsprechenden Rave ist z.B. die Erzeugung eines technisch hochgradig voraussetzungsvollen Klang-*Raumes*, in dem und durch den sich die Raver überall gleich gut bewegen kann.

15 Die aus Dauer, Lautstärke und Klangqualität resultierende betäubende *und* aufputschende Wirkung der akkustischen Emanationen auf Raves wird wesentlich verstärkt durch mitunter gigantische Light-Shows, die mit Begriffen wie Videoanimation, Laseroptik, Kunstnebel und Stroboskop-Bestrahlung allenfalls technisch, hinsichtlich ihrer *Erlebnisqualität* jedoch gänzlich unzureichend identifiziert sind.

16 „Alteingesessene", z. T. über die Szene-Grenzen hinaus bekannte Veranstaltungsorganisationen sind z.B. die Veranstaltungs- und Bookingagentur „Partysan GmbH", die Firma „Nature One", die „MAYDAY Veranstaltungsservice & Musikproduktions GmbH" und die „Love Parade GmbH", wobei zwischen den beiden letzteren in Berlin ansässigen Firmen mannigfaltige personelle und organisatorische Verflechtungen bestehen (vgl. nochmals Meyer 2000: 119).

17 Die Betreuung dieser Aufgabenbereiche bedeutet z.B. Kontaktaufnahmen zu und Kooperationsabsprachen mit entsprechenden Firmen sowie die Koordination und Beaufsichtigung szene-*externen* Personals, soweit dies nicht den Betreibern der jeweiligen „location" obliegt.

Hinsichtlich der Anforderungen an die musikalisch-künstlerische Konzeption eines Events, vor allem aber hinsichtlich der szenespezifischen Relevanzen und der ästhetischen Codes, ist der Event-Produzent auf eine Art von Wissen angewiesen, das selten explizierbar ist, das ihm vielmehr sozusagen durch eigenes Erleben als Szenegänger „inkorporiert" ist: Er muß idealerweise all das, was in seiner Gesamtheit den je szene-typischen „Spaß" bei einem Event ausmacht, (mehr oder weniger intensiv) am eigenen Leib erfahren haben, um im Rahmen seiner Veranstaltung dafür optimale Voraussetzungen schaffen zu können. Wer beispielsweise nicht um die Bedeutung der *relativen* Massenhaftigkeit der Teilnehmer an einem Rave „weiß", dem werden als Rave-Veranstalter möglicherweise entscheidende Fehler bei der Auswahl und Gestaltung einer geeigneten „location" unterlaufen.[18] Wem die für Raves im Unterschied zu anderen Jugend-Musik-Veranstaltungen signifikante Friedfertigkeit im Umgang miteinander fremd ist, die eine unabdingbare Voraussetzung dafür darstellt, daß die Party jeder und jedem so wenig Streß und so viel Spaß bringt, wie irgend möglich, der macht u.U. gravierende Fehler bei der Auswahl eines für diese Art von Veranstaltung geeigneten Security-Personals, usw.[19]

Der Event-Produzent verfügt also über Wissen, das er in direktem Szenekontakt gleichsam „organisch" erwirbt und ständig aktualisiert. Er durchläuft in der Regel keine formalisierte (Berufs-)Laufbahn. Seiner beruflichen Tätigkeit geht vielmehr in der Regel eine langjährige Szenezugehörigkeit voraus, in dessen Verlauf er enge Bindungen zu Szene-Mitgliedern in seinem Arbeitsumfeld aufbaut. Die Sozialisation des Techno-Event-Produzenten gestaltet sich als langwieriger Integrationsprozeß in das (inzwischen) weltweit agierende Netzwerk der Leistungselite, das intern in lokale „Pozzes", d.h. in Beziehungsverdichtungen im Umfeld angesagter DJs, von Betreibern angesehener Clubs, Labels und Veranstaltungen ausdifferenziert ist.[20] Im Kontakt und Austausch mit Freunden und Kollegen erwirbt und aktualisiert der Event-Produzent fortlaufend intime Kenntnisse der Szene-Kultur wie z.B.:

– den „Katalog" des „Who is who", d.h. vor allem die je aktuelle Rangfolge der DJs in den diversen musikalischen Techno-Sub-Stilen (und damit auch Wissen über musikalische Weiterentwicklungen), die Bedeutungshierarchie von Clubs, Labels und Veranstaltungsorganisationen;
– Kenntnisse über Positionen und Status, Kompetenzen und Arbeitsgewohnheiten von Mitgliedern der Leistungselite, über Kooperations- und Abhän-

---

18 Die Menschendichte auf dem ganzen Party-Areal muß relativ hoch sein, damit sich beim Raven je subjektiv der Eindruck der (inter-)aktiven Teilhabe mehr oder weniger aller an einer Art „kollektivem Tanzkörper" aufrecht erhalten läßt (vgl. dazu ausführlich Klein 1999).
19 Zur Spaß-Idee der Technoiden vgl. ausführlich Hitzler/Pfadenhauer 1998a und 1998b.
20 Zur dergestalt *horizontalen* Ausdifferenzierung der Techno-Szene in diverse Teilszenen vgl. nochmals Hitzler 2000: 237f.

gigkeitsverhältnisse bis hin zu Einblicken in aktuell bestehende Sympathien und Antipathien, Freundschafts- und Intimbeziehungen;
- Wissen über (techno-)kulturspezifische Codes und ihre Bedeutung, über (implizite) Regeln und der (informelle) Umgang mit Regelverstößen; sowie
- Informationen über neueste Szene-Trends, zielgruppenspezifische Erwartungen, usw.

Dieses Szene-Kultur-Wissen wird in der Regel im direkten Kontakt ausgetauscht, die Aneignung und Weitergabe erfolgt also nicht-standardisiert. Der Grad der Zugehörigkeit zur Leistungselite, und damit zum „inner circle" der Szene, entscheidet über das Ausmaß und die Qualität der Informiertheit und ist folglich ein entscheidender Faktor für die individuelle Karriere. Da dieses Wissen einer ständigen Veränderung unterliegt, ist die permanente Pflege und der stetige Ausbau der teils freundschaftlichen, teils beruflichen Beziehungen zu Angehörigen der Szene-Elite unerläßlich. Um auf dem aktuellen Wissensstand zu bleiben, ist es erforderlich, insbesondere bei Techno-Events, die für Angehörige der Szene-*Elite* eine Art „Pflicht-Termin" darstellen, präsent zu sein, durch gemeinsames „Feiern" neue Kontakte zu knüpfen und bestehende zu konsolidieren, um dauerhaft am Informationsfluß zu partizipieren. Privater Rückzug, Partymüdigkeit, Szene-Enthaltsamkeit führen möglicherweise dazu, auf einem überholten Wissensstand stehen zu bleiben, was einschneidende Konsequenzen zeitigen kann: Wer nicht über relevante, neue Informationen verfügt, die er ins Netz „einspeisen" kann, gar mit überholten An- und Einsichten „hausieren" geht, wird nicht nur als Gesprächspartner unattraktiv, sondern im Hinblick auf weitere Zusammenarbeit rasch zum Risikofaktor.

Denn insbesondere in Kulturbereichen, die von Dauerfluktuation gekennzeichnet sind, wie sie für jugendkulturelle Szenen typisch ist, ist der Event-Produzent einem hohen Innovationsdruck ausgesetzt. Nur auf der Basis intimer Szene-Kenntnisse ist er in der Lage, Trends zu erkennen und im passenden Moment die „richtigen", d.h. akzeptanz-evozierenden Akzente zu setzen. Es geht darum, neuartige (lebensstil-relevante[21]) Entwicklungen aufzuspüren und diese – im Rahmen der Event-Produktion, also hinsichtlich der technisch-organisatorischen und künstlerisch-ästhetischen (Gesamt-)Konzeption des Events – in bereits bestehende und (noch) „angesagte" (Kultur-)Bestandteile derart zu integrieren, daß das Resultat sowohl als *Neu*schöpfung erkennbar ist, und folg-

---

21 Mit „Lebensstil" meinen wir eine bestimmte Art zu leben, eine besondere, meist auffällige Lebensweise, die wir anderen über Sprachcodes, Kleidung, Frisuren und Accessoires, Konsum- und Freizeitverhalten usw. vermitteln. Abstrakter formuliert sind Lebensstile thematisch übergreifende, integrative, gemeinsamen (ästhetischen) Kriterien folgende Überformungen (und Überhöhungen) des Lebensvollzugs überhaupt (vgl. Hitzler 1994a).

lich als *innovativ* bewertet werden kann, als auch hinreichend bekannte Elemente birgt, daß es sich auch dem „gemeinen" Raver noch als technokulturspezifisch erschließt. Die Aufgabe des Event-Produzenten gleicht somit einem „Drahtseilakt" zwischen Neuartigem und Altbewährten, insofern sein Angebot zukunftsweisend und anschlußfähig zugleich sein muß. Er muß mit der Avantgarde Schritt halten und gleichwohl (auch) dem Mainstream-Geschmack entsprechen – metaphorisch ausgedrückt: am Puls der Zeit sein und diesen *zugleich* beschleunigen.

Das Dilemma des Event-Produzenten allerdings besteht nun darin, daß ihm Innovationsfreudigkeit zwar die Wertschätzung von „seinesgleichen", d.h. innerhalb der Szene-Elite sichert, nicht unbedingt aber ein „volles Haus" beschert. Die Strategie des Event-Produzenten in der Techno-Szene besteht *üblicherweise* darin, daß er sich mit einer oder mehreren hinsichtlich der Konzeption eher anspruchslosen, aber „zugkräftigen" und folglich gewinnträchtigen Unternehmungen[22] den (finanziellen) Freiraum für innovative Projekte schafft. Die „Mayday" z.B. stellt in dieser Hinsicht eine Mischkonzeption dar, insofern einerseits versucht wird, ein Konzept zu realisieren, das innovative Entwicklungen nicht nur aufgreift, sondern auch Trends setzt, andererseits es aber immer auch zentral darum geht, die bereits genannten, ca. 20.000 Teilnehmer im wesentlichen durch Wiedererkennungseffekte zu mobilisieren.[23]

Zusammenfassend läßt sich festhalten, daß der Wissensbestand eines Event-Produzenten in der Techno-Szene eine Doppelstruktur von *allgemeinem*, mitunter betriebswirtschaftlich fundiertem Organisationswissen und *spezifischem* Kulturwissen aufweist. Insbesondere das Szene-Insider-Wissen muß fortwährend auf Aktualität und Verläßlichkeit überprüft werden. Ein Resultat des langwierigen Sozialisationsprozesses in die Rolle des Event-Produzenten, ist typischerweise eine stark ausgeprägte Identifikation mit der eigenen Tätigkeit, die eben, wie erwähnt, wesentlich darin gründet, die Idee von „Sel-

---

22 Gemeint sind Techno-Partys mit hoher Erfolgs-Garantie, die daraus resultiert, daß auf ihnen überwiegend „Schweine-Techno", d.h. Musik läuft, die weder dem Musikproduzenten noch dem DJ großes Können bzw. hohe Kunstfertigkeit abverlangt, die gerade aber beim hinsichtlich seiner Musikvorlieben undifferenzierten bzw. eben nicht auf Techno spezialisierten (Diskotheken-)Publikum großen Anklang findet Eine hinreichend große Halle und ein der Zahlungsbereitschaft der Zielgruppe entsprechender Eintrittspreis gewährleisten – vor dem Hintergrund relativ geringer Auslagen, u.a. auch deshalb, weil diese DJs szeneintern keine hohe Wertschätzung genießen und folglich keine hohen Gageforderungen stellen können – in der Regel einen recht ansehnlichen Gewinn. Ein Event-Produzent, der sich mehr oder weniger auf diese Art Veranstaltung spezialisiert, „verspielt" in kürzester Zeit jedoch sein Ansehen in der Szene und vor allem im Szene-Kern. Nur hinsichtlich der materiellen Aufwendungen, nicht aber hinsichtlich des drohenden Imageverlustes handelt es sich dabei um „low-cost-Veranstaltungen".

23 Nicht zuletzt deshalb betrachten wir die „Mayday", weit stärker als andere Groß-Raves, als sensiblen Gradmesser für den je aktuellen Zustand, für die Virulenz, die Lebendigkeit der Techno-Szene im eigentlichen Sinne, denn die „Mayday" komprimiert und entfaltet zugleich das gesamte Spektrum, was sich an technischen und stilistischen, ästhetischen und musikalischen, aber auch an sozialen und ökonomischen Ideen und Optionen mit dem Phänomen „Techno" je verbindet – und in Zukunft noch verbinden wird.

ber-Spaß-haben" mehr oder minder gelingend zu kombinieren mit dem Erwerbsziel, anderen „Spaß" zu bereiten.[24]

3. Zur Professionalität von Event-Produzenten

Es mag auf den ersten Blick befremdlich anmuten, ein Handlungsfeld wie das der Produktion von (Techno-)Events, bei dem noch nicht einmal problemlos von *Beruflichkeit*[25] die Rede sein kann, terminologisch oder gar analytisch in die Nähe solcher Berufsgruppen zu rücken, die über besondere Qualifikations-, Kontroll- und Erwerbschancen und damit verbunden über ein hohes Maß an Ansehen und Einfluß in der Gesellschaft verfügen, und deshalb gemeinhin als „Professionen" gelten (vgl. Combe/Helsper 1996). Die Akteure in diesem Handlungsfeld sind nicht selten wohl am ehesten in die populärwissenschaftliche Kategorie der „Job-Hopper" einzuordnen: Bei den von uns untersuchten Event-Produzenten in der Techno-Szene haben wir es auffällig häufig mit Ausbildungs- und Studienabbrechern zu tun, die sich irgendwann entschlossen haben, ihr ursprüngliches Freizeitvergnügen mehr oder weniger vorübergehend zur Grundlage des Broterwerbs zu machen, und die oft *keine* (einschlägigen) formalen Qualifikationen für diese Tätigkeit nachweisen können. [26]

Obwohl wir es hier also mit einem Handlungsfeld zu tun haben, das sich zumindest dann, wenn man „institutionelle" Merkmale (wie Wissensmonopol, kodifizierter Berufsethos, formalisierter Berufszugang, ausgewiesene Standards der Berufsausübung etc.) zur Beschreibung heranzieht, dem professionssoziologischen Zugriff entzieht, setzt die intendierte Produktion der Voraussetzungen von Events nicht nur Organisations- und andere Leistungskompetenzen voraus, sondern geht inzwischen mit einer besonderen Ausprägung von „Professionalismus" einher.[27]

Aufschlußreich erscheint mir dabei zunächst, daß „Professionalität" für die Akteure in diesem Handlungsfeld selber ein überaus relevantes, mehrdimensionales Attribuierungsmerkmal darstellt: Als „professionell" gilt hier ein Event-Produzent, der über langjährige Erfahrung in der Durchführung von Events verfügt, der zuverlässig im Hinblick auf die Erbringung von in Aus-

---

24 Dies schließt allerdings keineswegs aus, daß der Event-Produzent im Laufe der Jahre eine Haltung fast zynischer Distanziertheit seinem Publikum seiner Veranstaltungen, zum „gemeinen" Raver, ausbildet.

25 Dem heutigen (soziologischen) Verständnis nach meint Beruf „eine auf Dauer gestellte, gesellschaftlich nützliche Kombination von spezifischen Leistungen bzw. von Fähigkeiten und Fertigkeiten zur Erstellung dieser Leistungen, die *öffentlich anerkannt* ist" (Hohm 1987: 41).

26 Eine teil-standardisierte Erhebung zur Rekonstruktion von (Berufs-)Biographieverläufen in diesem Handlungsfeld bereiten wir vor dem Hintergrund dieser bislang eher unsystematischen Beobachtung gegenwärtig vor.

27 Der Begriff „Professionalismus" verweist generell auf Aspekte der Lernbarkeit, des Nicht-Charismatischen, des Regulären und des Bezahlten einer Tätigkeit (vgl. Ben-David 1976).

sicht gestellter Leistungen („hält, was er verspricht") und der kommerziell erfolgreich ist, d.h. infolge seiner Aktivitäten dauerhaft bzw. zumindest üblicherweise finanzielle Gewinne erzielt. Erfahrung, Zuverlässigkeit und Effektivität setzen Event-Produzenten also als Kriterien an, sich und ihresgleichen „Professionalitiät" bei der Ausübung ihrer Tätigkeit zu attestieren. Diese Vorstellung ist durchaus kompatibel mit gängigen Erwartungen an den Professionellen, der (der Idee nach) über Erfahrung verfügen, erfolgreich sein und zudem als vertrauenswürdige Person erscheinen sollte.

Der Event-Produzent in der Techno-Szene entspricht aber durchaus auch weitgehend dem Bild, das uns die „subjektorientierte Berufssoziologie" vom Professionellen zeichnet (vgl. Bollinger/Hohl 1981): Er wird durch seine Tätigkeit typischerweise derart geprägt und geformt, daß er weitaus „enger" mit ihr verbunden ist als der „normale" Berufstätige mit seinem Beruf: d.h., er „geht in seiner Arbeit auf" und trennt nicht (strikt) zwischen Arbeit und Freizeit. Im Zuge der professionellen Sozialisation, in deren Verlauf er fachliche Kenntnisse und technische Fertigkeiten erwirbt, bildet er Verantwortungsbewußtsein und eine paternalistische Haltung gegenüber seiner Klientel aus. Arbeits- bzw. Leistungsideal ist die umfassende, ganzheitliche Problembewältigung, die wiederum darauf rekurriert, daß der professionelle Event-Produzent über mehr verfügt als (nur) über ein technisches und instrumentelles Spezialwissen – nämlich über ein abstraktes systematisches Expertenwissen.

3.1 „Unternehmer" und „Spieler"

Unseren bisherigen Erkenntnissen zufolge lassen sich in der Techno-Szene Akteure nachgerade jeden Professionalisierungsgrades ausmachen. Lediglich als Idealtypen, im Sinne einer Verdichtung und Überpointierung also, lassen sich *zwei* extreme Varianten von Event-Produzenten kontrastieren:[28]

Der *eine* Typus betont das Besondere von Techno-Events und setzt im wesentlichen auf das in der Szene angesammelte Know-how zur Organisation von Events. Dies wirkt sich u.a. auf die Auswahl des Personals aus, das als herausragendes Qualifikationskriterium so etwas wie „Stallgeruch" mitbringen muß, das also auf langjährige Szene-Erfahrung(en) zurückgreifen kann. Kennzeichnend für den *anderen* Typus ist das Rekurrieren auf Veranstaltungs-Know-How allgemeiner Art (z.B. das von Groß-Konzerten), das auf den je anstehenden Einzelfall – z.B. eben die Organisation eines Raves – angewendet wird. Dementsprechend müssen in diesem Fall selbst die engsten Mitarbeiter weniger als Szene-

---

28 Der Idealtypus – als „Gedankenbild, welches (...) die Bedeutung eines rein idealen Grenzbegriffes hat, an welchem die Wirklichkeit zur Verdeutlichung bestimmter bedeutsamer Bestandteile ihres empirischen Gehaltes *gemessen*, mit dem sie verglichen wird" (Weber 1968: 194) – dient ja bekanntlich dazu, gegenüber der Empirie *systematisch* unrecht zu haben.

Insider bekannt sein als vielmehr über Fähigkeiten wie Organisationstalent, Arbeitseifer, Spezialistenwissen u.ä. verfügen.

Die beiden Typen unterscheiden sich auch in bezug auf ihre Arbeitseinstellung und -praxis: während der erstgenannte Typus generell eine geradezu spielerische Leichtigkeit an den Tag legt, d.h.: den Spaß in der Arbeit sucht, sich am (erlebten) Erfolg statt an potentiellen Risiken orientiert, das ständig „im Fluß" befindliche Gesamtbudget der Firma eher nicht überblickt, Gewinne aus erfolgreichen Unternehmungen – nicht selten noch bevor die Unkosten gedeckt sind – an die Teilhaber und Mitarbeiter ausschüttet, usw., stellt sich der zweite Typus geradezu als Inkarnation protestantischer Ethik dar: Er handelt nach dem Motto „erst die Pflicht, dann das Vergnügen", lebt (relativ) asketisch, setzt Eigenkapital ein, führt Gewinne in das Unternehmen zurück, verteilt nach erfolgreichem Projektabschluss Provisionen an Mitarbeiter, um deren Arbeitseifer zu erhöhen, und formuliert so etwas wie einen unternehmerischen Berufsethos, dem Handlungsmaximen wie Sparsamkeit und Verantwortungsbewußtsein zugrundeliegen. Dieser Typus orientiert sich in seinem Handlungsentwurf am Erfolg und an der Gefahr des Scheiterns des Events. Ein solches, am wirtschaftlichen Erfolg bzw. Mißerfolg seiner Idee orientiertes Handeln ist Achim Brosziewski (1997) zufolge genuin unternehmerisches Handeln. Nennen wir diesen Typus also den „Unternehmer".

Der erstgenannte Typus wägt demgegenüber nicht ab, schließt das Scheitern weitgehend aus seinen Überlegungen aus und setzt hoffnungsvoll auf das Gelingen seines Events. Gerade sein Umgang mit finanziellen Ressourcen weist spielerische, fast spekulative Züge auf, nach dem Motto: Geld ist da, um (schnell) ausgegeben zu werden. Speziell um diesen Typus versammelt sich, unseren Beobachtungen nach, ein mehr oder weniger unüberschaubar großer Freundeskreis, die sogenannte „pozze". Dieser Freundeskreis ist zwar punktuell für mancherlei Hilfeleistungen aktivierbar, gleichwohl wird er von den Organisatoren sozusagen beiläufig, z.T. in nicht unerheblichem Umfang „subventioniert" – insbesondere dadurch, daß solchen Personen, die unter die Kategorie „Freunde" fallen, kostenlos Eintritt zu den Veranstaltungen und darüberhinaus Zutritt zu abgetrennten Bereichen, den sogenannten „V.I.P.-Lounges" sowie zumeist auch noch Frei-Getränke gewährt werden.[29] Kurz: In seiner dezidiert hedonistischen Spaßorientierung und der Lust am Konsum gibt sich dieser Typus als Szene-Mitglied zu erkennen. Für ihn ist die ganze Event-Produktion eine Art (Kinder-)Spiel. Bezeichnen wir ihn also als den „Spieler".

---

[29] Unter die komplexe Kategorie „Freund" fallen in der Techno-Szene Personen, die zwar nicht notwendig eine Funktion im Sinne erkennbarer Leistungserbringungen haben, die aber aus mannigfaltigen Gründen – z.B. aufgrund ihrer Freundschaft und/oder intimen Beziehung zu Leistungsträgern, aufgrund einer (irgendwie) andersgearteten „Nützlichkeit", aufgrund guten Aussehens oder hohen Unterhaltungswertes oder einfach aufgrund hinlänglich langer Präsenz in der Szene – „wichtig" sind, und die insofern gemeinsam mit den Mitgliedern der Leistungselite den *Kern* der Szene bilden.

Beide Typen handeln prinzipiell unter den Bedingungen von Unsicherheit, d.h. „riskant". Das Risiko des Scheiterns bildet jedoch nur beim „Unternehmer" die intentionale Grundlage seiner Überlegungen und Entscheidungen, während der „Spieler" operiert, als ob es keine Unwägbarkeiten gäbe. Der Unterschied besteht also darin, daß der „Unternehmer" Risiko *kalkuliert* eingeht, also durch Informationen verschiedener Art (scheinbar) berechenbar macht, während der „Spieler" die Unsicherheit gar nicht ins Kalkül einbezieht, sondern eben als (tatsächlich) unberechenbaren Faktor ausblendet.

Der Unternehmer-Typus orientiert sein Handeln „am aktuellen, (u.U. sogar) wissenschaftlich fundierten Wissensstand und am Prinzip der ökonomischen Rationalität" und agiert folglich mehr oder weniger entsprechend den Maßstäben für *modernes* professionelles Handeln.[30] Der Vorteil des Spieler-Typus liegt möglicherweise aber gerade in seinem *wert*rationalen Handeln[31] und damit in dem, was ich als „postmodernen Professionalismus" zu bezeichnen vorschlage. Dieser postmoderne Professionalismus resultiert bei der Organisationselite wesentlich aus der „unverkrampften", weil sozusagen – im Sinne Berger/Luckmanns (1969) – habitualisierten Kombination aus einer dergestalt erkennbaren szene-intern „überzeugenden" Überzeugung hie und einem „unschuldigen" Geschäftssinn da.

3.2 Der postmoderne Erlebnis-Profi

Kennzeichnend für die Postmoderne ist Bauman (1995: 78-84) zufolge, daß es nicht mehr die Einstellung zum Produktionsprozeß bzw. zur Erwerbsarbeit ist, die dem Einzelnen seinen Platz im sozialen Raum zuweist. An deren Stelle tritt vielmehr die Orientierung am und auf (vergnüglichen) Konsum.[32] Wie wir bei unseren Erkundungen der technoiden Lebens-Welt zutage fördern, löst sich der tradierte Gegensatz zwischen Freizeitvergnügen hie und Arbeitsverpflichtung da zunehmend auf. Das Prinzip „Freizeit *versus* Arbeit" transformiert sich demgegenüber in das Prinzip „Freizeit *als* Arbeit" und „Arbeit *durch* Freizeit".

Die Kommerzialisierung der Techno-Szene macht diese zu einer veritablen Ressourcenquelle für Leute, die sich den Spaß nicht durch die Arbeit verderben

---

30 Kennzeichnend für *moderne* Professionalität ist Meuser (1997) zufolge das Kriterium der ökonomischen (Zweck-)Rationalität, das dem klassischen Professionsbegriff eher fremd ist, demzufolge das Gewinnstreben ein sekundäres Motiv professionellen Handelns darstellt.

31 Im Gegensatz zum zweckrationalen Handeln, das sich eben durch dias Abwägen von Zweck, Mittel, Kosten, Folgen und Nebenfolgen kennzeichnen läßt, bedeutet wertrationales Handeln im Anschluß an Max Weber (1980: 12f.) die Realisierung festgesetzter Werte ohne Rücksicht auf Kosten und Nebenfolgen.

32 Mehr und mehr verläuft die je individuelle Selbstverortung gegenüber anderen ebenso wie die Zuordnung zu anderen über nicht mehr milieuhaft vorgegebene, sondern individuell (aus-)gewählte, vielfältige Mittel zur Selbst-Stilisierung. Lediglich in diesem Sinne, also nicht als Epochenbegriff, sondern als Kultur-Deutungsmuster, ist hier von „Postmoderne" die Rede.

und zugleich die Arbeit durch den Spaß nicht vermiesen lassen (wollen).[33] Ressourcenquelle, Arbeit, Einkommen, Profitchancen usw. – das streut im Bereich der Eventproduktion von der Option, für ein paar Mark „eben mal mitanzupacken", wenn bei einem Rave gerade „Not am Mann bzw. an der Frau" ist, bis hin eben zur Chance, ganze Freizeitkonzerne hochzuziehen, (relativ) dauerhaft und (mehr oder minder) regulär andere Menschen zu beschäftigen und dabei wohlhabend zu werden. Akteure, denen es aufgrund ihres regulären Engagements mehr oder weniger dauerhaft gelingt, aus den Konsumbedürfnissen und –ansprüchen *anderer* Profit zu schlagen, kann man als Erlebnis-*Profis* bezeichnen. Ein *postmoderner* Erlebnis-Profi ist im Anschluß an Bauman (1995) allerdings ein solcher, der vom Konsumspaß anderer nicht nur profitiert, sondern dessen Profitinteressen sich in seinen eigenen Konsumspaß „integrieren".

Gerhard Schulze (1992: 448) spricht in Bezug auf die Anbieter auf dem „Erlebnismarkt" tatsächlich von Erlebnis*professionen*.[34] Unter Einsatz verschiedener Strategien konkurrieren sie nicht nur um Geld, sondern auch um Zeit und Anerkennung des Publikums: Wer auf dem Erlebnismarkt bestehen will, muß Schulze (1992: 439-443) zufolge zum einen den „Erlebnisappell" seines Angebots auf *spezielle* Erlebnisbedürfnisse zuschneiden, zum anderen dafür Sorge tragen, daß sich sein „Produkt" unter den mannigfaltigen „spezialisierten" Erlebnisangeboten als etwas Besonderes und – in der Steigerung des Altbewährten im Sinne von „noch besser", „noch größer", „noch erlebenswerter" – als etwas Einzigartiges, „Noch-nie-Dagewesenes" herausragt. Ein professioneller Erlebnis-Anbieter muß die (potentiellen) Konsumenten aber vor allem glauben machen, daß sie ein erlebenswertes, ein ihre je individuellen Erwartungen und subjektiven Bedürfnisse „voll und ganz" befriedigendes Erlebnis zu gewärtigen haben, daß sie also erleben, was sie sich versprechen bzw. mehr noch: daß sie genau das zu erleben wünschen, was ihnen geboten wird.

Der Erlebnis-Profi arbeitet also wesentlich unter der Prämisse, daß die Qualität von Erlebnisangeboten weniger von den objektiven Eigenschaften des Erlebnisangebots als von den subjektiven Konstruktionen der Erlebnisnachfrage abhängt. Markttechnischer ausgedrückt: „Der *Glaube* des Abnehmers an die zugesicherten Eigenschaften der Ware läßt die zugesicherten Eigenschaften erst entstehen" (Schulze 1992: 443). D.h.: Ein Event kann nach „objektiven" Kriterien noch so großartig, besonders, einzigartig sein, also z.B. nach betriebswirtschaftlich relevanten Meßgrößen wie Personalbedarf, Materialverbrauch, technischem und logistischen Aufwand, Sicherheitsvorkehrungen

---

[33] Ein von kritischen Analytikern oft übersehener oder mißachteter „positiver" Effekt der Kommerzialisierung besteht also darin, daß sich dadurch für nicht wenige Jugendliche teils situative, teils längerfristige Arbeits- und Erwerbsmöglichkeiten eröffnen, die diesen nicht nur Spaß machen, sondern ihnen oft auch generelle Organisations- und andere einkommensrelevante Leistungskompetenzen vermitteln (vgl. weiterführend dazu nochmals Hitzler/Pfadenhauer 2000).

[34] Schulze (1992: 448) hebt damit vor allem auf Korporatisierungs- und Konzentrationsprozesse auf dem Erlebnismarkt ab, die er als „professionelle Verstetigung" interpretiert.

usw. „alle Rekorde brechen"; Voraussetzung und Bedingung für den Erfolg des Events ist letztlich, daß der Teilnehmer subjektiv davon überzeugt ist, daß sich die Zuwendung nicht nur von Geld, sondern eben auch von Zeit und Aufmerksamkeit zu eben *diesem* Event lohnt, weil es, so wie es (produziert) ist, genau dem entspricht (bzw. dem zu entsprechen scheint), was *er* sich versprochen hat (bzw. versprochen zu haben scheint).

Ob das Produkt sein (ästhetisches) Versprechen hält, läßt sich also nicht unabhängig von demjenigen beurteilen, der (an) das Versprechen glaubt. Die Handlungsspielräume generell ebenso wie die ökonomischen Erfolgsaussichten des Event-Produzenten hängen wesentlich von den Leistungserwartungen und Leistungsbedürfnissen der Event-Teilnehmer ab. Während nun ein zweckrational handelnder Event-Produzent prinzipiell darum bemüht ist, evtl. sogar im Rekurs auf betriebswirtschaftliche Erkenntnisse und Verfahren den heterogenen und mitunter widersprüchlichen Ansprüchen und Erwartungen der (wie auch immer definierten) Zielgruppe auf die Spur zu kommen und unter Kosten-Nutzen-Abwägung sein Event-Angebot hinlänglich darauf abzustellen, orientiert sich der Spielertypus unter den Event-Produzenten zumindest in der Techno-Szene nicht oder jedenfalls *kaum* an solcherlei zu Vorsicht und Zurückhaltung gemahnenden zweckrationalen Erwägungen.

Für ihn ist, wie gesagt, die gesamte Organisations- und Produktionsarbeit eine Art (Kinder-)Spiel, bei dem ihm wesentlich daran gelegen ist, daß der Spaß bei der „Arbeit" auf keinen Fall zu kurz kommt, dem vielmehr der Konsumspaß seines Publikums, also das Statthaben des Event bzw. die Produktion der Voraussetzungen des Events selber Spaß bereitet, und dessen Spaß(-Idee) mit der seines Publikums weitgehend deckungsgleich ist.[35] Vermutlich ist dieser „Event-Macher" gerade deshalb und auch in dem Maße (längerfristig und relativ) erfolgreich, *weil* er und *wie* er – zumindest im Zweifelsfall – nicht zweckrational, sondern eben wertrational agiert, d.h. (ganz selbstverständlich) bezogen auf seinen eigenen Konsumspaß, im Rahmen dessen sich seine Profitinteressen sozusagen beiläufig „realisieren" lassen.[36]

Möglicherweise verschafft unter den gegebenen kulturellen Bedingungen die Kongruenz der Spaß-und-Spiel-Perspektive der Konsumenten und der der spezifisch *postmodernen* Profis diesen tatsächlich Konkurrenzvorteile auf dem hart umkämpften Erlebnismarkt. Denn wenn man zugrunde legt, daß in Gesellschaften wie der unseren die einzige kulturelle Stabilität im *Wechsel* prinzipiell instabiler Trends bzw. Moden bestehen dürfte (vgl. Hitzler 1998), dann dürfte der Nachteil des zweckrational handelnden Unternehmer-Typus darin bestehen, daß für ihn die „anderen", von deren Konsumspaß er profitieren möchte, eine infolge ihrer heterogenen, z.T. widersprüchlichen und vor

---

[35] Man kann sie als „Lebensästheten" (Goebel/ Clermont 1997) bezeichnen, für die charakteristisch ist, daß ihre Arbeitseinstellung und Arbeitspraxis ihrem Lebensstil entsprechen.

[36] Nach der Devise: „Hauptsache, es macht Spaß. Wenn sich damit Geld verdienen läßt, um so besser!"

allem ständig changierenden Leistungserwartungen und Erlebnisbedürfnisse ein Art *unwägbare* „Vielheit" darstellen, deren subjektive Erlebnis-Konstruktionen ihm mehr oder weniger verschlossen bleiben.

Der Nachteil für den „reinen" Unternehmer ergibt sich *nicht*, wie man vielleicht annehmen möchte, aus seiner Profitorientierung, die in der Techno-Szene – im Gegensatz zu anderen Szenen, z.B. der Hardcore- und Punk-Szene (vgl. Büsser 1997; Grüter 1999) – ohnehin keineswegs stigmatisiert ist. Vielmehr ist unter Event-Produzenten generell eine hohe Selbstverständlichkeit auszumachen, Bereitschaft von Sponsoren zu finanziellem Engagement offensiv für attraktive Szene-Events zu nutzen (vgl. dazu Henkel/Wolff 1996; Richard 1995; Richard/Krüger 1997). Ein Defizit besteht möglicherweise eher in bezug auf seine Glaubwürdigkeit, seine „überzeugende Überzeugung" hinsichtlich des Erlebniswerts von Events, die beim „unternehmerischen Spieler" wesentlich aus seiner Szene-Zugehörigkeit resultiert.[37] Die *eigentliche* Professionalität des Event-Produzenten in der Techno-Szene liegt allem Anschein nach tatsächlich wesentlich darin, daß er die Teilnehmer eines E-vents glaubhaft glauben machen kann, daß dieses Event ihre Erwartungen deshalb erfüllt bzw. ihre Bedürfnisse befriedigt, weil es sozusagen *aus* der Szene *von* der Szene *für* die Szene produziert wird.

Literatur:

Bauman, Z.: Ansichten der Postmoderne. Hamburg/Berlin 1995

Ben-David, J.: Science as a Profession and Scientific Professionalism. In: Loubser, J. u.a. (Hrsg.): Explorations in General Theory in Social Science. Essays in Honor of Talcott Parsons. Vol. II. New York/London 1976, S. 874-888

Berger, P. L./Luckmann, T.: Die gesellschaftliche Konstruktion von Wirklichkeit. Frankfurt/M. 1969

Bollinger, H./Hohl, J.: Auf dem Weg von der Profession zum Beruf. Zur Deprofessionalisierung des Ärztestandes. In: Soziale Welt 4/1981, S. 440-464

Broszinewski, A.: Unternehmerisches Handeln in moderner Gesellschaft. Wiesbaden 1997

Bucher, T.: Zur Professionalität von Techno-Event-Produzenten. In: Ummel, H. (Hrsg.): Konstruktion von Professionalität im beruflichen Alltag. Dokumentation des 4. Workshops des Arbeitskreises „Professionelles Handeln". Jena 1999, S. 77-84

Büsser, M.: Die verwaltete Jugend. Punk vs. Techno. In: SPoKK (1997) (Hrsg.): Kursbuch JugendKultur. Mannheim 1997, S. 80-88

Combe, A./Helsper, W.: Einleitung. In: Dies. (Hrsg.): Pädagogische Professionalität. Frankfurt/M. 1996, S. 9-48

Dreitzel, H. P.: Elitebegriff und Sozialstruktur. Stuttgart 1962

Goebel, J./Clermont, C.: Die Tugend der Orientierungslosigkeit. Berlin 1997

---

[37] Wenngleich unsere Daten keine Schlüsse über die Häufigkeit von Merkmalen zulassen, läßt sich für die Techno-Szene doch konstatieren, daß (fast) alle „Kult-Veranstaltungen" von langjährigen Szene-Mitgliedern produziert werden.

Grüter, A.: Unternehmungen zwischen Marktwirtschaft und ideellen Werten. Mühlheim a.d. Ruhr (unveröffentlichte Diplomarbeit) 1999

Henkel, O./Wolff, K.: Berlin Underground. Techno und Hiphop zwischen Mythos und Ausverkauf. Berlin 1996

Hitzler, R.: Sinnbasteln. In: Mörth, Ingo/Fröhlich, Gerhard (Hrsg.): Das symbolische Kapital der Lebensstile. Frankfurt/M./New York 1994a, S. 75-92

Hitzler, R.: Wissen und Wesen des Experten. In: Ders./Honer, A./Maeder, C. (Hrsg.): Expertenwissen. Opladen 1994b, S. 13-30

Hitzler, R.: Der Pillen-Kick. Ekstasetechniken bei Techno-Events. In: Neue Praxis 1997, S. 357-363

Hitzler, R.: Techno – mehr als nur ein Trend? In: Dievernich, F./Gößling, T. (Hrsg.): Trends und Trendsurfen. Marburg 1998, S. 197-215

Hitzler, R.: Unterwegs in fremden Welten. Zwei Reportagen eines beobachtenden Teilnehmers. In: Empirische Kultursoziologie. Hagen (Kurs-Nr. 03706 der Hagener Studienbriefe) 2000, S. 167-256

Hitzler, R./Pfadenhauer, M.: Jugendkultur oder Drogenkultur? Soziologisch-ethnographische Eindrücke aus der Techno-Szene. In: Neumeyer, J./Schmidt-Semisch, H. (Hrsg.): Ecstasy –Design für die Seele? Freiburg 1997, S. 47-60

Hitzler, R./Pfadenhauer, M.: Eine posttraditionale Gemeinschaft. In: Hillebrandt, Frank/Kneer, Georg/Kraemer, Klaus (Hrsg.): Verlust der Sicherheit? Opladen 1998a, S. 83-102

Hitzler, R./Pfadenhauer, M.: „Let your body take control!". In: Bohnsack, R./Marotzki, W. (Hrsg.): Biographieforschung und Kulturanalyse. Opladen 1998b, S. 75-92

Hitzler, R./Pfadenhauer, M.: Die Lage ist hoffnungslos, aber nicht ernst! (Erwerbs-) Probleme junger Leute heute und die anderen Welten von Jugendlichen. In: Hettlage, R./Vogt, L. (Hrsg.): Identitäten im Umbruch. Opladen 2000 – im Erscheinen

Hohm, H.-J.: Politik als Beruf. Zur soziologischen Professionstheorie der Politik. Opladen 1987

Honer, A.: Lebensweltliche Ethnographie. Wiesbaden 1993

Klein, G.: Electronic Vibrations. Hamburg 1999

Knoblauch, H.: Die Welt der Wünschelrutengänger und Pendler. Frankfurt/M./New York 1991

Knoblauch, H.: Kommunikationskultur. Berlin/New York 1995

Meuser, M.: Professionen, Profis, Experten. In: Pfadenhauer, Michaela (Hrsg.): Explorationen zum Begriff des professionellen Handelns. Dokumentation des 1. Workshops des Arbeitskreises „Professionelles Handeln" am 28.02. und 1.03.1997. München 1997, S. 7-11

Meyer, E.: Die Techno-Szene. Ein jugendkulturelles Phänomen aus sozialwissenschaftlicher Perspektive. Opladen 2000

Papenroth, U./Mülleneisen, H.: Die Rave-Veranstalter. Techno/House zwischen Sponsoring und Nostalgie. In: Deese, U. u.a. (Hrsg.): Jugend und Jugendmacher. Düsseldorf/München 1996, S. 158-162

Richard, B.: Love, peace, unity. Techno – Jugendkultur oder Marketing Konzept? In: Deutsche Jugend 7-8/1995, S. 316-324

Richard, B./Krüger, H.-H.: Welcome to the Warehouse. Zur Ästhetik realer und medialer Räume als Repräsentation von jugendkulturellen Stilen der Gegenwart. In: Ecariuas, J./Löw, M. (Hrsg.): Raumbildung – Bildungsräume. Opladen 1997

Scholder, C.: Kulturexperten. Ein wissenssoziologischer Beitrag für den Weg zu einem anderen Kulturbegriff. München (unveröff. Diplomarbeit) 1997

Schulze, G.: Die Erlebnisgesellschaft. Kultursoziologie der Gegenwart. Frankfurt/M./New York 1992

Soeffner, H.-G.: „Trajectory" – das geplante Fragment. die Kritik der empirischen Vernunft bei Anselm Strauss. In: BIOS 4/1991, S. 1-12

Strauss, A.: Continual Permutations of Action. New York 1993

Weber, M.: Die „Objektivität" sozialwissenschaftlicher und sozialpolitischer Erkenntnis. In: Ders.: Gesammelte Aufsätze zur Wissenschaftslehre. Tübingen 1968 (3. Auflage), S. 146-214

Weber, M.: Wirtschaft und Gesellschaft, Tübingen 1980 (5. Auflage)

Axel Schmidt, Jana Binder und Arnulf Deppermann

Wie ein Event zum Event wird.
Ein Snowboard-Contest im Erleben und in der kommunikativen Vergegenwärtigung Jugendlicher

Events werden – beispielsweise in diesem Buch – unter unterschiedlichsten Gesichtspunkten betrachtet: als kulturgeschichtliches Phänomen, unter dem Aspekt von Vermarktungsstrategien, mit Augenmerk auf ihre Planung und Produktion, in Bezug auf spezielle Fankulturen etc. Der wissenschaftliche Blick nimmt das Event ins Visier und konzentriert sich auf eine Facette des Phänomens. Für die Besucher sind Events dagegen zunächst einmal Ereignisse im Fluß ihres Alltagslebens, die aus diesem (vielleicht) herausragen, im Alltag ihre Schatten vorauswerfen und in ihm anschließend Stoff für Erzählungen geben. Das Event ist also nicht nur ein einmaliges, raumzeitlich abgegrenztes Erlebnis. Es ist ein symbolischer Sachverhalt, der im Laufe der Zeit in Phantasien, Erwartungen und Erinnerungen vielfältige Gestalten annimmt, die durch Kommunikation mit anderen aufgebaut, zum Ausdruck gebracht und verändert werden. In unserem Beitrag betrachten wir daher ein Event unter zwei miteinander verbundenen Perspektiven:

- aus Prozeßperspektive fragen wir, wie ein Event als subjektiv-zeitliches Phänomen von seinem Vorfeld über das konkrete Ereignis bis hin zu seiner retrospektiven Vergegenwärtigung unterschiedliche Bedeutungen gewinnt und wie sich diese wandeln;
- aus Kommunikationsperspektive fragen wir, durch welche kommunikativen Praktiken die unterschiedlichen symbolischen Konstruktionen des Events realisiert werden und welche Funktionen sie jeweils für die Akteure erfüllen. Besonderes Augenmerk liegt dabei darauf, welche Rolle die kommunikative Beschäftigung mit dem Event für die Herstellung und Selbstdarstellung der Besucher als sozialer Einheiten spielt.

Unser Beitrag beruht auf der teilnehmenden Beobachtung einer Gruppe von 15-17-jährigen männlichen Jugendlichen im Rahmen einer langfristig angelegten ethnographisch-gesprächsanalytischen Untersuchung über Kommunikationskulturen adoleszenter Peer-Gruppen.[1] Fünf der Jugendlichen reisten im Dezember 1998 gemeinsam mit Axel Schmidt und Jana Binder zum Air&Style-Snowboard-Contest nach Innsbruck. Das Verhalten der Jugendlichen vor, während und nach dem Event wurde in Feldprotokollen dokumentiert, und ein Teil ihrer verbalen Interaktionen wurde auf Tonband aufgenommen. Unsere Darstellung basiert dementsprechend auf einer Kombination von ethnographischen und konversationsanalytischen Untersuchungsstrategien.[2] Das Ziel dieser Verbindung besteht darin, die kommunikativen Vorgänge präzise und detailliert zu erfassen, ihre Relevanz im Kontext zeitlich übergreifender Orientierungen und Strukturen der Gruppe zu bestimmen und intensive Feldkenntnisse für den Gewinn verfeinerter Interpretationen und ergänzender Beobachtungen zu nutzen.

1. Das Event: Der Air and Style-Contest in Innsbruck

Der Air&Style-Snowboard-Contest wird seit 6 Jahren im Berg Isel-Stadion in Innsbruck ausgetragen. Ehemals lokal geprägt, stellt er heute eines der Kernevents der internationalen Snowboard-Szene dar. Hier präsentieren die weltbesten Snowboardfahrer Sprünge von einer eigens zu diesem Zweck aufgebauten Rampe unterhalb der Riesensprungschanze des Berg Isel-Stadions. Besuchten in den ersten Jahren rund 2000 Menschen diese Veranstaltung, so waren es 1998 ca. 45 000, mehrheitlich junge Menschen im Alter von 13-25 Jahren, die auch aus Deutschland, Italien, Frankreich und der Schweiz anreisten. Ausrichter dieses Events ist das Monster Backside Magazin, ein Snowboard Magazin, unterstützt von namhaften Werbepartnern wie G-Shock (Casio) als Hauptsponsor und MTV, Audi, Warsteiner, Reef und Quicksilver (zwei bekannte Szene-Modemarken). Eigentlicher Mittelpunkt und Anlaß für das Event ist der Contest, der Wettbewerb zwischen den Snowboardern um den „stylischsten", höchsten und weitesten Sprung. Umrahmt wird die Kernveranstaltung von Konzerten, Parties, Licht- und Feuerspektakeln, Animationen durch MTV-Moderatoren, Merchandisingständen und diversen kleineren Contests, wie z.B. einem Quaterpipe-Contest. Die Bands und DJs kommen aus dem vermeintlichen Szeneumfeld des Snowboardpublikums, d.h. 1998 aus dem HipHop und Grunge/Cross-Over-Bereich. Vor und während des Contests spielten im Stadion Therapy? und Cypress Hill, die sich gerade auf Europatournee befanden, nach der Veranstaltung organisierte MTV zusam-

---

1 Diese Studie wird von der Deutschen Forschungsgemeinschaft unter dem Titel „NE 527/2-1" gefördert. Sie konzentriert sich vor allem auf die Frage nach den kommunikativen Formen der Vergemeinschaftung in Peer-Gruppen Jugendlicher. Leiter des Forschungsprojekts ist Prof. Klaus Neumann-Braun, dem wir für wertvolle Kommentare zum vorliegenden Beitrag danken.
2 Zur Konzeption der Verknüpfung dieser beiden methodischen Zugänge siehe Neumann-Braun/Deppermann 1998 und Deppermann 1999.

men mit Ministry of Sound und Nintendo eine *After-Contest*-Disco-Party mit mehreren Floors in einer bekannten Innsbrucker Konzerthalle. Der Eintritt für das Stadion betrug 45,- DM, die Party kostete weitere 15,- DM.

2. Vor dem Event: Aufbau von Erwartungen

Spricht man von einem Event, so ist damit einerseits ein – meist marketing-strategisches – Konzept oder Angebot, andererseits jedoch auch konkretes persönliches Erleben angesprochen. Beides setzt nicht erst mit dem Beginn des Events ein, sondern weist spezifische, aufeinander bezugnehmende Formen der Vorbereitung auf. Die kommerzielle Präsentation manifestiert sich schon in diversen Vorankündigungen (s. bspw. Flyer), die im konkreten persönlichen Erleben Erwartungshaltungen hervorrufen. Beides konvergiert darin, daß Vorankündigungen durch den Bezug auf – in diesem Fall – jugendkulturell Symbolträchtiges Spielräume für Phantasien eröffnen, die personen- bzw. gruppenspezifisch in diffuser Weise gefüllt werden (s.u.). Den Kulminationspunkt bildet das Motiv des schlechthin Spektakulären. Auch in der von uns beobachteten Gruppe von Jugendlichen fand eine spezifische Vorbereitung auf das Event statt, die darin bestand, daß das bevorstehende Ereignis hinsichtlich verschiedener Aspekte detailliert und damit greifbarer gemacht wurde. Diese an typischen Erwartungen und Vorstellungen orientierte Strukturierung des Zukünftigen wurde mittels unterschiedlicher kommunikativer Praktiken realisiert:

Imaginative Vergegenwärtigungen

Im Zeitraum von vier bis sechs Wochen vor dem Event beginnen die Jugendlichen, sich gegenseitig mit überzogenen Phantasien zu übertreffen. Hierbei handelt es sich einerseits um *Wunschprojektionen und Romantisierungen einzelner Aspekte des bevorstehenden Events (1)*, andererseits um *Detaillierungen der Konsequenzen des Wegfahrens (2)*. Beide Verfahren leben davon, daß sie rekurrent und in interaktiver Aushandlung eingesetzt werden, so daß es lange vor dem konkreten Erleben des Events zur Ausbildung typischer Sprüche und „running gags" kommt, die sich z.T. zu ritualisierten Austäuschen verdichten.

(1) Inhalt der Wunschprojektionen sind vor allem das vermeintlich anwesende Publikum, insbesondere die sich dort einfindenden Snowboarderinnen (s. auch unten), aber auch das restliche Publikum unter einem jugendkulturell-stilistischen Gesichtspunkt. Beide Vorstellungen entsprechen einem für viele männliche Jugendliche typischen Bild: Integration in eine gleichgesinnte, männerdominierte Szenegemeinschaft, der attraktive Frauen als

schmückendes Beiwerk zur Seite gestellt sind. Darüber hinaus dienten der musikalische Top-Act (Cypress Hill) und die After-Contest-Party als Projektionsflächen. Ersterer fungierte vornehmlich als Authentizitätsmarkierung innerhalb eines jugendkulturellen Zusammenhangs[3]. Auf die Party dagegen wurde Bezug genommen, um den zwar an der jugendkulturellen Szene orientierten, trotzdem jedoch (gruppen)eigenen Vorlieben Ausdruck zu verleihen: Dadurch, daß die Exzessivität der Partynacht wiederholt und expressiv gemeinsam ausgemalt wurde („Das wird *die* Party"; „das wird so kraß"; „da geht's bis um sechs Uhr ab", u.ä.), bekannte man sich wechselseitig zu einem gemeinsamen, der Skater-Szene entlehnten Habitus.

(2) Neben den vielfältigen Imaginationen, die einzelne Aspekte des Events betrafen, kamen auch solche vor, die die Tatsache des Wegfahrens an sich hervorhoben[4]. Immer wieder wurden Szenarien heraufbeschworen, die die Außeralltäglichkeit des Vorhabens herausstrichen. Christoph (17) bspw. vergegenwärtigte sich (und den anderen) wiederholt, wie er am Abfahrtstag am Haupttor seines Arbeitgebers vor den Augen seiner Azubi-Kollegen abgeholt wird und wie er direkt von der Arbeit zu einem der größten Events in Europa aufbricht. Auch andere Aspekte der Fahrt (Grenzkontrollen, Situation im Bus etc.) wurden in z.T. ausgebauten und expressiv vorgetragenen Sachverhaltsdarstellungen detailliert, die in ihrer Funktion als vorgreifende Vergegenwärtigungen das bevorstehende Gemeinschaftserlebnis faßbar werden ließen und in spezifischer Weise präfigurierten.

Praktische Vergegenwärtigungen

Auffällig gestaltete sich darüber hinaus die praktische Organisation der Fahrt, da Planungstätigkeiten und Vorbereitungen in überexpandierter Weise kommunikativ verhandelt wurden. Dies äußerte sich in einer ausgeprägten Redundanz der rückversichernden Fragen an den Betreuer sowie in komplizierten und ständig neu zu verhandelnden Absprachen untereinander. Die ansonsten phlegmatische Haltung der Jugendlichen schlug um in hektische Betriebsamkeit, was sich auf zweierlei zurückführen läßt. Zunächst spiegelt sie das „Krisenhafte" der neuen Situation bzw. den Versuch, sie durch die

---

3   Sich zu einer bestimmten Musik zu bekennen ist eine Sache; die betreffende Band live gesehen zu haben eine andere. Letzteres weist denjenigen, der sich mit diesem Erlebnis präsentieren kann, als jemanden aus, der in die Musik und die Szene tiefer involviert ist, der u.U. Fan ist und „die Sache ernst(er) meint".

4   Auch dies muß vor dem Hintergrund der Spezifika der Lebenswelt der betreffenden Jugendlichen gesehen werden: Obwohl das heimische Seeburg regelmäßig als langweilig und provinziell verunglimpft wird, besteht eine diffuse Abneigung gegen alles Fremde, insbesondere gegen Großstädte. So werden die Dorfgrenzen nur selten und z.T. auch nur ungern überschritten; viele Jugendliche ziehen die mit einer gewissen (Verhaltens-)Sicherheit verbundene alltägliche Dorf-Tristesse einem mit Risiko verbundenem Ausbruch aus der vertrauten Nahwelt vor. Ausnahmen bilden organisierte Fahrten, da man sich hier mit einer festen Gruppe gewissermaßen auf vorbereitetes Terrain begibt. Nichtsdestotrotz werden solche gemeinsamen Ausbrüche „gefeiert", wofür oben beschriebene Szenarien ein Indiz darstellen.

Bildung neuer Routinen prospektiv in den Griff zu bekommen. Hieran zeigt sich gleichzeitig die Unerfahrenheit der Jugendlichen mit dorffremden Zusammenhängen. Schließlich läßt die beträchtliche Diskrepanz zwischen dem Planungsaufwand, der nötig gewesen wäre, ein bestimmtes Problem zu lösen, und dem tatsächlich betriebenen Aufwand, den Schluß zu, daß es nicht darum geht, eine möglichst effiziente Lösung zu finden. Vielmehr weist das häufige Miteinandersprechen über die Details der Fahrt auf eine Spannungsverarbeitung hin, gleichsam auf einen Transformationsprozeß, der Fremdes vertraut erscheinen läßt. Insgesamt streicht diese intensive Beschäftigung mit dem künftigen Ereignis dessen Bedeutsamkeit heraus und trägt mit dazu bei, Zukünftiges zu vergegenwärtigen.

Vergegenwärtigung durch Prahlen

Auch das Prahlen gegenüber anderen Jugendlichen, die nicht mitfahren (können), bedeutet das Herausheben eines besonderen Ereignisses in der Zukunft. Dadurch, daß es jedoch gegenüber anderen geäußert wird, tritt neben die Funktion der Vergegenwärtigung eine gruppenkonstitutive: Die Wegfahrenden heben sich von den Daheimgebliebenen auf diese Weise als privilegierte Gruppe ab.

Insgesamt trugen die oben genannten Verfahren dazu bei, aus einem zukünftigen Erlebnisstrom eine Episode herauszulösen, sie sprachlich zu repräsentieren („Innsbruck") und mit diffusen Attributen und Erwartungen zu assoziieren. Diese bezogen sich inhaltlich v.a. auf drei Themenkomplexe: Andere Frauen zu sehen bzw. kennenzulernen, an außeralltäglichen Exzessen teilzuhaben und dies als Gruppe exklusiv zu erleben. Die Kurzreferenz „Innsbruck" fungierte damit als Vergegenwärtigung eines künftigen Ereignisses und avancierte bereits im Vorfeld zu einem Schlüsselwort, das als „gemeinsamer Nenner" für die Gruppe, ihre spezifischen Themen und alles Besondere und Außeralltägliche, was man zu erleben gedachte, stand.

Wie die Gruppe Erwartungshaltungen kommunikativ aufbaut und dramatisierend ausgestaltet, zeigt exemplarisch der folgende Gesprächsausschnitt. Auf der Fahrt zum Ort des Events unterhalten sich die Jugendlichen über Snowboarderinnen, die sie am Skilift gesehen haben:

[Juk 16A13 „Snowboarderinnen"]
01 Denis   o:ch MANN, ey, ich sags ja,
02   snowBOARDERINNEN, sind IMMER, (-) ey,
03   <<lachend> das geht das gibt>
04   <<lachend> <<f> so BRETter,> immer ey, (.)>
05   <<lachend> und was glaubste, wenn de>
06   <<lachend, acc> auf dem >

07		<<Stimme überschlägt sich, lachend, f> eV↑ENT?>
08		<<lachend> meller.> (--)
09		((stimmloses Lachen))
10		ey meller des war noch <<len> NICHTS,>
11		des war ein VO:Rgeschmack,
12		(4.5)
13	Meller	ich sachs euch, (.)
14		ich dreh heut noch en PORno.
15	Denis	((lacht))

Angesichts der Snowboarderinnen stimmt sich die Gruppe auf das Event ein. Seine Außerordentlichkeit wird mit hyperbolischen und imaginativ stark aufgeladenen Ausdrücken hervorgehoben („immer", „bretter"[5], „porno"). Die Abwertung des bereits sehr positiv gewerteten vorher Gesehenen („noch NICHTS") dient der weiteren Aufwertung des Events als etwas, das unvergleichlich ist und jeden Rahmen sprengt. Das Event wird als Schauspiel, wo man etwas geboten bekommt, portraitiert, und die Gruppe sieht sich im Zentrum der Action. Das Schauspiel bieten hier allerdings die Besucherinnen, nicht die Veranstaltung selbst. Daß die Jugendlichen sich selbst dabei eher eine passiv-rezeptive Rolle zuschreiben, verdeutlicht die Phantasie des „Porno Drehens": Die sexuell interessanten Mädchen werden nicht als potentielle Interaktionspartnerinnen, sondern als Protagonistinnen eines dokumentarischen Schauspiels ins Auge gefaßt.

Die Kommunikation verläuft überaus knapp und rudimentär. Die angesprochenen Inhalte werden nur andeutungsweise ausgeführt. Sie bleiben weitgehend implizit und stützen sich daher in hohem Maße auf die Unterstellung gemeinsamen Wissens. Die Referenz auf die Snowboarderinnen kommt wie ein Stichwortaufruf, der an geteilte Bewertungen, gemeinsames Wissen und allen leicht zugängliche Imaginationen appelliert. Was den Snowboarderinnen außer ihrer generellen sexuellen Attraktivität („porno") genau zuzuschreiben ist, wird zumindest an dieser Stelle nicht ausgeführt[6]. Die gemeinsame Einstimmung und die imaginative Vergegenwärtigung des Kommenden benötigen also keine Informationen oder Argumente, sie voll-

---

5   Attraktiv bzw. „ein Brett" zu sein ist für die Jugendlichen eine definitorische Eigenschaft einer Snowboarderin, die erlebnisstabil, d.h. durch negative Beispiele nicht zu revidieren ist.

6   Die Kategorie „Snowboarderin" hat in der beobachteten Gruppe eine besondere Bewandnis: Die meisten männlichen Jugendlichen der Gruppe beschweren sich darüber, daß es im heimischen Seeburg kaum Frauen gäbe, die ihrem Geschmack entsprächen. Auf diesem Hintergrund bedeutet das Verlassen des Ortes und insbesondere der Besuch jugendkulturell aufgeladener Veranstaltungen die Chance, in Kontakt mit anderen Frauen zu kommen. Der Ausdruck „Snowboarderin" fungiert dabei als Kurzreferenz, in dem vielfältige Phantasien zusammenlaufen. Denis (17), einer der Wortführer der Gruppe, malte im Vorfeld der Fahrt die damit verbundenen Aspekte wiederholt und expressiv aus: „Die sind alle blond, haben Sonnenbrillen auf und sind braungebrannt; die sehen alle voll geil aus; es gibt keine häßlichen Snowboarderinnen; die sind da auf dem Event zu Hunderttausenden."

ziehen sich auf Basis geteilter Stereotype (hier bezüglich der Snowboarderinnen). Die Stützung auf geteiltes Wissen wird vor allem durch anaphorische Formulierungen („ich sags ja"), vielfaches evokatives „ey" und eine evaluativ-expressiv reiche, deskriptiv-argumentativ dagegen sehr reduzierte Formulierungsweise zum Ausdruck gebracht. Das Event erscheint hier als Realisierung von bekannten Phantasien. Es wird nicht etwa als Abenteuer, das unvorhersehbare, unausdenkbare Überraschungen birgt, gesucht, sondern als Erfüllung von Phantasien über sowieso schon Gewußtes.

Die begeisterte Erwartung eines festlichen Ereignisses wird von Denis vor allem durch eine besonders exaltierte Form des Sprechens zum Ausdruck gebracht. Mit besonderer Emphase, starker Modulation und Rhythmisierung, zahlreichen Selbstabbrüchen und Neuanläufen demonstriert er gesteigerte Erregung und übersprudelnde Begeisterung: Er zeigt sich so überwältigt, daß es ihm buchstäblich die Sprache verschlägt. Es geht ihm aber nicht bloß um den subjektiven Gefühlsausdruck, sondern Denis´ expressives Sprechen zielt auf die Herstellung von Gemeinsamkeit ab. Seine Äußerung hat Appellcharakter: Sie lädt den Adressaten ein, seine Begeisterung zu teilen (wiederholtes „ey" zur Aufmerksamkeitssicherung und insistierende namentliche Anrede an Meller) und fordert ihn zur Imagination auf („ey was glaubste"). Komplementär zur vorangegangenen Erregung ändert sich ab Zeile 9 seine Beteiligungsweise: Er stilisiert sich als cooler, wissender Prophet, indem er mit tieferer, kaum modulierter Stimme und in weihevoll-dramatischem Ton spricht (Wiederholungsfigur des Isokolon „des war X – des war Y"; besonders langsam gesprochenes „NICHTS"). Die Jugendlichen reden sich heiß, indem sie die Festlichkeit des Bevorstehenden regelrecht heraufzubeschwören versuchen.

3. Während des Events: Anstrengungen und Ernüchterungen

Für die von uns beobachtete Gruppe gestaltete sich der „Mega-Event-Tag" folgendermaßen: Da bisher noch keine Karten gekauft worden waren, mußte die Gruppe, trotz der verspäteten Ankunft in der Nacht davor, am Morgen des Events sehr früh aufstehen, um nicht das Risiko einzugehen, nun nach langer Fahrt vielleicht keine Karten mehr zu ergattern. Die Situation vor dem Stadion gestaltete sich chaotisch, da niemand der anwesenden Organisatoren Auskunft darüber geben konnte, wo, ab wann bzw. ob es überhaupt noch Karten geben würde. Die Jugendlichen liefen vor dem Stadioneingang hin und her, um sicher zu gehen, daß der entscheidende Moment nicht verpaßt wurde. Obwohl die Temperaturen bei -15° bis -20° Celsius lagen und alle nicht winterfest gekleidet waren, warteten sie die nächsten zweieinhalb Stunden vor Ort und Stelle. Um 12 Uhr hatte jeder eine Karte sowohl für den Contest als auch für die After-Contest-Party, auf die jetzt alle noch mehr hinfieberten. Bis zum Beginn der Veranstaltung verblieben noch 4 Stunden, und da alle durchgefroren waren, entschied sich die Gruppe, zur Pension zurückzufahren, sich aufzuwärmen, auszuruhen und etwas zu essen. In der Pension lagen alle Jungen auf ihren Betten herum, erzählten und guckten Fernsehen, erst um 17 Uhr rafften sie sich auf, was untereinander zu Spannungen führte, da sich einer von ihnen über das Verpassen des Openings der Veranstaltung ärgerte. Er boykottierte auch die Einkehr in einem Bistro auf dem Weg zum Stadion, wo alle noch etwas zu sich nehmen wollten, um nicht auf das teure und minderwertige Essen im Stadion zurückgreifen zu müssen. Die Wiederanfahrt zum Stadion gestaltete sich für die Gruppe beschwerlicher als am Vormittag, da viele Zufahrtsstraßen schon komplett gesperrt und alle Parkplätze besetzt waren. So verzögerte sich die Teilnahme am Event noch einmal, und die gesamte Gruppe begann zu maulen und sich über die Unannehmlichkeiten zu beschweren. Beim Eintreffen ins trichterförmige Berg Isel-Stadion war dieses schon bis obenhin gefüllt und die Band Therapy? spielte bereits; Sitzplätze waren nicht mehr zu ergattern. Die von uns beobachteten Jugendlichen postierten sich nahe des Ausgangs in den obersten Stehplatzrängen, wo sie auch für den Rest des Contest-Besuches blieben. Von hier aus waren sowohl die Bühne als auch die Schanze nur schlecht einzusehen. Die Musikanlage konnte das riesige Stadion nicht hinreichend beschallen, so daß zumindest an der Stelle, an der sich unsere Gruppe postierte, keine Konzertstimmung aufkam. Trotz des großen Gedränges und der daraus resultierenden Nähe der Zuschauer untereinander kam es zu keinerlei Kontaktaufnahmen mit anderen Jugendlichen, schon gar nicht mit den vielzitierten Snowboarderinnen. Was der Gruppe nach kurzer Zeit zu schaffen machte, war die von allen unterschätzte Kälte im Open-Air-Stadion, so daß die Jugendlichen langsam unruhig wurden, da noch 4-5 Stunden der Veranstaltung vor ihnen lagen. Die Aufmerksamkeit, die der Contest selbst und auch der Auftritt von Cypress Hill zuerst auf sich zogen, flachte schnell ab, da alle in der Gruppe begannen, Hunger und Durst zu bekommen, bzw. entsetzlich froren. An den Getränke- und Essensständen mußte man mit langen Wartezeiten rechnen, und die Ware war zudem übertrieben teuer, so daß niemand seinen Bedürfnissen nachgab. Es hatte für uns schnell den Anschein, daß schon kurz nach Beginn des Mega-Events alle Jugendlichen unserer Gruppe das baldige Ende herbei sehnten. Die unzähligen, sich nicht spektakulär voneinander unterscheidenden Sprünge wurden nur sporadisch verfolgt. Schon während des eigentlich spannenden Enddurchlaufs traf die Gruppe Absprachen, wie sie vor dem großen Andrang das Stadion möglichst schnell verlassen könne. Sofort nach der Verkündung der Sieger brach die Gruppe auf. Voller Vorfreude fuhren die Jugendlichen zur After-Contest-Party, die in ihren Erwartungen *das* Ereignis des Jahres werden sollte. Man freute sich auf die vielen Gleichgesinnten, die man treffen würde. Vor dem Eingang zu den vier großen Fabrikhallen, die zu einer Kulturstätte umfunktioniert worden waren, herrschte großer Andrang, und man mußte etwas Geduld aufbringen, um das Nadelöhr der Eingangskontrollen zu überwinden. Auch in den Veranstaltungsräumen, obwohl sehr großzügig gestaltet, drängten sich schon die Massen. Die Jugendlichen unserer Gruppe wußten nicht so richtig, wo sie sich zuerst hinwenden sollten, und ließen sich durch die lauten, äußerst heißen Hallen treiben, bis sie am Ende einer Halle ein kleines Podest mit Tischen und Stühlen fanden, das sie besetzten. Ähnlich wie auch im Stadion verweilten sie daraufhin sehr statisch den Rest des Abend an diesem Platz und zogen den Luxus eines Sitzplatzes der Partizipation am Geschehen vor. Nur einem Jungen der Gruppe gefiel die Musik, die anderen fingen bald nach der Ankunft an, sich untereinander über die „Scheißmusik" zu beschweren. Da die Musik aber zu laut war, um sich länger über etwas zu unterhalten, bestand die Aktivität der Gruppe im Verlauf des restlichen Abends darin, herumzuschauen und zu rauchen. Auch nahm keiner der Jugendlichen Kontakt mit anderen Besuchern auf. Die einzige Unterbrechung in der mehrere Stunden anhaltenden Monotonie stellten ein paar von MTV engagierte Mädchen dar, die im Rahmen einer Promotionaktion tanzend diverse Artikel (T-Shirts, Aufkleber u.ä.) von einem Balkon in die Menge warfen und die Aufmerksamkeit der Jungen fesseln konnten. Nach dem Auftritt der „MTV-Schnitten"[7] verfielen alle wieder in das anfängliche Herumhängen, und für uns Beobachter hatte es den Anschein, daß alle am liebsten heimgefahren wären, sich aber keiner zu sagen traute, daß ihm *die* Party des Jahres eigentlich gar nicht gefiel.

4. Nach dem Event: Verarbeitung diskrepanter Erlebnisse

Vergleicht man die aufgebauten Erwartungen bzw. die Ansprüche, die im Vorfeld mit dem Eventbesuch verbunden wurden, mit dem tatsächlichen Ablauf des Events bzw. dem, was faktisch erlebt wurde, so läßt sich eine Diskrepanz zwischen Anspruch und Wirklichkeit feststellen. Dies läßt sich zunächst hinsichtlich dreier Beobachtungskomplexe konkretisieren:

– *Bezug auf Symbolträchtiges*: Die mit sozialsymbolisch aufgeladenen Highlights verbundenen Phantasien erwiesen sich als romantisch überhöht. Der im Vorfeld beschworene „ultimative Kick" blieb aus.

---

7   Die Metapher der „Schnitte" wird von den Jugendlichen zur Bezeichnung des anderen Geschlechts häufig benutzt. Sie impliziert ein Objektverhältnis: Der Mann braucht keine zwischenmenschliche Beziehung zum anderen Geschlecht aufzubauen, sondern agiert in einer Konsumentenrolle. Das Gegenüber wird auf diese Weise als mehr oder weniger „genießbares" Objekt phantasiert, daß jederzeit – je nach Geschmack –konsumiert werden kann.

– *Angekündigte Exzessivität kann auf der Handlungsebene nicht eingelöst werden*: Auch die vor der Fahrt phantasierten Exzesse fanden nicht statt; die Vorstellung einer tabu- und regellosen Außeralltäglichkeit erwies sich als unrealistisch.
– *Frauen als „Schnitten"*: Dadurch, daß die Jugendlichen Frauen als mehr oder weniger attraktive Objekte behandeln, bleiben sie einer „Voyeursperspektive" verhaftet (vgl. Ausschnitt „Snowboarderinnen"). Diese gruppenspezifische Form der Problembewältigung bewirkt Paradoxien eigener, gruppenspezifischer Art (s. Fußnote 8).

Exemplarisch aufzeigen läßt sich der Umgang mit diskrepanten Erlebnissen an der Situation, die sich während bzw. durch das frühe Verlassen der Party ergab. Die definitive Entscheidung, nach Hause zu fahren, kam einer Schlußklammer gleich, die das Ende des Events und damit auch der Möglichkeit, noch etwas zu erleben, bedeutete. Es entstand ein Übergangsraum, der zwischen noch konkretem Erleben des Events und bereits greifbarer Ernüchterung, die in Einklang mit den zuvor gehegten Erwartungen gebracht werden mußte, vermittelte. Ein genauerer Blick auf den Umgang mit dieser Situation wirft ein schlagendes Licht auf die Art und Weise, in der die Jugendlichen sich diesem Problem stellten.

Das frühe Verlassen der Party, das im Gegensatz zu den im Vorfeld gehegten hohen Erwartungen und Ankündigungen stand, wurde dadurch bearbeitet, daß sich gruppenintern auf eine Lesart geeinigt wurde, mit der jeder „leben konnte": Es gab keinen „Schuldigen" (etwa: „wir sind gefahren, weil der XY heim wollte"), sondern bloß widrige Umstände. Auf diese Weise mußte sich niemand die Blöße geben, zuzugeben, daß *er* tatsächlich heim wollte, obwohl jeder der Jugendlichen dafür gewesen war, als wir sie einzeln fragten, bevor wir die Party verließen. In der kollektiv hergestellten (versprachlichten) Retrospektive jedoch behauptete jeder von sich, daß er gerne noch geblieben wäre. Die Bedrohung oder Diskrepanz, die damit bearbeitet wurde, besteht in dem Umstand a) zugeben zu müssen, daß die Party oder der Abend mißlungen ist, und b) darin, sich eingestehen zu müssen, daß das Mißlingen eher an Eigenschaften der Person oder der Gruppe als an Externa lag (s.u.). Dies hieße jedoch gleichzeitig, (Selbst-)Kritik und daraus folgende Veränderungen und Konsequenzen zulassen zu müssen.

Die Funktion dieser Art der Erlebnisverarbeitung trägt somit selbstschützende bzw. verschleiernde Züge. Die tatsächlichen Gründe werden aufgrund ihrer „Bedrohlichkeit" für den Status quo latent gehalten[8]. Auf diese Weise

---

8 Schlägt man einen Bogen vom Aufbau diffus-überzogener Erwartungshaltungen über das konkrete Erleben und Verhalten während des Events bis zu seiner kommunikativen Nachverarbeitung, so wird zweierlei deutlich. Zunächst fällt die Diskrepanz ins Auge, die zwischen gehegten Erwartungen und tatsächlich Erlebtem klafft. Sie legt den Schluß nahe, eine satte Enttäuschung habe stattgefunden, die nun

ist ein Prozeß angestoßen, der die tatsächlichen Erlebnisse romantisierend verzerrt und langfristig dazu beiträgt, aus einem Event auch ein *Event* werden zu lassen. Zunächst soll es jedoch darum gehen, mittels welcher kommunikativer Verfahren die Jugendlichen das Auseinanderklaffen zwischen Anspruch und Wirklichkeit direkt nach dem Event abzumildern versuchten. Diese Beobachtungen beziehen sich auf den Zeitraum unmittelbar nach dem Verlassen der Party:

– *Dramatisierung externer Gründe*: Die Stimmung nach der Party war gereizt, und die Jugendlichen äußerten ihren Unmut über den Abend zunächst dadurch, daß sie wortlos zum Bus zurückliefen und diverse Gegenstände, die auf dem Boden lagen, umherkickten. Gleichzeitig jedoch begann eine Ursachenforschung, vorangetrieben durch Denis: Daß die eigene Eingebundenheit in das Partygeschehen nicht den gehegten Ansprüchen entsprach, d. h. nicht exzessiv gefeiert wurde, nicht bis zum Schluß durchgehalten wurde, keine Frauen kennengelernt wurden (obwohl doch soviele da waren) etc., wurde auf äußere Umstände zurückgeführt. So wurden vor allem Ort und Personen für die Misere verantwortlich gemacht: Da die Party von der Gesamtanlage her kaum zu kritisieren war (laute Musik, üppige Lichttechnik, groß, gut besucht, mehrere Floors etc.), mußte der vermeintlich falsche Umgang fremder Personen an einem fremden Ort mit einem solchen Partyevent zur Erklärung der eigenen Desintegration herhalten („Wenn die Party in Wiesbaden gewesen wäre.". oder „Die Leute dort waren alle so komisch.".)[9].

---

der Behandlung harrt. Gleichzeitig jedoch belegen ethnografische Beobachtungsdaten ähnlicher Veranstaltungsbesuche, daß es sich hier nicht etwa um eine Ausnahme, sondern vielmehr um einen Standardfall der Erlebnisverarbeitung handelt. Dieser Standardfall ließe sich idealtypisch mit folgenden Stichworten skizzieren: Gruppenverhaftung, soziale Kontrolle durch die Gruppe, Voyeursperspektive, konkrete Interaktionen, die mit Scheiternsrisiken verbunden sind, werden systematisch vermieden. Kurz: Erleben wird so arrangiert, daß in einem Schonraum agiert werden kann, der Bedrohliches vermeidet, jedoch trotzdem Spielräume für Legendenbildungen läßt. Die „Enttäuschung" rangiert auf diese Weise auf keiner diskursiv verfügbaren Ebene, sondern entspringt der Handlungstypik der Gruppe und ist den gemeinsamen Aktivitäten gleichsam latent immer beigefügt. Das von Außen widersprüchlich anmutende Durchtragen der anfänglichen Erwartungshaltungen manifestiert sich somit nicht in enttäuschten Erwartungen, die bearbeitet werden müßten, sondern ist Ausdruck des Regelwerks eines routinisierten und systematischen Umgangs der Gruppe mit ihrer Umwelt (insbesondere mit dem anderen Geschlecht). Die Art und Weise, in der der Besuch des Events abgelaufen ist, entsprach also der typischen Umgangsform dieser Jugendlichengruppe mit solchen Situationen. Keiner der Jugendlichen – befragte man sie – würde eine Diskrepanz- oder Enttäuschungserfahrung eingestehen. Der Eventbesuch wurde von Anfang an als ein Erlebnis arrangiert, das schützende Distanz, ohne das Risiko direkten Involvements garantierte, als ein Erlebnis also, an dem gleichsam bloß voyeuristisch teilgenommen wird.

9   Dies muß im Kontext des Umgangs der beobachteten Gruppe mit allem Fremden betrachtet werden: Fremdes wird als „komisch" und „seltsam" bisweilen auch als „abartig" und „krank" gekennzeichnet. Ein Großteil der gruppeninternen Interaktionen besteht aus z.T. heftigen Abgrenzungen insbesondere gegen fremde Kulturen. Auch die Fremdheit des im Ausland gelegenen Innsbrucks wurde während des Eventbesuchs hinsichtlich verschiedener Aspekte herausgestellt und bewertet. Dies bezog sich u.a. auf den Dialekt oder typische Bräuche.

— *Renormalisierung*: Neben der Ursachenforschung begannen die Jugendlichen, sich auf die neue Situation einzustellen. Zum einen wurde versucht, die Ernüchterung abzuwiegeln („Wir verpassen nichts, die Party war eh scheiße"), zum anderen, der nun entstandenen Lage, positive Aspekte abzugewinnen („Geil, jetzt fahr'n wir nochmal zum McDonalds"). Beides fungierte als Strategie, die gerade erlebten Ernüchterungen umzudefinieren, um so ihren „bedrohlichen" Aspekten zu entgehen, die allgemein gesprochen in einer Beschädigung des (Gruppen-)Images bestünden[10].

— *Erste Sammlung geschichtentauglicher Highlights*: Darüber hinaus begannen die Jugendlichen, das Erlebte auf seine positiven bzw. präsentablen Aspekte hin abzuklopfen. Dabei wurden einzelne Aspekte und Ereigniselemente selegiert (z.B. der Auftritt von Cypress Hill oder der Werbegag während der Party) und schlagabtauschartig dramatisiert und verdichtet.

5. Das Event in der Erinnerung: Legenden und Trophäen

Die mit dem Event verbundenen Diskrepanzerfahrungen weichen schließlich vollends aspektualisierten und dramatisierten Nacherzählungen: Auf der Heimfahrt beginnen die Jugendlichen, das Event Revue passieren zu lassen, und kaprizieren sich dabei auf jene Aspekte, die bereits im Vorfeld mit dem Event in Verbindung gebracht wurden. Auf diese Weise kommt es zu einer retrospektiven Ordnung der Erfahrung nach dem Kriterium der Präsentationstauglichkeit im Cliquenalltag. Der folgende Gesprächsausschnitt stammt vom auf das Event folgenden Tag, an dem die Jugendlichen ins heimische Seeburg zurückkehrten. Auf der Rückfahrt vergegenwärtigen sie in drastischer und extremer Form ihr Erleben der Event-Party:

[Juk17B16 „Lungenschmerzen"]
01 Denis   hat so LUNGENschmerzen heut nacht, (.)
02   s=ne=mehr SCHÖN;
03   (1.5)
04 Bernd   mir ham die AUgen getränt
05   wie isch im bett gelegen hab

---

10 In der beobachteten Gruppe besteht die Tendenz, Erlebnisse und Situationen, die mit der eigenen Person verbunden sind (hierzu zählen so verschiedene Dinge wie Ausbildungsplatz, in der Vergangenheit Erlebtes, zukünftig Geplantes etc.) als günstig oder vorteilhaft, solche, die mit anderen Personen oder fremden Gruppen verbunden sind, jedoch als nachteilig darzustellen. Dies führt zu besonderen Formen des kommunikativen Austauschs: Situationen und Erlebnisse werden (entweder von einer Person bezogen auf ihre individuelle Lage oder von mehreren Personen bezogen auf die Lage der Gruppe) so aspektualisiert, daß sie sich von denen anderer Personen auffällig abheben und die betreffende Person oder Gruppe als Gewinner ausweisen. Auf diese Weise kommt es zu z.T. ausgebauten Selbstdarstellungs-Runden, deren Übergang zur Fiktionalisierung oft fließend ist.

126

```
06  Denis    ehey,
07  Wuddi    =wo isch raus[kommen bin;    ]
08  Denis                 [<<lachend> s=war] so ASsi::;>
09           (2.1)
10  Bernd    ((Räuspern))
11           (3.3)
12  Denis    isch mein ihr wart (.)
13           ihr wart ja net hinten drin;
14           (1.2)
15           äh ih ä=kraus?11
16  Bernd    =isch hab ma kurz reingeguckt
17           das hat mir schon gelangt.
18  Denis    kraus?
19  Frank    =s=war geil dahinde;
20  Denis    =kraus? kraus? du bist da reingekomme, (.)
21             un hast gedacht, (.) ehey scheisse, (.) uä:::h;
22  Bernd    =uff eima habbe [die so e scheiss       ]
23  Denis                   [isch krieg kei L↑UFT m↑ehr,]
24  Bernd    blitzlischt die ganze zeit,
25  Denis    ey? isch hab; (.) isch hab so dagestanne; (.)
26           so (.) <<f> isch krieg kei l↑uft m↑ehr,> (.)
27  Frank    s=war [<<len> O:BERFETT>.]
28  Denis    [meine Augen    ] haben geTRÄNT
29  Denis    [bis zum verG↑Asen;    ]
30  Frank    [s=war <<len> O:BERFETT>] da hinne drin.
31           s=war es GEILste.
32  Denis    ey wenn de dadrin zwo stunden gelegen hast, (.)
33           da wärste TOT gewesen.
34  Frank    s=war eifach nur die beste [muSIK] da hinne drin.
35  Denis                              [hey, ]
36           (--)
37  Denis    <<lachend> da wärste verGAST gewesen.>
38  Frank    =die ham da so: die BRETter gespielt.
```

Das Event wird hier nicht als objektives, subjekttranszendentes Geschehen
diskutiert, sondern ausschließlich in seinem Niederschlag im subjektiven
Erleben und Bewerten thematisiert. Im Vordergrund stehen dabei Klagen
über körperliche Extremerfahrungen („lungenschmerzen", „augen getränt",
„scheiß blitzlicht", „isch krieg kei luft", „wärste tot gewesen"). Das Erlebte
wird auf verschiedene Weisen reinszeniert und vergegenwärtigt: Durch

---

11 Kraus ist Bernds Nachname.

stimmliche Imitationen, Gedankenzitat, deiktische Operationen, historisches Präsens und gestische Demonstrationen. Der Körper fungiert auf diese Weise als Symbolfeld für die Authentizität des unvermittelten Erlebens. Die Körpererfahrungen und ihre Spuren sind Stigmata, die beglaubigen, daß man dabei war und etwas erlebt hat. Wiederum charakterisieren sich die Jugendlichen selbst als passive Rezipienten, denen etwas widerfährt und die dem übermächtigen Geschehen ausgeliefert sind. Bei den extremen Beschreibungen und Wertungen wird oft offen gelassen, ob sie positiv oder negativ gemeint sind. Entscheidend scheint vielmehr zu sein, daß Außerordentlichkeit und Extreme als solche attraktiv sind. So spricht Denis in den Zeilen 08 und 37 explizit negative Bewertungen lachend aus, und auch seine weiteren Darstellungen der schrecklichen Erfahrungen auf der Party (ab Zeile 20) bringt er in sehr animiertem und freudigem Ton vor. Die Party wird zwar von ihm und Bernd massiv abgewertet, erlangt aber eine außeralltägliche Besonderheit durch die aufwendige hyperbolische Ausgestaltung des Vergnügens am Schrecklichen („wärste tot/vergast gewesen"). Die Darstellung orientiert sich an einer Selektivität des Außerordentlichen: Gesucht wird nach dem Unalltäglichen und Alltagstranszendierenden des vergangenen Erlebens, das als unvergleichlich und extrem charakterisiert wird. Der expressiv-bewertende, dramatisierende Modus der Erlebnisverarbeitung dominiert über analytisch-differenzierende Betrachtungen.

Wie auch im Gesprächsausschnitt „Snowboarderinnen" findet eine Ausarbeitung gemeinsamen Erlebens statt: Denis´ Klage (Zeilen 01-02) fordert keine Anteilnahme, die Rezipienten reagieren auf sie vielmehr symmetrisch mit der Schilderung eigener Beeinträchtigungen. Die Befindlichkeit des Sprechers ist nur der Ausgangspunkt, der Fokus verschiebt sich auf das gemeinsam Erlebte anhand seiner Widerspiegelungen in der körperlichen Befindlichkeit. Die gemeinsame Ausarbeitung der Außerordentlichkeit des Events ist emergent, da sie nicht auf intentionaler Kooperation, sondern auf Wettbewerb beruht: Im Versuch, der eigenen Version Gehör zu verschaffen und sie interaktiv durchzusetzen, wird sie zunehmend extremisiert. Die tendenziell konträren Bewertungen des gleichen Sachverhalts, die Denis und Frank vornehmen, werden von beiden in der Reaktion aufeinander zusehends verschärft. Denis beginnt mit der Schilderung von „lungenschmerzen", und gelangt über die Bewertung „assi" und die Behauptungen „keine luft" und „augen haben getränt" bis zu den hypothetischen Szenarien „vergast" bzw. „tot gewesen". Frank steigert seine anfängliche Bewertung der Musik als „geil", über „oberfett", „geilste", „beste musik" zur expressiven Formel „so: die bretter". Die resultierende ansteigende Hyperbolik wird von den Beteiligten offenbar auch als solche verstanden; sie wird nicht kritisiert, sondern fungiert als eine gemeinsame Ressource für insistent und kompetitiv zum Ausdruck gebrachte Expressivität.

Die Sprecher gehen nicht aufeinander ein, sondern setzen ihre diskrepanten Bewertungen nachdrücklich wiederholt gegeneinander. Dabei aspektualisieren sie das Erlebte in divergenter Weise: Während Denis die negativen gesundheitlichen Effekte hervorhebt, bezieht sich Frank in positiver Weise auf die Musik. Gesundheit und Musik sind zwar inhaltlich sehr divergente Aspekte, doch als Metonyme für das Gesamt der Veranstaltung sind sie auf der Ebene der Bewertung durchaus kommensurabel und daher tauglich für einen Einschätzungswettbewerb. Denis und Frank reden also nicht nur inhaltlich aneinander vorbei, sondern sie stacheln sich an im Extremisieren ihrer Darstellungen und Bewertungen. Somit arbeiten sie emergent kollaborativ die Außerordentlichkeit des Erlebten aus, ohne aber eine geteilte Sichtweise zu entwickeln. Die Gruppe gelangt zu keiner konsensuellen Deutung, schafft aber als Effekt des Gruppenkommunikationsprozesses die Figur des Events als etwas Extremem. Es sind somit die typischen, auch in vielen anderen Situationen anzutreffenden Dynamiken und Eigenschaften der Gruppenkommunikation unter Jugendlichen, die in wesentlichem Maße dafür verantwortlich sind, daß das Event in der kommunikativen Vergegenwärtigung den Status eines besonderen, außeralltäglichen und extremen Erlebnisses gewinnt. Diese Dynamiken und Eigenschaften sind insbesondere: hyperbolisches Bewerten, Extremisieren und expressives Sprechen, einander Übertreffen und Rivalisieren, Subjektivieren und Vergegenwärtigen sowie Andeutungskommunikation. Die Struktur jugendlicher Kommunikation ist „eventaffin", indem sie dazu tendiert, Ereignisaspekte so zu selegieren und auszugestalten, daß Spektakuläres und Extremes fokussiert und dramatisiert und damit die Darstellung des eigenen Erlebens erwartungskongruent ausgerichtet wird.

Die allgemeinen Muster der Erlebnisverarbeitung, was also von einem Event „hängen bleibt", sollen abschließend zusammengefaßt werden.

Interaktiv hergestellte „Legenden"

Extremisierung von Erlebnissen. Hinsichtlich einzelner Erlebnisse (z.B. die Party oder der Auftritt von Cypress Hill) oder des gesamten Events werden bestimmte Aspekte hervorgehoben und überzeichnet. Das Erfahrene wird auf diese Weise im kollaborativ Hergestellten zu einem exzessiven (z.B. „wie krass die Party war") oder extraordinären (z.B. „überall geile Frauen", u.v.m.) Erlebnis, dessen Rahmen – d.h. was als exzessiv, extraordinär etc. zu gelten hat – jedoch bereits im Vorfeld ausgehandelt wurde.

Stilisierung einzelner Erlebnisse: „MTV-Schnitten". Singuläre Ereignisse, die in keiner direkten Verbindung zu dem Event standen und deshalb für einen außenstehenden Beobachter völlig unbedeutend schienen, nahmen in der kommunikativen Nachverarbeitung unter den Jugendlichen einen breiten

Raum ein. So entstand die „MTV-Schnitten"-Legende auf der Heimfahrt, indem sich die Jugendlichen wechselseitig vor Augen führten, wie „geil" diese Frauen aussahen und daß *sie* die Chance hatten, sie aus nächster Nähe zu betrachten. Neben dem Glamour-Effekt (wir waren dabei, wir haben Promis gesehen etc.), der aus dieser Geschichte spricht, dient sie darüber hinaus dazu, eine – wenn auch fiktionalisierte – Nähe zu unerreichbaren Frauen herzustellen. Dies korrespondiert mit dem typischen – oben als voyeuristisch gekennzeichneten – Umgang der Gruppe mit dem anderen Geschlecht und ist im Rahmen dieses Artikels ein weiteres Indiz dafür, daß es Peer-Belange sind, die das Erleben eines Events maßgeblich bestimmen.

Konstruktion absurder Szenarien. Den größten thematischen Raum innerhalb der legendenbildenden Prozesse nahmen schließlich Geschichten ein, die sich mit der Fremdartigkeit des Erlebten (z.B. alpenländische Nikolausbräuche, österreichischer Dialekt) auseinandersetzten. Die darin wurzelnden Legenden verfremdeten ohnehin Fremdes zu absurden Szenarien. Das Erfahren von Fremdartigem erfuhr auf diese Weise eine Stilisierung und diente in dieser überzeichneten Darstellung der Konstitution gemeinschaftsstiftender Erlebnisse, die gerade dadurch ihre Kraft entfalteten, daß die Gruppe sich von einer interaktiv ausgehandelten Version „des Absurden" gemeinsam abgrenzte und so eine Gruppenidentität ex negativo herstellte[12]

Vergegenwärtigung und Präsentation von Trophäen

Das nachträgliche Rekurrieren auf jugendkulturell aufgeladene Etiketten (Air&Style, Cypress Hill, After-Contest-Party) berührt das Spannungsverhältnis, das sich zwischen Symbolizität und faktischer Erlebnisqualität aufbaute. Im Gegensatz zu den vorgenannten Legendenbildungen bedürfen symbolträchtige Labels keiner gesonderten Konstitution – sie beherbergen per se präsentable Geschichten, die qua Nennung („Ich hab' Cypress Hill live gesehen", u.ä.) beim Rezipienten passende Bilder erzeugen. Auf diese Weise fällt die Trennung zwischen dem, was erwartet wurde, und dem, was tatsächlich erlebt wurde, leichter: Es spielte im Nachhinein für die Jugendlichen offensichtlich keine Rolle, ob und wie die Kultband Cypress Hill zu sehen und zu hören war oder wie voll, anstrengend, kalt etc. der Air&Style-Contest sich tatsächlich gestaltete; was dagegen eine Rolle spielte, war die Tatsache, *daß* man dabei war und *daß* man sich dieses Dabei-Sein wechselseitig vergegenwärtigen und anderen – Daheimgebliebenen – als Trophäe präsentieren konnte.

---

12 Das Verfahren der Identitätsbildung ex negativo ist in der beobachteten Gruppe häufig anzutreffen. Es dient meistens – wie auch hier – dazu, sich über die Abgrenzung selbst zu definieren (s. Deppermann i.Dr.).

6. Fazit: „Innsbruck war geil"

Der vorliegende Artikel nahm eine spezifische Perspektive gegenüber dem Untersuchungsgegenstand „Event" ein: Gefragt wurde nicht nach dem Event als marketingstrategischem Vehikel oder kulturellem Gut, sondern nach dem Prozeß seiner Vergegenwärtigung durch jugendliche Besucher. Der Fokus der Argumentation lag dabei auf den Prozessen kommunikativer Konstruktion innerhalb einer Gruppe von Jugendlichen: *Wie* wird ein Event vorbereitet, erlebt und verarbeitet? Die Besonderheit des Blickwinkels lag dabei in der prozessualen Betrachtung[13] des Event-Erlebens: Dadurch daß sowohl die Vor- und Nachbereitung als auch der faktische Besuch des Events durch Beobachtungs- und Gesprächsdaten fixiert wurden, sind Rückschlüsse darauf möglich, wie die marketingstrategische Konstruktion „Event" zum erlebten Event wird, in welcher Weise sich Jugendliche also ein kommerzielles Angebot aneignen. Zu unterscheiden sind dabei die Ebenen der konkreten Peer-Group-Vergemeinschaftung und die der symbolischen Jugendkultur-Szene als großer virtueller Gemeinschaft[14]; beide spielen in der Betrachtung insofern eine Rolle, als daß sich sowohl der konkrete Peer-Group-Alltag als auch die Affinität zu einer spezifischen jugendkulturellen Szene (hier der Skater-HipHop-Szene) für das Erleben und die Verarbeitung des Events als entscheidend herausstellte. Beides prägt das, was ein Event – zumindest in der Perspektive der Teilnehmer – letztlich ausmacht:

Event als „leere Mitte"

Jugendkulturen konstituierten sich vornehmlich über symbolische Bricolage-Prozesse, d.h. darüber, daß sie Gegenstände und Zeichen der Offizialkultur aufgriffen, dekontextualisierten und damit zugleich verfremdeten[15]. In den 90ern scheint der Jugendkultur-Dschungel für viele undurchdringbar geworden zu sein und damit auch die Fülle von Verweisen auf diverse Szenen[16]. Konsumgütermarkt, Medien und Werbung spielen in diesem Diversifizierungsprozeß eine entscheidende Rolle: Jugendkulturen erscheinen aus werbeökonomischer Perspektive als um bestimmte Musik-, Konsum- und Klei-

---

13 Dies ist nur durch kontinuierliche ethnographische Begleitung möglich, da nur so typische Verarbeitungsmuster einer Gruppe oder typische Episoden – wie hier – vollständig (d.h. mit Vor- und Nachbereitung) erfaßt werden können.

14 Diese Trennung ist auch in der Jugend(gruppen)forschung häufig anzutreffen; so unterscheidet bspw. Oerter (1987: 316f.) drei Ebenen innerhalb des Peer-Group-Begriffes: die große Gemeinschaft, die konkrete Gruppe und die Freundschaft.

15 Vgl. bspw. Clarke 1979

16 Typologische Ordnungsversuche finden sich bspw. bei Ferchhoff 1995

dungsvorlieben gruppierte Zielgruppen-Konstrukte, die möglichst streuverlustarm zu bedienen sind. Dies sollen treffsichere Etiketten garantieren, die einem geschnürten Event-Paket – Snowboard, HipHop (Cypress Hill), Cross-Over (Therapy?) etc. – zur Attraktivität verhelfen. Diese Etiketten stellen jugendkulturelle Trophäen dar, die von den jugendlichen Teilnehmern benutzt werden, um einem Event in der Prä- und Re-Konstruktion Bedeutung zu verleihen. Auf diese Weise entsteht eine „leere Mitte": Dem tatsächlichen Erleben, das oftmals wenig spektakulär, ernüchternd oder gar frustrierend ist, steht ein erstaunlich detail-, enttäuschungs- und ambiguitätsresistentes Vorher und Nachher entgegen, in welchem das Event als schematisiertes Substrat feststeht. Für diese Stabilisierung und Ablösung der Deutung des Events vom konkreten Erleben spielen Prozesse kommunikativer Vergegenwärtigung eine wesentliche Rolle.

Event als Spielraum für Peer-Group-Aktivitäten

Die Spezifik unserer Betrachtungsweise bringt es mit sich, ein Event nicht als in sich abgeschlossenes Ganzes zu begreifen, sondern als einen symbolischen Rahmen, der jeweils gruppen- und/oder entwicklungsstandspezifisch gefüllt wird. In unserem Fall standen inbesondere das Geschlechterthema, der Umgang mit Fremdem und Fragen der Gruppenkonstitution im Vordergrund. Dieser Befund ist sicherlich eher gruppen- als eventspezifisch, verweist jedoch auf die Tatsache, daß ein Event erst dadurch zu einem Event wird, daß eine konkrete Gruppe von Teilnehmern die Außerordentlichkeit des Events kommunikativ herstellt und dabei alltagsrelevante Themen in einem neuen und außergewöhnlichen Rahmen aktualisiert.

Beide Punkte hängen nun insofern zusammen, als daß die spezifische Struktur der Gruppe (insbesondere ihr Bezug zu jugendkulturellen Zugehörigkeiten) den Umgang mit symbolischen Angeboten prägt und zu oben dargestelltem Resultat führt: „Innsbruck war geil", trotz aller Ernüchterungen und Enttäuschungen.

Transkriptionskonventionen (nach Selting et al. 1998)

[ ]	Überlappungen mehrerer Sprecher
=	schneller Anschluß von Beiträgen oder Äußerungseinheiten
(.)	Mikropause
(-)	kurze Pause von weniger als einer Sekunde
(4.5)	Pausenlänge in Sekunden
.	fallende Intonation am Einheitenende
;	gleichbleibende Intonation am Einheitenende
,	steigende Intonation am Einheitenende

?	hoch steigende Intonation am Einheitenende
↑	Tonhöhensprung nach oben
:	Dehnung
akZENT	Hauptakzent
<<f>	forte, laut
<<acc>	accelerando, schneller werdend
<<len>	lento, langsam
((lacht))	parasprachliche Handlungen

Literatur

Clarke, J.: Stil. In: Clarke, J. et. al. (Hrsg.): Jugendkultur als Widerstand. Milieus, Rituale, Provokationen. Frankfurt 1979, S. 133-157

Deppermann, A.: Gespräche analysieren. Eine Einführung in konversationsanalytische Methoden. Opladen 1999

Deppermann, A.: Adolescents´ identities in interaction: A view from ethnographic conversation analysis. In: Bamberg, M. (Hrsg.): From talk to identity. London (im Druck)

Ferchhoff, W.: Jugendkulturelle Individualisierungen und (Stil)Differenzierungen in den 90er Jahren. In: Ferchhoff, W./Sander, U./Vollbrecht, R. (Hrsg.): Jugendkulturen – Faszination und Ambivalenz. Einblicke in jugendliche Lebenswelten. Festschrift für Dieter Baacke zum 60. Geburtstag. Weinheim/München 1995, S. 52-65

Neumann-Braun, K./Deppermann, A.: Ethnographie der Kommunikationskulturen Jugendlicher. Zur Gegenstandskonzeption und Methodik der Untersuchung von Peer-Groups. In: Zeitschrift für Soziologie 27/1998, S.239-255

Oerter, R.: Jugendalter. In: Oerter, R./Montada, L. (Hrsg.): Entwicklungspsychologie. Ein Lehrbuch. München/Weinheim 1987, S. 265-338

Selting, M. et al.: Gesprächsanalytisches Transkriptionssystem (GAT). In: Linguistische Berichte 173/1998, S. 91-122

III.
Populärkulturelle Events

Regina Bormann

Eventmaschinerie Erlebnispark:
Systemintegration durch performative Institutionen

1. Der Erlebnispark als Eventmaschine

„Wollen Sie mal wieder was erleben?" begrüßt der Werbeprospekt des Europa-Parks im südbadischen Rust, nach eigenen Angaben „Deutschlands größter Freizeitpark", seine potentiellen Besucher. Tatsächlich bietet der Europa-Park auf zweiundsechzig Hektar Fläche seinen jährlich fast drei Millionen Gästen eine reiche Auswahl an Erlebnissen aller Art: Über einhundert verschiedene „Attraktionen" – so der Sprachgebrauch des Parks – verteilen sich auf neun thematische Bereiche, die jeweils eine europäische Nation oder Region zum Gegenstand haben, und in die die zahlreichen Unterhaltungs- und gelegentlichen Informationsangebote inhaltlich integriert sind. Dieser Konzeption verdankt sich der Name „Europa-Park".[1] So beginnt der Besucher seinen Rundgang zum Beispiel im Themenbereich „Deutschland". Er passiert den „Bahnhof Alexanderplatz" mit seinem Alt-Berliner Ambiente, von dem aus er mit einer Schmalspurbahn alle anderen Länderbereiche ansteuern könnte, und betritt die sogenannte „Deutsche Allee". Im Stile der Disneyschen „Main Street USA" reiht sich hier Hausfassade an Hausfassade, wobei ein Querschnitt durch die landestypischen Architekturstile der alten und neuen Bundesländer und mehrerer historischer Epochen geboten werden: Schwäbisches Fachwerk neben Lüftlmalerei, Backstein neben Neogotik. Hinter den Fassaden sind diverse Fahrgeschäfte und Souvenirshops untergebracht, aber auch schöne alte Kinderkarussells und ein „altdeutscher Jahrmarkt" mit entsprechendem Shoppingangebot. Deutsche „Kultur" – auch live – vertreten ein Festzelt mit Blasmusik und ein „Rockcafe" des Südwestdeutschen Rundfunks. Deutsche Geschichte mag man in zwei grossen Originalstücken der Berliner Mauer verkörpert finden, die aus Berlin-Kreuzberg

---

1   Nähere Informationen rund um den Europa-Park unter http://www.europa-park.de

importiert wurden, oder auch, ein paar Schritte weiter, im „Schloss Baltha-
sar", einem Originalgebäude aus dem Jahre 1492, das, umgeben von Barock-
gärten mit altem Baumbestand, gehobene Gastronomie beherbergt und in
dessen Mauern auch auf Wunsch „Rittermähler" veranstaltet werden. Während das Unterhaltungsangebot im deutschen Bereich recht beschaulich
wirkt, bieten andere „Länder" mehr Action: Der Themenbereich Russland
etwa wartet mit einer Superachterbahn „Euro-Mir" und einem rasanten „Tai-
ga-Shuttle" auf, mit dem „Lada-Autodrom" und der „Schlittenfahrt Schnee-
glöckchen". Souvenirs gibt es im „Kaufhaus Gum", im folkoristischen „Russischen Dorf" wird folkoristisches „Russisches Handwerk" präsentiert und
Technikfreunde können die 1994 erworbene und von der Telekom gespon-
serte originale russische Raumstation MIR besichtigen. In ähnlicher Weise
bieten die Bereiche „Skandinavien", „Italien", „Holland", „England", „Frankreich", „Spanien" und „Österreich" einen Mix aus Nostalgie- oder Hi-Tech-
Fahrgeschäften, touristischen Länderinszenierungen, „Infotainment" wie
Sonderausstellungen, Vorführungen landestypischer Handwerke oder Dauer-
ausstellungen zu technischen oder kulturellen Themen, Veranstaltungen wie
Flamencovorführungen, eine „Commedia dell' Arte", Varietes, spanische
„Ritterspiele" in einer eigenen Arena und eine Multi-Media-Show. Nicht
zuletzt trägt auch Gastronomie und Hotellerie Erlebnischarakter: Landestypi-
sche Speisen und Getränke bieten unter anderem ein französisches Bistro und
eine spanische Bodega, ein norwegisches Fischrestaurant und ein englischer
Pub. Im „Castello Alcazar", einem der beiden Themen-Hotels, das mit
Wehrtürmen und Zinnen versehen im Stile einer mittelalterlichen spanischen
Burg gestaltet ist, wird auch die Übernachtung zum Ereignis: Während im
hoteleigenen Themenrestaurant die Kronleuchter in den „mittelalterlichen
Gewölben" unter den „handgefertigten Deckenbalken" verlöschen, begeben
sich die Gäste in ihre „Bettnischen, die in gotischer Form in das Mauerwerk
integriert sind" – so das Hotel-Info –, wobei die „familiengerechten Zimmer"
sinnigerweise mit Fresken von „maurischen Lebensbäumen" oder „Granatäp-
feln als Zeichen der Fruchtbarkeit" geschmückt sind. Wer noch nicht genug
erlebt hat, kann zusätzlich auf eine lange Reihe von Veranstaltungen zurückgreifen, die der Park das ganze Jahr über ausrichtet. In 1999 gab es beispielsweise Hot Jazz Festivals, spanische Ferias, italienische Nächte und ein
Oktoberfest, Konzerte mit DJ Bobo oder den Schürzenjägern, Musicalauffüh-
rungen, ein Alphornbläsertreffen sowie diverse Aufzeichnungen bekannter
Fernsehshows; es wurden ein Heissluftballon-Treffen veranstaltet, ein Wohl-
tätigkeits-Golf-Turnier, ein Street-Soccer-Cup und anderes mehr.

Freizeitparks wie der Europa-Park im südbadischen Rust werden immer
beliebtere Ziele in Freizeit und Kurzurlaub; allein in Deutschland erwirtschaften die grossen Einrichtungen jährlich mehr als 600 Millionen Mark

Umsatz – Tendenz steigend.[2] Ihre Attraktivität beruht auf der Tatsache, dass sie verschiedenste Unterhaltungsgattungen auf engstem Raum vereinen, dabei Ungewöhnliches, Spannungsreiches, Actiongeladenes, Vergnügliches, in jedem Falle Spektakuläres aneinanderreihen und somit Erlebnisse am laufenden Bande ermöglichen: Der Erlebnispark als Eventmaschine.

2. Zum Argumentationsgang

Ein neues „anchor word" geistert durch die Medien und die Werbebroschüren diverser Sparten der Freizeitindustrie, verleiht altbekannten Phänomenen wie dem Tennis-Cup, der Operngala, der Ausstellung, der Modenschau oder dem Musikfestival modischen Glanz und die Aura des Besonderen und belebt nicht zuletzt auch – die hier versammelten Beiträge legen dafür Zeugnis ab – die wissenschaftliche Diskussion. Der fragliche Begriff, dessen Karriere seinen Höhepunkt offenbar noch nicht erreicht hat, ist der des „Events". Als „anchor word" kann er gelten, weil er Medien-, Politik-, Werbe- oder Freizeitprofis eine erfolgversprechende, auf nahezu alle Ereignisse und Aktivitäten anwendbare Marketingstrategie weist: Die Sonderfahrt mit der Schmalspurbahn und das Christmas-Shopping in Hongkong, die Hip-Hop-Party und das Hochzeitsarrangement in Las Vegas, das Gourmet-Wochenende und der herbstliche Almabtrieb der Kühe im Allgäu, Goethes Geburtstag oder die monegassische Adelshochzeit firmieren mittlerweile einträchtig unter dem Etikett „Event". Aber auch die professionellen inner- und ausserwissenschaftlichen Kultur- und Gesellschaftskritiker haben damit ein neues „anchor word", einen weiteren Aufhänger, um über angebliche Pathologien und Verlusterscheinungen unserer spät-, reflexiv-, post- oder sonstwie-modernen Konsum-, Erlebnis-, Spass- oder Freizeit-Gesellschaft zu räsonnieren. Jenen professionellen Bedenkenträgern gilt das „Event" als Kulminationspunkt einer gesamtgesellschaftlichen Sucht nach immer neuen sinnlichen Stimulationen, nach Kicks, nach Action, nach dem „totalen" Erlebnis. Diese als anomisch beschriebene angebliche kollektive sozialpsychologische Verfasstheit soll ihre Wurzeln in den Merkmalen der Moderne und ihrer wie auch immer konzipierten Nachfolgeprojekte haben: „Entdifferenzierung", „Enttraditionalisierung", „Entbettung" und „Entfremdung", „Kommerzialisierung" und „Kulturalisierung" von Sozialbeziehungen, „Individualisierung", „Deinstitutionalisierung" oder auch einfach „postmoderne" Indifferenz geben hierzu populäre Deutungskonzepte ab. Zur Überprüfung dieser – zugegebenermassen polemisch überzeichneten – kulturpessimistischen Szenarien wer-

---

2 Eine detailreiche Untersuchung zur wirtschaftlichen Bedeutung speziell des Europa-Parks in Rust sowie allerlei statistische Daten finden sich in Fichtner/Michna 1987. Zum Phänomen Erlebnispark aus sozialwissenschaftlicher Perspektive ebenfalls am Beispiel des Europa-Parks vgl. Bormann 1998

den wir nun der Frage nachgehen, ob das Phänomen „Event" tatsächlich so neuartig, so a- oder anti-sozial, so fragwürdig ist wie es oftmals scheinen will, in welcher Weise es auf gegenwärtige gesellschaftliche Transformationsprozesse hinweist und welche soziale Funktion es erfüllt. Wir werden diese Frage anhand jenes Phänomens behandeln, das vielen als Apotheose der Event-Gesellschaft gilt, als eine Art Meta-Mega-Event, als paradigmatisch für ein alle Sinne ansprechendes Spektakel aus den Niederungen der Kulturindustrie, dessen enthistorisierte und enträumlichte Bedeutungscollagen angeblich Zeugnis ablegen für die genannten sozialpathologischen Entwicklungen: Der Erlebnispark, der Themenpark Disneyscher Prägung, wird mit seinen Inszenierungen den Gegenstand unserer Betrachtung bilden.

Aus kulturanthropologischer Sicht werden wir argumentieren, dass Erlebnisparks wie auch andere, sozusagen „einzelne" Events *performative kulturelle Formen* darstellen, die als *metasoziale Reflexionsräume der Reproduktion sozialer Systeme* dienen. Diese Funktion erfüllen sie aufgrund ihres *institutionellen Charakters*. Wie alle Institutionen sind sie *Integrationsmedien*, Medien, die soziale Systeme raum-zeitlich organisieren. Erlebnisparks tun dies auf spezifische Weise: Ihre Inszenierungen bieten *Vorstellungen raumzeitlicher Verortung an, Entwürfe kollektiver Identitäten.* Wir werden zeigen, dass diese Entwürfe durchaus traditionaler Natur sind und gewohnte, altbekannte soziale Kategorien wenn auch in neuem Gewande präsentieren. Die Funktion der Institution Erlebnispark – so lautet unsere These – ist die der *Identitäts-Vergewisserung*: Er repräsentiert in seinen Inszenierungen kollektive Identitäten und tragende kulturelle Weltdeutungen. Diese raumzeitlichen Verortungsangebote dienen der *Systemintegration*, der Herstellung von „Reziprozität zwischen Akteuren oder Kollektiven über grössere Raum-Zeit-Spannen" (Giddens 1992: 81).[3] Sie stellen den Besucher der Darbietungen mittenhinein in den symbolischen Entwurf von Traditionslinien und kollektiven Identitäten und sorgen damit im Sinne von Giddens für die *„Wiederverankerung" sozialer Beziehungen unter den Bedingungen und mit den performativen Medien einer spätmodernen, „posttraditionalen" Gesellschaft.* Mit diesen Überlegungen soll den oft verkürzten und eindimensionalen Sichtweisen entgegengetreten werden, die Interpretationen von zeitgenössischen sozialen Formationen – sei es nun als „posttraditionale Gesellschaft", als „Reflexive Moderne" oder als „consumer culture" – vielfach innewohnen: Soziale Beziehungen unterliegen eben nicht nur der Entankerung, sondern werden permanent wiederverankert; Traditionen lösen sich nicht nur auf, sondern werden laufend rekonstituiert und gewandelten Erfordernissen angepasst; soziale Identitäten gehen nicht unter, sondern nehmen andere Formen und Qualitäten an; es findet keine „Entinstitutionalisierung" statt, sondern

---

3   Nach der Definition von Giddens setzt Systemintegration Sozialintegration bereits voraus, nämlich die „Reziprozität zwischen Akteuren in Kontexten von Kopräsenz". Vgl. Giddens 1992: 80f.

Institutionen unterliegen Transformations- und Neuformierungsprozesse;
kulturelle Orientierung geht nicht verloren, sondern speist sich nur vermehrt
aus veränderten, aus „posttraditionalen" Institutionen wie dem Event, wie
dem Erlebnispark.

3. Events als performative kulturelle Form: Ein Definitionsvorschlag

„Events" in allen nur erdenklichen Bereichen und Spielarten scheinen gegenwärtig unser öffentliches Leben zu bestimmen. Allerdings werden mit
dieser modischen Vokabel derart unterschiedliche Phänomene und Veranstaltungen erfasst, dass es zunächst schwerfällt, definitorisch einen gemeinsamen Nenner festzulegen.

Von Medien-, Werbe- und Freizeitprofis werden uns Sport- und Kulturveranstaltungen aller Art als „Events" anempfohlen: Golf-Cups, Segelregat-
tas oder Spitzen-Fußballspiele fallen darunter, desgleichen Musicals, Open-
Air-Konzerte oder Festivals. Aber auch Naturereignisse wie Sonnenfinsternisse, die Mandelblüte in mediterranen Gefilden oder das Erscheinen des
Polarlichts („Weiße Nächte in St. Petersburg") besitzen längst Event-
Charakter. Ein Event ist demnach nicht das herausgehobene, besondere oder
gar einmalige Ereignis, das die landläufig bekannte Definition aus dem
Wörterbuch suggeriert, denn landauf, landab lösen sich in geradezu ermü-
dender Fülle Rock-, Klassik-, Volksmusik- oder New-Pop-Festivals ab, können Sportinteressierte zwischen mehr turnusmässig wiederkehrenden Tennis-
, Golf-, Leichtathletik- oder Fussballgrossereignissen wählen als es das
durchschnittliche Zeit- und Finanzbudget gestattet. Die Betrachung von E-
vents als zeitgemässen Formen des Festlichen und des Feierns ist da schon
stimmiger. Mit dem Etikett des „Events" werden allerdings auch Ereignisse
versehen, denen kaum noch die Aura des Ausseralltäglichen zuzusprechen
ist: Jede Hotelübernachtung wird zum „Event", so sie in einem der mittlerweile zahlreichen Erlebnis- und Themenhotels gebucht wird. Jedes Abendes-
sen wird zum Gastro-Event im Themen- oder Erlebnisrestaurant. Hotels von
Stuttgart bis Süd-Tirol verkaufen ihre Rad-Touren, Schlemmer-Buffets, Pick-
nicks im Grünen oder Candle-Light-Dinners als „Event". Fremdenverkehrs-
büros vereinen darunter den herbstlichen Almabtrieb der Kühe, Rafting- und
Canyoning-Touren, den Heimatabend und den Fassanstich beim Volksfest.
Für Szene-Diskos ist jede Party ein „Event", für Städte und Kommunen jede
Ausstellungseröffnung, jedes Weinfest und jeder Weihnachtsmarkt. Selbst
das verhaltenstherapeutisch orientierte Kommunikationstraining für Paare auf
der Insel Kreta gilt der Broschüre des Ferienclubs Aldiana als „Event".

Betrachtet man die genannten Beispiele, dann lassen sich mit dem Merkmal des Ausseralltäglichen wohl nur die wenigsten Events versehen oder zumindest wären graduelle Abstufungen zu berücksichtigen: Ein Beleg für die „Veralltäglichung des Festlichen" (vgl. Gebhardt in diesem Bande)? Aus phänomenologischer Sicht umfasst das Ausseralltägliche Bereiche der Sozialwelt, die eine „geschlossene Sinnstruktur" aufweisen, die von den „natürlichen Einstellungen" der alltäglichen Wirklichkeit abweichen. Derartige geschlossenen Sinngebiete wären zum Beispiel die Kunst, das Spiel, die Wissenschaft, die Welt der Phantasie, das Fest. Ihre spezifischen Eigenlogiken beruhen auf einem je „eigenen Erlebnis- bzw. Erkenntnisstil" (Schütz/Luckmann 1979: 48f.). Diese Definition mag auf einige spezifische Events zutreffen; bei vielen der angeführten Ereignisse verbleiben die Teilnehmer aber wohl im Horizont der Alltagswelt, während sich wiederum zahlreiche – vor allem grosse – Events dadurch auszeichnen, dass sie ein Wechseln zwischen verschiedenen Erlebnis- und Erkenntnisstilen ermöglichen, Elemente aus verschiedenen Sinnwelten wie Kunst, Spiel oder Alltag vereinen. Wir wollen den Gedanken des „Gestaltwandels des Festlichen in modernen Gesellschaften" (vgl. Gebhardt in diesem Bande) aufgreifen und darlegen, in welcher Weise auch unter den Bedingungen einer „consumer culture" oder einer „posttraditionalen" Gesellschaft bestimmte kulturelle Formen als Vergemeinschaftungs- und Vergewisserungsmedien fungieren. Daher erscheint es sinnvoll, Events zunächst mit der kulturanthropologischen Kategorie der „Performance" zu erfassen und sie dann unter dieser Rubrik jeweils genauer zu spezifizieren und in ihrer Wirkung zu analysieren.

Der Begriff der Performance hat – ausgehend von der Phänomenologie – seine Wurzeln in den Arbeiten Erving Goffmans und der Symbolischen Anthropologie Victor Turners und Clifford Geertz.[4] Er steht für eine „dramaturgische" Sicht von Kultur und sozialer Welt: Goffman betrachtet in seinem Theater-Modell von sozialer Welt alle menschlichen Aktivitäten, alle Arten von Interaktionen, die vor einem „Publikum" stattfinden und auf dieses eine Wirkung ausüben, als Performance. Nicht ganz so weitgefasst ist der Begriff bei Geertz und Turner. Auf Geertz geht der Gedanke zurück, dass sich kulturelle Muster stets öffentlich sichtbar in symbolischen Formen äussern. „Kultur", die Einstellungen und Vorstellungen einer sozialen Einheit, hat stets expressiven Charakter. Alle sozialen Phänomene, die eine symbolische Dimension besitzen, sind daher als Formen kollektiver Reflexivität, als „metasoziale Kommentare" (Geertz 1991b: 252) über die jeweilige soziale Verfasstheit, als abbildhafte Modelle von und als utopische Modelle für soziale Wirklichkeit zu lesen.[5] Turner beschäftigt sich mit den Formen dramati-

---

4   Einen Überblick über die Entwicklung des Konzepts bietet Bendix 1995. Herausragende theoretische und
     empirische Betrachtungen dazu finden sich in Manning (Hrsg.) 1983; McAloon (Hrsg.) 1984
5   Zum Modellcharakter kultureller Formen vgl. Geertz 1991a: 52.

scher Präsentation kultureller Vorstellungen in traditionalen wie in modernen Gesellschaften und untersuchte deren Rolle bei der Reproduktion und Transformation des sozialen Systems. In solchen dramatischen Präsentationen, in „Performances", werden „kulturell privilegierte Themen" (Geertz 1991b: 219) vorgestellt und behandelt, wird quasi ein Forum öffentlicher Reflexivität geschaffen. Nach Turner verfügt jede Gesellschaft und jede historische Epoche über spezifische „main metasocial performances" (Turner 1989a:125): In einfachen Gesellschaften ist es das Ritual, in frühneuzeitlichen Gesellschaften der Karneval oder das Theater, in modernen und spätmodernen Gesellschaften stehen darüberhinaus vielfältige performative Genres vom Film über Konzerte, vom Festival bis hin zu Spektakeln aller Art zur Verfügung. Sie alle dienen der sozialen Selbstdarstellung, der öffentlichen Reflexion, vielleicht sogar dem Entwurf alternativer sozialer Handlungsweisen.[6]

In diesen Rahmen ist nun das Phänomen „Event" einzuordnen. Es zeigt sich, dass zu dessen definitorischer Erfassung bereits ein kulturanthropologischer Begriff vorliegt, der im Rahmen der in den achtziger Jahren in Ethnologie und Kultursoziologie geführten Debatte um „cultural performance" entwickelt wurde, allerdings ausserhalb der entsprechenden Spezialgebiete keinen grösseren Bekanntheitsgrad erlangt hat. Der fragliche Begriff der „Celebration" wurde von Frank E. Manning zur Bezeichnung aktueller kultureller Performances geprägt und bezeichnet genau jene Phänomene, die gegenwärtig unter dem Etikett „Event" firmieren und aufgrund dieser neuen Bezeichnung Neuigkeitscharakter suggerieren.[7] „Celebrations" umfassen laut Manning alle Arten kultureller Präsentationen, sofern sie über folgende Merkmale verfügen: Sie tragen *performativen Charakter*, indem eine kulturelle Symbolik auf dramatische Weise, auf dem Wege einer reflexiven Inszenierung, präsentiert wird. Sie tragen *Unterhaltungscharakter*, auch wenn mit dem jeweiligen Ereignis ökonomische, politische oder sonstige Interessen verbunden sein können. Sie tragen *partizipatorischen Charakter*, da für die Teilnehmer verschiedene Rollenangebote zur Verfügung stehen, was nicht ausschliesst, dass es sich um professionalisierte Darbietungen und (kultur-)industriell produzierte Ereignisse handeln mag. Sie sind *öffentlich*, was sich aus ihrer Funktion erklärt: Sie dienen der Vergemeinschaftung, der Herstellung von Gemeinschaftsgefühl, von „Identitäten". Der Begriff „Celebration", mit dem wir das Phänomen „Event" erfassen wollen, bezeichnet einen Rahmen im Goffmanschen Sinne, eine interpretative Rahmung, die insofern „Ausseralltäglichkeit" signalisiert, als die Teilnehmer bewusst oder unbewusst erfassen, dass sie – sei es beim Kirchentag, bei den Champions League Finals, beim Musikfestival, bei der Miss-Wahl in der Diskothek oder im Erlebnispark – einen metasozialen Reflexionsraum betreten haben, in dem ein

---

6   Zur Frage öffentlicher Reflexivität in kulturellen Formen vgl. Turner 1977, auch Turner 1989b
7   Vgl. dazu Manning (Hrsg.) 1983

kollektiver Selbstvergewisserungs-, wenn nicht gar Aushandlungsprozess in Bezug auf Werte, Zielsetzungen und ästhetische oder normative Vorstellungen stattfindet.

„Event" als „Celebration of Society" (Manning) stellt einen Metarahmen dar, der wiederum zahlreiche performative Genres umfassen kann: Er kann rituellen Charakter tragen oder Spielcharakter, er kann Festcharakter besitzen oder ein Spektakel vorstellen. Diese Rahmen haben unterschiedliche Funktionen, Mechanismen und Rahmungen. Ohne in Details zu gehen[8], sei als Beispiel angeführt, dass sich Genres wie Feste, Rituale oder dramatische Darbietungen etwa hinsichtlich der geforderten Stimmung und des geforderten Verhaltens unterscheiden, auch hinsichtlich ihrer Zugangsvoraussetzungen oder ihres Charakters. Für unsere Betrachtung ist die Kategorie des „Spektakels" interessant, das die kulturanthropologische Forschung seit Victor Turner als typische moderne Form kultureller Performance betrachtet. Ein Spektakel ist dadurch charakterisiert, dass es einen *übergeordneten Rahmen für eine Vielzahl von Genres* bildet. Grössere Events sind sicher als „Spektakel" anzusprechen. Man denke etwa an den Kirchentag, der verschiedenen performativen Genres Raum gibt. Sein Programm umfasst Rituelles wie Gottesdienste, Festveranstaltungen mit Musik, Gesang oder Tanz oder dramatische Darbietungen von Theater- oder Musikgruppen. Ähnliches gilt für grosse Sportveranstaltungen oder Kultur- oder Folklorefestivals und nicht zuletzt auch für Erlebnisparks.

Auch der Europa-Park Rust ist als Spektakel aufzufassen, als Mega-Rahmen für viele unterschiedliche kleinere Events, die verschiedenen Gattungen zugehören: Dem Spiel ist ein eigener Bereich gewidmet, das „Wicki-Land", in dem die kleinsten Parkbesucher eine Art Abenteuerspielplatz mit viel Sand, Wasser, Pflanzen, Holzhäusern, -schiffen und allerlei anderes Gerät vorfinden. Spiele werden zusätzlich als eigenständige Events angeboten, etwa in Form von sommerlichen „Schwarzwald-Jugendspielen". Das Genre „Fest" nimmt einen breiten Raum im Programm ein, wobei wie erwähnt nicht nur Mai-, Oktober- und Schlossfeste oder allerlei exotische Ferias und Fiestas das Publikum anziehen, sondern auch ganz persönliche Feste von Besuchern im Park begangen werden: Geburtstage, Jubiläen, Firmenfestlichkeiten und sogar Hochzeiten werden zunehmend in Vergnügungseinrichtungen wie dem Europa-Park begangen. Auf die Vielzahl sportlicher Ereignisse und auch sportlicher Einrichtungen wurde bereits verwiesen, desgleichen auf hoch- und populärkulturelle Darbietungen aller Art, die die klassischen Genres von Konzert und Theater beinhalten. Als eigene Genres sind weiterhin Film- oder Multimediavorführungen zu nennen, desgleichen die Fahrgeschäfte, die dem Nervenkitzel und der Unterhaltung dienen, sowie Präsentationen, deren Zu-

---

8   Vgl. ausführlich zur Unterscheidung verschiedener performativer Genres McAloon 1984

ordnung schwerer fällt: Das originalgetreu nachgebaute Walliser Dorf aus Holz und Stein zum Beispiel, das originale bäuerliche Möbel, Zierat und Gerätschaften enthält, die als Exponate in keinem volkskundlichen Museum auffallen würden; der Hans-Christian-Andersen-Turm, der den Dichter und sein Märchen von der untergegangenen Stadt Vineta in bester Museumstradition vorstellt, die Ausstellung des Stromkonzerns Badenwerke über Energiegewinnung und -versorgung oder jene über die europäische Raumfahrt, die im Eingangsbereich der sogenannten „Eurosat-Dunkelachterbahn", einer der Hauptattraktionen des Parks, angesiedelt ist – Belehrung, Unterhaltung, „Infotainment"? Selbst karnevaleske oder rituelle Elemente sind zu finden: Masken- oder Verkleidungsspiele für die Kinder oder Halloween-Parties stehen für erstere, während regelmässig stattfindende Paraden nach dem Vorbild Disneys, angeführt von der „Euro-Maus", dem Wappentier des Parks, als rituelles Element gelten können, vielleicht auch die zahlreichen Besuche von bedeutenden und weniger bedeutenden Kulturschaffenden und Politikern, die stets medienwirksam dem Europa-Park seine wirtschaftliche, soziale und kulturelle Wichtigkeit bescheinigen und damit auch dem Besucher die Sinnhaftigkeit seines Tuns bestätigen.

4. Liminoide kulturelle Formen als metasoziale Reflexionsräume

Entgegen den negativen Konnotationen, die der Topos des „Spektakels" im Schriftgut manches Apologeten der Kritischen Theorie geniesst, die auch in ihren zeitgenössischen Ausprägungen die Menschen stets von sozialer Desorganisation, psychischer Deformation und kognitiver Überforderung durch die künstlichen Konsum- und Bilderwelten eines globalen Regimes der „visual consumption" bedroht sehen, stehen kulturanthropologische Herangehensweisen für eine analytisch-sachlichere Betrachtung aktueller kultureller Phänomene, nicht zuletzt auch für eine optimistischere Sicht des Menschen und seiner Fähigkeiten zur Organisation der sozialen Welt, zur Gestaltung des aristotelischen Ideals eines „guten Lebens". Zum Verständnis der sozialen Funktion des Spektakels sei an die unterschiedlichen Weisen sozialer Transformation via kultureller Performances – oder performativer Institutionen – in traditionalen und posttraditionalen Gesellschaften erinnert, die Turner mit der Unterscheidung des „Liminalen" und des „Liminoiden" konzeptionalisierte. Turner entwickelte den Begriff des „Liminalen" im Rahmen der Ritualtheorie in Anlehnung an Arnold van Genneps Konzept der „rites des passage".[9] Dort bezeichnet es die Schwellenphase des Rituals, die jede Art

---

9   Ausführlich dazu: Turner 1989b

von Wechsel, sei es Orts-, Altersgruppen- oder Statuswechsel umrahmt. Liminalität bezeichnet bei Turner über die soziale Situation des Rituals hinausgehend alle Situationsrahmungen, in denen neue Modelle, Symbole und Paradigmen und neue Antriebe für soziales Handeln entstehen, neue Ziele und Strukturmodelle entworfen werden können oder in denen eine Reflexion massgeblicher kultureller Vorstellungen stattfindet, in denen „... actuality ... gives way to possibility" (Turner 1992:50). Turner wandte den Begriff der Liminalität auch auf Zeiten und Räume an, wobei „liminal spaces" – und man denke hier an Events aller Art und unser Beispiel, den Erlebnispark – „framed spaces set off from the public world" (Turner 1977: 34) darstellen, Orte also, an denen spezifische metasoziale Performances, kulturelle oder religiöse Darbietungen aller Art stattfinden, die von sonstigen alltäglichen sozialen Orten abgehoben sind.

Das Phänomen der Liminalität bezeichnet eine Stufe innerhalb eines „sozialen Dramas", in dem nach vorherigem Bruch mit oder der Problematisierung von hergebrachten Normen und Deutungen neue kulturelle und soziale Möglichkeiten vorgedacht und zunächst spielerisch erprobt werden, woraufhin sich, je nach Art des zugrundeliegenden sozialen Konflikts und seiner Performance, entweder die alte Ordnung wiederherstellt oder aber neue soziale Muster entstehen.[10] Die sogenannten „sozialen Dramen" sind „eine universelle Tatsache sozialer Erfahrung" (Turner 1989a: 124), ist doch jedes soziale System aus pluralen, hierarchisch geordneten und funktional differenzierten sozialen Kategorien („Identitäten"), Positionen und Rollen zusammengesetzt, so dass laufend Widersprüche, Auseinandersetzungen und Aushandlungsprozesse auftreten. Diese drücken sich – unter anderem – in Formen kultureller Performance aus und werden dort auf symbolischem Wege reflektiert und verhandelt: Im Ritual, im Fest, in Kunstformen, im Spektakel. Turner differenzierte zwischen der Gestalt und Wirkungsweise liminaler Phänomene in traditionalen und modernen Gesellschaften.[11] In modernen, individualisierten Gesellschaften tritt neben die auch weiterhin in geringerem Ausmass bestehenden liminalen Phänomene, die sich in herkömmlichen performativen Formen wie dem Ritual äussern, das „Liminoide". Diese Bezeichnung wählt Turner nach dem griechischen „eidos", dem Begriff für „Bild" oder „Form", und bezieht sich damit auf jene soziale und ökonomische Formation der Konsumgesellschaft, die sich durch ein unendliches Reservoir an kulturellen Bildern und Vorstellungen auszeichnet, die wiederum von einer Vielzahl durchaus transitorischer sozialer Einheiten hervorgebracht, rezipiert oder auf ihre spezifischen Anliegen zugeschnitten werden. Während die Idee des Limalen, die ja aus der Ritualforschung einfacher afri-

---

10 Zum Konzept des „sozialen Dramas" z.B. Turner 1989a; 1989b
11 Da an dieser Stelle nicht ausführlich auf Turners Werk eingegangen werden kann, sei verwiesen auf Turner 1989: 49, 86; Ders. 1992: 55ff.

kanischer Stammesgesellschaften entstand, eine sozial und kulturell weitgehend homogene Gruppe voraussetzt, die kollektiv neue kulturelle oder sozialstrukturelle Muster hervorbringt, geht das Konzept des Liminoiden bewusst von einer fragmentierten, heterogenen, hochdifferenzierten Gesellschaft aus. Zwar ist das Liminoide, das sich nach Turner vor allem in den verschiedenen Phänomenen der Freizeitindustrie, des Kunst- und Kulturbetriebs und des Konsums manifestiert, durchaus das moderne Funktionsäquivalent des Liminalen. Dennoch existieren eine Vielzahl liminoider Phänomene, die jeweils nur für bestimmte Segmente der Gesellschaft relevant sind, deren kollektiver beziehungsweise gemeinsamkeitsstiftender Charakter beschränkt ist. Nichtsdestotrotz ist auch das Liminoide Ausdruck von „public reflexivity" und somit Medium sozialer Veränderung: „... for every major social formation there is a dominant mode of public liminality, the subjunctive space/time that is the counterstroke to its pragmatic texture" (Turner 1977: 34). Für Turner, der mit diesem Konzept die Dynamik sozialen Lebens erfassen will, das sich im endlosen Prozess des Aushandelns kultureller Rahmenbedeutungen fortentwickelt, ist der gesellschaftliche Wandel, den er unter anderem mit der Wende vom Liminalen zum Liminoiden konzeptionell erfasst, nichts Negatives oder Besorgniserregendes. Er bewertet im Gegenteil die Vielfalt der Optionen, die die gegenwärtige Gesellschaft mit ihrer Vielzahl an kulturellen Bildern und Vorstellungen bietet, als wünschenswerte Entwicklung hin zu mehr individueller Gestaltungsmöglichkeit. Liminale oder liminoide Rahmen wie Erlebnisparks und andere spektakuläre Performances reflektieren also keineswegs nur Marktmechanismen, sondern stellen zugleich ein Forum öffentlicher Reflexivität dar und bieten oftmals auch die Gelegenheit zur Herausbildung neuer Normen, Werte und Handlungsmuster.

Moderne Spektakel sind typisch liminoide kulturelle Performances: Hier steht das Visuelle, das sinnlich Erfahrbare im Vordergrund, wie der Erlebnispark mit seinen vielfältigen visuellen, auditiven und olfaktorischen Reizen zeigt. Das Visuelle, sinnlich Erfahrbare muss auch aus einem bestimmten Grunde im Vordergrund stehen, zeigen doch die neuere Kulturforschung, aber auch Untersuchungen zu „public culture" und „consumer culture", dass keineswegs, wie seit Durkheim angenommen wurde, ein wie auch immer geartetes kollektives Bewusstsein bestimmte Symbole mit kollektiv geteiltem Bedeutungsgehalt hervorbringt. Gerade bei sozial heterogenen Gesellschaften mit unterschiedlichen kulturellen Vorstellungen erweist sich, dass im Gegenteil die soziale Funktion von Symbolen darin liegt, dass durch den gemeinsamen Gebrauch, die gemeinsame Bezugnahme auf ein bestimmtes Symbol das Gefühl von communitas (Turner), von Zugehörigkeit und Identifikation gestiftet wird. Symbole sind also nicht Ausdruck kultureller Gemeinsamkeit, sondern sie entfalten ihre vergemeinschaftende Wirkung, indem sie heterogenen Gruppen und Individuen durch den gemeinsamen Bezug den

Anschein einer Gemeinsamkeit vermitteln. Damit Spektakel wie Mega-Events oder wie der Erlebnispark, die sich an eine grosse Anzahl von Teilnehmern oder Besuchern aus den verschiedensten sozialen und kulturellen Kontexten wenden, vergemeinschaftende Wirkung erzielen können, muss notwendigerweise die dargebotene Symbolik die Eigenschaften von Bedeutungsoffenheit, von „Multivokalität" (Turner) aufweisen. Die Bezeichnung des Liminoiden verweist auf die Tatsache, dass in Spektakeln wie dem Erlebnispark in vielen Fällen herkömmliche klare Rahmungen, sei es von performativen Genres, sei es von Funktionssystemen, nicht mehr greifen: Der Erlebnispark vereint Elemente von Fest, von Kunst, von Bildung, von Ritual, von Spiel und Shopping, von Information und Phantasiewelt – „Sinnprovinzen", zwischen denen die Besucher ständig hin- und herwechseln. Er ist ein multidimensionales, ein multifunktionales Phänomen: Wirtschaftsunternehmen, Freilichtmuseum, Kulturveranstalter, Jahrmarkt, Volksfest und Bildungseinrichtung in einem. Dies ist nun kein Zeichen einer „Entdifferenzierung" funktionaler Systeme. Im Gegensatz zu der Vorstellung zunehmender Funktionsdifferenzierung, die in der Nach- oder Spätmoderne gewissermassen implodiert, indem sich die Bereiche wieder „entdifferenzieren", betonen sowohl kulturanthropologische wie auch Strukturationstheorien beispielweise Giddens'scher Prägung die Multidimensionalität sozialer Phänomene. Jedes Phänomen besitzt eine ökonomische und eine kulturelle Dimension sowie eine Dimension von Macht und Herrschaft oder, um mit Giddens zu formulieren: Strukturen vereinen stets den Aspekt von „Sinn, normativen Elementen und Macht" (Giddens 1992: 81), und je nach sozialer Situation spielt die eine oder andere Dimension eine massgeblichere Rolle, werden Rahmen auf je spezifische Weisen definiert.

Dieses Konzept ist deshalb von Bedeutung, weil es den kulturkritischen Stimmen entgegentritt, die da meinen, Vergemeinschaftungen („Identitäten"), die sich via Konsum oder kulturindustriellem Angebot herstellen, seien irgendwie weniger „authentisch", seien oberflächlich und gäben keine Orientierung. Tatsächlich aber besitzen Menschen in modernen Gesellschaften aufgrund der Vielzahl unterschiedlicher Positionen, die sie innehaben, plurale und oft auch heterogene Orientierungen und „Identitäten", die sie auch durchaus zu organisieren wissen. Das symbolische Material für diese Identitätskonstitution, die den Menschen zugänglichen vielfältigen kulturellen Bilder und Vorstellungen, werden durch eine Vielzahl von Agenturen vermittelt: Durch die Interaktionsbeziehungen der Alltagswelt, durch soziale Akteure wie den Nationalstaat, durch allerlei soziale Bewegungen und auch durch einen global agierenden Markt.[12] Da die Menschen aus diesem umfangreichen Bedeutungsrepertoire je nach kultureller Plausiblität und sozialem Kon-

---

12 Vgl. dazu die ausgezeichnete Arbeit von Ulf Hannerz: Cultural Complexity. The Social Organization of Meaning. New York 1992

text ihre jeweiligen Wirklichkeitsdeutungen und Handlungsentwürfe vornehmen, besteht kein Grund zu der pauschalen und undifferenzierten Annahme von Kommerzialisierung oder kultureller Disauthentifizierung sozialer Beziehungen oder Zusammenschlüsse. Es ist auch nicht einzusehen, weshalb Bedeutungselemente, die von bestimmten Agenturen vermittelt werden (zum Beispiel den alltagsweltlichen Interaktionsbeziehungen) qualitativ unterschiedlich, zum Beispiel „authentischer" sein sollen als kulturindustriell oder medial vermittelte. In Hinblick auf die Konstitution sozialer Welt, und insbesondere auf Vergemeinschaftungsprozesse besteht der Unterschied zwischen traditionaler und moderner Gesellschaft vom Subjekt aus gesehen in der Zunahme bedeutungsvermittelnder sozialer Agenturen und in einem immer grösser werdenden potentiellen kulturellen Repertoire aufgrund der Pluralisierung sozialer Positionen und vielfältiger Globalisierungsprozesse. Von der Ebene der „Gesellschaft" aus gesehen besteht er in der zunehmenden Zahl von „Identitäten", von sozialen Zugehörigkeiten, die den Mitgliedern zur Verfügung stehen. Aufgrund dieses den modernen Subjekten abverlangten „managements of meaning" (Hannerz), das eine grössere Reflexionsleistung voraussetzt als in traditionalen Gesellschaften, verlieren die einzelnen Identitäten an Rigidität und allumfassender Verbindlichkeit: Regionale, nationale, ethnische, religiöse, berufliche oder Geschlechter-Identitäten gewinnen oder verlieren je nach sozialer und biographischer Situation und nach historischem Kontext an Bedeutung. Diese Fluidität und Pluralität der Identitätskonfigurationen, die den Hintergrund für Turners Kategorie des „Liminoiden" bildet, spiegelt sich in modernen kulturellen Performances wie dem Spektakel, verkörpert im Gross-Event oder im Erlebnispark, in dessen Oszillieren zwischen verschiedenen kulturellen Formen und sozialen Funktionen.

5. Zur systemreproduktiven Funktion performativer Institutionen

Kulturelle Performances gleich welcher Art dienen nach Victor Turners Konzept des „social drama" der Entschärfung von sozialen Konfliktlagen, von sozialen Inkonsistenzen und Inkohärenzen. Es sind universelle Institutionen, die mittels ihrer Dimension des Liminalen – in komplexen, individualisierten Konsumgesellschaften vor allem des Liminoiden – eine Art metasozialen Reflexionsraum bieten, in dem bedeutsame kulturelle Vorstellungen betrachtet, bestätigt oder gewendet werden können, und die stabilisierenden Charakter tragen, weil sie auf symbolischem Wege permanent über die Ordnung einer Gesellschaft verhandeln. Dieser institutionelle Charakter des Erlebnisparks, und ebenso auch all der als „Event" bezeichneten kulturellen Performances, verweisen die häufig vorgebrachten Klagen über die vermeintliche Auflösung kultureller Orientierung und stabiler sozialer Kategorien ins Reich der Fabel. Über eine gewisse Flexibilisierung kultureller Orientierung und sozialer Zugehörigkeiten in Zeiten einer Reflexiven Moderne besteht Konsens; es scheint uns jedoch der Hinweis angebracht, dass auch und gerade die scheinbar „post-modernen", die „post-traditionalen" kulturellen Formen diejenigen Institutionen sind, die, wenn auch oft im Gewande des Unübersichtlichen, des Liminoiden, als Produzenten und Reproduzenten gewohnter Sinnhorizonte und damit sozialer Ordnung fungieren. Es wird noch zu zeigen sein, dass die Interpretations- und Verhaltensmuster, die sie symbolisch reproduzieren, wesentlich „traditionaler" sind als vielleicht vermutet. Zunächst aber soll der institutionelle Charakter kultureller Performance, in diesem Falle des Erlebnisparks, aufgezeigt werden.

Institutionen sind bekanntlich „‚Sozialregulationen' ..., in denen die Prinzipien und Geltungsansprüche einer Ordnung symbolisch zum Ausdruck gebracht werden" (Rehberg 1994: 56). Die Ordnungsleistung, die sie erbringen, beruht auf dem Verweisungscharakter von Symbolen, auf ihren „Transzendierungsleistungen", mit denen sie die konkreten Zeit-, Raum- und Sinnzusammenhänge sozialer Situationen zu überschreiten und damit, um mit Giddens zu sprechen, soziale Systeme raum-zeitlich zu organisieren vermögen. Institutionen dienen der Integration sozialer Systeme. Unter Integration soll mit Giddens das Abgleichen, die Herstellung der Reziprozität von Perspektiven und Praktiken von Akteuren verstanden werden. Es braucht nicht weiter ausgeführt werden, dass Institutionen diese Koordination erreichen durch die Selektion bestimmter Handlungs- und Interpretationsoptionen und durch deren Routinisierung und Naturalisierung.[13] Gemäss dem Konzept der Dualität der Struktur sind Institutionen keine dem Denken und Handeln auferlegten äusserliche Zwänge: Sie realisieren sich nur im Handeln, das stets die Aspekte von Signifikation, also von kulturellen Vorstellungen, von Legitimation, also von normativen Vorstellungen, und von Macht und Herrschaft vereint. In diesem Sinne formuliert zum Beispiel Rehberg: „Sie sind als Handlungsordnungen zu verstehen, die Wirklichkeit nur erlangen durch die Absichten, Orientierungen und Vollzüge von Akteuren, denen sie eine kulturelle Form bieten." (Rehberg 1994: 56) Der symbolische Charakter von Institutionen, mithin der sozialen Welt generell, ist zugleich Garant für ihre Veränderbarkeit und für ihre laufende Transformation im Handeln, sind doch die Symbole selbst offen und undeterminiert. In dieser Un- oder Unterdeterminiertheit liegt gerade der ermöglichende Charakter der Symbole, ihre Potentialität. Daher ist die Wirkungsweise von Institutionen auch stets einschränkend und ermöglichend zugleich, wie Giddens in seiner Definition von „Strukturen" betont.

---

13   Dazu Berger/Luckmann 1992; auch Rehberg 1994

Nachdem Institutionen als „Vermittlungsinstanzen kultureller Sinnproduktion" (Rehberg 1994: 57) definiert und Erlebnisparks als moderne Institutionen identifiziert wurden, gilt es zu fragen, welche Bedeutungsgehalte, welche kognitiven Modelle von Wirklichkeit hier transportiert werden. Wir vertreten die These, dass die einzelnen Events und Inszenierungen des Erlebnisparks eine ganze Reihe kollektiver Identitäten zur Darstellung bringen, ihnen Legitimität verleihen und damit zu ihrer Übernahme, zu ihrer Beibehaltung oder zu ihrer Anerkennung auffordern. Visuell und performativ dargestellt werden in erster Linie soziale Kategorien, die kulturelle Identitäten, kulturelle Gemeinschaften suggerieren: Nation, Region, „Europa" oder das „Abendland". Auf diese Beispiele wollen wir uns nachfolgend konzentrieren und zeigen, wie sie eine gedachte kulturelle und territoriale Ordnung repräsentieren, wenn nicht gar eine auf bestimmten Differenzen und Hierarchien beruhende kosmologische Ordnung. Natürlich wird jeder Erlebnispark, der sich primär als Konsumangebot für die Zielgruppe der jüngeren und eher sozial bessergestellten Familien mit Kindern versteht, auch in allen seinen Darstellungen und Darbietungen eine „celebration" herkömmlicher reproduktiver Institutionen wie der Ehe, der heterosexuellen Paarbeziehung und der Kleinfamilie vornehmen, finden sich doch überall Repräsentationen althergebrachter Geschlechterhierarchien und Rollenvorbilder:

Erwartungsgemäss treffen wir überall, wo es um Abenteuer, Wagemut, Pioniergeist, Eroberung und technische Innovation und dergleichen geht auf männliche Gestalten: Ritter in den mehrmals täglich in einer eigenen spanischen Arena veranstalteten Ritterspektakel mit viel pyrotechnischem Zauber, Stunts und Waffengeklirr, Astronauten in der futuristischen Eurosat-Achterbahn, die eine Hommage an europäische Raumfahrtprogramme darstellt, „Wicki", die namensgebende Wikingerfigur für den gleichnamigen Kinderspiel-Bereich, die „Piraten von Batavia", den weissen Urwaldforscher oder den Rennfahrer. Frauen sind in der Regel exotisch, schön und meist nebensächlich. An prominenter Stelle erscheinen sie lediglich als Tänzerinnen in Flamenco- oder Volkstanzdarbietungen, als lebende historische Staffage in Rokoko-Gewandung in den Inszenierungen altdeutscher Gemütlichkeit, als Haremsdamen, Hausfrauen, Hexen oder Prinzessinnen in den Attraktionen, die sich eher den klassischen Topoi der Jahrmarkts-Unterhaltung widmen. Überall, wo Technik, Action oder Multimedia im Vordergrund stehen, sind Frauen- oder Mädchen-Bilder nicht existent, dafür ist aber live im Park fast das gesamte Dienstleistungspersonal weiblichen Geschlechts. Dieser Aspekt braucht hier nicht vertieft zu werden; ähnliche Befunde sind aus Untersuchungen in amerikanischen Disney-Parks bereits ausführlich dokumentiert.[14]

---

14   Vgl. Rojek 1993; Kuenz 1993

6. Die Inszenierung territorialer Identitäten: Das Europa der Nationen und der Regionen

Die Institutionenforschung hat seit Hauriou, Gehlen und Malinowski immer wieder darauf hingewiesen, dass jede Institutiton als Ausdruck eines bestimmenden sozialen Prinzips über eine bestimmte Leitidee, eine „Charta" (Malinowski) verfügt. Die Leitidee unseres Beispiels für die Institution Erlebnispark, des Europa-Parks in Rust, liegt im *Entwurf imaginärer Geographien*, die ein Muster für soziale Ein- und Ausschlüsse, aber auch für globale Machtverhältnisse darstellen. Imaginäre Geographien sind in *„Regionalisierungen"* (Giddens), *kognitive Interpretationsmuster, nach denen Akteure und Kollektive die Welt ordnen und auf sich beziehen.*[15] Der Begriff des „Imaginären" bezeichnet die Tatsache, dass es sich hierbei um *Repräsentationen, um objektivierte Deutungen* handelt, nicht jedoch um Abbilder tatsächlicher Wirklichkeiten: Es sind im Geertzschen Sinne „Modelle von" und „Modelle für". Die imaginären Geographien der thematischen Inszenierungen des Europa-Parks nehmen die Markierung territorialer Einheiten auf mehreren Maßstabsebenen vor. Diese territorialen Einheiten, also die „Regionen" oder „Nationen", können deshalb als Rahmen für kollektive Identitäten präsentiert, weil eine *Gleichsetzung von Territorium, „Kultur" und sozialer Gruppe oder sozialer Einheit* vorgenommen wird – eine auch in älteren ethnologischen Kulturkonzepten gängige Konzeptionalisierung. Auf diese Weise wird *Raum zur Metapher für soziale Ordnung*, symbolisiert Gemeinschaft, Verbundenheit, Tradition, Kontinuität und Kohäsion. Verschiedene Grössenordnungen derartiger räumlich definierter Sozialkategorien lassen sich unterscheiden: Nationale, sub-nationale und supra-nationale Identitäten.

Die vorgestellte Gemeinschaft (Anderson) der „Nation" wird in allen Themenbereichen des Parks beschworen, nur „Skandinavien" wird als eine nationenübergreifende kulturelle Einheit vorgestellt, wobei der Schwerpunkt der Präsentation auf norwegischen Exponaten liegt. Die Inszenierungen der einzelnen Länder entsprechen weitgehend den nationalen Stereotypen aus Medien und Touristik: Der spanische Bereich bietet den Nachbau eines andalusischen Dorfes, maurische Architekturelemente, viele Azulejo-Fajencen, eine Stierkampfarena für Veranstaltungen oder zwei Themenhotels, die ein mittelalterliches Kastell sowie eine maurische Sommervilla imitieren. Die Restaurants bieten Tapas und Paella, Sherry und Rioja. Die Events dieses Bereichs bestehen beispielsweise in Flamenco-Tanz, Konzerten spanischer Gitarrenmusik oder Fiestas mit Musik und Bewirtung. Es fällt auf, dass nicht nur in diesem Themenbereich bestimmte Topoi stellvertretend für die Gesamtnation stehen. Dies können Bilder von Regionen sein: Andalusien als

---

15   Zum Begriff der Regionalisierung vgl. Giddens 1992: 171ff.

das spanischste Stück Spanien, das Wallis als das schweizerischste Stück Schweiz, die Alpen als das österreichischste Stück Österreich. Zugleich werden regionalkulturelle Objekte zu Symbolen der Nation: Bäuerliches Gerät vom Butterfass über die Sense bis zum Dreschflegel sowie ländliche Trachten und Möbelstücke verweisen im Verbund mit regionaltypischer Walliser Holzbauweise auf das Bodenständige und Erdverbundene der nationalen Symbolfigur des Bergbauern. Der sogenannte „italienische Stadtteil" greift ausschliesslich Motive der Toskana auf, ihren Campaniles, Palazzos, Geschlechtertürmen und Plätzen sind die Fassaden nachgebildet. Antikisierende Statuen, Wasserspiele, Pinien, Zypressen, Palmen und Bougainvilleen zitieren südländisches Ambiente, verkauft werden Gelati und Pizza. Frankreich und England werden nicht durch Regionen, sondern durch ihre Hauptstädte repräsentiert: Der Eiffelturm, Champagnerbar und Bistro, schmiedeeiserne Gaslaternen und Balkone, eine Reiterstatue von Jeanne D'Arc, aber auch Glas-, Stahl- und Spiegelfassaden futuristischer Fahrgeschäfte zitieren das alte und neue Paris. Pubs, Animatronic-Figuren englischer Bobbies und schwarzgekleideter Melonenträger, rote Telefonhäuschen und Hydranten, Rolls Royce-Imitate und ein „Geisterhaus" stehen für ein mythisches London. Zweifellos der Besucherstatistik ist geschuldet, dass Frankreich neben Paris noch durch die Region Elsass symbolisiert wird, kommen doch ein knappes Fünftel der Besucher aus Frankreich, viele davon sicher aus dem angrenzenden Elsass. Sie finden hier die typischen Fachwerkfassaden mit Erkern und efeuumrankten hölzernen Aussentreppen, schwere geschnitzte Türen und Holztore, alte Zunft- und Wirtshausschilder, sogar einen weidenverhangenen Kanal, und in den Geschäften gibt es Flammkuchen und Elsässer Edelzwicker.

Nicht nur bestimmte – wohl die touristisch bekanntesten – Regionen stehen in den Inszenierungen stellvertretend für die europäischen Nationen, sondern auch spezifische historische Epochen. So ist es die mittelalterliche und frühneuzeitliche Toskana, das Andalusien der Konquista und der katholischen Könige, das Paris und London des fin-de-siècle, die Niederlande der Kolonialzeit, das Elsass und das Wallis einer enthistorisierten kleinstädtisch beziehungsweise bäuerlich geprägten „guten alten Zeit", desgleichen die „Fischerdörfer", „Mühlen" und die Stabkirche im skandinavischen Bereich. In dieselbe Richtung zielen auch die Deutschland-Inszenierungen: Ein irgendwie mittelalterliches Schloss mit Edelfräulein-Darstellerinnen, zeitlose Backstein- und Fachwerk-Gemütlichkeit der Fassade, Glockenspiele und Butzenscheiben. Daneben aber scheint die Gegenwart nach der Wiedervereinigung für die „Deutschland"-Macher die bedeutendste Epoche darzustellen: Die Berliner Mauer, die „Architekturbeispiele aus den neuen Ländern" (Werbetext), eine Ausstellung über den Wiederaufbau der Dresdener Frauenkirche, die allgegenwärtige Betonung der kulturellen Vielfalt im neuen

Deutschland greift – bewusst oder unbewusst – das Park-Thema „Europa"
auf, das in gleicher Weise die „Einheit in der Vielfalt" betont. Allerdings
wäre eine andere Art des historischen Identifikationsangebots für Deutschland auch schwer vorstellbar: Während Ritter, Burgen und Schlösser, Hof-
bräuhaus und Fachwerk politisch unverfänglich sind, wären Verweise etwa
auf preussische Traditionen, auf das Kaiserreich und auf koloniale Ambitionen, gar auf das „Tausendjährige" Reich oder auf irgendwelche Nationalhel-
den, die allesamt durch unsachgemässe politische Verwendungszusammen-
hänge kontaminiert sind, schlicht undenkbar. Das Identitäts-Angebot
„Deutschland" verortet sich also zeitlich in einer mythisch-verwischten Prä-
Reichsgründungszeit und in der neuen „Berliner Republik" – Berlin ist übrigens das einzige Symbol, das wieder politisch korrekt zu sein scheint: Der
Alexanderplatz-Bahnhof und das Kreuzberger Mauerstück wagen eine nationale Symbolik, die geradezu zaghaft wirkt im Gegensatz zur recht unbefan-
genen Präsentation nationaler Grösse in anderen Länderinszenierungen.

Die imaginären Geographien, die die Inszenierungen des Europa-Parks
den Besuchern vermitteln, sind zunächst durch ein unvermitteltes Nebeneinander nationaler und regionaler Einheiten strukturiert. Die symbolische Markierung einer kulturellen Einheit „Nation" oder „Region" erfolgt, ganz wie
im „richtigen Leben", durch die Selektion bestimmter regional- oder gruppenspezifischer Kunst- oder Kulturformen – Architektur, Speisen, Kleidung,
Musik oder Tanz, Handwerke, kulturelle Artefakte –, die für „landestypisch"
erklärt werden. In ähnlicher Weise werden geographische Landschaften wie
die Alpen oder die Taiga, historische Epochen wie das Mittelalter oder das
neunzehnte Jahrhundert oder bestimmte historische Personen wie Christoph
Columbus, der Pate steht für Fahrgeschäfte im spanischen Bereich, die Familie der Medici im italienischen Teil, deren Stammbaum den Eingang einer
Art Geisterbahn schmückt oder Jeanne D' Arc zu Trägern bestimmter Werte
und Vorstellungen. Die symbolischen Mechanismen der Identitätsentwürfe
folgen den aus anderen, ernsteren sozialen Zusammenhängen bekannten,
allerdings werden sie relativiert durch den liminoiden Charakter des Spektakels Erlebnispark, der ihren Kontext bildet, und der die interpretativen Rahmen changieren lässt: Spiel, bunte Konsum-Staffage, Information, rituelle
Bestätigung eines „Genauso-sind-wir" oder „Genauso-sind-die", unterhalt-
sames und affirmatives Feiern des Bekannten?

Die symbolische Erzählung eines folkoristisch bunten „Europas der Va-
terländer" und eines „Europas der Regionen", deren kulturelle Unterschiedlichkeit durch die Präsentationen betont werden, wird durch eine zweite ü-
berlagert, die Europa als Ganzes symbolisch konstituiert und dem Rest der
Welt entgegensetzt, die sich noch mit einer dritten Erzählung vermengt, die
nicht der räumlichen, sondern der zeitlichen Strukturierung dient und die
Geschichte von Ziel und Richtung europäischer Geschichte visualisiert. Wel-

ches sind nun die Symbole, die auf eine höhere, eine umfassendere Identität „Europa" verweisen und wie sieht das Andere Europas aus? Zunächst einmal fällt die Auswahl der zeitlichen Verortungen der vorgestellten Bilder auf: Es sind ganz bestimmte Epochen der europäischen Geschichte, die als bedeutsam angesehen werden und die Einheit Europas repräsentieren: Die Renaissance Italiens, das deutsche und spanische Mittelalter, die Epoche der Europäischen Expansion, die Zeit der Industrialisierung und die unmittelbare Gegenwart mit ihren vielen technologischen Revolutionen. Auch wenn sie nur die Themen und Bilder liefern für Achterbahnen, Karussells, Bootsfahrten oder Flugsimulationen, für Erlebnisgastronomie und -hotellerie, für Shops und allerlei Veranstaltungen, so drücken sich in ihnen doch die kulturellen Leitvorstellungen eines sozialen Systems aus: Auf Zivilisierung, Humanismus und verfeinerte Lebensart, „Kultur" im ursprünglichen Sinne, verweisen die symbolischen Elemente des Renaissance-Italiens, die vielen Mittelalter-Szenarien zeigen nicht nur die soziale Einheit eines europäischen Ritterstandes, sondern auch – ganz offensichtlich in der Darbietung eines leibhaftigen Turniers mit mehreren Waffengängen – die Primärtugenden von Wehrhaftigkeit, (Mannes-)Mut, Konfrontationsbereitschaft, Siegeswillen und kämpferischen Fähigkeiten. In geradezu logischem symbolischen Anschluss wird nun auch vorgeführt, dass solche Tugenden die Basis für spätere globale räumliche Hierarchien bilden, für die Kolonialisierung des nicht-europäischen Rests der Welt.

Gleich zwei Attraktionen widmen sich der Bestimmung dieses nicht-europäischem Anderen. Da ist zunächst eine Bootsfahrt auf dem parkeigenen See entlang schwimmender Holzplattformen, auf denen Inszenierungen „afrikanischer" Szenerien den Gast wahrhaft mittenhinein ins Herz unaufgeklärter Finsternis führen. Hier sind Afrikaner noch grinsende Neger mit breiten wülstigen Lippen, mit Knochen in Ohrlappen und Nase, angetan mit einem Lendenschurz, sind Wilde, die den weissen Mann in kannibalistischer Absicht in strohgedeckte Lehmhütten verschleppen, zwischen denen die Hunde in Abfällen wühlen. Auf welcher Entwicklungsstufe sie angesiedelt sind, legt eine Inszenierung nahe, in der Elefanten, Tiger, Zebras und kalkweiss bemalte Körper von Stammeskriegern einträchtig zwischen üppigem Dschungelgrün versammelt sind. Diejenigen Exemplare der schwarzen Rasse, die auf der zivilisatorischen Stufenleiter einen weiteren Schritt emporgeklommen sind, dürfen immerhin bereits dem in der Hängematte liegenden Massa mit Straussenfeder-Fächern Kühlung verschaffen, Lasten tragen oder singend Bananenstauden auf ein Schiff verladen.[16] Während der afrikanische Kontinent als Gegenpol zu europäischer Kultur und Zivilisation entworfen wird, gesteht man Asien zivilisatorische Leistungen zu, die sich freilich, so

---

16 Das Disneysche Vorbild dieser Bootsfahrt, die sogenannte „Jungle Cruise", zeigt übrigens nur Dschungelbilder mit Pflanzen und Tieren und ist von rassistischen Konnotationen gereinigt.

die Botschaft der „Attraktionen", im Zuge der Kolonisierung dem Westen als unterlegen erweisen. Eine der beliebtesten Fahrgeschäfte des Parks, die „Piraten von Batavia" im holländischen Themenbereich, eine unterirdische Bootsfahrt entlang durch Lichteffekte und Ton märchenhaft ins Bild gesetzter Kulissen indonesischer Landschaften, Tempel und Paläste und kolonialer Forts hat die Brandschatzung und Plünderung einer Stadt in den niederländischen ostindischen Kolonien zum Thema. Hier reiht sich Genrebild an Genrebild: Geschnitzte Pavillons in blühenden Gärten mit exotischen Vögeln, zierliche Tempeltänzerinnen, prachtvolle Harems, malaiische Schurken mit Krummdolch, Schatzkammern, Sklavenmärkte und dergleichen. Vielleicht am interessantesten an dieser Aneinanderreihung von aus der Literatur und den zeitgenössischen Diskursen hinreichend bekannten Topoi ist die Tatsache, dass im Eingangsbereich zu dieser Attraktion Originalexponate aus den vormaligen niederländischen und deutschen Kolonialgebieten zu sehen sind: Masken und kultisches Werkzeug aus dem Mittelsepik-Gebiet in Neu-Guinea, Kanonen und Pistolen der holländischen Kolonialherren, ostasiatische Säbel und Dolche, Wang-Kulit-Schattenspiel-Puppen aus Java, gewebte Ikats und dergleichen: Sie authentifizieren gewissermassen die Erzählung von abendländischer Überlegenheit durch die Tatsache, dass jene Objekte einer anderen Kultur hier im Jahrmarktskontext gezeigt werden.

Nur am Rande sei angemerkt, dass die auch in anderen Erlebnisparks beliebten grell-bunten Länder- und (Völker?-)Inszenierungen und die in einem spektakulären Kontext präsentierten eigenkulturellen Errungenschaften keineswegs „postmodernen" Charakter tragen, sondern – man denke etwa an Weltausstellungen – eine lange performative Tradition bilden.[17] Betrachtet man die genannten inszenatorischen Beispiele, lassen sich zur Konstitution einer gemeinsamen kulturellen „europäischen" Identität zwei Mechanismen erkennen, mit denen soziale Verortungen in Raum und Zeit vorgenommen, mithin Systemintegration – die Abgleichung von Perspektiven von Akteuren unter raum-zeitlichen Abwesenheitsbedingungen – erfolgt: Die imaginären Geographien der einzelnen Attraktionen, die ein zivilisiertes, humanes Europa den dunklen Kontinenten Afrika und Asien kontrastieren, arbeiten mit dem symbolischen Instrument der *Verräumlichung von Differenz*. „Raum", räumliche Vorstellungen, werden zum identitätsstiftenden und Differenz setzenden Verortungsinstrument des Eigenen und des Fremden, indem räumliche Entfernung und Lebensweisen in fremden geographischen Kontexten zur Markierung von Differenz und zur Exotisierung der entfernt Lebenden dient. Ein weiterer symbolischer Mechanismus, mit dem das Eigenkulturell-Abendländische gegen das Fremde umrissen wird, besteht in der *Verzeitlichung von räumlicher Entfernung*: Im Gegensatz zu den bislang genannten

---

17 Vgl. Bormann 1998. Ausführlich dazu eine neue Arbeit: Wörner, Martin: Vergnügen und Belehrung. Volkskultur auf den Weltausstellungen 1851 - 1900. Münster/New York 1999

Beispielen, die mittels räumlicher Kategorisierungen Identität und Differenz bestimmen, wird hier soziale Verortung durch Zeit-Diskurse vorgenommen. Die räumliche Entfernung zwischen Gesellschaften wird umgedeutet in entwicklungsgeschichtlichen Abstand. So erscheinen afrikanische oder asiatische Gesellschaften nicht nur geographisch fern, sondern zugleich als nicht auf der gleichen Stufe der Entwicklung stehend.[18]

Die Inszenierungen und Darbietungen des Europa-Parks illustrieren tatsächlich alle massgeblichen identifikatorischen Erzählungen abendländischer Moderne. Vor allem die zeitlichen Konzepte von „Fortschritt" und „Geschichte", von „Evolution" und „Entwicklung" sind in allen symbolischen Entwürfen präsent. Während nicht-europäische Erdteile durch (zum Teil originale) Artefakte wie Schilde und Speere, Masken und Götterbilder vertreten sind, sind die Objekte in den europäischen Bereichen technischer Natur: Autos, Bahnen, Raumanzüge oder Computer für Spiele. Während durch die nicht-europäischen Inszenierungen mit dem Boot gefahren wird, zum Teil durch simulierte Natur, sind die Bewegungsmedien in den Fahrgeschäften der restlichen Bereiche technisiert bis hochtechnisiert, vom Rennwagen über Raumkapseln und Achterbahnen bis zum Flugsimulator. Allerdings lassen sich auch zwischen den europäischen Ländern hierarchische Abstufungen feststellen: Italien, Spanien, Skandinavien und Österreich bieten zum Beispiel keine Hi-Tech-Unterhaltung, sondern sind eher auf europäische Binnenexotik reduziert. Die Schweiz wird offenbar ambivalent betrachtet, denn über den Dächern des Walliser Holzdorfs donnert eine Hochgeschwindigkeits-Bobbahn. Auch eine gedachte humanistische Entwicklungslinie zeigt sich in den Inszenierungen: Während die malaiischen „Piraten von Batavia" mordend, plündernd und brandschatzend über das friedliche koloniale Ostindien herfallen, herrscht in der zeitgleich angesiedelten Inszenierung von Alt-London beschauliche, von freundlichen Bobbies überwachte Ruhe. Während die Wilden Afrikas sich gegenseitig und vereint die weissen Zivilisationsbringer abschlachten, weist im „französischen Stadtteil" eine Emailtafel mit der Aufschrift „liberté, égalité, fraternité" auf die politischen und gesellschaftlichen Errungenschaften Europas hin. Während in den täglich stattfindenden Veranstaltungen weisse europäische Schauspieler und Musiker alle möglichen Schauspiel-Formen aufführen und klassische, populäre oder volkstümliche Musik vortragen, tanzen schwarze Musiker und Sänger im sprichwörtlichen Leopardenfell, schlagen die Buschtrommeln oder führen akrobatische Kunststückchen vor. Die zivilisatorische Überlegenheit Europas wird sogar mit sakralen Assoziationen beschworen: An prominenter Stelle im

---

18 Über dieselben Mechanismen wurde in der Ethnologie verhandelt im Zusammenhang mit der Konstitution des ethnologischen Gegenstandes. Vgl. zu dieser Diskussion z.B. Fabian, Johannes: Time and the Other. How Anthropology makes its Object. New York 1983.

skandinavischen Themenbereich steht eine originalgetreu nachgebaute norwegische Stabkirche, komplett mit Kreuz und Altar.

Christentum, Eroberer- und Innovationsgeist, technologischer Fortschritt, hochentwickelte Künste, sozialer Frieden und politische Gerechtigkeit – das sind die grundlegenden kulturellen Themen, die „Leitideen", die den Besuchern als Merkmale der sozialen Gemeinschaft „Europa" symbolisch vermittelt werden. Insgesamt verweisen die Darbietungen der Institution Erlebnispark also auf althergebrachte, in langer Denktradition stehende abendländische Identitäts-Diskurse und auf territorial definierte Gemeinschafts-Vorstellungen, die offenbar auch in spätmodernen Gesellschaften noch lange nicht obsolet geworden sind.

7. Zusammenfassung

Am Beispiel eines südbadischen Erlebnisparks, den wir als „Eventmaschinerie" vorgestellt haben, wurde argumentiert, dass die kulturellen Formen, die gegenwärtig unter dem modischen Etikett des „Events" auf vermeintlich ganz neue soziale Phänomene deuten, eine anthropologische Universalie im modernen Gewande darstellen, nämlich eine performative Institution. Mit dieser Bezeichnung verweisen wir zum einen auf die kulturanthropologische Analyse kultureller Performance, zum anderen auf die Strukturationstheorie von Anthony Giddens und deren Konzepte zur institutionellen Reproduktion sozialer Systeme. Victor Turner folgend haben wir den spektakulären Meta-Event Erlebnispark als metasozialen Reflexionsrahmen identifiziert. Als kulturelle Objektivation einer komplexen, individualisierten Gesellschaft mit vielfältigen bedeutungsgenerierenden Agenturen trägt er liminoiden Charakter: Seine performativen Rahmungen und seine Symbole sind changierend, sind unterdeterminiert. Als performative Institution dient er der Vergemeinschaftung durch Systemintegration. Darunter verstehen wir mit Giddens die symbolische Produktion reziproker Perspektiven über raum-zeitliche Distanzen hinweg, „unter Abwesenheitsbedingungen", um in Giddens Diktion zu bleiben. Der Erlebnispark – Prototyp vieler anderer Arten von „Events" – dient somit der Stabilisierung einer sozialen Ordnung, wobei wir unter „Ordnung" „jede relativ dauerhafte Strukturierungsleistung in sozialen Beziehungen" (Rehberg 1994: 47) verstehen. Durch die institutionelle Verfasstheit metasozialer Reflexionsräume wie des Erlebnisparks werden darin grundlegende kulturelle Vorstellungen symbolisch dargestellt und legitimiert. Grundsätzlich repräsentieren performative Institutionen die sozialen Kategorien („Identitäten"), in denen ein soziales System seine Strukturierungsleistung beschreibt. Diese Identitäten gilt es, zum Zwecke der Systemintegration auf symbolischem Wege in Raum und Zeit zu verorten. Wir haben gesehen, wie im Beispiel des Europa-Parks in Rust nationale, regionalkulturelle und „europäische" Identitäten durch Definition bestimmter Merkmale und durch Abgrenzung gegenüber einem „Anderen" entworfen werden. Diese räumlich definierten Identitäten werden zugleich in einer imaginären zeitlichen Bewegung verortet, in einer Vorstellung von „Entwicklung" und „Fortschritt". Die „Charta" der Institution Europa-Park besteht also in der symbolischen Repräsentation bestimmter Regionalisierungsweisen, spezifischer Interpretationsmuster von kollektiver Selbst- und Fremdverortung, die, wie wir gesehen haben, altbekannten abendländischen Selbstbeschreibungen folgen. Aufgrund des liminoiden Charakters derartiger moderner kultureller Performances ist allerdings nicht zu erwarten, dass jene Inszenierungen „Nation", vom „Abendland" oder von „Europa" eine nachhaltige Festigung diesbezüglicher Orientierungen bewirken werden. Da jeder Besucher über vielfältige soziale Identitäten verfügt und eine Vielzahl kultureller Orientierungen selbst in den Inszenierungen des Parks miteinander konkurrieren, die symbolischen Entwürfe zudem auch in Rahmen von Spiel und Unterhaltung stehen, ist eine dauerhafte oder kollektive Vergemeinschaftung durch die inszenierten Kategorien unwahrscheinlich. Eine systemintegrative Wirkung ist derartigen performativen Institutionen dennoch nicht abzusprechen: Sie vermitteln die Anschauung und die Gewissheit, in einer sinnhaft strukturierten Welt zu leben, deren ordnende Kategorien sichtbar, greifbar und unmittelbar erlebbar geworden sind.

Literatur

Bendix, R.: Amerikanische Folkloristik. Eine Einführung. Berlin 1995

Berger, P.L./Luckmann, T.: Die gesellschaftliche Konstruktion der Wirklichkeit. Eine Theorie der Wissenssoziologie. Frankfurt/M. 1992

Bormann, R.: „Spass ohne Grenzen". Kulturtheoretische Reflexionen über einen europäischen Themenpark. In: Sociologia Internationalis 36/1998, S. 33-60

Fichtner, U./Michna, R.: Freizeit-Parks. Allgemeine Züge eines modernen Freizeitangebots vertieft am Beispiel des Europa-Parks in Rust/Baden. Freiburg 1987

Geertz, C.: Religion als kulturelles System. In: Ders.: Dichte Beschreibung. Beiträge zum Verstehen kultureller Systeme. 2. Aufl., Frankfurt/M. 1991a, S. 44-95

Geertz, C.: „Deep Play": Bemerkungen zum balinesischen Hahnenkampf. In: Ders.: Dichte Beschreibung. Beiträge zum Verstehen kultureller Systeme. 2. Aufl., Frankfurt/M. 1991b, S. 202-260

Giddens, A.: Die Konstitution der Gesellschaft. Frankfurt/M. 1992

Kuenz, J.: It's a Small World After All. Disney and the Pleasures of Identification. In: Willis, S. (Hrsg.): The World According to Disney. The South Atlantic Quarterley 92/1993, S. 63-88

Manning, F.E. (Hrsg.): The Celebration of Society: Perspectives on Contemporary Cultural Performance. Bowling Green 1983

McAloon, J. (Hrsg.): Rite, Drama, Festival, Performance. Rehearsals Toward a Theory of Cultural Performance. Philadelphia 1984

Rehberg, S.: Institutionen als symbolische Ordnungen. In: Göhler, G. (Hrsg.): Die Eigenart der Institutionen. Baden-Baden 1994, S. 47-84

Rojek, C.: Disney Culture. In: Leisure Studies 12/1993, S. 121-135

Schütz, A./Luckmann, T.: Strukturen der Lebenswelt. Bd. 1., Frankfurt/M. 1979

Turner, V.: Blazing the Trail. Waymarks in the Exploration of Symbols. Tucson 1992

Turner, V.: Vom Ritual zum Theater. Der Ernst des menschlichen Spiels. Frankfurt/M./New York 1989a

Turner, V.: Das Ritual. Struktur und Anti-Struktur. Frankfurt/M./New York 1989b

Turner, V.: Frame, Flow and Reflection: Ritual and Drama as Public Liminality. In: Benamou, M./Caramello, C. (Hrsg.): Performance in Postmodern Culture. Milwaukee 1977, S. 33-55

Bettina Krüdener und Jörgen Schulze-Krüdener

„Der Jugendbrauch lebt noch!" –
Zur Eventisierung jugendlicher Brauchformen

Event und Brauchtum – eine Verbindung, die durch die ethnographische Beschreibung und kulturanalytische Interpretation von durch Brauchformen generierten und verdichteten Jugendszenen und Jugendgruppen sichtbar wird. Insbesondere Jugendliche in ländlichen Regionen kennen eine Vielzahl von kulturellen Praxis- und Gesellungsformen, die den traditionellen Jugendbräuchen recht nahe kommen, aber in Form und Bedeutung nachhaltige Veränderungen erfahren haben und damit als nachholende Modernisierungen im Blick auf andere jugendkulturelle Szenen und Gruppierungen interpretierbar sind (vgl. Schulze-Krüdener/Vogelgesang 2000).

Lehenversteigerung, Charivari, Misrule, Pfingstquak, Laxemkochen und die unterschiedlichsten Fasnachts-, Mai- und Kirmesbräuche sind Beispiele dafür, daß zu bestimmten Anlässen oder Jahreszeiten historisch verbürgte Traditionen nach wie vor gepflegt werden oder aber, nachdem sie vorübergehend aus der dörflichen Kultur verschwunden waren, wieder zurückkehren *erstens* als Ort von Kommunikation, sozialer Geselligkeit und fortschreitender Kommerzialisierung, *zweitens* als Bühne für jugendeigene Formationen, Selbstinszenierung sowie kollektiver Selbststilisierung und *drittens* als Brücke zwischen den Generationen mit gemeinschaftsstiftenden Funktionen, die kommunikative Bezüge zwischen Gleichaltrigen, zwischen Jung und Alt, zwischen den Geschlechtern, zwischen Einheimischen und Zugezogenen generieren (und damit zur dörflichen Inklusion wie Exklusion beitragen). Aufs Ganze betrachtet lassen sich die Inzensierungen und Institutionalisierungen der regional höchst unterschiedlichen jugendlichen Brauchformen heute mit ihren spezifischen kulturellen Mustern, Zeichen und Gesellungen als zeit- und kontextgebundene Gruppenhandlungen deuten, die in den Alltag eingebunden sind, aber über ihn hinausweisen.

1. Der Trend zum Event – eine begriffliche Annäherung

Zur näheren begrifflichen Fassung von Event – im Oxford Advanced Learner's Dictionary of Current English bereits 1974 als „often used to suggest that what happened was on an unusual scale, memorable, etc." umschrieben – unternehmen wir einen Streifzug durch die Eventkultur (vgl. Schulze 1999), deren Erfolgsgeheimnis darin liegt, dass „dem Konsumenten von Anfang an mehr Verantwortung für sein Erleben ermöglicht oder auch abverlangt wird, und daß er gleichzeitig massive Unterstützung für seine Erlebnisarbeit bekommt" (Schulze 1998: 309). Aber was sind genau Events und was sagen sie aus? Kein leichtes Unterfangen zu einer Zeit, wo jede und jeder eine andere Vorstellung von Events hat, Event zu einem Mode- bzw. Zauberwort nicht nur im Kulturtourismus und dem Erlebnismarketing, sondern auch in der pädagogischen Praxis avanciert ist, und am Ende alles Event ist (vgl. Inden 1993). Im Jugendhaus werfen Jugendarbeiterinnen und Jugendarbeiter mit der Ankündigung „Jetzt machen wir mal 'nen Event" einen Köder aus, um ihre Zielgruppe anzulocken – wobei der Jugendhausalltag zeigt, dass gerade in Zeiten kommerzieller Jugendangebote der Einsatz von unspektakulärer Lichttechnik zur Inszenierung einer besonderen, erlebnisorientierten und jugendpädagogisch begründeten Veranstaltung nicht mehr ausreicht: Gefordert sind „more events than expected from the standard model" – in der Physik wäre hierfür der Nobelpreis fällig (vgl. Der Spiegel vom 1.11.1999).

Events sollen nicht nur Spaß machen, sondern „die Kreation eines ereignisträchtigen Images oder Gutes (ermöglichen), das für die Menschen zu einer erlebbaren Erfahrung mit Kommunikationseffekten wird. Die ‚Story' des Events wird zur ‚Inszenierung', bei der jeder dabei sein möchte" (Graf 1998: 285) und „von dem jeder erzählen kann, daß er dabei war und wie es war" (Hahn 1998). Was macht Events nun wirkungsvoll? In der kurzen Erfolgsgeschichte des Events lassen sich alle Zutaten finden, „die nötig sind, um einen Trend groß zu machen: • Innovation: ein neues Phänomen, das Ausstrahlungskraft hat; • Identifikation: ein Nerv, den dieses Phänomen bei den Jugendlichen trifft; • Multiplikation: eine Marketing-Maschinerie, die den Trend verbreitet" (Janke/Niehues 1995: 119). Die Attraktivität und Ausstrahlungskraft dieser (Event-)Trend-Trias geht einher mit dem Wissen um die Einzigartigkeit von Events, ihrem episodenhaften Spannungsbogen, dem Hervorbringen von Gemeinschaftlichkeit und dem Angebot unterschiedlicher Beteiligungsmöglichkeiten (vgl. Schulze 1998: 308f.).

Auch bei an überkommenen Traditionsbeständen orientierten Jugendbräuchen und bei jugendlichen Brauchformen ohne solche historischen Wurzeln finden sich Bedeutungsschichten des Events und bestätigt sich der Trend zur Eventisierung der Kultur, was im weiteren möglichst anschaulich und authentisch offenzulegen ist. Zunächst ist jedoch aufzudecken, dass der Jugendbrauch noch lebt, die lokalen jugendkulturellen Szenen als Brauchträger(innen) und Brauchakteure keineswegs antiquiert, vorsintflutlich oder rückschrittlich sind und die auf Tradition und Rituale ausgerichteten jugendlichen Praxisformen mit ihren Variationen von Dorf zu Dorf zur selbstverständlichen Alltagskultur gehören, die intergenerationale Allianzen stiften.

2. Jugendforschung jenseits von Modeszenen und Trendsurfing

Jugendforschung hatte immer ihre Themenschwerpunkte und Konjunkturen. Zu diesen zählen neben theoretischen Analysen und Verortungen vor allem organisatorische Einbindung, Konsum-, Medien- und Freizeitverhalten, Instanzen der Jugendsozialisation, natürlich auch die Betrachtung von Jugendkulturen und Jugendszenen. Fragen nach den Gründen ihres Tuns und ihres Lassens hat sich dabei die Jugendforschung nur selten gestellt. Jugendpädagogik und Jugendsoziologie behandeln ihre Themen zumeist realitäts- und gegenwartsnah und sind maßgeblich von den öffentlichen sowie gesellschaftlichen Thematisierungen abhängig. Für eine antizyklische Bearbeitung von relevanten Themen, die gesellschaftlich nicht unmittelbar vorgegeben sind, fehlen weitgehend Sensibilität und Ressourcen (vgl. Hornstein 1997: 36). Dass in dieser Situation oftmals die Beschäftigung mit Fragen jenseits modischer Themenwellen bzw. fachmodischen Gründen keine besondere Aufmerksamkeit erfährt und nachdrücklich als Lücke in der Jugendforschung erscheint, darf daher nicht überraschen.

Ein Desiderat in der jüngeren sozialwissenschaftlich und pädagogisch orientierten Jugendforschung existiert in der Thematisierung und systematischen Erforschung der Funktionen und Formen des Jugendbrauchtums und ihrer Bedeutung für die Lebens- und Alltagswelt von jungen Menschen. Was ist unter einem Brauch zu verstehen? Bei der Beantwortung dieser Frage richtet sich der Blick zunächst auf die Volkskunde, wo die Beschäftigung mit Bräuchen im Arbeitsleben, im Zusammenhang mit Freizeit, in der religiösen Glaubenswelt, in Vereinen etc. zu den ureigensten Forschungsgegenständen gehört. „Brauch ist keine beliebige, spontan ablaufende Handlung, sondern erfordert eine bestimmte Regelmäßigkeit und Wiederkehr, eine den Brauch ausübende Gruppe, für die dieses Handeln eine Bedeutung erlangt, sowie einen durch Anfang und Ende gekennzeichneten Handlungsablauf, dessen formale wie zeichenhafte Sprache der Trägergruppe bekannt sein muß" (Bimmer 1988: 311). Der Brauch als eine soziale Kategorie, in der das soziale Handeln ein bestimmendes Moment ist, ist im Soeffner'schen Verständnis (1998: 279) ein Baustein sozialer Ordnung: „Als Bausteine sozialer Ordnungen gelten gemeinhin kollektiv anerkannte Normen und deren Garanten, die *Institutionen*, aber auch die eher implizit ‚gewußten', ebenso unauffällig wie selbstverständlich wirkenden sozialen Mächte von *Brauchtum* und Habitus – manifestiert in *Ritualen*, den Bausteinen symbolischen Handelns, die das soziale Gebäude vom alltäglichen Fundament bis zu den Türmen kultureller ‚Hochleistungen' und gut ausgemalten Weltbilder stützen." In einem solchen Begriffshorizont sind jugendliche Rituale der körperlichen Selbstdarstellung, des Testens von Rangpositionen, des Auftritts, Action-Rituale, Saufrituale etc. ein Teil des Alltags von Jugendszenen und erfordern unter pädagogischem Blickwinkel einen unverkniffen-humorvollen Umgang und eine Pädagogik des Mitspielens, die der jugendlichen Mischung aus Spiel und Ernst angemessen ist – was aber ein schwieriger kreativer Akt ist (vgl. Müller 1989).

Im Gegensatz zu vorliegenden älteren Veröffentlichungen zur historischen und auch vergleichenden Jugendforschung (vgl. Hornstein 1966; Gilles 1980; Mitterauer 1986) und einer Reihe instruktiver Studien zum Jugendbrauchtum aus der historischen Volkskunde (z.B. Moser 1985; Scharfe 1991; Bausinger u.a. 1993), die unter anderem auf das mögliche Auseinanderklaffen von Genesis und Geltung etwa als Ergebnis veränderter sozioökonomischer Bedingungen und auf das Wiederaufleben von Bräuchen hinweisen, finden gegenwärtig jugendbezogene Brauchformen und Brauchpflege als jugendkulturelle Orientierung nur wenig Beachtung.

Und dies obwohl eine Entdeckungsreise „Durchs wilde Germanistan" – wie in der Wochenzeitung DIE ZEIT vom 30. September 1999 nachzulesen ist – oft bizarre Bräuche und Rituale zutage bringt. „Manche Bräuche und Riten, die im Deutschland der Nachhitlerzeit in Mißkredit geraten sind, einige kurios und eher harmlos, andere weniger, feiern im Lande fröhlichen Urständ" (DIE ZEIT vom 3.10.1997). Bereits 1997 hat das Verwaltungsgericht Lüneburg entschieden, daß die Sonnwendfeier der „Artgemeinschaft – Germanische Glaubens-Gemeinschaft" als Brauchtum geschützt ist, da die Öffentlichkeit – Merkmal der Brauchtumspflege – gewährleistet sei (vgl. Frankfurter Rundschau vom 21. Juni 1997). Im Trierischen Volksfreund – eine regionale Tageszeitung – wird der Fokus der Betrachtung auf andere Felder und Formen des Jugendbrauchtums gerichtet: „Böse Geister in Schuppen und Scheunen – Die Rauhnächte in der Eifel: Dämonen-Bekämpfung zwischen Weihnachten und Dreikönigsfest" (5.1.1999); „Kirmeskloos wieder in Schoden – Katholische Jugendgruppe hält Brauch aufrecht" (26.1.1999); „De Hettestaang und ihre historischen Wurzeln – Das Fasten-Frühlingsfeuer wird am Sonntag entzündet: Altes Brauchtum wieder aufgelebt" (20.2.1999); „Gekreuzte Besen gegen bissige Hexen: Aberglaube rund um die Walpurgisnacht – Erst nach dem ersten Hahnenschrei ist die Gefahr gebannt" (30.4.1999); „Kult und Kommerz – In Deutschland macht Halloween Fastnacht Konkurrenz" (27.10.1999).

Insgesamt ist herauszustellen, daß in der Jugendforschung keine ausreichend empirisch abgestützte und theoretisch reflektierte Aufarbeitung über das Jugendbrauchtum und seine jugendkulturelle Bedeutung vorliegt. Aber es gibt sie, die Jugendlichen als Träger eigengeprägten Brauchtums im ländlichen Raum: „Es gibt sie offensichtlich sogar als eigene Gruppierungen. Lärmend treten am Himmelfahrtstag, aber auch auf dem ‚Maigang' am 1. Mai, wobei die Maibäume vom Dorfplatz verschwunden und an die Autokühler verrutscht sind, alte Sozialformen von Jugendleben in Erscheinung: Die ‚Burschenschaften' mit alten Gelöbnisformeln wie ‚... eine Hundefotz, die uns schimpe tut, die schlage mer mit der Schippe tot', von denen keiner mehr so recht weiß, von wann und wo sie stammen. Vielerorts sind es heute die Jugendlichen, die als ‚Kirmesburschen' noch die letzten großen örtlichen Feste am Leben erhalten, manchmal sogar wieder ins Leben rufen" (Lecke/Pobel 1978: 111).

Eine 1997 vorgelegte Ethnographie über Kirmesgesellschaften und Männergesangvereine in einem hessischen Dorf – veröffentlicht unter dem gehaltvollen Titel „Hundert Jahre Sängerkrieg" – verdeutlicht die bedeutende Stellung der mit der Kirmes verbundenen brauchtümlichen Handlungen und jugendkulturellen Szenen für die ländliche Heimat- und Lebensregion der Jugendlichen, für die politische und soziale Ordnung des Dorfes und für Formen der Geselligkeit (vgl. Hüwelmeier 1997). In katholischen Kirchengemeinden ist der ursprüngliche religiöse Sinn erhalten, und am Tag der Kirchweihe, also am Festtag des Schutzpatrons der jeweiligen Kirche, wird diese feierlich mit Gottesdiensten und auch Prozessionen begangen. Andernorts hat sich die Kirchweih als „Schrei-, Freß-, Sauf-, Tanz- und Spielfest des Volkes" (van Dülmen 1992: 137) seit Anfang des 19. Jahrhunderts zum zentralen Herbst- und Erntefest in den Dörfern entwickelt und zusehends ihren kirchlichen Charakter verloren. Dieser Wandel hat dazu geführt, daß der einzig religiöse Teil der Kirmes „die gemeinsame Teilnahme am Gottesdienst ist, in dem der Pfarrer die jungen Männer ermahnt, nicht zu sehr dem Alkohol zuzusprechen und Ausschweifungen jeglicher Art zu vermeiden" (Hüwelmeier 1997a: 33) – doch die Jugendlichen nehmen seine Worte nicht allzu ernst. Für die Organisation der Kirmes als ein Traditionsfest zeichnen sich Zusammenschlüsse junger, unverheirateter Männer in Kirmesgesellschaften verantwortlich, die als Form der Vergemeinschaftung maßgeblich zur Gestaltung der Adoleszenz innerhalb der dörflichen Lebenswelt beitragen und in denen die Kirmesburschen mit den „Ritualen und Werten der dörflichen Männerkultur vertraut gemacht werden: Kollektivität, Gegenseitigkeit, Gesang und Trinkrituale charakterisieren zentrale Aspekte dieser Kultur" (ebd.).

Die genaue und differenzierte Beschreibung von solchen zumeist ländlichen brauchtumsbezogenen Handlungen und Gruppen Jugendlicher – neben den Junggesellenvereinen lassen sich alle Ausprägungen des Werbe- und

Rügebrauches, die diversen Formen der kollektiven Bewältigung des Ablöseprozesses vom Elternhaus und des ritualisierten Übergangs vom Verlassen der Familie über die Firmung bis zur Hochzeit etc. anführen – ermöglicht einen in der Jugendforschung kaum genutzten Zugang zu jugendlichen Lebensformen in der dörflichen Alltagskultur und ihren identitäts-, gruppen- und intergenerationenrelevanten Funktionen.

3. Jugendbrauchtum – eine Entdeckungsreise in eine wenig beachtete jugendkulturelle Szene

Die relative Unberührtheit des Forschungsfeldes, die integrale Bedeutung von jugendlichen Brauchformen für die ländliche Heimat-/Lebensregion Jugendlicher und ihre Funktion als Repräsentantin von jugendeigenen Kultur- und Identitätsräumen sind wichtige Ausgangspunkte für das interdisziplinär konzipierte Forschungsprojekt *Jugendbrauchtum – Formen, Funktionen und Gemeinschaftserfahrungen in der dörflichen und städtischen Kultur* (vgl. Schulze-Krüdener/Vogelgesang 2000). Unter Maßgabe der Richtlinien der ethnographischen Feldforschung, die in letzter Zeit in der empirischen Forschung einen Aufschwung erfahren hat (vgl. Homfeldt/Schulze-Krüdener/ Honig 2000), suchen wir in umfassender und systematischer Weise nach Ereignissen und Institutionen, die Bräuche repräsentieren oder diese organisieren. Neben einer Vielzahl von kulturellen Praxisformen, die traditionellen Jugendbräuchen mit ihren typischen Sinnbezügen, Handlungsmustern und Gesellungsformen recht nahe kommen, entdecken wir auch Interaktions- und Gesellungsmuster, die im Selbstverständnis der Akteure zwar Brauchformen sind, jedoch keine historischen Wurzeln haben. Björn (22 Jahre) bringt diese Zuschreibung auf den Punkt: *Bei Jugendbräuchen, da denken doch viele zunächst einmal an etwas Verstaubtes und Ultralangweiliges. Aber unsere Nellbud-Party, die wir seit Anfang der 90er Jahre in einer Weinbergshütte veranstalten, das ist auch Brauch, weil diese Treffen für uns wie für die Besucher bereits Tradition besitzt, ja für manche sogar schon richtigen Kultstatus hat. Was als Minifete begann, hat im letzten Jahr über 2000 Leute angezogen. Unser Motto ist: Spaß pur für einen Tag und eine Nacht. ... Also von der Tradition her, da pflegen wir genauso einen Brauch, aber jetzt nicht so mit dem offiziellen Schnickschnack, sondern eben mehr ein Spaß-Brauch.*
Im Anschluß an die vorstehende Feststellung, das jugendliche Brauchformen als kulturelle Praxisform Jugendlicher (vgl. Schulze-Krüdener/Vogelgesang 2000a) nur am Rande der Jugendforschung steht und bislang wenig Beachtung fand, steht im Mittelpunkt der Forschungsaktivitäten die Frage, welche heutige Formen und Funktionen des Jugendbrauchtums existieren, die als Ressource und Aktionsfeld jugend- und alltagskulturellen Handelns ein-

zuordnen sind und auf die alltäglichen Lebensentscheidungen Jugendlicher einwirken.

Da im weiteren der Fokus auf die Eventisierung von jugendlichen Brauchformen gerichtet ist, wird an dieser Stelle unsere (weite) Begriffsbestimmung von Jugendbrauchtum angeführt: In der Systematik der unterschiedlichen Brauchtypen und -sichtweisen werden Strukturgemeinsamkeiten sichtbar, die es nahelegen, heutige jugendliche Brauchformen als spielerisch-theatrale Aktivitäten und Inszenierungen zu deuten. Sie repräsentieren zeit- und kontextgebundene Gruppenhandlungen, die in den Alltag Jugendlicher eingebunden sind, aber über diesen hinausweisen (Feten; Events). Ihre Ausübung orientiert sich an mehr oder weniger vorgeprägten Interaktionsschemata und Interaktionsspielräumen, in denen adoleszenztypische Bedürfnisse (Entwicklungsaufgaben; Identitätsbildung), soziale In- und Exklusionsmechanismen (Zugehörigkeit; soziale Distanzierung; Grenzbildung) und jugendkulturelle Sinnmuster (alltagsästhetische Schemata; Erlebnispraktiken) zum Ausdruck gebracht werden. Jugendbräuche sind somit raum-zeitlich festgelegte und verdichtete, performativ-interaktive Ereignisse, die jugendeigene Kommunikations-, Gesellungs- und Erlebniswelten generieren (vgl. Höhn/Schulze-Krüdener/Vogelgesang 1999).

Typologisch lassen sich vier Formen und Felder jugendlicher Brauch-Inszenierung unterscheiden, in denen jeweils Bedeutungsschichten von Event sichtbar werden:

- die Revitalisierung von historischen Brauchformen (z.B. Johannisfeuer, Burgbrennen, Lehenausrufen);
- die Ethnisierung von Brauchformen, indem kulturelle Muster und Traditionen der Herkunftsländer von ausländischen Jugendlichen zur Identitätssicherung verwandt werden;
- die (Re-)Importierung von Brauchformen (z.B. Halloween);
- jugendliche Brauchformen ohne historische Wurzeln und Traditionen (z.B. open-air-Parties, Spaßfeten).

4. Zum Event-Charakter von Formen des Jugendbrauchtums

Aus der Fülle des Datenmaterials der Jugendbrauchtums-Studie werden im weiteren – unter Heranziehung von (kursiv gedruckten) „Original-Tönen" aus den Interviews mit Brauchakteurinnen und Brauchakteuren – verschiedene Merkmalsdimensionen der Eventisierung von jugendlichen Brauchformen herausgearbeitet.

4.1 Jugendbrauchtum als ein wichtiges Stück Dorfkultur

Trotz des sozialstrukturellen Wandels ländlicher Lebenswelten und den Bedingungen einer Mobilitätsgesellschaft orientieren sich viele Jugendliche nach wie vor regional und finden in der Region ihre Szene und jugendkulturelle Richtung. Der ländliche Raum stellt eine Ressource der Sozialisation von Jugendlichen dar, in der die sozial-emotionalen Milieustrukturen der ländlichen Heimat- und Lebensregion stark von der sozialkulturellen Besonderheit und den Traditionen beeinflußt werden (vgl. Böhnisch u.a. 1997): „Dorföffentlichkeiten sind in besonderem Maße Räume sozialer Integration und Ausgrenzung, sozialer Kommunikation und sozialer Kontrolle, die durch die Muster der Überschaubarkeit und Gegenseitigkeit strukturiert sind" (Böhnisch/Funk 1989: 209). Im Widerspruch zu ihrer sonstigen nebensächlichen Stellung im dörflichen Geschehen (vgl. Krüdener 1999) haben von Jugendlichen organisierte Dorfveranstaltungen – auch wenn sie hauptsächlich für die Gleichaltrigen organisiert werden und die Älteren bei einigen Brauchbestandteilen sogar ausgeschlossen sind – eine hohe Bedeutung: Dorfkultur ist immer zu guten Teilen selbstgemachte Kultur, und die Gruppe der Jugendlichen gehört zu den wichtigsten Akteurinnen und setzt kulturelle Traditionen fort (vgl. Planck 1989). In dieser Situation erhalten kulturelle Praxisformen – wobei jeder Ort und jede Gemeinde eigene Namen und Formen entwickelt haben – ihre identitätsstiftende Funktion und verschaffen den Jugendlichen nicht nur einen Experimentierraum zur Selbstinszenierung, Selbstgestaltung und Selbstfindung, sondern zudem ein Selbstbehauptungs- und Abgrenzungspotential sowie eine *Art von Machtstellung* (Erich) gegenüber der Dorfgemeinschaft, was vielen Jugendlichen bewußt ist: *Für das Dorfleben sag ich mal, ist das ganz besonders wichtig. Die ganzen Omas kommen aus den Türen raus, die sind voll begeistert, das sieht man denen in den Augen an, das ist sensationell. Die sind echt immer ganz stolz, da sind wir dann immer die Lieblinge vom Dorf, wirklich. Das ist für das Prestige vom Jugendhaus unheimlich wichtig, daß die Traditionen gehalten werden* (David). Sehr plastisch hat dies, um ein zweites Beispiel anzuführen, der 26-jährige Michael beschrieben, den wir im Rahmen unseres Forschungsprojektes befragt haben: *Es geht hier nicht ohne Junggesellenverein, das ist hier so wie in anderen Dörfern der Musikverein. Wir Junggesellen nehmen an sämtlichen Festen hier im Dorf teil. Wenn es manchmal Ärger gibt, weil wir zu laut waren oder etwas kaputt gegangen ist, heißt es natürlich 'de Junggesellen woaren widder unterwegs. Wir bekommen dann mal wieder die Schuld dafür, aber das legt sich wieder nach kurzer Zeit, da wir auch viele gemeinnützige Veranstaltungen machen.* Dass das Spannungsverhältnis zwischen jugendkultureller Freisetzung und dörflicher Kontroll- und Kommunikationsgegenseitigkeit während der Ausübung des Jugendbrauches nicht vollends außer Kraft gesetzt wird, unterstreicht folgende Äußerung: *Also ich denk schon, dat et en bißchen wat für das ganze Dorf bringt. Et is och, die Eltern die krien dat mit un sagen, ah hascht gehört, unseren de geht mit deinem un so dat is – also im Endeffekt is schon en schön Sach für dat ganze Dorfgeschehen irgendwo (Nicki).*

Neben der Bedeutung des Jugendbrauchtums für die Dorfgemeinschaft ist am Beispiel des Burg- bzw. Hüttenbrennens ein gewisses Maß an Lokalpatriotismus unverkennbar. An diesem nicht nur in der Eifel bis heute gepflegten Brauch, der den Winter vertreiben soll, wird deutlich, dass dieser sozusagen als Bühne fungiert, auf der sich das Dorf selbst darstellen und für sich Werbung machen darf. Seitdem die Medien – allen voran die Lokalpresse und das Fernsehen – ein verstärktes Interesse an historisch-traditionellen Brauchformen zeigen, wird das Hüttenbrennen nicht mehr nur ausschließlich wie in der Vergangenheit als Wettbrennen zwischen den Nachbardörfer oder um die Burgjungen aus dem Nachbardorf durch das Anzünden ihrer Burg *zu demütigen* veranstaltet, sondern der Brauch wird für die Medien – und damit zugleich die Inwertsetzung und Anziehungskraft für Ortsfremde – minutiös geplant und inszeniert, wie der 20-jährige Albert herausstellt: *Wenn wir angekündigt haben, es wird eine kleine Reportage gemacht, dann lief dieser Burgsonntag ... würd ich sagen – fast fehlerfrei ab. Also auch diese Ernsthaftigkeit – sagen wir mal – Heimatpflege oder Brauchtumspflege – das hat man dann sehr behutsam, aufmerksam und sorgfältig vollzogen.*

4.2 Zwischen Traditionspflege und dem Zwang zur Transformation

Die Ethnographie historischer Brauchformen zeigt, dass die Bräuche als Ausdruck lokaler Kultur einerseits geblieben sind und sich verstetigt haben, andererseits Veränderungen in Form und Bedeutung unverkennbar sind. So hat das Lehenausrufen als ein traditionsgeladener Jugendbrauch, der über viele Generationen hinweg mit einem strikten zeitlichen, räumlichen und thematischen Handlungsrahmen bzw. Regelwerk und mit Ritualen ausgestattet ist und dem Verkuppeln und Verheiraten der ledigen Dorfbewohnerinnen und -bewohner durch das öffentliche Ausrufen von Lehnpaaren dient, angesichts des Wandels ländlicher Lebenswelten seine eigentliche Bedeutung verloren: Der Heiratsmarkt begrenzt sich nicht mehr wie früher auf das Dorf und die nähere Umgebung. Auch wenn die Eheanbahnung und die Regulation des lokalen Heiratsmarktes nicht mehr im Vordergrund steht, wird in etlichen Interviews auf die Wahrung alter Traditionen verwiesen: *Sinn ist die Fortführung der Tradition und die Verkupplung der Pärchen, wenn es funktioniert. ... Beim Lehenball vor einem Jahr haben wir ein Pärchen ausgerufen, das vor sechs Wochen geheiratet hat – das erste Mal seit was weiß ich wie vielen Jahren (Daniel).*

Ein weiteres Beispiel für das Festhalten an traditionellen Brauchelementen ist die Überreichung der bis zu einem halben Meter großen Lehenbrezel als Zeichen für Fruchtbarkeit, deren Aushändigung in der Regel auch stattfindet. Aber nur die wenigsten an der Ausführung des Brauches beteiligten Jugendlichen haben genauere Kenntnisse über die traditionellen Wurzeln: *Ja gut den Ursprung da sin ma im Endeffekt noch nie so drankomm. ... Ich hab keine Ahnung, aus welchen Gründen oder wann der wirkliche Ursprung vom Lehenausrufen war un woher dat kommt* (Nicki). Die Transformation des Lehensausrufens läßt sich an weiteren Aspekten festmachen. Hatte der Lehenball Anfang der neunziger Jahre noch einen traditionellen Ballcharakter – die Mädchen tragen ein Kleid und im Veranstaltungsraum sind Tischgruppen mit weißen Tischdecken aufgestellt – handelt es sich heute um eine Disco, die in Jeans und T-Shirt besucht wird. In vielen Interviews tauchen Hinweise auf solche Veränderungen auf, die auf die Dynamik der Brauchausübung und -aktivitäten verweisen: *Früher gab es Paarspiele und Preistanz, jetzt haben wir Live-Karaoke eingeführt ... und veranstalten ein Feuerwerk und eine Tombola* (Daniel). Und der 19-jährige Frank ergänzt: *Et wird keine Techno-Musik, sondern halt Tanzmusik gespielt. Okay, mittlerweile nicht nur Tanzmusik, sondern Rock, Pop, aber Musik, die uns anspricht und uns gefällt, aber zum größten Teil doch Tanzmusik.*

Die aufgezeigten Veränderungen in der Kleiderordnung und der Musikauswahl wie auch die Aufnahme von *Attraktionen* wie Tombola oder Karaoke sind nicht als isolierte Entwicklungen zu deuten, sondern sind Ausdruck und Indikatoren für eine Modernisierung und Transformation dieses Jugendbrauches insgesamt: *Früher war das eigentlich nur ein Lehenball, wo nur eben die hinkommen durften, die ausgerufen worden sind und heute ist das Ganze eine öffentliche Veranstaltung, wo man eben Wert legt Umsatz zu machen. Heute ist das in einer großen Turnhalle und früher war das in einem Saal. ... Die Tradition spielt eigentlich eine untergeordnete Rolle, nur die über 30jährigen haben eine sehr große Verbindung dazu und pflegen das Ganze ein bißchen* (Daniel). Bei Brauchpflegern und wahren Traditionsexperten, bei denen das Interesse an ursprünglicher Brauchbedeutung dominiert und die Pflege der Brauchtradition hochgehalten wird, stößt eine Modernisierung historischer Jugendbräuche jedoch auf mehr oder weniger starken Widerspruch. *Die Jugend hat es nicht mehr nötig,* schildert uns ein 73-jähriger Heimatforscher, *irgendwie Brauchtum zu pflegen für en Heischegang oder fürn paar Eier. Dat gibt et nit mehr. Dafür kriegt man keinen mehr auf die Straße. ... Die machen ihre Disco – aber is dat Brauchtum? Brauchtum is jawat Überkommens, walt alt is. Aber wat die jetzt hier machen, dat is alles – ich weiß es net.*

4.3 Außeralltäglichkeit und Einzigartigkeit steht außer Frage – Begründung durch Abgrenzung

Bei unseren Szenerecherchen sind wir auf eine Fülle von Hinweisen und Aussagen gestossen, die deutlich machen, dass Jugendbräuche und posttraditionelle Spaß-Bräuche einzigartige Veranstaltungen mit besonderer Anziehungskraft und Attraktivität für Jugendliche sind. Und dies nicht nur aus dem Grunde, dass häufig die Mitwirkung als Selbstverständlichkeit und als Zeichen des Zusammenhalts der jugendlichen Dorfclique angesehen wird mit der Konsequenz, dass sich von Brauch-Fremden distanziert wird, und auch derjenige, *der sich da weigert mitzumachen, schon Aussenseiter ist (Bernd).*

Daß jugendlichen Brauchformen in ihrem zeitlichen, räumlichen und thematischen Ablauf einen Spannungsbogen aufweisen und einer genau festgelegten Dramaturgie wie auch strengem Regelwerk folgt, konnten wir bei Beobachtungen auf diversen Brauchveranstaltungen sowie bei unseren Gesprächen mit jugendlichen Brauchtums-Fans eruieren: *Das Lehenausrufen fängt an mit den Litaneien und dann kommen die Paragraphen un dann werden die einzelnen Lehen ausgerufen un zwischendurch ruft derjenige der ausruft immer of Brotdorfer Platt „mir gin, mir gin". Un unnen ruft dat Volk „geff wenn de wilsch". Ja wenn dann die Jungs ausgerufen sind, muß jeder sich im Endeffekt fügen un danach wird zum Zeichen, dat die Lehen ausgeruf sin, dat Lehenrad angezündet un den Bersch runner laufen gelass* (Nicki). Ein weiteres Beispiel für die Episodenhaftigkeit von Brauchformen, die den Charakter eines kulturellen Erbes mit eigenen Erkennungszeichen und Szenearrangement haben, schildert uns Stefan: *Kurz vor Karnevalsbeginn wird der heilige Petrus – der Schutzpatron unserer Stadt – oben auf dem Sims in der Gaststätte entfernt, damit er nicht dem bunten Treiben zusehen soll. ... Während der Karnevalstage über ist der Boden mit Sägemehl ausgestreut, damit der reichliche Bierkonsum nicht den Boden durchnäßt. Dann – kurz vor Mitternacht am Fastnachtsdienstag – gibt es nur klassische Musik und einige Leute in zeremoniellen Bettüchern gehüllt und in einem Art Fackelzug bahnen sich einen Weg durch die Menge, was schwierig ist, da die Gaststätte an diesem Abend besonders gefüllt ist. Dann wird der heilige Petrus vorneweg getragen, die Fackelträger gehen vorne und hinten dran, die Musik spielt dazu und das Ganze gipfelt darin, dass der heilige Petrus wieder auf dem Sims gestellt wird. Danach um Punkt 24.00 Uhr ist dann Karnevalsende und die Leute müssen die Gaststätte sofort verlassen. Die Kneipe ist praktisch geschlossen, es gibt dann auch nichts mehr zu trinken, es ist dann wirklich Ende.*

Wird der Blick auf einen anderen Jugendbrauch gerichtet, zeigt sich, dass das Burgverbrennen „seine Lebendigkeit aus den Anreizen des Heischegangs bezieht, aus der Aktivierung einer Gemeinschaftsleistung und aus dem besonderen Erlebnis der Natur und des Feuers. All diese Elemente verleihen heute dem Fest einen Charakter des Besonderen, der das Fastenjahrfeuer immer wieder erlebenswert macht" (Lejeune 1993: 94). Diese Sinnzuschreibung eines ausgewiesenen Heimatforschers wird in etlichen Interviews von Jugendlichen in äußerst knapper Form auf den Punkt gebracht. Hierzu einige Beispiele: *Also für mich ist es absoluter Kult, absolute Tradition ... das ist eigentlich schon fast heilig (David); einzigartig sind wir schon aufgrund unserer langen Tradition (Michael).* Und ein 26-jähriger Brauchakteur macht deutlich, dass der Begriff des Events bereits Eingang in den Jugendsprache gefunden hat, wenn er herausstellt, die Teilhabe an dem brauchvermittelten Inszenierungs- und Interaktionsfeld *ist eigentlich ein richtiges Event oder en Muß*.

In diesem Zusammenhang begründen die meisten Jugendlichen die Einzigartigkeit nicht mit dem detailgenauen Aufzeigen der Vorzüge und der Attraktivität des Brauches, denn in ihrer Sicht ist ihr Jugendbrauch *mit Sicherheit etwas Außergewöhnliches und Einmaliges (Erich)* und *dat is ja gar net zu beschreiben, weil vergleichbar gibt et wenig (Ernst).* Eine jugendliche Brauchform ohne historische Wurzeln zeichnet sich im Verständnis der Jugendlichen dadurch aus, dass während der Veranstaltung ausschließlich eine eigene Geldwährung *(Indianergeld)* gilt, die im nachhinein bei der örtlichen Sparkasse wieder zurück getauscht werden kann. Andere Jugendliche grenzen sich von (konkurrierenden) jugendlichen Brauchformen oder Akteursgruppen ab, um das einmalige Profil ihres Brauches und das eigene jugendkulturelle Szenearrangement zu verdeutlichen. Es lohnt sich an dieser Stelle – stellvertretend für viele ähnliche Aussagen – zwei längere Interviewauszüge zu dokumentieren: *Viele Junggesellenvereine sind erst in den letzten Jahren gegründet worden mit dem Ziel, sich treffen zu können, um einen besonderen Rahmen für Besäufnisse zu schaffen oder durch Feste möglichst viel Geld zu verdienen, um sich einen schönen Lenz zu machen. Bei unserem Verein steht die Tradition an erster Stelle. Natürlich wird auch bei uns gerne einer getrunken, aber die Hauptaufgabe ist die Traditionspflege und das Ausrichten des Brauchtums der Eierlage. Ebenfalls besuchen wir nicht wie andere Vereine sämtliche Junggesellenfeste, um uns da mit tollen T-Shirts in Szene zu setzten. Obwohl wir fast immer Einladungen zu solchen Festen bekommen, haben wir nur selten Zeit daran teilzunehmen, da wir mit unserer Arbeit im Dorf ziemlich gebunden sind und wir uns nicht auf ein niedriges Niveau herablassen wollen* (Michael). Ein anderer von uns befragter 22-jähriger Brauchakteur markiert mit allem Nachdruck die Differenz und Abgrenzung von Spaß-Bräuchen zu tradierten Brauchformen und begründet seine ablehnende Haltung gegenüber traditionellen brauchkulturellen Erscheinungsformen mit ihren strikten zeitlich geordneten Handlungssequenzen und ihrem Festhalten an nicht mehr zeitgemäßen überlieferten Mustern und Handlungsrahmen: *Daß wir dabei nicht so professionell zu Werke gehen, wie die Jung-*

gesellensolidarität in Schönecken mit ihrer Eierlage am Ostermontag, das wissen wir, aber das wollen wir auch gar nicht. Was dort abläuft, geht schon sehr in Richtung Ritual, ist perfekt durch organisiert und ist vom Ablauf her völlig festgelegt. Unsere Spaßparty ist viel lockerer, unkonventioneller und manchmal recht chaotisch (Björn).

4.4 Zwischen Geldverdienen, Selbstbestätigung und Brauchtumspflege

Die organisierte Brauchtumspflege bedarf einer mehrmonatigen Organisation. So beginnt das Lehenkomitee mit seinen Vorbereitungen für das Lehenausrufen und dem anschließenden Lehenball seine zeitaufwendige Vorbereitungen bereits fünf Monate zuvor, trifft sich dann jeden Sonntagmorgen – auch *das ist Tradition* – in der Gaststätte und kurz vor dem Lehenball zwei- bis dreimal in der Woche. Dieser hohe zeitliche Organisationsaufwand zieht für die jugendlichen Mitglieder des Komitees – in den Interviews wird wiederholt auf die erforderliche Organisationskompetenz verwiesen und die Organisationsleistung der Jugendgruppe betont – als Träger einer kulturellen Praxis Konsequenzen nach sich. Hierzu exemplarisch die Aussage des 20-jährigen Daniel: *Das ist ziemlich viel Arbeit, soviel Arbeit mit der Folge, dass wir beim Lehenausrufen uns keine Mädchen mehr holen, weil wir keine Zeit haben, wir müssen organisieren, wir müssen den Ausschank machen, wir müssen die offiziellen Angelegenheiten regeln.*

Trotz des Zeitaufwandes insbesondere in der Vorbereitungsphase – einige Brauchträger verbringen nicht nur einen erheblichen Teil ihrer freien Zeit für die Brauchtumspflege, sondern nehmen dafür bis zu zwei Wochen Urlaub – wird in den Interviews immer wieder hervorgehoben, dass die Brauchtumspflege viel Spaß macht und dass man *sich freut, wenn man selber so was auf die Beine stellen kann. Das ist vielleicht auch ein bißchen Selbstbestätigung, dass du's hinkriegst* (Arne). Für andere Jugendliche hingegen ist die Wahrung der Tradition jedoch nur ein angenehmer Nebeneffekt neben der Verdienstmöglichkeit und *Geldmacherei* durch den Getränkeverkauf, Verkaufs von T-Shirts etc. Zwei von uns befragte Jugendliche haben dies sehr treffend beschrieben: *Die kommerziellen Zwecke spielen auch eine große Rolle. Für die einen mehr, für die anderen weniger. Also der Erlös, der dabei raus kommt, ist schon nicht wenig* (Daniel). Der folgende Auszug aus einem Interview mit Frank bestätigt diese Form der Instrumentalisierung und verweist auf die Höhe der Verdienstmöglichkeiten: *Worum et im Moment hauptsächlich geht, ist das Geld. Okay, ein paar Monate hast de Stress, aber einen Abend tust du arbeiten und hast anschließend 1000 – 1100 DM. Aber teilweise is det noch Traditionspflege und ich denk mal, das et doch ziemlich lange halten wird.*

Die Tendenz der (fortschreitenden) Kommerzialisierung zeichnet sich bei nahezu allen jugendlichen Brauchformen mehr oder weniger deutlich ab. Das was beispielsweise als ein lockerer und unkonventioneller Spaß-Brauch geplant war, hat inzwischen regionale Ausmaße angenommen, ohne daß die Jugendlichen diese Wandlung ihres Brauches gewollt oder gefördert haben. In vielen Interviews finden sich Hinweise darauf, dass die Gewinnorientierung zugenommen hat und sie an einzelnen Orten bereits soweit fortgeschritten sind, daß Jugendbräuche einen eigenen Markt für dörfliche Geselligkeitsgüter bilden und das Festhalten an historisch überlieferten, aber weniger attraktiven Brauchelementen zunehmend schwieriger wird. Des weiteren wird deutlich, dass mit der Durchdringung durch den Kommerz ein Wettbewerb um den spektakulärsten Brauch in der Region einhergeht. In etlichen Interviews wird die Hinwendung zum Kommerz eng damit verknüpft, dass *immer mehr Leute kommen* (Erwin). Als Gründe für diese Entwicklung werden vor allem zwei Aspekte genannt: zum einen *weil mir halt so'n Namen haben* und zum anderen *weil das Fest von uns Jugendlichen selber gemacht wird, ... kommt es uns eher entgegen als andere* (Frank). Alles zusammen führt schließlich dazu, dass *es im Endeffekt nur noch en Großveranstaltung is ... und nur noch de Kommerz gesehen wird* (Nicki). Sind früher nur Jugendliche aus dem Dorf angelockt worden, hat *dat Ding eine Größenordnung erreicht, dat langt uns vollkommen aus* und *wir an en Punkt angekommen sind, wo ma sagen muß, wollen ma künftig mehr Werbung machen* (Bernd). Mancherorts wird bereits über umsetzbare Möglichkeiten der Rückführung zu einer *geschlossenen Gesellschaft* (Björn) nachgedacht.

Um angesichts solcher Größenordnungen – zu einzelnen in jugendlicher Eigen- und Alleinregie organisierten Brauchveranstaltungen kommen über dreitausend Besucherinnen und Besucher – die Verantwortung auf mehrere Schultern zu verteilen und um vor allem sicherzustellen, *dat ganze Finanzielle auch net mehr vom Brot nehmen zu lassen* (Erich), haben vielerorts jugendliche Brauchgruppen sich zu in der Dorfgemeinschaft akzeptierten eingetragenen Vereinen zusammengeschlossen. Die Brauchvereine fügen sich somit als eigene Geselligkeitsräume in die traditionelle dörfliche Vereinslandschaft ein und behalten die Anbindung an die Dorföffentlichkeit (vgl. Böhnisch/Funk 1989: 217). Auch hier als Beleg Auszüge aus zwei Interviews, die für andere Äußerungen charakteristisch sind: *Deshalb haben wir ja diesen Jahr en Verein gegründet, um dat letztendlich unter ner sicheren Führung weiterzumachen. Sichere Führung heißt, dass nicht einzelne die Schankgenehmigung und dat ganze Genehmigungsverfahren auf sich nehmen als Privatperson. Und dat is ja nit ganz ohne. Da kann ja uch einiges passieren bei der Sach. Und wenn der Verein dahintersteht, stehen halt nachher direkt 25 Leut dahinter, nicht nur eine Privatperson* (Bernd*)*. Daß mit der Gründung eines eingetragenen Vereins nicht nur die Verteilung der Verantwortung und der eventuellen finanziellen Risiken auf möglichst viele Schultern verknüpft wird, sondern darüber hinaus Sozialprestige und Ansehen der Brauchakteure in der Dorföffentlichkeit unmittelbar verbunden sind, wird in einem anderen Interview herausgestellt: *Mit dem Verein, dat hat sich so entwickelt – ma haben uns überlegt – um Gottes Willen dat wird immer immer größer. ... Wat passiert, wenn jemand da jetzt umknickt oder sonst irgendwie verletzt ist un er will uns als Veranstalter dafür haftbar machen. Gibt et ja durchaus – Personen die darauf aus sind ... Un et is halt auch ne Sache, wenn so viel Geld umgesetzt wird, ... gibt es im Nachinein auch immer Gespräche wenn dat nur ein paar Leute organisieren, dann kommt natürlich uch immer der Punkt wo da Leut sagen – oh die machen dat ja nur, die stecken sich ja Geld in die eigen Tasch – un da haben mir gesagt nix – um dat ganze abzuwenden, machen mir jetzt en eingetragenen Verein* (Ernst).

4.5 Gemeinschaft durch gemeinsame Spaß-Erlebnisse – Alkohol gehört dazu

Geselligkeit, Gemeinschaftserlebnisse, Zusammengehörigkeitsgefühl, Alkoholkonsum, Profilierungs- sowie Identifizierungschancen und das Anliegen, Traditionen weiter zu führen und zu pflegen, ist für viele Jugendliche das Gemenge, das zum Jugendbrauchtum *irgendwie dazu gehört* (Annette). Die Jugendbräuche stellen für die Jugendlichen eine wichtige Möglichkeit bzw. ein Ausdrucksmedium dar, sich in das Dorf integriert zu fühlen und erhalten als Brauchakteure alljährlich die einmalige Gelegenheit sich und ihre Jugendgruppe zu präsentieren. Infolge dieser Infrastrukturleistung für die Dorfgemeinschaft finden sie Anerkennung und Akzeptanz. Nicht selten fungieren Jugendliche hierbei nicht nur als Brauchträger, sondern darüber hinaus auch als Werbeträger für das Dorf.

In den Interviews wird der vorherrschende Trend der Einschätzung deutlich, dass die Brauchakteure sowohl während der Vorbereitung als auch bei der konkreten Brauchausübung viele Spaß-Erlebnisse haben. Stellvertretend für etliche Jugendliche heißt es entsprechend in einem Interview: *Immer wenn wir uns treffen, egal bei welchem Anlaß, geht anschließend keiner nach Hause, ohne auf seine Kosten gekommen zu sein* (Michael). Hat die Dorfgemeinschaft auch ein wachsames Auge auf die Dorfjugend, eröffnet das Jugendbrauchtum mit seinen vielfältigen Aktionsformen viele Möglichkeiten zur jugendkulturellen Freisetzung, weil *so viele Sachen möglich sind, die man heute eigentlich nicht mehr machen kann, ohne direkt eine Klage am Hals zu haben* (Erich). Nichtsdestotrotz übt aber nicht nur die Dorfgemeinschaft, sondern auch die Jugendgruppe selbst eine Kontrollfunktion aus, wie in der folgenden Interviewpassage deutlich wird: *Wenn wir zusammen sind, gibt es spezielle Regeln; das heißt solange wir als Verein auftreten, kontrolliert der Vorstand schon ob das Auftreten korrekt ist oder wenn wir eine*

Kneipentour in unserem Dorf machen, was so ein bis zweimal im Jahr vor-
kommt, paßt der Vorstand auf, dass wenn einer was kaputt gemacht hat, das
auch bezahlt und er bekommt zusätzlich Ärger mit dem Vorstand, da so ein
Fehlverhalten einzelner letztendlich am ganzen Verein hängenbleibt. Wenn
natürlich der offizielle Teil beendet ist, kann jeder machen wat er will. Es soll
jetzt nicht heißen, dass wir jegliches Feiern nur mit angezogene Handbremse
durchführen, sondern es geht schon heiß her und wo wir hinkommen weiß
das auch jeder (Michael).

Das intensive bis exzessive Konsumieren von Alkohol spielt eine wichtige
Funktion und gehört als Merkmal kultureller Identität wie auch als Ausweis
von Zugehörigkeit selbstverständlich zur lokalen Kultur. In unseren Interviews finden sich zahlreiche Aussagen, in denen dies herausgestellt wird:
natürlich wird auch bei uns gerne einer getrunken, aber die Hauptaufgabe ist
die Traditionspflege und das Ausrichten des Brauchtums. ... Wenn aber ge-
feiert wird, dann richtig! Dann ist intensiver Alkoholkonsum nicht ausge-
schlossen (Michael). Es wird sich aber gegen den Vorwurf einer Komafete
gewehrt und darauf verwiesen, dass die Diskriminierung als „Saufgruppe"
nur der Versuch einer Disziplinierung darstellt mit dem Versuch, die Anbindung der Brauchgruppe an die dörfliche Öffentlichkeit in Frage zu stellen.
Der 22-jährige Björn fühlt sich durch diese Brauchkritik in eine Abwehrhal-
tung gedrängt und reagiert mit einem prononcierten Vergleich: *Ja also den*
Ausdruck Komafete, den hab' ich noch nie leiden können, der is' auch nich
von unseren Leuten erfunden .. also das is' so'n Ausdruck, der irgendwie von
den Gegner von dem Ganzen kommt. ... Also der Ausdruck is' in meinen Au-
gen Schwachsinn, also absolut, absoluter Quatsch. Ja, wer sich natürlich ins
Koma trinken will, der soll's machen, dat is' sein Problem, aber die Sache is'
nicht so ausgelegt, dass jetzt alle das machen. ... Genauso könnten wir auch
'ne Disco Komaparty nennen. Hierzu heißt es in einer gemeinsamen Erklärung der Jugendschutzbeauftragten vom Jugendamt und der Polizei, „daß
fröhlich und ausgelassen und auf zivilisierte Weise Feste zu feiern, ein wichtiger Bestandteil jeder Gemeinschaft ist und gerade aus dem ländlichen Raum
nicht wegzudenken ist. Abgesehen von dem dann und wann auch hier zu
hohen Alkoholkonsum durch junge Menschen, sei gegen solche Feste selbstverständlich nichts einzuwenden. In der Ablehnung von Koma-Parties gehe
es aber darum, den Kindern und Jugendlichen eine Festkultur vorzuleben, bei
der nicht das gemeinschaftliche Saufen die Hauptsache sein dürfe" (Rund um
Hermeskeil vom 20.7.1995).

5. Fazit: Zur Eventisierung des Jugendbrauchtums

Unsere Studien in brauchvermittelten Jugendgruppierungen, so kann als Resümee festgehalten werden, bestätigen zunächst einmal, was für viele jugendliche Szeneangehörigen in der unübersichtlichen Landschaft der jugendkulturellen Jahrmärkte (Ferchhoff) gilt: Charakteristisch sind auch für sie differentielle Erlebnis- und Bedeutungswelten sowie gestufte Formen der Bindung und des Wissens. Jugendliche Brauchgruppen als eine kulturelle Praxisform lassen sich als eine Jugendszene mit einem spezifischen jugendkulturellen Rahmen in einem lokal bzw. regional begrenzten Raum fassen, die sich deutlich nach außen als gleichaltrige Dorfclique abgrenzt, nach innen ein ausgeprägtes Zugehörigkeitsgefühl produziert und insgesamt als Reaktion auf weithin beobachtbare gesamtgesellschaftliche Differenzierungs- und Pluralisierungsprozesse zu verstehen ist. In dieser Situation unterstreicht die Markierung der Differenz zu anderen Brauchgruppen die Zugehörigkeit sowohl zur Gleichaltrigengruppe als auch zum Dorf als zentralen Lebensmittelpunkt, was sich auch am Vereinscharakter vieler jugendlicher Brauchgruppen ablesen läßt.

Im sozial akzeptierten Bereich der Gestaltung der Dorfkultur können sich Jugendliche mehr oder weniger der dörflichen Kontrolle und Beobachtung entziehen und erregen mit ihren an überlieferten Traditionen orientierten oder angelehnten Brauchaktivitäten nicht nur die Aufmerksamkeit der Dorfgemeinschaft, sondern übernehmen in der dörflichen Kultur soziale Funktionen und entfalten eine starke soziale Integrationskraft (nichtsdestotrotz setzen sie sich auf die ihnen eigene Art mit der herrschenden Erwachsenenkultur und ihren Normen und Lebensformen auseinander). Solche traditionellen Definitionsbezüge von Jugendbrauchtum, also etwa für die erbrachte „Brauchleistung" belohnt zu werden und jugendkulturelle Räume dörflich abzusichern, erklärt auch das Leuchten in den Augen mancher älterer Dorfbewohnerinnen und Dorfbewohner, wenn sie im Rückblick von ihren Braucherlebnissen erzählen: Jugendbräuche „repräsentieren den Glanz der Jugend, Aufbruchstimmung sowie Leichtigkeit und Lebendigkeit" (Hüwelmeier 1997: 140).

Im Schutze solcher traditionellen Zuordnungen von Jugendbrauchtum im ländlichen Raum sind Jugendliche aber nicht ausschließlich an der Wahrung überlieferter Traditionen interessiert, sondern entwickeln – wie die von den Jugendlichen selbst als lockere, unkonventionelle bezeichneten Spaß-Bräuche und die Transformation von historischen Jugendbräuchen zeigen – aus der akzeptierten Dorfkultur heraus neue oder modifizierte Bedeutungsrahmen: Jugendliche sind darauf aus, „sich durch etwas Neues, durch etwas Eigenes – und sei es auch nur etwas Neukombiniertes – abgrenzen zu können zum Zweck der Identifizierung untereinander" (Schröder/Leonhardt 1998: 45), zur Herausbildung eigener Identitäten und zur jugendkulturellen Eigenentfaltung (wobei hinsichtlich der Möglichkeiten zur jugendkulturellen Freisetzung durch das Jugendbrauchtum deutliche geschlechtsspezifische Unterschiede im Alltag und Selbstverständnis tradierter Brauchformen zuungunsten von Mädchen und jungen Frauen unverkennbar sind; vgl. Krüdener 2000).

In unserer qualitativ ausgerichteten Studie hat sich gezeigt, daß das Erleben von Geselligkeit, die jugendkulturellen Kommunikationsformen und die szenetypischen Erlebnisformen ausschlaggebend sind für die erlebnisrationale Teilhabe Jugendlicher an brauchvermittelten Situationen, Ereignissen und Vergemeinschaftungen, die besondere, aus dem subjektiv erlebten Alltag akzentuierte individuelle Erfahrungen stiften. Das Ausmaß, die geschilderte Faszination der Brauchformen für eine ansteigende Anzahl von Jugendlichen ohne gezieltes Marketing, die Fülle der organisatorisch zu bewältigenden Arbeiten hinsichtlich Location, Technik, Logistik etc., die dramaturgische Gestaltung der Braucherlebnisse, die fortschreitende Kommerzialisierung wie auch Gewinnorientierung vieler Brauchformen und schließlich die gestuften Formen der Beteiligung – Jugendlichen können etwa als verantwortliche kulturelle Brauchträger bzw. Mitglieder einer Brauchgruppe mitwirken, als wahre Traditionsexperten fungieren, als Besucherinnen bzw. Besucher in den jugendkulturellen Rahmen involviert sein oder es bleiben lassen – rechtfertigen es durchaus, von einem Event zu sprechen.

In dieser Situation ist der kommerzielle Einfluß auf brauchtumsorientierte Jugendszenen unübersehbar. Jüngstes und eindrucksvolles Beispiel hierfür ist der Import – oder korrekter gesagt der Wiedereinzug – von Halloween als einem alten keltischen Brauch, bei dem ein Event-Marketing dem zumeist jugendlichen Publikum unzählige Stilisierungshilfen anbietet. Nicht primär auf solche Werbung bzw. Marketingsstrategien abgestellt und von der Manipulation durch die Mechanismen des Marktes zumeist unbeeinflußt sind solche lokalen Brauchformen, wie sie in diesem Beitrag Eingang gefunden haben. Aber auch bei diesen jugendlichen Brauchformen zeigt sich, dass was aus dem Schattendasein hervortreten und gezielte Aufmerksamkeit erreichen möchte, schon etwas Besonderes und Einzigartiges zeigen muß. Nicht nur für die Träger dieser kulturellen Praxis, sondern auch für viele lediglich nominell involvierten Jugendlichen stellen die Brauchformen auch ohne ein gezieltes Marketing ein Eventangebot dar und die Besucherströme sind Ausdruck dafür, dass es sich um ein gelungenes Ereignis handelt. Brauchereignisse bzw. brauchvermittelte Gruppierungen als Plattform und authentisches Ausdrucksmittel von spezifischen jugendkulturellen Formen und Szenen schaffen Gemeinschaft, setzen die aktive Einbindung der Teilnehmenden in ein eigenständiges Ereignis voraus, setzen auf Harmonie und Unmittelbarkeit angelegte Erlebnisschemata, stiften erlebbare Erfahrungen und ermöglichen profilierendes Image verbunden mit hohen Akzeptanz- und Erinnerungswerten für einen wachsenden Kreis von Jugendlichen – und dies ist kein kurzlebiger Trend.

Literatur

Bausinger, H./Jeggle, U./Korff, G./Scharfe, M.: Grundzüge der Volkskunde. 3. unv. Aufl., Darmstadt 1993

Bimmer, A. C.: Brauchforschung. In: Brednich, R. W. (Hrsg.): Grundriss der Volkskunde. Einführung in die Forschungsfelder der Europäischen Ethnologie. Berlin 1988, S. 311-328

Böhnisch, L./Funk, H.: Jugend im Abseits. Zur Lebenslage Jugendlicher im ländlichen Raum. München 1989

Böhnisch, L./Rudolph, M./Funk, H./Marx, B.: Jugendliche in ländlichen Regionen. Ein ost-westdeutscher Vergleich. Schriftenreihe des Bundesministeriums für Ernährung, Landwirtschaft und Forsten. Reihe A: Angewandte Wissenschaft. Bonn 1997

Dülmen, R. v.: Kultur und Alltag in der Frühen Neuzeit. II. Band: Dorf und Stadt 16. – 18. Jahrhundert. München 1992

Freyer, W.: Event-Management im Tourismus – Kulturveranstaltungen und Festivals als touristische Leistungsangebote. In: Dreyer, A. (Hrsg.): Kulturtourismus. München/Wien/Oldenbourg 1996, S. 211-242

Gillis, J. R.: Geschichte der Jugend: Tradition und Wandel im Verhältnis der Altersgruppen und Generationen. Weinheim/Basel 1980

Graf, C.: Event-Marketing. Konzeption und Organisation in der Pop-Musik. Wiesbaden 1998

Hahn, A.: Geleitwort. In: Graf, C.: Event-Marketing. Konzeption und Organisation in der Pop-Musik. Wiesbaden 1998, S. 5

Höhn, M./Schulze-Krüdener, J./Vogelgesang, W.: Jugendbrauchtum im Wandel. In: Unijournal. Zeitschrift der Universität Trier 1999, S. 30-31

Homfeldt, H. G./Schulze-Krüdener, J./Honig, M.-S. (Hrsg.): Qualitativ-empirische Forschung in der sozialen Arbeit. Impulse zur Entwicklung der Trierer Werkstatt für professionsbezogene Forschung. Trier 1999

Hornstein, W.: Jugend in ihrer Zeit. Geschichte und Lebensformen des jungen Menschen in der europäischen Welt. Hamburg 1966

Hornstein, W.: Jugendforschung – Jugendpädagogik. In: Fatke, R. (Hrsg.): Forschungs- und Handlungsfelder der Pädagogik. 36. Beiheft der Zeitschrift für Pädagogik. Weinheim/Basel 1997, S. 13-50

Hüwelmeier, G.: Hundert Jahre Sängerkrieg. Ethnographie eines Dorfes in Hessen. Berlin 1997

Hüwelmeier, G.: Kirmesgesellschaften und Männergesangvereine. „Rites de passage" in der dörflichen Kultur Deutschlands. In: Zeitschrift für Sozialisationsforschung und Erziehungssoziologie (ZSE) 17/1997a, S. 30-41

Inden, T.: Alles Event?! Erfolg durch Erlebnismarketing. Landsberg/Lech 1993

Janke, K./Niehues, S.: Echt abgedreht. Die Jugend der 90er Jahre. München 1995

Krüdener, B.: Jugendhilfeplanung des Landkreises Trier-Saarburg. Planungsbereich Jugend und Freizeit. Dokumentation der jugendhilfeplanerischen Aktivitäten und Ergebnisse. Herausgegeben von der Kreisverwaltung Trier-Saarburg. Trier 1999

Krüdener, B.: „Die Mädchen sind natürlich eher für Dekorationen geeignet" – Geschlechterverhältnisse und Jugendbrauchtum. In: Schulze-Krüdener, J./Vogelgesang, W. (Hrsg.): Jugendbrauchtum heute zwischen Tradition und Innovation. Schriften des Volkskunde- und Freilichtmuseums Roscheider Hof, Konz. Trier 2000 (im Erscheinen)

Lecke, D./Pobel, U.: Unter der Linde und am Wartehäuschen. Jugendliche auf dem Dorf. In: Michel, K. M./Wieser, H. (Hrsg.): Kursbuch, Heft 54: Jugend. Berlin 1978, S. 111-125

Lejeune, C.: Leben und Feiern auf dem Lande: Die Bräuche der belgischen Eifel. Band I: Von Silvester bis Weihnachten. St. Vith 1993

Mitterauer, M.: Sozialgeschichte der Jugend. Frankfurt/M. 1986

Moser, H.: Volksbräuche im geschichtlichen Wandel. Ergebnisse aus fünfzig Jahren volkskundlicher Quellenforschung. München 1985

Müller, B.: Rituale und Stil in Jugendkultur und Jugendarbeit. In: deutsche jugend. Zeitschrift für die Jugendarbeit 1989, S. 313-322

Oxford Advanced Leaner's Dictionary of Current English. Oxford 1974

Planck, U.: Jugend und Gemeinde. In: Markefka, M./Nave-Herz, R. (Hrsg.): Handbuch der Familien- und Jugendforschung. Band 2: Jugendforschung. Neuwied/Frankfurt/M. 1989, S. 349-366

Scharfe, M. (Hrsg.): Brauchforschung. Darmstadt 1991

Schröder, A./Leonhardt, U.: Jugendkulturen und Adoleszenz: Verstehende Zugänge zu Jugendlichen in ihren Szenen. Neuwied/Kriftel 1998

Schulze, G.: Die Zukunft des Erlebnismarktes: Ausblick und kritische Anmerkungen. In: Nickel, O. (Hrsg.): Event Marketing. Grundlagen und Erfolgsbeispiele. München 1998, S. 303-316

Schulze, G.: Kulissen des Glücks. Streifzüge durch die Eventkultur. Frankfurt/New York 1999

Schulze-Krüdener, J./Vogelgesang, W. (Hrsg.): Jugendbrauchtum heute zwischen Tradition und Innovation. Schriften des Volkskunde- und Freilichtmuseums Roscheider Hof, Konz. Trier 2000 (im Erscheinen)

Schulze-Krüdener, J./Vogelgesang, W.: Kulturelle Praxisformen Jugendlicher. Die Eigengestaltung jugendlicher Lebenswelten zwischen Tradition und (Post-)Moderne – eine ethnographische Annäherung. In: Zinnecker, J./ Merkens, H. (Hrsg.): Jahrbuch Jugendforschung. Opladen 2000a (im Erscheinen)

Soeffner, H.-G.: Handeln im Alltag. In: Schäfers, B./Zapf, W. (Hrsg.): Handwörterbuch zur Gesellschaft Deutschlands. Opladen 1998, S. 276-287

IV.
Hochkultur-Events

Arnold Zingerle

Monothematisches Kunsterlebnis im Passageraum.
Die Bayreuther Richard-Wagner-Festspiele als Event

1. Einleitung: Bayreuth zwischen Konservatismus und Avantgarde

Einer verbreiteten Feuilletonmeinung zufolge sind die Bayreuther Wagner-Festspiele ein Hort des Kulturkonservatismus. Selbsterneuerung, Kennzeichen der Moderne, scheint dieser Institution deutscher Musikkultur ebenso fern zu liegen wie alles, was sie als postmoderne, Raum und Zeit sprengende Erlebnisqualität zukunftsfähig machen könnte. Wer sich das Geschehen am Bayreuther „Grünen Hügel" jedoch näher ansieht, wird ein solches Verdikt alsbald als Klischee erkennen. Wie jedes Klischee unterdrückt es das Ambivalente der Realität. Denn Bayreuth ist konservativ und zugleich in einem bestimmten Sinne modern. Mehr noch: einige Züge der Wagner-Festspiele sind gerade durch Konzepte, die zwei zentrale Aspekte postmoderner Erlebniskultur erfassen – „Event" und „Szene" – genauer zu charakterisieren. Zugleich lassen sich damit die Grenzen des Vergleichs dieser in ihrem Grundkolorit zweifellos konservativen Institution mit typisch „postmodernen" Erlebnisräumen verdeutlichen.

Eine Feststellung ist am Beginn angebracht, um einem Mißverständnis vorzubeugen, das sich möglicherweise bei Musik- bzw. Opernfernen leicht einstellt. Wie alle musikgeschichtlich bedeutenden Opernwerke, aus denen weltweit das Repertoire großer Opernhäuser besteht, ist auch Wagners Werk überall angewiesen auf dramaturgische Fortentwicklung, d. h. auf eine mit den Mitteln der Inszenierung unternommene „Übersetzung" dessen, was die Regisseure als „zeitlosen", überzeitlich gültigen Gehalt des Werkes ansehen, in die Zeit. Daher kommt es, daß besonders in einer Epoche häufig wechselnder Inszenierungsmoden wie der unsrigen starke, ideenreiche Regisseure zwangsläufig „avantgardistisch" wirken. Das ist in Bayreuth heute grundsätzlich nicht anders als an anderen Opernschauplätzen, auch wenn es hier keineswegs immer so war. Wagners Festspielidee, nach der Bayreuth allein seinem Werk vorbehalten sein sollte, und der Geniekult, mit dem er sich umgab, sind nicht ganz schuldlos an dem Umstand, daß die Inszenierungen auf dem Grünen Hügel in den ersten Jahrzehnten nach Wagners Tod zunächst jener kreativ-dramaturgischen Zeitbezogenheit keinen Raum ließen und so zu traditionalistischer Erstarrung neigten. Auch die unter Wagners Sohn Siegfried und dessen Nachfolgerin Winifred immerhin möglich gewordenen Ansätze zur künstlerischen Wiederbelebung in diesem Sinne kamen nicht zum Tragen: sie wurden bekanntlich überlagert durch nationalistische Deutungsansprüche und, am Ende, durch politisch-ideologische Instrumentalisierung. Erst nach dem Zweiten Weltkrieg kam unter der Leitung von Wieland Wagner jenes dynamische Regieprinzip, das übrigens auch Richard Wagner selbst schon vertreten hatte, und das heute unter dem Namen „Regietheater"[1] eine weithin akzeptierte Selbstverständlichkeit ist, in Bayreuth definitiv zum Durchbruch. Mit der Konzeption der Festspiele als „Werkstatt Bayreuth" erteilte schließlich der zweite Nachkriegsfestspielleiter, Wielands Bruder Wolfgang, jedem dramaturgischen Monopol eine Absage und öffnete die Bayreuther Bühne dem bis heute geltenden Inszenierungspluralismus. Allein schon in dieser Hinsicht ist die Etikettierung Bayreuths mit „Konservatismus" fehl am Platze.

Dasselbe gilt aber auch für die Inhalte, die mit den Wagner-Opern auf die Bühne kommen. Wie die literarische, so lebt auch die musikalische Weltliteratur, und Wagner im besonderen, von Deutungsplurivalenzen. Der „Ring" z. B. kann ebenso als überhistorische Menschheitsparabel wie als „antikapitalistische" Kritik der modernen Gesellschaft und ihrer Entfremdungsverhältnisse gelesen werden[2]. Allerdings wird *beliebiger* Interpretation durch das *Bürgerliche* an Wagner und seinem Werk eine Grenze gesetzt. Zwischen bürgerlichem Revolutionspathos und spätromantischer Gegenaufklärung angesiedelt (Thomas Mann: „durch und durch 19. Jahrhundert"), verkörpert das Werk Wagners sowohl die bürgerliche Moderne wie die ihr entspringende Antimoderne, die, obzwar mit „Postmoderne" nicht vertauschbar, dieser nicht wenige Anknüpfungspunkte bietet (um nur eines von vielen Beispielen zu nennen: die dem heute verbreiteten „ökologischen" Glauben an die reine, heile Natur nahekommende Fusion von christlicher Erlösungsidee und buddhistischem Naturpazifismus im „Parsifal"). So ist Wagners Werk durchzogen von einer Vielzahl innerer Spannungen, oft auch von Brüchen, was gerade der Regie-Avantgarde immer wieder Gestaltungsanreize bietet. Wenn Bayreuth sich dagegen dem Beobachter in einem ausgesprochen „konservativen"

---

1 Vgl. Waldschmidt 1986.
2 Für die zweite Alternative hat bereits Bernard Shaw mit seinem Buch „The perfect Wagnerite" ein herausragendes Modell gegeben (s. Shaw 1973).

Grundkolorit darstellt, so liegt dies weder an den dort auf der Bühne vermittelten Inhalten, noch am Innovationsgehalt der Inszenierungen[3], sondern an der sozialen und kulturellen Gesamtcharakteristik der Festspiele. In gewisser Weise erhalten sie ihren konservativen Zug allein schon aus dem Selbsterhaltungszwang, der jeder Institution eigen ist – und Bayreuth ist nun einmal ein hochgradig institutionalisierter Kunstbetrieb: es kann den Anciennitätsprimat unter allen Festspielen für sich beanspruchen. Stärker wirken sich jedoch die dominanten sozial-kulturellen Eigenschaften der Festspielbesucher aus. So weit sich auch Kultur und Gesellschaft unterdessen vom 19. Jahrhundert entfernt haben – das Bayreuther Publikum kann immer noch überwiegend als „bürgerlich", genauer: als „bildungsbürgerlich" typisiert werden. Wohl an keinem anderen Ort ist diese, besonders für die deutsche Gesellschaftsgeschichte so bedeutsame und von der Soziologie inzwischen wiederholt totgesagte, Kombination von Wohlstand und Bildung[4] in ihrer Sozialgestalt so sinnfällig präsent wie in Bayreuth. Für unser Thema ist nun von besonderem Interesse, daß dieser formprägende Teil der Bayreuther Festspielbesucher trotz einer erheblichen Modifikation (auf die ich noch zurückkommen werde) jenem Kulturphänomen zuzurechnen ist, welches G. Schulze als „Hochkulturszene" charakterisiert hat[5]. Die Frage drängt sich somit auf: inwiefern weist diese Szene strukturelle und kulturelle Eigenschaften analog zu den Szenen auf, die neuerdings an postmodernen Eventgemeinschaften untersucht werden? Und: läßt sich der Eventbegriff (bzw. sein prozessuales Korrelat „Eventisierung") als Folie für eine kulturwissenschaftliche Interpretation des Kunsterlebnisses auf dem Festspielhügel nutzen?

2. Bayreuth als Verknüpfung von Szene und Event

Im Rahmen postmoderner Sozial- und Erlebnisformen scheint sich der Vergesellschaftungstypus „Szene" in einer besonderen Charakteristik auszuprägen: als Struktur, die in der sequenziellen Verknüpfung einer imaginierten mit einer in „Events" aktualisierten Realitätssphäre existiert[6]. Setzt man nun

---

3 Das Bayreuther Festspielprogramm mischt seit Jahrzehnten – wobei die Leitung offensichtlich mit Bedacht divergierende Publikumsinteressen berücksichtigt – eher konventionelle Wagnerinszenierungen mit spektakulären Inszenierungsneuheiten (in den letzten Jahren z. B. „Tristan und Isolde" in der Inszenierung von Heiner Müller mit der vieldiskutierten Würfelbühne von Erich Wonder), die dann für einige Jahre im Sinne der „Werkstatt Bayreuth" weiterbearbeitet werden.

4 Das Sample der Bayreuther Publikumsuntersuchung v. J. 1996 (Gebhardt/Zingerle 1998; s. i. folg.) enthielt dazu u.a. folgende Indikatoren: 14,07 % der monatlichen Bruttoeinkommen lagen zwischen 6001 und 8000 DM, 9,81 % zwischen 8001 und 10.000 DM, 20,57 % über 10.000 DM; 55,56 % der Besucher hatten einen Hochschulabschluß; 16,19 % waren leitende Angestellte, 10,5 % Beamte im gehobenen Dienst und 25,88 % Selbständige oder Freiberufler.

5 s. Schulze 1992

6 Zur Terminologie: Im Hinblick auf die soziale Trägerschaft dieser Realitätskonstrukte sind „Szenen" und innerhalb dieser entstehende „Eventgemeinschaften", wendet man auf sie den Max Weberschen Dop-

die Frage für einen Augenblick beiseite, was unter „Event" genauer zu verstehen sei, so sticht eine frappierende Parallele zur Sozialform der Bayreuther Festspiele ins Auge. Die kultursoziologische Studie zu den Bayreuther Festspielen, die ich zusammen mit Winfried Gebhardt 1996 durchgeführt habe (s. Gebhardt/Zingerle 1998), zeigt Bayreuth als Mittelpunkt einer hochgradig vernetzten, freilich intern auch sehr differenzierten Wagnerszene. Für jede Festspielsaison – sie umfaßt zwischen Ende Juli und Ende August ca. (je nachdem, ob der „Ring" Bestandteil des Programms ist oder nicht) 30 Aufführungen – werden ca. 60.000 Karten ausgegeben. Demgegenüber steht jährlich ein Vielfaches von nachgefragten Plätzen; das bedeutet, daß der durchschnittliche Nachfrager auf regulärem Wege alle 7 bis 8 Jahre die Chance erhält, an eine Karte zu gelangen. Dieser Abstand läßt sich, sieht man vom Schwarzmarkt ab, nur durch vereinsmäßig oder privat organisierte Kartentauschringe verkürzen. Nur damit kann die – angesichts der relativen Kartenknappheit – auffallend hohe Rate von Wiederholern bzw. Dauerbesuchern innerhalb unseres Samples vom Jahr 1996 erklärt werden: nur 24,47 % haben damals die Bayreuther Festspiele zum ersten Mal besucht, 21,4 % haben sie bis zu 3 mal, 15,96 % bis zu 6 mal, jedoch 38,65 % bereits mehr als 6 mal besucht. Die Wagner-Vereine selbst[7], von denen allerdings keiner die *formelle* Zielsetzung der Kartenbeschaffung hat, bilden zwar einen geeigneten Rahmen für vielfältige informelle Subvernetzungen, mit sowohl zweckhaft-rationalen wie persönlich-emotionalen Funktionen in unterschiedlichen

---

peltypus „Vergemeinschaftung"/"Vergesellschaftung" an (Wirtschaft und Gesellschaft, Teil I, Kap. I, § 9 – s. Weber 1976: 21f.), eine komplexe Verbindung beider Möglichkeiten. Als stark *interessengeleitete* Gebilde sind „Szenen" eher als „Vergesellschaftungen", Eventgruppierungen dagegen, durch gefühlte Zusammengehörigkeit geprägt, eher als „Vergemeinschaftungen" anzusehen.

7 Drei Arten sind zu unterscheiden. – a) Von allen Vereinigungen ragt zunächst, als überwiegend mäzenatischer Typus, die „Gesellschaft der Freunde von Bayreuth e.V." heraus. „Überwiegend mäzenatisch" soll besagen: Finanzierungen nach dem Muster des *Sponsoring,* das der Eigenwerbung des Sponsors dient, nehmen, obwohl meistens über die „Gesellschaft" organisiert, gegenüber „selbstlosen" Zuwendungen in Form hoher Mitgliedsbeiträge und einmaliger Zahlungen relativ geringen Raum ein. Aus dem Mitte der neunziger Jahre bei ca. 5 Mio. DM liegenden Vereinsvermögen wurden z. B. 1996 1.098.000 DM für die laufenden Ausgaben der Festspiele und 1,5 Mio. DM für Baumaßnahmen am Festspielhaus ausgegeben. 1996 hatte die „Gesellschaft" 4.178 Mitglieder. Sie haben im Durchschnitt alle zwei Jahre Aussicht auf Festspielkarten. – b) Die Mehrzahl der Wagnervereinigungen gehört einem Typus an, dessen Interessenfokus zwar nicht speziell Bayreuth, sondern Wagner – insbesondere: Wagner-Aufführungen weltweit – ist, und dessen internationaler Zusammenschluß im „Richard Wagner Verband International e.V." ein globales Netzwerk bildet, mit dem die Chancen der Mitglieder, an Bayreuth-Karten zu kommen, beträchtlich verbessert werden. Die nicht genau eruierbare Mitgliederzahl lag Mitte der neunziger Jahre über 20.000. Größere Ortsverbände umfassen über 1.000 Personen (z. B. 1994: London 1.250, Tokyo 1.200, New York 1.012, Straßburg 1.008; der größte deutsche Verband war Würzburg mit 1.656 Mitgliedern). – c) Mit 3-400 Mitgliedern (aus dem In- und Ausland) fällt die „Deutsche Richard Wagner-Gesellschaft e.V." zwar zahlenmäßig gegenüber dem oben genannten kaum ins Gewicht; sie ist jedoch aus dem Ganzen der Wagner-Szene nicht fortzudenken, da sie in z. T. aggressiven öffentlichen Stellungnahmen einen „inhaltsbezogenen" Gegenpol zu dem auf rein musikalische Leistung fixierten „Niveaumilieu" (G. Schulze) der Mehrheit darstellt. Gegen „Modernismus" und Bühnenavantgarde fordert sie zumindest für Bayreuth „authentische", dem Wortlaut der Partituren und den Intentionen Wagners („werkgerecht") folgende Aufführungen.

Mischungsverhältnissen. Es kann jedoch, ausgehend von den geführten Tiefeninterviews sowie unseren methodisch eingesetzten Beobachtungen, vermutet werden, daß sich die Besucherschaft intensiver als an anderen Opernschauplätzen aus Zirkeln, Freundschaftsnetzen u. ä. zusammensetzt, die sich außerhalb oder quer zu den bestehenden Vereinigungen gebildet haben. Bayreuth-Neulinge riskieren auf den Schauplätzen des Grünen Hügels, sich als Outsider erfahren zu müssen; an der „Pausengesellschaft" fällt die Kommunikationsdichte der vielen Gruppen und Grüppchen auf, die sich bei dieser Gelegenheit bilden sowie – vor allem am Beginn der „Ring"-Zyklen – die Häufigkeit des typischen Kommunikationsmusters in Sprache und Gestik, das sich beim Wiedersehen „alter Bekannter" oder Freunde zeigt.

Aus den geschilderten Gegebenheiten ergibt sich bei den beteiligten Individuen ein charakteristischer Rhythmus, dessen Struktur dem Wechsel von Imagination und Aktualisierung im Event bei postmodernen Szenen durchaus ähnlich ist. „Bayreuth" bedeutet nämlich stets, in mehr oder weniger starker Ausprägung, die sequentielle Verknüpfung spezifischer *Handlungen* mit *Erlebnissen* bestimmter Art. Die Handlungen sind langfristig angelegt und folgen überwiegend rationalen Erfordernissen und Mustern – sie dienen zunächst der formell oder informell organisierten Kartenbeschaffung, darüber hinaus bestehen sie aus einer mehr oder weniger stetigen, doch intensiven intellektuellen Auseinandersetzung mit dem Thema „Wagner" in der ganzen Breite seiner Facettierung: von den Stoffen, den Themen, den musikalischen Strukturen der Opern und ihrer Inszenierungsgeschichte über die biographische Literatur zu Wagner bis hin zu Kritiken und wissenschaftlichen Analysen und Interpretationen[8]. Natürlich sind diesem relativ rationalen Kontinuum immer wieder auch Phasen des Konsums der einschlägigen Produkte der Ton- und Bildträgerindustrie beigemischt, mit nicht-rationalen, aber auch rationalen Erlebnisqualitäten unterschiedlichster Art. All dies findet sich, bei entsprechender Variation bei den Inhalten und den technisch-medialen Aspekten, auch in den „postmodernen" Szenen. Was den Vergleich mit diesen jedoch erst interessant macht, ist die Zäsur, der regelmäßige Wechsel zwischen den über längere Zeitabschnitte sich erstreckenden Handlungen und Einstellungen auf der einen Seite und dem eigentlichen, verhältnismäßig schnell vorübergehenden „Event", also: dem nicht medial vermittelten Erlebnis der Opernaufführung auf der anderen Seite.

---

8   Die im Zuge der o.g. Bayreuther Publikumsstudie eingesetzte standardisierte Befragung ergab zur Frage „Bereiten Sie sich auf die einzelnen Aufführungen der Festspiele vor (Mehrfachnennungen möglich)?" folgende Verteilung: Textbücher 62,41 %, allgemeine Wagner-Literatur 53,90 %, Einführungsvorträge 31,39 %, Partitur (Klavierauszüge eingeschlossen, Anm. d. Verf.) 13,95 %, nein 11 %.

3. Ein Maximalismus und seine Kosten: Zum Begriff des Events

Vieles vom relativ rationalen Charakter der handlungsgeprägten Phase ist bedingt durch ihre Intentionalität: sie ist auf die andere Phase hin „angelegt", die letztlich erst „Erfüllung" durch das „authentische Erlebnis" bringt. Der Wechsel ist zugleich einer vom Alltag zum Außeralltäglichen. Große Bedeutung kommt dabei der zeitlichen und räumlichen Abgrenzung zu. Die elektronische Konserve eines noch so außergewöhnlichen Musikereignisses erlaubt einen über den Alltag gestreuten Konsum in Häppchen, der so in dessen Zeit- und Handlungsstrukturen übergeht. Das Event selbst bedeutet dagegen nicht nur die räumliche Vereinigung und zeitliche Synchronisation von aufgeführtem künstlerischen Produkt und Publikumserlebnis. Es führt vor allem ein strenges und exklusives Regime über die Art und Weise, wie die Teilnehmer in den zeitlich und räumlich umgrenzten Bezirk seines Erlebnisses eintreten, wie sie ihn wieder verlassen und wie sie sich zwischen den beiden geregelten Übergängen verhalten. Darin Riten, Zeremonien und Liturgien vergleichbar, fordert das Event von denen, die das von ihm gebotene Außergewöhnliche begehren, vollkommene Unterwerfung. Allerdings: wie man in es hineingelangt, ist strenger geregelt als die Rückkehr in den Alltag, und die Normierung des Erlebnisses selbst kann mehr oder weniger Verhaltensweisen umfassen und in unterschiedlichen Graduierungen erfolgen. Mir scheint jedoch, es gehöre zum Begriff des „Events", daß es sein normatives Regime besonders hier, im raum-zeitlich umgrenzten Bezirk des ihm eigenen Erlebnisses, der Tendenz nach eher „maximalistisch" als „minimalistisch" führt: es verlangt *im Prinzip* „ganze Hingabe", den Verzicht auf die alternative Option, sich nicht oder nicht ganz auf es „einzulassen". Dieser handlungslogische „Preis" ist, vom Wert eines freien, sich selbst kontrollierenden Subjekts her betrachtet, die Kehrseite jenes in bestimmten Arten des Events gesuchten *vollkommenen* Heraustretens aus den Erlebnisweisen und Bedingungen der Alltagsexistenz, für welches die kulturwissenschaftliche Sprachkonvention den Ausdruck „*Ekstase*" bereithält.

Um jedes Mißverständnis auszuschließen: weder der „Grüne Hügel" noch ein ihm in dieser Hinsicht vergleichbares Event – etwa ein Techno-Event[9] – kann *empirisch* angemessen von diesem „maximalisierenden" Bild wiedergegeben werden. Um „Wiedergabe", „Abbildung" kann es sich hier jedoch auch gar nicht handeln, sondern um die gesteigerte Evidenz eines begrifflichen Konstrukts im Sinne der Idealtypenmethode Max Webers. Gerade im

---

9   Dieser Vergleich geht auf eine Idee von Winfried Gebhardt zurück: ein erster Versuch, aus der Feder von Gebhardt, findet sich in Gebhard/Zingerle 1998 (S. 264 ff.). Nachdem ich zu den dort entwickelten Ansichten eine zeitlang auf skeptischen Abstand gegangen war, bin ich mittlerweile zu der zwar immer noch von Skepsis durchdrungenen, grundsätzlich aber positiv gestimmten Ansicht gelangt, die der vorliegende Aufsatz dokumentiert.

Fall des hier besprochenen Gegenstandes, so scheint mir, erlaubt die idealtypische Steigerung des Prinzips, der *künstlich* unterstellte „Maximalismus" den differenzierenden Blick auf die stets komplexere Realität. Mangels spezieller Kenntnisse anderer Bezugsszenen muß ich mir entsprechende Hinweise versagen. Ich versuche stattdessen, ein paar Anhaltspunkte zu einer vergleichenden Analyse von dem her zu strukturieren, was an den Bayreuther Festspielen beschreibbar ist.

4. Das von Wagner geschaffene Publikum I: Struktur und Funktion eines auratisierten Ortes als Passageraum

Ein erster Aspekt der Differenzierung ist das Ausmaß, in dem das Event in seinem unmittelbaren zeitlich-räumlichen Umfeld das Verhalten der Teilnehmer für sich beansprucht. Dies gilt besonders in Bayreuth, denn der Anteil der Festspielbesucher, die sich weniger als drei Tage in Bayreuth aufhalten, beträgt nur etwas mehr als ein Drittel der von uns Befragten, andererseits bleibt eine fast genauso hohe Quote *mehr als sechs Tage* am Ort des Events. Man taucht somit in das „Event Bayreuth" weder en passant noch im raschen Wechsel zwischen dem Ort, der die Alltagszeit bestimmt, und dem Event-Ort ein. Dies ist auch dadurch mitbedingt, daß ein Teil der Festspielbesucher Karten für mehrere Aufführungstermine besitzt. Wie verbringen sie die Tage vor Beginn der Aufführungen, wie die aufführungsfreien Tage? Aus der bunten Fülle der Beobachtungen, die wir sammeln konnten, sowie aus Interviews und literarischen Berichten schält sich ein bayreuthspezifisches „Muster" heraus. In höherem Maße als es sowohl anderen Festspielorten – und mehr noch: anderen Eventschauplätzen der postmodernen Art – unterstellbar ist, gestalten in Bayreuth das Inhaltliche des Events und die darauf bezogenen Erwartungen den Tagesablauf.

Mögen sich die oben genannten, langfristig angelegten Handlungssequenzen über einen ansonsten andersartigen Alltag verteilen: der in Bayreuth zwischen diesen Alltag und das Außeralltägliche der Aufführungen sich schiebende Warteraum ist als *Ganzes* vom Event her gleichsam imprägniert. Dieses Bayreuther Charakteristikum ergibt sich bereits aus der Gründungskonzeption der Festspiele. Im Gegensatz zu einem Festspielort wie Salzburg steht hier, wie bereits eingangs angedeutet, nach dem Willen des Urhebers nur *dessen* Werk (genauer: der Kanon einer Werkauswahl) auf dem Spielplan. Diese Werkexklusivität gehört bis heute zur bewußt bewahrten Tradition der Bayreuther Festspiele. Sie wird von der Mehrheit des Publikums – d. h. 67 % der Respondenten – bejaht. So wird die Atmosphäre der Stadt während der Festspiele durch *eines* bestimmt: die Allgegenwart des Themas „Wagner". Diese ist gewiß auch strukturell bedingt durch den beschaulichen

Rahmen der Provinzstadt: für konkurrierende Themen (oder Events) bleibt wenig Raum. Schon Richard Wagner, dem es darauf ankam, mit dem Medium seines „Musikdramas" zugleich Weltanschauliches zu verbreiten, hatte diesen Gesichtspunkt bewußt bei der Wahl des Festspielortes einbezogen: frei von Ablenkungen sollten sich die Bayreuth-Besucher im Bayreuther Umfeld des „Grünen Hügels" – einem Raum, der im Hinblick auf das kulminierenden Event als *Passage*raum betrachtet werden muß – prozessual, in Annäherungen, auf sein Werk *einstellen*, um sich auf diese Weise umso besser am Höhepunkt des Bayreuth-Aufenthaltes ganz auf seine Botschaft *einlassen* zu können. Wie der Ort Bayreuth abseits vom metropolitanen Pulsieren kultureller Vielfalt liegt, so verkörpert innerhalb der Stadt die Lage des Festspielhauses auf dem „Grünen Hügel", inmitten eines Parks, abermals die gewollte Distanz zum durchschnittlich-weltlichen, alltäglichen Treiben der Stadt und strukturiert allein schon dadurch das Passageverhalten derjenigen, die sich dem Schauplatz des Events nähern.

Wir wissen nicht genau, wieviele von ihnen über diese objektive Disposition hinaus auch subjektiv Wagners Erwartung folgen und diesen Distanzierungsakt vollziehen. In seiner Mehrheit erschien uns jedoch das Bayreuther Publikum Wagners Konzeption seltsam „angepaßt". Dies betrifft nicht nur den negativen Aspekt der Distanzierung, sondern, mehr noch, etwas Grundsätzlicheres: die positive Orientierung hin auf den Kern der Festspiele. Von ihrer Konzeption her, wie sie ihnen von Richard Wagner unterlegt wurde, ist die Feststellung nicht übertrieben: Wagner habe mit dieser Konzeption wie kein anderer Komponist *sein eigenes Publikum* erst *geschaffen*. Denn die Bayreuther Festspiele stellen die Institutionalisierung einer neuen Idee des Bühnenwerks dar, die mit der zeitgenössischen „Oper" – in den Augen Wagners lediglich eitler Vergnügungsbetrieb – brechen sollte: mit ihr sollte eine spezifische Synthese von „Musik" und „Sinn", das Musikdrama, „kunstreligiöse" Weihe erhalten und durch „Feier" an besonderem Ort auf Dauer gestellt werden. Läßt eine derartige Konzeption ein anderes Verhaltensmuster zu als „volle Hingabe"? Gewiß, seit ihrer Gründung zogen die Bayreuther Festspiele auch Besucher an, die diesem Ideal nicht entsprachen. So konnte Wagner nicht verhindern, dass aus den nahe gelegenen böhmischen Kurorten eben jene Angehörigen der damaligen „guten Gesellschaft" heranreisten, die für ihn nichts anderes waren als „badereisende Faulenzer". Er hätte sie am liebsten aus seinem Publikum ferngehalten, weswegen er Baden-Baden und Bad Reichenhall als Alternativen zum Festspielstandort Bayreuth verworfen hatte. Mit diesem wie anderen Segmenten der versnobten, adelig-bürgerlichen „leisure class" (Veblen) jener Zeit, die des gesellschaftlichen Ereignisses, nicht der Kunst wegen sich in Bayreuth aufhielten, musste sich Wagner nicht zuletzt aus finanziellen Gründen abfinden. Doch war das Bayreuther Publikum von Anfang an geteilt. Neben den geschilderten Kreisen gab es in Bayreuth – und man kann annehmen: im Verlauf des 20 Jh. mit zunehmendem Anteil – diejenigen, die auf den Hügel pilgerten, weil sie eben doch auf Wagners Sinnangebote reagierten oder weil sie, als Musikliebhaber, die Stücke des genialen Komponisten an „ihrem Ort" erleben wollten. Wenn auch mittlerweile religiöse (wie übrigens auch politisch-weltanschauliche) Deutungen beim Publikum weitgehend entfallen sind, so ist bis heute bei einem großen Teil des Publikums die Erwartung, über Wagners Musik auch Sinn erschließen zu können, geblieben[10]. Durch diesen weltanschaulichen „Mehrwert" weicht das Bayreuther Publikum erheblich von G. Schulzes „Niveaumilieu", das lediglich am Ästhetischen in seinem Eigenwert („Niveau um des Niveaus willen") orientiert ist, ab. Es verwundert daher nicht, daß an den Bayreuther Festspielen atmosphärisch immer noch etwas vom „kunstreligiösen" Milieu des Anfangs, das der Stifter um sich schuf, haftet. Darauf ist wohl zurückzuführen, daß wir in unseren Interviews und Gesprächen mit Festspielbesuchern wiederholt den starken Eindruck einer *Auratisierung des Ortes*, insbesondere des „Grünen Hügels" und des auf ihm errichteten Festspielhauses, erhielten. Beides ist nicht zu verstehen ohne die über Jahrzehnte erfolgreiche Institutionalisierung jener exklusiven und in der Welt einmaligen Festspielidee.

Ausdruck dieser Auratisierung ist zunächst die bereits angedeutete perspektivische und verhaltensmäßige Zentrierung auf das *eine* Kunstevent am *einmaligen* Ort – käme es darauf an, einen „Durchschnittswagnerianer in Bayreuth" zu konstruieren, so müßte diese Eigenschaft entschieden den Vorrang erhalten. Diese Zentrierung findet nun in mehreren Dimensionen des Verhaltens und der Einstellung des von Wagner auf diese Weise langfristig seiner Schöpfung ankultivierten Publikums ihren Niederschlag. Der typische Festspielbesucher macht von den Angeboten der Stadt Bayreuth, von den landschaftlichen Vorzügen seiner Umgebung lediglich „sub specie" Gebrauch: wenn überhaupt, so unter dem besonderen Vorbehalt seiner Eventzentriertheit. Wagnerbezüge verdichten sich während des Bayreuth-Aufenthalts auf Kosten anderer; was nicht für sie relevant ist oder in ihrem Interesse Entlastung bringen könnte, wird marginalisiert oder ausgeschlossen. Wir werden an religiöse „Weltindifferenz" (Max Weber) erinnert. Wir fanden diesen Eindruck auch in einem unserer Tiefeninterviews bei der Frage bestätigt, was Bayreuth als besonderen Ort qualifiziere, als wir Formulierungen zur Antwort erhielten, die nahelegen, die Festspielphase gleichsam als „Kloster auf Zeit" zu betrachten: *„als ich das erste Mal hier war, bin ich gefangengenommen worden von der Atmosphäre hier...".* Sie sei *„ungefähr wie in einem alten Kloster, d. h. unendlich konzentriert auf einen Punkt, und*

---

10 In einem Abschnitt aus unserer standardisierten Befragung, mit dem die Akzeptanz von Wagners Kunst-auffassung überprüft werden sollte, erhielten wir die höchste Zustimmung (82,39 %) zur Vorgabe: „Kunst erfüllt das eigene Leben mit Sinn".

sie hat seit 120 Jahren diesen einen Fluchtpunkt, auf den sich alles konzentriert, so wie sich in einem Kloster alles konzentriert auf den Lobpreis Gottes... Da bildet sich eine Aura um den Ort, die wirklich so dicht ist, daß das Opernerlebnis hier immer ein ganz anderes ist als zuhause. Außerdem ist man der Welt abhanden gekommen... ".

5. Das von Wagner geschaffene Publikum II: Gebaute und gelebte Rituale im Dienst der Konzentration

Was steht hinter einer solchen Metapher? Neben der „Weltdistanzierung", neben der quer durch das individuelle Verhältnis zur Stadt gezogenen „Klostermauer" („Weltindifferenz"), gilt es vor allem als *innere* Dauerdisposition, die der Zentrierung des Gesamtverhaltens entspricht, einen hohen Grad von *Konzentration* zu registrieren. In den spontanen Reaktionen, die wir auf unsere Frage nach dem Besonderen der Bayreuther Festspiele in unseren qualitativen Interviews mit 38 Personen[11] erhielten, wurde das Kriterium „Konzentration" am häufigsten thematisiert[12]. Bündelt man die Nennungen nach Einzelaspekten bzw. Gruppen von Aspekten, so ergibt sich folgende Verteilung:

A. *Charakteristika der Festspiele und damit zusammenhängende Erlebnisqualitäten*
   1. Konzentration auf die Aufführung von Wagners Werk   15
   2. Hervorragende Akustik des Festspielhauses   13
   3. Idee und organisatorische Konzeption der Festspiele (verschiedene Aspekte)   12
   4. Niveau der künstlerischen Leistung des Orchesters und der Sänger   9
   5. Werkstattcharakter   2
   6. Optisch-räumliche Qualitäten   2
   7. Abgehobenheit vom Alltag   2
   8. Verschiedene einzelne Aspekte   3
B. *Die Stadt Bayreuth als Stadt Wagners und der Festspielhügel*
   Allgemein-atmosphärisches (verschiedene Aspekte)   11
C. *Die Festspielbesucher (verschiedene Aspekte)*   10

---

11 Von 28 Tonbandaufzeichnungen konnten wir 26 auswerten.
12 Nicht zufällig nahm „Konzentration" auch bei unserer standardisierten Befragung den ersten Rang bei der Beantwortung der Frage nach dem „Besonderen" an den Bayreuther Festspielen ein. Die Vorgabe „daß man sich voll und ganz auf das Opernereignis konzentrieren kann" bejahten 82%. Die übrigen Vorgaben (sie betrafen den „Originalschauplatz", „große Sänger und Stars", den Aufenthalt unter „Gleichgesinnten", das noch niedrige Preisniveau Bayreuths, schließlich: „Sonstiges", wobei Mehrfachangaben zugelassen waren) folgten mit deutlichem Abstand: mit jeweils 59 %, 56 %, 30,5 % , 25,3 % und 8 %.

Der objektiv-situative Bedingungsrahmen des von uns beobachteten Verhaltens und die erfaßten subjektiven Erlebnisweisen konvergieren im Hinblick auf „Konzentration" besonders deutlich in den Momenten des Übergangs zum eigentlichen Event. Hier ist zunächst ein stereotypes Konstrukt zurechtzurücken: das an Premierentagen und besonders bei der feierlichen Eröffnung der Festspiele alljährlich von den Medien verbreitete Bild vom „Auftritt" des Publikums bei den Bayreuther Festspielen. So gut dieses Bild auch als Werbeinstrument taugt – es entspricht keinesfalls der Realität der meisten Aufführungstage. Was an ihnen auf dem Vorplatz des Festspielhauses zu beobachten ist, unterscheidet sich deutlich von der Showszenerie des ersten Premierentags, seinen Inszenierungen modischer Extravaganz, vom Schaulaufen politischer Honoratioren und Medienstars – es fehlen auch die Scharen sensationshungriger Zaungäste. Die Szenerie gleicht eher der einer bürgerlichen Gottesdienstgemeinde, die sich am hohen Festtag auf dem Kirchenvorplatz versammelt. Die Teilnehmer am Event bleiben weitgehend unter sich. Ihr Kleidungsstil – im Ganzen bedeckte Farben, bei den Herren überwiegend festliches Dunkel, bei den Damen nur hier und da in Farbe und Zuschnitt Exzentrisch-Auffälliges – entspricht der äußerlich wahrnehmbaren psychischen Verfassung: einer Mischung von lockerer, ja zuweilen zurückhaltendheiterer Stimmung mit innerer Sammlung. Man „versammelt" sich um das Festspielhaus herum. Nur in Ausnahmefällen sieht man Besucher gehetzt aus dem Taxi springen und in letzter Minute den Eingang stürmen. Sie haben ein wichtiges rituelles Element der Passage in das Event versäumt: die Bläserdarbietung auf dem Balkon des Festspielhauses, die zu Beginn eines jeden Stückes und nach jeder Pause mit Motiven aus diesem Stück zum Betreten des Hauses aufruft.

Nach dem Platznehmen der Besucher sorgt nun das institutionelle Drehbuch des Events durch eine Abfolge ganz bestimmter Arrangements für eine „Rahmung" des Erlebnisses in Richtung auf Konzentration, die ich am besten in den Worten einer unserer Interviewpartnerinnen wiedergebe: *„Zuerst werden die Türen verschlossen, dann werden die Vorhänge zugezogen, die Türen werden von innen verschlossen; wenn es Ihnen schlecht wird: Sie können raus, aber nicht wieder rein - absolut nicht stören, bitte. Dann verlöschen die oberen Lichter, dann ..... langsam die unteren Lichter und dann wird es ganz still. Kein Klatschen vorher, nichts. Es wird ganz still. Und aus dieser Stille heraus der erste Ton!"*. Der rituelle Gebrauch der Verdunkelung steigert nicht nur die Konzentration. Er gibt darüber hinaus der Passage der Zuschauer in das Zentrum des Events eine „archetypische", mystische Qualität: aus dem Dunkel führt der Weg der Probanden, der Initianden zum erlösenden Licht. So bleibt während der Vorspiele Wagners Bühne noch lange Zeit entweder vollkommen verdunkelt oder nur schwach illuminiert. Durch die Versenkung des Orchesters im „Orchestergraben" werden die Besucher auch nicht durch Lichteffekte von dort her (von den Musikern und Dirigenten ganz zu schweigen) abgelenkt. Durch bestimmte Regietechniken – so die bis heute immer wieder aufgenommene, von Adolphe Appia beeinflußte Lichttechnik Wieland Wagners, die den beleuchteten Handlungsraum des Musikdramas vor tiefschwarzem Hintergrund auf eine Scheibe begrenzt[13] – bestimmt das Dunkel über das Vorspiel hinaus den optischen Gesamteindruck und relativiert die Grenze zwischen dem abgedunkelten Zuschauerraum und der Bühne, wodurch die Zuschauer verstärkt im Sinne des Illusionstheaters in die Handlung einbezogen werden. Das „versenkte", unsichtbar gemachte Orchester ist nicht das einzige Mittel, mit dem bereits durch die Architektur der physische Raum des Bayreuther Events die Teilnehmer in Richtung auf Konzentration vorkonditioniert. Die vorherrschende Gestalt der Zuhörerräume zeitgenössischer Opernhäuser mit ihren bewußt im Dreiviertelkreis umlaufenden Rangaufbauten, die dem „Sehen und Gesehenwerden" einer statusbeflissenen Gesellschaft dienten, mußte Wagners Ideal des hingegebenen Publikums von Grund auf widersprechen. Daher setzte er beim Bau des Festspielhauses sein eigenes Konzept für einen Zuschauerraum durch, der seitliche Logen und Ränge vermeidet, die Parkettplätze amphitheaterartig im Rund ansteigen läßt und so die Blicke konzentrisch auf die Bühne lenkt[14].

6. Eventqualitäten I: Der Wechsel von „Arbeit" und Entspannung

Zusammen mit dem von aller Welt gepriesenen akustischen Eigenschaften des Festspielhauses erhält das Event auf diese Weise eine Erlebnisqualität, die Wagnerbegeisterte nicht selten so euphorisch beschreiben wie im Fall der folgenden Interviewpassage: „ ... *und dann betrete ich diesen Raum und erlebe, zumindest vom Klang her, etwas Besonderes. Und auch von der Dichte her ... und von der Konzentration her etwas ganz Besonderes. Auch vom Publikum her! Ich war gestern im Siegfried, und im dritten Akt war es derart dicht, die Menschen haben kaum zu atmen gewagt. Es gehen fast 2000 Menschen hinein und es war eine so gespannte Stille und ein tolles Publikum gestern. So etwas speichern Sie – das ist eine Erfahrung, die Sie gemacht*

---

13 Diese Technik – eine Abkehr vom szenischen Naturalismus, auf den Wagner-Regisseure immer wieder zugreifen – wurde in Bayreuth z. B. noch in der letzten „Ring"-Inszenierung von Kirchner 1993 bis 1998 eingesetzt.

14 Wagner greift dazu nicht zufällig auf das griechisch-antike Urbild zurück; wurzelt doch auch seine Theorie des Musikdramas in der noch kultisch verstandenen antiken Tragödie. „Der Zuschauer", so schreibt er in seiner Schrift „Das Bühnenfestspielhaus zu Bayreuth" (1873), „befindet sich jetzt, sobald er seinen Sitz eingenommen hat, recht eigentlich in einem 'Theatron', d. h. einem Raume, der für nichts anderes berechnet ist, als darin zu schauen, und zwar dorthin, wohin seine Stelle ihn weist" (Wagner 1983, Bd. 10: 37). Vgl. Richard Sennetts Bemerkung zur Disziplinierung des Publikums von außen her: er nennt die Architektur des Bayreuther Festspielhauses eine „Verordnung von Stille" (Sennett 1983: 238).

haben! Und dann brauchen Sie hinterher nur daran zu denken, dann ist diese Erfahrung wieder da. Dieses ganz besondere Erlebnis – diese absolut dichte Konzentration und Spannung und, ja, dann brauchen Sie nur daran zu denken, im Laufe des Jahres, und es rieselt Ihnen glücklich über den Rücken". Gewiß, ein Selbstzeugnis wie dieses stützt die „maximalistische" Interpretation des Eventtypus (s.o.) erst einmal als solche, d. h.: es besagt noch nichts über die empirische Verteilung von Erlebnisweisen innerhalb der Eventgemeinschaft. Eigene und fremde Beobachtungen des äußeren Verhaltens während verschiedener Aufführungen lassen freilich bei einem großen Teil des Publikums darauf schließen, daß es sich tatsächlich in außergewöhnlich hoher Konzentration am Event beteiligt. Wohl gab es hier und da sichtbar oder hörbar Eingeschlafene, was bei der Länge von Wagneropern nicht verwunderlich ist. Ebenfalls waren nur in Einzelfällen Personen zu beobachten, die sich mit ihrem größeren Bewegungsbedürfnis aus den konformen Reihen der unbeweglich Sitzenden abhoben. Während der Aufführungen vermittelte das Publikum als Ganzes den Eindruck, es passe sich in hohem Maße den situationsspezifischen Normen an – bis hin zu den von „gewöhnlichen" Opernhäusern erheblich abweichenden Regeln des Applauses, der z. B. beim „Parsifal" erst am Ende des gesamten Stückes gegeben werden darf. Die in der wiedergegebenen Interviewpassage erwähnte Atmosphäre der *Spannung* ist, unseren Beobachtungen und vielen Selbstzeugnissen zufolge, nicht frei von *Anspannung*. Diese ist gewiß auch auf das Bestreben zurückzuführen, den Verhaltensstandards zu entsprechen. Zu einem guten Teil geht sie jedoch auf physische Anstrengungen zurück. Sie sind zum einen durch die außergewöhnlich lange Dauer der Wagneropern bedingt, zum anderen durch die harte Bestuhlung sowie durch Unzulänglichkeiten der Belüftung des über 120jährigen Festspielhauses (in diesem Sinn ist jedenfalls das vielfach kolportierte on-dit von Salzburg als „Vergnügen" und Bayreuth als „Arbeit" *auch* zu verstehen, wenn man einmal von den oben erwähnten Anforderungen der „Arbeit" am dargestellten „Sinn", an den Texten und evtl. an den Partituren absieht).

Psychisch-physische „Kosten" dieser Art verlangen, zusammen mit dem Durchhalten der Konzentration, Ausgleich, Entspannung und Entlastung innerhalb des Eventrahmens: daher gehört die Pausenordnung mitsamt den Möglichkeiten, die sie den Individuen bietet, zum „eisernen Bestand" institutionalisierter Regelungen in Bayreuth. Bei normalem Opernbesuch bedeutet „Pause" die Ausdehnung des Besucherkollektivs auf Flure und Foyers. Nach relativ kurzer Zeit zieht es sich wieder auf den Zuschauerraum zusammen. In Bayreuth entleert sich das Haus für die außergewöhnlich lange Periode einer Stunde, während der sich die Besucher über den „Grünen Hügel" verteilen. Sie besuchen das Festspielrestaurant oder andere nahe gelegene Gaststätten, oder sie nehmen ein Picknick auf der Wiese oder in dem auf dem Parkplatz abgestellten Auto ein. Sie ergehen sich im Park, kühlen sich in der Kneipp-

Wassertretanlage ab, meditieren einfach auf einer Bank oder sehen sich im Kiosk nach Gedrucktem um. Die Variationsbreite der Aktivitäten, die diese Art von chill-out-area bietet, ist bei näherer Betrachtung deutlich eingeschränkt auf ein Entspannungs- oder Entlastungsprogramm, nicht auf eines der Abwechslung, durch die man vom großen Thema abgelenkt werden könnte. Ich werde auf diesen Aspekt noch zurückkommen.

7. Eventqualitäten II: Äußerer Konformismus bei innerer Diversität

An dieser Stelle sei zunächst festgehalten: Bayreuth bestätigt bis zu diesem Punkt, was oben zur normativen Regelung des Verhaltens beim „Einstieg" in das Event im allgemeinen gesagt wurde. Das subjektive Erlebnis des Events selbst zwingt jedoch zu einer Differenzierung. Betrachtet man die äußerlich beobachtbaren Verhaltensmerkmale, so unterscheidet sich Bayreuth vom „postmodernen" Eventphänomen wenig: in beiden Fällen zeigen die Einstiegs- und Vollzugsphase des Events einen hohen Grad von Verhaltenskonformität. Wir können jedoch annehmen, daß das Gesamtspektrum der beteiligten Erlebnisweisen auf beiden Seiten sehr verschieden strukturiert ist. Mir stehen Untersuchungen, die diesen Aspekt etwa an der Techno-Szene beleuchten, nicht zur Verfügung. Ich vermute jedoch, daß hier der Event sein normatives Regime erheblich durchgreifender ansetzt als dies in Bayreuth der Fall ist. Wenn ich richtig sehe, wird bei Techno ekstatische Bewußtseinsminimierung angestrebt, was zugleich Voraussetzung für den vollen Genuß des Events ist. Zu recht beobachtet Gebhardt[15], daß sich die beiden Fälle im Verhältnis zum Körper grundlegend unterscheiden: die Ekstase sei hier von intensiver (formierter) Körperbewegung, in Bayreuth jedoch von regelgemäß absoluter Unbeweglichkeit, religiöser Meditation vergleichbar, begleitet. Im zweiten Falle kann jedoch von „Ekstase" nur adäquat die Rede sein, wenn das Heraustreten aus dem Alltag umfassender konzipiert wird, nicht beschränkt auf den Vollzugsakt des Events – es sei denn, man begrenzt die Ekstase der Bayreuth-Besucher auf diejenigen, die während der Aufführung bei allem äußerlichen Stillhalten emotional „wegtreten": dann aber ist die Vergleichseinheit mit Techno verlassen. Mit anderen Worten: während wir annehmen können, daß das normative Regime des Techno-Events die Besucher, was die erlebnisbegleitenden Bewußtseinszustände betrifft, in *eine* Richtung drängt – „Entleerung" –, macht im Falle Bayreuths sein konformierender Druck an der Außen-Innen-Grenze des Subjekts halt, um ihm völlig *verschiedene* Graduierungen wie inhaltliche „Füllungen" seines Bewußtseins

---

15 Im oben erwähnten Anhang zu Gebhardt/Zingerle (1998: 269)

zu ermöglichen. Die bunte Fülle der Erlebnismöglichkeiten, die aus den Bayreuther Tiefeninterviews erhoben werden konnte, changiert zwar oft in verschiedensten Mischungen, ist aber doch auch in deutlichen Ausprägungen registrierbar. Da gibt es zunächst die primär musikalisch und zugleich am ganzen Stück Interessierten. Man kann sie innerhalb eines polaren Gegensatzes von „emotional" und „rational" einordnen. Für Einzelheiten verweise ich auf das Kapitel VII (Abschn. 1.3) der Bayreuther Studie; an dieser Stelle mögen ein paar illustrierende Verdeutlichungen genügen.

Wenn am emotionalen Pol vereinheitlichende Züge festzustellen sind, so in der Imaginationsweise der Gefühle, die sich in wiederkehrenden Beschreibungsmustern niederschlägt. So werden wiederholt Bilder des Wassers („Eintauchen in den Klangstrom" u.ä.) gebraucht, die stets auch „Entgrenzung" bedeuten.[16] Doch sind mit solchen Bildern höchst verschiedene Gefühlslagen verbunden. Wenn z.B. „Entgrenzung" bestimmte Glücksgefühle auslöst, so sind diese von Fällen zu unterscheiden, in denen ein eher traditionelles, dem Begriff „Seligkeit" („beatitudo") sich näherndes Glücksgefühl geäußert wird, das seinerseits mit Gefühlen der „Erhabenheit", der Teilnahme an „Höherem" u.ä. assoziiert ist. In anderen Fällen verbreitet sich das Glücksgefühl mit einem (von Max Weber als „akosmistisch" bezeichneten) Gefühl entgrenzter Liebe, die gelegentlich zur Äußerung extremer Hingegebenheit führte: „*Ich war noch sehr jung*", bekannte uns eine Interviewpartnerin, „*als ich zum ersten Mal in meinem Leben den Karfreitagszauber hörte – da habe ich mir gedacht, nur bei dieser Musik möchte ich sterben: nur bei dieser Musik, und dieser Meinung bin ich noch immer...*". Gewiß sind solche Gefühlslagen oft sehr abhängig vom Inhalt der Stücke: hochkomplex und wechselnd z.B. im „Ring", erotisch gestimmt eher im „Tristan" und religiös eher im „Parsifal". Dennoch finden sich diese Grundstimmungen im einzelnen auf sehr verschiedene Weise ausgeprägt. So innerhalb des „Parsifal", je nachdem, ob sie eher in einem Hingabe-Pathos gipfeln (wie im obigen Zitat) oder *nur* diffus-distanziert als „Feierlichkeit" wahrgenommen werden. „Tristan", von „Parsifal" unterschieden durch Innerweltlichkeit, Areligiosität, kann einerseits erotisch gefärbte, rauschhafte Gefühlserlebnisse evozieren[17], andererseits in eine eher verklärende Ekstase versetzen, in der „Weite", das „Glück der Wunschlosigkeit" gefunden wird.

---

16 Dieses „*Eintauchen in den Klangstrom*", das ihn „*mit Glück(sgefühlen) überschüttete*", verdeutlichte ein französischer Interviewpartner so: „*...ein Eintauchen, bei dem ich nicht den Eindruck habe, daß ich ertrinke oder ersticke, sondern es ist ein Eintauchen irgendwie in einen weiten Raum (espace)*". „Espace" kann auch mit „All" wiedergegeben werden, dem Inbegriff der Entgrenzung, in dem nicht zufällig die Imaginationswelt von „Tristan und Isolde" gipfelt (3. Aufz., 3. Szene – Isoldes letzter Gesang): „*In dem wogenden Schwall, in dem tönenden Schall, in des Welt-Atems wehendem All – ertrinken, versinken*".

17 Eine der Interviewpartnerinnen – eine Jurastudentin – bekannte, sie sei „*in Trance*" gefallen, das Stück habe bei ihr „*Sucherscheinungen*" hervorgerufen.

197

Am rationalen Gegenpol ist ein Erlebnistypus zu finden, der sich grundsätzlich in Distanz zu den Gefühlswelten befindet, sie allenfalls marginal „zuläßt", sich dann allerdings eher als „verführt" ansieht. Für ihn ist vor allem ein erarbeitetes, beherrschtes Wissen um die musikalische Struktur der Stücke und den Wortlaut des in sie eingebauten Gesangs charakteristisch. Mit dem akustischen Erlebnis konfrontiert, führt es zu einer spezifischen Qualität des Genusses, wie die folgende Interviewpassage zum Ausdruck bringt: *„Also ich kann mit dem Gefühlswert von Wagner nicht viel anfangen. Das ist ein Kunstwerk; ein filigranes Kunstwerk, weil es ein geflochtenes Werk ist. Und gerade im Ring ... wenn Sie gerade mal die ganze Leitmotivik ... verfolgen am Klavierauszug (später habe ich das auch an der Partitur gemacht): wie das ineinander einwirkt, wie da eins aus dem anderen entwickelt wird, wie gesungen wird, und gleichzeitig interpretiert die Musik das Gefühl - das ist ein intellektueller Spaß. Das macht Freude, da flirren eigentlich die Assoziationen, das hat mit Emotionen wenig zu tun"*[18]. Der größere Anteil der vor allem musikalisch akzentuierten Erlebnisweisen kann zweifellos *zwischen* den beiden dargestellten Polen angesiedelt werden. Dabei ist die Chance, überwiegend emotional Gestimmte mit der typischen „reservatio mentalis" der Strukturkenner zu finden, höher einzuschätzen als überwiegend Rationale, die mit ihrer inneren Überzeugung emotionales Erleben „zulassen".

Mit diesen beiden Polen und ihren Mischformen sind jedoch, wie oben bereits angedeutet, lediglich Erlebnisweisen erfasst, die primär musikalisch und zugleich am Ganzen des gerade aufgeführten Stückes interessiert sind. Daneben ist mit einer nicht geringen Zahl von Musikliebhabern zu rechnen, bei denen nicht das Werk im Vordergrund steht, sondern die Aufführungsqualität dieses oder jenes *Teils* – sie sind einem Typus zuzurechnen, der spätestens seit Adorno[19] mit dem kritischen Epitheton „kulinarisch" belegt wird, und von dem aus ein fließender Übergang zur eingeengteren Variation des Typus besteht, der sich den Exerzitien des Bayreuther Festspielhügels nur zu dem Zweck unterzieht, den Auftritt bestimmter Sängerstars zu erleben. Subtrahiert man von diesem Typus die Dimension musikalischer bzw. thematischer Kenntnis, so erhält man den Snob, der Bayreuth-„Erlebnisse" als Hintergrund für sein statusbestätigendes Name-dropping-Repertoire benötigt. Er ist vor allem an der Verwertung dieser Art von „symbolischem Kapital" *außerhalb* des Events interessiert und sammelt daher möglichst viele vergleich-

---

18 Um den „intellektuellen Spaß" an der Leitmotivik zu erläutern, sei auf ein besonders ironisches Beispiel verwiesen: den Liebesgesang von Siegmund in „Walküre" (1. Aufzug, 3. Szene: „Heiligster Minne höchste Not ..."). Wagner lässt parallel dazu das Orchester ausgerechnet jene Tonfolge spielen, mit der Alberich im „Rheingold" zugunsten „maßloser Macht" auf die Liebe verzichtet hat.

19 Adornos Hörertypologie (Adorno 1981), die sich bei jedem typologischen Versuch dieser Art zunächst aufdrängt, ist in der Anwendung auf ein empirisches Feld wie das Bayreuther Publikum zwar in Einzelheiten anregend, im Ganzen jedoch unbrauchbar (Näheres s. Gebhardt/Zingerle 1998: 166 f., 221, 224, 227).

bare Eventerlebnisse, wobei Inhalte und Themen gleichgültig, dagegen subjektive, vermeintlich aus Medien und Bestsellerlisten bestätigte „Niveau"-Konstrukte entscheidend sind[20]. Neben starfixierten gibt es inszenierungsfixierte Snobs, ebenso wie sich jenseits der Snobs die partielle Erlebnisse Suchenden in eher akustische und eher optische Kulinariker (man könnte letztere „Inszenierungsvoyeure" nennen) unterteilen lassen; eine dritte Variante von Snobs – mit fließenden Übergängen zu der in Bayreuth relativ breit vertretenen bildungsbürgerlichen Allround-Kennerschaft im Musikalischen – ist festivalfixiert: für sie ist Bayreuth ein „Muß" ebenso wie Salzburg, Luzern, Glyndebourne oder andere Festspielorte gehobener Qualität.

Damit sind nur die markantesten Trennlinien skizziert, die aufgrund unserer Studie während einer Bayreuther Aufführung gedanklich gezogen werden müssten. Sie mögen für die hier zur Diskussion stehenden Aspekte genügen[21]. Sie erschöpfen allerdings das reale Spektrum der Möglichkeiten noch lange nicht. Es sei nur auf die verschiedenen professionellen Interessenten am Event – Musiker, Regisseure, Feuilletonkritiker und andere Journalisten, Vertreter von Agenturen, von Tonträgerfirmen usw. – verwiesen, die wir ebenso wie andere besondere Fälle nicht in unsere Untersuchung einbezogen haben.

Die Bayreuther Festspielgemeinde ist, so lässt sich zusammenfassen, so sehr sie in ihrem „äußeren" *Verhalten* einer postmodernen Eventgemeinschaft vergleichbar ist, in ihren „inneren" – auf vielfache Weise von einander abweichenden – *Erlebnis*qualitäten dermaßen anders strukturiert, dass sie sich einem solchen Vergleich entzieht. Der Begriff „Event*gemeinschaft*" ist – darauf wurde oben bereits hingewiesen – vor allem in Fällen angebracht, in denen der Event selbst ein emotionales Zusammengehörigkeitsgefühl (Wir-Gefühl) stiftet. Dies trifft jedoch höchstens auf bestimmte Segmente der Eventteilnehmer auf dem Grünen Hügel zu. Gelegentlich kann der Eindruck entstehen, das Publikum reagiere in bestimmten Augenblicken „als Ganzes": wenn z. B. eine Applausnorm verletzt wird und man allgemeine Zustimmung registrieren zu können glaubt, wenn daraufhin irgendwo im Saal gezischt wird; oder wenn auf dem Vorplatz während der Pause auffälliges oder gar provozierendes Benehmen oder aus dem Rahmen fallende Kleidung mit analogen Missfallenskundgebungen sanktioniert wird. Solches Aufflackern eines „Wir" lässt jedoch nur die Schlussfolgerung auf einen gewissen allgemeinen Grad des Einverständnisses über Komponenten des institutionellen Rahmens zu, keineswegs jedoch auf die Einheitlichkeit von Erlebnisweisen des zent-

---

20 In diesem Sinne begründete uns gegenüber ein Amerikaner den wiederholten Besuch der Bayreuther Festspiele mit dem lapidaren Satz: „I'm only interested in the very, very best".

21 Für eine weitergehende Typologie der Bayreuther Festspielbesucher, die „Lebensstil"-Elemente, kunstspezifische ästhetische Präferenzen und soziokulturelle Merkmale kombiniert, s. Gebhardt/Zingerle 1998, Kap. VIII.

ralen Eventgeschehens und ebenso wenig auf Einstellungen und Bewertungen der „Sache". Gerade was letztere betrifft, ist die „Gemeinde" von mehrfachen Konfliktlinien durchzogen, was sich naturgemäß nur außerhalb des Events registrieren lässt. Die auffälligste und nachhaltigste von ihnen ist die zwischen einerseits den inszenierungstheoretisch „offenen", pluralistisch orientierten, modernem Regietheater verpflichteten „Neuwagnerianern" (seit Wieland Wagner) und „Avantgardewagnerianern" (die Anhänger einer gesellschaftskritischen Wagner-Bühne, etwa im Stil Patrice Chéreaus oder Harry Kupfers) und auf der anderen Seite den im „Deutschen Richard Wagner-Verband" zusammengeschlossenen Partituren- und Textfundamentalisten. In jüngster Zeit scheint es nur *ein* Thema zu geben, das alle Arten von „Wagnerianern", so unterschiedlich sie sonst auch sein mögen, mitsamt den Betreibern der Festspiele zu hochgradig einheitlicher Reaktion herausfordert: der Entwicklungstrend der internationalen Festspiellandschaft zur „Eventisierung" in dem ganz spezifischen Sinn, der dem Wort seit einigen Jahren durch die Diskussion um popularmusikalische Großevents und um die Neugestaltung von Festivals gegeben wird. Es lohnt sich, abschließend auf diesen Aspekt einzugehen, da er Anlaß gibt, den Begriff „Event" weiter zu präzisieren.

8. Bayreuther Monothematik vs. heterothematische Festival-„Eventisierung"

Im Gegensatz zu Eventformen, die auf der Variation *eines Themas* beruhen (*dies vor allem* verbindet den typischen Techno-Event mit Bayreuth: alles dreht sich um das Musikerlebnis „Techno" bzw. „Wagner" und um nichts anderes) besteht jene andere Eventkonzeption in der planmäßigen *heterothematischen* Kombination von „Erlebnis-Angeboten", die ihre „Packages" ursprünglich völlig differenzierten Handlungs- bzw. Gegenstandsbereichen entnehmen. Wenngleich das Prinzip in den sanften Formen musikalischer Kulinarik bereits seit den Zeiten der eigens für diesen Zweck geschaffenen barocken Hofmusik existiert, ist es mit voller Wucht und voller Konsequenz erst seit der raumzeitgleichen Einbeziehung von anderen als auf bloß das Essen bezogenen Elementen anlässlich populärer Massenveranstaltungen in die Welt der musikalischen Hochkultur eingebrochen. „Zwölf Millionen setzte die Plattenfirma ‚Decca' von der Einspielung des ersten Konzerts der drei Tenöre ab, das anlässlich der Fußballweltmeisterschaft in Italien stattfand ... Wie später im Falle Bocelli, der beim Boxen ins Rampenlicht trat, gelangte der Belcanto als Trittbrettfahrer in die Sphären grenzenloser Popularität. Nicht zufällig sind es die weltumgreifenden Rituale des Sports, welche der Mehrheit die Eigentümlichkeiten des Kunstgesangs überhaupt erst vermitteln. Die Organisatoren von Events sind bei einigermaßen sorgfältiger

Vorbereitung schon lange in der Lage, auf ihren Großbühnen – den medien-technisch erschlossenen Arenen der Metropolen – außer Sportlern auch Pop-sänger zu promoten", so Dirk Schümer in einem FAZ-Artikel vom 9.8.97[22]. Konnte eine derartige Entwicklung ohne Rückwirkungen auf die ursprüngli-che Szenerie der Hochkultur – die Bühne, das Opernhaus, das Festspiel – bleiben? Wirtschaftliche Verwertungsinteressen geben offensichtlich den Ausschlag, und Hochkulturinstitutionen sind ihnen gegenüber nur von be-grenzter Widerstandskraft. „Die Branche", so der zitierte Artikel über den antreibenden Motor der Tonträgerindustrie, „... längst wie alles andere auch globalisiert und rein profitorientiert, wird weiter auf dergleichen *Cross-over* setzen: Operettengala im Zoo, Sommernachtsduette in der Waldbühne, Nacht der Italienischen Oper als Saisonabschluß im Stadttheater, Klassikfestival in der Alten Abtei, Weinprobe inbegriffen ... Die Hochkultur hetzt atemlos hin-terher. Letztes Jahr gab es die Uraufführung eines Streichquartetts im Hub-schrauber über Amsterdam, Sinfonien für Mähmaschinen sind der letzte Schrei, demnächst wird eine Oper auf einem tümpelnden Schiff in der Ostsee inszeniert werden ...". Es ist weiter nicht erstaunlich, dass „Eventisierung" in diesem Sinn auch in die Bayreuther Wagner-Welt übergreift. Aber es ist für diese charakteristisch, dass es nur „äußere", der Kontrolle der Festspiellei-tung entzogene, Bezirke sind, die davon erfasst werden, und dass die ersten – zaghaften – Versuche, hier mit dem Trend Schritt zu halten, lediglich in der Gastronomie und Hotellerie zu verzeichnen sind. So warb ein bekanntes Ho-tel in der Umgebung Bayreuths mit „außergewöhnlichen Events" zur Fest-spielzeit – „Gourmetopern", Golfturnier, Gourmetwanderungen „mit Ruck-sack und Smoking" und dergleichen mehr. Dasselbe Hotel preist im übrigen seine von bekannten Designern entworfenen Suiten mit folgenden Worten an: „In Tristans Traumlust oder in der Parsifal-Suite – zu Ehren Placido Domin-gos erbaut und Lieblingszimmer von Michael Jackson"[23].

Auf der anderen Seite ist – nach dem oben Dargestellten – ebenso wenig erstaunlich, dass die Offiziellen des Bayreuther Wagnerbetriebes geharnischt gegen jeden Versuch Stellung nehmen, den Passageraum Bayreuth während der Festspielzeit zu einem heterothematischen Event umzugestalten, ge-schweige denn die Wagner-Monothematik des Festspielprogrammes zu ver-lassen. „Die Festspiele sind eben kein Festival", so Wolfgang Wagner in einem Zeitungsinterview v. J. 1998[24]. Und nichts deutet darauf hin, dass das Publikum die in dieser Hinsicht erzkonservative Haltung ändern würde, wie sie in unserer Studie vor vier Jahren zutage trat. Den höchsten Anteil der Nennungen auf die Frage, was sie persönlich an den Festspiele störe, erhielt bei den Befragten die Vorgabe „nichts" (40,6%). Aufgrund der in ihm selbst

---

22   Die Phantome der Oper, in: FAZ vom 9.8.1997, Nr. 183 (Beilage: Bilder und Zeiten, S. 1).
23   Pflaums Post-Hotel, Pegnitz (Werbebroschüre).
24   Nordbayerischer Kurier vom 13.2.1998.

vorherrschenden Tendenzen[25] spricht alles dagegen, dass das Bayreuther Publikum darauf verzichten möchte, sich auf das *eine Thema* zu konzentrieren, im Bayreuther Event Musik auf höchstem Niveau zu erleben, am auratischen Ort dessen „genius loci" zu feiern und – sich selbst.

Literatur:

Adorno, T. W.: Einleitung in die Musiksoziologie. Zwölf theoretische Vorlesungen. 4. Aufl. Frankfurt/M. 1981

Gebhardt, W./Zingerle, A.: Pilgerfahrt ins Ich. Die Bayreuther Richard Wagner-Festspiele und ihr Publikum. Eine kultursoziologische Studie. Konstanz 1998

Sennett, R.: Verfall und Ende des öffentlichen Lebens. Die Tyrannei der Intimität. Frankfurt/M. 1983

Schulze, G.: Die Erlebnisgesellschaft. Kultursoziologie der Gegenwart. Frankfurt/M. 1992

Shaw, B.: Ein Wagner-Brevier. Kommentar zum Ring des Nibelungen. Frankfurt/M. 1973 (Orig.: The perfect Wagnerite, 1898)

Waldschmidt, R.: Regietheater und Bühnenweihfestspiel. Eine Untersuchung zur Inszenierungsgeschichte von Richard Wagners „Parsifal" (1970 bis 1985). Frankfurt/M. 1986

Weber, M.: Wirtschaft und Gesellschaft. Grundriß der verstehenden Soziologie. 5. revid. Aufl. Tübingen 1976

---

25 Auf die Frage „Die Kartennachfrage in Bayreuth ist enorm. Sollte man deshalb die Festspiele verlängern?" antworteten 35,93 % mit „ja", 33.81 % mit „eher nicht", 20,92 % mit „auf gar keinen Fall" und 9,22 % mit „weiß nicht". Auf die Frage „Das Festspielhaus steht lange Zeit leer. Sollte man außerhalb der Festspielzeit auch Opern anderer Komponisten dort aufführen?" antworteten 27,54 % mit „ja", 31,09 % mit „eher nicht", 36,05 % mit „auf gar keinen Fall" und 5.32 % mit „weiß nicht".

Susanne Frank und Silke Roth

Die Säulen der Stadt. Festivalisierung, Partizipation und lokale Identität am Beispiel des Events „Weimar 1999"

1. Einleitung

Im vorliegenden Aufsatz[1] beschäftigen wir uns mit der Konstruktion kollektiver Identität im Kontext der *Festivalisierung der Stadtpolitik*. Am Beispiel des Großereignisses *Weimar – Kulturstadt Europas 1999* untersuchen wir die Herausbildung einer *Eventgemeinschaft,* die sich im Widerstand gegen das Kulturstadtprojekt, den alten Weimarer Rollplatz zu einem modernen Kunstwerk umzugestalten, formiert hat. Gegen das Vorhaben entbrannte ein Sturm der Entrüstung in der Weimarer Bevölkerung, der es schließlich gelang, seine Realisierung zu verhindern. Bei der Rollplatz-Debatte handelte es sich um die größte und engagierteste öffentliche Kontroverse in Weimar seit 1989/90.

Im Folgenden vertreten wir die These, dass sich im Rahmen der Auseinandersetzung um die Gestaltung des Weimarer Rollplatzes eine Eventgemeinschaft gegen das Event herausgebildet hat und dabei lokale Identität rekonstruiert wurde. Beide Prozesse sind untrennbar miteinander verbunden.

Nach einem kurzen Überblick über die Datengrundlage und den Rollplatz-Streit gehen wir zunächst auf „Festivalisierung" als neuen Typus der Stadtentwicklungspolitik ein und beschreiben Weimars Motivation, sich für den Titel *Kulturstadt Europas 1999* zu bewerben. Danach analysieren wir anhand der Auseinandersetzungen um das Rollplatzprojekt die Konstruktion lokaler

---

[1] Eine frühere Version dieses Textes wurde auf 29. Kongress der Deutschen Gesellschaft für Soziologie, Freiburg 1998 vorgestellt (vgl. auch Frank 1999) und beruht auf Ergebnissen des Forschungsprojekts „Arena in der Arena" an der Bauhaus-Universität Weimar, das unter der Leitung von Silke Roth und unter Mitarbeit von Anke Beinert und Susanne Frank an der Professur von Dieter Hassenpflug durchgeführt wurde. An dem Projekt waren weiterhin Caroline Buchartowski und Markus S. Schulz beteiligt. Das Projekt wurde vom Thüringer Ministerium für Wissenschaft, Forschung und Kultur und der Bauhaus-Universität Weimar gefördert. Für hilfreiche Kommentare danken wir Anke Beinert, Christian Bracht und Dieter Hassenpflug.

Identität entlang der Dimensionen *Grenzziehung, Bewußtsein* und *Aushandlung*. Unsere Ergebnisse legen nahe, dass die bislang in der Theorie der Festivalisierung dominierende Einschätzung, dass Politik durch Großprojekte Entdemokratisierungsprozesse zur Folge hat, erweitert werden muß. Fühlen die Bewohner einer Stadt sich dieser durch Festivalisierung und Imagepolitik entfremdet, so kann es auf der Basis von Identitätsbehauptungen zu Mobilisierungsprozessen kommen. Im vorliegenden Fall werden durch die Konstitution einer Eventgemeinschaft Partizipationsansprüche artikuliert und erfolgreich eingeklagt.

Datengrundlage

Unser Beitrag ist im Kontext des Forschungsprojekts *Arena in der Arena. Weimar, Kulturstadt Europas 1999* entstanden, das die Produktion und Konstruktion von Großereignissen am Beispiel der Vorbereitungen der Stadt Weimar auf das Event *Weimar 1999* untersucht. Wir erschließen die Thematik durch drei Zugänge: Im Rahmen einer Medienanalyse wird die Berichterstattung zu *Weimar 1999* in lokalen und überregionalen Tages- und Wochenzeitungen im Hinblick auf die Rahmung und Deutung des Events analysiert. In einer Akteursanalyse haben wir Vertreterinnen und Vertreter von Kultur, Politik und „Zivilgesellschaft" in Expertengesprächen befragt sowie Podiumsdiskussionen und Pressekonferenzen zum Kulturstadtvorhaben beobachtet. Schließlich haben wir im März 1998 eine erste, als Wiederholungsbefragung konzipierte, repräsentative telefonische Bevölkerungsbefragung in Weimar und den umliegenden Orten Jena, Erfurt und Apolda durchgeführt. Insgesamt 900 Personen wurden zu ihren Erwartungen und Befürchtungen in Bezug auf *Weimar 1999* interviewt. Für diesen Beitrag stützen wir uns auf Zeitungsartikel und Leserbriefe, Beobachtungs- und Interviewprotokolle sowie auf den 1998 durchgeführten Survey.

2. Die Säulen der Stadt: Der Konflikt um den Weimarer Rollplatz

Am 29. November 1997 verkündete die *Kulturstadt GmbH* voller Stolz, dass sie den renommierten französischen Künstler Daniel Buren dafür gewinnen konnte, den kleinen Rollplatz zu einem dreidimensionalen Gesamtkunstwerk umzugestalten. Der ehrwürdigen Klassikerstadt sollte dadurch ein modernes Attribut beigegeben werden. Knapp drei Wochen später wurde der erste Entwurf auf einer Pressekonferenz vorgestellt. Buren plante, ein enges, rechtwinkliges Gitter in die gesamte Pflaster-Fläche des Rollplatzes einzulassen. Auf den Gitter-Schnittpunkten sollten jeweils Quader bzw. Stelen errichtet und nach einem ausgeklügelten Farbsystem gestaltet werden. Diese Stelen sollten – nach einem bestimmten Steigungswinkel – von der Mitte des Platzes zum Rand hin immer größer werden und dort eine Höhe von über acht Metern erreichen (Buren 1997).

In den lokalen Medien wurde der Entwurf zunächst freundlich aufgenommen. Der Oberbürgermeister zeigte sich geradezu begeistert. Zu diesem Zeitpunkt ahnte niemand, dass sich an Burens Vorhaben die größte und engagierteste öffentliche Kontroverse in Weimar seit 1989/90 entzünden sollte. Denn unter der Oberfläche gärte es: Zwei Wochen nach Entwurfs-Präsentation brach ein Proteststurm von ungekannter Heftigkeit los. Gegen das Projekt wurden gleich mehrere Bürgerinitiativen gegründet (und später – als Reaktion – eine dafür). Um Druck auf den Stadtrat auszuüben, der die Umwidmung des Platzes genehmigen mußte, wurden Unterschriftensammlungen gegen das Projekt gestartet. Handzettel wurden ausgelegt und ausgehängt und waren mitsamt der Unterschriftenlisten bald in zahllosen Geschäften, Arztpraxen, Cafés und Restaurants der Stadt zu finden. Auf mehreren kleinen und einigen großen Diskussionsveranstaltungen sowie in einem Internet-Forum wurde kontrovers diskutiert. Die Lokalzeitungen veröffentlichten unzählige Leserbriefe, starteten eigene Umfrageaktionen und heizten die Debatte kampagneartig mit täglichen Trendmeldungen an.[2] *„Zwei gegen Tausende"* – mit den „Zweien" waren der Künstler Buren und der Generalbeauftragte der *Kulturstadt GmbH*, Bernd Kauffmann, gemeint –, spitzte die Thüringer Landeszeitung das Stimmungsverhältnis zu (13.2.98). Am Ende waren 14.000 Unterschriften gegen die Umgestaltung des Rollplatzes durch Buren zusammengekommen – und das in einer Stadt mit nur 60.000 Einwohnern. Unsere im März 1998 durchgeführte repräsentative Bevölkerungsbefragung ergab, dass 78% der Weimarer Befragten der Aussage *„Der Rollplatz sollte durch Daniel Buren gestaltet werden"* nicht oder überhaupt nicht zustimmten.

Unter dem Eindruck der massiven Ablehnung ließ der Oberbürgermeister schon wenig später verlauten, dass er zwar persönlich nach wie vor hinter dem Vorhaben stehe, die *„übermächtigen Willensbekundungen aus der Bürgerschaft"* (TA vom 6.2.98) jedoch nicht ignoriert werden könnten. Er bat deshalb Buren, sein Vorhaben noch einmal zu überdenken. Zu einer vom Künstler zugesagten Modifikation des Entwurfs kam es jedoch nicht mehr: Angesichts bevorstehender Wahlen konnte der Stadtrat nicht anders, als dem Bürgerwillen zu entsprechen. Ende April 1998 lehnte er das Projekt ab.

---

2   Die Thüringer Allgemeine richtete eine Telefon-Hotline ein, in der die Bürgerinnen und Bürger die Frage „Sollte Weimar Daniel Buren bitten, nicht den Rollplatz, sondern einen anderen Platz in Weimar zu gestalten?" mit ja oder nein beantworten konnten. Die Thüringer Landeszeitung ließ ihre Leserinnen und Leser in einer Couponaktion „Piazza oder Pleite? Ihre Meinung zum Buren-Projekt auf dem Rollplatz" über den Buren-Entwurf abstimmen.

3. Weimar im Kulturstadtprozeß

3.1 Politik der Festivalisierung

Als „Festivalisierung" wird die seit den 80er Jahren anhaltende Strategie von Städten bezeichnet, sich gezielt als Veranstaltungsorte großer Ereignisse oder „Events" in Szene zu setzen. Kennzeichen dieses neuen Typus von Stadtentwicklungspolitik sind die kampagneartige Mobilisierung von Geldern, Menschen und Medien sowie die räumliche, zeitliche und inhaltliche Bündelung der stadtpolitischen Maßnahmen und Energien auf ein Ziel: auf das jeweilige Großereignis hin (Häußermann/Siebel 1993: 9; Hammerthaler 1998: 121).

Neu ist dabei nicht, dass in Städten Feste gefeiert werden. Gewandelt hat sich aber der stadt- und gesellschaftspolitische Kontext, in den diese Feste eingebettet sind. Unter den Bedingungen globalen Strukturwandels verengen sich die Handlungsbedingungen und Handlungsspielräume lokaler Politik (Mayer 1990). Diese sieht sich in wachsendem Maße mit Orientierungs-, Steuerungs- und Legitimationsproblemen konfrontiert. Hier verspricht die Festivalisierung Kompensation und neue Gestaltungsmöglichkeiten (Cattacin 1994; s.a. Bianchini 1993; Häußermann/Siebel 1993: 19ff.). Großereignisse dienen vor allem der Akquirierung externer und ansonsten unerreichbarer Fördermittel für die Stadterneuerung. Weiterhin sollen Events die Aufmerksamkeit von Investoren auf sich lenken sowie Massen von Besuchern anlocken und so zur Schaffung lokaler Arbeitsplätze beitragen – optimistische Schätzungen gehen von einem Arbeitsplatz pro 1000 Besuchern aus.

Insofern helfen Festivals den Städten, sich im nationalen und globalen Wettbewerb um die Gunst von Investoren, Touristen und Subventionen zu behaupten. Im Zuge dieses Konkurrenzkampfes werden Kommunen immer stärker von Gemeinwesen zu Wirtschaftsstandorten, für die es ein unverwechselbares Profil zu entwickeln gilt. Dieser Prozeß der Konstruktion von (Stand-)Orten wird von lokalen Eliten gezielt gesteuert und vorangetrieben. Dabei werden die Städte zu Waren, die wie alle anderen produziert, angeboten und beworben werden und sich auf dem (globalen) Markt behaupten müssen. „Selling Places" wird zur „key feature of urban governance in the late twentieth century Western world" (Kearns/Philo 1993: IX). Bei der Schaffung und Profilierung eines individuellen *Stadtimages* erhält insbesondere „die Kultur" eine neue Bedeutung. Sie wandelt sich von einem Politikfeld, das subventioniert werden mußte, in einen profitablen Bereich, in den zu investieren ist. Besonders dafür geeignet, das Besondere und Einzigartige eines Ortes hervorzuheben, bietet ein spektakuläres Festival eine ideale Möglichkeit, die hohen Wahrnehmungsschwellen der medialen Aufmerksamkeit zumindest kurzzeitig zu überwinden, eine Stadt ins Licht der öffentlichen Aufmerksamkeit zu rücken und das gewünschte Bild oder *Image* in die Welt zu transportieren (Boettner 1996: 180).

Auch in Weimar verlockte die Festivalisierung vor allem als Chance, ein neues, attraktives Stadtimage auszubilden und dieses via Medien weltweit zu kommunizieren. Dieses Ziel wurde in Weimar vor allem mit Blick auf die Zukunft des Tourismus formuliert. Da dieser 10-12% des Weimarer Wirtschaftsaufkommens ausmacht, ist er in der strukturschwachen Region ein wichtiger Wirtschaftsfaktor (Facts & Figures 1998: 9).

Nach dem Fall der Berliner Mauer durchlebte Weimar die auch aus anderen ostdeutschen Städten bekannte Abfolge von euphorischem Aufbruch und ernüchterter Ankunft im neuen Alltag. Durch die Schließung der größeren Industriebetriebe gingen viele Arbeitsplätze verloren, die auch durch die Ansiedlung differenzierter Gewerbegebiete nicht kompensiert werden konnten. Die Stadt hatte einen erheblichen Bevölkerungsverlust zu verkraften. Dem Ziel, Weimar zur Kultur-, Bildungs- und Touristenstadt nach westlichem Standard umzustrukturieren, standen der fortgeschrittene Verfall der Altstadt und der unzähligen kulturhistorischen Stätten sowie das völlige Fehlen notwendiger Infrastrukturen gegenüber. Insgesamt war ein enormer Erneuerungsbedarf zu verzeichnen – bei gleichzeitig leeren städtischen Kassen (Strubelt 1997: 198f.).

In dieser prekären Situation erschien das – Ende 1993 von Erfolg gekrönte – Vorhaben, Weimar solle sich um den Titel *Kulturstadt Europas 1999* bewerben, als eine Art „Wundermittel" zur Bewältigung der neuen stadtpolitischen Anforderungen. Es galt, die einmalige Gelegenheit zu nutzen, um das angestaubte Bild von der Klassikerstadt als beliebtem Ausflugsziel für Senioren-Kaffeefahrten einer gründlichen und nachhaltigen Modernisierung zu unterziehen. Dem dominierenden Tages-, Bus-, Pauschal- bzw. Massentourismus, schon mal abfällig als „*grobschlächtig*", „*Heimsuchung der Stadt*" oder „*Bratwursttourismus*" tituliert (Feldnotizen), wurde der Kampf angesagt. Die lokalen Veranstalter machten kein Hehl aus ihrer Absicht, 1999 für ein „gehobeneres", „intellektuelleres" Publikum „*mit einer längeren Verweil- und Nachdenkdauer*" ausrichten zu wollen (TA vom 10.3.98). Mit einem anspruchsvollen Kunst- und Kulturprogramm sollten der Stadt neue Besucherkreise erschlossen werden. Die Veranstalter von *Weimar 1999* zielen dabei auf „typische" Kulturtouristen. Diese verfügen über ein hohes Bildungsniveau und besitzen das notwendige kulturelle Kapital um die Sehenswürdigkeiten, die sie besuchen, zu dekodieren (Richards 1997). Integraler Bestandteil des Projekts „Weimarer Imagewandel" war das Rollplatzvorhaben.

Ambivalenz der Bevölkerung

In Weimar sind sich lokale Eliten und Bevölkerung gleichermaßen der Tatsache bewußt, dass sich ihre Stadt in einem unerbittlichen Wettbewerb mit anderen Städten um die Gunst und das Interesse von Unternehmern und Touristen befindet, in dem die Festivalisierung eine einmalige Gelegenheit zur Herstellung von Konkurrenzfähigkeit und Imagewerbung darstellt. Dieses Wissen schlägt sich in einer zwiespältigen Haltung der Bevölkerung zum Kulturstadtjahr nieder, die sich in den Ergebnissen unserer Befragung ausdrückt. Stolze 80% der Befragten stimmten der Feststellung zu, dass *Weimar 1999 Vorteile für die Stadt* bringe. Dagegen erwarteten drei Viertel der Bevölkerung keine (63%) bzw. sogar negative (13%) Auswirkungen auf ihr persönliches Leben. Diesem Bild entspricht die Einschätzung von 73% der Befragten, dass *das Kulturstadtjahr primär für Touristen geplant werde*, und über die Hälfte (52%) zugleich der Ansicht ist, dass das Ereignis *wenig für Leute aus Weimar bringt*. Diese Ergebnisse belegen, dass und wie sehr die Weimarer die Belange der Stadt von ihren persönlichen trennen (auf der einen Seite „die Touristen für die Stadt" – auf der anderen Seite „wir Weimarer in der Stadt"), und machen damit das ganze Ausmaß der Ambivalenz in der Bevölkerung deutlich. Hinsichtlich der Erwartungen an *Weimar 1999* oszilliert die Stimmung zwischen den Extremen einer *„eierlegende Wollmilchsau"* und einem *„Spektakel, das die Weimarer boykottieren würden, wenn sie nur könnten"* (Buchartowski/Frank/Roth 1998). Die Bewertung der Auswirkungen von *Weimar 1999* auf den städtischen Haushalt und auf den Gefühlshaushalt klaffen weit und unvermittelt auseinander. Aufgrund einer kühlen Kosten-Nutzen-Rechnung waren die Weimarer bereit, das Kulturstadtereignis trotz all der beschriebenen Vorbehalte zu (er)tragen. Wie sich an der Rollplatzdebatte dann zeigte, war diese Bereitschaft jedoch an Bedingungen gebunden und nicht unbegrenzt strapazierbar.

Festivals sind also keinesfalls zweckfreie Ereignisse der kulturellen Erbauung, sondern zunehmend Mittel der Stadt(entwicklungs)politik. Wenn die instrumentelle Begründungsfigur insofern auch kennzeichnend für die Politik der Festivalisierung insgesamt ist, so fällt in Bezug auf *Weimar 1999* doch besonders auf, dass dieser Legitimationstypus hier dominant geworden ist. An keiner Stelle der öffentlichen Diskussion war und ist je mehr die Rede davon, dass ein Festival auch ein Fest und als solches ein Ereignis eigenen Rechts ist. Unter dem Aspekt des Vergnügens bzw. der Chance, ein Fest der Kultur, ein Fest in der und für die Stadt zu feiern, wurde das Kulturstadtereignis in Weimar zu keinem Zeitpunkt und von niemandem wahrgenommen.[3]

---

3   Dies scheint sich allerdings im Kulturstadtjahr selbst zu ändern. So wurden der Anbruch des Jahres 1999 in der Silvesternacht, die offizielle Eröffnung des Kulturstadtjahrs am 19. Februar 1999 sowie der 250. Geburtstags Goethes mit Strassenfesten gefeiert, die sich gleichermassen an Bewohnerinnen und Bewohner wie an Besucherinnen und Besucher richteten und der Lust am Spektakel gewidmet waren.

3.2 Festivalisierung der Politik

Schliesslich prägt die *Politik durch Festivalisierung* auch die Stadtpolitik selbst: Sie führt zur *Festivalisierung der Stadtpolitik* (Häußermann/Siebel 1993). Dies ist, wie Häußermann und Siebel herausgestellt haben, keine unbeabsichtigte Nebenfolge der Politik durch Großereignisse, sondern gewollter und kalkulierter Bestandteil derselben. Das außeralltägliche Ziel soll die in der täglichen Routine verschütteten kreativen Potentiale der politischen Administration freisetzen. Über die materiellen Vorteile hinaus erhoffte man sich auch in Weimar einen Motivationsschub für Bürger und Verwaltung, die Aufbau- bzw. Transformationsaufgaben engagiert anzugehen.[4] Ein Großereignis erzeugt Handlungsdruck, der neben der Verkürzung von Projektplanungs- und Realisierungszeiten nicht zuletzt auch den Vorteil bietet, politische Opposition oder lokalen Widerstand unter Verweis auf das übergeordnete Ziel und die daraus resultierenden zeitlichen und sachlichen Zwänge abblocken zu können. Im Hinblick auf *Weimar 1999* wurde dementsprechend in Expertengesprächen beklagt, dass die demokratische Kultur durch Beschleunigungszwang und Zeitdruck leide (Feldnotizen).

Mit der Organisation und Durchführung des Ereignisses werden typischerweise eigens zu diesem Zweck gegründete Sonderorganisationen beauftragt und mit umfassenden Vollmachten ausgestattet. In Weimar ist dies die *Weimar Kulturstadt Europas 1999 GmbH*, an der Bund, Land und Stadt Anteile halten. Die *Kulturstadt GmbH* steht außerhalb des politisch-administrativen Systems der Stadt. Sie arbeitet nach den Methoden des kommerziellen Kulturmanagements und ist einerseits dem privaten Handelsrecht, andererseits dem öffentlichen Haushaltsrecht unterworfen. Charakteristisch für diese Form des Projektmanagements ist die umsetzungs- und effizienzorientierte Zusammenfassung der verschiedenen Tätigkeitsbereiche von der Programmplanung über Organisations- und Finanzierungsfragen bis zum Marketing in einer Hand.

Diese Aufgabenkonzentration und die weitreichenden Entscheidungsvollmachten machen die *Kulturstadt GmbH* zu einem entscheidenden Protagonisten der festivalisierten Stadtpolitik in Weimar. Nach Gründung der Kulturstadt GmbH haben sich die politischen Gewichte in der Stadt zu Gunsten dieser Organisation und zu Lasten der gewählten politischen Vertreter und der Administration verschoben. Auch in dieser Hinsicht unterläuft die Festi-

---

4 Hier drängt sich eine Parallele zu den Motiven der Durchführung eines anderen großen Kunstfestes, der documenta in Kassel, auf. Diese wurde von den Initiatoren Anfang der 50er Jahre als „Sinngebung" für eine zerstörte Stadt in einer schwierigen Zeit begriffen. Neben den erhofften materiellen Effekten ging es vor allem darum, die Bürgerinnen und Bürger zur Bewältigung der Nachkriegssituation zu motivieren und zugleich die „Melancholie" einer Stadt zu bekämpfen, die jahrelang allzusehr auf die Probleme des Wiederaufbaus fixiert war (Ipsen 1997: 77f.).

valisierung – wie in anderen Städten, so auch in Weimar – demokratische Willensbildungs- und Entscheidungsprozesse. Außerdem sieht sich auch die breite Masse der Bevölkerung aus dem Kulturstadtprozess ausgeschlossen. Das anfängliche Engagement v.a. basiskultureller Initiativen (z.B. Grüne, Feministinnen, Kinderbeauftragte) wurde von der *Kulturstadt GmbH* entweder vereinnahmt, ignoriert oder sogar diskriminiert.[5]

Wir vertreten hier allerdings die These, dass die für die Festivalisierung typische Tendenz zur Entdemokratisierung lokaler Politik, zugleich das – in Häußermanns und Siebels Analyse entscheidende – Ziel dieses Typs von Stadtentwicklungspolitik unterläuft, nämlich „die Inszenierung von Gemeinsinn und Identifikation mit politischen Institutionen". In der Theorie werden städtische Großereignisse von den lokalen Eliten nicht zuletzt in populistischer Absicht dazu genutzt, die Identifikation der Bürgerinnen und Bürger mit ihrer einzigartigen Stadt und deren Repräsentanten zu stärken (Häußermann/Siebel 1993: 23f.; Kearns/Philo 1993: 3). In diesem Sinne kann man von der Absicht sprechen, Politik und Verwaltung, Bürgerinnen und Bürger zu einer einzigen „Eventgemeinschaft" zusammenzuschmelzen.

In der Weimarer politischen Praxis hat sich nun tatsächlich eine Eventgemeinschaft formiert, nämlich die der Weimarer Einwohner – allerdings *gegen* die kulturellen und politischen Repräsentanten der Stadt, nämlich gleichermaßen gegen den lokalen Veranstalter, die *Kulturstadt GmbH*, und den anscheinend in Passivität erstarrten Stadtrat. Diese Herausbildung einer Eventgemeinschaft analysieren wir im Folgenden als den neuralgischen Punkt, an dem die Konstruktion eines neuen Stadtimages – wie beschrieben – mit der Behauptung lokaler Identität kollidiert und zu Mobilisierung führt.

4. Prozesse der Herausbildung einer Eventgemeinschaft und der Konstruktion lokaler Identität

Unter Events sind „aus unserem spät-, post- bzw. reflexiv-modernen Alltag herausgehobene, raum-zeitlich verdichtete, performativ-interaktive Ereignisse mit hoher Anziehungskraft für relativ viele Menschen" (Hitzler 1998) zu verstehen. *Weimar 1999* ist ein solches Event *par excellence*. Eventgemeinschaften wiederum resultieren laut Hitzler aus Prozessen posttraditionaler Vergemeinschaftung, und zwar aus einer „Art erkannter ‚Komplizenschaft' gegenüber dem bzw. den ‚Dritten'", im Gegensatz zu Vergemeinschaftungsprozessen, die auf „sozusagen naturwüchsiger Solidarität (z.B. basierend auf vorgängig ‚geteilten' Lebenslagen)" beruhen (Hitzler 1998: 83). Für

---

5   „*Was aus der Region kommt, ist allenfalls das, was am Tellerrand klebt*" entmutigte der Generalbeauftragte der *Kulturstadt GmbH*, Bernd Kauffmann, die lokalen Initiativen vor Ort (SZ 13.12.95).

Event-Gemeinschaften ist also typisch, dass sie mehr als traditionale Gemeinschaften gezwungen sind, Formen kollektiver Identität neu zu konstruieren.

Kollektive Identität ist sowohl Voraussetzung als auch Resultat kollektiven Handelns bzw. politischer Aktivität. Während die Bedeutung kollektiver Identität für Mobilisierungs- und Partizipationsprozesse in Theorien sozialer Bewegungen inzwischen unumstritten ist, haben Prozesse ihrer Herausbildung bislang weniger Aufmerksamkeit gefunden. Taylor and Whittier (1992) bilden eine Ausnahme, indem sie die Konstruktion von kollektiver Identität in sozialen Bewegungen analysieren. Da kollektive politische Akteure nicht aufgrund einer gemeinsamen strukturellen Position existieren, sondern in Prozessen kollektiven Handelns entstehen, kann kollektive Identität nur angemessen im Kontext derjenigen sozialen und politischen Auseinandersetzungen verstanden werden, in denen sie sich herausgebildet hat. Taylor und Whittier fassen kollektive Identität als allseitig anerkannte Definition einer Gruppe, die auf den gemeinsamen Interessen und Erfahrungen sowie auf der Solidarität ihrer Mitglieder beruht, und benennen drei Dimensionen kollektiver Identität: *Bewußtsein, Grenzziehung* und *Aushandeln*. Bei Bewußtwerdungsprozessen handelt es sich um die interpretativen Rahmungen, die das Selbstverständnis und die Interessen der Gruppe definieren. Die Gruppenzugehörigkeit manifestiert sich in Form von Grenzziehungsprozessen, d.h. durch die Bestimmung geteilter und als wichtig erachteter Merkmale, die sozialer, symbolischer oder auch physischer Natur sein können. Schließlich impliziert das Konzept der kollektiven Identität eine direkte Opposition gegen Aspekte der herrschenden Ordnung. Aushandlungsprozesse umfassen in diesem Zusammenhang die Symbole und Alltagshandlungen, mit denen sich untergeordnete gegen dominante Gruppen zur Wehr setzen.

Taylors und Whittiers Konzept folgend, analysieren wir nun die Weimarer Protestaktionen anhand der drei Dimensionen und stellen sie dadurch in ihren politischen und sozialen Kontext.

4.1 Bewußtseinsprozesse

Um den Prozeß der Konstruktion und Verteidigung lokaler Identität zu verstehen, gilt es zunächst, die Haltung der Weimarer Bevölkerung zum Kulturstadtereignis im allgemeinen zu betrachten. Diese läßt sich insgesamt als *distanziert* kennzeichnen. Von den verschiedenen Ursachen der Distanz sind es vor allem die Gefühle von *Entmündigung* und *Entdemokratisierung, Entfremdung* sowie *Verdrängung*, die ihren Ausdruck in den Diskussionsbeiträgen zum Rollplatz finden.

Entmündigung und Entdemokratisierung

Die Distanz der Weimarer Bevölkerung zu *Weimar 1999* muß zunächst auf den *politischen* Kontext zurückgeführt werden, in dem das Kulturstadt-Projekt vorangetrieben wurde. Zwar stammte die Idee zur Bewerbung um den Titel noch vom letzten DDR-Kulturminister Keller (TA und TLZ vom 14.2.90) und wurde im Anschluß vor allem im Kreis „wendebewegter Akteure vor Ort" diskutiert (Boettner/Rempel 1996: 51f.). Nichtsdestoweniger ist die erfolgreiche Umsetzung der Bewerbung dem Ehrgeiz und dem Engagement des seit dem 1. August 1990 in Weimar regierenden Oberbürgermeisters Dr. Klaus Büttner aus Fulda und dessen politischer Administration zu verdanken. Büttner und sein Team waren „gezielt als Funktionsträger, als Spezialisten, Problemlöser und *, West-Macher'* nach Weimar geholt worden" (ebd.: 65, Hervorhebg. d. Verf.). Der von ihnen „nach Art eines Amigo-Systems" gepflegte kommunalpolitische Stil war in Weimar allerdings bald mehr als umstritten (Hammerthaler 1998: 142).[6] Undurchsichtige Geschäftspraktiken, dunkle Machenschaften und persönliche Bereicherung ließen Büttner in Weimar zum Inbegriff des populären Bildes von den „skrupellosen Wessis" werden, die „seinerzeit über ein politisch entmündigtes Ostdeutschland hergefallen sind – und bis heute von ihrem Beutestück zehren" (ebd.: 145).[7]

Zugleich kann das Gefühl der Entmündigung durch das Kulturstadtjahr nur im Kontext der Entstehung des Weimarer Kunstfestes verstanden werden. Dieses wurde schon 1990 von Bonn aus für Weimar erdacht und installiert – *„eine Unternehmung, die wahrscheinlich guten Willens war, aber ohne jedes psychologische Geschick eingeleitet wurde"* (Schmid 1997: 27). Denn die Organisatoren des Kunstfestes meinten, ganz ohne die Beteiligung von Weimarer Künstlern, Kulturschaffenden und Kulturpolitikern auskommen zu können. Dieser Ausschluß wurde verbittert als *„Entmündigung des Veranstaltungsortes"* (Sobiella 1991) durch Westdeutsche verbucht. *„An diesem einzelnen Beispiel erwies sich: Die Bevölkerung einer auf ihre Weise kulturträchtigen Stadt fühlte sich durch den überaus fixen Import eines Kunstfestes nicht geehrt, sondern belehrt. Das Selbstwertgefühl der ansässigen Bürger, die nach einer 40jährigen Diktatur nun völlig veränderten Lebensbedingun-*

---

6   Weder Verwaltungsstellen noch städtische Aufträge wurden öffentlich ausgeschrieben, sondern unter der Hand an westdeutsche Freunde und westdeutsche Großkonzerne vergeben; attraktive städtische Grundstücke wurden weit unter Wert an Veba, Siemens oder die Deutsche Bank verkauft (Fascher 1996: 55, s.a. Der Spiegel 7/95).

7   Mit der lokalen politischen Kultur der informellen Kontakte, intermediären Kommunikationsstrukturen und Runden Tische konnten Büttner und sein Team nur wenig anfangen (Boettner/Rempel 1996:65). Einheimische Akteure wurden auf diese Weise schnell marginalisiert. Umso geschickter nutzen Büttner & Co. jedoch ihre Kontakte in die Schaltzentralen der Macht in den alten Bundesländern und westlichen Ausland, um für Weimar als Kulturstadt zu werben. Unsere Gesprächspartner der überlokalen Ebenen haben uns vielfach bestätigt, dass es maßgeblich Büttners intensiver Hinterbühnen-Arbeit zu verdanken ist, wenn Weimars Kulturstadt-Ambitionen Erfolg beschieden war (Feldnotizen).

gen ausgesetzt waren, hätte an dieser Stelle nicht zusätzlich verletzt werden müssen. Hier ist es leider geschehen. Vor dieser, nur skizzierten, Folie erfolgte die Wahl Weimars als ‚Kulturstadt Europas 1999'" (Schmid 1997: 27). Dieser Erfahrungshintergrund ist auch in der Rollplatz-Debatte interpretationsleitend. So wird in einem Leserbrief ausgeführt: „Auffällig bei der Problematik ist allerdings, dass viele Weimarer im Bereich der Kunst- und Kulturpolitik nicht mehr hinnehmen wollen, was andere für sie entscheiden. Nachdem man jahrelang staunend feststellen mußte, dass so gut wie alle lukrativen und exponierten Positionen in der Kultur- und Kunstszene nicht an Weimarer, nicht an Thüringer und auch nicht an Vertreter der neuen Bundesländer vergeben wurden, ist doch jetzt auffällig, dass man eine Politik, die gegen die Interessen breiter Bevölkerungskreise gerichtet scheint, nicht länger hinzunehmen gewillt ist" (TA 4.2.98).

In diesem Sinne wird der gesamte Politikstil der Eventmanager, d.h. hier sowohl der Kulturstadt GmbH als auch der lokalen Politik und Verwaltung, hart kritisiert. In einem Kommentar heißt es bissig: „Beim großen Entwurf wurde das kleine Informationsbedürfnis der Bürger vergessen." (TLZ vom 14.1.98). Wahrgenommen wird die Umgestaltung als Vorhaben einer von außen kommenden, fast allgewaltigen kleinen Personengruppe, die selbstherrlich über die Belange der Stadt entscheidet und die Bedürfnisse der Bewohnerinnen und Bewohner dabei ständig übergeht. In einem Leserbrief wird festgestellt: „Es gehört ganz entschieden zu unserem demokratischen Bewußtsein, dass es nicht möglich sein kann, wenn eine kleine Personengruppe so über alle Köpfe hinweg derartig entscheidende Eingriffe in das Stadtbild zu treffen vermag" (TLZ 7.1.98). Der Ausschluss der Bewohnerinnen und Bewohner aus Entscheidungsprozessen wird im folgenden Auszug aus einem Leserbrief beklagt: „Auch am Rollplatz wird deutlich, dass die Hauptbetroffenen – die Bewohner der Stadt – bei der Planung aussen vor gelassen werden" (TA 10.1.98).

Entfremdung

Vor allem kommt in den Rollplatz-Argumentationen das seit langem schwelende Unbehagen der Weimarer Bevölkerung zum Ausdruck, ihrer Stadt im und durch den Kulturstadt-Prozeß immer stärker entfremdet zu werden. Dieses Gefühl speist sich aus der tiefsitzenden Überzeugung vieler Bürgerinnen und Bürger, mit dem Kulturstadtjahr werde ihnen ein Spektakel von außen aufoktroyiert, das die Stadt zwar einerseits brauche, das aber andererseits mit ihren aktuellen Lebensumständen überhaupt gar nichts zu tun habe. Von „Nobelkultur" und „Angebereien", für die „die Weimarer am Ende die Zeche zahlen" würden, war schon früh die Rede (zit. n. Boettner/Rempel 1996: 107). Das Kulturstadtprojekt wurde von Anfang an als Ausgeburt „spinner-

ter, eitler Großmannssucht" (zit. n. ebd.: 72) und als *„elitär, aufgeblasen und ohne Begriff für die sozialen Probleme des Landes"* empfunden (Hammerthaler 1998: 142). Demselben Urteil unterliegt auch das Rollplatzvorhaben.

Zugleich wird die Errichtung eines *modernen* Kunstwerks im ältesten Siedlungsteil der Stadt abgelehnt. Das Rollplatzprojekt wird im Kontext der neuen Imagepolitik durch Festivalisierung gesehen und als weitere in einer Reihe von Maßnahmen abgelehnt, die als ein unsensibles, gewachsene städtische Strukturen zerstörendes, von oben verordnetes Face-Lifting der Stadt gebrandmarkt werden. Der ungeliebten Modernisierung waren schon zuvor einige traditionsreiche Plätze und Gebäude zum Opfer gefallen. Ein Leserbrief nimmt darauf Bezug: *„Offensichtlich soll hier wieder einmal Hand an die Seele Weimars gelegt werden, so empfinden es viele Bürger"* (Wochenblatt 28.1.98). Weiterhin wird in diesem Sinne gefragt: *Wie lange noch müssen wir uns ansehen, wie man mit unserer Heimat umgeht?"*(TA 6.1.98). Auch diejenigen, die zwar grundsätzlich einer Umgestaltung des Platzes zustimmen, sich aber gegen das Buren-Projekt aussprechen, fordern, dass sich der Entwurf in die vertraute Umgebung einfügen müsse. *„Er sollte sich gut in die Jakobsvorstadt mit ihren kleinen Häusern und Gäßchen einpassen und nicht selbständig, mit einem völlig fremden Akzent posieren"* (TLZ 9.1.98).

Verdrängung

Erstens befürchteten die Weimarer eine *materielle* Verschlechterung ihrer Lebensumstände. Infolge des Großereignisses sahen sie steigende Mieten, erhöhte Lebenshaltungskosten, eine noch größere Verschuldung der Stadt und verstopfte Straßen durch eine große Anzahl von Touristen auf sich zukommen. Fast die Hälfte (44%) befürchteten, dass das Großereignis finanziell zu Lasten der Alltagskultur, also von Vereinen, Büchereien etc. gehe. Über die Hälfte (55%) waren der Ansicht, dass das Geld für *Weimar 1999* an anderer Stelle nützlicher wäre. Über drei Viertel der Befragten gingen davon aus, dass sich durch *Weimar 1999* die Lebenshaltungskosten erhöhen. Viele artikulieren gar eine Angst vor Verdrängung aus der Stadt: *„Erst bringen sie Euch die Kultur, dann nehmen sie Eure Wohnungen"*, prophezeit ein Graffiti in der Geschwister-Scholl-Straße. Einen Hochschulehrer zitieren Boettner und Rempel mit folgenden Worten: *„Es werde sehr negativ wahrgenommen, daß im Zusammenhang mit der Kulturstadt die Preise in die Höhe gegangen seien. Mancher sage schon: ‚Das habt ihr nun davon! Bald kann keiner mehr von uns hier leben!'"* (1996: 107). Diese Angst vor einer materiellen Verdrängung aus dem Stadtraum wird auch im Zusammenhang der Umgestaltung des Rollplatzes deutlich. In vielen Leserbriefen wird betont, *„dass der Platz durch die Initiative der Anlieger* *gerade zu neuem Leben erwacht"* sei (TA 17.1.98). Häuser wurden gebaut, Geschäfte neu eröffnet. In diesem Zusammenhang wird angesichts des geplanten Kunstwerks die Befürchtung laut: *„es bleibt nichts übrig"* (TLZ 30.12.97). Dabei wird insbesondere auf die wegfallenden Parkplätze verwiesen, die nicht nur für die Geschäftsleute am Platz von zentraler Bedeutung seien.

Aber nicht nur die materielle, sondern auch die symbolische Verdrängung wird befürchtet. Das Kunstwerk, so wird befürchtet, werde das neu erwachte Leben nicht zulassen. Manchen erscheint es deshalb gar als Zerstörung von *„Lebensraum": „Um den Rollplatz wohnen Menschen aller Altersgruppen. Sie wollen leben, atmen, sich bewegen. Hier gehören Straßencafés hin, ein Kinderspielplatz, Ruhezonen, für die Älteren. Ich stelle es mir fürchterlich vor: ein raumfüllendes Denkmal vor der Tür, kaum dass Platz bleibt zur Umgehung. Über Jahre hinweg Lichtreflexe und dann vielleicht – bestimmt! – der Verfall. Wer möchte schon dort gerne wohnen, wo ihm der Lebensraum genommen ist."* (TA 31.1.98)

4.2 Grenzziehungsprozesse

Voraussetzung dafür, dass das Buren-Projekt zum Angriff auf das Herz der Stadt und damit auf die Weimarer Bevölkerung insgesamt stilisiert werden konnte, ist eine symbolische Umdeutungs- und Aneignungsleistung: Plötzlich und unerwartet wird der etwas abseits des touristischen Zentrums gelegene, bis dahin wenig beachtete und bis heute als Parkplatz genutzte Rollplatz in der festivalisierten Stadt zum Inbegriff lokaler Identität erklärt. Detlev Ipsens Unterscheidung von „besonderen" und „eigenen Orten" bietet eine gute Möglichkeit, diesen Konstruktionsprozeß zu verstehen (Ipsen 1997: 108). Ipsen zufolge werden *besondere Orte* von Einheimischen und Fremden gleichermaßen als herausgehoben betrachtet. „Besondere Orte werden immer als historisch empfunden, sie sind mit Bedeutung aufgeladen." (ebd.) Bekanntlich ist Weimar mit solchen bedeutungsvollen Orten reichlich gesegnet – nur wegen dieser besonderen Orte wird die kleine Stadt überhaupt selber herausgehoben, nur ihnen verdankt sie die 2 1/2 Millionen Touristen, die jährlich einströmen. *Eigene Orte* hingegen, so Ipsen, erhalten ihre Bedeutung im und durch den Alltag. Sie erscheinen als unspektakulär und folgen ihren eigenen Rhythmen, „sie verdeutlichen die Zelebrierung des Alltags in Architektur, Klang und Geruch" (ebd.). Mit dieser Unterscheidung wird verständlich, dass der kleine, etwas abseits des touristischen Zentrums gelegene Rollplatz nicht trotz, sondern gerade wegen seines Fehlens auf der Liste der unbedingt zu besuchenden Pilgerstätten geeignet war, zum Symbol des Kampfes der Weimarer gegen die touristische Enteignung auch noch des letzten aller angestammten Milieus erhoben zu werden.

In diesem Sinne wird den Initiatoren vorgeworfen, sich ausgerechnet an dem einzigen Innenstadtplatz zu vergreifen, der noch „den Weimarern" und nicht „den Touristen" gehöre, und den Platz für diese – und nicht für die Weimarer – umgestalten zu wollen. *„Warum gerade der Rollplatz?"*, wird in einer Lokalzeitung gefragt, *„Schließlich ist es einer der wenigen Innenstadtplätze, die bislang allein durch und von Weimarer Bürgern lebten."* (TA 27.12.98) Dieses Motiv vom *„lebendigen"* Platz zieht sich durch einen Großteil der Leserbriefe. Der Rollplatz steht symbolisch für ganz Weimar und seine Bevölkerung: *„Es geht um eine lebendige Stadt mit lebendigen Menschen"* (TA 27.12.97). Diesem Bild entsprechend wird Burens Projekt als *„Tötung"* des Platzes, als *„Tötung"* der Stadt wahrgenommen: *„Mordanschlag durch Pfählung auf den noch lebenden Platz der alten Jakobsstadt"* (ebd.). Besonders empfindlich reagieren viele Weimarer auf die Bildersprache von Burens Stelen: *„Die Anwohner der neuen Bundesländer dürften Betonsäulen in jeder Form satthaben (...) Hier nun in Weimar in der historischen Vorstadt so ein Beton-Machwerk zu errichten, kann nur von Menschen kommen (...), die in ihrer Vergangenheit nicht (...) im Osten Deutschland gelebt haben"* (TLZ 5.3.98).

In dieser letzten Wendung drückt sich eine weitere Grenzziehung aus: Die Gegner des Weimarer Rollplatzes beanspruchen, im Namen der *„Einheimischen"*, der *„Bewohner der Stadt"*, der *„Menschen, die hier auf Dauer wohnen"*, der Weimarer *„Bürger"* und Hauptbetroffenen zu sprechen. Gleichzeitig grenzen sie sich von „Zugereisten" ab, seien es Touristen, Studenten oder die *Kulturstadt GmbH*. Grenzziehung bedeutet in diesem Fall allerdings auch die Ausgrenzung großer Bevölkerungsgruppen. So wurde beispielsweise einem Mitglied des Stadtrats – und damit einem gewählten Repräsentanten der Bürgerschaft – im Rahmen einer Diskussionsveranstaltung das Recht abgesprochen, sich für das Rollplatzprojekt einzusetzen, da dieser als Student nur vorübergehend in der Stadt lebe (Feldnotizen). Der Bürgerschaftsbegriff wird auf diejenigen verengt, die dauerhaft am Ort ansässig sind, sowie auf diejenigen, die sich für die Bewahrung des Stadtbildes einsetzen. Umgekehrt gilt: Wer sich für das Rollplatzprojekt einsetzt, kann kein „echter" Weimarer sein.

Aus der Gemeinschaft der Weimarer werden folglich auch die Mitglieder der *Kulturstadt GmbH* ausgeschlossen – unabhängig davon, ob sie aus Weimar stammen oder nicht. Die *GmbH* hat in und mit der Weimarer Bevölkerung häufig einen Kommunikationsstil gepflegt, der von letzterer als „arrogant" und „geringschätzig" empfunden und nach dem „innenpolitischen Hauptcode der deutschen Vereinigung: Ossi vs. Wessi" (Offe 1994, zit. n. Woderich 1997: 87) interpretiert wurde. Demgegenüber wird versucht, den Stadtrat wieder ins Boot zu holen. In einem Leserbrief heißt es: *„Ein Ruf an die Stadtväter. Paßt auf, laßt Euch die Stadt nicht verbauen, das Kultur-*

stadtjahr 1999 geht vorbei, die futuristischen Macher verschwinden, die Bürger dieser Stadt haben damit zu leben" (TLZ 6.1.98).

4.3 Aushandlungsprozesse

Geht es bei Bewußtseinsprozessen um Selbstverständnis und Interessen einer Gruppe und bei Grenzziehungsprozessen um die Definition von Gruppenzugehörigkeit, so beziehen sich Aushandlungsprozesse auf Forderungen und Strategien zu deren Umsetzung.

Erstens wird von den verschiedenen Bürgerinitiativen einhellig die Forderung erhoben, vom Buren-Projekt Abstand zu nehmen. An den Stadtrat wird die flehende Bitte gerichtet *„Hört auf, die Stadt Weimar weiterhin umzukrempeln"* (TLZ 22.1.98). Zweitens wird die Rollplatz-Debatte zum Anlass genommen, die Berücksichtigung der Bedürfnisse der Weimarer Bevölkerung bei der Programmplanung des Kulturstadtjahrs anzumahnen. *„Das Kulturstadtjahr kann nicht nur für Touristen verplant werden, sondern muss auch für die Bewohner eine attraktive und innovative Begegnung mit Kunst bieten können, mit der sich leben läßt, auch nach 1999"* (TLZ 14.1.98). Drittens ist die Auseinandersetzung um den Rollplatz der Auslöser dafür, die mangelnde Einbeziehung der Bevölkerung in Entscheidungsprozesse überhaupt zu kritisieren bzw. stärkere Partizipation im Prozeß der Festivalisierung einzuklagen. *„Laßt die Bürger mitentscheiden, denn sie müssen damit leben!"* (TLZ 22.1.98). Zum einen wird der Stadtrat an seine Funktion als gewählte Interessenvertretung der Bürgerinnen und Bürger erinnert. Letzterer wird aufgefordert, eine *„eingehende Debatte (zu) führen, wobei der Widerspruch der Bevölkerung einzubeziehen ist. Es darf nicht wieder passieren, dass man mit vollendeten Tatsachen eine Überraschung erlebt wie auf dem Bahnhofsvorplatz"* (TA 6.1.98/ TLZ 7.1.98). Zum anderen wird ein Bürgerentscheid über das Projekt gefordert. *„Wir, die Bürger wollen mit einbezogen sein in Veränderungen dieser Stadt. Wir müssen hier leben und nicht die Touristen. ... Ich habe nichts gegen Kunst und Kultur in unserer Stadt, doch alles in Verbindung mit den Bewohnern dieser Stadt. Darum bin ich für einen Bürgerentscheid zum Rollplatz"* (TA 24.1.98).

Wie schon eingangs beschrieben, bedienten sich die Weimarer unterschiedlicher Strategien, um ihre Forderungen durchzusetzen: Leserbriefe und andere offene Briefe an die Verantwortlichen, Diskussionsveranstaltungen, Unterschriftensammlungen und die Gründung von Bürgerinitiativen. Zum geforderten Bürgerentscheid kam es nicht. Unter dem Applaus der Buren-Gegner lehnte der Stadtrat das Projekt in namentlicher Abstimmung ab, obwohl alle Ausschüsse zuvor dafür plädiert hatten, den Beschluss zu vertagen. Damit kam der Stadtrat dem Gestaltungsbeirat zuvor, der Buren für den darauffolgenden Monat zu Verhandlungen eingeladen hatte. Der Generalbeauftragte der *Kulturstadt GmbH* und der Künstler Daniel Buren reagierten mit Enttäuschung und Verwunderung auf die Entscheidung des Stadtrats, mit der Gespräche über mögliche Veränderungen des Entwurfs vorzeitig abgebrochen wurden.

5. Fazit: Politisierung durch Festivalisierung

Im Protest gegen das Rollplatzprojekt der *Kulturstadt GmbH* schlossen sich Weimarer Bürgerinnen und Bürger zu einer Eventgemeinschaft gegen das Event zusammen. Das Vorhaben war der Tropfen, der das Fass des angestauten Unmuts über die so empfundenen Prozesse der Entmündigung und Entdemokratisierung, Entfremdung und Verdrängung durch Festivalisierung zum Überlaufen brachte. Der Protest richtete sich dabei sowohl gegen das Rollplatzprojekt, als auch gegen die Art und Weise, wie es von den Veranstaltern verfolgt wurde: Weder mit dem neuen, modernen Image, das der Klassiker-Stadt aufoktroyiert werden soll, noch mit dem als anmaßend empfundenen Politikstil konnten sich weite Teile der Bevölkerung identifizieren. Das Vorgehen in Sachen Rollplatz, die Bevölkerung vor die vollendete Tatsache eines tiefen Eingriffs in das Stadtbild zu stellen, schien die Weimarer in ihrer Haltung zu bestätigen, daß es bei dem bevorstehenden Großereignis am wenigsten auf sie selber als Bürgerinnen und Bürger der Stadt ankomme. In der Bevölkerung ist die Ansicht weit verbreitet, dass es sich bei dem gesamten Kulturstadtvorhaben um ein Projekt westdeutscher Karrieristen in Politik und Verwaltung handele, die, ohne Bezug zu der Stadt, diese lediglich als weltbekannte Kulisse ihrer Ambitionen benötigten. Solchermaßen brüskiert, fühlten sich die Weimarer in ihrer eigenen Stadt zu Statisten eines Spektakels herabgewürdigt, das von einer kleinen, elitären Führungsgruppe für eine gut betuchte Kulturschickeria inszeniert wird. Im Widerstand gegen das Rollplatz-Vorhaben kulminierte also die Empörung über Form und Inhalt einer eventisierten Kulturstadtpolitik. „Lokale Identität" wurde gegen die Inszenierung eines schicken Stadtimages behauptet und in Anschlag gebracht. Der latente Schwellenwert der Frustration war überschritten, so dass Mobilisierung und Politisierung möglich wurden. Die Bürgerinnen und Bürger setzten sich selber als neuen Akteur auf die politische Bühne, zwangen die *Kulturstadt GmbH* zum ersten Mal zur öffentlichen Auseinandersetzung über Inhalte und Methoden ihrer Politik und klagten Partizipation ein.

Unsere Ergebnisse legen nahe, Häußermanns und Siebels These von der tendenziellen Aushöhlung demokratischer Prozesse durch Festivalisierung zu erweitern. Wie das Weimarer Beispiel zeigt, kann der Ausschluss der Bevölkerung aus der eventisierten Politik unter Umständen gerade zur Politisierung selbst bislang politisch nicht Aktiver führen. Dann nämlich, wenn die Festivalisierung als Verletzung lokaler Identität und Gemeinschaft wahrgenommen und skandalisiert wird. Wir folgern daraus, dass das – ohnehin zweifelhafte – im Rahmen von Großereignissen angestrebte Ziel, Bürgerinnen und Bürger, Politik und Verwaltung zusammenzuschweißen und gemeinschaftlich auf ein neues Image bzw. auf eine neue lokale Identität einzuschwören, nur dann gelingen kann, wenn die angebotenen „Event-Identitäten" zu bereits bestehenden Identitäten passen. Verletzen City- oder Eventmanager diese Regel, sind Konflikte vorprogrammiert.

Diese Erkenntnis halten wir gerade vor dem Hintergrund der Tatsache, daß *Weimar 1999* ein Festival in den neuen Bundesländern ist, für besonders relevant. Dort werden Verletzungen von Identitätsgefühlen besonders sensibel wahrgenommen. Die unerwartete Vehemenz und die ungewöhnlich hohe Beteiligung an den Auseinandersetzungen um den Rollplatz können zu einem Gutteil auch durch Ressentiments einer „Ost-Bevölkerung" gegen „West-Macher" erklärt werden.

Die für Festivalisierung typischen Entdemokratisierungsprozesse haben in Weimar also nicht-intendierte Folgen von Mobilisierung und Partizipationsforderungen gezeigt. Damit soll, um einem Mißverständnis vorzubeugen, nicht gesagt werden, dass die Inhalte solcher Politisierung unbedingt demokratisch sind. Wie alle Gemeinschaftskonstruktionen, so sind auch die Gemeinschafts- und Identitätsbehauptungen der Weimarer Bürgerinnen und Bürger aus Anlass des Rollplatzprojekts hochgradig ambivalent und enthalten unleugbar reaktionäre Züge. Die Motive, die den im Rahmen der Kontroverse erhobenen Forderungen zugrunde liegen, lassen sich in einem Spektrum ansiedeln, an dessen einem Ende die Forderungen nach besserer Informationspolitik, Partizipation und demokratischer Teilhabe liegen. Am anderen Ende findet sich der Wunsch nach dem Erhalt des Bestehenden und damit die Abwehr von Veränderungen und derjenigen, die sie befürworten, planen oder repräsentieren.

Dem Künstler Daniel Buren geht es bei seinen Arbeiten darum, den unverwechselbaren Charakter von Plätzen, die für die lokale Identität eines Ortes zentral sind, hervorzuheben (Buren 1995). Insofern kann man die Ablehnung seines Werkes für den Rollplatz – je nach Standpunkt – als tragisches Scheitern oder als ironisches Gelingen betrachten.

Literatur

Bianchini, F.: Remaking European Cities: The Role of Cultural Policies, In: Ders./Parkinson, M. (Hrsg.): Cultural Policy and Urban Regeneration. Manchester/New York 1993, S. 1-20

Boettner, J.: Vorschläge zur Theorie öffentlichen Lebens. In: Ders./Rempel, K.: Kleine Stadt was nun? Weimar auf dem Weg zur Kulturstadt Europas. Weimar 1996, S. 157-193

Boettner, J./Rempel, K.: Kleine Stadt was nun? Weimar auf dem Weg zur Kulturstadt Europas. Weimar 1996

Buchartowski, C./Frank, S./Roth, S.: Erwartungen und Befürchtungen. Kulturstadt *Weimar 1999* – eine eierlegende Wollmilchsau oder ein Spektakel, das die Weimarer boykottieren würden, wenn sie nur könnten? In: Weimarer Kulturjournal 1998, S. 10-11

Buren, D.: Achtung! In: (Ders.): Achtung! Texte 1967-1991. (Fundus 129). Basel 1995, S. 59-85

Buren, D.: Projekt für den Rollplatz. Projektbeschreibung. Herausgegeben von der *Weimar 1999* – Kulturstadt Europas GmbH, Weimar. Weimar 1999

Cattacin, S.: Stadtentwicklungspolitik zwischen Demokratie und Komplexität. Zur politischen Organisation der Stadtentwicklung: Florenz, Wien und Zürich im Vergleich. Frankfurt/M./New York 1994

Facts and Figures. *Weimar 1999* – Kulturstadt Europas in Zahlen und Fakten. Herausgegeben von der *Kulturstadt GmbH.* Weimar 1998

Fascher, E.: Politische Parteien und Stadtparlamente im heutigen Weimar. Eine Modellstudie zu Kontinuität und Wandel der politischen Kultur in den neuen Ländern. In: Zeitschrift für Parlamentsfragen 27/1996, S. 37-61

Frank, S.: „Angriff auf das Herz der Stadt". In: Tourismus Journal 3/99 (im Erscheinen)

Häußermann, H./Siebel, W.: Die Politik der Festivalisierung und die Festivalisierung der Politik. In: Dies. (Hrsg.): Festivalisierung der Stadtpolitik Stadtentwickung durch große Projekte. Leviatan (Sonderheft) 1993, S. 7-31

Hitzler, R.: Posttraditionale Vergemeinschaftung. Über neue Formen der Sozialbindung. Berliner Debatte INITIAL 9/1998, S. 81-89

Hammerthaler, R.: Die Weimarer Lähmung. *Kulturstadt Europas 1999* – Szenisches Handeln in der Politik. Berlin 1998

Ipsen, D.: Raumbilder. Kultur und Ökonomie räumlicher Entwicklung. Pfaffenweiler 1997

Kearns, G./Philo, C.: Selling Places. The City as Cultural Capital. Past and Present. Oxford 1993

Mayer, M.: Lokale Politik in der unternehmerischen Stadt. In: Borst, R. et al. (Hrsg.): Das neue Gesicht der Städte: Theoretische Ansätze und empirische Befunde aus der internationalen Debatte. Basel/Boston/Berlin 1990, S. 190-208

Richards, G.: From Cultivated Tourism to a Culture of Tourism. Vortrag auf der VTB-VAB Conference on Cultural Tourism. Brussels 1997 (unveröff.)

Schmid, I.: *Weimar 1999* – Kulturstadt Europas. In: Frauenpolitischer Runder Tisch (Hrsg.): Frau und Kultur. Subjekt und Objekt. Dokumentation des 4. Kolloquiums der Reihe „Frau und Gesellschaft" am 25.10.1997, Weimar 1997, S. 26-35

Sobiella, J.: Die Zukunft eines Wechselbalgs. Eine notwendige Betrachtung zum zweiten Weimarer Kunstfest – Oder: Provinz sind wir selber. In: TLZ vom 21.6.1991, S. 15

Strubelt, W. (Hrsg.): Jena – Dessau – Weimar. Städtebilder der Transformation. Opladen 1997

Taylor, V./Whittier, N. E.: Collective Identity in Social Movement Communities: Lesbian Feminist Mobilization. In: Morris, A. D./McClurg Muller, C. (Hrsg.): Frontiers in Social Movement Research. New Haven 1992, S. 104-129

Thüringer Allgemeine, Ausgabe Weimar (TA)

Thüringer Landeszeitung, Ausgabe Weimar (TLZ)

Woderich, Rudolf: Gelebte und inszenierte Identitäten in Ostdeutschland. In: Welt-Trends 5/1997, S. 79-98

V.
Medien-Events

Hans-Georg Soeffner

Die Panoramakunst.
Eine Vorschule zur Technisierung und Eventisierung des Erlebens[1]

Als sich das ausklingende zwanzigste Jahrhundert, das sich, je älter es wurde, umso lieber als Medienzeitalter bezeichnete, seiner medialen Urgroßeltern, der Panoramen, in Großausstellungen[2] erinnerte, waren diese Saurier der Monumentalmalerei – bis auf wenige Ausnahmen – ausgestorben. Sie gehörten zu einer Spezies, in der sich – strukturell – schon vieles von dem ausgebildet hatte, was sich in medialen Produktionen der Gegenwart wiederfindet. In arteigener Symbiose mit ihren Schöpfern und Nutznießern lebend, hatte diese Spezies nicht nur ihre soziale Umwelt als solche, sondern auch die Formen der Umweltwahrnehmung derer stark mitgeprägt, die mit ihr aufgewachsen waren.

Die sozialen Milieus der Panoramen, Europa und die USA des späten 18. und des 19. Jahrhunderts, waren geprägt durch Revolutionen, Eroberungs-, Befreiungs- und Bürgerkriege, durch die Festigung alter und die Entstehung „verspäteter" Nationen, durch Industrialisierung und den Aufstieg neuer Schichten. Vor diesem Hintergrund verstärkten sich in kulturgeschichtlich paradoxer Parallelität zwei einander scheinbar widersprechende, tatsächlich jedoch bedingende und ergänzende Tendenzen, die sich bereits im Europa des 16. und 17. Jahrhunderts angekündigt hatten: die zunehmende Individualisierung und die gleichzeitige Anonymisierung der Gesellschaften. Die Subjektivitätsreligion der deutschen Romantik und die Proklamation der individuellen, demokratischen Freiheitsrechte bildeten den einen – die standardisierte, serielle Industrieproduktion einschließlich der ihr folgenden se-

---

1 Dieser Text ist ein Auszug aus dem auf der Tagung „Audovisualität vor und nach Gutenberg" (25.-28. November 1998) in Wien gehaltenen Vortrag. Der gesamte Vortragstext wird unter dem Titel *Sich Verlieren im Rundblick – Die „Panoramakunst" als Vorstufe zum medialen Panoramamosaik der Gegenwart* in einem Tagungsband im Verlag SKIRA Editore, Mailand, erscheinen.

2 Beispielhaft die Ausstellung „Sehsucht. Das Panorama als Massenunterhaltung des 19. Jahrhunderts", Kunst- und Ausstellungshalle der Bundesrepublik Deutschland, 28. Mai - 10. Oktober 1993

riellen Unterhaltungs- und Informationsfabrikation bei ähnlich strukturierter Konsumtion – den anderen Pol dieser Entwicklung.

Ihr Konstruktionsprinzip – das sie selbst durch Überdehnung zerstörten und in Irritation auflösten – verdanken die Panoramen dem, was Albrecht Dürer als „visuelle Alchemie" bezeichnete: der Zentralperspektive. Die Konstrukteure einer lange Zeit die abendländische Raumwahrnehmung und „Weltansicht" prägenden und bis heute wirksamen Perspektivik haben in ihren Werken Wahrnehmungsschemata vorgegeben, die mit der Zeit immer weniger als „alchemistisch" und künstlich empfunden wurden, bis sie schließlich – in unserer Kultur – als „natürlich" erschienen und zur „Normalperspektive" wurden.

Technisch raffiniert den Sehraum zu erweitern und zu vertiefen, war immer wieder das Ziel der Maler, Zeichner und Architekten in der Nachfolge der „Gründerväter" – Filippo Brunelleschi, Leon Battista Alberti und Leonardo da Vinci. So zeigt[3] Dürers Fernsicht „Tal von Kalchreuth" (um 1500) eine von zwei Standorten „aufgenommene" Landschaft – mit der durch dieses Verfahren entstehenden Konstruktion eines zwar nur 50° umfassenden Horizontes, aber einer räumlichen Tiefe von ungefähr 33 Kilometern. El Greco entwirft mit „La ciudad de Toledo con su planta" (1610/14), aus dem Blickwinkel eines imaginären Standortes in fiktiver Höhe, eine überdehnte Gesamtansicht der Stadt mit einem entsprechend perspektivisch fundierten Grundriß.

An zahlreichen weiteren Beispielen läßt sich zeigen, daß es immer wieder darum geht, in einer Kombination aus Malerei oder Zeichnung einerseits und „objektiver, naturwissenschaftlicher" Vermessung andererseits die Räume mehr und weiter auszudehnen und zu vertiefen, um das menschliche „Sehvermögen" mit Illusionsrekorden zu konfrontieren. Führender wissenschaftlicher Illusionist ist der herausragende Topograph seiner Zeit, Anthonis van den Wyngaerde, der immer wieder Weitwinkelperspektiven aus mehreren Zentralprojektionen von verschiedenen Standpunkten aus konstruiert. Seine grandios entfaltete Aussicht östlich Gibraltars nach Südosten in Richtung auf die „Afrikanische Küste von Oran bis Ceuta" (1567) spannt einen Horizont von 180° auf, innerhalb dessen die phantastische Entfernung von 400 Kilometern sichtbar gemacht wird.

Ein ganz anderes, für die späteren Panoramen ebenfalls grundlegendes Verfahren beruht auf dem zweifachen Blick, der vom (ungefähr) gleichen Standort in diametral entgegengesetzte Richtungen geht. Beispielhaft dafür ist Caspar Wolfs Bildpaar (1) der „Unteren Beatushöhle am Thunersee" (1776) mit Blick auf den Felseingang von Südwesten her und (2) des spiegelsymmetrischen Ausblicks von der Grotte nach Südwesten (1777). Das Bild-

---

3   Zu den folgenden Beispielen vgl. Weber 1993.

paar zeigt zwei Landschaften ohne Himmel: Auf dem ersten Bild ein vor dem dunklen Hintergrund der Höhle beängstigend kleines Selbstporträt des Zeichners, auf dem zweiten den befreienden weiten Blick aus dem Höhleneingang heraus auf die glänzende Wasserfläche des Sees. Es geht um „Umkehr als Bildsinn" (Weber 1993: 23): die Welt im Rücken des Betrachters soll mit ins Bild geholt werden.

Die gleichzeitige Anwesenheit des Bildbetrachters an mehreren Standpunkten überführt das Nacheinander der Raum- und Landschaftswahrnehmung, das prinzipiell prozeßhaft Zeitliche und Aktive des Sehens in die Illusion der Allanwesenheit einer scheinbar zur Ruhe gekommenen Wahrnehmung. Nicht nur der Raum, sondern auch das Sehen scheinen im omnipräsenten Blick der Zeitlichkeit entzogen zu werden: das menschliche Sehen nähert sich – in der Illusion – dem Blick der Götter an.

Was für diese Form von Entzeitlichung der Raumwahrnehmung gilt, findet seine Entsprechung in einem spezifischen Blick der „Vorpanoramisten" auf die Geschichte und ihre Großereignisse. Wenn Jacques Louis David auf riesigen Bildformaten die Massenaufzüge der Revolution nachinszenierte, zielte er *auch* darauf, die dargestellten „Massen" als ihr eigenes Publikum für seine Ausstellungen zu gewinnen: Die Akteure werden, strukturell ähnlich wie gegenwärtig die Teilnehmer an Großdemonstrationen – Kirchentagen, Love-Parades, Sportfestivals etc. – beim abendlichen Blick in die Fernsehnachrichten, nachträglich zu ihren eigenen Zuschauern: Man entwirft sich – wie zur Zeit Hooligans, rechte und linke Politexhibitionisten, Musik- und Fußballfans oder Gesinnungsdemonstranten – von vornherein in der Doppelrolle als Akteur und Publikum, als Handelnden und nachträglich Betrachtenden. Die Folge: der (spätere) Betrachter schreibt sich selbst als Akteur vorweg eine spezifische, auf den folgenden Selbstgenuß durch Sehgenuß hin angelegte Handlungsästhetik vor.

Damals konnte man bei Ein-Bild-Ausstellungen – gegen Eintritt – im Nachhinein mit olympischem Blick die in der bildhaften Aufsicht an ihren „entscheidenden Augenblicken" angehaltene Geschichte betrachten. Napoleon soll angesichts der Davidschen Großformate gesagt haben: „Ce n'est pas de la peinture, on marche dans ce tableau" (Kemp 1978 : 11). Aber – wie viele andere oft zitierte Aussprüche berühmter Männer – so ist auch dieser schief. Denn der Effekt der Großbilder liegt u.a. darin, daß die Größe des Formates einerseits den Bildraum dehnt, andererseits aber gleichzeitig die Distanzen im Bild schrumpfen läßt und dadurch das Dargestellte in sehr verkürzter „Marschzeit" wahrnehmbar macht.

Aus heutiger Sicht erscheint es so, als habe Robert Barker in seinem Panoramapatent vom 19. Juni 1787 all diese bereits vorfindlichen, auf eine „Allsicht" (denn eben diese meint der Ausdruck „Panorama") hin angelegten Tendenzen in einem buchstäblich umgreifenden Konzept zusammengebunden. Allerdings – und das ist das wahrhaft Neue – ist der Betrachter darin nicht mehr ein Gegenüber des Bildes, sondern scheinbar mitten darin. Er kann nicht mehr, wie zuvor, körperlich nahezu unbewegt „ursprünglich" riesenhafte, für ihn im Bild zugeschnittene Räume und Ereignisse in olympischer Distanz und Synchronizität wahrnehmen oder – wie bei den britischen, an der topographischen Malerei orientierten Bühnenbildern des 18. Jahrhunderts – eine durch die deutliche Trennung von Zuschauerraum und Bühne gesicherte Zuschauerrolle einnehmen. Nun muß er selbst aktiv werden und sich um seine eigene Achse drehen, um die vollständige Horizontale von 360° zu erfahren.

Dabei entsteht ein merkwürdiger, in der Literatur bisher kaum behandelter Effekt: Der Betrachter sieht sich weder dem Bild gegenüber, noch ist er wirklich, wie das Panorama suggeriert, „mitten darin". Er verliert seinen „festen Standort" nicht nur dadurch, daß er sich um seine eigene Achse drehen muß, sondern auch dadurch, daß er die ihm dargebotene Bildwelt weder von außen noch von innen heraus wahrnimmt: Die Bildwelt umhüllt ihn, ohne daß er *in ihr* eine Position einnähme. Während wir „lebensweltlich" in der Mitte unserer Welt stehen, realer Teil dieser Welt sind und von dem – sich mit und durch uns bewegenden – Zentrum her, das wir selbst *sind*, unsere Welt wahrnehmend und handelnd ordnen, erleben wir im Panorama handgreiflich und unübersehbar, daß wir uns zwar irgendwie in der Mitte der uns umgebenden Bildwelt befinden, aber weder ihr Zentrum sind noch dieses Zentrum werden können.

Der Boden, auf dem wir stehen, verhält sich – material und gegenständlich erfahrbar – gegenüber der Bildwelt exterritorial. Zusätzlich trennt uns ein Geländer vom Panorama, in dessen „Mitte" wir gefangen gehalten werden, ohne Teil von ihm werden zu können. Wir werden – statt in lebensweltlicher Anschauung – in aufdringlich surrealistischer Weise in jene Positionalität versetzt, die Plessner als „exzentrisch" bezeichnet und die das anthropologische Fundament unseres Zugangs zur Welt – zur Außenwelt, Innenwelt und Mitwelt – darstellt: (Plessner 1975: 288 ff.) Unsere Füße und „ein Teil" unserer Sinne bleiben spürbar lebensweltlich verankert, während „der Rest" durch die Illusionskunst des Panoramas dazu verführt werden soll, in eine fiktive Welt einzutreten: Anders als die meisten Medien der Fiktionalität nagelt uns das Panorama durch die Aktionsformen (Körperdrehung, Herumgehen), die es uns aufzwingt, und durch die „Exterritorialität" unseres Standortes an der Schwelle zwischen den Erfahrungsweisen der Lebenswelt und denen der Fiktion fest.

Bevor er das Panorama entwarf, war Robert Barker Porträtmaler. Vom Kleinformat des Porträts, wendet er sich in seiner künstlerischen „Konversion" nicht nur den riesigen Formaten zu, sondern auch vom Individuum als festem Gegenstand zu den tendenziell unendlich vielen Gegenständen und

Ereignissen des individuellen Interesses. Der vorher auf das Individuum konzentrierte Blick – und damit zugleich das betrachtende Individuum – zerstreuen und verlieren sich in der „Allsicht". Aber nicht nur der Betrachter wird „sich selbst entzogen", auch das „Gemalte am Gemälde", der Gemäldecharakter der Bilderwelt soll zum Verschwinden gebracht werden.

Die erste große Barker Rotunde (in London) besaß einen Durchmesser von 27,5 m, war 17,4 m hoch und hielt die Betrachter, die sich auf einer Plattform von 10 m Durchmesser bewegen konnten, durch eine Barriere in einem Abstand von 10 m gegenüber der bemalten Leinwand – einer Fläche von 930 m². Die frühen Rotunden in London und Paris gaben den ihnen in anderen Städten folgenden einen groben Standard vor. Gewöhnlich waren die Rotunden, Außenhaut und Hüllen der Panoramen, zwischen 10 und 20 m hoch, hatten einen Durchmesser von 30 - 35 m und boten ihrem Publikum im Innenraum eine 100 - 120 m lange, 13 - 18 m breite Malfläche. Die Leinwände selbst wogen bis zu vier Tonnen, denen weitere vier Tonnen an aufgetragener Farbe aufgeladen wurden. Beinahe zwangsläufig reizt der monumentale Charakter des Panoramas, der seine Qualität vorwiegend aus der Quantität gewinnt, von sich aus zu Übersteigerungen und Rekordversuchen: Das Londoner Rundpanorama von Thomas Hornor (1829 im Collosseum ausgestellt) bot 2300 m² bemalte Leinwand und war überwölbt von einem 3716 m² weiten künstlichen Himmel.

Bei allen Panoramen wird der Betrachter gegenüber der ihm gebotenen Bildwelt in einem Abstand gehalten, der es ihm unmöglich machen soll, Farbe und Leinwand in ihrer spezifischen Materialität zu erkennen: Er steht im Dunkeln, die Bildwelt im Licht, und die Lichtquellen sowie die Ober- und Unterkanten des Bildes sind ihm durch Sichtblenden verdeckt. Ebenso verborgen bleiben ihm die Aufbauten, Stützvorrichtungen, Projektionsgeräte, Zug- und Spannkonstruktionen – das gesamte technische Räderwerk samt Personal, auf die sich das Panorama stützt. Barkers Patentbeschreibung (vom 19. Juni 1787) zeigt, daß er die technische Apparatur des Panoramas für e-benso wichtig hielt wie das 360-Grad-Bild selbst. Dieses Bild beschrieb er zunächst als „La nature à coup d'œil" – die Natur auf einen Blick[4]: Offenkundig ist es sehr aufwendig, „Natur" und „Natürliches" künstlich herzustellen. So erklärt sich, daß der Stolz des „Naturschöpfers" auf die von ihm entwickelte Produktionstechnik ebenso groß ist wie der auf das Bild. Beide wachsen zu einer Illusionsmaschinerie zusammen, und diese ist das eigentliche Werk.

Naturalismus und Illusionismus verbünden sich hier in einer richtungsweisenden Form medientechnischer Fabrikation von „Natur". Sich von einem „verdunkelten Standort" aus in einen horizontlosen Bildraum einzuschließen

---

4   „My invention, called ‚La nature à coup d'œil', so as to make observers feel as if really on the very spot".
- Auszug aus Robert Barkers Patentschrift, zitiert nach Weber 1993: 21.

und an das Hier und Jetzt der panoramischen Bildwelt in einem „all embracing view" zu binden, hat für das betrachtende Individuum zur Folge, daß es sich in einer entgrenzten Außenwelt als Subjekt verliert und – da es selbst keinen festen Standort mehr hat – auch den Objekten der Außenwelt keinen auf ein Zentrum hin orientierten Ort mehr zuweisen kann: Mit dem Verlust des durch das Ich positionierten „Hier" verschwimmt auch die Positionierung eines „Dort" als eines fixierbaren Gegenübers des Betrachters.

Die im Panorama konstruierte „Allsicht" ist, wie nun erkennbar wird, keine sich aus olympischer Höhe herabwendende Aufsicht auf die gesamte Schöpfung, wie dies der Tendenz nach bei einigen Vorläufern des Panoramas, so auch beim orbis pictus von Comenius, der Fall war, sondern ein Rundumblick: Sie ist trotz des verschwimmenden, scheinbar offenen Horizontes und trotz der Illusion einer totalen Wahrnehmung „thematisch" begrenzt. – Sie ist das perspektivische Paradox einer „Allsicht" auf einen Ausschnitt.

Der scheinbar totale Rundumblick richtet sich auf nur wenige Themenblöcke, Regionen und Zeitausschnitte: auf exotische und/oder „bekannte" historische Stadt- und Landschaftsrundumansichten (Urwald-, Alpen- und Nillandschaften, das antike Rom, Jerusalem), auf „historische" Szenen (die Kreuzigung Jesu und – immer wieder – Schlachten). Es sind vor allem die Schlachtenpanoramen, die den Illusionstechnikern die Möglichkeit geben, das Rundumgemälde zu „beleben". Man ist von Kampflärm, Geschützdonner, Hufschlag, Schreien umgeben. Lichteffekte sorgen für ein belebtes Wetter der Bildwelt. Auf dem (Kulissen-)Boden vor der Leinwand liegen – oft „originale" – Requisiten, die man auf den Schlachtfeldern eingesammelt hatte: weggeworfene Musketen, Tornister, zerfetzte Standarten etc. Seeschlachten reichert man mit echten Wrackteilen auf der Zuschauerplattform an (Panorama zur Seeschlacht von Navarino), und eine „stürmische Reise auf hoher See" wird durch Bewegungsillusionen, „rauschende Wogen" im Hintergrund und Lichteffekte unterstützt. Topographen und Stabsoffiziere sorgen für die „Echtheit" der Landschaften, Truppenaufmärsche und Gefechtsformationen: Der gebannte historische Augenblick von Sedan oder Gettisburg, Trafalgar und Waterloo oder Bunker Hill soll authentisch in den Rotundenzylinder des Panoramas gezaubert werden.

Bevor das neue Medium „preiswert" wird und ein Massenpublikum aller Schichten erreicht, sind es zunächst die „gebildeten Stände", die – gegen ein hohes Eintrittsgeld – die Panoramen besuchen. Dementsprechend überschneiden sich unterschiedliche Interessen bei den Produzenten der Panoramenkunst. Einige setzen – unterstützt von Gelehrten und Bildungspolitikern – auf den Volksbildungseffekt des neuen Mediums. Alexander von Humboldt beispielsweise plante, sein Bildungsprogramm mit Hilfe dieses Mediums den „großen Schichten" der Bevölkerung zu vermitteln (Humboldt 1845-1862:

93f.). Enzyklopädisch orientiertes Bestreben, ferne Landschaften, (exotische) Völker, Pflanzen- und Tierwelt darzustellen einerseits und religiös oder patriotisch aufgeladener „Geschichtsunterricht" andererseits bestimmen die Themen.

Anders als England und Frankreich halten sich die Länder des deutschen Sprachraumes in der Panoramenkunst zunächst spürbar zurück.[5] Während allein in London in einem Zeitraum von 40 Jahren 80 Panoramen ihr Publikum finden, sind es im gesamten deutschsprachigen Raum nicht mehr als 20 – „ausländische Importe eingerechnet" (Oettermann 1993: 46). Statt der für ein großstädtisches Publikum geschaffenen Panoramen bevorzugt man im eher kleinstädtisch geprägten Deutschland Kleinpanoramen, die man in Salons oder größeren Räumen aufstellen kann und denen man den Namen „Cosmoramen" gibt. Der deutsche Bildungsbürger tritt seine cosmoramischen Weltreisen im Wohnzimmer an. Von dort aus nimmt er an Expeditionen teil oder erlebt Naturkatastrophen: Caspar David Friedrich soll zu seinem Gemälde „Die gescheiterte Hoffnung" durch das Cosmorama „Die Polarexpedition von Captain Ross" angeregt worden sein (ebd.: 48).

Gleich, ob sie groß- oder kleinformatig konzipiert ist, löst die Panoramakunst eine widersprüchliche Wirkung bei den Betrachtern aus. Während die einen sich fasziniert in die Illusion hineinziehen lassen und danach verwirrt in die graue Wirklichkeit (z.B. Londons) zurückkehren, ärgert andere die Kluft zwischen künstlicher Animation (Lichteffekte, Geräusche) und Bewegungslosigkeit des Bildes: „Gibt es etwas Absurderes als Matrosen, die ihre Ruder heben, ohne das Boot zu bewegen; Soldaten, die immerzu Kanonen laden, ohne je damit aufzuhören?" Folgerichtig kommt man zu dem Schluß: „Die Figuren in [erstarrter] Bewegung zerstören mehr oder weniger die Illusion".[6]

Diesem Mangel abzuhelfen, ist das Ziel Daguerres. Er ist, wie kaum ein anderer, geschaffen, der Verknüpfung von Bild und moderner Technik eine neue Richtung zu geben. Seine Karriere vom Bühnenmaler über die Gestaltung und Verwaltung des Pariser Dioramas bis zum Erfinder des ersten photographischen Verfahrens, der „Daguerrotypie", zeigt bereits in der beruflichen Biographie den Weg des neuen Mediums vom künstlich animierten Rundumgemälde über einen technisch bewegten Zuschauerraum bis hin zur Photographie, die ihrerseits später im Film „bewegt" wird.

Grundlage der dioramischen Illusion sind die von Franz Nikolaus König entwickelten „Diapanoramen": Gemälde, die – nach dem Prinzip des Transparents – von der Rückseite her beschienen werden. Die Lichtquellen – ge-

---

5   Eine – prominente – Ausnahme ist der junge Karl Friedrich Schinkel, der, 26-jährig, als noch unbekannter Architekt und Künstler sein „Panorama von Palermo" (1808) in Berlin ausstellt und von der Kritik ausdrücklich gelobt wird (vgl. Hallerstein 1808)
6   Zitiert nach Robichon 1993: 57f.

malte Sonnen, Monde, Sterne, Feuer, Fackeln, Lampen – scheinen von sich aus das Bild zu erhellen. Die von ihnen auf der Rückseite des Bildes ausgeliehenen Lichtspender bleiben verborgen. Das Diorama kombiniert dieses Bildprinzip mit der Bauweise des Panoramas. Dioramen sind so etwas wie riesige, *von außen* beleuchtete, Lampenschirme. Der Zuschauer befindet sich *im* Schirm. Dabei dreht sich der spezifisch für das Diorama entwickelte Vorführraum um eine Mittelachse und bewegt die in ihm untergebrachten Zuschauer – im Pariser Diorama bis zu 300 Besucher – alle 15 Minuten hin zu einem neuen Bild: Der Betrachter muß sich nicht mehr selbst um die eigene Achse drehen. Er wird gedreht – nun nicht mehr als einzelner, sondern „in der Masse". Die Lichteffekte – Strahlen, Flackern, Blitze, „Wolkenschatten" – werden perfektioniert und in jeweils „passende" Geräuschkulissen eingebettet: Das Diorama verweist besonders deutlich auf eine Tendenz, die von Anfang an in der Panoramenkunst angelegt ist – auf die Tendenz zu einer auf technischen Verbundsystemen basierenden Multimedialität.[7]

Später geht Daguerre dazu über, die im Bild fehlende Bewegung dadurch zu „überspielen", daß er – unterstützt durch raffinierte Beleuchtungseffekte – zwei Bilder langsam übereinander schiebt, das erste Bild mit dem zweiten (also bereits, bevor dies in der Photographie als Kunstgriff eingesetzt wurde) „überblendet" und auf diese Weise z.B. eine zunächst leere Kirche füllt oder den „bewegten" Übergang einer Tageszene zur Nacht suggeriert.

Dennoch ist es auch hier die Illusionstechnik selbst, die zur Irritation und damit tendenziell zur Aufhebung der Illusion führt. Goethe, einer der berühmtesten Zuschauer Königs, ist zunächst von dessen „Durchscheinbildern" begeistert. In „Ueber Kunst und Alterthum" sieht er in Königs Werken die „malerische Wirkung von Licht und Schatten am glücklichsten nach allen Forderungen der Kunst ausgedrückt ..." (Goethe 1970: 134). Später setzt sich auch bei Goethe die Wirkung der Irritation durch, und er formuliert in den „Tag- und Jahresheften" eine ebenso harte wie zutreffende Kritik: „Der älteste Grundsatz der Chromatik: die körperliche Farbe sey ein Dunkles, das man nur bei durchscheinendem Lichte gewahr werde, bestäthigte sich an den transparenten Schweizerlandschaften, welche König von Schaffhausen (!) bei uns aufstellte. *Ein kräftig Durchschienenes setzt sich an die Stelle des lebhaft Beschienenen und übermannte das Auge so, dass anstatt des entschiedensten Genusses endlich ein peinvolles Gefühl eintrat.*" (Goethe 1895: 128; Hervorhebung H.-G. Soeffner).

Daß auch unsere „Television" auf Durchscheinbildern beruht, wird leicht übersehen, ist aber bei „Bildstörungen" vor allem dann gut erkennbar, wenn Schatten und Farbschleier sich „über" das Bild legen, doppelte Konturen der

---

7 Multimedialität in einem nicht-technischen, dennoch alle Sinne beanspruchenden „Großmedium", z.B. dem Kirchraum der Gottesdienste und Messen, gab es in den meisten „Großkulturen" lange vor dem 19. Jahrhundert. Vgl. dazu exemplarisch Wenzel 1995: 95 ff.

Personen und Gegenstände – aus dem Guckkasten heraus – „von innen" erzeugt und angestrahlt werden oder das Bild „flimmert". Man guckt eben nicht in diesen Kasten – oder die Bildröhre – hinein, sondern sieht auf deren „von innen" beleuchtete Frontseite und Außenschicht. Das „Fenster zur Welt" bietet in seinem – als solchem nicht wahrnehmbaren – rasenden Mosaikpointillismus ein flächiges Bildwerk, „hinter" dem sich, wie Kinder ganz am Anfang ihrer Fernsehkarriere beim Blick hinter das Gerät feststellen, nicht die dort vermutete Welt, sondern ein offenkundig mit anderem als „Welt und Bild" angefüllter Kasten befindet.

Daguerres rotierender Innenraum, kombiniert mit einer Ton- und Lichtkulisse, verweist – trotz aller gegenteiligen Mühen – auf das, was am schmerzlichsten vermißt wird: eine „natürlich" wirkende Bewegung – wenn schon nicht *im* Bild, so doch wenigstens des Bildes. Eine neue Antwort auf die Frage nach der fehlenden Bewegung gibt – in den vierziger Jahren des 19. Jahrhunderts – das „moving panorama". John Banvard, ein Bühnenbildner, erzielte mit diesem wahrhaft monströsen Medium einen weltweiten Erfolg. Mit sicherem Gespür wählt er den Mississippi als sein erstes Thema. Zur inhaltlichen Grundlage nimmt er Skizzen, die er auf einer Bootsfahrt (flußabwärts) selbst hergestellt hatte. Ein ca. 400 Meter (!) langer bemalter Leinwandstreifen wird zwischen zwei Rollen hinter einem Bühnenrahmen von der einen auf die andere Rolle gezogen (vgl. das Prinzip der Filmspulen), so daß der Zuschauer den Eindruck gewinnen kann, auf einer Bahnfahrt oder von einer fahrenden Kutsche aus die Landschaft an sich „vorbeiziehen" zu sehen.

Zur Premiere in Louisville, Kentucky, lädt Banvard Schiffskapitäne, die als Kenner des Mississippi die „Echtheit" der Szenerie bezeugen können (und sollen) – mit Erfolg: das Publikum ist begeistert. Es folgen Ausstellungen an der Ostküste, mit 250.000 Zuschauern in Boston und 175.000 (innerhalb von 10 Monaten) in New York (Avery 1993: 67), bevor Banvards Leinwandrollen nach Großbritannien eingeschifft werden, wo mehr als eine Million Zuschauer den Mississippi an sich vorbeiziehen lassen. Königin Viktoria und ihr Gefolge sehen 1849 eine Privatvorführung in Windsor Castle (vgl. Arrington 1858), und Banvard erzielt neben einem phantastischen finanziellen auch den – wohl ausschließlich am bildlichen Großformat orientierten – „künstlerischen" Erfolg, als Michelangelo der Landschaftsmaler tituliert zu werden (vgl. Avery 1993: 67).

Banvards Erfolg reizt zur Nachahmung – und zu rekordorientierten Versuchen, die Stoffbahnen – und mit ihnen die Spielzeit – zu verlängern: Henri Lewis stellt einen Mississippi her, der angeblich dreimal so lang ist wie der Banvards.[8] Entscheidender für die Konjunktur des amerikanischen „moving panorama" wird jedoch, daß der Westen des Landes insgesamt zum Thema

---

8   vgl. Lewis' Panorama of the Mississippi River, in: Western Journal 3 (Oct. 1849), S. 70

wird: Landschaften, Goldrausch, „sensationelle Greueltaten" der Indianer etc. Nicht nur in den USA verstärken diese Bildrollen den Ruf „Go West!", sondern sie dienen, zusammen mit anderen Bildern, in Europa[9] (vor allem in Deutschland) auch zukünftigen Immigranten als Informationsmedium über eine mögliche neue Heimat: Was der „zweiten" und „dritten Welt" in dieser Hinsicht heute die modernen elektronischen Medien sind, waren in der Mitte des 19. Jahrhunderts die Panoramen für die europäischen Auswanderer.

Nicht nur mit der Durchsetzung seines beweglichen Breitwandbildes (vgl. das spätere Cinemascope-Verfahren), sondern auch mit der Rahmung seiner Vorführung war Banvard stilbildend. Er beließ es nicht einfach dabei, die Landschaft stumm vorüberziehen zu lassen, sondern er kommentierte von einem seitlich an der Bühne angebrachten Podest aus – als kenntnisreicher, manchmal humorvoller, manchmal dramatisierender Erzähler – sein bewegtes Bild. Der Vortrag selbst wurde untermalt von „Piano Begleitung", und Banvard ließ es sich nicht nehmen, einen eigenen musikalischen Beitrag zu leisten: Mit seinem Song „The White Fawn" (das weiße Rehkitz), einem Hit, der als zentraler Bestandteil dieser spezifischen Vorstufe eines „Soundtracks" gelten kann. Banvards Vorbildfunktion sowohl für die Aufführungspraxis des später folgenden Stummfilms als auch für bestimmte „Bauelemente" der späteren Filmmusik ist hier gut erkennbar. Hinzu kommt: Die „Spielzeit" des „moving panorama" betrug – vgl. die durchschnittliche Länge eines heutigen Spielfilms – ca. 1 1/2 bis 2 Stunden.

Ein ganz bestimmter – die Bühne als „Fenster zur Welt" nehmender und an eine in relativ gleichförmige Bewegung gekoppelter – Wahrnehmungseindruck, den das „moving panorama" erzeugt, kommt nicht von ungefähr. Der oft „verwackelte" Blick des Reisenden aus dem Fenster einer schaukelnden und holpernden Kutsche wird abgelöst durch den Blick aus dem Eisenbahnfenster – die Bewegung auf rauhem, unebenem Terrain durch das Gleiten auf der künstlichen, zweispurigen Ebene der Schienen. Ganz bewußt nutzt eine „Kleinform" des „moving panorama" diesen Effekt.[10] Der Zuschauer wird in die Attrappe eines Eisenbahnwagens gesetzt und sieht aus dem Fenster auf eine bebilderte Leinwand, die an seinem Abteil vorbeigezogen wird: „Realiter" sitzt man im Zug, und der Bahnhof fährt vorbei.

Unsere Wahrnehmung läßt sich jedoch – wenn wir gutwillig-naiv sind – durch das künstliche Arrangement darauf ein, den eigenen doppelten Stillstand (das Sitzen in einem stehenden Eisenbahnwagen) als Bewegung des

---

9 Ein weiteres beliebtes Thema waren – vor dem Hintergrund der erfolgreichen amerikanischen Walfangindustrie – die Walfangreisen, bei denen man die Chance, Waljagden zu dramatisieren, ausgiebig nutzte. In diesem Zusammenhang spricht einiges für die Vermutung, Melville sei zu bestimmten Szenen in seinem Roman „Moby Dick" durch Russel & Purringtons „Whaling Voyage" angeregt worden. Vgl. Avery 1993.

10 Später fährt die Kamera auf den Schienen – so. z.B. bei John Ford, um nun, aus der beruhigten Kamerafahrt heraus, die wild schaukelnde Postkutsche (in „Stagecoach") aufzunehmen.

Fahrzeugs zu notieren.[11] Die „Verführbarkeit" der menschlichen Wahrnehmung, die schon Descartes konstatiert hatte, wird hier bewußt durch den Einsatz technischer Arrangements genutzt, um eine bestimmte Illusion zu erzeugen – eine Vorgehensweise, von der Film, Fernsehen und Computeranimation, jeweils auf ihre besondere Weise, später ebenfalls profitieren.

So monumental Größenordnung und Bildwelten des „moving panorama" einerseits erschienen, so hausbacken und anfällig war andererseits seine materiale Basis: riesige bemalte (Nessel-) Stoffbahnen. Je häufiger die Panoramen aufgestellt und ihre Bildwelt auf- und abgerollt wurden, umso schneller bröckelte die Farbe ab, riß das Tuch. Kurz: Je erfolgreicher ein „moving panorama" war, umso schneller zerstörte es sich selbst.[12] Der rasche Verschleiß des Materials steht nicht nur „real", sondern auch sinnbildlich für die Konsumstruktur dieses neuen Massenmediums. Denn ebenso schnell wie das Material zerschleißen sich auch die Themen und die Neugierde des Publikums.

Dennoch repräsentieren sie ein Darstellungsprinzip, das bis heute seinen Einfluß bewahrt hat: Sie kombinieren geschickt „mannigfaltige Wirklichkeiten" (W. James, A. Schütz) aus Traum, Illusion und naturalistischer Dokumentation; aus Exotik, Historie und Alltag; aus Malerei, künstlicher Beleuchtung, „mechanischem Räderwerk". All dies fügen sie zusammen zu flächigen Monumentalgemälden. Hofmannsthal soll ein Gestaltungsprinzip der Musik mit den Worten charakterisiert haben: „Man muß die Tiefe verstecken! Wo? An der Oberfläche". Für das Panorama – wie später für den Film – gilt: „Man muß die Oberfläche verkleiden! Wie? Als Tiefe."

Darüber hinaus verwandelt das „moving panorama" die räumlich-zentrifugale Perspektive des Rotunden-Panoramas in eine – auf eine bewegte Fläche projizierte – zeit- und raumraffende Perspektive. Insofern repräsentiert das „moving panorama" gegenüber dem Rotunden-Panorama das moderne und zukunftsfähigere Prinzip. – Allerdings entsteht angesichts beider Kunstformen beim „kritischen" Publikum schnell der Verdacht, daß die (Mal-) Kunst durch Technik und Industrie überformt, wenn nicht gar ersetzt werde. Symptomatisch und letztlich auf die gesamte Panoramakunst übertragbar ist eine zeitgenössische Kritik an Daguerres Diorama: „Wir haben einige Kritiken dieser (Animations-) Erneuerung gehört, die vorgeben, daß es sich um der Malerei fremde Mittel handele, und daß man, indem man derlei Künstliches der Kunst beifüge, diese profanisiere, ohne dabei eine wahrhaftigere Nachbildung der Realität zu erhalten. Diese Kritiken erschienen uns angebracht, *sollte es sich um ein Gemälde handeln* (Hervorhebung H.-G. Soeff-

---

11 Der gleiche Effekt und/oder die gleiche Irritation treten ein, wenn wir in einem stehenden Zug sitzen und neben uns ein anderer Zug anfährt. Für einen Moment sind wir unsicher darüber, welcher Zug sich tatsächlich bewegt.

12 Vgl. Avery 1993: „Von den mindestens sechs Mississippi-Panoramen ist nur eines erhalten geblieben."

ner), denn das Hauptanliegen eines Gemäldes besteht nicht in der Illusions-
darstellung (...). Kunst imitiert nicht, wie man sagt, sie reproduziert auf ihre
eigene Weise; sie ist nicht Kopie, sondern Lehrling der Natur (...). Aber beim
Diorama ist alles völlig anders: die Kunst ist nicht die alleinige Herrscherin,
sie ist mit ‚Industrie' verwachsen, oder, so man will, mit ‚Künstlichkeit'. Es
handelt sich hier nicht darum, den Betrachter im Innersten zu berühren, seine
Bewunderung oder ein anderes Gefühl, das in den Bereich der Kunst gehört;
es handelt sich darum, es unwichtig erscheinen zu lassen und statt eines Ori-
ginals eine Kopie zu wählen.“[13]

So einleuchtend diese Kritik auf den ersten Blick ist, so fragwürdig ist sie
auf den zweiten. Einerseits ist es richtig, daß – mit Plessner zu sprechen – die
„natürliche Künstlichkeit“ (vgl. Plessner 1975: 309-321) der Kunst bei der
Panoramenkunst in die „künstliche Natürlichkeit“ eines technisch aufbereiteten Illusionismus überführt wird: Illusionismus verstanden als die Menge
der Möglichkeiten, das Unmögliche als möglich oder gar real darzustellen.
Andererseits darf eines nicht übersehen werden: Produzenten und Rezipienten der Panoramenkunst wußten – wie das Publikum prominenter Zauberkünstler –, daß es hier letztlich gar nicht um Täuschung ging, sondern, wie
Dolf Sternberger zurecht schreibt, darum, „daß diese Kunst der Täuschung
eben um ihrer selbst willen betrieben wurde und nicht – um zu täuschen“
(Sternberger 1946: 16). George Méliès, „Filmpionier“ und einer der führen-
den Produzenten der Anfangszeit beginnt seine Karriere als Zauberkünstler,
als Magier, der zunächst die Laterna Magica und später den Film in seine
Auftritte einbezieht. Er ist einer der ersten Multimediakünstler, ein David
Copperfield der Jahrhundertwende (Pearson 1998: 15).

Bis heute, so scheint es, übersieht ein großer Teil der „Medienrichter“ –
vor allem die „ideologiekritischen“ unter ihnen, die bewußte Komplizenschaft zwischen den modernen Medien und ihren Rezipienten: Realitätsfernes
als scheinbar Reales, Illusion als Wirklichkeit, das Unwahrscheinliche als
wahrscheinlich und das Unmögliche als möglich erscheinen zu lassen, ist
zentraler Bestandteil des impliziten Vertrages zwischen den Medien und
ihren Konsumenten. Letztlich geht es dabei nicht einmal um die Freude an
der Illusion, sondern um die Konstruktion und den Genuß einer neuen, anderen, von Menschen selbst hergestellten, konservierbaren und tradierbaren
Bilderwelt: um das Ausschöpfen der zu Bildern werdenden Möglichkeiten
menschlich-natürlicher Künstlichkeit.

Vordergründig zielen die Rekonstruktion historischer Schlachten und ihrer
Terrains durch ehemalige Stabsoffiziere und Augenzeugen oder die von Topographen, Architekten und „Kennern“ – eben nur scheinbar detailgetreu –
„wiedergegebenen“ Landschaften auf ein Kopieren der Realität und der Na-

---

13 Zitiert nach Buddemeier 1970: 181f.

tur. Aber die künstlichen Arrangements des Natürlichen verweisen – damals wie heute – auf ein anderes Motiv. Wenn – noch 1994 in Frankfurt/M. (wohin es einst, welche Fügung! auch Johanna Spyris Heidi verschlagen hatte) – der Schweizer Künstler und Theaterregisseur Hans-Peter Litscher das Publikum des „Theaters am Turm" dazu bringt, ihn als „Bergführer" für eine „Alpentour" über sechs Treppen eines Wohnhauses zu akzeptieren, so wird eine ganz andere Intention erkennbar, die jenseits von Täuschung (Illusion) und vorgeblichem Naturalismus liegt.

Für Litschers, zu Bergkameraden umfunktioniertes, Publikum erhebt sich am Ziel der Tour „auf der Dachterrasse, vor dem Hintergrund der Frankfurter Banken-Skyline, ein Schweizer Gebirgspanorama aus bemaltem Kunststoff. Litscher kann es mit einer Lichtmaschine auf jede gewünschte Tagesstimmung, vom Morgengrauen bis zum Alpenglühen, einstellen"[14]. Aber bei dieser Vorführung der Schweizer Bergwelt geht es dem Arrangeur weder um Heidis Heimat noch um Trenkers Gipfelstürmereien, sondern um die – am Modell demonstrierte – Reinszenierung eines Panoramaprojektes aus dem Ende des 19. Jahrhunderts: Um Giovanni Segantinis „Alp-Traum"[15] von einem Engadiner Landschaftsrundumbild – Durchmesser 70 m, Höhe 20 m – das die „geehrten Herren Engadiner", an die sich der damals bewunderte Landschaftssymbolist wandte, dann doch nicht finanzieren wollten.

Das Reinszenieren eines *Modells* für ein Panoramabild der Engadiner Natur, die sich – als Bild – schon zu Segantinis Zeiten mit zwei ihr „von außen" verordneten Maßstäben abzufinden hatte, zeigt, worum es hier geht: nicht um die „Natur" des Engadin oder welcher Landschaft auch immer, sondern um eine von Menschen selbst entworfene, produzierte und inszenierte Natur. Es ist eine „Natur des Mediums", im Doppelsinn dieses Genitivs: eine Natur, die sich – als Objekt und Produkt des Mediums – der „Natur" des Subjekts: des Mediums als Produzent, verdankt.

Literatur

Arrington, J. E.: John Banvard's Moving Panorama of the Mississippi, Missouri and Ohio Rivers. In: The Filson Club Historcal Quaterly, 32 July 1858, S. 207-240
Augustinus: Die Bekenntnisse. Köln 1960
Avery K. J.: Go west! Das Moving Panorama als Kunstform der nordamerikanischen Frontierbewegung. In: Sehsucht. Das Panorama als Massenunterhaltung des 19. Jahrhunderts. 1993
Buddemeier, H.: Panorama, Diorama, Photographie. München 1970

---

14   Wahrer als Wahr. Verwirrspiel zwischen Wirklichkeit und Fiktion: Ein Theatermacher inszeniert die Alpen in einer Frankfurter Wohnung, in: DER SPIEGEL, 50/1994: 184
15   ebd.: 285

Goethe, J. W.: Werke, hrsg. von J. Kürschner, Tag- und Jahreshefte, Band 106, 25. Teil, Stuttgart 1895

Goethe, J.W.: Über Kunst und Altertum. In: Ders.: Werke, Bd. 2, Heft 3, Bern 1970

Hallerstein, Baron Haller von: Über das Panorama von Palermo. In: Spenersche Zeitung, Berlin, 27. Oktober 1808

Humboldt, A. von: Kosmos. Entwurf einer physischen Weltbeschreibung. Bd. 2. Stuttgart/Tübingen 1845-1862

Husserl, E.: Cartesianische Meditationen. Eine Einleitung in die Phänomenologie. Hrsg. von Elisabeth Ströcker. Hamburg 1987

Hyde, R.: Excursions. Das Moving Panorama zwischen Kunst und Schaustellung. In: Sehsucht. Das Panorama als Massenunterhaltung des 19. Jahrhunderts. 1993

Kemp, W.: Fotoessays – zur Geschichte und Theorie der Fotografie. München 1978

Kraus, K.: Pro domo et mundo. Frankfurt/M. 1990

Oettermann, S.: Die Reise mit den Augen – „Oramas" in Deutschland, in: Sehsucht. Das Panorama als Massenunterhaltung des 19. Jahrhunderts. 1993

Pearson, R.: Das frühe Kino. In: Nowell-Smith, G. (Hrsg.): Geschichte des internationalen Films. Stuttgart 1998

Plessner, H.: Die Stufen des Organischen und der Mensch. Einleitung in die philosophische Anthropologie. Berlin 1975

Plessner, H.: Lachen und Weinen. In: Ders.: Philosophische Anthropologie. Frankfurt/M. 1970

Robichon, F.: Die Illusion eines Jahrhundert – Panoramen in Frankreich. In: Sehsucht. Das Panorama als Massenunterhaltung des 19. Jahrhunderts. 1993

Sehsucht. Das Panorama als Massenunterhaltung des 19. Jahrhunderts. Kunst- und Ausstellungshalle der Bundesrepublik Deutschland, 28. Mai - 10. Oktober 1993 (Ausstellungskatalog)

Soeffner, H.-G.: Der geplante Mythos. Untersuchungen zur Struktur und Wirkungsbedingung der Utopie. Hamburg 1974

Soeffner, H.-G./Raab, J.: Die Medialisierung des Sehens: Schnitt und Montage als Ästhetisierungsmittel medialer Kommunikation. In: Rammert, W. (Hrsg.): Technik und Sozialtheorie. Frankfurt/M. 1998, S. 121-148

Sternberger, D.: Panorama oder Ansichten vom 19. Jahrhundert. Hamburg 1946

Weber, B.: La nature à coup d'œil. Wie der panoramatische Blick antizipiert worden ist, in: Sehsucht. Das Panorama als Massenunterhaltung des 19. Jahrhunderts. 1993, S. 20-27

Wenzel, H.: Hören und Sehen. Schrift und Bild. Kultur und Gedächtnis im Mittelalter. München 1995

Andreas Hepp und Waldemar Vogelgesang

Kino als Medien-Event.
Dargestellt am Beispiel des Films „Titanic"

1. Vorbemerkung

Viele Anzeichen deuten darauf hin, daß uns nach dem Agrar- und Industrie-
zeitalter jetzt ein von Medien nachhaltig geprägtes Erlebniszeitalter bevor-
steht. Bereits ein flüchtiger Blick in den Freizeitbereich zeigt: Der Abenteu-
er- und Erlebnismarkt explodiert geradezu. Von Extremsportarten über immer neue und gefährlichere Formen des Risikotourismus bis zu den Rave-
Parties der Technofreaks reicht das Spektrum der Grenzübertritte vom Gewohnten zum Ungewohnten, vom Alltag zum Außeralltäglichen. Gesucht
wird vermehrt nach Ereignissen, die aus dem normalen Zusammenhang des
Lebens herausfallen und eine Art „Exterritorialität gegenüber dem Lebens-
kontinuum" darstellen, wie dies Georg Simmel (1983: 16) einmal umschrieben hat. Waren diese Außeralltäglichkeitserfahrungen in früheren Zeiten aber
noch Inseln im Leben, also von einer gewissen Seltenheit gekennzeichnet, so
werden sie in der Gegenwart zum zentralen Verhaltenstypus.

Denn es lassen sich heute immer mehr affektive Ausnahmezustände gezielt in den Lebenslauf und in den Lebensalltag einbauen. Wir flanieren
gleichsam in der Rolle von Spannungs- und Emotionssuchern in den Kolona-
den der Erlebnisgesellschaft und treten – zumeist mit sehr spezifischen Erwartungen – in die realen und medialen „Gefühlsläden" ein. Ihr Angebot
erfolgt dabei in Warenform. Hier ist freilich einem naheliegenden Mißverständnis vorzubeugen: Die Warenform von emotionsgenerierenden Son-
dersituationen bedeutet nicht schon zugleich, daß sie nichts anderes kosten
als Geld. Gefühle und Erlebnisse bedürfen nach wie vor der Vorbereitung,
Einstimmung, Inszenierung und Verarbeitung, aber vor allem, der intersub-
jektiven Bestätigung. Die individuellen und/oder kollektiven Auszeiten von
den Kontinuitäten und Routinen des Alltags stellen sich also nicht von selbst

ein, sondern sind hoch voraussetzungsvoll. Bereits Simmel hat in seinem oben zitierten berühmten – und weitsichtigen – Artikel darauf hingewiesen, daß das Abenteuer als episodische Negation der Alltagsexistenz nicht bereits durch die Struktur von Ereignissen objektiv gegeben ist, sondern eine Form des Erlebens darstellt, die an Bedeutungsinvestitionen geknüpft ist. Das A-benteuer- resp. Außeralltäglichkeitserlebnis ist somit bestimmt durch die Art, wie Ereignisse erfahren werden: Nicht jeder erlebt das Gleiche gleich, manche erfahren etwas als Abenteuer, was andere nicht weiter erregt, andere wiederum erfahren Abenteuer schon da, wo wieder andere noch gar nichts erleben. Goethe, so wird berichtet, fand, daß er im Stadtpark von Weimar mehr sähe und erlebe, als andere Leute auf einer Romreise.

In die Gegenwart und auf unser Thema gewendet: Auch im Kino – und hier speziell beim Betrachten des Films „Titanic" – ist das Erlebnis eine höchst subjektive Erfahrung. Bestimmte kinospezifische Settingaspekte und filmische Narrationsmuster legen zwar Erlebnisse nahe, aber erst im individuellen Modus der Aneignung werden sie zu besonderen, aus dem Alltag herausgehobenen Daseinserfahrungen. Oder auch nicht, sollte man hinzufügen, wenn der Aneignungsmodus das Eintauchen in die imaginären filmischen Sonderwelten nicht ermöglicht, die Betrachter gleichsam in der Schwere des Alltags verhaftet bleiben.

Um nun herauszufinden, welche Aneignungsmuster für das „Titanic"-Publikum charakteristisch sind, haben wir – gleichsam in der Rolle von Film-Ethnologen – in einem ersten Schritt versucht, die (emotionalen) Expressionen und Interaktionen der Zuschauer am Erlebnisort Kino durch teilnehmende Beobachtungen zu registrieren und zu typisieren. Desweiteren wurden mit einem Querschnitt von Filmbesuchern unmittelbar nach Beendigung des Films leitfaden-orientierte Interviews[1] geführt, die vor allem die unterschiedlichen Facetten des Filmerlebens und die persönlichen Erwartungen an den Film zum Thema hatten. Zwar birgt diese Forschungsstrategie und das damit verbundene Involvement immer die Gefahr des Distanzverlustes in sich, aber letztlich sind Eindrücke und Einblicke am Ort des Geschehens unverzichtbar, um aus der Binnenperspektive eine spezifische populärkulturelle Erlebniswelt und -weise aufdecken zu können. Deren Rekonstruktion basiert somit auf einer Kombination von unmittelbaren und mittelbaren Erhebungsverfahren, wobei in besonderer Weise zu berücksichtigen ist, daß Gefühlslagen und

1   Im Rahmen der von den Trierer Kinos "Atrium" und "Broadway" unterstützten qualitativen Rezeptionsstudie wurden im Juni 1998 mit einer größeren Zahl von KinogängerInnen themenzentrierte Filmgespräche geführt, wobei die Länge zwischen einer halben Stunde und zwei Stunden variierte. An der Materialerhebung und Konzeption der Studie waren neben uns Heike Haupt, Marco Höhn, Stefanie Morgen und Peter Müllen beteiligt. Ihnen sei an dieser Stelle für ihre intensiven und akribischen Beobachtungen und Recherchen herzlich gedankt. Soweit im Text aus dem Fundus von Beobachtungs- und Interviewmaterialien bestimmte Passagen oder Äußerungen direkt zitiert werden, ist dies durch Kursiv-Schreibweise kenntlich gemacht. Um den Lesefluß zu erhalten, ist dabei der "gender correctness" nicht immer Rechnung getragen.

Erlebnisformen nicht als organismisch-physiologische Größen und Vorgänge behandelt werden, sondern als Kulturfaktoren. Denn Gefühle und Erlebnisse haben sich von jeher, so Roland Eckert (1990: 8), „nicht nur einfach eingestellt, sondern sind immer auch hergestellt worden. Die homerischen Helden mußten sich erst mit Schimpfkanonaden und Spottgesängen in Rage bringen, bevor sie aufeinander losstürzten. Insbesondere außeralltägliche, ‚erhabene' Gefühle brauchten und brauchen heute immer noch entsprechende Vorbereitung. Ob sie freilich durch einen großen Zapfenstreich oder den Anblick des Hochgebirges evoziert werden, ist nur der Semantik spezifischer kultureller Traditionen zu entnehmen."

Das bedeutet, subjektiv empfundene Stimmungen, Emotionen und Erlebnisse sind versprachlichte und gedeutete, letztlich reflexiv gewordene Selbstzustände, deren subjektive Wahrnehmung und Semantisierung gleichermaßen abhängig sind von personalen und medialen Erfahrungen sowie von sozialen, kulturellen und historischen Kontexten. Durch Filme generierte Gefühlslagen und Erlebnisformen weisen damit immer über die Subjekte hinaus auf gemeinsame Konstruktionen von kollektiver (Ausnahme-)Realität. Sie können somit letztlich auch als Medium sozio-kultureller Selbstbeschreibung, und zwar hier insbesondere als Erlebnisgesellschaft, angesehen werden. Was Wilhelm Hofmann (1996: 8) ganz allgemein über die „Sinnwelt Film" gesagt hat, ist auch für das Film-Erlebnis und seine Deutung konstitutiv: „Wer wissen will, wie Menschen am Ende des 20 Jahrhunderts sich und ihre Wirklichkeit erlebt und interpretiert haben, der wird (...) den Film nicht vernachlässigen dürfen."

2. Das Event „Titanic": Kino als kommerzieller Erlebnisraum

Das Kino war und ist für Affekt- und Erlebniserfahrungen geradezu prädestiniert. Denn seit seiner Verbürgerlichung in den 20er Jahren – man denke nur an die großen Lichtspielhäuser und Filmtheater in der damaligen Zeit – ist es untrennbar mit der Vorstellung einer aus dem Alltag herausgehobenen Welt verbunden, die das Erleben großer Emotionen ermöglichen soll und auch ermöglicht. Auch die technisch noch wesentlich aufwendiger gestalteten Kino-Paläste unserer Tage scheinen nichts von dem ursprünglichen kinematographischen Gefühlsversprechen und -erlebnis eingebüßt zu haben. Im Gegenteil, die von uns befragten Besucher erleben das Kino als *idealen Ort, wo man sich identifizieren, mitleiden und sich mitfreuen kann*, wo man *frei und losgelöst* ist oder sich *wie in einem Schwebezustand* empfindet, und wo *Emotionen einfach viel besser rüberkommen als beim Fernsehen*. Auch wenn es die einzelnen Kinobesucher in unterschiedlicher Weise in Worte fassen, für alle ist das Kino letztlich ein Erlebnisraum, von dem sie sich ein kalkulierbares, weil bereits mehrfach erfahrenes, und vom normalen Alltag abgehobenes (Film-)Erleben versprechen. Gerhard Schulze (1993: 40) hat ein solches Verhalten als „erlebnisrational" bezeichnet. Gemeint ist damit, daß durch eine gezielte Wahl anregender äußerer Umstände angenehme innere Zustände hergestellt werden sollen. Rationalität und Subjektivität nehmen sich dabei wechselseitig in Dienst, um das „carpe diem" als neue Lebens- und Erlebensformel zu realisieren. [2]

Nun kann man darüber streiten, ob die expandierenden Phänomene subjektorientierter Emotionaliät und Sozialität, die in Begriffen wie „reflexivem Subjektivismus" (Schimank 1985) oder „innengerichteter Modernisierung" (Müller-Schneider 1998) zum Ausdruck kommen, eher Beschreibungs- oder Analysekategorien darstellen. Unbestreitbar ist, daß es eine Entwicklung zur Selbstbezüglichkeit des Erlebens gibt, d.h. das individuelle Handeln ist verstärkt auf die Herbeiführung positiver Selbstzustände ausgerichtet. Nicht zuletzt das Kino entpuppt sich dabei als Prototyp der Verfügbarkeit und Verfügbarmachung von Emotionen. Es ist ein bewährter „Erlebnis-Raum" im Sinne de Certeaus (1988), um die gewünschten Stimmungen und Gefühle auszulösen. Erlebnisrationalität pur ist hier möglich und beobachtbar: Man geht in das Dunkel des Filmsaals und kann sicher sein, etwas zu erleben, und falls das nicht eintritt, dann war es ein „schlechter" Film.

Während solche Überlegungen ganz allgemein hilfreich sind, den Erlebnisraum und -anreiz des Kinos besser zu verstehen, so ist ihre Erklärungskraft bezogen auf den Film „Titanic" doch beschränkt. Warum wurde ausgerechnet dieser Film zu einem solchen Erfolg? Was zeichnet ihn im Gegensatz zu anderen aus? Unsere Vermutung ist, daß „Titanic" ein besonders herausgehobenes Kinoereignis repräsentiert, für das Merkmale konstitutiv sind, die der Hitzlerschen (1998) Fassung des Event-Begriffs sehr nahe kommen. Danach bieten Events den Teilnehmern außergewöhnliche Chancen, sich sozusagen wie in einem Kollektiv-Vehikel aus Lebensroutinen heraustragen zu lassen, um für eine bestimmte Zeit an symbolisch vermittelten, mehrschichtigen Erlebnisqualitäten zu partizipieren resp. diese zu generieren. Sie bilden sich um einen Erlebniskern – hier: den Film „Titanic" –, von dem eine starke Faszination für viele Menschen ausgeht.

Die Anziehungskraft eines solchen filmischen Mega-Ereignisses besteht – wie bei allen (populär-)kulturellen Events – zunächst einmal in dem Verspre-

---

2   Die von uns vorgenommene "Gefühls-Messung" stützt sich in erster Linie auf die Analyse von "Erlebnis-Mitteilungen". Das bedeutet, auf der Basis von ex post gemachten Äußerungen haben wir versucht, das emotionale Filmerleben zu rekonstruieren. Dass dieser indirekte Weg der Emotionserfassung nicht zuletzt durch die Art und Weise, wie unterschiedliche Gefühlserfahrungen versprachlicht werden, nicht unproblematisch ist, soll nicht verschwiegen werden. Eine Kombination mit psychologischen und physiologischen Erhebungs- und Meßverfahren, wie sie etwa Jürgen Grimm (1999a) für die emotionale Rezeption von Gewaltdarstellungen im Fernsehen entwickelt hat, erachten wir als eine durchaus instruktive Ergänzung unserer eigenen empirischen Vorgehensweise.

chen eines aus dem Alltag herausragenden emotionalen Erlebnisses: *Der Film wird Sie zu Tränen rühren*, war einer der Slogans der „Titanic"-Werbung. Und das Gefühlsversprechen wurde nicht enttäuscht. Im Gegenteil, es hat ein Millionenpublikum in seinen Bann gezogen – und tatsächlich zu Tränen gerührt. So beschreiben die von uns befragten Kinogänger den Film als *eine Welle, wo man gar keine Chance hatte, daran vorbeizukommen*. Er ist für viele das Kinoereignis schlechthin, *von dem eine magische Anziehungskraft ausgeht*. Bisweilen wird er mit einer Droge verglichen: *Ich war elf oder zwölf Mal drin, ich konnte gar nicht anders, das ist wie Kokain*. Die Beschäftigung mit dem Film ging bei dieser Vielseherin aber weit über die zahlreichen Kinobesuche, die sie im übrigen sukzessiv mit all ihren Freundinnen unternahm, hinaus. Denn als *zwanghafte Wiederholungtäterin*, wie sie sich selbst etikettiert, sammelt sie auch leidenschaftlich und intensiv Zeitschriftenberichte, Bücher und andere Merchandising-Artikel über den Film und vor allem über den Hauptdarsteller Leonardo DiCaprio, den sie liebevoll *Leo* nennt.

Der Publikumserfolg von „Titanic" liegt desweiteren darin, daß der Film individuell sehr unterschiedliche Emotionserwartungen evoziert – und befriedigt. Für einen 32-jährigen Bankkaufmann bspw. steht die emphatische und psychohygienische Gefühlserfahrung im Mittelpunkt: *Es ist wie in einer klassischen Tragödie, man leidet mit und fühlt sich hinterher richtig befreit*. Ein 19-jähriger Lehrling sieht in dem Film hingegen vor allem einen Alltagsunterbrecher: „Titanic" *hat für mich deshalb einen so hohen Stellenwert, weil man aus dem Alltagstrott herauskommt und ein bißchen in eine andere Welt fliehen kann*. Für andere erzeugen Film und Kino eine emotional-expressive Sondersituation, in der es (noch) möglich ist, *seinen Gefühlen freien Lauf zu lassen* oder sich *gemeinsam auszuheulen*. Sie leben hier Emotionen aus, die im Alltag nicht – oder nicht mehr – offen gezeigt werden.

Auf einen ähnlichen Befund sind wir auch in unseren Studien in mehreren Jugendmediengesellungen[3] gestoßen: Ihre Treffen, Happenings und Sessions haben immer auch die Funktion, Gefühle herzustellen, kollektiv auszudrücken und gemeinsam zu bearbeiten. Analog zum Kinosetting konstituieren sie Emotions-Inseln, wo die zivilisatorisch bedingte Disziplinierung der Affekte aufgebrochen und – wenigstens temporär – überwunden werden kann. Jan-Uwe Rogge (1988) deutet die Vehemenz, mit der vor allem Jugendliche

---

3 Innerhalb dieser jugendkulturellen Arena haben wir in unserer Forschungsgruppe in den vergangenen knapp zwei Jahrzehnten folgende Szenen, Gruppen und Cliquen näher untersucht: Im Musikbereich u.a. Grufties, Black Metal-Fans, Techno-Anhänger, HipHopper, für Film und Fernsehen die Fanclubs der "Lindenstraße" und "Star Trek"-Serie sowie Video-Cliquen, für Computer und Internet, etwa PC-Spieler, Programmierer, Hacker, Cyberpunks und Online-Rollenspieler (vgl. Vogelgesang 1997). Als hilfreich für die Kontaktaufnahme haben sich dabei die Girtlerschen (1996) "Zehn Gebote der Feldforschung" erwiesen. Sie sind instruktiv für "lebensweltliche Ethnographien" (Honer 1993) und garantieren "dichte Beschreibungen" (Geertz 1987) von jugend- und medienkulturellen Symbol-, Stil- und Verhaltensmustern. Zur wachsenden Bedeutung der Ethnographie für die Medienforschung vgl. auch Winter 1998.

aber vermehrt auch Erwachsene medienkulturelle Erlebnisangebote in Anspruch nehmen, als eine Grundstörung des Zivilisationsprozesses. Uns scheint es angemessener, angesichts der Pluralisierung und Diversifizierung von medienbestimmten Affekträumen eher von einer Partialisierung des Zivilisationsprozesses zu sprechen. Was heute zählt, ist situationsangepaßtes Emotionsmanagement. „Rahmung" und „Modulation" im Sinne Goffmans (1977) bestimmen jeweils, was zulässig und/oder gefordert ist. An die Stelle genereller Affektkontrollen tritt das Erlernen von Situationsdefinitionen und Trennregeln.

Die Abgeschlossenheit des Kinosaals und die Konzentration auf das Filmgeschehen erzeugen in Verbindung mit dem Gefühlsversprechen desweiteren eine Aufmerksamkeits- und Erlebniszentrierung, die Christian Metz (1984: 21f.) so umschreibt: „Der Film löst beim Zuschauer einen Prozeß der ,Partizipation' aus, der in gleicher Weise die Wahrnehmung und die Gefühle betrifft. (...) Er versteht es, sich an uns zu wenden mit dem Ton der Evidenz und mit der überzeugenden Art des ,es ist so'." Gerade bei den guten Filmen ist das Wirklichkeitserlebnis so stark, daß der Unterschied zwischen realen und medialen Eindrücken fließend wird. „Obwohl der Zuschauer es nur mit Bildern zu tun hat," konstatiert auch Rainer Winter (1992: 59) in seiner „Filmsoziologie", reagiert er auf sie, als ob sie mehr als das wären. Es kommt zu einer „Entdifferenzierung" zwischen der Wirklichkeit und der Welt des Fiktiven, die durch ihre große Ähnlichkeit mit der ersteren, deren Platz einnimmt. Die Repräsentation (von Wirklichkeit) wird zur Wahrnehmung.

Der Zuschauer erfährt in der Erlebniszone Kino nicht die Wirklichkeit, sondern er wird vielmehr von einem Wirklichkeitseindruck gefangen gehalten. Aber diese medial stimulierte Gefangenschaft und Ebenenverschmelzungen machen ihn nicht zum Sklaven der bewegten Bildphantome, denn die vorhandene Filmerfahrung und das Bewußtsein, sich in einer Sondersituation zu befinden, gestatten es, die Suggestivkräfte von Filmen prinzipiell zu hinterfragen. Daß diese reflexive Fähigkeit angesichts der fortschreitenden tricktechnischen Perfektionierung der Filme nicht verloren geht, sondern eher noch gesteigert wird, zählt zu den überraschendsten Beobachtungen, die wir gemacht haben, und kann gleichermaßen als Ausdruck einer wachsenden Filmliteralität und Erlebnisrationalität gedeutet werden. Eine 25-jährige Studentin hat dies so formuliert: *Es sind Bilder aus dem Computer, man hat das oft in den Vorberichten gesehen, aber sie gehen trotzdem unter die Haut.* Oder an einer anderen Stelle des Interviews sagt sie: *Man weiß, daß es nicht wirklich ist, aber es wirkt wirklich.*

Fraglos hat bei der Filmproduktion die imaginierte Wirklichkeitsnähe von Aktionen und Akteuren, von Gegenständen und Kontexten, von Körpern und ihrer Auflösung durch die Simulationstechnologie einen wahren Siegeszug angetreten. Insbesondere im Hollywood-Kino unserer Tage – und zwar von

„Independance Day" (Regie: Roland Emmerich; 1996) bis „Jurassic Park" (Regie: Stephen Spielberg; 1997), von „Twister" (Regie: Jan de Bont; 1996) bis „Titanic" (Regie: James Cameron; 1998) – scheinen der realitätsbezogenen Visualisierung keine Grenzen mehr gesetzt. Die synthetische Welt und die reale Welt gehen nahtlos ineinander über.[4] Aber die Ästhetik des Imaginären ist in diesen Filmen nicht hermetisch und auf Geheimhaltung ihrer dramaturgischen Mittel angelegt, sondern transparent im Sinne der Offenlegung ihres Konstruktcharakters bis hin zu den Rechenleistungen der verwendeten Simulationscomputer. Die neue PR-Strategie der US-amerikanischen Filmwirtschaft lautet: *The making of ...* und zeigt detailliert und minutiös, wie die virtuellen Effekte zustandekommen. Nicht mehr nur der Film als singuläres Ereignis ist interessant, sondern auch die Erzählung, wie er wurde, was er ist.

Daß die Darstellung der Machart zum integralen Element des Filmerlebnisses wird und keineswegs dessen Entzauberung und Trivialisierung beschleunigt, wie man vielleicht vermuten könnte, verweist auf einen neuen, reflexiven Wahrnehmungsmodus und eine gesteigerte Kompetenz der Zuschauer. Die entzauberte Filmproduktion erzeugt eine verzauberte Filmwahrnehmung: „Der allgemeine Zuwachs an Wissen über den instrumentellen Konstruktionscharakter wird zur Bedingung der Möglichkeit, virtuelle Ereignisse auch gefühlsmäßig erleben zu können. Dieses Wissen bedarf daher der Berücksichtigung. Die neuen Erlebnisse von Spannung, die durch virtuelle Welten angeboten werden, können ihre eigene Nachfrage noch steigern, wenn der Verbraucher sich bereits als kritischer Beobachter in den Prozeß des Zustandekommens dessen einbezogen weiß, dem er später als ‚Endverbraucher' gegenübersitzt. Die Konstruktion des Virtuellen wird also – werbewirksam – durch deren rückblickende Dekonstruktion erweitert – erst dies vollendet die Illusion" (Treptow 1998: 131). Die von Eckert (1990: 1) beschriebene medienbestimmte „Technisierung der Gefühle" ist gleichsam reflexiv geworden. Inwieweit aber bereits Heranwachsende über dieses Differenzwissen als Voraussetzung des Filmverstehens und -erlebens verfügen

---

4   Ein Blick in die Filmgeschichte zeigt, daß die Tricktechnik von Anfang an zum filmischen Handwerk gehört (vgl. Monaco 1980). Aber mit dem Computergraphik-Boom seit Anfang der 90er Jahre, ist die Filmbranche in eine neue (digitale) Ära eingetreten, die Vasco A. Schmidt (1999: 39) am Beispiel der Illusionswelt Hollywood folgendermaßen charakterisiert: "Jene Fabrikhalle in den Universal Studios, die für die Touristen mehrmals am Tag filmgerecht in Brand gesetzt wird, weckt vor allem nostalgische Gefühle – nicht anders als die Halle nebenan, in der die optischen Tricks von Alfred Hitchcock vorgeführt werden. Es ist nur eine Frage der Zeit, wenn sich lodernde Feuerzungen und explodierende Blechtonnen per Knopfdruck digital auf den Film zaubern lassen. Das Wasser, das die ‚Titanic' umspülte, die Berge aus ‚Dantes Peak', der Wirbelsturm aus ‚Twister', aber auch der sonnige Himmel über dem Rollfeld bei ‚Apollo 13' (wo am Drehtag noch Wolken hingen) sind allesamt nicht gefilmt, sondern berechnet worden. Trickfilme wie ‚Antz' oder ‚Das große Krabbeln' sind gänzlich am Computer entstanden."

resp. auf welche Weise es erworben werden kann, ist derzeit eine der brisantesten Fragen in der Medienpädagogik.[5]

3. Das Medienereignis „Titanic": Sekundäre Texte, Erwartungsformierung und Gesprächsanlaß

Niemand, der sich „Titanic" ansieht, tut dies ohne Erwartungen, kann dies auch gar nicht, denn niemals hat man vorher mehr über einen Film gehört oder gelesen, als über diesen. Und was dabei immer rüberkam, war wie so ‘ne Art Versprechen: Diesen Film muß man gesehen haben, diesen Film wirst du nicht vergessen. Diese Äußerung eines Filmbesuchers verweist auf einen weiteren zentralen Aspekt des Eventcharakters von „Titanic": Das Einmaligkeitsversprechen, eingebunden in ein vor-produziertes, umfassendes Vermarktungskonzept und transportiert und bekräftigt von einer sich verselbständigenden Medienkampagne. Denn eine in der Filmgeschichte bisher einzigartige PR-Aktion machte die Neuverfilmung der „Titanic"-Katastrophe weltweit bekannt und versprach allen Besuchern – und zwar unabhängig von Alter, Geschlecht und ethnischer Herkunft – ein cineastisches und emotionales Filmvergnügen, das als unvergeßlich angepriesen wurde. Dies führte zu einer wahren Flut von auf den Film bezogenen sekundären Medientexten. Darunter sind Beiträge und Materialien zu verstehen wie Vorankündigungen, Besprechungen und Bücher zum Film usw., denen gemeinsam ist, daß sie zu dem primären Medientext – hier: dem Film „Titanic" – in einem konstitutiven Wechselwirkungsverhältnis stehen, in dem sie Aufmerksamkeit erzeugen, Erwartungen formieren und Gesprächsanlässe bilden.

Auch die von uns befragten Filmbesucher nahmen nahezu alle verfügbaren Texte, Materialien und Beiträge zu „Titanic" zur Kenntnis. Genannt werden können hier Berichte über das historische Ereignis des Schiffuntergangs, die bereits existierenden „Titanic"-Verfilmungen, die Berichterstattung in Presse, Rundfunk und Fernsehen über die Entdeckung der „Titanic" auf dem Meeresgrund, Berichte über die Neuverfilmung von Cameron und deren vermeintliches Finanzierungsdebakel, das Titellied mit dazugehörigem Video von Celin Dion, aber auch Fanzines und Fanseiten im Internet. Jedoch kann ihr Einfluß auf die Erwartungshaltung im Vorfeld des Kinobesuchs sehr unterschiedlich sein. Beispielsweise stellt ein 33-jähriger Architekt fest, er habe

---

5 Daß die Unterscheidungskompetenz zwischen virtuell erzeugten und realen Abbildungen als basaler Bestandteil der künftigen Medienerziehung zu gelten habe, hebt Heinz Moser (1997: 14) in einem "Pädagogischen Manifest" mit Nachdruck hervor: "Geht es um die pädagogischen Möglichkeiten einer Einflußnahme, so erscheint mir besonders wichtig die Entwicklung einer Medienkompetenz, (...) die auf die Schnittstelle zwischen ‚virtuellem' und ‚realem' Leben gerichtet ist, indem sie besonders mitthematisiert, wie beide Räume miteinander verflochten sind." Vgl. ganz grundlegend zur aktuellen Medienkompetenzdiskussion Schell/Stolzenburg/Theunert 1999.

sich vom *Making-of und dann halt vom Titellied und vom Video-Clip schon gedacht, daß es stark in die Gefühlsrichtung geht.* In einem anderen Fall hat die Vielzahl filmbegleitender Publikationen eher neugierig darauf gemacht, wie nahe die filmische Katastrophendarstellung dem historischen Ereignis und Geschehensabblauf kommt: *Man hat schon so viel über das „Titanic"-Unglück gehört und gelesen,* berichtet uns ein Gymnasiallehrer, *da ist man dann schon gespannt darauf, wie das jetzt in der neuen Verfilmung umgesetzt ist.* Vielfach bleiben Vorstellungen, die durch sekundäre Texte erzeugt werden, aber recht vage, wobei es gerade diese Offenheit und Unbestimmtheit ist, die ein *besonderes Prickeln* oder *Neugierigmachen* auszulösen vermögen.

Allerdings werden gegenüber dem Film auch Vorbehalte geäußert und keineswegs wird er nur in dem Deutungs- und Erlebnisspektrum angeeignet, das die Filmindustrie offeriert. So lehnen viele Befragte etwa die umfassende Vermarktung des Films „Titanic" ebenso ab wie die intensive Berichterstattung darüber – und dies zum Teil in einer sehr deutlichen Sprache. Ein 32-jähriger Bankkaufmann beispielsweise äußert sich enttäuscht über *den völlig überzogenen Medienrummel, der über den „Titanic"-Film gemacht wird, (...) denn die meisten Berichte, die man im voraus liest, spiegeln oft das nicht wider, was sie eigentlich versprechen.* Andere sehen in den *gigantischen PR-Aktionen,* die heute alle großen Hollywood-Filme begleiten, *Geldmaschinen, wo mit Propaganda-Tricks möglichst viele Leute ins Kino gelockt werden sollen.* Aber trotz aller Skepsis und Kritik an der kommerzialisierten Aufmerksamkeitslenkung boykottieren sie den Film nicht. So läßt ein von uns befragter 20-jähriger Zivildienstleistender keinen Zweifel daran, daß er *die gesamte „Titanic"-Werbung für verlogen und abgeschmackt* hält, wobei seine Kritik sich vor allem darauf bezieht, daß die propagierte Liebesgeschichte zwischen dem Traumpaar Rose und Jack alias Kate Winslet und Leonardo DiCaprio dem problematischen Casting der Hauptrollen vollkommen widerspricht. Das hindert ihn aber nicht daran, den Film auch als *eine faszinierende Liebesgeschichte* zu rezipieren. Dies ist ihm aber nur möglich, weil er Marketing und Casting einem anderen Relevanzbereich zuordnet, als die Inszenierung und Erzählung des Films: *Wenn ein Film wie „Titanic" hergestellt wird, dann ist dies ein riesiges Business, wo es mit harten Bandagen zur Sache geht, und wenn er endlich fertig ist und man ihn sich ansieht, dann tritt die rauhe Wirklichkeit zurück gegenüber der Illusion und der Phantasiewelt.* Die auch hier sichtbar werdende Differenzerfahrung zwischen realem und fiktionalem Szenario, zwischen Alltagswirklichkeit und Filmwelt ist ganz offensichtlich ein essentieller Bestandteil der individuellen Politik des Filmvergnügens.

Ein Medienereignis wie „Titanic" nimmt aber nicht nur auf die Aufmerksamkeit, die Erwartungshaltung und die Aneignungsformen der Filmbesucher Einfluß, sondern ist auch Gesprächsanlaß und -gegenstand. Sowohl vor als auch nach der Vorstellung unterhalten sich die Besucher über den Film, wenn auch in unterschiedlichen Intensitätsgraden. Idealtypisch lassen sich dabei zwei Arten von Thematisierungen unterscheiden: Erstens die Thematisierung en passant innerhalb von weiteren Alltagsgesprächen und zweitens filmzentrierte Gespräche. Bei der Thematisierung en passant ist der Film eine kommunikative Ressource neben anderen. Ein Beispiel für eine solche Thematisierung wäre vielleicht der beiläufige Vergleich des Aussehens eines Bekannten mit dem der Figur Jacks in „Titanic", den eine Filmbesucherin später bei einem Small-Talk mit einer Kollegin am Arbeitsplatz macht. Filmzentrierte Gespräche sind dagegen über einen längeren Zeitraum auf das betreffende Medienthema fokussiert und erfolgen häufig in einem klar umgrenzten Setting, beispielsweise der „Expertenrunde" von Filmkennern und Filmfans. In diesem Fall sind die Filme keine kommunikative Ressource unter anderen, sondern ein konstitutives Element des sozialen Ereignisses, innerhalb dessen das Gespräch stattfindet. Ein Prototyp dafür wäre die Unterhaltung beim abendlichen Treffen eines Kreises von „Titanic"-Enthusiasten. Allerdings gibt es zwischen diesen beiden Idealtypen fließende Übergänge. So können etwa Gespräche im direkten Anschluß an den Kinobesuch für eine bestimmte Zeit filmzentriert sein, im weiteren Verlauf des Abends sich aber zunehmend von Film und Kino wegbewegen. Für die von uns befragten Kinobesucher war dies sogar der Regelfall, d.h. der Film „Titanic" war für sie eine kommunikative Ressource auf Zeit oder wie dies eine 22-jährige Studentin prägnant umschrieben hat: *Wir haben den richtig nachbereitet, aber am Schluß haben wir über Gott und die Welt gesprochen.*

Von Interesse bei einem Film wie „Titanic", bei dessen Rezeption vor allem das emotionale Erleben im Mittelpunkt steht, ist auch die Frage, wie die Zuschauer bei der kommunikativen Aneignung mit der Thematisierung ihrer Gefühle umgehen.[6] Hierbei fällt auf, daß sich die von uns befragten Frauen mehrfach dahingehend äußern, sich im Freundes- oder Bekanntenkreis über ihr emotionales Filmerleben unterhalten zu haben, während Männer dies als kein angemessenes Gesprächsthema anzusehen scheinen. Eine 26-jährige Hauptschullehrerin stellt bezüglich der Themen ihres Gesprächs im Anschluß an den Kinobesuch fest: *Wir haben uns am Anfang hauptsächlich über die Technik und die Kameraführung unterhalten, aber das nur, weil ein Mann dabei war, den das sehr interessiert hat.* Diese Aussage deckt sich weitestgehend mit den Äußerungen der männlichen Kinobesucher. Sie sprechen bei der kommunikativen Filmaneignung das Thema „Emotionen" – wenn über-

---

6   Da wir über keine Film- oder Tonbandaufnahmen von Alltagsgesprächen im Anschluß an den Filmbesuch verfügen, gestattet es unser Material es nicht, die "Formen" der kommunikativen Aneignung des Films "Titanic" im einzelnen zu rekonstruieren, vielmehr liegt der Schwerpunkt auf der Analyse der Gesprächs-"Inhalte". Zur leichteren Verständlichkeit haben wir dabei die aus den Transkripten zitierten Passagen behutsam an die Hochsprache angeglichen.

haupt – nur am Rande an. Dies bedeutet jedoch nicht, daß der Film „Titanic" keine starken Gefühle in ihnen auszulösen vermochte. Jedoch ist dieses Thema *nach dem Film tabu*, wie ein 29-jähriger Angestellter im Gespräch mit uns offen eingesteht: *Ich konnte meine Tränen nicht unterdrücken, nur darüber wird nicht gesprochen. Sowas sagt man nicht, ein Mann heult ja nicht.* Oder wie ein 19-jähriger Azubi es formuliert: *Wenn in unserer Clique über den Film geredet wurde, da gibt doch keiner Gefühle zu. Die sagen nur so oberflächlich, so richtig rein technisch, was da abging. Aber was sie dabei empfunden haben, das bleibt eben ein Geheimnis.*

Männer sind – und dies belegen alle von uns mit männlichen Kinobesuchern durchgeführten Interviews – nur in geringem Maße bereit, über ihr Filmerleben zu sprechen. Insbesondere hier und weniger bei der Filmrezeption selbst scheinen in unserer Gesellschaft vorherrschende Geschlechtsrollenmuster zu greifen, nach denen Männer im Gegensatz zu Frauen nicht über ihre Gefühle sprechen und zwar ganz gleich, um welchen situativen Kontext es sich dabei handelt. Daß Genderidentität performativ entsteht und tradiert wird, zeigt sich hier sehr deutlich. Aber „Titanic" bietet auch die Möglichkeit ihrer Dekonstruktion, wenn auch nur situativ und temporär während der Filmbetrachtung. Einiges spricht dafür, daß der Film nicht zuletzt auch deshalb ein Kinoevent und Kassenschlager war, weil er nicht nur zu einem Gegenstand der Alltagskommunikation wurde, sondern auch zu einer Emotions-Oase. Denn was in der Öffentlichkeit schwer fällt, wird in der Kinosituation geradezu forciert: das emotionale Erlebnis. Jeder kann sich hier – über Gender-Definitionen hinweg – seinem emotionalen Erleben hingeben. Vielleicht liegt die Besonderheit des Kinos als Erlebnis- und Expressivitätsraum nicht so sehr in der Tiefe der erlebten Emotionen, sondern im Wegfallen des Zwangs eines ständigen emotionalen Monitorings, das für den Männlichkeitshabitus nach wie vor bezeichnend ist.[7]

---

7 Daß fundamentale gesellschaftliche Wandlungsprozesse auch an den "Manns-Bildern" nicht spurlos vorbeigehen, stellt Walter Hornstein (1999: 15) in einer aktuellen Literatursynopse deutlich heraus: "In einem aufsehenerregenden Vergleich hat der US-amerikanische Medizin- und Männerforscher Ronald F. Levant die gegenwärtige Situation der Männer mit jener der Dinosaurier verglichen, nachdem der Meteorit auf der Erde eingeschlagen war. Diese Zustandsbeschreibung von Männlichkeit ist mit Sicherheit übertrieben. Richtig an diesem Bild ist indessen, daß Männer in den vergangenen zwei, drei Jahrzehnten mit sehr vielen Veränderungen konfrontiert und damit seht häufig überfordert waren. Dazu gehören neue Machtverhältnisse, der Abschied von Rechtspositionen, eine neue Arbeitsteilung der Geschlechter, ein neues Frauenbild und auch ein geändertes Selbstbild. Männlichkeit, die noch vor kurzem eindimensional definiert war als Leistungswille, Härte, Konkurrenzkampf und Gefühllosigkeit, ist mittlerweile zu einem eher diffusen Plural geworden. Es gibt hetero- und homosexuelle Männer, traditionelle und neue, Männer in Bewegung, Softies, Machos u.v.m.!

4. Der Mythos „Titanic": Liebe, Technik, Tod und die Transzendierung des Alltags

Es ist mittlerweile ein Allgemeinplatz zu behaupten, der Erfolg von „Titanic" läge mit darin begründet, daß der Film einen Mythos des 20. Jahrhunderts behandelt. Hierzu genügt nur ein kurzer Blick in die zahlreichen Besprechungen des Films in der deutschen Presse, nachdem sich dessen Erfolg abzeichnete. So spürt die Süddeutsche Zeitung in „Titanic" eine „große Erzählung über das Fin-de-siècle" auf, die FAZ entdeckt darin „altvertraute mythologisch-ikonographische Muster", für den Spiegel ist der Film „ein mythischer Ort mitten in der Seele des modernen Menschen" und DIE ZEIT sieht darin nur ein weiteres Beispiel für „die allgemeine Zunahme mythologischer Filmerzählungen gegen Ende dieses Jahrhunderts." Sicherlich haben die Verfasser dieser Beiträge recht, wenn sie vermuten, daß der Erfolg des Films „Titanic" auch damit zusammenhängt, daß darin Mythen verhandelt werden. Aber was ist mit dem Begriff des Mythos in diesem Zusammenhang genau gemeint?

Für die Journalistinnen und Journalisten verweist er – ganz im Sinne seiner traditionellen Verwendung – auf glorifizierende Erzählungen über die Entstehung der Welt und des Menschengeschlechts, auf Kämpfe und Siege oder physische und moralische Katastrophen. In dieser Bedeutungsvariante ist er Legenden vergleichbar, in denen Vergangenes symbolisch veranschaulicht und zugänglich wird, zugleich aber auch überhöht und heroisiert.[8] Roland Barthes (1964) hat dagegen den Mythos etwas anders gefaßt, nämlich als ein sekundäres semiotisches System, das als Meta-Erzählung verstanden werden kann. Auf dieser sekundären Ebene werden ganze Geschichten zu einer Art mythologischem Signifikantum für bestimmte kulturelle Sinnzuschreibungen. Betrachtet man nun ausgehend von einem solchen Verständnis populärkulturelle Texte, so kann man die verschiedensten Mythen des Alltags an ihnen herausarbeiten, also jene Konstruktionen und Bedeutungszuschreibungen, mittels derer Menschen ihrem eigenen Alltagshandeln einen Sinnho-

---

8 Solche Erzählungen können sich aber durchaus auch auf Gegenwärtiges und Triviales beziehen und ihm die Aura des Edlen und Erhabenen verleihen – und dies manchmal in einem recht stategischen und instrumentellen Sinn, wie Manfred Prisching (1990: 321) konstatiert: "Mythen existieren auch über die Eigenschaften verschiedener Personengruppen, die eine derartige Mythisierung einsetzen, um im sozialen Konkurrenzkampf Vorteile zu erlangen: der Mythos der heldenhaft-tapferen Polizisten, von denen die meisten in Wahrheit Tag für Tag mit bürokratischen Angelegenheiten beschäftigt sind; der Mythos der innovativ-dynamischen Unternehmer, die in Wahrheit ganz selten zu finden sind; oder der Mythos der selbstlosen und unermüdlichen Wissenschaftler, von denen die meisten in Wahrheit egoistisch und sehr ermüdbar sind." Diese Begriffsverwendung hält Niklas Luhmann (1987: 254) für nicht unproblematisch, da sie sehr schnell in Beliebigkeit und Irrationalität münden kann – in seinen Worten: "in einen Mythos vom Mythos." Daß auch – oder gerade – dem Film eine wichtige Rolle bei der (De-)Konstruktion von Mythen zukommt, zeigen die lesenswerten Beiträge eines Sammelbandes, der im Rahmen der Arnoldshainer Filmgespräche erschienen ist (vgl. Karpf/Kiesel/Visarius 1998).

rizont verleihen. Es gehört zu den Leistungen der Medienforschung der Cultural Studies (vgl. Hepp 1999), solche Überlegungen fortgeführt zu haben. Dabei konnten verschiedene Studien zeigen, daß beispielsweise das Fernsehen in der heutigen Kultur eine vergleichbare Stellung hat wie der Barde innerhalb von oralen Kulturen (vgl. Fiske/Hartley 1989), oder daß der Film die großen Alltagsmythen dieses Jahrhunderts zum Thema hatte (vgl. Turner 1988) und, wie das Beispiel „Titanic" zeigt, immer noch hat. Allerdings liegt in solchen Studien der Fokus häufig auf den Medienprodukten und weniger auf der Ebene der Rezeption.

Ohne die Inhaltsseite des Films gänzlich auszublenden, haben wir bei der Rekonstruktion des mythologischen Potentials von „Titanic" jedoch das Filmpublikum und seine Meta-Erzählungen in den Mittelpunkt der Analyse gestellt. Zwei Mythenkomplexe, die die Filmaneignung prägen und mit den zwei primären thematischen Handlungssträngen des Films – der Romanze zwischen Jack und Rose und der Schiffskatastrophe – korrespondieren, lassen sich dabei nachweisen: der „Liebesmythos" und der „Technikmythos". Für den Liebesmythos ist dabei folgende Kernbedeutung bezeichnend: Die wahre, sich selbst verleugnende Liebe gipfelt in der Selbstaufgabe und ist letztlich stärker als der Tod. Die Befragten finden dafür Formulierungen wie: *Die wahre Liebe kennt keine Unterschiede zwischen Stand und Klasse* oder *Jack hat sich für Rose geopfert* und: *Wenn man richtig liebt, gibt es keine Grenzen mehr, weder im Leben noch im Tod.* Die alle persönlichen und gesellschaftlichen Bande sprengende Liebe Jacks wird in der von vielen als bewegendste Filmsequenz bezeichneten „Floßszene" in ihrer außeralltäglichen Ursprünglichkeit gleichsam eingefroren. *Zwar stirbt Jack in dem Eiswasser,* wie eine 33-jährige Designerin sehr emphatisch den Liebesmythos umschreibt, *aber er stirbt für Rose und für die Liebe zu ihr. So tragisch diese Szene auch ist, sie zeigt, die Liebe ist stärker als der Tod. Sie verliert nichts von ihrer Macht, denn auch als Greisin ist Rose noch in ihrem Bann.* Gewissermaßen wird die alte Rose hier zu einer Bardin stilisiert, die den Mythos der wahren Liebe erzählt, einer Liebe, in deren Schatten ihr ganzes Leben als nichtig erscheint. In einer hochemotionalen, Realität und Traum vermischenden Schlußszene geht diese Liebe gleichsam in Erfüllung: Als 101-Jährige gelangt Rose in Begleitung einer Gruppe von Wissenschaftlern und Forschern, die das Wrack der „Titanic" entdeckt haben, nochmals an die Stelle, wo vor vielen Jahren das Schiff unterging und wirft ihren Liebesbeweis, den größten Edelstein der Welt, ins Meer, wo im Fluidum des Wassers sich die Herzen der Liebenden vereinigen.

Auch die zweite Meta-Erzählung des Films „Titanic", der Technikmythos, wird von den befragten Kinobesuchern sehr deutlich zum Ausdruck gebracht. Die Grundaussage ist dabei, daß der blinde Glaube an die vom Menschen geschaffene Technik den Tod bringt und die Hoffnung in solchen Situationen, in denen die Technik außer Kontrolle gerät, in einer idealisierten menschlichen Kultur gesehen wird. Die Kollision des als unsinkbar geltenden Schiffes mit einem Eisberg wird zwar mit anderen Technikkatastrophen – und zwar vom Reaktorunfall in Tschernobyl bis zum Zugunglück in Eschede – in Verbindung gebracht, allerdings wird der Untergang der „Titanic" symbolisch extrem aufgeladen und zu einer Art Fundamentalmetapher für eine irrationale Technikhybris stilisiert. *Mit der „Titanic" ist doch nicht nur ein Schiff untergegangen,* so ein 25-jähriger Student, *sondern auch ganz allgemein der Glaube, Technik sei hundert Prozent sicher.* Jedoch ist in dem Technikmythos nicht nur die Vorstellung der Bedrohung und des Risikos enthalten, sondern auch des Auswegs und der Rettung in Form der Idealisierung der menschlichen Natur und abendländischen Kultur. Pointiert formuliert lautet die mythische Zusatzbotschaft: Technik kann zwar Menschen gefährden, aber niemals ihre Kultur. Verkörpert wird dieser Aspekt des Technikmythos für die Befragten vor allem durch das bis in den Tod spielende Quartett. Immer wieder wird in den Interviews darauf verwiesen, daß trotz absoluter Hoffnungslosigkeit und Todesangst die Musiker nicht von der allgemeinen Panik erfaßt werden. Im Gegenteil, ihr Spiel wird als Ausdruck menschlicher Größe und kultureller Erhabenheit gesehen. *Sie wissen, daß sie sterben werden,* sagt eine Kinobesucherin, *aber sie verneinen eigentlich den Tod dadurch, daß sie weiterspielen.* Oder eine andere Befragte meinte: *Es war nicht wichtig, was sie spielten, sondern daß sie spielten.* Die Musik wird zum Symbol dafür, daß in Grenzsituationen die kulturellen Errungenschaften der westlichen Zivilisation über ihre technischen Machwerke, vor allem wenn diese sich gegen den Menschen wenden, obsiegen. An diesem Punkt berühren sich Liebes- und Technikmythos, denn in beiden Fällen ist es die individuelle Selbstaufgabe, die über die Katastrophe hinausweist und dem Leben wie dem Tod einen tieferen Sinn verleihen. Es ist also auch die Todeserfahrung und wie sie verarbeitet werden kann, die im mythologischen Kosmos des „Titanic"-Films eine wichtige Rolle spielen.

Gerade am Beispiel der Todesthematik läßt sich zudem ein zentraler Bedeutungsaspekt von Mythen als lebensweltbezogenen Meta-Erzählungen aufzeigen: ihre sinnstiftende und alltagstranszendierende Funktion. Denn der Film „Titanic" macht nicht nur den Tod als Grenzerfahrung für die Zuschauer im Wortsinne (be-) greifbar, sondern er wird auch zum Kristallisationspunkt für idealtypische Vorstellungen von der „wahren Liebe" und dem „wahren Menschen". Die Alltagsferne und Filmnähe von Todeserfahrungen stehen dabei für die Filmbesucher in einem reflexiven Spannungsverhältnis: *Für mich ist der Film ein Ereignis,* sagt ein Zivildienstleistender, *das uns an den Tod erinnert, an die Sterblichkeit, die wir ja in unserer Gesellschaft größtenteils verdrängt haben.* Und er ergänzt: *Aber der Film zeigt auch, wie unterschiedlich Menschen sich verhalten, wenn sie in einer ausweglosen*

Situation sind. Das ganze Spektrum wird gezeigt, von den Helden bis zu den Halunken. Was aber am meisten beeindruckt, das sind die ganz normalen Leute, die auch im Angesicht des Todes ihre Würde nicht verlieren, nicht zu Tier-Menschen werden, sondern Kultur-Menschen bleiben. Auch für andere Zuschauer ist der Film „Titanic" deshalb so beeindruckend, *weil hier der Tod unausweichlich ist, aber nicht sinnlos.* Es ist seine sichtbare und nachvollziehbare Schicksalhaftigkeit, die zwar *durch Mark und Bein geht* und *unendlich traurig* stimmt, wie dies ein Ehepaar bekundet, aber seine narrative Inszenierung machen ihn an vergessene oder verdrängte Sinn- und Wissensbestände anschließbar. Denn die für unsere Gesellschaft charakteristische „Privatisierung des Todes" (Hahn 1995: 85), die sich vor allem darin zeigt, dass der Umgang mit Tod und Sterben einerseits hochspezialisierten Gruppen (man denke hier beispielsweise an die Medizin) überantwortet wird und andererseits biographische Konfrontationen mit dem Tod naher Angehöriger seltener werden und typischerweise erst im späteren Lebensalter auftreten, wird durch den Film ins Bewußtsein gehoben und gleichzeitig werden Alternativen des individuellen Umgangs damit gezeigt. Den nachhaltigsten Einfluß auf die Filmbesucher hat dabei die alltagsmythologische Sinnfigur „Selbstaufgabe und Tod". Vor allem durch Rückgriff auf sie ist es möglich, dem individuellen Schicksal von Jack und Rose wie der kollektiven Tragödie der Passagiere und Schiffscrew *etwas Sinnvolles abzugewinnen*, wie dies ein Befragter umschrieben hat.

Neben der Sinn- und Transzendenzfunktion hat der Film „Titanic" auch Orientierungs- und Leitbildcharakter. Insbesondere das dargestellte Liebesideal kann hier sowohl zur Wunschprojektion als auch (kritischen) Reflexion der eigenen Situation anregen. So äußern sich vor allem weibliche Befragte dahingehend, in dem Liebesverhältnis zwischen Jack und Rose *eine Traum-Beziehung, die wahre Liebe* oder *ein Einswerden miteinander* zu sehen, *von dem man sich wünscht, dass es auch in Wirklichkeit so wäre.* In Krisen- und Entscheidungssituationen kann die Meta-Erzählung von der großen Liebe aber auch, so die Feststellung einer 36-jährigen Hausfrau, *ein Anstoß sein, um das eigene Leben zu ändern.* Angesichts gesamtgesellschaftlicher Freisetzungs- und Enttraditionalisierungsprozesse,[9] die auch in der Gestaltung der

---

9 Der moderne Mensch lebt nicht mehr, wie die Individualisierungsdebatte nachdrücklich gezeigt hat, wie sein vormoderner Vorgänger in einer Welt aus einem Guß, sondern richtet sein Leben nach eigenem Gusto ein. Er ist von überkommenen Traditionen weitestgehend entbunden und kann sich auf einem Markt von Sinn- und Biographiemustern selbst bedienen. Er kann – zumindest prinzipiell – seine Arbeit, seinen Beruf, seine Vereins-, Partei-, Kirchen- bzw. Sektenmitgliedschaft und seinen kulturellen oder subkulturellen Stil frei wählen und wechseln. Er ist der Bastler seines Lebens, das in immer "kleinere Lebenswelten" (Luckmann 1970) und "Sinnwelten" (Hitzler 1988) zerfällt und das unter der Devise steht: "Man hat keine Wahl, außer zu wählen" (Giddens 1997: 49). Daß es sich bei der "Ich-Jagd im Unabhängigkeitszeitalter" (Gross 1999) bisweilen aber um recht "riskante Freiheiten" (Beck 1994) handelt, darf nicht übersehen werden. Denn festzustellen ist, daß unter Bedingungen wachsender Optionalität das

Paar- und Liebesbeziehungen tiefgreifende Spuren hinterlassen haben, kommt medialen Orientierungsangeboten wie z.B. dem Film „Titanic" eine wachsende Bedeutung zu. Sie werden zu Sinnressourcen, weil sie in ihren Erzählungen einerseits gesellschaftlich virulente Alltagsmythen re-artikulieren, und andererseits als kollektives Event-Erlebnis eine wachsende Verbindlichkeit solcher Alltagsmythen suggerieren. Und genau hierdurch kann ein mythisches Sinnmuster wie das der wahren Liebe zum Orientie-rungsmaßstab werden, selbst wenn dessen Bezug zum eigenen Leben nur im Konjunktiv ausdrückbar bleibt. In den Worten einer 32-jährigen verheirateten Mutter: *Ich hab' immer gedacht, wenn ich einen Mann richtig lieben würde, dann ging ich bis ans Ende der Welt mit ihm.*

5. „Titanic"-Fieber: Filmerleben als Politik des (skeptischen) Vergnügens

Die bisher sichtbar gewordenen differentiellen Aneignungsmuster des Films „Titanic" sollen abschließend in den Kontext allgemeinerer Überlegungen zum Filmvergnügen als Bestandteil und Ausdruck der gegenwärtigen Popu-lärkultur und ihrer Eventisierung gestellt werden. Unser Ziel war es, in An-lehnung an kulturalistische Theorietraditionen und unter Rückgriff auf ethno-graphische Methoden die „vergnügliche" Verlebensweltlichung der Medien beispielhaft sichtbar zu machen. Dabei erweist sich der Film „Titanic" gera-dezu als ein Prototyp emotionaler Multiakzentuiertheit und Alltagstranszen-dierung. Beinah literarisch hat diese cineastische Verwandlung und Verzau-berung eine 29-jährige Krankenschwester formuliert: *„Titanic" führt einen im Zeitraffertempo durch die Höhen und Tiefen des Lebens und der Liebe. Wer sich auf diese Gefühlsreise einläßt, gerät in einen Strudel, verliert die Bodenhaftung, vergißt die alltäglichen Kümmernisse. (...) Der Film zeigt das Absolute, im Leid wie im Glück, aber auch, daß es etwas Tiefes und Voll-kommenes zwischen zwei Menschen gibt.* Die Faszination des Films „Titanic" liegt ganz offensichtlich auch darin, daß er innerste existentielle Befindlich-keiten und Sehnsüchte der Zuschauer anspricht und aktiviert. Er führt nicht nur aus der Banalität und Tristesse des Alltags heraus, sondern vermittelt die emphatische Teilnahme an Zuständen, die sich als harmonisch und ganzheit-lich umschreiben lassen. Parallelen zu den klassischen Tragiktheorien sind hier ebenso offenkundig wie Bezüge zu Arnold Gehlens (1982) Konzept der ästhetischen Entlastung.

Leben nicht einfacher, auch nicht einfach glücklicher wird, denn die expandierenden Ansprüche sind schnell zu enttäuschen und es können Desorientierungen und Stabilitätsverluste entstehen.

Aus eher katharsistheoretischer Perspektive konstatiert Jürgen Grimm (1999b: 28) bezüglich der kontrastiv-kompensatorischen Funktion des Melodrams „Titanic" mit einem deutlichen Seitenhieb auf hegemoniale Diskurse und elitäre Deutungskompetenzen: „Im ‚Titanic'-Fieber manifestiert sich nicht etwa ein morbides Interesse, vielmehr wird das Opferdasein unter kosmologischen Aspekten transzendiert. Frustrierende, angst- und aggressionsmachende Verwicklungen lösen sich auf. Die Welt erscheint in anderem Licht. Genau das meint die Rede vom ‚anderen Zustand', den zu erklimmen wir weder des Abiturs noch gar des Philosoph-Seins bedürfen. In diesem Punkt irren Schiller und Schopenhauer, die den Tragikeffekt für die ihrer Ansicht nach fortgeschrittensten Geister reservieren. Den ‚anderen Zustand' verstehen die Friseurin und der Heizer genauso, womöglich noch besser als der bildungsbeladene Intellektuelle. Genau in diese Richtung deutet auch der Taschentuchverbrauch nach dem Filmerlebnis ‚Titanic', der – über die allgemein menschlich begründete Minimalausstattung hinaus – mit dem Bildungsniveau eher gegensinnig als gleichsinnig variiert."

Auch wenn man geteilter Meinung darüber sein kann, inwieweit der Film „Titanic" einen Zugang zu kosmischen Empfindungen eröffnet, als Grenzerfahrung wird er fraglos von sehr vielen Zuschauern wahrgenommen. Vor allem die Verschränkung von Katastrophen- und Liebesgeschichte weckt Assoziationen zur universellen Schicksalhaftigkeit und Endlichkeit menschlicher Existenz: *„Titanic" ist deshalb so erschütternd,* so die Äußerung einer 47-jährigen Gymnasiallehrerin, *weil der Film auf beeindruckende und bewegende Weise zeigt, daß unser Leben letztlich ein totales Risiko ist, wo mit einem Schlag alles vorbeisein kann. Der Untergang des Schiffes ist wie ein Bild für die allgegenwärtige Bedrohung und Vergänglichkeit des menschlichen Lebens.* Im unausweichlichen Ende der Schiffspassagiere wird gleichsam die Endlichkeit des eigenen Daseins (wieder) bewußt. Ihr Schicksal erlangt Symbolcharakter und verweist auf die Potentialität der Bedrohung und die Gewißheit des Todes aller Menschen. Vor allem bei den Zuschauern, so unsere Analyse, die sich mit dem Schicksal der Opfer sehr stark identifizieren, wird der Film zum Sinnbild des Unvermeidlichen und Tragischen und führt letztlich zu einer Universalisierung des Opferstandpunkts. Daß nicht nur die „Titanic"-Rezeption emphatische Analogieerfahrungen ermöglicht, sondern auch andere literarische oder filmische Werke mit einer ähnlichen Narrationsstruktur beinah anthropologisch zu nennende Grenzen und Begrenzungen bei der Rezeption sichtbar werden lassen, stellt Gunter Gebauer (1999: 194) mit Nachdruck heraus: „Aufgrund der Schutzlosigkeit ihrer Körper gegenüber Verletzungen aller Art können sich Menschen als ähnlich wahrnehmen, insofern sie mit ähnlichen Folgen zu rechnen haben. Nicht in der direkten, unmittelbaren Anschauung erkennen sie sich als ähnlich, sondern es ist die Familienähnlichkeit der Leidensmöglichkeiten, die eine Ähnlichkeit zwischen den Menschen einsehbar macht. Aus literarischen Zeugnissen der Krisenzeitalter der europäischen Geschichte spricht das Erkennen einer in der Verletzbarkeit begründeten, gemeinsamen Natur des Menschen. Auch heute kommt ein solcher Gedanke (...) zum Ausdruck in dem geheimen Vergnügen an Katastrophenfilmen."[10]

Sieht man einmal von dem unterstellten Geheimhaltungscharakter ab, der sich wohl eher in einer stärker voyeuristisch motivierten Haltung findet, die bspw. für die Aneignung von Reality TV-Programmen bezeichnend ist, so zielt eine primär auf Tragik ausgerichtete Dramaturgie gerade auf Öffnung und Öffentlichkeit. Nicht Distanz und Schadenfreude stellen sich ein, sondern Nähe und Mitgefühl. Emphatie und Anteilnahme ergänzen und komplettieren damit das differenzierte Emotionsspektrum, das der Film „Titanic" anzusprechen vermag. Oder wie dies eine von uns befragte 25-jährige Studentin umschrieben hat: *„Titanic" funktioniert wie eine alles umfassende Gefühlsmaschine.* Welchen Stellenwert hat dieses „titanische" Film- und Gefühlserleben nun im Kontext einer populärkulturellen Politik des Vergnügens?

Der Begriff der Politik des Vergnügens wurde nachhaltig von Dick Hebdige (1988) im ersten Kapitel von „Hiding in the Light" geprägt und zwar in dem Sinne, daß der jugendkulturellen Inszenierung von Vergnügen eine politische Dimension inhärent ist. Sicherlich läßt sich das populärkulturelle Vergnügen an Filmen wie „Titanic" nicht mit dieser Politik des Vergnügens gleichsetzen, die Hebdige insbesondere im Hinblick auf die Punkbewegung im Auge hatte. Verborgen in einem gänzlich anderen Licht – nämlich dem des Projektors im Dunkel des Kinosaals – zeigen sich aber andere Aspekte des populärkulturellen Vergnügens an Medien, die wir in Anlehnung an John Fiske (1993: 45) als „Skepsis des Vergnügens" bezeichnen wollen. Diese Skepsis des Vergnügens konstituiert sich im Spannungsverhältnis zwischen einer vergnüglichen, auf Emotionalität und Involvement ausgerichteten Filmaneignung einerseits und einer kritischen Haltung gegenüber der Filmindustrie andererseits. Wie wir zeigen konnten, verfügen die Zuschauer über ein fundiertes Wissen über die Produktion und Vermarktung des Films, gleichzeitig nehmen sie dazu eine sehr distanzierte und bisweilen auch radikal ab-

---

10 Auf einen interessanten Zusammenhang zwischen gesellschaftlichem Risikodiskurs und der Konjunktur und Aktualität von Katastrophenfilmen ist noch aufmerksam zu machen. Spätestens seit Becks (1986) "Risikogesellschaft" ist offenkundig, daß Fragen nach Ursachen, Verläufen und Folgen eines katastrophalen Ereignissen nicht nur auf Aspekte der Adressierbarkeit von Verantwortung und Uneinlösbarkeit von Kontrollerwartungen zielen, sondern ganz fundamental mit gesellschaftlichen Ordnungsvorstellungen koinzidieren. Gerade dieser Aspekt läßt sich verstärkt auch in Katastrophenfilmen nachweisen. Sie sind nicht nur "eine Aktualisierung des Hypothetischen" (Töpfer 1991: 21), sondern nehmen auch "eine moralische Zweitcodierung des Risikos vor (...), die dazu führt, daß die Bedrohungslagen in hohem Maße austauschbar sind, da es den Filmen entweder darum geht, die eigentliche Gefahr in der erschütterten sozialen Ordnung und ihren Defiziten zu verorten, oder eben diese Ordnung medial zu restituieren." (Hofmann 1996b: 191)

lehnende Position ein. Für sie ist das Medienereignis „Titanic" umfassend geplant und als Mega-Event inszeniert, wobei sie aber mitreflektieren, inwieweit ihre eigenen filmspezifischen Erwartungen durch subtile Vermarktungsstrategien, die sich bis auf die kultursynkretistische Verwendung filmsprachlicher Mittel erstrecken, beeinflußt sind. Dies verweist auf ein generelles Moment populärer Wissensformen bezüglich Medienereignissen wie dem Film „Titanic". Denn populäres Wissen hat nicht die Möglichkeit, wie offizielle Formen des Wissens, sich in machtvollen Diskursen festzuschreiben, sondern ist gezwungen, unter Einbezug dominanter Diskurse in deren Freiräumen eigenes Wissen zu artikulieren. Dies geschieht über paradoxe Formen von Kritik oder, wie John Fiske es formuliert, über eine „fließende Skepsis" (ebd.) gegenüber Medienereignissen. Diese Skepsis läßt sich als eine Taktik charakterisieren, zwischen den unausweichlichen Widersprüchen von Marktgegebenheiten und Individualbedürfnissen einen Ausgleich zu finden.

Die skeptische Grundhaltung vieler Kinobesucher steht also einem vergnüglichen Umgang mit dem Kinofilm nicht im Wege, vielmehr ist sie untrennbarer Teil des populärkulturellen Filmerlebens. Denn trotz aller Vorbehalte und Kritik gegenüber der wachsenden Vermarktung von Filmen wie „Titanic" betreten die Zuschauer in dem Wissen und in der Erwartung den Kinosaal, spezifische Formen des Vergnügens erleben zu können, wobei ihre Gefühlslagen und -erfahrungen im Sinne Roland Barthes (1974) zwischen bewegenden Emotionen über menschliche Tragik (Jouissance) und faszinativer Freude an der Machart des Films (Plaisir) pendeln können. Die einzelnen Erlebnisdimensionen verweisen hier darauf, daß der Film „Titanic" keineswegs nur aus der Perspektive weiblicher Teenager, die für Leonardo DiCaprio schwärmen, Vergnügen bereiten kann, sondern auch anderen Betrachtern vielfältige Formen des Vergnügens gestattet. Für alle ist aber das Filmerleben letztlich ein eigenständiges, autoaktives Vergnügen und dabei eng verknüpft mit dem Wissen, die Vermarktungszusammenhänge, in denen „ihr" Vergnügen steht, durchschaut zu haben. Insofern ist die Skepsis des Vergnügens ein „Vergnügen trotzdem", das die Intention der Medienindustrie zwar einkalkuliert, sich aber nicht von ihr vollständig vereinnahmen läßt. Selbst wenn die Strategien der „global players" des Filmbusiness Angleichungsprozesse forcieren – Siegfried Schmidt (1994: 302f.) konstatiert in diesem Zusammenhang ganz allgemein für jede Form der heutigen Medienkommunikation Entdifferenzierungsphänomene, die in Schlagworten wie Vermassung, Amerikanisierung und Kommerzialisierung zum Ausdruck kommen –, sie stimulieren jedoch auch Widerstand und Widerspenstigkeit in Form selbstbestimmter und -bewußter Rezeptionspraktiken. Aber vielleicht liegt gerade darin ihr wahres Erfolgsgeheimnis.

Literatur

Barthes, R.: Mythen des Alltags. Frankfurt/M. 1964

Barthes, R.: Die Lust am Text. Frankfurt/M. 1974

Beck, U.: Risikogesellschaft. Frankfurt/M. 1986

Beck, U. (Hrsg.): Riskante Freiheiten: Individualisierung in modernen Gesellschaften. Frankfurt/M. 1994

Eckert, R.: Technik der Gefühle. Trier 1990 (Manuskript)

Fiske, J.: Elvis – Body of Knowledge. In: montage/av 1993, S. 19-51

Fiske, J./Hartley, J.: Reading Television. London/New York 1989

Gebauer, G.: Körper oder Rolle? Über Ähnlichkeit und Verstehen der Menschen untereinander. In: Hess, R./Wulf, C. (Hrsg.): Grenzgänge. Frankfurt/New York 1999, S. 188-195

Geertz, C.: Dichte Beschreibungen. Frankfurt/M. 1987

Gehlen, A.: Über einige Kategorien des entlasteten, zumal des ästhetischen Verhaltens. In: Heinrich, D./Iser, W. (Hrsg.): Theorien der Kunst. Frankfurt a.M. 1992, S. 237-251

Giddens, A.: „Man hat keine Wahl, außer zu wählen." In: Die Zeit vom 18.4.1998 (Nr. 17), S. 49

Girtler, R. Die 10 Gebote der Feldforschung. In: Sozialwissenschaften und Berufspraxis 1996, S. 378-379

Goffman, E.: Rahmen-Analyse. Frankfurt/M. 1977

Grimm, J.: Fernsehgewalt. Opladen 1999a

Grimm, J.: Das Titanic-Phänomen. In: Sonderheft der Zeitschrift Medien Praktisch: Filmerleben, 1999b, S. 17-29

Gross, P.: Ich-Jagd im Unabhängigkeitszeitalter. Frankfurt/M. 1999

Hahn, A.: Tod und Zivilisation bei Georg Simmel. In: Feldmann, K./Fuchs-Heinritz, W. (Hrsg.): Der Tod ist ein Problem der Lebenden. Frankfurt/M. 1995, S. 80-95

Hebdige, D.: Hiding in the Light. London/New York 1988

Hepp, A.: Cultural Studies und Medienanalyse. Eine Einführung. Opladen 1999

Hitzler, R.: Sinnwelten. Opladen 1988

Hitzler, R.: Posttraditionale Vergemeinschaftung. In: Berliner Debatte INITIAL. 9/1998, S. 81-89

Hofmann, W.: Vorwort. In: Ders. (Hrsg.): Sinnwelt Film. Baden-Baden 1996a, S. 7-12

Hofmann, W.: Nichts ist so unterhaltend wie der Untergang der Welt. In: Ders. (Hrsg.): Sinnwelt Film. Baden-Baden 1996b, S. 159-193

Honer, A.: Lebensweltliche Ethnographie. Wiesbaden 1993

Hornstein, W.: Der Wandel der Gesellschaft und die Wege zu einer neuen Männlichkeit. In: Das Parlament vom 10. Sept. 1999 (Nr. 37), S. 15

Karpf, E./Kiesel, D./Visarius, K. (Hrsg.): „Once upon a time...". Film und Gedächtnis. Marburg 1998

Luckmann, B.: The Small Life-Worlds of Modern Man. In: Social Research 1970, S. 580-596

Luhmann, N.: Brauchen wir einen neuen Mythos. In: Ders.: Soziologische Aufklärung 4. Opladen 1987, S. 254-274

Metz, C.: Semiologie des Films. Frankfurt/M. 1984

Monaco, J.: Film verstehen. Reinbek 1980

Moser, H.: Neue mediale, „virtuelle" Realitäten. Ein pädagogisches Manifest. In: Medien Praktisch 1997, S. 10-15

Müller-Schneider, T.: Subjektivität und innengerichtete Modernisierung. In: Hillebrand, F./Kneer, G./Kraemer, K. (Hrsg.): Verlust der Sicherheit. Opladen 1998, S. 137-157

Prisching, M.: Soziologie. Wien/Köln 1990

Rogge, J.-U.: Gefühl, Verunsicherung und sinnliche Erfahrung. In: Publizistik. 2-3/1988, S. 243-263

Schell, F./Stolzenburg, E./Theunert, H. (Hrsg.): Medienkompetenz. München 1999

Schimank, U.: Funktionale Differenzierung und reflexiver Subjektivismus. In: Soziale Welt 36/1985, S. 447-465

Schmidt, S.J.: Kognitive Autonomie und soziale Orientierung. Frankfurt/M. 1994

Schmidt, V.A.: Flutwellen aus dem Computer. In: Die Zeit vom 16.9.1999 (Nr. 38), S. 39

Schulze, G.: Die Erlebnisgesellschaft. Frankfurt/M./New York 1993

Simmel, G.: Das Abenteuer. In: Ders.: Philosophische Kultur. Berlin 1983, S. 13-26

Töpfer, K.: Diskussionsbeitrag. In: Kopp, R. (Hrsg.): Politische Kultur und Fernsehen. Saarbrücken 1991, S. 21ff.

Treptow, R.: Virtual body. In: Homfeldt, H.G. (Hrsg.): „Sozialer Brennpunkt" Körper. Hohengehren 1998, S. 128-135

Turner, G.: Film as Social Practice. London/New York 1988

Vogelgesang, W.: Jugendliches Medienhandeln: Szenen, Stile, Kompetenzen. In: Aus Politik und Zeitgeschichte B 19-20/1997, S. 13-27

Winter, R.: Filmsoziologie. München 1992

Winter, R.: Andere Menschen – andere (Medien-)Welten. In: Medien Praktisch 1998, S. 14-18

VI.
Politische Events

Reiner Keller

Zur Chronik angekündigter Katastrophen. Die Umweltkrise als Dauerevent

„Irgendjemand wird auftreten, der die Katastrophe *vorhergesagt* hat. Katastrophen werden immer von irgendwem vorhergesagt" (Perrow 1986: 400).

Ereignisse unterbrechen die Routinen des Alltags. Sie setzen Akzente im gleichmäßigen Rhythmus des Dahinlebens. Wir kennen sie nicht im voraus. Sie müssen zeitlich begrenzt bleiben, vorübergehen. Das ist ihr Sinn – ein andauerndes Ereignis gerät in den Sog der Normalisierung. Ereignisse mögen individuell oder kollektiv erlebt werden, freudig, traurig oder tragisch sein, sie können erwartbar, ritualisiert oder überraschend daherkommen; es kann sich um bewußt gesuchte „momentane Flips aus dem Gefüge der Realität" (Cohen/Taylor 1977) handeln, um Statuspassagen, kollektive Inszenierungen von Kollektiv-Identität, Anlässe und mehrstufige Sequenzen komplexer Ent- und Renormalisierungsprozesse. Ereignisse sind in Traditionen und Rituale des Feierns, der Rhythmisierung von Jahres- und Lebenszeiten eingebunden. Auch wenn der „Event-Jargon" modern bis modisch daherkommt – Ereignisinszenierung hat Geschichte, und schon die römischen Gladiatorenkämpfe sind nur eine Zwischenstation.[1]

Der Hunger nach Erlebnissen, nach Unterbrechung von Routine, nach Anregung, Außer-Sich-Sein, Kollektiv-Erfahrung, scheint ein Grundmerkmal menschlicher Existenz und Sozialität zu sein. Jede Gesellschaft hat ihre „Spektakel" (Debord 1979; Chaney 1993). Überall stiften kollektiv geteilte Bedeutungsstrukturen die Ereignis-Qualität, auch wenn sie keine Garantie für entsprechende Erlebnisqualitäten übernehmen. In dem Maße, wie in modernen Gesellschaften Ereignistraditionen aus dem (kollektiven) Gedächtnis verschwinden, Individualisierungsprozesse voranschreiten, spezifische Ästhetisierungsformate und Erlebnisrationalitäten das Alltagsleben strukturie-

---

1   Vgl. z.B. Veyne 1971, Schütz/Luckmann 1979, 1984, Turner 1982, Maffesoli 1986. Für Hinweise und Kritik danke ich Angelika Poferl und Willy Viehöver.

263

ren, entwickelt sich der Markt für moderne, professionalisierte und ökonomisierte Ereignisinszenierung für diejenigen, die Zeit, Muße, Neigung und Kapital haben, sich zu „eventisieren". Mehr oder (in den verschiedenen Sub- und Undergroundkulturen) weniger raffiniertes Ereignismanagement tritt an die Stelle der traditionellen Feierlichkeit und Fest-Veranstaltung. So ist die gegenwärtige Konjunktur ökonomisierter Events nicht nur Indiz eines ökonomischen Imperialismus. Vielmehr bringt sie einen tiefliegenden soziokulturellen Wandel zum Ausdruck, den Ulrich Beck in seiner Individualisierungsthese (Beck 1986), Anthony Giddens mit der Diagnose der „posttraditionalen Gesellschaft" (Giddens 1996) zu fassen versucht. Gerhard Schulze hat, daran anknüpfend, entsprechende Strukturmerkmale der „Erlebnisgesellschaft" analysiert (Schulze 1997). Der professionalisierten Ereignisinszenierung, die Teilnahme nicht mehr qua Tradition und Ritual voraussetzen kann, wohnt eine Steigerungs- und Überbietungstendenz inne: größer, schöner, spektakulärer muß immer das nächste Ereignis sein. Dies erzwingt die darin implizierte Event-Markt-Logik, die Konkurrenz der professionellen Anbieter um knappe Kunden. Daraus kann Versäumnisangst oder Übersättigung resultieren: von Eventversprechen umstellt, mag man sich zurückziehen und ein gutes Buch lesen.

Die Qualifizierung eines Geschehens als „Ereignis" hat eine wesentliche Voraussetzung: Damit etwas zum Ereignis werden kann, muß es zunächst aus der Routine und Normalität der Erfahrung ausgeklammert werden.[2] Nur das Gesonderte und dadurch Besondere kann diesen Status erhalten. Zwischen Besonderheit und Normalität besteht ein Verhältnis, das sich am besten als *Koproduktion* beschreiben läßt. Phänomenqualitäten sind Ergebnisse eines (Herstellungs-) Prozesses der Normalisierung *und* Besonderung (Link 1998). Dabei sind unterschiedliche Wege und Grade der (sinnvollen) Konstitution von „Besonderung/Normalität" denkbar. Die verschiedenen Beiträge im vorliegenden Band machen dies deutlich. Ihre Grenze finden solche Besonderungen letztlich in lebensweltlichen Sinnhorizonten, die das Spektrum individueller und kollektiver Erfahrbarkeiten markieren.

Unabhängig davon, ob Ereignisse *gezielt herbeigeführt* werden, oder ob sie sich *von selbst* „ereignen", lassen sich für eine Soziologie des Events mindestens fünf Sequenzen des Ereignisablaufs unterscheiden und für unterschiedliche Ereignis-Felder spezifizieren: die Normalitäts- bzw. Routinephase, die dem Ereignis vorangeht, die Phase der Ereigniskonstitution, der Prozeß des Ereignisablaufs und -Erlebens, die Phase der Ereignis-Beschließung und die Phase der Renormalisierung.[3] Diese letzte Phase kann in eine Fortsetzung der vorherigen oder aber in neue Situationsdefinitionen und Routinen

---

2 Vgl. dazu Clausen 1994 im Hinblick auf Katastrophen.
3 Die Parallelen zu den von Turner unterschiedenen Phasen von Übergangsritualen und sozialen Dramen sind nicht zufällig. Vgl. Turner 1989a, 1989b.

münden. Letzteres gilt insbesondere für „hereinbrechende" Ereignisse, die krisenhaft erlebt werden. Beispiele für solche „Wirklichkeitskrisen" (Berger/Luckmann 1982: 167) auf individueller Ebene sind Konversionserlebnisse, die Diagnose bedrohlicher Krankheiten oder Autounfälle. Versicherungen, Therapien und Religion sind Technologien, diese Krisen zu bearbeiten.

Auch gesellschaftlich erzeugte Umweltkatastrophen haben Eventcharakter. Sie werden, wie alle Ereignisse, durch Normalisierungsarbeit – z.b. Wahrscheinlichkeitsrechnung, Sicherungsdispositive, Kontrollrationalitäten – ausgeschlossen. Damit wird zugleich ihr Ereignispotential erzeugt. Treten sie auf, dann werden sie zum Anlaß breiter öffentlicher Aufregung. Eine Soziologie des Events unterliegt starken Engführungen, wenn sie sich nur mit positiv besetzten, gezielt herbeigeführten, organisierten Ereignisinszenierungen beschäftigt, denen man sich qua individualisierter Entscheidung aussetzt. „Natur" wird in diesem Sinne seit langem eventisiert, als *Naturschauspiel* (z.B. Wasserfälle, Sonnenfinsternisse), *menschliche Naturbezwingung* (z.B. der Mensch auf dem Mond, adventure tours) oder *künstliche Natur* (à la Jurassic Parc, Sea World etc.) in Szene gesetzt. *Naturkatastrophen* befriedigen, wie das Phänomen des Katastrophentourismus zeigt, so manche Ereignisgelüste. Man muß umgekehrt nicht gleich die kollektive „Katastrophensehnsucht" (Duclos 1999) heraufbeschwören, um die gesellschaftliche und existentielle Bedeutung von Negativ-Ereignissen, die man lieber ungeschehen sähe, zu unterstreichen. Die besondere Ereignisqualität von krisenhaften Umweltereignissen resultiert aus einem *systematisch in sie eingebauten Spannungsverhältnis: einerseits quasi-naturkatastrophisch hereinzubrechen, andererseits entscheidungsabhängig entstanden zu sein.* Das erste macht sie naturalisierbar, unentrinnbar, zur Schicksalserfahrung; das zweite macht sie skandalisierbar. Sie werden zum Anlaß sozialer Dramen, mit Helden, Bösewichten, Opfern und Publikum.

Inwieweit kann jedoch von der Umweltkrise als einem Dauerevent überhaupt gesprochen werden? Ist dies nicht ein Widerspruch in sich, wenn weiter oben das Event als das Besondere und wesentlich Vorübergehende bezeichnet wurde? Inwiefern ist ein Dauerevent stabilisierbar oder gar institutionalisierbar? Tatsächlich besteht die Chronik angekündigter Katastrophen aus einem reichhaltigen Fundus unterschiedlicher Eventisierungsebenen und -prozesse.[4] Der Gesamteindruck einer „Umweltkrise" setzt sich aus einer Vielzahl von heterogenen Themen- und Ereigniszyklen zusammen, die, im Zusammenhang interpretiert, die Gestalt eines einzigen Dauerevents annehmen. Innerhalb dieser Gesamtgestalt lassen sich mehrere Ereignistypen differenzieren, von denen nachfolgend die beiden wichtigsten diskutiert werden. Zunächst geht es um *Mobilisierungsereignisse*, mittels derer kollektive Ak-

---

4 Als "Chronik einer angekündigten Katastrophe" habe ich an anderer Stelle die bundesdeutsche Diskussion über das Hausmüllproblem seit Ende der 60er Jahre bezeichnet (Keller 1998).

teure öffentliche Unterstützung für ihre Positionen erreichen wollen. Dabei handelt es sich um Anstrengungen, themenbezogene Aufmerksamkeiten zumindest solange zu stabilisieren, bis sie einer im Rahmen der jeweiligen Relevanzen als zufriedenstellend angesehenen institutionellen Bearbeitung zugeführt werden. Dieser Ereignistypus ähnelt in vielerlei Hinsicht den anderen Formen organisierter Events, die in diesem Band untersucht werden. Daran anschließend wird im Hauptteil des Artikels die davon deutlich unterschiedene Entfaltungslogik krisenhafter bzw. *katastrophischer Umweltereignisse* analysiert. Sie sind die eigentlichen Katalysatoren der Umweltdiskussion. Als ungeplante, ungewollte, unvorhergesehene „Wirklichkeitskrisen" werden sie zum Anlaß breiter öffentlicher Interpretationskonflikte.

1. Umweltbewegung und Mobilisierungsereignisse: Die Logik des Spektakels

1.1 Chronik der Umweltkrise

Seit Ende der 60er Jahre ist die gesellschaftliche Umweltkrise mit ihren verschiedenen Kristallisationspunkten ein Thema auf der öffentlichen und politischen Tagesordnung der westlichen Welt. Bekannte Schlagworte markieren ihre Chronik: „Grenzen des Wachstums" (1972), Whyl (1974), Seveso (1976), Three Misle Island (1979), Bhopal (1984), Waldsterben (1984), Tschernobyl (1986), Sandoz (1986), Wackersdorf (1987), Grüner Punkt (1991), Weltklimagipfel (1992), Castor-Transporte (1994) Brent Spar (1995), BSE (1997), Gen-Food (1998), Energiekonsensgespräche (1999) u.a.m.[5] Allgemein gilt Rachel Carsons 1962 erschienenes Buch „Silent Spring" („Der stumme Frühling", 1965) über tatsächliche und prognostizierte Folgen des Einsatzes von Pestiziden und Insektiziden als wichtiger Auslöser der neueren Umweltdiskussion. Die Karriere der Umweltthemen – und darunter fasse ich hier auch die Debatten über ökonomisch-industriell und wissenschaftlich-technisch erzeugte Risiken – durchläuft verschiedene Etappen. Entgegen geläufiger Vorstellungen wurde „Umwelt" nicht von der Umweltbewegung auf die öffentliche Agenda gesetzt. Egal, ob es sich um Müllprobleme, Klimawandel, Sauren Regen oder Risiken der Kernenergie handelt, zunächst erzeugt ein Mix aus medial skandalisierbaren Ereignissen und Experteneinschätzungen die gesellschaftlich-politische Relevanz von Umweltthemen. In der Bundesrepublik veröffentlicht der SPIEGEL im Jahre 1970 „Schreckensszenarien" über die drohende Verwüstung der Erde durch den Menschen (Titelstory und Titelbild vom 5.10.1970). Anlaß der Berichter-

---

5   Vgl. z.B. die – dort so bezeichneten – "Desaster" und "Event"-Chroniken auf den Web-Seiten von Yahoo!, Rubrik "Environment".

stattung ist das erste Umweltpolitikprogramm der damaligen Bundesregierung. Erst in dem Maße, wie in der Öffentlichkeit der Eindruck mangelnder politischer Regulation entsteht, konstituieren sich soziale Bewegungen außerhalb der etablierten politischen Arenen als Kollektivakteure und moralische Unternehmer (Giesen 1983) in Sachen „Umwelt". Angesichts wahrgenommenen Staatsversagens nehmen sie sich der Sache an und gestalten fortan die Dynamik der Debatte mit. Experten- und „ereignisinduzierte" Themensetzungen auf der politischen Agenda, politische Bearbeitungen, skandalisierende Massenmobilisierungen durch soziale Bewegungen, Konflikt- und Konsensperioden, Institutionalisierung von Protestakteuren, politisch-administrative Routinebearbeitung und abflauende Themenkonjunkturen kennzeichnen die Stationen der Auseinandersetzung (vgl. Brand 1997).

Das in den frühen Phasen der Umweltdebatte öffentlich diskutierte „Politikversagen" bei der Regulierung des neuen Handlungsfeldes hat sehr schnell die Entwicklung einer breiten, politikkritischen Umwelt(massen)bewegung befördert. Im Schatten der angekündigten und zuweilen eintretenden Katastrophen verbreiten sich zahlreiche kleinere, räumlich-zeitlich lokalisierte, mehr oder weniger legale, spontane und organisierte Aktionsformen (vgl. Christmann 1997). Kontinuierliche Lobbyismus-, Diskussions- und Überzeugungsarbeit geht einher mit mehr oder weniger spektakulären Protestereignissen, deren Sinn und Zweck sich aus den Bewegungszielen ergeben: Mobilisierung von Anhängern, öffentlicher Aufmerksamkeit und Solidarität, Gewinnung von Interpretationsterrain in öffentlichen Auseinandersetzungen. Im Kontext der generellen Umweltdiskussion als umfassendem Dauerevent werden dadurch spezifische Themen als begrenzte, „kleine Dauerevents" hergestellt. Problembezogene, flüchtige öffentliche Aufmerksamkeit soll zumindest solange stabilisiert werden, bis „zufriedenstellende Lösungen" gefunden sind. Im Unterschied zu vielen modernen funktionalisierten Events geht es nicht um ökonomischen, sondern um politischen (sozialen, symbolischen) Kapitalgewinn.

Die Merkmale der Organisation und Inszenierung dürfen nicht darüber hinwegtäuschen, daß es sich bei diesen Aktionsformen überwiegend um altbekannte Strategien der politischen Mobilisierung handelt. Dies gilt nicht nur für soziale Bewegungen, sondern für alle Akteursgruppen (aus Politik, Wirtschaft, Wissenschaft, Religion), die an den Auseinandersetzungen beteiligt sind. Entsprechend ist das Repertoire der Mobilisierungereignisse sehr heterogen, und es bestehen akteursgruppenspezifische Präferenzen. Wo Politik und Wirtschaft die Informationsveranstaltung, die Anzeigenkampagne und den Fernsehauftritt bevorzugen, setzen die Mobilisierungsevents der sozialen Bewegungen auf unmittelbare Erlebnisqualitäten des „dabei seins", sei es bei Massendemonstrationen, der Besetzung von Baugeländen, bei Menschenketten, Straßenblockaden oder Protest-Rockkonzerten. Mit der Institutionalisierung und Transformation der Umweltbewegung hin zu professionalisierten Umweltverbänden, zu einem Netzwerk von Netzwerken, mit festen Mitarbeitern und ehrenamtlichen Mitgliedern, gewinnen gezielte, aufwendig in Szene gesetzte Mobilisierungen öffentlicher Unterstützung gegenüber „spontanen" Protestereignissen mit niedrigem Inszenierungsgrad an Bedeutung. Die organisierten Mobilisierungsevents, die sich aus dem politischen Alltagsgeschäft herausheben, haben zwei systematisch-strukturelle Ursachen: Allen sozialen Bewegungen gemeinsam ist *erstens* die Notwendigkeit, ihren Anhängern und Unterstützern Erfahrungen kollektiver Identität, der *Mobilisierungsvergemeinschaftung* von Protestakteuren, zu vermitteln. Der *zweite* wichtige Anlaß der „Eventisierung" ist die *Logik der Aufmerksamkeitserzeugung unter Bedingungen massenmedial vermittelter Öffentlichkeit.*[6]

1.2 Mobilisierungsvergemeinschaftung

Die Umweltbewegung agiert im Unterschied zur Arbeiter- oder Frauenbewegung nicht von einer spezifischen sozialstrukturellen Position oder Lage aus. Sie kann deswegen zwar Universalbetroffenheit, kaum aber eine grundlegende Konstanz von Interesselagen voraussetzen, wie sie sich aus strukturellen Asymmetrien heraus ergibt. Im Kontext gesellschaftlicher Individualisierungsprozesse betreibt sie deswegen eine *ereignisorientierte Selbstformung* als kollektiver Akteur. Dabei ist, abgesehen von einer Kerngruppe aktiver Protagonisten, davon auszugehen, daß sich solche kollektiven Identitäten nur im Hinblick auf je spezifische Themenkarrieren und Ereignisse bilden. Sie zerfallen in der Weise, wie jede Eventgemeinschaft nach Ende des Ereignisses zerfällt.

Die Bandbreite möglicher Herstellungsformen solcher *flüchtigen Kollektividentitäten* ist groß. Sie reicht von der Teilnahme an der lokalen Protestdemonstration bis hin zum massenmedialen Unterstützungs- und Solidarisierungsfieber im Falle der Bohrplattform „Brent Spar". Allerdings beruht dieser letzte Fall auf sehr spezifischen Ermöglichungsbedingungen und ist deswegen relativ selten. Die „normale" Mobilisierungsgemeinschaft trifft sich nicht bei gezielten Eskalationsabenteuern, sondern in Protest-Hüttendörfern mit Zeltlageratmosphäre, beim Mengenbad in Demonstrationen, Diskussionsveranstaltungen, und nicht zuletzt auch bei Rockkonzerten. Hier sind das konkrete Erlebnis, die geteilte Erfahrung, das ritualisierte Handeln im Schoße Gleichgesinnter, zentrale Vergemeinschaftungsfaktoren. Daraus entstehen situativ-themenbezogene Solidaritätsnetzwerke und Strukturierungen der

---

6   Deutungsstrategien, Aktionsformen und Mobilisierungsbedingungen sozialer Bewegungen wurden in der Bewegungsforschung vielfach untersucht (vgl. z.B. Snow/Benford 1988, Neidhardt/Rucht 1993, Gerhards 1993, Rucht 1994, Lahusen 1996, Melucci 1996, Christmann 1997; zur Bedeutung der Massenmedien für die Umweltbewegung vgl. Neidhardt 1994, De Haan 1995 u. 1996, Forschungsjournal NSB 1996, Keller 1995, 1997 u. 1998, Brand/Eder/Poferl 1997, Baringhorst 1998).

individuellen und kollektiven Erfahrung. Soziale Bewegungen sind nicht feste Entitäten, sondern beständige Mobilisierungsprozesse, die Deutungs-, Organisations- und Erfahrungsebene in spezifischer Weise zusammenbinden. Emotionen werden mobilisiert, um Gemeinsamkeitsempfindungen in der Konfrontation des „Wir gegen Sie" herzustellen. Ein breites Spektrum an tradierten Ritual-Techniken – miteinander tanzen, schweigen, singen, Händchen halten, Kerzen anzünden u.a.m. – ist verfügbar, um nach „innen" fühlbare, nach „außen" sichtbare Gemeinschaften auf Zeit herzustellen.[7] Die kollektive Erfahrung transformiert sich in solchen Momenten in Kollektiv-Erfahrung, wie sie Michel Maffesoli mit dem Begriff der „aisthesis" beschrieben hat (vgl. Maffesoli 1988, 1990).

Es handelt sich dabei sicherlich nicht um eine besondere Ereignisqualität in der Umweltdiskussion. Historisch sind solche Vergemeinschaftungserfahrungen ein grundlegendes Strukturmuster menschlichen Zusammenlebens überhaupt. Ihre Besonderheit unter modernen Individualisierungsbedingungen liegt darin, daß sie nicht mehr qua tradierter Zugehörigkeit erlebt werden, sondern durch Entscheidung und gezielte Attraktion. Die ästhetische Vergemeinschaftung im professionell inszenierten Protest-Ereignis ermöglicht die Identifikation auf Zeit aufgrund einer optionalen (kontingenten) Entscheidung ebenso wie die Rückkehr zum „business as usual" am folgenden Tag. Die zeitliche und räumliche Begrenzung des Ereignisses erlaubt es, zu anderen Zeiten, an anderen Orten, andere Ereignisse nachzufragen. Die Logik temporärer Identifikationsprozesse setzt nicht die Systematik, Kohärenz und Konsistenz voraus, die herkömmlicherweise mit den Begriffen der individuellen oder der kollektiven Identität verbunden wird. Dies schmälert nicht, wie Maffesoli anzunehmen scheint, die Potentiale der Funktionalisierung ästhetischer Vergemeinschaftungen zu politischen Zwecken. Für die professionellen Campaigner stellt sich allerdings das gleiche Problem wie für ihre Kollegen aus der Wirtschaft: im Spektakel die richtige Balance zwischen Wiederholung und Innovation zu finden, wenn es gilt, knappe Teilnehmer zu interessieren (vgl. Schulze 1997: 69).

1.3 Die Logik massenmedialer Resonanz

Mobilisierungsereignisse folgen nicht nur den beschrieben Anforderungen der Mobilisierungsvergemeinschaftung. Sie resultieren auch aus der *Logik massenmedialer Aufmerksamkeitsstrukturen*, die mit dem Stellenwert von *Öffentlichkeit* für politische Diskussionsprozesse in modernen Gesellschaften zusammenhängt. Die themenbezogene Präsenz in der öffentlichen Diskussion versteht sich nicht von selbst, sondern erfordert eine aufwendige Arbeit der Aufmerksamkeitssicherung. Die Umweltmedienberichterstattung folgt, wie

---

7   Vgl. Melucci 1996: 71; Soeffner 1992: 115. Diese Erlebensdimensionen sind kaum untersucht.

die Medienberichterstattung überhaupt, einer spezifischen Logik der Nachrichtenauswahl. Nicht jedes Ereignis ist (gleichermaßen) berichtenswert. Für die ereignisbezogene *Selektivität der Medienberichterstattung* gelten fünf Faktorenkomplexe als bedeutsam: organisatorisch-institutionelle Mechanismen, journalistisches Selbstverständnis, professionelles „agenda building", Nachrichtenwerte und kulturelle Resonanzen (vgl. Keller 1997).

Die Arbeitsstrukturen des Medienbetriebes begünstigen schon lange gezieltes „agenda-building" durch professionelle PR-Aktivitäten. Bereits in den 60er Jahren ist in der Umweltberichterstattung „hinter fast jedem Pressebericht der Anstoß und das Informationsmaterial eines solchen Interessenten spürbar; man schuf Anlässe für die Berichterstattung, indem man Tagungen veranstaltete oder Aufrufe vorlegte" (Sachverständigenrat für Umweltfragen 1978: 442). Ein großer Teil der in den Printme dien veröffent lichten Meldungen beruht auf „inszenierter Information" (Grewenig 1993) oder gezielten „pseudo-events" (Krämer 1986: 240). Entsprechend kann die zentrale Rolle von professionellem media agenda building kaum unterschätzt werden (vgl. Baerns 1985).

Die Aufmerksamkeitsstruktur der Massenmedien richtet sich zudem an *Nachrichtenwerten* aus. Der Nachrichtenwert als kumuliertes Produkt verschiedener Nachrichtenfaktoren gilt als journalistischer Indikator für die Publikations würdigkeit von Ereignissen (vgl. Hunziker 1988: 60). Die hierzu geläufigen Stichworte sind der „Katastrophismus" oder „Sensationalismus" der Umweltberichterstattung. Die Dramatik des medialen Umweltszenarios wird durch das bekannte „Mann beißt Hund"-Schema, d.h. durch das publizistische und öffentliche Interesse an aktuellen, außergewöhnlichen, spektakulären, skandal-, katastrophen- und konfliktträchtigen Ereignissen bestimmt. Diesen Anforderungsstrukturen kommen umweltkatastrophische Ereignisse, wie sie weiter unten diskutiert werden, mühelos nach. Doch auch kollektive Akteure, die in öffentliche Auseinandersetzungen einbezogen sind, orientieren daran die Organisation, das Timing und die Art ihrer Mobilisierungsevents. Dies gilt nicht nur für soziale Bewegungen, sondern für alle Akteursgruppen, die um massenmediale Resonanz bemüht sind, insbesondere auch für die Politik (vgl. z.B. Meyer 1992). Dabei haben sich im letzten Jahrzehnt mit der „Medienexplosion", der erweiterten Privatisierung und enormen Pluralisierung von Medienangeboten auch die dominierenden Medienformate wesentlich zur Eventisierung, d.h. Show-Effekte, Ästhetisierung und Inszenierung hin verändert.[8] Professionalisierte Umweltverbände ergänzen ihre Alltagsarbeit durch entsprechend geplante, spektakuläre Großereignisse und Kampagnen. Hauptberufliche Campaigner und PR-Agenten spielen eine zentrale Rolle. Sie unterscheiden sich im Hinblick auf ihre Professionalität nicht von ihren Kollegen in der „freien" Wirtschaft. Mobilisierungsprozesse nehmen die Form gezielter,

---

8   Vgl. dazu Chaney 1993; Kellner 1995; Baringhorst 1998.

minutiös durchorganisierter, auf das Timing und die Formate der Massenmedien abgestimmter Kampagnen an, die ein breites Spektrum unterschiedlicher Aktionsformen auf ein vorab bestimmtes Themenfeld hin bündeln. Die massenmediale Ereignisvermittlung zieht das individualisierte Medienpublikum in einen Strudel der Identifikation, der es, ganz wie im Sport, für die Dauer des „Spiels" zur Gemeinschaft werden, Partei ergreifen läßt. Als Paradebeispiel für diese neue Mobilisierungsform gilt die „Brent Spar"-Kampagne, die in ihrer von Greenpeace kontrollierten Dramaturgie in idealer Weise die Sensations-, Action- und Spektakel-Formate der neuen Medienlandschaften (er)füllte. Greenpeace hat die massenmediale Berichterstattung über sich selbst im Griff und setzt ein Spektrum von Aktionsformen ein, das von der hochkarätigen, starbesetzten Plattenaufnahme über professionelle Dienstleistungen für berichterstattende Journalisten bis hin zum Medienrenner „Bohrturmkampf auf hoher See: David gegen Goliath" reicht.[9] Freilich liegt auch in dem Ereignisdruck der massenmedialen Berichterstattung die Gegenbewegung: Mobilisierungsereignisse müssen immer spektakulärer erscheinen, um im generalisierten Ereigniswettbewerb Chancen auf Gehör zu finden. Dem werden die Ereignisse irgendwann nicht mehr gerecht. So markiert der „Kampf um die Brent Spar" – ähnlich wie Tschernobyl in der Reihe umweltkatastrophischer Ereignisse – einen kaum überbietbaren Höhepunkt. Mediales Desinteresse und Themenwechsel sind Folgen.

2. Umweltkatastrophen: Struktur, Ereignis und Wandel in der Risikogesellschaft

2.1 Ereignisse in Zeitlupe

Umweltkatastrophen haben im wesentlichen zwei Ereignisformen, die mit den Begriffen des *Zeitlupen-Ereignisses* und des *Zeitraffer-Ereignisses* unterschieden werden können.[10] Zum einen kommen sie auf leisen Sohlen daher, als schleichende Vergiftung, als *Katastrophe in Zeitlupe*. Exemplarisch für diesen Ereignistypus ist das seit 1984 vieldiskutierte Phänomen des Sauren Regens bzw. des Waldsterbens. Philippe Roqueplo spricht hier von einem drei bis vier Jahre dauernden „Unfall in Zeitlupe" und unterscheidet fünf Ereignissequenzen: Die Phase der Blindheit, die Phase der Bestürzung durch das Ereignis, die Phase der Agitation und Politisierung des Ereignisses, die Phase der Sündenbockbestimmung und die Phase der Risikoumkehrung (vgl.

---

9 Vgl. Rossmann 1993; Lahusen 1996; Christmann 1997: 132ff.; Baringhorst 1998: 172ff.
10 In der risikosoziologischen Diskussion wird bisweilen von "plötzlichen" und von "schleichenden" Katastrophen gesprochen (vgl. Bechmann 1997: 251f.).

Roqueplo 1986).[11] In der Phase der Blindheit bzw. der Nicht-Wahrnehmung (Latenz) gibt es zwar vielleicht ein reales, aber kein gesellschaftlich wahrgenommenes Phänomen „Waldsterben". Die Phase der Bestürzung ist durch einen breiten Ereignismix gekennzeichnet, der sich unter dem massenmedial aufbereiteten Event „Waldsterben" versammelt. Einen kleinen Eindruck davon geben die von Roqueplo zitierten Pressemeldungen:

„Ouest-France, 12. November 1984: Der Wald bringt 200 000 Deutsche auf die Straße. Mehr als 200 000 Menschen haben Samstag Abend in der Münchner Innenstadt gegen das ‚Waldsterben', eine Krankheit, die mehr als die Hälfte der bewaldeten Flächen in der Bundesrepublik befallen hat, demonstriert. Französischer Experte für Deutschlandfragen: ‚Deutschland ist im Schockzustand'" (zit. nach Roqueplo 1986: 407ff.).

In der zweiten und der dritten Phase wird dieses Ereignis zunehmend in den gesellschaftlichen Wahrnehmungshorizont hereingeholt: Stellungnahmen, Bilder, Aktionen, Mobilisierungsereignisse häufen sich. Experten- und medienvermittelt lernt die bundesrepublikanische Bevölkerung, entsprechende Zeichen für „kranke Bäume" zu sehen und zu deuten. Sie eignet sich das Ereignis damit an. Die Politik diskutiert Handlungsnotwendigkeiten, -potentiale und -strategien. In der anschließenden Phase der Schließung von Problembestimmungen und Handlungsoptionen wird das Ereignis kollektiv „bewältigt": Katalysatoren, bleifreies Benzin, Behandlungen kranker Baumbestände sind die Mittel zur Renormalisierung.[12]

Dieses Verlaufsszenario eines katastrophischen Zeitlupen-Ereignisses läßt sich auf eine Vielzahl ähnlicher „schleichender" Umweltkatastrophen übertragen, wie sie in der Umweltdiskussion immer wieder auf die öffentliche, mediale und politische Tagesordnung gelangen.[13] Sie resultieren in erster Linie aus defizitärem Wissen über komplexe Interaktions- und Kumulationseffekte unterschiedlicher Stoffe (Substanzen). Typisch für diese Ereignisform ist der zeitlich gestreckte öffentliche Interpretationskonflikt, in dem das Ereignis nach und nach *realisiert* wird. Typisch ist auch, daß dabei (wissenschaftliche) Experten(gruppen) bzw. „epistemic communities" (Viehöver 1997) die Rolle der alarmschlagenden Initiatoren übernehmen. Typisch ist schließlich die Betonung vorsorgender Handlungsstrategien: Der Einbruch der angekündigten Katastrophe droht, doch noch kann handelnd das Desaster abgewendet werden. Dies gilt nicht für den zweiten hier zu diskutierenden Ereignistypus.

---

11 Schon Downs (1972) unterscheidet ähnliche fünf Phasen der "issue attention cycles" in der Umweltdiskussion. Dabei ist der Fokus nicht ereignisorientiert, sondern richtet sich auf Themenkarrieren (vgl. zum Überblick Viehöver 1997: 342ff.).

12 Die von Roqueplo unterschiedene fünfte Phase der Risikoumkehrung bezieht sich auf die französische Reinterpretation des Geschehens. Sie ist nicht zwingend notwendig und wird hier durch "Renormalisierung" ersetzt.

13 Dazu zählen etwa Bodenverschmutzung, Klimawandel; vgl. z.B. Engels/Weingart 1997; Viehöver 1997.

2.2 Ereignisse im Zeitraffer

„Am 26. April 1986 um 1.23 Uhr ereignete sich in Block 4 des sowjetischen Atom-
kraftwerkes Tschernobyl nördlich von Kiew ein Unfall, von der Moskauer Nachrichtenagentur Tass zwei Tage später als Havarie gemeldet. Versuche zur Notabschaltung
des Reaktors schlagen fehl. Eine explodierende Wasserstoffblase zerstört das Reak-
torgebäude. Fünf Tonnen Kernbrennstoff werden freigesetzt und vom Wind davonge-
tragen. Das Ereignis und seine verheerenden Folgen gehen als Realisierung des
‚Größten Anzunehmenden Unfalls', als GAU und Super-GAU um die Welt. Nachträgliche nuklearwissenschaftliche Analysen des Reaktorunfalls sprechen von einer
Kernschmelze und 185 bis 250 Millionen Curie freigesetzter Radioaktivität" (Poferl
1997: 106).

Eine soziotechnische Großkatastrophe, wie sie der Reaktorunfall von Tschernobyl darstellt, ist prototypisch für die zweite Art katastrophischer Umweltereignisse. Im Unterschied zum Zeitlupenereignis kann man hier angesichts
der ungeheuren Schnelligkeit, Dynamik und Dramatik von einem *Ereignis im
Zeitraffer* sprechen. Die Verwandlung eines bestehenden Risikos in ein auf-
tretendes Gefahrenereignis bricht „naturkatastrophisch" plötzlich über die
Kollektive herein. Auch für diesen Ereignistypus lassen sich beliebig viele
weitere Beispiele finden: Überschwemmungen, Lawinenunglücke, Unfälle in
chemischen Produktionsanlagen u.a.m. (vgl. z.B. Johnson/Covello 1987):

„Die Berichterstattung über den Störfall in Griesheim am 22. Februar 1993 begann (.)
mit einem Paukenschlag. Am Abend des Unglückstages, einem Montag, präsentierte
der Moderator der Hessenschau (Hessen 3), Uwe Günzler, vor dem Foto eines Arbei-
ters mit Schutzanzug und Atemschutzmaske ein Flugblatt, in dem laut Günzler die
Hoechst AG darüber informiere, ‚daß in der Nacht aus einem Sicherheitsventil ir-
gendwas ausgetreten' sei. Er fuhr fort: ‚Mindergiftig soll das allerdings sein.' ‚Stut-
zig' mache, ‚daß man Schutzhandschuhe tragen und sich die Schuhsohlen reinigen'
solle, wenn man das eigene Haus wieder betrete. Außerdem sei ‚Rheinalarm ausgelöst' worden. Günzler beendete seine Anmoderation mit der Frage: ‚Ist das alles
wirklich so harmlos?' (.) Anschließend warnte im Kontrast dazu ein Polizeiwagen
über Lautsprecher: ‚Kindern sollten als Vorsichtsmaßnahme nicht im Freien spielen.
Falls Augenreizungen oder Atembeschwerden auftreten, wenden Sie sich bitte an das
Krankenhaus in Höchst...Im Freien gelagerte Nahrungsmittel nicht verwenden. Mit
der Substanz in Berührung gekommene Kleidung bitte ablegen und waschen.'(.) Es
folgten Bilder von Männern mit Gasmasken und Schutzanzügen, die die Uferstraße
vor dem Werksgelände reinigten" (Kepplinger/Hartung 1995: 14f.).

Genauer betrachtet, lassen sich bei Zeitraffer-Ereignissen ebenfalls fünf Phasen unterscheiden: die räumlich-zeitlich lokalisierte Herstellung des Ereignis-
settings und dessen Normalbetrieb, die Verquickung „unglücklicher Umstände" und ihre Akkumulation zur Kernphase des katastrophischen Großereignisses, begleitet von internen Kontrollbemühungen, die Phase der Veröffent-

lichung und öffentlichen Diskussion des Ereignisses, die Phase der regulativen Schließung und institutionellen Folgenbearbeitung, sowie die Phase der Renormalisierung. Charles Perrow hat dazu ein ganzes „Katastrophendrehbuch" geliefert (Perrow 1986: 399f.). Typischerweise werden solche Katastrophen bekannt, wenn sie sich bereits vollständig ereignet haben. Angesichts ihrer Dynamik und Dramatik spulen sich Interpretationskonflikte in extrem kurzer Zeit ab. Typisch ist auch, daß es sich hier um auf der Grundlage von Restrisikowahrscheinlichkeiten vorhergesagte, angekündigte Katastrophen handelt. Und ebenfalls typisch ist schließlich, daß die Folgenbearbeitung im Vordergrund steht.

In beiden Ereignisfällen bricht das Phänomen in die Alltagsroutinen beteiligter und betroffener Kollektive ein, setzt Normalität außer Kraft und konstituiert eine Periode und Erfahrung der Besonderung. Renormalisierung kann dann einerseits ein Zurück zum „business as usual" bedeuten, d.h. in *Strukturerhaltung* münden, oder andererseits durch *Strukturtransformationen* auf unterschiedlichen Ebenen erreicht werden. In dieser Phase wendet sich die öffentliche Aufmerksamkeit wieder von dem Ereignis ab. Ursachen dafür sind Schließungsprozesse der institutionellen Bearbeitung – das Ereignis bekommt einen zuständigen institutionellen Ort – oder attraktivere (interessantere, bedrohlichere) Konkurrenz-Ereignisse. In beiden Fällen können reale Schadenswirkungen weiterbestehen, sich Phasen der Wiederentdeckung, der Reinterpretation anschließen.

2.3 Die gesellschaftliche Aneignung der Ereignisse

In den beiden unterschiedlichen Ereignisgestalten ist es nicht die ungebrochene, unvermittelte, direkte Realität und Objektivität des Ereignisses, die über Gesellschaften hereinbricht. Dies leuchtet beim Zeitlupen-Ereignis unmittelbar ein: hier wird öffentlich beobachtbar, in einem längeren Diskussionsprozeß und Interpretationskonflikt vor Publikum, die Ereignisqualität hergestellt. Dies scheint nicht für den zweiten, katastrophischen Zeitraffer-Typus zu gelten. Allzu plötzlich, allzu deutlich, allzu sichtbar sprengt er die Routinen. Doch dieser Schein trügt: Auch hier finden entsprechende Interpretationskonflikte statt. Sie sind einerseits vorverlagert in die vor-öffentlichen Ereignisphasen; sie sind andererseits hochkonzentriert auf Tage, Stunden, Minuten. In beiden Fällen bedarf es spezifischer Deutungen, die den sozialen Sinn des Ereignisses bestimmen. Die gesellschaftliche Aneignung umweltkrisenhafter Ereignisse erfolgt im Medium *bedeutungszuschreibender Narrationen*, in mehr oder weniger *öffentlichen Diskursen*. Diese Erzählungen stellen kulturelle Anschluß- bzw. Resonanzfähigkeit her und konstituieren mit ihren Interpretationsangeboten die gesellschaftliche(n) Realität(en) des Ereignisses – nicht die objektive Realität der Katastrophe oder Gefahr.

(Nicht nur) in der Bundesrepublik Deutschland hat sich seit Ende der 60er Jahre eine Verschiebung in der öffentlichen Dominanz legitimer Narrationen vollzogen, mit denen umweltkatastrophische Ereignisse gesellschaftlich angeeignet werden. Erzählungen von Fortschritt (und seinen notwendigen Opfern), Sicherheit (Grenzwerte, vernachlässigbare Restrisiken) und wissenschaftlich-technischer Kontrollrationalität der Experten, die bis dato die öffentliche, normalisierte Wahrnehmung dieser Ereignisgattung bestimmten, haben an Glaubwürdigkeit, Überzeugungs- und Geltungskraft verloren, auch wenn sie nach wie vor vorhanden sind (und derzeit vielleicht wieder an Terrain gewinnen). An ihre Stelle traten Erzählungen der Ankündigung von Katastrophen, der Normalität von Kontrollverlusten, der notwendigen und dringlichen Gefahrenvorsorge, des vorbeugenden, antizipierenden Handelns im Schatten zerstörter Zukünfte. Damit ist gesellschaftlich ein neuer Ereignishorizont entstanden – derjenige der drohenden, angekündigten, kleinen und großen, schleichenden und plötzlichen Umweltkatastrophen. Zerstörungen und Katastrophen schießen, narrativ vorbereitet, wie Pilze aus dem Boden. Wer gelernt hat, einen kranken Baum zu sehen, sieht nun Wälder kranker Bäume; wer einen Unfall im Chemiewerk medial vermittelt oder direkt erlebt, verfällt ins „Störfall-Fieber" (Kepplinger/Hartung 1995) – *ein Ereignis jagt das andere.*

Als massenmedial vermitteltes Dauerevent hat die Umweltkrise mithin eine *serielle Struktur.* Sie besteht aus einer Abfolge einzelner Ereignisse, die sich zu einem kontinuierlichen Ereignisstrom verdichten. Das katastrophische „Ereignis des Monats" erscheint in den 80er Jahren so erwartbar wie der „Schadstoff der Woche" (und in den 90er Jahren die Meldung vom bedrohten „Standort Deutschland"). Innerhalb dieser seriellen Struktur kommt es zu themenspezifischen Verdichtungen auf Zeit. Symptomatisch dafür ist die bereits erwähnte Störfallserie bei dem Chemiekonzern Hoechst im Frühjahr 1993. Vor dem Hintergrund einer normalen Unfallquote von 70 bis 100 Unfällen/Jahr in den dortigen Hoechst-Werken entsteht hier ein mehrere Monate anhaltender, öffentlich verdichteter Wahrnehmungs-Strom von Unfallereignissen.[14] Dies läßt sich für zahlreiche andere Ereignisfelder zeigen, bspw. an der bundesdeutschen oder der französischen Mülldiskussion der 80er Jahre (Keller 1998). Katastrophische Umweltereignisse passen in vielerlei Hinsicht zur sensationsorientierten Aufmerksamkeitsstruktur der Massenmedien; je besser sie diese erfüllen (etwa durch spektakuläre Bilder), desto eher werden sie zum öffentlichen Ereignis. In der Überbietungslogik des Spektakulären liegt ein Grund für die abflauende Umweltdiskussion der 90er Jahre – wie läßt sich Tschernobyl steigern? Schließlich treten Sättigungseffekte ein.

---

14   Vgl. dazu die Zahlen und Chronologie bei Kesselring 1997.

Gesellschaften eignen sich unvorhergesehene, überraschende, seltsame, erschreckende, merkwürdige Ereignisse im Rahmen ihrer kulturellen Repertoires, in Gestalt von plausiblen sinnstiftenden Interpretationsfiguren an. Dadurch werden sie erfaßbar, begreifbar, erklärbar (Veyne 1971: 67ff.). Da innerhalb von modernen Gesellschaften *kulturelle Konkurrenz* besteht, d.h. Definitionskonflikte über Wirklichkeitsbestimmungen existieren, wetteifern in der Regel unterschiedliche Ereignisinterpretationen miteinander um öffentliche Geltungskraft. Allen Interpretationsangeboten gemeinsam ist, daß sie kulturelle Anschlußfähigkeit herstellen müssen. Sie greifen deswegen auf vorhandene Erzählstrukturen (z.B. Heldengeschichten, Abenteuergeschichten, Untergangsgeschichten usw.), kollektive Deutungsmuster, Metaphern, Kollektivsymbole u.a.m. zurück. Dies gilt sowohl für diejenigen, die das Ereignis im Hinblick auf die Erhaltung gesellschaftlicher Strukturmuster interpretieren, als auch für diejenigen, die es zum Anlaß für notwendige Strukturtransformationen nehmen (wollen). Ein Beispiel für den ersten Fall läßt sich einer präzisen Analyse der Tschernobyl-Berichterstattung in der FAZ entnehmen. Dort wird die Reaktorkatastrophe in den bekannten Deutungsmustern des Ost-West-Konflikts und der wissenschaftlich-technischen Kontrollrationalität als Indiz für das Versagen des Sowjetsystems und die zivilisatorisch-technische Überlegenheit des (kapitalistischen) Westens interpretiert:

„Tschernobyl war der Offenbarungseid eines Systems, das auf Natur und Menschen keine Rücksicht nahm. Es hat viel mehr als nur symbolischen Wert, daß sich die verheerende Explosion just in dem Kraftwerk ereignete, das seiner schieren Größe wegen nach Lenin benannt worden war, dem Mann, dessen brutale Sprache den Kommunismus als die Verbindung von Sowjetmacht und Elektrizität definiert hatte. Insoweit ist es sinnvoll, die Havarie als einen systemspezifischen Vorfall zu betrachten, aus dem sich anderswo nichts lernen läßt, es sei denn die Notwendigkeit, die Reaktoren im Osten nach westlichen Sicherheitsrichtlinien zu betreiben" (FAZ, 26.4.91: 35; zit. nach Poferl 1997: 148).

Es sind Interpretationsstrategien der *(Quasi-)Naturalisierung* und Überführung in *Schicksalhaftigkeit,* der *Problemverschiebung* oder der Bestreitung des Event-Charakters durch *begleitende Normalisierung* (im Sinne des: „das gab es schon immer, wozu die Aufregung?"), die auf Strukturerhaltung zielende Deutungen kennzeichnen. Dabei spielt die Bezugsgröße eine wichtige Rolle. Wie Poferl (1997: 152f.) zeigt, wird in der narrativen Aufbereitung des Tschernobyl-Unfalls in der FAZ problemlos die Strukturerhaltung bezüglich des westeuropäischen politischen, ökonomischen und wissenschaftlich-technischen Kontextes mit der Forderung nach vor allem politischer Strukturtransformation für die Sowjetunion verknüpft.

Akteure, die in „Herausfordererdiskursen" dominierende gesellschaftliche Deutungsmuster in Frage stellen, um dadurch strukturelle Transformations-

prozesse in die Wege zu leiten, müssen sich ebenfalls vorhandener Bestandteile kultureller Repertoires bedienen, um gesellschaftliche Resonanz zu erzielen. Auch dann geht es nicht um völlige Neuartigkeit und Fremdheit eines
Ereignisses, sondern um seine Interpretation im Rückblick auf bekannte Er-
zählfiguren, Deutungsmuster, Symbole, Werte, Normen, Moralstandards. Zu
einer solchen Erschließung des Neuen durch Rekurs auf Vertrautes eignen
sich vor allem Metaphern und Analogiebildungen. Sonst fehlen die Worte:

„Als die Besatzung des US-Raumschiffes Appollo 13 im April dieses Jahres nach
einer Havarie im All mit ihrem nach Stunden berechneten Rest an Sauerstoff und
Energie zur Erde zurücksteuerte, war die Gefahr, in der die Astronauten schwebten,
für jedermann offenkundig. Aber nichts anderes als ein riesiges Raumschiff mit be-
grenztem Lebensvorrat ist der Planet, von dem die Astronauten starteten. (.) Klima-
veränderungen von nur wenigen Celsiusgraden könnten Katastrophen auslösen: Ganze Landstriche würden im Schmelzwasser sich erwärmender Polkappen versinken. (.)
(Gewächshaus-Effekt)" (SPIEGEL Nr. 41, 1970: 85).

Profitinteressen, biblische Motive, Weltuntergangsprophezeiungen, Politi-
kerversagen, aber auch wissenschaftlich-technische Expertenargumentation
u.a.m. bilden kulturelle Bausteine, aus denen sich die Interpretation speist.
Herausfordererdiskurse arbeiten im Rückgriff auf wissenschaftliche Argu-
mentationen und ästhetische Vermittlung, mit *Skandalisierungs-*, *Dramatisie-
rungs-* und *Moralisierungsstrategien*, um Ereignisse zu politisieren und
Handlungsbedarf anzumelden. Für sie ist das katastrophische Ereignis normal
– und gerade deswegen der zu behebende Skandal. In dem Maße, wie die
kulturelle Bekanntheit solcher Szenarien zunimmt, bilden sie ihrerseits neue
Kontexte der weiteren Ereignisinterpretation. So haben beispielsweise die
Diskussionen/Proteste um Risiken der Kernenergie und die Reaktor- und
Chemiekatastrophen in der Bundesrepublik Deutschland gesellschaftlich-
kulturell ein neues Deutungsmuster „wissenschaftlich-technisches Risiko"
zum normalen Bestandteil des kulturellen Repertoires gemacht. Dann kann
die Mobilisierung der Müllbewegung Ende der 80er Jahre die Müllverbren-
nungsanlagen zu den „Atomkraftwerken der 90er Jahre" stilisieren und damit
an entsprechende Risikowahrnehmungen anschließen (vgl. Keller 1998: 111f.
u. 226).
    Am weiter oben erwähnten Beispiel von Tschernobyl läßt sich schließlich
ein weiteres Merkmal der narrativen Ereignisaneignung verdeutlichen. Nach
der Phase ungeheurer Dramatik und Dynamik der Reaktorkatastrophe wird
das Ereignis in den Folgejahren als Tragödie und schließlich als „Mahnmal"
einer vergehenden, rückständigen Gesellschaftsformation memoriert, dem
Jahrestage und Rituale des Erinnerns gewidmet werden (vgl. Poferl 1997:
140ff.). Das Ereignis wird im gesellschaftlichen Gedächtnis zu einem statischen Bild eingefroren, bei dem es ein Vorher und Nachher gibt. Es wird
Geschichte.

Umweltkatastrophische Ereignisse werden, so machen die bisherigen Überlegungen deutlich, durch kulturelle Bedeutungsgewebe sinnhaft (ein)geordnet und handlungspraktisch geregelt. Menschen reagieren auf Phänomene entsprechend der ihnen verfügbaren Deutungs- und Handlungsschemata. Dabei müssen die Phänomene nicht notwendig so existieren, wie sie kulturell codiert sind. Die Welt setzt den Deutungen Widerstände entgegen. Das betont schon Emile Durkheim und, daran anschließend, Marshall Sahlins (vgl. Sahlins 1986: 109). Katastrophische Ereignisse wirken als nichtgewollte Gelegenheiten zur Neubestimmung von Wirklichkeitsordnungen. Sie sind Anlässe, die Plausibilität von Narrationen zu „bestätigen" oder in Frage zu stellen. Sie können, ganz so wie Widerständigkeiten der Realität im naturwissenschaftlichen Labor, die gesellschaftliche Glaubwürdigkeit und Legitimität von Interpretationsangeboten stärken oder schwächen, stabilisieren oder erschüttern. Sie sind Angriffe der Realität auf Interpretationsspielräume: Die Vergiftung des Rheinwassers durch das „Brandunglück" bei dem Schweizer Chemieunternehmen Sandoz im Jahre 1986 genügt, um binnen weniger Stunden das mühsam aufgebaute Image einer naturliebenden, sich zum Umweltschutz bekennenden chemischen Industrie zu zerstören (Dreyer 1997: 250ff.). Nichtübereinstimmungen zwischen Realphänomenen und kulturellen Codierungen können in Neuinterpretationen münden. Die diesbezüglichen Spielräume sind auch eine Frage von Interessen und Macht der Realitätsbestimmung (Sahlins 1986: 109).

Die Unterscheidung zweier möglicher narrativer Aneignungsweisen umweltkatastrophischer Ereignisse (strukturstabilisierend/strukturtransformierend) macht deutlich, daß Gesellschaften diesen kleinen und großen Katastrophen nicht insoweit „ausgeliefert" sind, daß sie nur eine, damit zwangsläufige kulturelle Aneignungsstrategie besäßen. Einer solchen Annahme würde ein unzulässig totalisierendes Kulturverständnis zugrundeliegen. Gesellschaften bestehen weder aus widerspruchsfreien Strukturen noch sind sie kulturell homogen; Kulturen sind Verwicklungen konkurrierender, widerstreitender Deutungsansprüche und Erzählungen. Darin sind immer bestimmte Machtverhältnisse, Mischungen von Statik, Dominanz, Hegemonie, Dynamik und Herausforderung impliziert (vgl. Sahlins 1986; Keller 1998: 28). Die Notwendigkeit kultureller Anschluß- und Resonanzfähigkeiten und innovative, kreative Deutungspotentiale koexistieren. So wie Lesen als Interpretationsprozeß aus Bekanntem neue Bedeutungen zu schöpfen vermag, so ist auch gesellschaftliche Deutungs- und Handlungspraxis immer *aktive* Aneignung von Zeichen und Bedeutungen auf der Grundlage bestehender *institutioneller Gefüge, Diskursordnungen*, sich darin ergebender *Widersprüche* und *Gelegenheitsstrukturen*. Daraus lassen sich unterschiedliche Aneignungsformen umweltkrisenhafter Ereignisse erklären. Ereignisinduzierte Stabilisierungs- bzw. Transformationspotentiale hängen wesentlich davon ab, inwieweit unterschiedliche kulturelle Repertoires miteinander in öffentlichen Deutungswettbewerb treten können, d.h. in modernen Gesellschaften insbesondere von den Strukturen massenmedialer Öffentlichkeit (vgl. Keller 1998: 201ff.).

2.4 Strukturlogik der Produktion umweltkatastrophischer Ereignisse

Freilich heißt dies alles nicht, wie oft mißverstanden wird, daß Menschen nicht an Katastrophen und Gefahren sterben bzw. davon in ihrer körperlichen Natur betroffen sein können, ohne sie „angemessen" sinnlich/kognitiv wahrgenommen zu haben. Sicherlich existiert in diesem Sinne eine interpretationsunabhängige Objektivität der Gefährdung. Daneben gibt es jedoch, und das ist der vielleicht wichtigste Punkt bei der Frage nach den Stabilisierungsbedingungen der Umweltkrise als Dauerevent, eine *strukturelle Grundlage der Ereigniserzeugung vorab jeglicher Interpretation*. In der Soziologie existieren diesbezüglich verschiedene Interpretationsvorschläge: In systemtheoretischer Perspektive sind riskante Ereignisse das Produkt weiterlaufender funktionaler Differenzierungsprozesse, die Kontingenzen steigern (Japp 1996; Bechmann 1997). Die Theorie reflexiver Modernisierung betont die daraus resultierende institutionalisierte Ungewißheit und Unsicherheit, die zunehmende Komplexität von Nebenfolgen-Problemen und Nicht-Wissen als Ursachen der systematischen Steigerung der Häufigkeit von Risikoereignissen (Beck 1986, 1988: 115ff., 1996). Perrow zeichnet in seiner Unfall-Analyse die soziotechnische Logik der Katastrophenereignisse nach. Katastrophenträchtigkeit ist demnach eine immanente Eigenschaft spezifischer Strukturelemente soziotechnischer Systeme (komplexe Interaktionen/starre Koppelung). In dem Maße, wie solche Systemtypen hergestellt werden, steigt – auch weiterhin – nicht nur die Wahrscheinlichkeit, sondern auch das Auftreten katastrophischer Unfälle (Perrow 1986, 1988). Ungeachtet der unterschiedlichen Ansatzpunkte der genannten Autoren kann festgehalten werden, daß die Risikosoziologie die Strukturen der systematischen Erzeugung umweltkatastrophischer Ereignisse verdeutlicht. Daraus entstehen die Anlässe für konkurrierende Interpretationen. Wir haben somit eine zweifache Voraussetzung der Entwicklung und Institutionalisierung der Umweltkrise als (serielles) Dauerevent: *strukturell erzeugte Ereignisse* und ihre *narrative gesellschaftliche Aneignung in einem massenmedial vermittelten Gefüge von Normalität/Besonderung*.

2.5 Risikogesellschaft und Gefahrengemeinschaft(en)

Der Begriff des Events impliziert, wie schon gesehen, neben den Ereignis- auch *Erlebnis*qualitäten. Ereignisse konstituieren besondere Erfahrungen im individuellen und kollektiven Erlebnishaushalt. Durch gemeinsames und geteiltes Erleben werden spezifische Vergemeinschaftungsprozesse induziert, d.h. subjektive Zusammengehörigkeitsgefühle erzeugt (Weber 1985: 21). Tritt das katastrophische Umweltereignis ein, entfaltet sich ein breites soziales Drama, das Beteiligte und Publikum in seinen Sog zieht: „Nichts funktioniert dann mehr wie es *soll* (.). Die Ereignisse überstürzen sich; die Ereignisse lassen nichts unberührt; die Ereignisse sind ‚das Ende aller Sicherheit' und entsetzlich" (Clausen 1994: 19). Von einem sozialen Drama läßt sich gerade deswegen sprechen, weil Definitionskonflikte über die Entscheidungsabhängigkeit der Ereignisentfaltung ausgetragen werden, also darüber, um welche Ereigniskategorie es sich handelt. Dabei kommen widersprüchliche Strukturen in der Gesellschaft selbst ans Tageslicht (Turner 1989b).

Im Schatten angekündigter Katastrophen erfährt sich die Risikogesellschaft als bedroht von selbsterzeugten Gefahren. Katastrophen sind Kontrollverluste, die als kollektive Bedrohungszustände, als plötzlich entstehende *kollektive Erlebnislage* massenmedial- und expertenvermittelt erlebt werden. Die massenmediale Vermittlung ist dabei unhintergehbar: Die Medien enthalten das kulturelle Gedächtnis; sie treten an die Stelle der mündlichen Überlieferungen und Traditionen, bilden den Raum für die gemeinsamen Erzählungen, die die erfahrene Welt einer Gesellschaft strukturieren. Die Inszenierungs- und Ästhetisierungsmechanismen der Medienkultur bestimmen wesentlich die öffentlichen Ereignisqualitäten und das Spektrum der Erfahrungsformen (vgl. Kellner 1995).

Umweltkatastrophische Ereignisse stiften die Erfahrung einer Schicksalsgemeinschaft, wie nur wenige andere existentielle, kollektivbedrohliche Phänomene (Kriege, Seuchen, Naturkatastrophen). Die Gefahrenlage entgrenzt familiäre, traditionale, ethnische, nationale Zugehörigkeiten zeitlich und räumlich. Die Tschernobyl-Gefahrengemeinschaft ist, bei allen notwendigen Differenzierungen von Graden der Betroffenheit, letztlich globalisiert. Im Moment der Katastrophe geraten die soziotechnischen und/oder „natürlichen" Prozesse und damit die Gesellschaft selbst außer Kontrolle. Sie erfährt sich als (potentielle oder tatsächliche) *Betroffenengemeinschaft auf Zeit*. Identifikationsprozesse und Solidarität mit Opfern, aber auch die Suche nach Schuldigen setzen ein. Die dramatische Erzählstruktur umweltkatastrophischer Dramen kennt Täter, Opfer, Helden, Leid und Glück im Unglück. Sie bietet vielfältige Identifikationsmomente, weil sie „einen Sinnhorizont des Vermeidens, Abwehrens, Helfens, ein mit der Größe der wahrgenommenen Gefahr sich verschärfendes moralisches Klima (schaffen), in dem die dramatischen Rollen von Heroen und Schurken eine neue politische Bedeutung bekommen" (Beck 1997: 59).

Auch die Dynamik und Strukturlogik dieser Form *ereignisinduzierter Vergemeinschaftung* läßt sich als *ästhetische* Vergemeinschaftung auf der

Grundlage *geteilter gemeinsamer Erfahrungen, Empfindungen und Erlebnisse* verstehen (vgl. Maffesoli 1988, 1990). Diese Erfahrung kann angesichts unmittelbarer Betroffenheit und aufgrund medien- bzw. expertenvermittelter Deutungsangebote entstehen. Sie setzt nicht notwendig zeitlich-räumliche Kopräsenz voraus. Mit-Leiden ist auch über Distanzen hinweg möglich (Boltanski 1993). Das entsprechende Repertoire an Identifikationsangeboten ist gerade in den Massenmedien enorm – es ist Teil ihres „Geschäftes".[15] Aus der massenmedialen „Ästhetisierung von Unglück" folgt nicht, wie Schulze (1997: 69f.) annimmt, daß dieses in die „Sphäre des Unwirklichen" gesetzt und damit im Modus des Fiktionalen erfahren wird. Es handelt sich im Gegenteil um ein riesiges Mobilisierungspotential, wie Reaktionen auf Spendenaufrufe zeigen (vgl. Baringhorst 1998). Genauer zu klären wäre deswegen, unter welchen Bedingungen, im Hinblick auf welche Ereignistypen sich solche Ästhetisierungsprozesse wie auswirken. Meine These ist, daß es nicht (nur) die Solidarität, das Mitleiden mit geschundener Natur/Kreatur, „Erfahrungsgemeinsamkeiten des organischen Lebens" (Beck 1986: 99) sind, welche nach Einschätzung von Beck oder – mit deutlich anderer Akzentuierung – Maffesoli (1990: 187ff) die Resonanz der Umweltdiskussion ausmachen, *sondern gerade die Erzählstrukturen des sozialen Dramas selbst, die jede und jeden zum heute oder morgen potentiell Betroffenen durch Umweltkatastrophen und „schurkisches" Handeln macht.* Skandalisierung ist damit unmittelbar in Politisierung überführbar. Entsprechend bestehen größere Identifikationspotentiale und geringere Distanzierungsangebote als bei den Elends- und Kriegsdramen „aus aller Welt". Bedroht sind Vorstellungen der körperlichen Unversehrtheit, des guten Lebens, das Vertrauen in die Idealitäten des „und so weiter" sowie des „ich kann immer wieder", d.h. in die fraglose Gegebenheit der Konstanz der Weltstruktur, wie sie die „natürliche Einstellung" des Alltagslebens *hier und jetzt* kennzeichnen (vgl. Schütz/ Luckmann 1979: 25ff.). Dies ist die Grundlage der moralischen Entrüstung und des Skandals.

Aus der Serialität der Umweltkrise als Dauerevent ergibt sich eine Serialität der Vergemeinschaftung. Die systematische Produktionslogik zufälliger Umweltkatastrophen erzeugt zeitlich-räumlich heterogene und damit *flüchtige Kollektividentitäten,* „imaginierte Gemeinschaften" (Benedict Anderson) *auf Zeit,* die in der Renormalisierungsphase wieder zerfallen. Sie lassen sich kaum in ein raum-zeitlich stabiles Gemeinschaftsmuster (etwa der „Gefahrennation") überführen. Die im vergangenen Jahrzehnt zur Lösung der Umweltkrise vielbeschworenen Diskurse, Mediationsverfahren, Konsensgespräche bilden das modernisierte Stammespalaver dieser heterogenen Gefahrengemeinschaften. Dort wird vermittels des Gesprächs die nächste Katastrophe

---

15 Vgl. am bereits erwähnten Tschernobyl-Beispiel die Mittel der Reisereportage, der Fokussierung auf persönliche Lebens- und Leidensgeschichten, das Leiden von Kindern u.a.m. (Poferl 1997: 141f.).

zwar nicht vermieden, aber „besprochen", ritualisiert, vorbereitet, gebändigt: so wie man miteinander singt, wenn die Wellen hoch übers Boot schlagen und die Angst vor dem Untergang hochkriecht.

3. Die Chronik angekündigter Katastrophen

Die gesellschaftliche Umweltkrise, die nicht nur die Öffentlichkeit in der Bundesrepublik in den letzten drei Jahrzehnten beschäftigt hat, läßt sich, so wurde argumentiert, als seriell strukturiertes Dauerevent begreifen. Sie setzt sich zum einen aus einer Vielzahl kleiner und großer, ungewollter katastrophischer Ereignisse in Zeitlupe oder Zeitraffer zusammen, die gesellschaftliche Normalitätshorizonte erschüttern und in öffentlichen Interpretationskonflikten narrativ angeeignet werden. Zum zweiten besteht sie aus organisierten Mobilisierungsereignissen, die sich von normaler politisch-institutioneller Alltagsarbeit abheben, und deren Ziel es unter anderem ist, ereignisbezogene öffentliche Aufmerksamkeiten solange zu stabilisieren, bis zufriedenstellende institutionelle Problemlösungen gefunden sind. In beiden Ereignisformen sind spezifische ästhetische Vergemeinschaftungsprozesse impliziert, die als Gefahrenvergemeinschaftung und Mobilisierungsvergemeinschaftung bezeichnet wurden. Beide Ereignistypen lassen sich auf je besondere Erzeugungsmechanismen rückbeziehen. Im Falle umweltkatastrophischer Ereignisse handelt es sich um die Logiken funktionaler Differenzierung, nichtintendierter Nebenfolgen und der Zunahme komplexer soziotechnischer Systeme. Die Mobilisierungsereignisse folgen der Notwendigkeit von Protestvergemeinschaftung und massenmedialer Aufmerksamkeitssicherung in einer transformierten, sensations- und spektakelgeprägten Medienkultur. Sowohl die professionell organisierten Mobilisierungsevents als auch die katastrophischen Umweltereignisse fügen sich in diese Aufmerksamkeitsstrukturen massenmedialer Repräsentation nahtlos ein. Die erwähnten Produktionslogiken vorausgesetzt, läßt sich vermuten, daß die Chronik der Umweltkrise weitergeschrieben wird – sie ist ihrerseits chronisch geworden. Als katastrophen- und mobilisierungsbedingtes Dauerevent leidet sie freilich unter einer inhärenten Paradoxie: Ihr Charakter als Gesamtereignis und die damit einhergehende öffentliche Aufmerksamkeit schwinden in dem Maße, wie sich die einzelnen Ereignisse jagen – und dadurch gegenseitig normalisieren.

Literatur:

Baerns, B.: Öffentlichkeitsarbeit oder Journalismus? Zum Einfluß im Mediensystem. Köln 1985

Baringhorst, S.: Politik als Kampagne. Opladen 1998

Bechmann, G.: Risiko als Schlüsselkategorie in der Gesellschaftstheorie. In: Bechmann, G. (Hrsg.): Risiko und Gesellschaft. Grundlagen und Ergebnisse interdisziplinärer Risikoforschung. 2. Aufl., Opladen 1997, S. 237-276

Beck, U.: Risikogesellschaft. Frankfurt/M. 1986

Beck, U.: Gegengifte. Frankfurt/M. 1988

Beck, U.: Das Zeitalter der Nebenfolgen und die Politisierung der Moderne. In: Beck, U./Giddens, A./Lash, S.: Reflexive Modernisierung. Frankfurt/M. 1996, S. 19-112

Beck, U.: Weltrisikogesellschaft, Weltöffentlichkeit und globale Subpolitik. Wien 1997

Berger, P.L./Luckmann, T.: Die gesellschaftliche Konstruktion der Wirklichkeit. Frankfurt/M. 1982

Boltanski, L.: La souffrance à distance. Paris 1993

Brand, K.-W.: Die Neustrukturierung des ökologischen Kommunikations- und Interaktionsfeldes. In: Brand, K.-W./Eder, K./Poferl, A. (Hrsg.): Ökologische Kommunikation in Deutschland. Opladen 1997, S. 184-239

Brand, K.-W./Eder, K./Poferl, A. (Hrsg.): Ökologische Kommunikation in Deutschland. Opladen 1997

Chaney, D.: Fictions of Collective Life. London 1993

Christmann, G. B.: Ökologische Moral. Wiesbaden 1997

Clausen, L.: Übergang zum Untergang. In: Ders.: Krasser sozialer Wandel. Opladen 1994, S. 13-50

Cohen, S./Taylor, L.: Ausbruchsversuche. Frankfurt/M. 1977

De Haan, G. (Hrsg.): Umweltbewußtsein und Massenmedien. Berlin 1995

De Haan, G. (Hrsg.): Ökologie - Gesundheit - Risiko. Berlin 1996

Debord, G.: Die Gesellschaft des Spektakels. Hamburg 1978

Downs, A.: Up and down with ecology - the issue attention cycle. In: The Public Interest 1972, S. 38-50

Dreyer, M.: Die Kommunikationspolitik der chemischen Industrie im Wandel. In: Brand, K.-W./Eder, K./Poferl, A. (Hrsg.): Ökologische Kommunikation in Deutschland. Opladen 1997, S. 240-267

Duclos, D.: La propension du collectif à la catastrophe. Vortrag auf der Tagung „Europe du Risque", Straßburg, 29. Januar 1999

Engels, A./Weingart, P.: Die Politisierung des Klimas. In: Hiller, P./Krücken, G. (Hrsg.): Risiko und Regulierung. Frankfurt/M. 1997, S. 90-115

Forschungsjournal Neue Soziale Bewegungen: Soziale Bewegungen und Medien 1996

Gerhards, J.: Neue Konfliktlinien in der Mobilisierung öffentlicher Meinung. Opladen 1993

Giesen, B.: Moralische Unternehmer und öffentliche Diskussion. In: Kölner Zeitschrift für Soziologie und Sozialpsychologie 1983, S. 230-254

Giddens, A.: Leben in einer posttraditionalen Gesellschaft. In: Beck, U./Giddens, A./Lash, S.: Reflexive Modernisierung. Frankfurt/M. 1996, S. 113-194

Grewenig, A. (Hrsg.): Inszenierte Information. Opladen 1993

Hunziker, P.: Medien, Kommunikation und Gesellschaft. Einführung in die Soziologie der Massenkommunikation. Darmstadt 1988

Japp, K.: Soziologische Risikotheorie. Funktionale Differenzierung, Politisierung und Reflexion. München 1996

Johnson, B. B./Covello, V. T.: The Social and Cultural Construction of Risk. Dordrecht 1987

Keller, R.: Medienselektivität und Umweltberichterstattung in der Bundesrepublik Deutschland. München 1995

Keller, R.: Die Umweltberichterstattung im Spiegel der Medienforschung. In: Brand, K.-W./Eder, K./Poferl, A. (Hrsg.): Ökologische Kommunikation in Deutschland. Opladen 1997, S. 62-72

Keller, R.: Müll - Die gesellschaftliche Konstruktion des Wertvollen. Opladen 1998

Kellner, D.: Media Culture. London 1995

Kepplinger, H. M./Hartung, U.: Störfall-Fieber. Freiburg 1995

Kesselring, S.: Die Störfälle bei Hoechst im Frühjahr 1993. Eine Fallstudie zur sozialen Konstruktion ökologischer Konflikte. In: Brand, K.-W./Eder, K./Poferl, A. (Hrsg.): Ökologische Kommunikation in Deutschland. Opladen 1997, S. 268-306

Krämer, A.: Ökologie und politische Öffentlichkeit. Zum Verhältnis von Massenmedien und Umweltproblematik. München 1986

Lahusen, C.: The Rhetoric of Moral Protest. Berlin 1996

Link, J.: Versuch über den Normalismus. 2. Aufl. Opladen 1998

Maffesoli, M.: Der Schatten des Dionysos. Zu einer Soziologie des Orgiasmus. Frankfurt/M. 1986

Maffesoli, M.: Le temps des tribus. Paris 1988

Maffesoli, M.: Au creux des apparences. Pour une éthique de l'esthétique. Paris 1990

Melucci, A.: Challenging Codes. Cambridge 1996

Meyer, T.: Die Inszenierung des Scheins. Frankfurt/M. 1992

Neidhardt, F./Rucht, D.: Auf dem Weg in die „Bewegungsgesellschaft"? In: Soziale Welt 44/1993, S. 305-326

Neidhardt, F. (Hrsg.): Öffentlichkeit, öffentliche Meinung, soziale Bewegungen. Sonderheft 34 der Kölner Zeitschrift für Soziologie und Sozialpsychologie. Opladen 1994

Perrow, C.: Lernen wir etwas aus den jüngsten Katastrophen? In: Soziale Welt 37/1986 , S. 390-401

Perrow, C.: Normale Katastrophen. Frankfurt/M. 1988

Poferl, A.: Der strukturkonservative Risikodiskurs. Eine Analyse der Tschernobyl „media story" in der Frankfurter Allgemeinen Zeitung. In: Brand, K.-W./Eder, K./Poferl, A. (Hrsg.): Ökologische Kommunikation in Deutschland. Opladen 1997, S. 106-154

Roqueplo, P.: Der saure Regen: ein „Unfall in Zeitlupe". In: Soziale Welt 37/1986, S. 402-426

Rossmann, T.: Öffentlichkeitsarbeit und ihr Einfluß auf die Medien. Das Beispiel Greenpeace. In: Media Perspektiven 1993, S. 85-94

Rucht, D.: Modernisierung und neue soziale Bewegungen. Frankfurt/M. 1994

Sachverständigenrat für Umweltfragen: Umweltgutachten 1978. Stuttgart 1978

Sahlins, M.: Der Tod des Kapitän Cook. Berlin 1986

Schütz, A./Luckmann, T.: Strukturen der Lebenswelt. Band 1. Frankfurt/M. 1979

Schütz, A./Luckmann, T.: Strukturen der Lebenswelt. Band 2. Frankfurt/M. 1984

Schulze, G.: Die Erlebnisgesellschaft. 7. Aufl., Frankfurt/M. 1997

Snow, D. A./Benford, R. D.: Ideology, Frame Resonance and Participant Mobilization. In: Klandermans, B./Kriesi, H./Tarrow, S. (Hrsg.): From Structure to Action: Comparing Social Movement Research Across Cultures. Greenwich 1988, S. 197-217

Soeffner, H.-G.: Rituale des Antiritualismus – Materialien für Außeralltägliches. In: Ders.: Die Ordnung der Rituale. Frankfurt/M. 1992, S. 102-130

Turner, V. (Hrsg.): Celebrations. Studies in Festivity and Ritual. Washington 1982

Turner, V.: Das Ritual. Struktur und Anti-Struktur. Frankfurt/M. 1989a

Turner, V.: Vom Ritual zum Theater. Frankfurt/M. 1989b

Veyne, P.: Comment on écrit l'histoire. Paris 1971

Viehöver, W.: „Ozone thieves" and „hot house paradise". Epistemic communities as cultural entrepreneurs and the reenchantement of sublunar space. Florenz 1997 (unv. Doktorarbeit)

Weber, M.: Wirtschaft und Gesellschaft. 5. Aufl., Tübingen 1985

Christian Lahusen

Nelson Mandela als Pop-Ikone.
Mega-Events und politische Mobilisierung im globalen Dorf

1. Einleitung

Massenmediale Events und Großkonzerte sind wiederholt als Bühne und Instrument politischen Protests genutzt worden. Dies hat zwei naheliegende Gründe. Zum einen verschaffen diese Medienveranstaltungen den betreffenden Themen und Forderungen eine breite Öffentlichkeit. Zum anderen haben diese Events politische Mobilisierung, hier insbesondere Spendenakquise oder Mitgliederrekrutierung, zu einem großangelegten Spektakel gemacht. Zweifellos haben die voranschreitende internationale Integration und Konzentration der Mediensysteme sowie die zunehmende Verschränkung von Nachrichten- und Unterhaltungsformaten zum sogenannten „infotainment" (Bagdikian 1990; Reeves 1993; Altheide/Snow 1991) diese spezifische Form massenmedialer Protestereignisse erst möglich gemacht.

Das vom Rockmusiker Bob Geldof initiierte Benefiz-Konzert Live-Aid/Band-Aid aus dem Jahre 1985 hat als erstes die Potentiale dieser *Mega-Events* in aller Deutlichkeit vorgeführt. Nicht zufällig schlossen sich deshalb eine Reihe weiterer *rock-for-a-cause*-Events an. Viele von ihnen wurden dabei von soziale Bewegungsorganisationen ins Leben gerufen oder angestoßen und widmeten sich deshalb auch stärker politischen Themen. Hier sind insbesondere vier Veranstaltungen aus den späten 80er Jahren zu nennen, die die Bedeutung und Wirkungskraft dieser Mega-Events eindrücklich dokumentieren (Lahusen 1996, 1999). Als erste Großveranstaltung dieses Typus ist die *Conspiracy of Hope*-Tournee von 1986 zu nennen, die von der USA-Sektion von Amnesty International zusammen mit dem bekannten Promotor Bill Graham organisiert wurde, um den 25ten Geburtstag dieser Sektion zu begehen und die Präsenz dieser Organisation in den USA zu stärken. Namhafte Stars (U2, Peter Gabriel, Sting, Bryan Adams, Lou Reed, Joan Baez und die Neville Brothers) verhalfen dieser Tournee zu einem großem Erfolg, denn es konnten $ 2.5 Millionen Einnahmen und circa 100 000 neue Mitglieder verzeichnet werden. Zwei Jahre später wurde diese Idee erneut realisiert, diesmal auf globaler Skala. Die *Human Rights Now!*-Welttournee nutzte den 40ten Jahrestag der Allgemeinen Menschenrechtserklärung der Vereinten Nationen, um die Menschenrechtsthematik stärker ins öffentliche Bewußtsein zu holen und gleichzeitig den kleineren Sektionen unter die Arme zu greifen. Diese $ 20 Million teure Tournee wurde von der Reebok Foundation unterstützt und ging mit Peter Gabriel, Sting, Tracy Chapman, Youssou N'Dour und Bruce Springsteen auf Reise. Eine Million Zuschauer in 18 Ländern (u.a. Großbritannien, Ungarn, Kanada, USA, Japan, Indien, Zimbabwe, Brasilien, Argentinien) besuchten die Konzerte, und über eine Milliarde Fernsehzuschauer in 62 Ländern sollen den fünfstündigen Bericht gesehen haben. Den Angaben der Veranstalter zufolge konnten die kleineren Sektionen ihre Mitgliedschaft verdoppeln (z.B. Griechenland, Spanien, Japan, Italien und Argentinien). Die gesamte *Human Rights Now!*-Kampagne hat zudem weltweit über 1,2 Milliarden Unterschriften sammeln können, die am Jahrestag der Menschenrechtserklärung den Vereinten Nationen überreicht wurden.

Neben Amnesty International hat sich noch die britische Anti-Apartheids-Bewegung dieses Veranstaltungstypus angenommen. Diesmal handelte es sich um einzelne Konzerte, die weltweit ausgestrahlt wurden, um Nelson Mandela und den *African National Congress* in einer entscheidenden Phase des Anti-Apartheidskampfes innerhalb und außerhalb Südafrikas zu unterstützten. Das erste Nelson Mandela Konzert fand im Juni 1988 in Londons Wembley Stadium als „Geburtstagsfeier" zu seinem 70ten Geburtstag statt, das zweite im Juli 1990 nach seiner Entlassung aus der Haft. Beide Konzerte waren nur ein Element groß angelegter, weltweiter Kampagnen, die von den einzelnen, nationalen Anti-Apartheidsbewegungen mit jeweils eigenen Veranstaltungen betrieben wurden. Allerdings ging man davon aus, daß diese Events eine besondere öffentliche Resonanz erzeugen würden, weshalb sie eine herausgehobene Bedeutung in den Kampagnen erhielten. Aus diesem Grund entschied man sich auch dazu, das zweite Mandela Konzert zu nutzen, um die erste öffentliche Ansprache, die Nelson Mandela außerhalb Südafrikas gab, aufwendig in Szene zu setzen. Auch diese Konzerte waren durchaus erfolgreich, wenn man z.B. berücksichtigt, daß das erste Mandela Konzert $ 3.6 Millionen durch Ticketverkauf, Übertragungsrechte und Spenden einnahm, in 72 Ländern übertragen wurde und damit ein Publikum von ca. 200 Millionen Fernsehzuschauer erreichte.

2. Mega-Events als „joint-ventures"

Neu an diesen Events ist vor allem ihre Monumentalität. Diese Konzerte sind zunächst eine fleisch-gewordene Ruhmeshalle des angelsächsischen Pop and Rock, ein *Who is Who* des show-bizz. Ihr Programm besteht aus einem musikalischen Potpourri, das die verschiedensten Geschmackskulturen anspricht und diese zu einem breiten mainstream-Publikum zusammenschnürt. Diese *multi-artists* Benefizkonzerte sind zudem in einem übersättigten Markt populärkultureller Waren besonders zugkräftige Veranstaltungen, die den Organisatoren damit auch die Türen zum Weltmarkt öffnen und die Reichweite dieser Events um ein Vielfaches steigern.

Diese Mega-Events setzen allerdings eine technologische, industrielle und kommerzielle Durchrationalisierung der Populärmusik voraus, was in der Tat von der einschlägigen Literatur auch ohne Dissens für die Zeit nach 1960-70 festgestellt wird (z.B. Frith 1987; Booth & Kuhn 1990; Negus 1993). Aktivisten und Artisten treten damit in diesen Events ganz anders aufeinander, als dies noch vor der populärkulturellen Wende der Musikindustrie der Fall gewesen war. So war der Populärmusik, die sich nicht bloß als „beliebte" Unterhaltung, sondern auch gerade als ursprüngliche, im Volk verwurzelte Kultur verstand, ein Selbstverständnis zu eigen, nach welchem sie authentischer Ausdruck einer Gemeinschaft oder Generation sein wollten, damit auch Sprachrohr ihrer Sorgen und Nöte, Hoffnungen und Wünsche, ihres Lebensgefühls und ihrer Selbstverwirklichung. Die enge Anbindung vieler Musikströmungen an soziale Bewegungen ist damit nicht zufällig, sondern Zeichen einer engen Verflechtung und Komplementarität (Cooper 1988; Eisel 1990; Lahusen 1991). Bei der Bürgerrechtsbewegung, bei der diese Thematik eingehend untersucht worden ist, zeigt sich, daß die Musik der Bewegung als ein „cultural frame" (Garofalo 1992b: 17, 1992a) diente, die Bewegung den Musikern zugleich aber „a sense of mission over and above the commercial" gab (Eyerman/Jamison 1995: 458). Die politisch-programmatische Entwicklung der Bewegung war mit der künstlerisch-ästhetischen Evolution der Musik (insbesondere Soul und Singer-songwriter) deshalb auch stets engstens verkoppelt (Eyerman/Jamison 1995: 451).

Der sich entwickelnde Musik- und Medienmarkt hat dieses Verhältnis nachhaltig verändert, sowohl im Sinne einer Distanzierung, als auch im Sinne einer engeren Verzahnung (Lahusen 1996: 57-152). Einerseits tritt bei Events ein Personalheer von Managern, Agenturen, Promotoren, Logistikern, Rechtsberatern etc. zwischen Musikern und Aktivisten, die diese Kooperation organisatorisch, ökonomisch und rechtlich durchgestalten und rationalisieren. Zugleich werden die Anlässe für eine solche Kooperation konkreter und zeitlich begrenzter, nicht zuletzt auch, weil es darum geht, Risiken für die jeweilige Seite zu minimieren. So werden Auftritte der Stars eifersüchtig kontrolliert, um ihrem Marktwert nicht zu schaden. Zugleich geben Bewegungsorganisationen darauf acht, daß ihre Glaubwürdigkeit durch die Künstler, ihre Äußerungen und Handlungen, nicht leidet. Mega-Events führen damit also zwei eigenständige Bereiche zusammen, den (Musik-)Markt und die (Bewegungs-)Politik. Andererseits liegen dieser Kooperation gegenseitige Verweiszusammenhänge zugrunde. So hat die industriell-kommerzielle Durchrationalisierung zweifellos die Potentiale der Populärmusik erweitert, immer neue musikalische Produkte und Trends zu entwickeln (Lopes 1992). Wie im Falle der Mega-Events kann dabei auch durchweg nach dem Prinzip des „think big" verfahren werden, weil man sich auf einen globalen Musik- und Medienmarkt stützen kann (Negus 1993; Wallis 1990). Die Authentizität der Musik, die für viele neue Musikströmungen auch gerade Grundlage des kommerziellen Wertes ist, kann aber nicht bloß industriell hergestellt werden, sondern bedarf der kommunikativen Wiederanknüpfung an die „populären" Wurzeln oder Gründungsmythen (z.b.: die Jugendrevolte, „the black soul") wie auch der symbolischen Neuerfindung der ureigensten Mission (z.b.: Gleichheit und Selbstverwirklichung, Liebe und Mitgefühl, Brüderlichkeit und Gerechtigkeit). Der Diskurs der sozialen Bewegungen, ihre Symbole, Geschichten und Aktionen, dient hier wiederholt als ein wesentlicher Bezugspunkt dieser populärkulturellen Neubegründung und Selbstvergewisserung (Eyerman/Jamison 1995). Aus diesem Grund kann auch behauptet werden, daß die *rock-for-a-cause*-Ära der „Globalisierung" der Musik- und Unterhaltungsindustrien einen weiteren Schub versetzt hat. Denn diese „idealistischen" Projekte übernahmen das Risiko, die kommerzielle Machbarkeit auszutesten, die notwendigen Fertigkeiten und Erfahrungen zu generieren und die Gewinnmargen auszuloten.

Die Differenzierung und Distanzierung zwischen sozialen Bewegungen und populärer Musik annulliert damit nicht die innigen Beziehungen von vormals, sondern verwandelt sie nur in kurzfristige und spezifische „jointventures". „Live Aid demonstrates that you can quickly develop marketing events that are good for companies, artists, and the cause" (John Costello, Vizepräsident von Pepsi, in: Garofalo 1992b: 27). Mega-Events verdeutlichen, daß die Potentiale dieser „Allianz" eingeschränkt und erweitert zugleich sind: Die Effekte sind beschränkter, weil die entsprechenden Lieder und Veranstaltungen zeitlich gebundene Konsumprodukte sind, die mit vielen anderen konkurrieren und von neuen Liedern, Stilen und Trends ersetzt werden; die Potentiale sind größer, weil die Musiker nun die ganzen Fertigkeiten, Eigenmittel und Unternehmen des Musikmarktes mit einbringen. Vor diesem Hintergrund empfiehlt es sich, ein solches „joint-ventures" einmal aus der Nähe zu betrachten. Dabei bietet sich das erste Nelson Mandela Konzert vom 14. Juni 1988 für eine Fallanalyse an, denn an ihm läßt sich die Struktur und Logik dieser Art von Großveranstaltungen besonders gut darlegen.

3. Außenansichten: Organisation und Effekte

An der Realisierung des *Nelson Mandela 70th Birthday Tribute* waren drei Hauptakteure beteiligt. Erstens war die Produktionsfirma von Tony Hollingsworth, *Tribute Productions*, für die Produktion des Konzerts verantwortlich, und damit für die Kontakte mit den Künstlern, Managern und A-genturen, mit den Fernsehanstalten und den Einzelunternehmen, die sich um das Design, die Logistik, die Übertragungsrechte usw. kümmerten. Zweitens war das britische *Anti-Apartheid-Movement* (AAM) Auftraggeber und Aus-richter dieser Veranstaltung, zugleich auch Mittler zum *African National Congress* (ANC), der Anfang 1988 dazu aufgerufen hatte, den herannahen-den 70ten Geburtstag Nelson Mandelas zu nutzen, um für seine Befreiung einzutreten, die internationalen Sanktionen zu intensivieren und dadurch den Druck auf die Regierung in Pretoria zu erhöhen. Schließlich waren noch die *Artists Against Apartheid* (AAA) involviert, die dieses Konzert angeregt hatten und die auch bei der Einwerbung von Musikern und Gruppen mithal-fen. Das Schaubild 1 faßt diese, wie auch die weiteren Strukturelemente des Events schematisch zusammen.

Schaubild 1

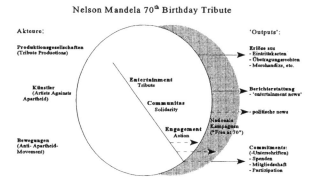

In der Vergangenheit hatten AAA und AAM bereits mehrere kleinere Kon-zerte organisiert, das größte von ihnen im Jahre 1986. Dieses freie Open-Air-Konzert, auf dem auch führende Aktivisten des AAM, ANC und der SWAPO auftraten, hinterließ den Organisatoren aber beträchtliche Finanzprobleme, die von den nachfolgenden Benefizveranstaltungen auch nicht gedeckt werden konnten. So kamen AAM und AAA auf die Idee, „of trying to put on the event in Wembley to link it to Mandela's birthday, to be both a political event to further the campaign for Mandela's release but also to overcome these financial problems that we had" (Mike Terry, Generalsekretär des britischen AAM). Mit Tony Hollingsworth kam ein erfahrener Promotor ins Boot, der bereits ähnliche Events organisiert hatte und auch Abhilfe versprach, allerdings aber auch seine eigenen Interessen mit diesem Projekt verband. Er wollte dieses Konzert zu einem internationalen Medienereignis ausbauen, denn: „the next leg of my work has to be getting into international broadcasters." Sollte das Konzert finanziell tragfähig sein, womöglich noch als fund-raising-Instrument fungieren, so mußte es als internationales Musik-Event konzeptionell überzeugen und, was noch wichtiger war, kommerziell funktionieren. Seit den Planungsanfängen von Ende 1986 drehte sich folglich alles darum, zugkräftige Weltstars für dieses Konzert zu gewinnen, denn die Fernsehanstalten wären nur so für die Abnahme dieses Konzerts zu bewegen:

„They need to know that it works commercially, meaning to get people watching the damn thing. ... They want to know that you have a list of strong enough names. And you start talking about that. ... There are about 25 that are permanent ‚A'-category names. The broadcasters want to know how many ‚A'-names you've got. That's what conversation is. ... We are talking to broadcasters, they give you two minutes to explain the concept and two minutes to explain the artists and two minutes to explain the production. And that's the end. And if you haven't sold it in these six minutes, forget it" (Tony Hollingsworth).

Die Ausrichtung an der „commercial viability" des Konzerts zog jedoch Probleme mit AAA und AAM nach sich, denn diese befürchteten eine Entpolitisierung und kommerzielle Verflachung der Veranstaltung. Die Idee eines „Tributes" zu Ehren Nelson Mandelas barg in der Tat diese Risiken, ließ den Anti-Apartheid-Aktivisten aber die Möglichkeit, ihre politische Botschaften einzubringen: „we were very clear in relation to the Mandela Concert that it wasn't a concert simply for Mandela's release; but it had to focus on the other political prisoners. And if you look at the program, at the material that we produced at the time we kept on reminding people that it wasn't just Mandela who was in prison" (Mike Terry, AAM). In der Tat hatte AAM das Konzert nur als ein wichtiges Event in einer umfangreichen *Nelson Mandela free at 70*-Kampagne konzipiert, die aus zahllosen Einzelaktionen und -veranstaltungen im ganzen Land bestand und dieses Großkonzert zugleich einbetten und einrahmen sollte (Lahusen 1996: 105f.).

Das Konzert war als eine Fund-raising-Maßnahme konzipiert, sollte zugleich aber auch die Forderungen der Anti-Apartheidsbewegungen auf die öffentliche Medien-Agenda setzen. Für beide Ziele bot sich ein weltweites

Medien-Event an, denn durch solch eine Veranstaltung lassen sich die Routinen und Strukturen des internationalen „music business" für die eigene Sache instrumentalisieren. Gemeinnützige Organisationen können nämlich diesen Markt für Fund-raising-Zwecke anzapfen, sobald Musiker oder Unternehmen ihre Gagen oder Tantiemen spenden. Denn jedes mal wenn ein Tonträger, eine Eintrittskarte oder ein Merchandizeprodukt gekauft wird und jedes mal wenn eine Radio- oder Fernsehanstalt ein Lied oder eine Veranstaltung überträgt, wird es im Geldbeutel der Organisationen klingeln. Entsprechendes gilt dann auch für die Medienberichterstattung, denn das allgemeine Medieninteresse an Stars und Prominenz läßt sich gleichermaßen anzapfen, sobald diese Stars für einen guten Zweck sprechen oder etwas tun. Und diese Effekte werden sich quasi automatisch einstellen, sobald ein kommerziell tragfähiges Event auf den Markt geworfen wird (vgl. Schaubild 1). Damit wird auch impliziert, daß das Event, mit dem für eine „gute Sache" geworben wird, zu einem wichtigen Grund für die Teilnahme wird, und daß womöglich das eigentliche Thema zu einem bloßen Aufhänger, ja gar zu einem verzichtbaren Beiwerk werden könnte (Baringhorst 1998: 207-14).

4. Markt und Magie

In allem läßt sich erkennen, daß Mega-Events der Marktlogik unterworfen sind. Diese Großkonzerte müssen sich zunächst einmal rechnen, sodann sollen sie aber auch einen effektiven „Mehrwert" erwirtschaften, der sich – je nach strategischer Zielsetzung – in Form eines Gewinns, vermehrter Medienaufmerksamkeit oder zusätzlicher Mitglieder einstellen kann. Alles in allem scheinen damit die Thematisierungs- und Mobilisierungsformen von der Marktlogik durchdrungen zu werden. Die Thematisierung folgte, wie wir sahen, einer ausgeprägten Marketingsstrategie, die nicht zuletzt das Event auf dem Medienmarkt optimal zu positionieren strebte und sich für diesen Zweck an der Semantik und Ikonographie der populären Medien ausrichten mußte:

„If you are to take it to a mass of people and use the popular medias, you have to use every string you can, in terms of popular presentation. Create the logo, create the man as the logo, appeal to everybody's softest point, about him being seventy and his birthday and him being imprisoned. Make all those emotional points. (...) So, it's a very soft way to do it. It wasn't ‚Sanctions Now'. It wasn't anything hard-hitting, like the Anti-Apartheid Movement had been doing it in the past" (Tony Hollingsworth).

Auch die Mobilisierungsformen scheinen sich damit an der besagten Marktlogik auszurichten (Baringhorst 1998: 238-45). Wer sich mit Nelson Mandela und der schwarzen Anti-Apartheidsbewegung in Südafrika solidarisch zeigen und diesen Kampf unterstützen wollte, konnte dies durch die Teilnahme am Tribute-Konzert ohne große Opfer tun. Tatsächlich war diese Veranstaltung selbst ein selektiver Anreiz, der die Kosten der Partizipation des Einzelnen an einer gemeinsamen Bewegung reduzierte, wie es in den Termini der Theorie rationaler Wahl heißt (Olson 1968). Durch selektive Anreize lassen sich die Mobilisierungseffekte erhöhen, sobald man den Teilnehmern Gelegenheiten verschafft, etwas für sich zu tun, während man etwas für andere tut. Mega-Events, wie auch politische Mobilisierungsstrategien insgesamt, scheinen damit der Tatsache Rechnung zu tragen, daß sich in der individualisierten Gesellschaft die Menschen selbstverantwortlich und individuell für eine Partizipation entscheiden müssen, weshalb Solidaritäten und Solidarisierungen letztlich einer instrumentellen Rationalität unterworfen werden (Berking 1994). Nach diesem „utilitaristischen Solidarismus" ist das „soziale Engagement des Einzelnen ... eng gebunden an die autonome, individuelle Entscheidung für das eigene Wohlergehen" (Baringhorst 1998: 240).

Mit der Marktlogik scheint damit eine kühle, berechnende Subjektivität einzuziehen, die politische Mobilisierung „entzaubert", da diese zu einem strategischen, aber durchaus noch möglichen und notwendigen Phänomen wird. Diese Beobachtungen stehen allerdings stark in Kontrast zur „Magie" dieser Mega-Events, denen es ja darum ging, die Herzen und Sinne der Zuschauer zu fesseln, dabei ein gemeinschaftliches Erleben zu ermöglichen, das über die utilitaristisch konzipierte Subjektivität hinausgeht. Die Monumentalität dieser Events scheint dabei keinesfalls ein zufälliges Element dieser „Magie" zu sein, sondern wesentliches Element einer an der Gemeinschaftlichkeit orientierten Thematisierungs- und Mobilisierungsform. In der Tat ist zu bezweifeln, ob wirklich das ungebundene, frei wählende Individuum als Bezugs- und Angelpunkt dieser Veranstaltungen auszumachen ist, oder nicht doch eher intersubjektive „Geschmackskulturen" oder populärkulturelle Publika. Es ist eher davon auszugehen, daß wir es mit sozialen Gruppen zu tun haben, die gemeinsame Symbole, Embleme und Rituale besitzen und sich über diese ausdrücken und reproduzieren (Soeffner 1989: 158-84) – um soziale Gruppen oder Netzwerke also, die auch „en-bloc" mobilisiert werden können (McAdam 1988, 1989), sobald eben diese Symbole und Rituale als Formen der kollektiven Selbstdarstellung und -vergewisserung genutzt werden. Über den Erfolg oder Mißerfolg dieser Mega-Events wird damit nicht auf der Ebene der „Mikromobilisierung" des Individuums entschieden, sondern zunächst einmal auf der kollektiven Ebene der populärkulturellen Symbole und Rituale selbst. Denn durch das symbolische und rituelle Engagement für die gute Sache soll die eigene, kollektive Identität und Mission (neu) definiert und ausgerichtet werden. Die *rock-for-a-cause* Events sind damit eine rituell konstruierte, persuasiv-expressive Form der kollektiven Selbstvergewisserung, die Selbstbezüge und „Entscheidungsparameter" des Individuums unmittelbar affizieren und damit als Initiationsformen oder -rituale verstanden werden können.

Für diese populärkulturellen „Geschmacks-" oder Jugendkulturen gilt somit das, was Emile Durkheim für Gesellschaften insgesamt gesagt hat: „Die Gesellschaft kann ihren Einfluß nicht fühlbar machen, außer sie ist in Aktion; und dies ist sie nur, wenn die Individuen, die sie bilden, versammelt sind und gemeinsam handeln. Durch die gemeinsame Tat wird sie sich ihrer bewußt und realisiert sie sich: sie ist vor allem aktive Kooperation" (Durkheim 1981: 560). Die Reproduktion der Gemeinschaftlichkeit ist dabei primär magisch, denn nur durch eine kollektive Effervezenz ist es möglich, eine überindividuelle Realität für das Individuum erfahrbar zu machen, in die er sich in diesem Moment erhebt und verlieren kann. „En effet en se projetant, en participant, magiquement, à un ensemble plus vaste, et en brisant, de ce fait, la carapace individuelle, l'on arrive à une sorte d'épanouissement de soi issu de la réception de l'autre, de la perte dans l'Autre" (Maffesoli 1992: 212). Insbesondere die hedonistische, ästhetisierende, erotisierende Expressivität und Erlebnisorientierung, die sich in diesen Mega-Events kristallisiert, kann im Durkheimschen Sinne als magische Rekonstruktion moralischer Kollektivgefühle und -ideen verstanden werden (Maffesoli 1992: 201-16). Und es ist diese gemeinschaftliche „Wiedererweckung" oder Selbstvergewisserung, die hinter den erzielten Mobilisierungseffekten verortet werden kann. Dabei zeigt sich, daß diese Gemeinschaften transnationalen Charakters sind, zugleich aber auch gerade der massenmedialen Ritualisierung bedürfen, um sich als solche zu rekonstruieren und selbstzuvergewissern.

5. Innenansicht: Magie und rituelle Vergemeinschaftun

Kehren wir nun zu dem *Nelson Mandela 70th Birthday Tribute* zurück, um die zugrunde liegenden symbolischen und rituellen Formen herauszustellen. Der rituelle Charakter dieser Veranstaltung zeigt sich dabei unmittelbar an der Routinisierung und Standardisierung von Handlungsabläufen, die für Großkonzerte insgesamt so charakteristisch sind. Diese Veranstaltungen belegen dabei zumeist bestehende Räume (z.B. Sportstadien) mit einer Vielzahl von Artefakten und Handlungen (Bühnen, Ornamentik, Programme etc.), durch die sie diese Orte zugleich neu beleben. Ein ganzes System von Konventionen stellt dabei sicher, daß Sinn und Zweck dieser Nutzung unmißverständlich klar wird. Zugleich handelt es sich bei diesen Konventionen auch gerade um dramaturgische Mittel, die der Inszenierung die notwendige „Magie" verschaffen sollen. In der Tat muß hier hervorgehoben werden, daß „Rituale nicht auf einem inhaltsleeren Formalismus" beruhen (Soeffner 1989: 182), sondern vielmehr sinn- und zeichenhafte, kollektive Handlungen darstellen, d.h. „symbols in action" (Turner 1986). Darum auch besitzen Rituale nach Don Handelman (1990) oder Victor Turner (1986) eine primär performative

Logik, die eine gemeinsame Kultur und Mission, aber auch Probleme und Konflikte auf einer kognitiven, emotionalen und volitiven Ebene kollektiv erfahrbar und erlebbar macht. D.h. Rituale sind besondere Formen der öffentlichen Selbstthematisierung und -vergewisserung, die nicht nur eine rein semantisch-kommunikative, sondern auch eine pragmatisch-performative Dimension besitzen. Hierdurch erhalten Events eine besondere, außeralltägliche Erfahrungs- und Erlebniskomponente. Die Erfahrung einer kollektiven Gemeinschaft, einer „Communitas", kann dabei als das Erleben einer außeralltäglichen, kollektiven Realität des Heiligen gesehen werden, die wiederholt auch als eine „Anti-Struktur" zur profanen Wirklichkeit auftritt. „As phenomena, they not only are cognitively graspable, but also emotionally livable. Therefore, they are devices of praxis that merge horizons of the ideal and the real, to bring into close conjunction ideology and practice, attitude and action" (Handelman 1990: 16).

Ziel des Mega-Events war es in der Tat, „some magic" zu erzeugen (Tony Hollingsworth), denn von dieser „Magie" hing nicht zuletzt auch der Erfolg des Konzertes vor Ort und des Medien-Events weltweit ab, denn der „Funke" sollte zu den Konzertbesuchern und den Fernsehzuschauern zugleich überspringen und diese affizieren. Konzertproduktion und musikalische Aufführungen setzen damit eine Art dramaturgisches „management of the emotions" (Collins 1975: 58) voraus, durch das die Veranstalter die „hearts and minds of the people" erreichen und bewegen wollen. Gerade ein 10 ½ -stündiges Konzert mußte dabei einen dramaturgischen Bogen spannen, der die Spannung halten und allmählich aufbauen sollte. Das Konzert besaß deshalb auch mit Sting, Georg Michael und Eurithmics „strong opening acts". Es wechselte dann zwischen verschiedenen Darbietungsformen und Musikstilen (insbesondere in der Mitte des Konzertprogramms), zwischen kleineren „performances" auf der Nebenbühne und großen „acts" auf der Hauptbühne, zwischen Comedy, Ansprachen und Musik, politischen Botschaften und musikalischer Unterhaltung. Insbesondere durch die Einrichtung einer Nebenbühne war es möglich, die Umbauarbeiten auf der Hauptbühne zu überbrücken und damit einen Spannungsbogen bis zum großen Finale mit Stevie Wonder und „Dire Straits and friends" zu spannen. Schaubild 2 faßt das Konzertprogramm in seinen wesentlichen Elementen zusammen.

Schaubild 2: Nelson Mandela 75th Birthday Tribute – Konzertprogramm

Hauptbühne   Nebenbühne
African Drumming (3 min.)
Harry Belafonte (4 min.)
Sting (25 min.)
Georg Michael (18 min.)

Richard Attenborough (2 min.)
Amampondo (14 min.)
Whoopi Goldberg, Richard Gere
(2 min.)

Eurythmics (40 min.)
Graham Chapman (2 min.)

Adamland Dancers (4 min.)
Whoopi Goldberg (2 min.)
Amaputo (5 min.)

The Soul Set (42 min.)
(u.a. Al Green, Joe Cocker,
Natalie Cole)

Steven Fray & Hugh Lorry (4 min.)
Tracy Chapman (8 min.)

Darol Hannor (3 min.)
Midge Ure's All Star Band (50 min.)
(u.a. Wet Wet Wet, Paul Yong,
Bryan Adams, Bee Gees)

P.M. Thomas & A. MacGraw (2 min.)
Jonathan Guangua (13 min.)

Sly & Robbie's All Star Band (23 min.)
(u.a. Jackson Browne, Youssou N'Dour,
ASWAD)

Mahamatini & Mahotena Queens
(12 min.)

Gregory Hines (1 min.)
UB40 (mit Maxi Priest, Chrissie Hynde) (27 min.)
Richard Gere (2 min.)

Whoopi Goldberg (4 min.)
Tracy Chapman (8 min.)
Billy Conolly (5 min.)

Hugh Masekela & Miriam Makeba
(35 min.)

Billy Conolly (7 min.)
Alvin Ailey American Dance Theater
(10 min.)

Ameli Lloyd & Denzel Washington
(1 min.)
Simple Minds (69 min.)
(u.a. Peter Gabriel, Steven Van Zandt,
Jerry Dammers)

Harry Anfield (4 min.)

Roman Gula (10 min.)

Zwei Filmstars (?) (2min.)
Whitney Houston (48 min.)

Meat Loaf (1 min.)
Salt'n Pepa (5 min.)
Meat Loaf (1 min.)
Derek B. (7 min.)

Stevie Wonder (11 min.)

Meat Loaf (1 min.)
The Fat Boys (7 min.)
Meat Loaf (1 min.)
Harry Anfield (5 min.)

Billy Collony (8 min.)
Dire Straits und Eric Clapton (45 min.)
zum Schluß mit Jessye Norman

Das Schaubild unterscheidet die einzelnen Beiträge anhand des Schrifttyps: Musiker und Bands sind normal gesetzt, Sprecher und Ansager kursiv, Comedists unterstrichen. Der Conférencier ist hier nicht mit aufgeführt worden. Er übernahm die Aufgabe, Bands oder Ansager ihrerseits an zukündigen sowie z.t. auch Zeit zu überbrücken (insgesamt ca. 25 Minuten)

Zwei Aspekte dieses Konzertes erscheinen für die hier behandelte Thematik von besonderem Interesse. Erstens lag dieser Veranstaltung das typische Ausdrucks- und Darstellungsrepertoire angelsächsischer Populärmusik zugrunde, das somit auch Ausgangs- und Bezugspunkt für die Thematisierung der politischen Sache, um die es ging, war. Wie wir bereits gesehen haben, hatten sich die Veranstalter darauf verständigt, dieses Konzert vornehmlich als Huldigung Nelson Mandelas zu konzipieren, um eben diese Anknüpfung an das populärkulturelle Musikrepertoire, die zugrunde liegende Semantik und Symbolik zu erleichtern. Das Konzert bestand nämlich zunächst aus einer Vielzahl von Tophits, die immer wieder Nelson Mandela gewidmet wurden, um so einen minimalen thematischen Bezug herzustellen. Das galt etwa für Liebesballaden wie *Where do broken hearts go* von Whitney Houston, *A message to you* von den Bee Gees, oder *I just called* von Stevie Wonder, der den Text zu einem Geburtstagsständchen umgedichtet hatte und als solches mit dem Publikum anstimmte. Sodann wurden eine Reihe von politischen Liedern vorgetragen, die sich explizit auf Mandela und seinen Kampf bezogen, oder aber allgemein Fragen der Gerechtigkeit und Freiheit betrafen (Little Steven van Zandts *Sun City*, ASWADs *Set them free*, *Mandela Day* von Simple Minds, *Biko* von Peter Gabriel etc.). Schließlich durchzogen eine Reihe von Ansprachen das Konzertprogramm, die an den Anlaß des Konzertes, an das Schicksal Nelson Mandelas und seiner Mitstreiter erinnerten und moralische Appelle oder politische Forderungen formulierten.

Diese Huldigung Nelson Mandelas war rituelles Mittel der Solidarisierung mit dem „großen Führer und Staatsmann" und wurde aufwendig in Szene gesetzt. Dabei spielte die Prominenz oder der Ruhm der teilnehmenden Künstler eine wichtige Rolle. Denn jeder Star, der Mandela seine Ehre erwies, wurde von einem ebenfalls bekannten Redner aus dem Showbizz angesagt, der wiederum von einem Conférencier vorgestellt wurde; dabei wurde immer wieder darauf geachtet, daß der Bekanntheitsgrad des ansagenden Stars mit der Beliebtheit des Musik-Stars übereinstimmte. Diese dramaturgisch inszenierte „symbolische Verneigung" diente damit der Überhöhung Nelson Mandelas als Angel- und Bezugspunkt der politischen und/oder humanitären Botschaft des Events. Letztlich diente die Person Nelson Mandelas als symbolische Brücke zwischen „uns" und der schwarzen Bürgerrechtsbewegung Südafrikas, womit er zum Kristallisationsobjekt der anvisierten solidarischen Gemeinschaft wurde. Allerdings gingen die Vorstellungen über die konkrete Botschaft des Konzertes auseinander, denn spirituelle, moralische und politische Deutungen der Person Nelson Mandelas, seines Kampfes und seiner Botschaft, traten hier zugleich auf.

"When I step back a little bit and I look at it and I say: This is all generated from one men that none of us has ever met: Nelson Mandela. And I think it's an extraordinary lesson that the power of goodness, what that can do. And the power of the individual, who is motivated by kindness and compassion and altruism, what effect that has on the whole planet" (Richard Gere).

„We've been quiet too long, we've been patient too long. We, the people, will no longer tolerate the terrorism of the government of South Africa. Seriously. We no longer do business with those who do business with the terrorist government of South Africa. We no longer vote politicnas who refuse to enforce the economic boycott of the terrorist government of South Africa. Most of all, we the people demand the unconditional release of Nelson Mandela" (Little Steven van Zandt).

„We are celebrating a birthday, but I and we all are very conscious that this day you are not free. We are very conscious of the fact that until you are not free, no men, women and child, whatever color or culture they may come from, are really free. Until the world, until we as a unity, a unit people of all colors and cultures come together and realize that oppression of anyone is oppression of everyone" (Stevie Wonder).

Die verschiedenen Ansprachen hoben jeweils den spirituellen, politischen und/oder moralischen Charakter des Konfliktes hervor. Die Botschaft des Konzertes war somit durchaus umkämpft, insbesondere was die konkreten Forderungen und Appelle anbetraf. Zugleich aber durchzogen zwei Leitmotive das gesamte Konzert. Einerseits wurde immer wieder davon gesprochen, daß das Apartheidssystem ein verfehltes und krankes System sei, das gemeinsame Überzeugungen und Prinzipien verletzte. Andererseits wurde wiederholt von Nelson Mandela als einem gerechtem Kämpfer für die gemeinsamen Überzeugungen gesprochen. Konsens bestand demnach darin, daß der

Konflikt eine eminent moralische Qualität besaß, die damit auch eine entsprechende Solidarisierung und Unterstützung jenseits divergierender politischer Vorstellungen und Ziele verlangte.

Dem Konzert ging es aus diesem Grund um die Beschwörung einer übersubjektiven, moralischen Gemeinschaft, und hierfür nutzte es das gemeinsame Ausdrucks- und Darstellungsrepertoire (gemeinsame Hits und Hymnen, Wertbezüge und Narrationen, Embleme und Gesten), das wiederum eine intensive Interaktion zwischen Bühne und Publikum ermöglichte und beflügelte („call and response"-Spiele, gemeinsames Singen, akklamatorische Mißbilligung und Billigung der Metaphern „Apartheid" und „Mandela" etc.). Ziel des rituellen Prozesses war es damit, Unterhaltung in Engagement, individuelles Erscheinen in kollektive Versammlung zu überführen. Das Konzert inszenierte damit die Versenkung des individuellen Konzertbesuchers in eine huldigende, protestierende Gemeinschaft, die sich ihrer selbst vergewisserte und Bekenntnis ablegte von den Irrungen eines falschen und unmoralischen Systems staatlich sanktionierten Rassismus. Dabei läßt sich die dramaturgische Struktur des Konzertes als eine dreifache Verschmelzung betrachten: die Verschmelzung der Zuschauer zu einem gemeinsamen Publikum, die Verschmelzung des Publikums mit den Stars und den Aufführungen auf der Bühne, die als Mittler einer Verschmelzung des Publikums mit Nelson Mandela als Ikone eines politischen Kampfes und einer moralischen Mission auftraten.

Der politisch-programmatische Kern der Veranstaltung befand sich dabei in der Mitte des Programms, denn die meisten politischen „Hymnen" und Ansprachen sind auf die Darbietungen zwischen der *Sly & Robbie's All Star Band* und *Simple Minds* verwiesen worden. Hierdurch unterscheidet sich diese Show von dem zweiten Nelson Mandela Konzert von 1990. Letzteres besaß ein wesentlich politischeres Profil, denn zum einen bestand das Programm aus einer 20-minütigen Ansprache Nelson Mandelas, zum anderen waren viele der eben genannten Darbietungen gegen Ende des Konzertes plaziert worden, um der Veranstaltung eine programmatische Ausrichtung zu verleihen. Die Entscheidung, das politische Profil im ersten Mandela Konzert zurückzufahren, ist für die hier behandelte Fragestellung aber aussagekräftiger, offenbart sie doch einen zweiten Aspekt dieser Art von Benefiz-Events, den es noch kurz darzulegen gilt.

Hatten sich die Veranstalter darauf geeinigt, das Konzert als Huldigung Nelson Mandelas zu konzipieren, so geschah dies auch, um dieser „ernsten", politischen Veranstaltung die Leichtigkeit einer Geburtstagsparty zu verleihen. In der Tat war das Programm darum bemüht, eine offenkundige Politisierung genauso zu vermeiden, wie ein penetrantes Moralisieren. So ironisierten einige Comedy-Einlagen das Thema und die politisch-humanitäre Intention des Konzertes. Zugleich war das Konzert von einer Anzahl von

Brüchen und Abwechslungen im Programm gekennzeichnet. Identifikation und Distanzierung waren damit einander abwechselnde und aufeinander bezogene Aspekte des Konzertprogramms.

Dieses dramaturgische Mittel spielte in dieser Veranstaltung eine besonders herausragende Rolle, ist aber ein für diese Mega-Events insgesamt charakteristisches Merkmal, dokumentiert es doch die zugrundeliegende moralische Thematisierungs- und Mobilisierungsstrategie. Denn diesen Events geht es um die symbolische und rituelle Inszenierung von etwas, das man voluntaristischen Solidarismus bezeichnen könnte. In der Tat unterstrichen alle Stars, daß sich das Individuum in freier Wahl für ein Engagement entscheiden muß. Dies wird allerdings nicht als ein utilitaristisches, sondern vielmehr als ein grundlegend moralisches Grundproblem behandelt: Denn das Individuum muß frei und autonom für Solidarität eintreten und altruistisch handeln *wollen*. Die Person Nelson Mandelas übernahm aus diesem Grunde auch eine zentrale symbolische und rituelle Funktion, denn an ihm ließen sich die Leiden und Übel der Apartheid genauso paradigmatisch darstellen, wie die Macht und die Kraft des einzelnen Individuums im Kampf um eine bessere Zukunft.

Leichte Unterhaltung, Ironisierung und Distanzierung sollen im Kontext dieser „politischen" Mega-Events damit nicht zuletzt die Möglichkeit einer „freien Wahl" garantieren, gerade weil diese Veranstaltung eben genau das Ziel verfolgte, das Individuum in seiner „freien Wahl" zu beeinflussen. Der Wert einer moralischen Gemeinschaft hängt damit programmatisch davon ab, ob sich das Individuum in „freier Wahl" dieser Gemeinschaft anschließen will. Die *individuelle* Bejahung und Unterstützung einer kollektiven Gemeinschaft, die von Stars und Prominenz paradigmatisch inszeniert wird, ist dann symbolisches und rituelles Mittel der *kollektiven* Selbstvergewisserung. Klammer dieser Veranstaltungen ist damit ein „Kult des Individuums" (Durkheim 1992), der das autonome Subjekt zum Bezugspunkt der kollektiven Verehrung macht, zu einem Mythos eben. „Die von den Teilnehmern immer wieder erlebte und erstrebte Einzigartigkeit solcher Gemeinschaften lebt von der Illusion der Mitwirkenden, sich in einer Gemeinschaft von Einzelnen zu befinden, eben nicht das zu sein, was das Ritual schließlich sichtbar doch aus ihnen macht – eine zwar durchgestaltete, aber anonyme ‚Masse'" (Soeffner 1992: 115).

6. Ausblick: Kommerz, Politik und Moral

Anfang der 90er Jahre zeichnete sich eine gewisse Abnutzung dieses Veranstaltungstypus ab. „I think there is charity-concert fatigue in the West, particularly in the U.S. and U.K. (...) We may be getting to the end of this type of concert.", äußerte Jack Healey, Generalsektretär der USA-Sektion von Amnesty International gegen Ende der *Human Rights Now!*-Welttournee (New York Times, 1.9.1989). Die Entwicklungen der 90er Jahre geben dieser Einschätzung allerdings nicht recht, berücksichtigt man z.b. die internationalen Kampagnen gegen die chinesische Besetzung Tibets. Hier ist insbesondere der *Milarepa Fund* zu erwähnen, der seit 1996 im jährlichen Turnus ein Großkonzert organisiert, das letzte 1999 als einen simultanen Konzertmarathon in Chicago, Amsterdam, Tokio und Sydney. Zu erwähnen sind auch Künstlerinitiativen, wie die *World Artists for a Free Tibet*, die insbesondere im Sommer 1998 eine Kampagne mit einer Vielzahl von Einzelinitiativen engagierter Künstler überall in der Welt koordiniert hat.

Events dieser Art verlieren damit ihre Einmaligkeit, gerade weil sie einen festen Platz im Aktionsrepertoire von Musikern und Aktivisten eingenommen haben. Diese „Vermarktung" politischer Thematisierungs- und Mobilisierungsformen führt aber keinesfalls zu einer utilitaristischen Entzauberung altruistisch-solidarischer Interaktionen oder zu einer Verflüchtigung symbolisch konstruierter Gemeinschaftsbande. Das Beispiel der Mega-Events verdeutlicht vielmehr, daß der Markt ein sehr produktives Medium und ein hoch persuasiver Motor symbolischer Ritualisierungen und moralischer Vergemeinschaftungprozesse ist. Hits und Events sind zwar Produkte und „Konstrukte" der Musikindustrien, die den Markt, seine Produktions- und Marketingprozesse perpetuieren. Zugleich aber sind sie auch hochgradig aufgeladene Zeichen- und Sinnträger, die spezifische Symbole und Narrationen, Konventionen und Rituale transportieren, und die deshalb als ein wichtiger Bezugs- und Kristallisationspunkt für soziale Gruppen oder Gemeinschaften („Geschmackskulturen", Jugendbewegungen, etc.) fungieren. „Production is a functional moment of a cultural structure. This understood, the rationality of the market and of bourgeois society is put in another light. (...) It is not as if we had no culture: no symbolic code of objects – in relation to which the mechanism of supply-demand – price, ostensibly in command, is in reality the servant" (Sahlins 1976: 170). Der Erfolg von Hits und Events als kommerzielle Produkte hängt dabei gerade von der Magie ab, die sie in sich tragen, von der Faszination, die sie auslösen, und von den emotiven und kognitiven Effekten, die sie zeitigen. Unabhängig davon, wie kritisch man der Botschaft und der Form dieser Veranstaltungen gegenübersteht, so muß stets konstatiert werden, daß der Markt keinesfalls ein kalt berechnender, systemisch organisierter Ort ist, sondern ein verzauberter Raum ritueller und symbolischer Vergemeinschaftung.

Literatur

Altheide, D. L./Snow, R. P.: Media Worlds in the Postjournalism Era. New York 1991

Bagdikian, B. H.: The Media Monopoly. Boston 1990

Baringhorst, S.: Politik als Kampagne. Zur medialen Erzeugung von Solidarität. Opladen 1998

Berking, H.: Solidarischer Individualismus. Ein Gedankenspiel. In: Ästhetik und Kommunikation 28/1994, S. 37-44

Booth, G. D./Kuhn, T. L.: Economic and Transmission Factors as Essential Elements in the Definition of Folk, Art, and Pop Music. In: The Musical Quarterly 1990, S. 411-438

Collins, R.: Conflict Sociology. Toward an Explanatory Science. New York 1975

Cooper, L.: Social Concerns, Political Protest, and Popular Music. In: The Social Studies 1988, S. 53-60

Durkheim, E.: Die elementaren Formen des religiösen Lebens. Frankfurt/M. 1981

Durkheim, E.: Über soziale Arbeitsteilung. Frankfurt/M. 1992

Eisel, S.: Politik und Musik. Musik zwischen Zensur und politischem Mißbrauch. München 1990

Eyerman, R./Jamison, A.: Social movements and cultural transformation: popular music in the 1960s. In: Media, Culture & Society 1995, S. 449-68

Frith, S.: The Industrialization of Popular Music. In: Lull, J. (Hrsg.): Popular Music and Communication. London 1987, S. 53-77

Garofalo, R.: Popular Music and the Civil Rights Movement. In: Garofalo, R. (Hrsg.): Rockin´ the Boat. Mass Music and Mass Movements. Boston 1992a, S. 231-40

Garofalo, R.: Understanding Mega-Events: If We Are the World, Then How Do We Change It? In: Garofalo, R. (Hrsg.): Rockin the Boat. Mass Music and Mass Movements. Boston 1992b, S. 15-35

Handelman, D.: Models and Mirrors. Towards an Anthropology of Public Events. Cambridge 1990

Lahusen, C.: „Unsere Stimme erwacht." Populäre Musikkultur und nationale Frage im heutigen Spanien. Saarbrücken 1991

Lahusen, C.: The Rhetoric of Moral Protest. Public Campaigns, Celebrity Endorsement and Political Mobilization. Berlin 1996

Lahusen, C.: Mobilizing for International Solidarity: Mega-Events and Moral Crusades. In: Giugni, M./Passy, F. (Hrsg.): Political Altruism (im Erscheinen)

Lopes, P. D.: Innovation and Diversity in the Popular Music Industry, 1969 to 1990. In: American Sociological Review, 1992, S. 56-71

McAdam, D.: Micromobilization Contexts and Recruitment to Activism. In: International Social Movement Research, 1988, S. 125-54

McAdam, D.: The Biographical Consequences of Activism. In: American Sociological Review 1989, S. 744-60

Negus, K.: Global harmonies and local discords. Transnational policies and practices in the european recording industry. In: European Journal of Communication 1993, S. 295-316

Olson, M.: The Logic of Collective Action. Public Goods and the Theory of Groups. Cambridge 1968

Reeves, G.: Communications and the Third World. London 1993

Soeffner, H.-G.: Auslegung des Alltags – Der Alltag der Auslegung. Zur wissenssoziologischen Konzeption einer sozialwissenschaftlichen Hermeneutik. Frankfurt/M. 1989

Soeffner, H.-G.: Die Ordnung der Rituale. Die Auslegung des Alltags 2. Frankfurt/M. 1992

Turner, V.: The Anthropology of Performance. New York 1986

Wallis, R.: Internationalisation, Localisation & Integration. The Changing Structure of the Music Industry and its Relevance for Smaller Countries and Cultures. Diss. A. Götenburg, Gothenburg 1990

VII.
Sportevents

Karl-Heinrich Bette und Uwe Schimank

Sportevents: Eine Verschränkung von „erster" und „zweiter Moderne"

Events sind in aller Munde. Der Anglizismus klingt neu, aufregend, global, jung, modern – und spricht mit diesen Assoziationen beinahe jeden an. Wer will schon altmodisch, provinziell, langweilig sein! Natürlich ist da viel alter Wein in neuen Schläuchen. Und dennoch: Dieser modischen Redewendung läßt sich soziologischer Gehalt abgewinnen. Wer sich die gegenwärtige Eventkultur ansieht, kann viel über die Entwicklungsdynamik der modernen Gesellschaft lernen.

Ob ein soziales Ereignis ein Event ist, hängt zunächst von der Einstellung jedes einzelnen Beteiligten und Beobachters ab. Eventhaftigkeit ist also keine objektive Beschaffenheit einer Situation, sondern eine subjektive Perspektive auf sie – was auch heißt: Der Eine mag als Event erfahren, was für den Anderen keines ist. Der Eine geht völlig darin auf, zwei Minuten eine totale Sonnenfinsternis inmitten einer großen Menschenmenge erleben zu können; für einen Anderen hingegen ist dies nur die Gelegenheit zu einer nüchternen naturwissenschaftlichen Beobachtung; und einen Dritten läßt das Ganze sogar in beiden Hinsichten völlig kalt.

Allerdings lassen sich diese Einstellungen strategisch dirigieren. Events können – in Grenzen – „gemacht", sozial konstruiert werden. Der Eventboom der letzten Jahre geht darauf zurück, daß eine auf die Inszenierung solcher Ereignisse ausgerichtete Industrie – nicht zuletzt auch in Teilen der Massenmedien – entstanden ist, die einen entsprechenden Markt geschaffen hat und immer weiter bedient und ausbaut. Die alten Techniken der Zerstreuung und des Vergnügens werden in Inhalt und Form überarbeitet und ergänzt. Dies ist offensichtlich lukrativ; die Nachfrage ist da und schaukelt sich im Wechselspiel mit dem Angebot immer weiter hoch. Events bilden so eine zentrale Komponente der heutigen „Erlebnisgesellschaft" (Schulze 1992).

Charakteristisch für Events als Erfahrungsmodus ist eine Kombination zweier Komponenten. Events werden erstens als *ästhetisches Spektakel* und zweitens als *emotionale Gemeinschaft* erfahren. Es ist „was los"; faszinierende, sinnlich erregende Dinge jenseits des Alltagstrotts geschehen. Und man erlebt dies nicht für sich allein, sondern teilt es mit anderen, mit denen man in direkter interaktiver Verbindung steht, zumeist durch räumliche Kopräsenz.

Wenn also jemand eine Situation als ästhetisches Spektakel und zugleich in einer emotionalen Gemeinschaft erlebt, macht er die subjektive Erfahrung eines Events. Trotz dieser irreduziblen Subjektivität dessen, was ein Event ausmacht, läßt sich empirisch feststellen, daß bestimmte soziale Ereignisse von der Mehrzahl der in sie Involvierten als Event erlebt werden. Die tägliche Straßenbahnfahrt zur Arbeit hat für die allermeisten Menschen eben so wenig Eventcharakter wie ein Besuch beim Zahnarzt. Sportereignisse hingegen sind ganz offensichtlich in dem Sinne event-tauglich, daß viele Gesellschaftsmitglieder sie als Gelegenheiten nutzen, ein ästhetisches Spektakel in einer emotionalen Gemeinschaft zu erleben. Wir wollen daher im weiteren zunächst diese Event-Tauglichkeit von Sportereignissen näher beleuchten und deren spezifisches Profil herausarbeiten. Was erlebt der Sportzuschauer – vor allem der im Stadion, aber in abgeschwächter Form auch derjenige, der ein Sportereignis am Bildschirm mitverfolgt?[1] Nachdem wir dies, zunächst nahe am einzelnen Sportzuschauer bleibend, im Rahmen einer modelltheoretischen Generalisierung geklärt haben, werden wir unsere Befunde sodann in einen abstrakteren gesellschaftstheoretischen Rahmen setzen. Unsere Interpretation wird darauf hinauslaufen, daß der zuschauerorientierte Leistungssport heutzutage eine Art von Events bereitstellt, die „erste" und „zweite Moderne" miteinander verknüpfen.

1. Eventprofil des Zuschauersports

Eine Charakterisierung des Eventprofils von Sportereignissen kann als ihren Ausgangspunkt die grundlegende Logik der Handlungskonstellation nehmen, in die der Sportzuschauer involviert ist. Es handelt sich in der einfachsten Form um eine *Triade.* Mindestens zwei sportliche Gegner – Individuen oder Mannschaften – treten in einen Wettkampf miteinander ein; und der Zuschauer beobachtet dies als jemand, der nur höchst beschränkte Eingriffsmöglichkeiten besitzt.[2] Zwei produzieren sich vor einem Dritten. Zwar tun sie dies nicht allein für ihn. Der sportliche Wettkampf macht auch ohne Zuschauer Sinn. Aber Spitzensport ist doch in hohem Maße Zuschauersport.[3]

---

1   Wir beschäftigen uns hier also nicht mit dem Erleben der Athleten, das unter Umständen ebenfalls Eventcharakter haben kann.

2   In den mittelalterlichen volkstümlichen Spielen – u.a. den Vorläufern des heutigen Fußballs – gab es noch keine klare Differenzierung von Zuschauer- und Teilnehmerrolle (Dunning 1973).

3   Denn nur so sind nicht zuletzt die enormen Ressourcen akquirierbar, die Professionalisierung und fortschreitende Leistungssteigerung ermöglichen.

Für den Zuschauer ist dabei *primär Kontemplation als synchrones Miterleben* vorgesehen: Beobachtung der „vita activa" des Athleten. Aktiv darf und soll der Zuschauer allerdings insoweit werden, als er seinem Erleben des Geschehens handelnd Ausdruck verleiht: durch Klatschen, Raunen, Pfeifen, Brüllen, Singen u.s.w., und durch kommentierendes Reden mit anderen Zuschauern.

Zur Konstellationsstruktur des Wettkampfs gehört, daß sein Ausgang vorher nicht feststeht. Der Zuschauer weiß zu Anfang nicht, wer am Ende obsiegen wird. Er vermag allerdings den sozialen Prozeß, in dem sich dies herausstellt, sehr weitgehend zu überblicken. Denn zum einen vollzieht sich das *ergebnisoffene Interaktionsgeschehen* zwischen den Sportlern in sachlicher Hinsicht nach fixierten Regeln, deren Beachtung institutionell sichergestellt wird und die weder die Wettkämpfer noch die Zuschauer zu ändern vermögen. Zum anderen ist der Wettkampf ein zeitlich, räumlich und sozial umgrenztes und überschaubares Interaktionsgeschehen. Eine bestimmte Anzahl von Wettkampfteilnehmern tritt in einem fixierten kurzen Zeitraum an einem aus allen Richtungen gut einsehbaren Ort gegeneinander an.

Dabei ist der sportliche Wettkampf ein „real life event", bei dem es für die beteiligten Athleten sehr ernsthaft zugeht. Sie wollen gewinnen; es wird nicht simuliert wie bei den abgesprochenen Inszenierungen des professionellen Catchens. Und diese Echtheit steht den Zuschauern vor Augen. Sie verlangen, daß jeder Sportler mit vollem Einsatz um den Sieg kämpft.[4] Die formale Gleichheit der Athleten im Wettkampf ist hierbei ein weiteres wichtiges Element der Konstellationsstruktur. Die Wettkampfregeln bevorzugen keinen der Teilnehmer.

Aus dieser Konstellationsstruktur gewinnt der Zuschauersport seine spezifische Event-Tauglichkeit. Eine erste Komponente dieses Profils ist *Spannungserleben*. Dies ist das hervorstechendste Merkmal sportlicher Wettkämpfe in der Dimension des ästhetischen Spektakels. Man weiß nicht, wer am Ende der Sieger sein wird. Diese Ungewißheit, die sich aus der Ergebnisoffenheit und der formalen Gleichheit ergibt, geht einher mit der Gewißheit, daß es in absehbarer Zeit einen eindeutigen Sieger geben wird.[5] Mehr noch: Gewiß ist auch, daß nur einer gewinnen kann. Der Sieg ist also ein extrem knappes Gut.

Das aus einer „künstlich" konstruierten Konfrontation entspringende Spannungselement unterscheidet sportliche Wettkämpfe von vielen anderen Events – beispielsweise Technopartys oder Opernbällen. In anderen gesellschaftlichen Teilsystemen gibt es zwar auch ergebnisoffene Konflikte, die

---

4   Sportevents fügen sich also nicht der dichotomen Unterscheidung zwischen „lügnerischen" und „spielerischen Kulissen" bei Schulze (1999: 7).

5   Mit Ausnahme derjenigen Sportarten, in denen ein Unentschieden möglich ist – was immer wieder als Mangel gerade im Hinblick auf das Spannungserleben der Zuschauer registriert wird. Aber auch hier wird zumindest am Ende einer Wettkampfserie ein Sieger ermittelt.

Spannung erzeugen. Das gilt etwa für politische Wahlkämpfe oder auch Parteitage, auf denen programmatische Linien oder personelle Schlüsselentscheidungen getroffen werden. Jedes Gerichtsverfahren weist ebenfalls diese Art von Ungewißheit auf. Und schließlich sind auch – in mancherlei Hinsicht sportlichen Wettkämpfen am nächsten stehend – militärische Auseinandersetzungen oft höchst spannende Ereignisse. Doch in all diesen Fällen gilt, daß der Zuschauer in einem viel geringeren Maße unbeteiligter Beobachter ist als beim Sport. Das liegt daran, daß politische Entscheidungen, Gerichtsurteile und militärische Siege beziehungsweise Niederlagen nicht jenen harmlosen Charakter haben, den sportliche Wettkämpfe besitzen. Militärische und politische Entscheidungen können Millionen von Menschen betreffen, und Gerichtsurteile können tief ins Leben einzelner Menschen eingreifen. Entweder ist derjenige, der diese Konflikte beobachtet, mehr oder weniger unmittelbar selbst betroffen; oder die Konflikte rufen – wie zum Beispiel Mordprozesse oder Kriegsgreuel – starke moralische Empfindungen in dem ansonsten nicht betroffenen Beobachter hervor.

Nichts davon gilt für den Sportzuschauer. Es geht bei der durch den Sport erzeugten Spannung nicht um quälende Ungewißheit, wie sie beispielsweise auch mit einer medizinischen Untersuchung oder einem beruflichen Vorstellungsgespräch oder einer Prüfung verbunden sein kann, sondern im Gegenteil um einen angenehmen „Thrill". Eben weil dem Zuschauer selbst keine Konsequenzen drohen, kann er den Nervenkitzel des Wettkampfs unbelastet selbstvergessen genießen. Irgendwelche weitreichenden Konsequenzen für sein weiteres Leben hat das Wettkampfergebnis nicht.[6] Denn der Sport ist in der modernen Gesellschaft ein ausdifferenziertes Teilsystem wie Wirtschaft, Politik, Wissenschaft u.a. auch und kultiviert damit in seinem Sinnhorizont eine „legitime Indifferenz" (Tyrell 1978: 183f.) gegen sämtliche außersportlichen Belange. Das Resultat sportlicher Auseinandersetzungen kann dem Zuschauer relativ gleichgültig sein, was seine sonstige Lebensführung in den anderen Teilsystemkontexten anbetrifft.[7] Was er im Stadion erlebt, tangiert nicht sein Seelenheil, seine Berufskarriere oder sein Familienleben. Im Rahmen der sportspezifischen Gelegenheiten eines „time off" (Goffman 1967: 161ff.) von den alltäglichen Verpflichtungen der Lebensführung kann und soll sich der Zuschauer allerdings durchaus mental und affektiv engagieren – in Gestalt einer bisweilen sehr ausgeprägten Sympathie und Parteinahme für einzelne Athleten oder Mannschaften. Je nach deren Abschneiden erlebt der Zuschauer Enttäuschung und Ärger oder Begeisterung und Freude. Aber wie heftig auch immer ihn dies ergreifen mag: Es bleibt ohne Konsequenzen für sein weiteres Leben.

---

6 Es sei denn, der Zuschauer hätte beispielsweise eine größere Geldsumme auf den Sieg eines bestimmten Sportlers bzw. einer bestimmten Mannschaft gewettet.

7 Diese Gleichgültigkeit zeigt sich auch daran, daß der Zuschauerstatus ein freiwilliger ist.

Die Eignung sportlicher Wettkämpfe zum Event hängt in der Spannungs-dimension offensichtlich mit dieser Harmlosigkeit für die Zuschauer zusam-men.[8] Man sieht dies im Umkehrschluß daran, daß bei spektakulären Ge-richtsprozessen oder auch politischen Ereignissen einiges getan wird, um zu verhindern, daß sie zum Event gemacht und als solches erlebt werden. Teile der Massenmedien neigen zwar auf Grund ihrer Operationskriterien dazu, beispielsweise den Fall Weimar in Deutschland oder den Prozeß gegen O. J. Simpson in den USA als spektakuläres Ereignis auszuschlachten, also eine quasi-sportliche Spannung sowie auch eine – später noch behandelte – mora-lisch getragene emotionale Vergemeinschaftung aller Gerechten dieser Welt zu erzeugen. Doch die Akteure des Rechtssystems wehren solche Tendenzen, so gut sie können, ab, weil nur so die selbstreferentielle Geschlossenheit ju-ristischer Entscheidungen gegen populistische Stimmungsmache gesichert werden kann. Im Sport ist dies nicht erforderlich. Der teilsystemische Sieges-code kann nicht nur damit leben, daß sein Operieren Spannung erzeugt – dies ist vielmehr eine zentrale Funktion dieses Codes.

Die zweite Komponente des Eventprofils des Zuschauersports, die diesen als ästhetisches Spektakel kennzeichnet, hängt mit dessen besonderer *Zele-brierung von Körperlichkeit* zusammen. Der Konflikt, den der sportliche Wettkampf darstellt, ist ja kein intellektueller oder in Form von Verhandlun-gen ausgetragener, sondern bedient sich der Körper der Sportler, weil es sich um einen Wettstreit in bestimmten physischen Fähigkeiten handelt. Es sind Menschen aus Fleisch und Blut, die gegeneinander antreten, keine anonymen korporativen Akteure wie Unternehmen oder Behörden. Diese sportliche Körperbetonung geht mit der hochgradigen Transparenz der Konfliktaustra-gung einher. Die sportartspezifischen Regeln sind zumeist leicht verstehbar, so daß die Zuschauer keinen besonderen intellektuellen Aufwand betreiben müssen.[9] Im Sport sprechen die unmittelbar wahrnehmbaren Körper. Es gibt keine räumlich und zeitlich weit verzweigten, unüberschaubaren, ausfasern-den Handlungszusammenhänge. Der Zuschauer muß auch nicht in Psychen hineinschauen und komplizierte Intentionen enträtseln. Die situativen Ab-sichten der Athleten sind weitgehend trivial und jedem Beteiligten und Beob-achter bekannt. Allenfalls gibt es in manchen Sportarten gelegentliche Strate-gieentscheidungen und Finten, die sich nicht sogleich enthüllen – wohl aber immer noch im Laufe des Wettkampfes.

Die Ästhetik des Sports lebt in dieser Hinsicht zum einen von der Perfek-tion körperlicher Abläufe und Synchronisationen – letzteres zum Beispiel bei gelungenen Paar-Figuren im Eiskunstlauf. Zum anderen und noch wesentli-

---

8   Für die Athleten sind ihre Siege und Niederlagen natürlich alles andere als harmlos.
9   Und wenn eine Sportart sehr komplizierte Regeln hat, beeinträchtigt dies ihre Attraktivität für Zuschauer
     und damit auch ihre Event-Eignung. So bleibt etwa Baseball vielen Nicht-Nordamerikanern ein Buch mit
     sieben Siegeln.

cher ist aber eine Ästhetik des Kampfes.[10] Der Konflikt, den jeder sportliche Wettkampf darstellt, wird im wahrsten Sinne des Wortes verkörpert. Der Reiz sportlicher Auseinandersetzungen besteht eben auch darin, daß das im Alltag geltende Pazifismus-Gebot „zivilisiert" aufgehoben wird.

Auch bei anderen Arten von Events spielt Körperlichkeit eine mehr oder weniger große Rolle. Das gilt etwa für Technopartys ähnlich wie für Rockkonzerte. Doch während dort der schöne, oft sexuell attraktive Körper im Vordergrund steht, sind dies im Sport allenfalls Beigaben, die aber häufig genug gänzlich fehlen, weil eben die an Sieg und Niederlage orientierte konflikthafte und kämpferische Begegnung im Vordergrund steht. Auch in anderen gesellschaftlichen Konflikten, sofern sie interaktiv ausgetragen werden, kann der Körper eine gewisse Rolle spielen. Man denke etwa an Aussehen, Mimik und Gestik von politischen Führern. Doch dort wird durch körperliche Mittel symbolische Politik allenfalls unterstrichen, was sich an Konfliktgeschehen in anderen Dimensionen ereignet, während im Sport der Körper Austragungsort und Austragungsmittel des Konflikts ist. Lange Zeit war dies auch bei militärischen Auseinandersetzungen so. Doch die Entwicklung der Militärtechnologie während der letzten Jahrzehnte hat die Körper der Soldaten zwar keineswegs völlig ins Irrelevante verdrängt, wohl aber als konfliktentscheidende Größen stark reduziert.

Wendet man sich nun der zweiten Dimension von Events, der emotionalen Vergemeinschaftung, zu, fällt an sportlichen Ereignissen zunächst einmal auf, daß sie den Zuschauern Gelegenheiten eines *affektiven Sich-Auslebens* bieten. Dies gilt nicht zuletzt dann, wenn die Favoriten einer Zuschauergruppe schlechte Leistungen bieten, über die man sich dann gemeinsam kräftig ärgern kann. Generell können die Regeln des „guten Benehmens" auf der Tribüne außer Kraft gesetzt werden und der Zuschauer darf – drastisch gesagt – „die Sau rauslassen".

Die Zuschauerrolle toleriert nicht nur das Ausleben von Affekten, sondern fordert es sogar.[11] Wer ohne Gefühlsregung einem Wettkampf beiwohnt, der auf Messers Schneide steht, oder sich demonstrativ den sich selbst organisierenden Zuschauerwellen im Stadion verweigert, wirkt höchst deplaziert. Ein Großteil der üblichen Reglementierungen der Selbstdarstellung in der Öffentlichkeit wird in der Zuschauerarena aufgehoben. Wie weit diese Lizenz zum affektiven Sich-Ausleben reicht, sieht man am Hooliganism. Mit all seinen schlimmen gewalttätigen Auswüchsen ist er zunächst einmal etwas, wozu die Zuschauerrolle geradezu einlädt. Sie verfügt gewissermaßen kaum über Stoppregeln für den „pure emotional man" (Flam 1990).

---

10 Wobei die kämpferische Ausprägung je nach Sportart ganz verschieden ausfällt. Im Boxen bedeutet Kampf etwas ganz anderes als im Tennis oder im Turnen.

11 Dosierung und Ausdrucksmittel variieren freilich je nach Schichtaffinität einer Sportart. Man vergleiche etwa ein Reitturnier mit einem Boxkampf.

Spannung und Kampf, die beiden Komponenten des Zuschauersports als eines ästhetischen Spektakels, entfesseln die Affektivität der Zuschauer. Wenn ein Wettkampf hin und her wogt, schaukeln sich Begeisterung, Anfeuerung und Mitleiden beziehungsweise Mitfreuen der Zuschauer unaufhaltsam hoch; und wenn die eigenen Athleten „nichts bringen" oder vom Schiedsrichter eklatant benachteiligt werden, brechen sich aggressive Emotionen schnell Bahn. Genau darüber, daß diese Stimmung sich den Athleten mitteilt, wirken die Zuschauer dann auch ins sportliche Geschehen hinein, beeinflussen unter Umständen sogar signifikant den Ausgang des Wettkampfs. Angefeuerte Athleten erhalten einen plötzlichen Motivationsschub, setzen ungeahnte Energien frei, während umgekehrt ausgepfiffene Sportler demoralisiert werden. Und auch Schiedsrichter bleiben nicht unbeeindruckt von der Emotionalität der Zuschauer.

Viele andere Events setzen ebenfalls Gefühle frei. Doch zumeist bleibt diese sehr viel stärker diszipliniert – siehe zum Beispiel das Publikum eines klassischen Konzerts, das erst am Ende eines Stückes seinen Beifall äußern und ihn bis dahin gleichsam aufstauen muß. Rockkonzerte ebenso wie Technopartys erlauben demgegenüber, wie der Sport, ein weit ungehemmteres affektives Sich-Ausleben. Allerdings geht es bei diesen Events vornehmlich um positive, „sozial verträgliche" Emotionen, während der Sport eben auch Raum für Aggressionen schafft.[12]

Politische Veranstaltungen wiederum, aber auch religiöse Events wie beispielsweise Massengottesdienste in Stadien, zeichnen sich dadurch aus, daß Leitfiguren bestimmte Emotionen gezielt erzeugen – zum Beispiel Trauer oder Hoffnung, Neid oder Hass. Gegenüber dieser Art von Emotionssteuerung leisten sportliche Events eine spontane Selbstorganisation der Emotionalität, die als strukturelle Kopplung zwischen dem Wettkampfablauf und dem Geschehen auf den Zuschauerrängen stattfindet. Je nach Wettkampfverlauf geht daher die eine emotionale Tönung in eine andere über, und auch die Intensität des emotionalen Mitgehens der Zuschauer flacht ab oder steigert sich.

Affektives Sich-Ausleben steht in enger Verbindung zu einer weiteren Komponente des Eventprofils des Zuschauersports: der *Heldenverehrung*. Wiederum sind es die Konkurrenzkonstellationen sportlicher Konflikte, die eine Gelegenheit für den Auftritt von Helden bieten. Sportliche Helden erstehen in jenen seltenen Momenten, in denen Athleten über sich selbst hinauswachsen – zum Beispiel ein Sprinter einen neuen Fabel-Weltrekord läuft. Aber auch eine Fußballmannschaft, die als Außenseiter einen eigentlich uneinholbaren Rückstand aufholt, erarbeitet sich für ihre Fans ebenso wie für die neidisch bewundernden Anhänger der gegnerischen Mannschaft einen

---

12 Der Pogo der Punks und das „Head-banging" bei Heavy-Metal-Konzerten weisen allerdings ebenfalls eine erhebliche aggressive Note auf.

Heldenstatus. Heldenverehrung kann graduell erheblich variieren: von Leistungen, die noch Jahrzehnte später als Mythos erinnert und beschworen werden, wie zum Beispiel die Weltmeisterschaft der deutschen Fußballnationalmannschaft im Jahr 1954, bis hin zu relativ kurzlebigen „Helden für einen Tag". In solchen außeralltäglichen Augenblicken erlangen die betreffenden Athleten charismatische Qualitäten.

Dabei müssen die Athleten nicht einmal erfolgreich sein, um einen Heldenstatus zu erreichen. Wer „alles gibt", kann beim Publikum den Funken zum Zünden bringen, selbst wenn er am Ende verliert. Dazu trägt die Ästhetik des Kampfes bei, die in solchen Momenten erlebbar wird – wenn der Zuschauer zum Beispiel den unbändigen Willen spürt, mit dem sich eine Fußballmannschaft der drohenden Niederlage entgegenstemmt. Dann sind nicht schöne Spielzüge zu bewundern, sondern der kraftvolle Einsatz ist es, der begeistert: keinen Ball verloren geben, die letzten Reserven mobilisieren, unermüdlich den Gegenspieler attackieren. Sport symbolisiert in solchen Augenblicken, manchmal geradezu mit existentialistischem Pathos, das Nicht-Aufgeben desjenigen, der sich – wenn auch vielleicht letztlich erfolglos – gegen den Lauf der Dinge stemmt.

Andere Events kommen ganz ohne Helden aus – wiederum beispielsweise Technopartys oder entsprechend inszenierte Naturschauspiele. Rockkonzerte hingegen tragen ebenso wie sportliche Wettkämpfe das Potential in sich, aus dem Helden erstehen können. Viele Ereignisse in anderen gesellschaftlichen Teilsystemen können ebenfalls Helden hervorbringen – von politischen Kampagnen über Kirchentage bis hin zu militärischen Operationen. Doch mit seiner Dauerproduktion von Siegen und Niederlagen und insbesondere auch von atemberaubender Spannung und immer wieder neuen Rekorden ist der Sport gleichsam auf eine Serienproduktion von Helden hin angelegt, während diese in anderen Teilsystemen einen eher exzeptionellen Status haben.

Damit fixiert sich die Emotionalität der Sportzuschauer sehr häufig auf bestimmte Personen beziehungsweise, genauer gesagt, Körper und durchlebt deren Schicksal in allen Höhen und Tiefen mit – sowohl in der Kurzfristperspektive eines einzelnen Wettkampfs als auch in der Langfristperspektive einer Karriere. Man denke nur daran, wie Boris Becker oder Steffi Graf zu emotionalen Ankerpunkten für Millionen Tennisbegeisterter wurden. Eine „imagined community" (Anderson 1983) zwischen Fans und Athleten überbrückt Welten, Nähe wird inszeniert; und wer als Athlet diese Illusion zerstört, hat mit harten Reaktionen von seiten der enttäuschten Fans zu rechnen.

Wenn sich Zuschauer mit bestimmten Athleten und Mannschaften oder mit den Athleten der eigenen Nation identifizieren, bilden sich über die gemeinsamen Identifikationsobjekte Fangruppen, innerhalb derer sich nicht zuletzt durch Abgrenzung gegenüber konkurrierenden Gruppierungen ein selektiv vertieftes Wir-Gefühl entfaltet. Ansatzweise gibt es eine solche Gemeinschaftsintensivierung durch Heldenkonkurrenz auch in anderen Bereichen – man denke etwa in den sechziger Jahren an die Fehden zwischen den Fans der Beatles und Rolling Stones. Doch die Konstellationsstruktur des Sports legt diesen gemeinschaftsbildenden Mechanismus nahe, was in anderen, weniger konkurrenzbetonten sozialen Feldern nicht so ist. Die Politik, die Religion und auch das Militär ähneln in dieser Hinsicht dem Sport – freilich mit dem schon erwähnten großen Unterschied, daß die dort stattfindenden Vergemeinschaftungen keinen im erläuterten Sinne harmlosen Charakter tragen.

Ein zusätzliches Eigenleben gewinnt das Gemeinschaftserleben des Sportzuschauers schließlich durch *reflexive Überhöhung.* Durch ihre spezifische Dramaturgie leisten sportliche Wettkämpfe eine massenhafte Synchronisation individuellen Erlebens, die als solche bewußt wird. Die Zuschauer beobachten eben nicht nur die Athleten, sondern auch einander wechselseitig, etwa das Emporschnellen tausender Körper beim erfolgreichen Torschuß oder das stadionweite Aufstöhnen nach einer knapp gescheiterten Aktion. Man erfährt als Sportzuschauer unmittelbar, daß man mit vielen anderen gemeinsam leidet oder sich freut, und daß man dieselben Helden verehrt. Es geht um einen wechselseitigen Enthusiasmus über den Enthusiasmus der Anderen. Die reflexive Überhöhung kann sich gelegentlich so weit verselbständigen, daß für die emotionale Vergemeinschaftung gar keine Grundlage in Form von Spannung, Körperästhetik oder Heldenverehrung mehr erforderlich ist. Die Zuschauer begeistern sich manchmal primär an sich selbst, und ein spannender Wettkampf entsteht vielleicht erst dann, wenn sich dies auch dem Athleten mitteilt.[13]

Wenn jemand schließlich womöglich hauptsächlich deshalb ins Stadion geht, weil er dort „nette Leute" und alte Bekannte trifft, bleibt das sportliche Geschehen sogar gänzlich Nebensache für die emotionale Vergemeinschaftung. Das Stadion bildet dann nur noch einen „focal point" (Schelling 1960: 83-118) – also einen Ort, wo man mit hinreichender Wahrscheinlichkeit fündig wird, wenn man Gemeinschaftserleben sucht. Dieser Mechanismus kann außerhalb des Stadions noch fortwirken. Sportereignisse sind häufige Themen geselliger Konversation in der Kneipe oder auf Partys (Bette 1992).

Als Zwischenergebnis können wir festhalten, daß das Eventprofil des Zuschauersports durch fünf wichtige Facetten gekennzeichnet ist. In der Dimension des ästhetischen Spektakels sind dies Spannung und Zelebrierung von Körperlichkeit, in der Dimension der emotionalen Vergemeinschaftung affektives Sich-Ausleben, Heldenverehrung und reflexive Überhöhung. Weil diese Facetten alle in der grundlegenden triadischen Konstellationsstruktur

---

13 Bisweilen kommt es sogar zu einer Selbstnobilitierung der Zuschauer, wenn diese sich als „faire" Beobachter feiern, indem sie auch die letzten Wettkämpfer noch mit demonstrativem Beifall belohnen. Auch so etwas verschafft Gefühle der Zugehörigkeit zu einer Gemeinschaft.

des Zuschauersports verankert sind, bestehen zwischen ihnen viele Wechselwirkungen. Diese Wechselwirkungen werden nicht zuletzt im kommunikativen Austausch über Sportereignisse heraufbeschworen. Wenn Leute miteinander über gemeinsam erlebte Wettkämpfe reden, kommen all diese Facetten ins Bewußtsein – was wiederum dazu motiviert, auch weiterhin ins Stadion zu gehen.

2. Die Modernität des Zuschauersports

Will man den Zuschauersport vor dem Hintergrund dieses Eventprofils gesellschaftstheoretisch genauer verorten, also nach seinen gesellschaftlichen Funktionen fragen, bietet sich die von Ulrich Beck eingeführte analytische Unterscheidung zwischen „erster" und „zweiter Moderne" an (vgl. Beck 1986). Die „*erste Moderne*" ist die sich durchsetzende Moderne – also diejenige Moderne, die vormoderne Sozialverhältnisse Schritt für Schritt beseitigt und ersetzt. Die „*zweite Moderne*" reagiert demgegenüber auf die Resultate der „ersten", deren Folgeprobleme sie thematisiert und bearbeitet. Dies ist nicht als ein striktes Nacheinander gemeint. In denjenigen Gesellschaftsbereichen, wo die „erste Moderne" sich besonders früh durchsetzte, begann auch die „zweite Moderne" entsprechend früh, während in anderen Bereichen noch nicht einmal die „erste Moderne" angefangen hatte.

Diese generellen Überlegungen zur Bedeutung der „zweiten Moderne" lassen sich nun auf den Zuschauersport als wichtigen Ausschnitt des gesellschaftlichen Eventangebots beziehen. Bereits seit dem Ende des letzten Jahrhunderts gibt es ein breites Interesse vieler Gesellschaftsmitglieder an sportlichen Ereignissen, das seitdem immer mehr zugenommen hat. Das Wachstum des Zuschauersports scheint unaufhaltsam. So sind immer mehr Sportarten ins Blickfeld nennenswerter Zahlen von Zuschauern geraten, und die Wettkampffrequenz hat überall stark zugenommen. Irgendwo läuft immer irgendetwas, und es finden sich stets genügend Interessierte, die ins Stadion kommen. All das deutet zunächst einmal darauf hin, daß das geschilderte Eventprofil des Zuschauersports, folgt man der Argumentation von „erster" und „zweiter Moderne", *kompensatorische Funktionen* erfüllt. Dabei handelt es sich um Defizite, die bereits früh als Folgeprobleme gesellschaftlicher Modernisierung aufgetreten sind. Man kann sich dies für die einzelnen Komponenten des Eventprofils vergegenwärtigen.

Die Routinisierung und Bürokratisierung vieler Handlungsvollzüge in der modernen Gesellschaft schaffen einerseits eine entlastende, durchaus positiv erlebte Erwartungssicherheit. Alles geht seinen geregelten Gang. Andererseits gehen mit diesem „Systemvertrauen" aber auch Gefühle der *Langeweile* und Leere einher. Eine Suche oder sogar Sucht nach Spannung kommt auf, die unter anderem durch das Mitfiebern als Zuschauer sportlicher Wettkämpfe gestillt wird (Elias/Dunning 1970).

Nicht zuletzt durch Urbanisierung, Globalisierung, Massenkommunikation, Bürokratisierung und Verwissenschaftlichung hat die gesellschaftliche Modernisierung auch eine „abstract society" (Zijderveld 1970) in dem Sinne geschaffen, daß Handelnde mit immer längeren und verzweigteren, dadurch undurchschaubar gewordenen Wirkungsketten ihrer Aktivitäten rechnen müssen. Intellektualisierung ist die notwendige Anpassungsleistung der Akteure an diese Strukturentwicklung. Die Kehrseite dessen ist eine weitgehende *Verdrängung des Körpers* aus gesellschaftlichen Handlungsvollzügen (Bette 1989). Gegen diese „Verkopfung" des modernen Menschen opponiert die Ästhetik körperlichen Kampfes und körperlicher Bewegung, die den Sport kennzeichnet.

Gesellschaftliche Modernisierung bedeutet weiterhin *Affektdämpfung* und Körperdisziplinierung. In den meisten Lebensbereichen herrschen strikte Unpersönlichkeit und ein Handeln sine ira et studio vor. Zugleich wird so – zum Beispiel durch entfremdete Arbeit – ein emotionaler Druck erzeugt, der aber eben nicht unmittelbar ausgelebt werden darf. Und auch die Familie ist nicht der Ort, wo jemand seinen auch destruktiven Gefühlen explosionsartig freien Lauf lassen kann. Das Erleben sportlicher Wettkämpfe eröffnet vor diesem Hintergrund den Zuschauern Möglichkeiten zum Ausleben dieser andernorts nicht mehr zugelassenen Affekte.

Gesellschaftliche Modernisierung beinhaltet weiterhin eine *Entzauberung* der Welt – vor allem durch Säkularisierung und Verwissenschaftlichung. Die Vorstellung einer durch Gott gestifteten sinnhaften Einheit der Welt, in der das Schicksal des Einzelnen aufgehoben ist, verflüchtigt sich in der Polykontexturalität der ausdifferenzierten Teilsysteme. Wenn dann auch politische Utopien wie der Sozialismus nur noch Desillusionierung zurückgelassen haben, gibt es keine überzeugenden innerweltlichen Substitute der vormaligen außerweltlichen Heilsgewißheiten mehr. Die je eigene Subjektivität zerfasert infolgedessen. Helden sind demgegenüber, wo immer sie vorkommen, personifizierte Ankerpunkte für orientierungslos dahindriftende Zeitgenossen. Zumindest punktuell erfüllt Heldenverehrung die ansonsten unbefriedigt gelassene Sehnsucht nach einer subjektiv sinnhaften Ordnung der Welt. Sportliche Helden stehen neben politischen oder moralischen Heldenfiguren für eine Bedienung dieses Bedürfnisses der Mitglieder der modernen Gesellschaft. Als Identifikationsfiguren demonstrieren Sporthelden, daß das Subjekt nach wie vor „zählt".

Mit gesellschaftlicher Modernisierung geht schließlich ein *Gemeinschaftsverlust* einher. Die räumliche Mobilität nimmt massiv zu; und selbst räumliche Nähe kann nicht mehr ohne weiteres in soziale Nähe überführt werden, wie etwa die Anonymität großstädtischer Wohnviertel zeigt. Nicht zuletzt sorgt auch das Massenmedium Fernsehen dafür, daß die Menschen einander weniger treffen als früher. Diese Verdrängung gemeinschaftsstiftender Begegnungen nimmt der Person ein wichtige Quelle von Identitätsbestätigung. Sportzuschauern eröffnen sich hier Gelegenheiten „posttraditionaler Vergemeinschaftung" in einer „individualisierten" Gesellschaft (Hitzler 1998). Es geht daher gerade nicht um die in traditionellen, zum Beispiel dörflichen Gemeinschaften oft anzutreffende „Tyrannei der Intimität" (Sennett 1983). Auf der Tribüne wird vielmehr eine öffentliche Gemeinschaft zwischen einander wildfremd bleibenden Menschen konstituiert. Keiner muß sich in die Lebensschicksale der anderen hineinversetzen und dafür die vielfältigen Kontinuitäts- und Konsistenzzumutungen von Privatheit in Kauf nehmen. Und dennoch findet eine Wechselseitigkeit von sozialen Bestätigungen statt.

Bei keiner der angeführten, der Person durch die „erste Moderne" auferlegten Verlusterfahrungen ist Sportinteresse die einzige Möglichkeit eines meist latenten, nicht notwendigerweise bewußten individuellen Copings. Für jedes dieser Defizite existieren mehr oder weniger viele funktional äquivalente Kompensationen. Einzigartig am Sportinteresse könnte aber sein, daß es gleichzeitig als Coping für so viele verschiedene Arten von Defiziten dienen kann.

Der Zuschauersport bedient somit individuelle Bedürfnisse, die im Übergang von der Vormoderne zu der „ersten Moderne" zumindest partiell unbefriedigt gelassen worden sind. So gesehen stellt er ein Moment der Bewahrung von Ungleichzeitigkeit, der Wiederkehr des Verdrängten, dar. Durch die gesellschaftlichen Strukturveränderungen gewissermaßen unzeitgemäß gewordene, aber eben von den Personen nicht einfach ablegbare Bedürfnisse finden in der Zuschauerrolle noch eine Möglichkeit, sich entfalten zu können. Begreift man Sportevents als Elemente der „zweiten Moderne", heißt das, daß diese in den genannten Hinsichten gleichsam die Vormoderne wieder restituieren.

Es wäre allerdings gänzlich verfehlt, hierin eine Regression, einen Schritt zurück ins Gestern zu sehen. Denn es sind ja nicht vormoderne, sondern offenbar universelle psychische Bedürfnisse der Gesellschaftsmitglieder, auf die der Zuschauersport eine Antwort bietet. Und die Antwort, die er gibt, ist auch nicht diejenige, die diese Bedürfnisse in der vormodernen Gesellschaft gefunden hatten. Seine Antwort ist vielmehr eine hochmoderne. Das spitzensportliche Handeln, das die Zuschauer als Event erleben und genießen, ist in seinen charakteristischen Merkmalen geradezu eine Verkörperung von Modernität. Das gilt für die Regelhaftigkeit des Wettkampfgeschehens ebenso wie für den binären Code des Teilsystems, für die Rationalisierung, Organisierung und Verwissenschaftlichung der spitzensportlichen Leistungserbringung und Leistungssteigerung, für die Spezialisierung und Verberuflichung der Athletenrolle und für die Kommerzialisierung, Technisierung und massenmediale Vermittlung von Sportereignissen. Nicht zuletzt lebt der Zuschauersport von der typisch modernen Herauslösung von Freizeit aus Arbeit. All diese charakteristischen Elemente wären in vormodernen Gesellschaften undenkbar gewesen.

Somit läßt sich der Zuschauersport zunächst einmal als Bestandteil der „zweiten Moderne" einordnen. Er stellt eine Antwort auf individuelle Bedürfnisse dar, die die „erste Moderne" unbefriedigt gelassen hat. Dies ist seine gesellschaftliche Funktion im Hinblick auf die Sicherstellung funktionstüchtiger, nicht durch Erfahrungen von Sinnleere, Gemeinschaftsauflösung und Orientierungsverlust beeinträchtigten und gestörten psychischen Systemen. Der Zuschauersport trägt aber noch in einer weiteren Hinsicht zur *Sozialintegration* der Individuen in die moderne Gesellschaft bei. Er versorgt die Individuen nicht nur emotional und ästhetisch, sondern vermittelt ihnen zugleich evaluative Standards in Gestalt tragender Wertorientierungen der modernen Gesellschaft. Interessanterweise sind dies allerdings Wertorientierungen, die eine nach wie vor ungebrochene „erste Moderne" repräsentieren.

Auch wenn der Leistungssport eine zeitliche, sachliche, soziale und räumliche Eigenwelt ausdifferenziert hat, repräsentiert er – anders als etwa der Karneval oder der Terrorismus – keine Gegenkultur. In den Stadien wird keine humoreske oder gewaltsame Totalnegation der etablierten Gesellschaft artikuliert. Vielmehr stellt der Zuschauersport geradezu *Feierstunden des Leistungsprinzips* bereit, das in der Moderne als „achieving society" ein gesellschaftlicher Zentralwert ist (vgl. Parsons 1951: 182-191; 1971: 120-125). Wenn die gesellschaftliche Ordnung nicht länger gottgegeben ist, gilt dies auch für soziale Ungleichheit, also den Unterschied von Reich und Arm ebenso wie von übergeordneten und untergeordneten Positionen. Hervorgehobene Ränge in den verschiedenen gesellschaftlichen Teilsystemen werden nicht länger nach Geburt oder anderen askriptiven Merkmalen wie zum Beispiel Geschlecht oder ethnischer Zugehörigkeit vergeben, sondern gemäß relativer Leistungsfähigkeit der Personen. Je entscheidender – im doppelten Sinne des Wortes – eine Position ist, desto höher muß jemand auf der Leistungsskala rangieren, um sie zu bekommen – so das natürlich längst nicht immer unverfälscht umgesetzte, gleichwohl jedoch in den meisten Gesellschaftsbereichen tragende Prinzip der Zuordnung von Personen zu Positionen. Und wo dies noch nicht hinreichend verwirklicht ist, stellt es einen Mißstand dar, den man anprangern darf. Differentielle Leistung legitimiert so soziale Ungleichheit. Hierzu passt, daß die verschiedenen gesellschaftlichen Teilsysteme entsprechend ihrem jeweiligen binären Code auf permanente Leistungssteigerung hin ausgerichtet sind und entsprechend getrimmter Individuen bedürfen. Die hierfür notwendige Motivation erfolgt sowohl über den Anreiz, durch höhere Leistungen Statusverbesserungen erreichen zu können, als auch über die Drohung, bei schwächer werdenden Leistungen mit einem Statusverlust rechnen zu müssen.

Nirgendwo sonst in der modernen Gesellschaft ist dieses allseits prägende Leistungsprinzip so rein verwirklicht wie im Spitzensport (vgl. Krockow 1980). Spitzensportler leben dem Publikum einen Leistungsindividualismus par excellence vor. Denn der Status eines Athleten innerhalb seiner Disziplin bemißt sich an nichts anderem als daran, wie er im Vergleich zu seinen Konkurrenten abschneidet – und dies ist mit einer unbarmherzigen Eindeutigkeit, sozusagen bis auf die Tausendstel Sekunde genau, messbar. Im Auf-und-Ab, das ein Sportler im Laufe seiner Karriere erleben kann, manifestiert sich so gleichsam die höchste Stufe an erreichbarer sozialer Gerechtigkeit im modernen Sinne.[14] Im Sport hat der Furor von Gleichheitsfanatikern nie eine Chance gehabt, weil hier nicht etwa eine Herrschaft des Mittelmaßes, sondern eine auf Körperleistung begründete transparente Meritokratie etabliert wird.[15] Jeder Sieg und jede Niederlage ist schon am nächsten Tag Schnee von gestern. Es gibt keine Akkumulation von Lorbeeren, auf denen man sich ausruhen kann. Wer gestern Weltmeister im Hundertmeterlauf war, bekommt heute nicht etwa 10 m Vorsprung vor der Konkurrenz eingeräumt. Jeder muß sich vielmehr jeden Tag von Null an bewähren.[16] Weiterhin wird dem Zuschauer ebenso unmißverständlich vorgeführt, daß es die im Wettkampf erbrachte Leistung ist, die über die Plazierung entscheidet. Es sind zum Beispiel nicht „gute Beziehungen" oder „Seilschaften" oder die Fähigkeit zur Schmeichelei, die darüber entscheiden, ob jemand siegt oder verliert.[17] Auch Geburt und Herkunft dürfen keine Bedeutung haben, wenn sportliche Rangpositionen vergeben werden. Die vor aller Augen erbrachte Leistung ist es, die zählt – und sonst gar nichts! Auch hierin ist der Spitzensport weit rigoroser leistungsorientiert, als es andere gesellschaftliche Teilsysteme sind.

Wenn das Publikum spitzensportliche Events genießt und Spitzensportler als Helden verehrt, werden dabei also zum einen die geschilderten emotionalen und ästhetischen Bedürfnisse befriedigt – jedoch unter ständigem Mittransport der Botschaft, daß Leistung sich lohnt, weil sie und sie allein über die soziale Stellung der Person, nicht zuletzt ihr Ansehen bei anderen, entscheidet. Diese Botschaft wird, anders als auf Parteitagen oder in den Massenmedien, nicht argumentativ, verbal und explizit vermittelt, sondern den Sportzuschauern implizit durch das, was sie an körperlichem Geschehen

---

14 Genau besehen schlägt hier scheinbare Leistungsgerechtigkeit oft schon wieder in Glück bzw. Pech um. Denn ist derjenige, der eine Tausendstel Sekunde länger braucht, wirklich langsamer?

15 Genauer gesagt: Der Sport ist rigoros gegen Ergebnisgleichheit eingestellt, beharrt allerdings ebenso entschieden auf einer formalen Chancengleichheit am Anfang.

16 Dies gilt freilich auch im Sport nur auf der „Vorderbühne" des Wettkampfgeschehens, wo strikte Chancengleichheit institutionalisiert ist. Daß erfolgreiche Athleten vielerlei kumulierbare Vorteile hinsichtlich Trainingsbedingungen, Ausrüstung und ähnlichem besitzen, steht auf einem anderen Blatt.

17 In den wenigen Sportarten, wo genau solche Faktoren eine Rolle spielen, wie zum Beispiel in der Rhythmischen Sportgymnastik, ist dies dann auch eine ständige Quelle von Ärgernissen und Skandalen.

beobachten, gleichsam „untergejubelt". Dies ist, wie man aus der Werbepsychologie weiß, ein sehr viel wirksamerer Modus der Vermittlung von Werten, Haltungen und Präferenzen. Wer argumentiert, muß mit Gegenargumenten rechnen, durch die seine Position sogleich ihrer selbstverständlichen Geltung beraubt wird.[18] Argumenten kann man sich überdies schlicht verweigern, indem man zuzuhören aufhört. Die unterschwelligen, gefühlsgestärkten Suggestionen des sportlichen Geschehens verbreiten sich hingegen kritiklos und, so lange man zuschaut, unübersehbar. Dieser „heimliche Lehrplan" wird noch dadurch unterstrichen, daß auch die Sportberichterstattung in den Massenmedien kaum einmal diese Leistungsbotschaft des Spitzensports hinterfragt oder gar ablehnt, sondern sie im Gegenteil mit jedem Bericht aufs Neue bestärkt, der Sieger feiert und Verlierer kritisiert oder gleich ganz übergeht.

Dieser den Zuschauern geradezu penetrant vorgeführte, bei ihnen aber auch nach wie vor ungebrochen ankommende Leistungsindividualismus der Spitzensportler steht in einem markanten Kontrast zu dem ansonsten gesellschaftlich weit verbreiteten Individualismus des Sich-Auslebens (Turner 1975; Bell 1976). Der Leistungsindividualismus der Spitzensportler wirkt geradezu unzeitgemäß altmodisch, fesselt aber nur und gerade so die Zuschauer. Das Publikum liebt an den Hochleistungssportlern etwas, was es sich selbst in dieser Extremform nie zugemutet hat, aber was sich auch in schwächerer Form heute kaum noch jemand zumutet. Dennoch hält das Publikum beim Sportzuschauen aber auch etwas hoch, was insbesondere in der Berufssphäre immer fragwürdiger geworden ist: die Verknüpfung von Karriereerfolg und Leistung (Sennett 1998; Neckel 1999). Immer mehr Menschen müssen die Erfahrung machen, daß es nicht von individueller Leistung abhängt, wie weit man es im Leben bringt, und ob man ganz nach oben kommt und sich dort zu halten vermag oder aber im Extremfall dauerhaft arbeitslos wird. Der globalisierte Weltmarkt setzt selbst erfolgreich arbeitende Unternehmen und deren Beschäftigte unvorhersehbaren Risiken aus. Auch zu dieser partiellen Entkopplung von Karriere und Leistung stellt der Spitzensport eine Gegenwelt dar – in dieser Hinsicht eine, an die sich nicht wenige inzwischen sehnsüchtig klammern.

So sorgen Sportevents immer auch dafür, daß die Gesellschaftsmitglieder das Leistungsprinzip in Erinnerung – sogar in guter! – behalten.[19] Diese Affirmation eines gesellschaftlichen Zentralwerts dürfte wohl funktional ebenso erforderlich sein wie die Bedienung der emotionalen und ästhetischen Bedürfnisse der Gesellschaftsmitglieder. Ganz ohne Leistung, sich nur einem völligen Sich-Ausleben überlassend, kommt die moderne Gesellschaft eben nicht zurecht. Und gerade wenn Berufskarriere stärker als früher zur Sache

---

18 Schon die bloße Tatsache, daß etwas argumentativ begründet wird, besagt unmißverständlich immer auch, daß es nicht selbstverständlich so ist, also auch anders sein könnte.

19 Siehe auch Bernard (1986: 51), der Sportarenen als „Räume gesellschaftlicher Erinnerung" analysiert.

von Glück oder Pech werden, muß das Leistungsprinzip hochgradig kontrafaktisch aufrechterhalten werden, damit nicht ein gänzlich demotivierter Fatalismus um sich greift, sondern Sozialdisziplin bestehen bleibt. Und so werden die Sportzuschauer im Stadion immer auch zur Pflicht gerufen – von einer subtil-suggestiven Stimme, der sie sich nicht zu entziehen vermögen.

Zusammengefaßt stellen sich Sportevents in einer funktionalen Betrachtung somit als komplizierte *Verschränkungen von „erster" und „zweiter Moderne"* dar. Insofern universelle emotionale und ästhetische Bedürfnisse der Gesellschaftsmitglieder befriedigt werden, gehört der Zuschauersport zu den frühesten Vorboten der „zweiten Moderne". Zugleich wird jedoch mit dem Leistungsprinzip ein Zentralwert der „ersten Moderne" weiter hochgehalten. Doch mit dieser Verschränkung stellt der Zuschauersport nur ein Spiegelbild der auch ansonsten herrschenden gesellschaftlichen und individuellen Verhältnisse dar. Wir alle leben zugleich in beiden Modernen – und das wohl auf Dauer.

Literatur

Anderson, B.R.: Imagined Communities. Reflections on the Origin and Spread of Nationalism. London 1983

Beck, U.: Risikogesellschaft. Frankfurt/M. 1986

Bell, D.: Die Zukunft der westlichen Welt. Kultur und Technologie im Widerstreit. Frankfurt/M. 1976

Bernard, M.: Das sportliche Spektakel. In: Hortleder, G./Gebauer, G. (Hrsg.): Sport – Eros – Tod. Frankfurt/M. 1986, S. 48-59

Bette, K.-H.: Körperspuren. Zur Semantik und Paradoxie moderner Körperlichkeiten. Berlin 1986

Bette, K.-H.: Sport als Thema geselliger Kommunikation. Zur Choreographie mikrosozialer Situationen. In: Ders.: Theorie als Herausforderung – Beiträge zur systemtheoretischen Reflexion der Sportwissenschaft. Aachen 1986, S. 16-35

Dunning, E.: The Structural-Functional Properties of Folk-Games and Modern Sports. In: Sportwissenschaft 1973, S. 215-232

Elias, N./Dunning, E.: The Quest for Excitement in Unexciting Societies. In: Lüschen, G.. (Hrsg.): The Cross-Cultural Analysis of Sport and Games. Champaign 1970, S. 31-51

Flam, H.: Emotional Man I: The Emotional Man and the Problem of Collective Action. In: International Sociology 27/1990, S. 39- 56

Goffman, E.: Where the Action is. In: Ders.: Interaction Ritual. Harmondsworth 1967, S. 149-270

Hitzler, R.: Posttraditionale Vergemeinschaftung. Über neue Formen der Sozialbindung. In: Berliner Debatte INITIAL 9/1998, S. 81-89

Krockow, C. Graf von: Sport, Gesellschaft, Politik. München 1980

Neckel, S.: Blanker Neid, blinde Wut? Sozialstruktur und kollektive Gefühle. In: Leviathan 27/1999, S. 145-165

Parsons, T.: The Social System. London 1951

Parsons, T.: Das System moderner Gesellschaften. München 1971

Schelling, T.C.: The Strategy of Conflict. Cambridge 1960

Schulze, G.: Die Erlebnisgesellschaft. Frankfurt/M. 1992

Schulze, G.: Kulissen des Glücks. Streifzüge durch die Eventkultur. Frankfurt/M. 1999

Sennett, R.: Verfall und Ende des öffentlichen Lebens. Die Tyrannei der Intimität. Frankfurt/M. 1983

Sennett, R.: Der flexible Mensch. Die Kultur des neuen Kapitalismus. Berlin 1998

Turner, R.M.: The Real Self: From Institution to Impulse. In: American Journal of Sociology 81/1975, S. 989-1015

Tyrell, H.: Anfragen an die Theorie der gesellschaftlichen Differenzierung. In: Zeitschrift für Soziologie 7/1978, S. 175-193.

Zijderveld, A.C.: The Abstract Society. A Cultural Analysis of our Time. Harmondsworth 1970

Wilfried Ferchhoff

Eventmarketing in sportorientierten Jugendszenen. Der gesellschaftliche Zusammenhang von Jugend und Sport

In dem Maße wie die moderne Gesellschaft mit postmodernen Zügen komplexer und unüberschaubarer wird, scheinen sich die „kleinen Lebenswelten" zu vervielfältigen und lassen den pluralen Alltag zu einem regelrechten Labyrinth werden. Gemeinsam ist diesen kleinen Lebenswelten, daß sie für die jeweils beteiligten Subjekte einen sinnerfüllten Ausschnitt der konstruierten Wirklichkeit für einen bestimmten Zeitraum zur Verfügung stellen, eine spezifische Sinnwelt, die auch ihre Patchwork- oder Teilzeit-Identität leitet. Die Gesellschaftsmitglieder sind in der Regel nicht in der Lage, die vielfältigen multiplen Wirklichkeiten zu (er)kennen (vgl. Knoblauch 1996: 15).

Auseinanderzusetzen hätte man sich allerdings nicht nur mit der „Multiplizität" der Subjekte, sondern auch mit der „Multiplizität" des *einen* biographischen Subjekts. Fest umrissene Identitäten werden aufgeweicht. Die Subjekte gestalten sich nicht nur im Rahmen ihrer Biographien stets neu, sondern in allen situativen Bezügen, die sie einnehmen und begehen, eingehen und wieder loslassen. Das unteilbare Ich wird aufgegeben zugunsten eines Patchwork-Ich's. Und wenn es ein solches unteilbares Subjekt nicht gibt, dann arbeitet eine Sozialforschung, die ein einheitliches Subjektverständnis voraussetzt, mit einer Chimäre. Sie macht Sozialforschung *als ob*.

Prozesse der Enttraditionalisierung, Entstandardisierung, Entritualisierung und Pluralisierung haben das Herkunfts-Ich geschwächt und das Möglichkeits-Ich entfesselt. Identitätsbildung scheint somit nicht mehr im Rahmen einer stabilen Matrix zu gelingen, wie noch eine traditionelle soziologische Vorstellung es uns nahebringen wollte. Identität zu konstruieren und sie einigermaßen fest und stabil zu halten, ist eine überkommene Sichtweise. Am Ende dieses Jahrhunderts kann das Ich, wenn wir bspw. poststrukturalistische oder postmoderne Grundierungen und Theorieströmungen zugrunde legen, nur noch als „Netz von Möglichkeiten" betrachtet werden. „Das Ich ist weder fest noch konsistent. Weder besteht die absolute Auszeichnung einer Existenzmöglichkeit noch eine Äquidistanz zu allen Existenzmöglichkeiten, sondern es gibt größere und kleinere Affinitäten, eine fließende Gemengelage und Wechselwirkung zwischen unterschiedlichen Identitäten" (Gross 1999: 292). In diesem Zusammenhang wird auf der Subjektebene auch von pluralen, kontingenten, bricolageartigen „Cross-Cutting-Identities" (Daniel Bell), von „Patchwork-Identitäten" (Heiner Keupp) oder gar von „Selbst-Design" und „Selbst-Fashion" (Norbert Bolz) gesprochen (ebd.: 293). Abschied genommen wird damit von Vorstellungen, die im Falle der Identität auf so etwas wie ein Unbedingtes, Erhabenes, Verborgenes, Eigentliches und Letztes hinauswollen. Eine Einheit des Ichs, ein Hyper- oder Über-Ich werden in Frage gestellt. Kein Zentrum, keine fragwürdig-nebulöse Hyperinstanz eines Ich ist zu denken. Das einzige, was verallgemeinerungsfähig, invariant, transversal wäre, ist die „Anerkennung der inneren Differenz" eines frei flottierenden, hin und her pendelnden „Ich" (Gross 1999: 294).

Darüber hinaus kann man auch den Eindruck gewinnen, daß in dem Maße wie die traditionellen Sinninstanzen und die konventionellen Lebensinhalte via Religion, Arbeit, Politik, Erziehung usw. im Meer und Dickicht von Unsicherheiten unüberschaubarer und diffuser werden, bspw. „der Körper als überschaubares und kontrollierbares Ganzes an Bedeutung (gewinnt). Offenbar kann man hiermit wieder einen festen Boden unter die Füße bekommen" (Bette 1999: 168). Der Körper sowie die um ihn gelagerten Sozialbereiche können so gesehen u. a. zu entscheidenden, zuweilen sogar zu Kultstatus erlangenden „Fluchtpunkten für Selbstverwirklichung und individuelle Lebensgestaltung" (Bette 1999: 13) werden. Sie erscheinen unter Bedingungen von Unsicherheiten mindestens die individuelle Lebensführung zu erleichtern. In diesem Zusammenhang nutzen die Menschen ihre Körper als Anschluß für Sinngebung und Kommunikation. Dies schließt auch ein, „daß die gesellschaftliche Bedeutung körperbezogener Merkmale wie z. B. körperliches Aussehen, Fitness, Kleidung, Eß- und Bewegungsgewohnheiten im Medium von Statussymbolen immer mehr zunehmen" (ebd.). Die quasi sakrale Zuweisung von diesseitigem Lebenssinn wird „zunehmend über körpergebundene Symbole und Zeichen" und über „nationale und kulturelle Grenzen hinweg", via Medien, Freizeit und Mode unterstützt, nach außen deutlich gemacht (Brettschneider/Brandl-Bredenbeck 1997: 254). Eine solche vermehrte „Hinwendung zum Körper wird nicht nur deutlich, wenn Menschen sich mit Hilfe einer Gesundheits-, Spaß-, Fitneß- oder Therapiesemantik ins Schwitzen bringen und entsprechende Situationen aufsuchen, in denen sie dies sozial legitimiert abwickeln können. Die verstärkte Bedeutung der Körperlichkeit offenbart sich vielmehr auch in vielen kleinen Alltäglichkeiten, die mit Schweiß und Training nicht unbedingterweise etwas zu tun haben müssen: der Golf- und Tennisschläger auf der Hutablage, das Surfbrett und das Mountain-Bike auf dem Autodach, Rennräder und Inline-Skater im Stra-

ßenverkehr sowie exklusive und weniger exklusive Sportkleidung und Sport-
schuhe, die in nicht-sportlichen Situationen zu Repräsentationszwecken indi-
vidualisierungs- und distinktionsgemäß „zur Anwendung kommen" (Bette
1999: 106f.).

Eine dieser im engeren Sinne jugend- und körperbezogenen multiplen
Wirklichkeiten – freilich mit offenen Rändern – sind spezifische, jugendkulturell durchsetzte Sportwelten (Brinkhoff/Ferchhoff 1990), an denen auch via
inszenierter Jugendlichkeitsbestrebungen und Jugendlichkeitsphantasien (jugendliche Zeichensysteme, Veralltäglichung der Jugendbilder durch Sport-
lichkeit und Mode, vor allem auch durch Sportmode, durch Kosmetik, durch
die zumindest temporäre Verdrängung von Krankheit, Altern und Tod) Erwachsene symbolisch teilhaben können. Sportive Lebenswelten schließen
Jungen- und Mädchenkörper nicht mehr zwangsläufig gegeneinander ab.
„Ein als erotisch-ästhetisches Ereignis reformierter Sportbetrieb häufig jenseits des Schul- und Vereinssports – paradigmatisch etwa die immer schon
jugendkulturkompatiblen Surfer-, Snowboard-, Streetball- und Skaterszenen
– eignet sich mittlerweile als Ereignisbühne für beidgeschlechtliche Begegnung, Anziehung und Werbung" (Zinnecker 1989: 155).

Und in Teilbereichen des Sports sind – fast wie in bestimmten Sparten der
Popmusik und in manchen TV-Serien – neben wiedererstarkten bipolaren
stets auch androgyne Tendenzen zu beobachten. Immerhin kommt es selbst
im Medium des Erhalts bipolarer Geschlechtlichkeit zu einer tendenziellen –
freilich stets ambivalenten – Entpolarisierung von männlichen und weiblichen Lebenswelten und Identitäten.

Mädchen, junge und junggebliebene Frauen sind es auch, die mit stei-
gendem sportlichen Engagement, insbesondere auch jenseits der Sportverei-
ne, zu einer deutlichen Erweiterung sportiver Praxen geführt haben. Wenn
heute von sportiven Praxen gesprochen wird, dann ist das Sporttreiben gerade
nicht nur auf die „Beteiligung an die in Sportvereinen organisierten Sportarten eingeschränkt" (Brettschneider/Brandl-Bredenbeck 1997: 68), sondern
gemeint sind vor allem Fun-, Erlebnis- bzw. Extremsportarten. Hier dominieren im Medium jugendkultureller Ästhetisierungen Stilisierungen und Selbst-
darstellungen vor allem in Kombination mit sportiven und modischen Accessoires und sportlich modischem Kleidungsambiente (Brinkhoff 1998: 136).
Der Kleidungsstil ist nicht nur in den HipHop-Szenen häufig *oversized* und
kann in bestimmten Fällen als ein „ironischer Reflex auf die traditionellen
Formen der textilen Einordnung" gedeutet werden (Rittner 1998: 39). Neben
den auf beinhartes Training, konkurrenzbezogenem Wettkampf und manchmal lustfeindlicher Askese ausgerichteten traditionellen *alten* Sportformen
gewinnen gerade bei jungen Frauen und Mädchen jene vornehmlich vereins-
jenseitigen „Mode"-Sportarten an Beliebtheit, die durchaus im Lichte der
Ästhetisierung und Erotisierung von Lebensstilen in lustvoll ästhetischer Ver-

packung ohne direkten Kontrahenten auf besondere Weise genußvoll und erlebnisorientiert das Körper-Selbst-Verhältnis thematisieren – eine *Ästhetik des Schönen und Erhabenen mit Anmut, Perfektion und Kraft* (vgl. Ferchhoff 1999).

Aber auch Sportarten, wie Bodybuilding und Wrestling – früher außerhalb bestimmter Milieus sozial verachtet (Fuchs/Fischer 1989: 160) und nicht selten mit Attributen wie vulgär, exhibitionistisch, narzißtisch, künstlich, monströs, unästhetisch, naserümpfend negativ etikettiert – werden nun – zwar immer noch männlichkeitsfixiert – insbesondere auch für Mädchen und junge Frauen attraktiv und zugänglich. An den verschiedenen Geräten im Fitness-Center werden für jeden Muskel in endlosen Wiederholungen Gewichte gestemmt und gedrückt. An den immer neue und größere Widerstände entgegensetzenden Maschinen gleicht die Bodybuilderin dem Flipper-Spieler. Sie verliert immer, wenn sie die manchmal qualvolle Anstrengung nicht „von sich aus abbricht. Ehe sie aufgibt, ehe sie also erschöpft und grundsätzlich überanstrengt pausiert oder zum nächsten Folterinstrument wechselt, keucht und fleucht, röchelt und stöhnt sie, einsam inmitten anderer ächzender und japsender Kraftakteure; ein tragischer Sisyphus des Industriezeitalters, eine heroische Kämpferin gegen die widerspenstige Natur ihres Organismus. Den Körper als ‚Bezugspunkt für Sinnhaftigkeit' gilt es wiederzuerobern gegen eine degenerierte Umwelt, gegen eine zermürbende Zivilisation" (Honer 1995: 183), gegen die „schwindenden Seinsgewißheiten und Festlegungen", gegen die „Unübersichtlichkeit und den Sinnverlust der Welt" (Handschuh-Heiß 1996: 198), „gegen einen allzu bequem gewordenen Alltag" (Honer 1995: 183). Sehr unterschiedlich können die Motive sein, an der Gestaltung und Ausstaffierung des an Jugendlichkeit orientierten und gestylten Körpers mitzuwirken. „Abgesehen von der Bereitschaft, sich dem Oktroy von Gesundheit, Fitness und Leistungsbereitschaft zu unterwerfen und gegen die Ursachen des Sterbens, etwa mit ‚Unsterblichkeitsphantasien gespeist', anzugehen, sind eine Über-Kompensation für Minderwertigkeitsgefühle ..., der Zwang und Sucht nach Kontrolle ..., Abhilfe von Spannung und Langeweile durch *thrill* ..., die Suche nach Entspannung und Erholung, die Suche nach seelisch-geistiger Läuterung" (Handschuh-Heiß 1996: 175), nach „Authentizität, nach nicht entfremdeter *Natürlichkeit*, nach kreatürlicher Unmittelbarkeit" (ebd.: 176), nach Weltentrückung, dem Erleben von Unabhängigkeit und Freiheit sowie der „Wunsch nach sozialen Kontakten zu nennen" (ebd.: 175). Der durch Krafttraining und Bodybuilding sich bemerkbar machende „Schmerz, der die Überforderung signalisiert und damit anzeigt, daß der Wille wieder einmal stärker war als der müde Geist und das brennende Fleisch, der Schmerz kündet von Erfolg: Die Muskeln wachsen. Und darum ist es der Bodybuilderin zu tun, nur darum, alldieweil sie wuchtend, klammernd, beugend und streckend sich bemüht. Sie schindet sich, wie kein

Schwerstarbeiter mehr für einen Spitzenlohn. Und nicht nur, daß sie ihre Freizeit im Mief der dampfenden Leiber abarbeitet, sie bezahlt auch noch dafür, an den .... Maschinen (zu) schuften" und an der Rehabilitation des ansonsten oftmals mit Ekel in Verbindung gebrachten durchdringenden Schweißgeruchs mindestens im Kraftraum oder Studio mitwirken zu dürfen. So herrscht im schweißdurchtränkten „Trainingsraum gemeinhin eine musik-berieselte Atmosphäre nahezu sprachlos reger und konzentrierter Betrieb-samkeit. Über Bauchmuskelbrett, Calfmachine, Roman Chair, Hacken-schmidt- und Wadenmaschine, über Hantel- und Bizepscurling-Bank, über Turm und Lattismus-Zuggerät liegt eine Stimmung, fast als hätte sich die Idee der frühindustriellen Manufaktur und der meditative Geist des Zen-Klo-sters mit der effektiven Zweck-Mittel-Rationalität des Taylorismus zur Op-timierung des Fitness-Outputs vereint" (Honer 1995: 183). Eine kontinu-ierliche Weiterentwicklung der Muskulatur durch investierte Anstrengungen, die in eigener Regie kontrolliert werden können, um das body image zwecks Leistungssteigerung zu verbessern, ist nicht nur das ästhetische Ziel und Schönheitsideal des Bodybuilders. Bodybuilding, Jazz-dance, inzwischen auch wieder Breakdance nicht nur in den HipHop-Szenen, Fitneß-Training, Jogging und alle Formen weitgehend naturgebundener Gleichgewichtssport-arten wie Surfen und Ski-, Snow- und Skateboardfahren sowie die vielen neuen Fun- und Abenteuer-Sportarten dringen, manchmal zwar noch mit ei-nem männlichkeitsspezifischen bias, dennoch geschlechtsübergreifend, im-mer weiter in die insgesamt sportiver werdende *Freizeit-* resp. *Alltagskultur* nicht nur von Jugendlichen vor.

Alltagsgegenstände bzw. -handlungen werden dabei immer mehr durch allerlei an sportlichem Beiwerk und Outfit ergänzt oder ersetzt. Eine zuneh-mende Versportung ist in nicht wenigen jugendlichen Lebensmilieus zu be-obachten, die längst nicht mehr bei dem jenseits des Fußballs manchmal schon antiquiert wirkenden „Drei-Streifen-Fußwerk", wenn es eben nicht die – nach Jugendszenen differenziert – *richtigen hip-Marken* sind, halt macht, sondern auf andere Kleidungsstücke bzw. weitere lebensstilprägende Berei-che übergreift. Surfer-Trikotagen und Accessoires – freilich nicht nur von Nike, Eddie-Aikau, Stüssy, Pash, Southpole, Neutic und Tommy Hilfiger – werden als kulturelle Zeichensysteme mit eigenen Bedeutungen gerade auch im Kontext der „Entstrukturierung von Sportrollen" jenseits des Sports auf der Straße getragen, in der Schule den Gleichaltrigen vorgeführt und in der Szenediscothek präsentiert. Sie signalisieren bspw.: Seht her, ich bin *Trend-Surfer, TrendSkater, TrendSnowboarder, TrendRapper* oder *TrendDancer.* Hier verbinden sich dann Körperstyling und -schönheit, Geschicklichkeit, Rhythmik, Risikobereitschaft, Modebewußtsein und ein Höchstmaß an Äs-thetik zum neuen jugendlichen, auch außersportlichen Sportidol. Die Trend-szenen deuten ganz im Gegensatz zum *Typus* einer Vereinsgeselligkeit darauf hin, daß a) eine langfristige Sportsozialisation mit traditionellen Vereinsbindungen an die Sporttradition entbehrlich wird, daß b) eine stilinszenierte und erlebnisintensive „Präsentation des eigenwilligen Selbstausdrucks" stattfinden kann, daß c) eine situationsbezogene Augenblicks- bzw. Gegenwartsorientierung vorherrscht und prämiert wird, und daß d) mit dem Spaß an der individuellen Darstellung und Präsentation und dem „Genuß an der eigenen Subjektivität" zugleich auch die „soziale Ausdrucksform des Sporterlebens verändert wird" (Rittner 1998: 43).

Die den attraktiven Körper betonenden sportiven Kleidungsstile mit relativ wenig Stoff und viel durchtrainiertem Körper sowie die verschiedenen sportiven Symbole und Accessoires dienen im und auch jenseits des Sport(s) wie andere Kleidungsformen auch zur subtiler werdenden Distinktion und werden habituell lebens- und sportstilgemäß und vor allem auch milieuspezifisch eingesetzt. Die zu szene- und milieuinternen Distinktionsgewinnen eingesetzten und getragenen *richtigen* Marken, Ausrüstungsgegenstände und Sportgeräte werden für ein „sportives Auftreten" insbesondere auch „in außersportlichen Situationen genutzt" und gestatten immerhin vielen einen „sportlichen Schein" der symbolischen Teilhabe und Zugehörigkeit (Bette 1989: 109). Dabei haben im ausgehenden 20. Jahrhundert die „kleinen Zeichen, die Details und die feinen Unterschiede die großen Zeichen" und Schriftzüge abgelöst (Poschardt 1998: 470).

Das jeweils *richtige*, sportive und figurbewußte Körperbild, in der Regel ein schlanker, makelloser, faltenfreier und jugendlicher Körper, kein wabbelnder Bauch, keine schlappen Oberschenkel und schlaffen Muskeln, kein fettes Gewebe und keine welke Haut, verbunden mit einer entsprechenden ästhetischen Habitualisierung und Stilisierung des eigenen milieuspezifischen Sportzugangs, prägen sowohl Sport- als auch Modeszenen. Und alle Formen von Jugend- und Sportkleidung tendieren dazu, daß sie zuweilen in vestimentären Botschaften oder im wendigen, flexiblen, bewegungsbetonten, körpersprachlichen *Modern Talking* geradezu bekenntnishaft eine Haltung, einen Stil bzw. Habitus zum Ausdruck bringen wollen. Aber auch Bekleidungsmix und Stilbruchinszenierungen haben Konjunktur – so z.B. als demonstrative Geschlechtsrollenkonfusion per Kleiderkomödie, als Entmilitarisierung der Stiefel, indem sie bei den Mädels unterhalb eines Blümchenrocks und engst anliegender Klamotten mit extrem hohen Absätzen bzw. Plateau-Sohlen auftauchen (Boehncke 1996: 233). Allerdings gibt es nicht immer nur willkürliche historische Rückgriffe auf unterschiedliche Stilmittel. Gerade nicht nur das Zusammenmixen verschiedener ethnischer Bekleidungsstile oder der Mode unterschiedlicher Epochen erzeugt mittlerweile einen neuen Stil. Indem das Ungleichartige und die ambivalenten Vielfältigkeiten zu einer neuen Symbolik bspw. von Vivienne Westwood, Martine Sitbon und John Galliano zusammengeführt werden, entsteht heute ein neuer Stil. Eine Vielzahl von individuellen Kombinationsmöglichkeiten zwischen Materialien, Formen und Stilvarianten sind im ausgehenden 20. Jahrhundert zu beobachten. Komplexität, Paradoxien, Widersprüchlichkeiten und Vernunftswidrigkeiten bestimmen – ähnlich wie in anderen Lebenszusammenhängen – auch die Mode. Das Ziel der Mode war nie praktische Tragbarkeit. Die Zeiten freilich, in denen „hausbackene" und biedere Fußballprofis Modetrends für einen großen Teil der männlichen Jugendlichen vorgaben und damit die *Szene* beherrschten, sind auch unter den heutigen, migrationsfreudigen, nicht nur sehr gut bezahlten millionenschweren nigerianischen Fußballidolen endgültig vorbei.

Basketballer wie Michael Jordan, der etwa 1998 mit 128 Millionen DM im Jahr best verdienende Sportler von den Chicago Bulls, und Dennis Rodman oder Charles Barkley von den Houston Rockets, Leichtathleten wie der Bolide aus Texas Michael Johnson, der Supersprinter Maurice Greene, immer noch die inzwischen fast 40-jährige und des Dopings verdächtige Merlene Ottey, vor allem auch Marion Jones, Hicham El Guerrouj oder Haile Gebrselassie und selbst der Dauerverletzte Frank Busemann und sein Konkurrent der Weltrekordler und Weltmeister Tomas Dvorak, Fußballer wie Allessandro Del Piero, Christian Vieri, Zinedine Zidane, George Weah, Patrick Kluivert, Batistuta, David Backham, Ronaldo, Juvi Litmanen, Surfidole wie Björn Dunkerbeck, Autorennfahrer wie Michael Schumacher, Tennisspieler wie Marcel Rios, Pete Sampras und Martina Hingis, Schwimmerinnen wie Sandra Völker und Franciska van Almsick (auch ohne großen sportlichen Erfolg), Skisportler wie Hermann Maier, Martin Schmitt, Uschi Disl, Georg Hackl und die inzwischen vom aktiven Rennsport zurückgetretene Katja Seitzinger sowie Radrennfahrer und ehemalige Tour de France Sieger wie der des Doping überführte Marco Pantani und auch noch Jan Ullrich sind nun – weit über das ökonomisch und werbestrategisch Gigantische und sportlich Heroische hinaus – auch *modisch* angesagt und wegweisend. Sie symbolisieren ein Höchstmaß an Können, Mut, Starkult, Coolness und ökonomischem Erfolg, aber auch an Globalisierung, Weltoffenheit, Exotik, modischem Styling, das von der Frisur über das T-Shirt, das Trikot, den Rennanzug, die Socken bis zum technisch hochgerüsteten Sportgerät (Fahrrad, Bob, Schlitten, Ski, Auto etc.) reicht und im Medium wandelnder Werbeflächen keine Grenzen zu kennen scheint. An die Stelle funktional geschnittener, weit flatternder, konturloser Sporthosen treten eng anliegende, aus Spezialstoffen und High-Tech-Materialien gefertigte Surf- bzw. Rennradhosen, die ähnlich wie die voll durchgestylten Rodel- und Bobfahreranzüge und die zwei- oder einteiligen X-Flat-Schwimm- und Gymnastikanzüge aus Lycra der jungen Frauen „aalglatt" und hautnah keine Geheimnisse mehr zu verbergen haben. Das lesbare und zelebrierte Design bestimmt das Bewußtsein und wagt sich bei aller Professionalität auch in Zonen des Unfaßbaren.

Sportliche Orientierung – vor allem in bezug auf das „body styling" eines manchmal bauchnabelfreien Bodies, verbunden mit der Vorstellung eines jugendlichen, dynamischen wohlgeformten, beweglichen, geschickten, straffen und athletisch-attraktiven Körpers (vgl. Brettschneider/Brandl-Bredenbeck 1997: 246; Hartmann 1996: 80; Haubl 1998: 25) – und modische, z. T. atemlose und rauschhafte Stilisierung gehen ein immer engeres Bündnis ein. Erst in einer Form von hochgradiger, artifizieller Kombinatorik sind sie Ausdruck authentischer Körpererfahrungen und eines sportbewegten Lebensgefühls. Sport, Fitneß, Gesundheit, Vitalität, Erotik, Kraft, Spaß, Schönheit, Jugendlichkeit und Körperkapital und vor allem Fun und der Wunsch nach Unvergänglichkeit, um dem „Skandal des Altwerdens, des Verfalls und des Siechtums" zu entgehen (Bette 1999: 135), erfahren einen niemals zuvor erlebten Aufschwung und sind die Metaphern und Themen, die in dieser individualisierten, erlebnisorientierten und erlebnishungrigen Gesellschaft vor dem Hintergrund der Versportlichung der Gesellschaft – die Währung des Sportiven kann auch im Wirtschafts- und Politiksystem symbolisch gut genutzt werden – sowie der gleichzeitigen Entgrenzung und „Entsportlichung des konventionellen Sports" nicht nur Sport- und Jugendkulturen zusammenbringen.

Obgleich sich im Sportalltag der meisten Jugendlichen die medienwirksamen Trend-, Fun-, Risiko- und Erlebnissportarten noch nicht in der Breite durchgesetzt haben, wie oftmals vor allem medial behauptet oder unterstellt wird, bevorzugen vor dem Hintergrund neuerer empirisch ermittelter Daten zum Jugendsport zumindest in ihren Wunschvorstellungen viele Jugendliche facettenreiche Sportformen, die jenseits des traditionellen Schul- und Vereinssports liegen. Allerdings spielen nach wie vor am Ende dieses Jahrhunderts viele Jungen sehr gern in dieser Reihenfolge im und jenseits des Vereins und der Schule Fußball, fahren Rad, gehen Schwimmen, joggen, spielen Basketball, Tennis, Tischtennis, Volleyball und Badminton und betreiben Kampfsportarten; bei den Mädchen kommen noch das Tanzen, Reiten und die Gymnastik hinzu (vgl. Brettschneider/Brandl-Bredenbeck 1997: 119; vgl. auch Brinkhoff 1998: 129ff.). In den traditionellen Sportvereinen „dominieren, im Vergleich zum Sport außerhalb des Vereins, die Sportarten Handball, Leichtathletik, die Kampfsportarten, insbesondere Judo und das Geräteturnen. Im Freizeitsport nehmen bei den Jugendlichen folgende Sportarten höhere Rangplätze ein als im Vereinssport: das Basketballspielen, das Schwimmen/Baden, das Fahrradfahren/Mountainbike-Fahren, die Rückschlagspiele Tennis, Tischtennis und Federball/Badminton, die Wassersportarten, insbesondere das Surfen, das sehr unterschiedliche Fitneßtraining – Gymnastik/Bodybuilding/Krafttraining –, das Tanzen, die Wintersportarten – Eislaufen, Skilaufen – sowie die sogenannten *weichen* Freizeitsportaktivitäten (Skateboardfahren, Rollschuhlaufen, Wandern, Minigolf, Billard). In etwa gleich häufig werden Fußball und Volleyball betrieben" (Brinkhoff 1998: 135).

Dagegen stehen im Zentrum heutiger Traumsportarten, die sich freilich in der Sportwirklichkeit der Jugendlichen bisher nur peripher durchgesetzt haben, dann sogenannte, mehrheitlich snobistisch angehauchte Fun-, Adventure- bzw. Erlebnissportarten mit vielen vitalen, risikoreichen, manchmal lebensgefährlichen Mutproben, Selbsterfahrungen und Kicks wie etwa Drachenfliegen, Motor- und Kampfsportarten, Surfen und nur – empirisch gesehen – in bescheidenem Maße: Bungee-Jumping, Freeclimbing, Snowboarding, Down-Hill-Biking, Wellenreiten, River-Rafting, Paragliding (vgl. Stach 1996: 316ff.).

Jenseits der ehemals klassischen jugendkulturellen Anti-Moden (König 1985) und jenseits der Frage, ob Haute Couture oder Kleidung von der Stange oder Streetwear, geht es einem Großteil der *Jugend* immer mehr darum, dem *individuellen look* das eigene finessenreiche *Ich-Finish* zu geben (Steinwachs 1986: 345). Nicht mehr *form follows functions* sondern schon eher *form follows fantasy* oder *form produces visions* lautet das postmoderne Credo eines personenbezogenen *corporate image* im Rahmen des Individualisierungs- und Selbstdarstellungsmoments. Quasi individuelle, unkonventionelle Selbstinszenierung, Life-Style-Transfer, demonstrativer Konsum und witzig gestylte Aufmachung, insbesondere seit 1992 im Medium amerikanischer Team- und Trendsportarten und ihrer beliebten Accessoires, scheinen in einer Art Styling Crash zum Bordgepäck einer hippen individualisierten Jugend streetstyle-gemäß (Beispiele: Helmut Lang, Jean Paul Gaultier, Stüssy, Fishbone, Tommy Hilfiger) zu gehören.

Und in Abgrenzung zum Konsum- resp. Modediktat und zum Fetischcharakter der Waren gewinnen Jugendliche vornehmlich in jugendkulturellen Zusammenhängen, aber auch *kluge* Modeschöpfer wie bspw. Jean Paul Gaultier, den unterschiedlichen Mode-, Kultur-, Musik-, Kunst- und Sportszenen für ihre Zwecke geeignete Aromastoffe ab. Unter den Insignien einer Versportung der Kultur gewinnt auch die Ästhetik im Sport einen eigenen Spielraum (Rittner 1989: 361): von dem abgedrehten „Surf-look" für europäische Großstadtkids, vom XXL-Baggy-Look der britischen Raver, von den ehemals biederen Marken aus der Segler- und Golf-Opa-Ecke wie Holly Hansen oder Tommy Hilfiger, dessen Mode direkt vom Laufsteg auf die Straße durchschlug und dessen adretter College-Stil vor einigen Jahren (ab 1994) mit Großstadtlässigkeit kombiniert in schwarzen HipHop-Szenen auftauchte. Der amerikanische Rapper Doggy Dog hatte Hilfiger bei vielen schwarzen männlichen Jugendlichen aus den Ghettos populär gemacht. Von den unterprivilegierten urban kids haben dann die weißen suburban kids etwa seit 1996 auch verstärkt in Europa das Outfit übernommen und können sich wohldosiert in der lebensweltlichen Distanz zu den schwarzen Jugendlichen in den Ghettos der Innenstädte auch einmal so anarchistisch und unangepaßt cool fühlen wie ihre schwarzen Altersgenossen.

Das Bedürfnis vieler Jugendlicher mittels Mode und gestyltem Körper als unverwechselbar individualisiert zu erscheinen, obgleich Mode erst dann zur Mode werden kann, wenn sie zumindest von einigen anderen übernommen wird (Schnierer 1995: 13), hat zu einer Inflation von Möchtegern-Snobs, -Madonnen, -Gecken, -Bohemiens und -Dandys geführt, die in bemerkenswerter Mixtur mit Hilfe bestimmter Accessoires oder anderer Flaggensignale ihren spezifischen Lebensstil bis ins Detail artikulieren, und ähnlich wie es schon in den 50er Jahren Ostergard (Moderschöpfer des Versandhauses Quelle) formulierte, fällt auch bei ihnen mittlerweile die Entscheidung bereits – für Außenstehende kaum zu erkennen – beim freilich veränderten Einstecktuch. „Mit diesem Drang zu exquisiteren Formen ist zugleich viel Spontanes und Provisorisches verlorengegangen, selbst Kinder ‚spielen' Sport nicht mehr ohne die ‚richtige Ausrüstung'" (Kaschuba 1989: 156) bzw. ohne die sportspezifischen Zeichen- und Dress-Codes, die allerdings wiederum oftmals *strengen* Normen unterliegen.

Freilich sind die Zeiten, in denen vom Sportsystem und von den Ausübenden als „Sportsleute" noch Ideale der menschlichen Selbsterfüllung und Veredelung sowie Ideen der Werbe- und Konsumaskese kultiviert wurden, längst vorbei. „Was älteren ‚Olympiern' und ‚Amateuren' noch wie ein heraufziehendes Menetekel erscheinen wollte, ist inzwischen faktisch etabliert: die globusumspannende Verbreitung, Ökonomisierung und Mediatisierung des modernen Sports. Sein veritabler Welterfolg ging notwendig einher mit der flächendeckenden Vermarktung, Vernetzung und Professionalisierung zentraler Sportarten. Entscheidende Vehikel dabei waren bekanntlich die Medien und die Medienvermarktung, insbesondere die elektronischen Medien. Ohne die von ihnen übermittelten symbolischen Transfers, etwa von Sportidolen, Sportleistungen, Sportevents und Sportvereinslogos auf Produkte, indem bspw. durch Image-Werbung und Merchandising, eben durch den Transfer von Schönheitsidealen und Life-Style-Inhalten die Grenzen zwischen Sport und Kommerz verschwimmen, wären der heutige Spitzen- und Leistungssport und das ihn tragende vielfältig geknüpfte Alimentierungsnetz kaum mehr vorstellbar" (Matthiesen 1995: 168f.). Anstelle von hausbackener Kernseife und schlichter Sportkleidung übernahmen in diesem Zusammenhang – unterstützt durch Sportsponsering Marketing-Mix und Merchandising und nur bezogen auf dieses Segment – Sportlotions, -gels, -cremes und natürlich chic-gestylte Sportgewänder Image- und auch Ich-Pflege. Wer bei dieser neuen Form von sportiver Leistung, Life-Style-Transfer und Wettbewerb, dessen Maßstäbe sowohl in der Selbsteinschätzung als auch in der Außenwahrnehmung härter werden, mithalten will, kann sich nicht allein auf sein Talent verlassen, sondern muß auch schon im jungen Alter etwas tun und nicht nur im Spitzensport kontinuierlich *hart* trainieren. Insbesondere auch jenseits des Profisports kommt es im Rahmen der eigenen, sportlich angehauchten körperbezogenen Lebenspraxis zu vielen, zuweilen vergeblichen Versuchen, mit oder ohne Wettkampf den sportlichen Idolen nachzueifern. Der modisch-gestylte Körper oder der zärtlich-muskulöse, also zugleich maskulin und feminin klingende Body ist kein wohlgestaltetes Gottesgeschenk mehr, sondern nicht selten „das Ergebnis eigener Arbeit, Askese und Disziplin" (Drolshagen 1996: 251) und wird als „Resultat technisch umgesetzter Willensanstrengung" aufgefaßt und gezüchtet. Das schwache, schwabbelige, weiche, träge und fette Fleisch soll zu hartem, muskulösem und kräftigem umgeformt werden (Honer 1995: 184). Der Körper bietet quasi das „Rohmaterial" (Fuchs/Fischer 1989: 166), an dem im Rahmen beständiger Selbstüberwindung und auf der Grundlage wissenschaftlich fundierter, hochfunktionaler Methoden in Beautyfarmen und Fitneßstudios nicht nur durch Muskeltraining, Stretching, Bodypainting, Tattoos und Piercen modelliert und stilisiert wird. Ich fühle und inszeniere meinen Körper, „also bin ich". Schönheitsbetont auffallen und gut aussehen um jeden Preis ist – dem gegenwärtigen Schönheitsideal entsprechend – angesagt. Und auch der jugendliche Frauenkörper soll mit einer „guten Figur" Kraft, Eigenständigkeit und – in Grenzen – Durchsetzungsvermögen ausstrahlen.

Noch nie wurde der Körper jenseits der Arbeit so leistungsbezogen perfektioniert, modelliert und manipuliert. Noch nie wurden so viele heroische Kämpfe in den verschiedenen *Folterkammern* gegen Wohlbeleibtheit, Übergewicht, Speckfalten, Rettungsringe um die Taille und Fettsucht ausgefochten. Der fitte, fettfreie, jugendlich-dynamische Körper wird durchaus mit ökonomischer Leistungsfähigkeit und dynamisch-effizienter Arbeitsleistung in Verbindung gebracht. Er scheint auch in gewissen Grenzen demokratisch zu sein (denn Geld und Reichtum sind nicht immer entscheidend), selbst wenn der Körper „als Mittel der Distinktion" seine Bedeutung hat und als „soziale Positionierung manchmal gezielt eingesetzt" (Brettschneider/Brandl-Bredenbeck 1997: 246f.) wird.

Zudem fällt auf, daß etwa der aggressive, durchtrainierte männliche Körper selbst in traditionell nicht damit einverstandenen Milieus und Szenen so stark an Einfluß gewonnen hat, daß man den schlaffen, schlurfigen und bulimieaffinen Körper jenseits des in den späten 90er Jahren hochgeschätzten schwindsüchtigen ugly-look unter Naturdenkmalschutz stellen kann. Dennoch kann man den Eindruck gewinnen, daß trotz wiederholten Proklamierens des Endes der „Drogenästhetik", so bspw. auch der Modekosmopolit Wolfgang Joop, immer noch in den jugendlichen weiblichen Modeszenen eine Maskerade des romantischen Elends à la Stella Tennant und Kirstin McMenamy zu beobachten ist, die die 90-60-90 Ästhetik und noch mehr die sinnlich-weichen Marzipankörper wie die einer Kleidergröße 40/42 tragenden Monroe in Frage gestellt haben.

Im Rahmen von selbsterfahrungsbezogenen und erfahrungshungrigen Jugendlichkeitsmetaphern zeichnet sich dabei immer deutlicher eine, angeblich die Selbstverwirklichung fördernde, individuelle und gleichzeitig kollektive, grenzenlos nabelfreie – nicht nur im Medium von Girlie-Manie und Boy-Group-Kult – Schau- und Zeigelust ab, die im Rahmen eines grenzenlosen Exhibitionismus in der Öffentlichkeit zudem *einem Terror der Intimität* Vorschub leistet und eine folgenreiche Erosion des Privaten einschließt (Ferchhoff/Neubauer 1997). Das *richtige* impression management und die damit verbundene permanente, zur Veröffentlichung freigegebene und kaum noch Distanz wahrende Mitteilungsbereitschaft nicht nur in Talk-Shows scheint keine Grenzen zu kennen. Jeder kann sowohl im Zuge des Fortschreitens der Selbstbeobachtung und Selbsterforschung seelensezierend innen und sportlich außen unter Berücksichtigung der entsprechenden Bedingtheiten an sich arbeiten.

Im Wettbewerb der grassierenden Lebensstile und Moden, der Überfülle von Zeichen, Symbolen und Accessoires geht es um eine extravagante selbstinitiierte Ästhetisierung der eigenen Existenz. In der Suche nach oder im Kampf um Anerkennung und Bewunderung triumphieren in einer Art alltäglichen Dauerinszenierung egozentrische, wichtigtuerische ästhetische Dimensionen. Körperliches Aussehen und Körperinszenierungen spielen bei den egozentrischen „Sinn-Scouts" eine ganz zentrale Rolle. Attraktivitätsmängel und -defizite werden beklagt, angegangen und/oder kaschiert (Brettschneider/Brandl-Bredenbeck 1997: 223).

Heute muß mit Schauspielern, Schauspielerinnen, Models oder Sportidolen wie Robert de Niro, Brad Pitt, Tom Cruise, Julia Roberts, Michelle Pfeiffer, Cindy Crawford und Claudia Schiffer, Michael „Air" Jordan und Franziska Schenk konkurriert werden, und nicht nur mit Anja und Sven aus der Cafeteria. Der strapaziösen erfahrungshungrigen und auch gelegentlich ruinösen physischen und psychischen Selbst- bzw. Außenthematisierung entspricht eine sich auf Jugendlichkeit trimmende und fitneßbewegte, bänder- und gelenkbelastende, freiwillige Selbstfolterung, die vom beinharten Stadtmarathon und Triathlon bis zur eisernen Jungfrau eines Bodybuilding-Centers reicht (Guggenberger 1986: 5). Auch der selbstauferlegte, oftmals heimliche, selbstquälerische Zwang etwa beim Sonnenbräunen, krebsrot, dem Kollaps nahe, unter allen Umständen in der Sonne auszuharren und sich von ihr wie in der Mikrowelle braten zu lassen, war für die Erben des protestantischen Arbeitsethos bis zum schwerfallenden „Abschied von der Bronzezeit" (hohe Dosis von UV-Strahlen, Hautkrebsgefahr) Anfang der 90er Jahre ein typisches Beispiel jenes Leistungscharakter annehmenden und gleichzeitig jugendliches Prestige verheißenden Zwangs zur Pflicht zum Genuß (vgl.

Bourdieu 1982; Hallmayer 1993). Eine gewaltige, fitneßbezogene und gesundheitsvisionäre Selbst- und Außenbespiegelung, die freilich auch spaßbezogen sein soll, war allgemein geworden.

Das Jugendlichkeit versprechende Interesse für das subjektive Gesundheitsempfinden und für den *symbolischen Wert des Körperkapitals* ist auch am Ende dieses Jahrhunderts immer noch enorm. Gesundheit, Muskelkraft, Schönheit, körperliche Leistungsfähigkeit, Harmonie und Fitneß, das sind durchaus auch jenseits eines manchmal zu engen und gleichsam zu komplexen künstlerischen, literarischen und musischen Verständnisses *ästhetisch* und *kulturell* hochgeschätzte Werte, die, nicht zuletzt weil sie einfach, nachvollziehbar, lesbar und verstehbar sind, vom Zwang der Reflexion entlasten und eine „Aura von intellektueller Anspruchslosigkeit" aufweisen (Bette 1999: 127), weiterhin *hip* sind und nachgefragt werden, auch wenn sich in den späten 90er Jahren in einigen Szenen und Milieus am Horizont ein vorsichtiges Abrücken zumindest vom sonnengebräunten *Designer-Body* anzukündigen scheint. Ein idealer Körper, d.h. ein sportiv-durchtrainierter, fitter, fettfreier, jugendlich-dynamischer Körper mit Waschbrettbauch ist immer noch vielerorts „die Eintrittskarte in ein Phantasieland der Schönheit und des Erfolgs" – gleichwohl die körperlichen Kraftakte, also die *bloß physisch* bestimmbaren Elemente der Leistungsverausgabung einem *epochalen gesellschaftlichen Entkörperlichungstrend von Arbeit und neuen Medien* zuwiderlaufen.

„Während Arbeitsmärkte und Berufsstrukturen" den „Leistungsdiskurs durch Abstraktifizierung, Generalisierung, Virtualisierung und Entkörperlichung (Maschinen, künstliche Intelligenz, Kunstkörper, Roboter, fiktive Körper) ihrer Leistungskriterien abfangen", scheinen gerade die „produktionstechnisch obsoleten körperlichen Leistungen" und Facetten des körperlichen Habitus' in sportbezogenen Kontexten erfolgreiche Stile der Lebensführung zu markieren, die wiederum als *ästhetisch-sportspezifische Leistungssymboliken* vor allem auch Imagetransferleistungen im Rahmen einer hochgeschätzten versportlichten Alltagskultur zustandebringen (Matthiesen 1995: 175). Wir können also Prozesse der Entkörperlichung und der Körperaufwertung zugleich beobachten. Nicht nur von Jugendlichen wird der leistungsgetrimmte Körper als „Mittel der sozialen Distinktion", *zur sportiven Lebensführung*, zur sozialen Anerkennung und als Kapitalressource im Alltag verwendet und nobilitiert (Brettschneider/Brandl-Bredenbeck 1997: 247). Nach wie vor gelten die in keiner Satzung stehenden, aber dennoch verordneten, quasi symbolisch Jugendlichkeit verheißenden vitalen, sportlich-attraktiven, wohlgeformten und dynamischen körper- und selbst-thematisierenden Lebensideale. Die Normen des *looking good* und *feeling great* scheinen allgegenwärtig und dem Individuum zumindest ästhetischen Teilzeit-Sinn zu ermöglichen und zu vermitteln (Brettschneider/Brandl-Bredenbeck 1997: 246).

Die „fünf Gebote des Jugend-Marketings" vor dem Hintergrund des Aufweichens und Auflösens der klassischen Marketing-Definitionen von Zielgruppen

Egal ob mit Plastikkarte, Rave, Popkonzert oder *Sportevent*: Jugendliche fahren auf die drei großen Ms ab: Mode, Musik und Muskeln:

Die Warenpräsentation muß mit der Kampagnewelt übereinstimmen. Eher gelungene Beispiele: Hennes & Mauritz; Stüssy, Tommy Hilfiger. Eher enttäuschend war das Verhältnis zwischen Kampagnenwelt und Realität bei C&A. Die Produkt- und Markenwelten der Spots stimmten nicht mit der Young Collection, den beworbenen Produkten überein. Die sicherlich raffinierte und auch gute VideoClip-Werbung war so gesehen vor dem Hintergrund der „Produktwelt-Enttäuschung" *„unglaubwürdig"*. Die meisten Jugendlichen akzeptieren zwar von ihrer Grundhaltung Werbung. Sie ist – zielgruppen-, altersgruppen- und lebensstilspezifisch differenziert – zu einem selbstverständlichen (Nebenbei)Medium im Kontext anderer Medien in ihrem Alltagsleben geworden. Sie sind es ja auch gewohnt, damit mehr oder weniger souverän umzugehen. Sie haben ein feines Gespür für Glaubwürdigkeit und merken auch sehr schnell, wenn sie durch platte Werbetricks und Ungereimtheiten hinters Licht geführt werden. Selbst bei hochakzeptierten Kultmarken können deren Images bei fehlender Authentizität mehr als beschädigt werden. Der Kaufentscheid der Jugendlichen wird zunehmend auch die Einstellung der Produkte bzw. die Haltung der Marken zu den lebenswichtigen Zeitfragen (Umwelt, Menschlichkeit, Politik etc.) beeinflussen. Produkte und Marken werden nicht nur hinsichtlich ihres Produktnutzens betrachtet, sondern als kontextbezogene Gesamtgestalten gesehen, deren Stimmigkeit und Integrität wahrgenommen und auch geprüft wird.

Trend-Scouts sind als vermeintliche und konstruierte Szenebeobachter und -kenner oftmals überschätzt worden. Auch hier handelt es sich um viel Nicht-Wissen oder Pseudo-Wissen. Dennoch sind sie – i.d.R. *geeigneter* als die meisten allzu wissenschaftszentrierten Sozialforscher – zu wichtigen Deutungs- und Analyseinformanten der (Jugend-)Marktforschung geworden, zumal wenn sie sich lebensstilaffin konkret in den jugendlichen Lebenswelten und Szenen bewegen und die zentralen Aromastoffe (Kleidung, Accessoires, Sportivität, Musik, Haltungen, Einstellungen, Vorstellungen, Wünsche, etc.) der jeweiligen komplexen Szenen und Milieus aufsaugen können. Diese Szenebeobachtungen müßten dann mit substantiellen Grundströmungen in der Gesellschaft übereinstimmend in Verbindung gebracht werden. Dazu wäre ein *gesunder Mix, ein Crossover* von methodisch geleiteter, seriös-konventioneller, traditioneller empirischer Sozialforschung in allen Varianten und zugleich von binnenperspektivischen Direkt-Recherchen vorteilhaft, die gerade als systemimmanente jugendkulturelle Bestandteile im gleichen Prozeß hochgradig dynamisch, flexibel, situativ und okkasionell die konventionellen methodisch-empirischen Verfahren *„einklammern"* können, um nicht immer haarscharf in den Deutungsprozessen daneben zu liegen.

Eine der wichtigsten Kommunikationsformen des Jugendmarketings scheint heute das Event zu sein – u. a. auch in verschiedenen sportspezifischen Ausprägungen; bspw. Streetball, Klettern, Inline-Skating etc. Allerdings stochern die Mehrzahl der Marketing-Experten „mit der Stange im Nebel", so etwa Uwe Deese, Geschäftsführer der Kölner Event-Agentur Megacult. Das Event hätte jeweils die avisierten spezifischen Lebensgefühle der Jugendlichen zu treffen sowie deren unterschiedliche Erlebnisdimensionen zu befriedigen. Und auch das Event hätte wie andere Verfahren des Jugend-Marketings im Medium eines „gekonnten Könnens" (was Rahmung, Verortung, Zeitlichkeit, Idole, Outfit, Geselligkeit, Spaß, Musikgenre, Musikmix, Sportgenre, Sportmix u.v.a.m. angeht) unbedingt *authentisch, glaubhaft* und *persuasiv* – gerade nicht instrumentell, abzockend, technokratisch und schon gar nicht pädagogisch (im Sinne von pädagogisierend) zu sein.

Die soziodemographische Klassifizierung der Jugendlichen nach Altersgruppen funktioniert nicht. Die Jugendlichen definieren sich in der Anhängerschaft bestimmter variantenreicher Stile, Szenen, Milieus, Moden, Medien, der Musik und des Sports. Die „Ansätze des Szene-Marketings haben eine Zeitlang versucht, quasi per Situationsanalyse, definierbare Verhaltensmuster in Form von Codes, Ritualen, Ikonen und Minds des Jugend-Kosmos herauszuarbeiten. Doch letztendlich sind Szenen keine statischen und in sich geschlossenen Sozialsysteme, die sich nebeneinandergestellt um ‚Jugendmarkt' addieren. Dieser ist vielmehr dynamischen, systeminternen und -externen Strömungen unterlegen" (Michael Moser; Marketingleiter bei „Prinz", Hamburg), die als „streams" bezeichnet werden und als meinungsbildende „Ideenpools" für jugendkulturelle Entwicklungen wirken.

Wir wissen zwar relativ viel über das generelle Konsum- und Kaufverhalten der Jugendlichen (vgl. Lange 1997), was etwa den Güterkonsum und auch den vermeintlichen kompensatorischen Konsum angeht. Die meisten Jugendlichen sind abgeklärte Werbe- und Güterkonsumenten. Sie sind alltags- und lebenspraktisch an die Vielfalt der Konsumgüter in nahezu allen Lebensbereichen gewöhnt. Die Güter müssen den Jugendlichen in erster Linie persönlich gefallen, zur Abwechslung, zur genußreichen Selbstverwirklichung und auch zur Lebenserotik bzw. zum „happiness now" beitragen. Preise und Qualität sollen keine untergeordnete Rolle spielen. Es dürfen auch schon mal milieuspezifisch prestigeträchtige Konsumgüter sein (Lange

1997: 79; 131ff.). Viel Geld wird nicht nur in den hedonistischen Jugendkulturen für Kneipen-, Discothekenbesuche, für Zigaretten und Alkoholika,
aber auch für Medien aller Art und für Kleidung ausgegeben (Lange 1997:
115). Aber im Jugendmarketing stützen sich viele Unternehmen nur auf allzu
biedere Daten, die den schnellebigen, medienempfindlichen Märkten nicht
nachkommen und deren „Tribes" und deren Kontextspezifik zumeist unbekannt sind und die relativ wenig mit den Vorlieben, Wünschen, Geschmacks-
und Stilrichtungen zu tun haben. Wer allerdings jugendliche Zielgruppen
erschließen will, hat bei allen Schwierigkeiten, sich überhaupt in den unbe-
kannten, filigranen Alltagswelten von Jugendlichen zurechtzufinden, *live* zu
recherchieren; d.h. die konstruierte Wirklichkeit im Rahmen der Konstruktion der Wirklichkeit aus der Perspektive der zersplitterten Zielgruppen (die
spezifischen Sprachen, Texte, die jeweilige Ironie, der Humor, die Ambivalenz der Aussagen und Provokationen usw.) zu rekonstruieren (multiper-
spektivisches Szene-Beobachten, Szene-Beschreiben, Szene-Darstellungen,
Szene-Analysen; vgl. etwa Herrmann 1996: 64; W&V, werben und verkaufen, Heft 22/1996).

Literatur:

Bette, K.-H.: Körperspuren. Zur Semantik und Paradoxie moderner Körperlichkeit.
    Berlin/New York 1989
Bette, K-H.: Systemtheorie und Sport. Frankfurt/M. 1999
Boehncke, H.: Von Jesuslatschen zu Springerstiefeln. In: Kemper, P. (Hrsg.): Handy,
    Swatch und Party-Line. Zeichen und Zumutungen des Alltags. Frankfurt/Leipzig
    1996, S. 223-233
Bourdieu, P.: Die feinen Unterschiede. Kritik der gesellschaftlichen Urteilskraft.
    Frankfurt/M. 1982
Brettschneider, W.-D./Brandl-Bredenbeck, H.P.: Sportkultur und jugendliches Selbst-
    konzept. Eine interkulturell vergleichende Studie über Deutschland und die USA.
    Weinheim/München 1997
Brinkhoff, K.-P.: Sport und Sozialisation im Jugendalter. Entwicklung, soziale Unter-
    stützung und Gesundheit. Weinheim/München 1998
Brinkhoff, K.-P./Ferchhoff, W.: Jugend und Sport. Eine offene Zweierbeziehung.
    Osnabrück/Zürich 1990
Drolshagen, E.D.: Körperkunstwerke: Bodybuilding, Stretching, Shaping. In: Kem-
    per, P. (Hrsg.): Handy, Swatch und Party-Line. Zeichen und Zumutungen des All-
    tags. Frankfurt/Main-Leipzig 1996, S. 249-262
Ferchhoff, W./Neubauer, G.: Patchwork-Jugend. Eine Einführung in postmoderne Per-
    spektiven. Opladen 1997
Ferchhoff, W.: Jugend an der Wende vom 20. zum 21. Jahrhundert. Opladen 1999
Fuchs, W./Fischer, C.: Aerobic, Bodybuilding, Jogging. Ein neues Sinnmuster in der
    jugendlichen Alltagskultur? In: Brettschneider, W.-D./Baur, J./Bräutigam, M.
    (Hrsg.): Sport im Alltag von Jugendlichen. Schorndorf 1989, S. 160-178

Gross, P.: Ich-Jagd. Im Unabhängigkeitsjahrhundert. Frankfurt/M. 1999

Hallmayer, P.: Der Abschied vom Designer-Body. In: Tagesspiegel vom 17. Juli 1993, S. 17

Handschuh-Heiß, S.: Von Muskelspielen und Titanenkämpfen. Körper, Kostüme und Klamauk. In: Hartmann, H.H./Haubl, R. (Hrsg.): Freizeit in der Erlebnisgesellschaft. Amüsement: Zwischen Selbstverwirklichung und Kommerz. Opladen 1996, S. 167-198

Hartmann, H.A. The Thrilling Fields oder: Bis ans Ende – und dann noch weiter. Über extreme Outdoor Activities. In: Hartmann, H.H./Haubl, R. (Hrsg.): Freizeit in der Erlebnisgesellschaft. Amüsement: Zwischen Selbstverwirklichung und Kommerz, Opladen 1996, S. 67-94

Haubl, R.: Des Kaisers Neue Kleider? Struktur und Dynamik der Erlebnisgesellschaft. In: Allmer, H./Schulz, N. (Hrsg.): Erlebnissport – Erlebnis Sport. Brennpunkte der Sportwissenschaft. St. Augustin 1998, S. 5-27

Honer, A.: Bodybuilding als Sinnprovinz der Lebenswelt. Prinzipielle und praktische Bemerkungen. In: Winkler, J./Weis, K. (Hrsg.): Soziologie des Sports. Theorieansätze, Forschungsergebnisse und Forschungsperspektiven. Opladen 1995, S. 181-186

Kaschuba, W. Sportivität: Die Karriere eines neuen Leitwertes. Anmerkungen zur „Versportlichung" unserer Alltagskultur. In: Sportwissenschaft 1989, S. 154-171

König, R.: Menschheit auf dem Laufsteg. Die Mode im Zivilisationsprozeß. München 1985

Knoblauch, H.: Kommunikative Lebenswelten. Zur Ethnographie einer geschwätzigen Gesellschaft. Konstanz 1996

Lange, E.: Jugendkonsum im Wandel. Konsummuster, Freizeitverhalten, soziale Milieus und Kaufsucht 1990 und 1996. Opladen 1997

Matthiesen, U.: Geld und Sport. Anmerkungen zur tendenziellen Versportung und Monetarisierung unserer kulturellen Wertetafeln. In: Winkler, J./Weis, K. (Hrsg.): Soziologie des Sports. Theorieansätze, Forschungsergebnisse und Forschungsperspektiven. Opladen 1995, S. 165-180

Paris, R.: „Schön". Warum wir in der Sonne braten oder: Die soziale Bedeutung der Sonnenbräune. In: Frankfurter Rundschau vom 18. Juli 1985, S. 13

Poschardt, U.: Anpassen. Hamburg 1998

Rittner, V.: Körperbezug, Sport und Ästhetik. Zum Funktionswandel der Sportästhetik in komplexen Gesellschaften. In: Sportwissenschaft 1989, S. 359-377

Rittner, V.: Sport in der Erlebnisgesellschaft. In: Allmer, H./Schulz, N. (Hrsg.): Erlebnissport – Erlebnis Sport, Brennpunkte der Sportwissenschaft. Sankt Augustin 1998, S. 28-45

Schnierer, T.: Modewandel und Gesellschaft. Die Dynamik von „in" und „out". Opladen 1995

Stach, R.: Sport als Extremerfahrung? Free-Climbing. Bungee-Jumping und anderer „Funsport". In: Kemper, P. (Hrsg.): Handy, Swatch und Party-Line. Zeichen und Zumutungen des Alltags. Frankfurt/Leipzig 1996, S. 316-329

Steinwachs, B.: Stilisieren ohne Stil? Bemerkungen zu „Design" und „Styling". In: Gumbrecht, H.U./Pfeiffer, K.L. (Hrsg.): Stil. Geschichten und Funktionen eines kulturwissenschaftlichen Diskurselements. Frankfurt/M. 1986, S. 342-357

Zinnecker, J.: Die Versportung jugendlicher Körper. In: Brettschneider, W.-D./Baur, J./Bräutigam, M. (Hrsg.): Sport im Alltag von Jugendlichen. Schorndorf 1989, S. 133-159

VIII,
Religiöse Events

Michael N. Ebertz

Transzendenz im Augenblick.
Über die „Eventisierung" des Religiösen – dargestellt am Beispiel der Katholischen Weltjugendtage[1]

1. Vorbemerkung

Die programmatische Abkehr der Religionssoziologie von ihrer Einengung auf Kirchensoziologie und die wachsende Auflösung eines relativ verbindlichen Religionsbegriffs, der zumindest seine Haftung am Christentum verliert, mag viele Gründe haben. Diese Vorgänge indizieren und reflektieren freilich auch auf ihre Weise, daß die traditionelle christliche Religion in ihren institutionell verfaßten und strukturierten Formen, also die Kirchen, in Europa als Lebensmacht marginalisiert werden und ihr Anspruch auf Monopolisierung der Heilswahrheiten und Heilsgüter immer mehr an faktischer Geltung eingebüßt hat, zumal im Zuge eines Wertewandels eine allgemein indifferente Stimmung gegenüber Institutionen jeglicher Art auch die Kirchen traf und trifft. Offensichtlich sind sie unter den Bedingungen einer strukturell, kulturell und individuell pluralisierten Gesellschaft immer weniger in der Lage, ihre Botschaft mit den existentiellen Fragen der Menschen von heute zu verbinden, als Legitimation ihres Leidens und Glücks zu kommunizieren und an die nachwachsenden Generationen zu tradieren. Immer weniger gelingt es ihnen beispielsweise, mit den Familien in dieser Angelegenheit zu koalieren. Zahlreiche Indikatoren weisen darauf hin, daß die traditionelle religiöse Arbeitsteilung zwischen Kirchen und Familien zum Auslaufmodell wird. Die verfaßten Kirchen verlieren zwar nicht ihre Verfassung, doch ihre „Passung". Und hierzu gehört vermutlich auch, daß der Staat und andere gesellschaftli-

---

1 Erweiterte und überarbeitete Fassung eines Vortrags vom 17. 9. 1998 in der ad-hoc-Gruppe: „Events und Event-Gemeinschaften" auf dem 29. Kongreß der Deutschen Gesellschaft für Soziologie, dem 16. Österreichischen Kongreß für Soziologie und dem 11. Kongreß der Schweizerischen Gesellschaft für Soziologie in Freiburg i. Br. und zugleich gekürzte Fassung meiner Antrittsvorlesung als Privatdozent an der Sozialwissenschaftlichen Fakultät der Universität Konstanz am 6. 7. 1999.

che Akteure nicht explizit religiöser Provenienz im Laufe der Zeit schrittweise viele Aufgaben überkommener Religion übernommen haben (Naturinterpretation zur Angstreduktion; Rechtssysteme und Moralkodizes; soziale Sicherung; Freizeit- und Erlebnissteigerung), die man vielleicht nicht zu den primären Leistungen von Religion zählen mag, die aber Religion für die Leute attraktiv machten und die Bindung an sie sogar für lebensnotwendig. Eine „abgeschlankte" überkommene Religion (Walf 1999: 138) steht deshalb heute in der Gestalt der christlichen Kirchen vor uns, die vielleicht – wie in Deutschland – Restbestände einiger jener Nebenfunktionen von Religion noch besitzen, aber auch in dieser Hinsicht unter Konkurrenzbedingungen geraten sind. Auf den ersten Blick gesehen, scheinen die Kirchen in der „Erlebnisgesellschaft" (Gerhard Schulze) einerseits wichtige Aufgaben der Erlebnissteigerung abgegeben und andererseits noch kaum ihren Platz gefunden zu haben, nimmt man nur zur Kenntnis, daß die durchschnittlichen Kirchengemeinden hochgradig selektiv ganz bestimmte ästhetische Milieus bedienen und zur Milieuverengung oder Milieueinschließung neigen, damit aber auch riskieren, andere – namentlich die jungen – Geschmacksgruppen auszuschließen bzw. umgekehrt von diesen exkommuniziert zu werden (Ebertz 1998: 260ff.).

Mit der Verschiebung der Machtbalance im Ensemble der gesellschaftlichen Kräfteverhältnisse zuungunsten der Kirchen und mit ihrer Demonopolisierung sogar im religiösen Feld selbst ist faktisch auch eine kircheninterne Relativierung der „Klerus"-Position verbunden bzw. eine Relativierung des Anspruchs der überkommenen geistlichen Amtsträger auf die Verfügung über die Heilsmittel und auf die Definition wie Kompetenz zur Definition der Heilswahrheiten, des „wahren Religiösen" überhaupt. Nicht nur innerhalb des religiösen Feldes, sondern auch innerhalb der Kirchen selbst hat der geistliche Amtsträger an Bedeutung eingebüßt, ist die Angewiesenheit auf ihn gesunken, und unterschiedliche Statusgruppen von „Laien" kämpfen mit ihm um die Definition des „Religiösen", des „Christlichen" und des „Konfessionellen", sowie um die Art und Weise, die religiösen Rollen zu erfüllen. Auf die römisch-katholische Teiltradition des Christentums bezogen und in der Tradition Max Webers gesagt, haben sich heute die „Bedingungen der Persistenz des Amtcharismas (...) tiefgreifend geändert" (Laeyendecker 1996: 269f.), und der Kampf um das Charisma ist neu eröffnet. So haben die „Erfahrungen mit dem zweiten Vatikanum (...) gezeigt, daß Lehraussagen nicht selten das Ergebnis strategischer Manöver gewesen" und seine Erklärungen „in mehrfacher Weise interpretierbar" sind, die amtscharismatische Autorität also der Eindeutigkeit entbehrt. Das war sie „zwar nie, aber heute ist das jedem bewußt" (Laeyendecker 1996: 269f.). Außerdem ist in der Praxis „nicht mehr eindeutig zu erkennen, wem die Befugnisse des Amtes zustehen. Der Unterschied zwischen sakral und profan, oder konkreter, zwischen

Amtsträgern und Laien wird immer unbestimmter" (Laeyendecker 1996: 269f.). Sodann gibt es immer weniger Amtsträger und schließlich stehen ihnen „immer weniger Sanktionsmittel zur Verfügung, um ihre Mitglieder effektiv kontrollieren zu können" (Laeyendecker 1996: 269f.). Zur Erosion der Verteilungsstruktur des „religiösen Kapitals" (Pierre Bourdieu) trägt innerkirchlich des weiteren bei, daß die „Macht der Träger des Protests zugenommen hat", nämlich des Laiencharismas, d.h. des Laientraditionalismus und insbesondere des Laienintellektualismus und der Laienprophetie (vgl. Weber 1972: 278), wobei ich hier – bei der Laienprophetie – insbesondere an die innerkatholisch sogenannten Neuen Geistlichen Gemeinschaften denke, die gern auch als innerkirchliche Sekten diffamiert werden (vgl. Ebertz 2000).

Solche Verwerfungen, die hier nur angedeutet bleiben müssen, zeigen sich nicht nur in den christlichen Großkirchen, sondern auch in anderen religiösen Gruppen, wie wir etwa aus einer vorzüglichen Studie über die Gemeinschaft der Siebenten-Tags-Adventisten wissen (vgl. Steininger 1993: 205f.). Wenn die strukturelle, kulturelle und individuelle Pluralisierung der Gesellschaft mit der externen und mit der internen Entmonopolisierung der überkommenen religiösen Autoritäten einhergeht, dann kann darin auch ein Prozeß der Transformation der religiösen Arbeitsteilung und der Aufwertung von religiösen Praktiken gesehen werden, die nicht von geistlichen Experten alten Schlags legitimiert sind. Selbst Kirchenmitglieder und sogar regelmäßige Kirchgänger gehen dementsprechend gewissermaßen religiös fremd – nicht nur in benachbarte oder ferner gelegene Kirchengemeinden, auf Wallfahrten zu kirchlich anerkannten oder nicht anerkannten heiligen Orten, sondern auch in Esoterik-Läden oder in sogenannten Seminaren des außerchristlichen Heil- und Heilungsmarktes. Die meisten auch von ihnen sind religiöse Selbstversorger geworden, d.h. sie leben aus den religiösen „Konserven" ihrer Kindheit oder sie stellen sich ihr religiöses Menü selbst zusammen. Sie suchen ihren religiösen Hunger dann zu stillen, wenn sie ihn haben, und dort zu stillen, wo das „Menü" (ihnen) paßt. Das auf den kleinsten gemeinsamen Nenner gebrachte geistliche Einheitsmenü vieler Kirchengemeinden – z.B. die Predigt, die auf alle zielt, aber an allen vorbeitrifft – atmet den Charme der pastoralen Routine und betrifft und trifft sie nicht. Häufig sind jene sachlichen, zeitlichen, sozialen und eben auch räumlichen Entgrenzungen Teil einer innerkirchlichen Kultur der Klage geworden, die dann aber in der Lamentatio stecken bleiben und die eigenen Begrenzungen übersehen lassen. Viele Kirchenmitglieder sind, wenn sie religiös sind, nicht nur religiös im kirchlichen Sinne – wenn man etwa an die gut 30 Prozent der rituell kirchentreuen Katholiken hierzulande denkt, die zugleich reinkarnationsgläubig sind. Wie viele andere suchen einige von ihnen ihre religiöse Nahrung anderswo, auch an Orten, wo kein Schild: „Religion, hier zu haben" steht: in der solitären Lektüre zu Hause oder in der „Medienreligion" am Fernsehen, im Kino, im Museum, in der Disko oder an anderen Orten der Popkultur, die nur so von „Religion" zu dampfen scheint. Die Dispersion des Religiösen scheint so etwas wie ein Megatrend zu sein, der vor der Jahrtausendschwelle nicht Halt machen und sich vermutlich jenseits von ihr beschleunigen wird.

Die Hamburger Soziologin Gabriele Klein hat in einem Interview (die tageszeitung vom 2.6. 1999: 15) – im Zusammenhang mit ihrer Studie zur Ravekultur (vgl. Klein 1999) und im Anschluß an Arbeiten von Hans-Georg Soeffner – die These vertreten, daß das, was „früher der Glaube gewährleistete – kollektive Erfahrung, kultische Erlebnisse, religiöse Ekstase" – sich in den Events der Techno-Szene und Rave-Gemeinschaften wiederfinden ließe. Und sie stellt die Frage: „Wieso sind diese Gemeinschaften so wichtig? Warum bilden sie sich in einer Form, die nur im Augenblick existiert? Wo nicht die Sehnsucht da ist: ich möchte Freunde finden, das soll Kontinuität haben, Orientierung bieten – all das, was Peer-groups der siebziger Jahre ausgemacht hat". Mit dem Ausdruck „Event" erobert ein neuer Begriff das „globale Dorf", und das damit Gemeinte nimmt an Zahl und Bedeutung zu – sogar unter der Teilnahme, so hat es den Anschein, des gesamten Kosmos: Unter der Schlagzeile „Ein Moment, der ‚herzzerreißend' wirkt" titulierte die Frankfurter Allgemeine Zeitung (vom 24. 6. 1999, R5), daß „die totale Sonnenfinsternis am 11. August ein Mega-Event" werde.

2. Events in der Weltgesellschaft und in der Weltkirche

Wenn sich Events, wie soziologische Eventologen umschreiben, als spezifische Vergemeinschaftungsformen „grenzenloser Gesellschaften" bezeichnen lassen, die auf die leibhaftige Anwesenheit einer tendenziell internationalen Teilnehmerschaft zielen, die Veranstaltungsorte zwischen einzelnen Städten und Ländern wechseln können, von „global players" strategisch geplant und durchgeführt werden, von ihren Inhalten und ästhetischen Ausdrucks- und Anreizmitteln multisensitiv bzw. kultursynkretistisch angelegt sind und als solche Versammlungen von hoher Attraktion „zunehmend die ökonomische, soziale und kulturelle Wirklichkeit moderner Gesellschaften prägen"[2], dann wird es nicht überraschen, daß diese Sozial- oder Kommunikationsformen auch von religiösen Elementen durchsetzt sein oder religiöse Funktionen übernehmen können. Überraschen wird vielleicht eher, daß sie sich auch im explizit religiösen Feld etablieren. Weniger sollte es allerdings dann verwundern, daß die römisch-katholische Kirche als „ältester ‚global player' (zumindest des westlichen Kulturkreises)" (Siefer 1999) und als „einzige noch

---

2   So in Anlehnung an eine ziemlich enge begriffliche Fassung von Winfried Gebhardt (Gebhardt/Pfadenhauer 1999: 190)

funktionierende Internationale" (Kallscheuer 1998: 398; vgl. auch Reese 1998: 92ff.) das Event als „Plattform zur Unternehmenskommunikation" (Bruhn 1997: 777) schon seit einigen Jahren, wenn nicht Jahrhunderten für sich entdeckt hat, zumal „global players" über die Chance verfügen, Krisen an einem Ort immer mit Erfolgen andernorts kompensieren zu können.

Im Folgenden wird es weniger um die „Eventisierung des Religiösen" im Allgemeinen, denn, etwas verkürzt gesagt, um die „Eventisierung des Katholischen" im Besonderen gehen. Dabei möchte ich exemplarisch vorgehen. Und zwar möchte ich mich konzentrieren auf die skizzenhafte Beschreibung einiger Strukturmerkmale und kulturellen Spezifika der sogenannten Weltjugendtage sowie auf die Vermutung über einige ihrer Funktionen und Folgen. In diesen Weltjugendtagen kommt die Eventisierung des Religiösen innerhalb des Kommunikations- und Handlungszusammenhangs der römisch-katholischen Kirche sozusagen am reinsten und dichtesten zum Ausdruck. Sie ließe sich auch – nicht erst nach einiger Dehnung und Modifizierung des eingangs angezogenen, „weltgesellschaftlich" pointierten Eventbegriffs – an anderen Fällen „popularreligiöser Massenphänomene" (vgl. Ebertz/Schultheis 1986: 21) exemplifizieren – etwa am Fall der internationalen Communauté von Taizé und der von hier ausgehenden „Europäischen Jugendtreffen"[3], am Fall von Kirchen- oder von Katholikentagen, der Jugendfestivals von Ordensgemeinschaften und Neuen Geistlichen Gemeinschaften, von Feiern des Heiligen Jahres bis hin zu „Promotion-Veranstaltungen" in Amsterdam zur Propagierung eines Dogmas von der „Miterlöserschaft Mariens", freilich auch am klassischen Fall der Wallfahrten, die bereits der Volkskundler Georg Schreiber (1934: 90ff.) einmal als die „Großkraftwerke volkstumhaften Geschehens und volksbunter Bewegtheit" bezeichnet hat. So lud die Wallfahrtsleitung zur internationalen Jugendwallfahrt Kevelaer am Ende der Sommerferien 1999 ein: „Die Jugendlichen starten am 30. Juli ... auf Inline-Skates, im Kanu oder zu Fuß ... Die Wallfahrt steht in diesem Jahr unter dem Motto ‚Into the House of the Lord' und setzt sich in Workshops und Vorträgen, in Meditation und Gebet mit ‚Gott unserem Vater' auseinander. Zum Programm gehören ... auch Sport, Besichtigungen, ein Grillabend und ein musikalisches Programm" (Pressedienst des Erzbistums Köln vom 1. Juli 1999: 2). Gerade die Mischung aus überschaubarer Gemeinschaftserfahrung, Möglichkeit zur individuellen Gestaltung und Event, das selbst wiederum dem Prinzip der Mischung gehorcht, läßt derzeit etwa Santiago de Com-

---

3   Dieser 1940 gegründeten Brüdergemeinschaft um ihren charismatischen Propheten Roger Schütz mit ihrem Zentrum im südburgundischen Dorf Taizé gehören katholische und evangelische Brüder aus mehr als 30 Ländern an. Seit 40 Jahren kommen das ganze Jahr über Zehntausende von Jugendlichen aus allen Erdteilen zu Wochentreffen nach Taizé. Einmal im Jahr finden am Jahresende Europäische Jugendtreffen in jeweils einer anderen Metropole statt, unter anderem bereits in Paris, Breslau, Prag und Budapest, 1998 in Mailand. 1999 wird das dritte Treffen in Polen, nämlich in Warschau, stattfinden. Im Herbst davor finden z.B. in rund 30 deutschen Großstädten eine „Nacht der Lichter" mit Brüdern aus Taizé statt.

postela boomen, was zugleich ein Beispiel dafür ist, daß „kirchliche Frömmigkeits- und Gemeinschaftsformen nicht immer nur jenseits der Tradition zu suchen sind" (Foitzik 1999: 326).

3. Das Beispiel: Die Weltjugendtage

Die Wurzeln des Konzepts der Weltjugendtage reichen bis in die Mitte der 80er Jahre zurück, als anläßlich des sogenannten Außerordentlichen Heiligen Jahres (1983/84) über 300 000 Jugendliche die Einladung des Papstes zu einem „Internationalen Jubiläum der Jugend" nach Rom annahmen. Der 91jährige Dekan des Kardinalskollegiums (Confalonieri), also des Papstwahl-Gremiums, soll das damit verbundene Spektakel auf dem Petersplatz von der Terrasse seines Apartments aus kommentiert haben: „Nicht einmal die ältesten Römer können sich an etwas ähnliches erinnern". Nach wiederholter und von den Veranstaltern als Erfolg definierter Einladung 1985, dem von der UNO ausgerufenen „Jahr der Jugend", wurde die dann planmäßig und unter Rückgriff auf ein mobiles Netzwerk von Personalressourcen umgesetzte Idee geboren, abwechselnd einen Weltjugendtag in den diözesanen Teilkirchen und im nachfolgenden Jahr „an einem Ort ‚irgendwo' in der Welt" zu inszenieren. Ab 1986 werden die Weltjugendtage mit – wohlgemerkt – römischen Ziffern numeriert. Die ungeraden Zahlen bezeichnen die diözesanen Weltjugendtage, die inzwischen – nach dem Weltjugendtag in Paris 1997 – in fast allen Bistümern Frankreichs, jetzt auch in Deutschland, begangen werden (vgl. Deutsche Tagespost vom 9. 4. 1998) wohl auch zum Zweck der Nachbereitung und Vorbereitung der zentralen Weltjugendtage. Die geraden Zahlen bezeichnen somit die international wechselnden Veranstaltungsorte, deren Events dann auch durch den leibhaftigen Papstbesuch zum kollektiven Höhepunkt gesteigert werden.

Die Weltjugendtage fügen sich ein in die lange Serie der – von Paul VI. begonnenen und von Johannes Paul II. multiplizierten und auch qualitativ veränderten – Papstreisen, bezüglich derer Hans-Georg Soeffner (1992: 123; vgl. auch Bergmann/Soeffner/Luckmann 1993) – einer der schärfsten Kritiker nicht nur des päpstlichen Bodenkusses – die These vertritt, daß sich „der Heilige (Vater) als Reisender" in Konkurrenz zur „bunten V.I.P.-Wandertruppe" begibt und sich ihm deren Besuchsarrangement aufdrängt. Diese These läßt sich auch an der von Sony Classical zusammen mit einem Videoclip vertriebenen Papst-Musik-CD „Abba Pater" bestätigt sehen, deren Verkaufserfolg bis zum Ende des Jahres 2000 auf 25 Millionen geschätzt wird – Raubkopien nicht eingerechnet – und in Italien jüngst eine weitere Papst-CD herauskommen ließ: „Die Schauspielerin Claudia Cardinale liest in italienischer Übersetzung Gedichte, die Karol Wojtyla in den Jahren von 1939 bis 1978 verfaßt hat" (Frankfurter Allgemeine Zeitung vom 16. 4. 1999: 47).[4]

4. Einige Struktur- und Kulturmerkmale der zentralen Weltjugendtage

Folgende Merkmale können als typisch für die zentralen Weltjugendtage gelten:

a) Sie werden an international wechselnden, als kulturbedeutsam ausgezeichneten – religiös und profan qualifizierten – Orten, häufig in Weltmetropolen durchgeführt, was vermutlich nicht nur logistische Gründe hat, sondern auch dazu dient, den sozialen und kulturellen – auch den touristischen – Anreiz für die zu gewinnenden Teilnehmer zu erhöhen. Auch folgt der Wechsel grob dem symbolisch formatierten missionarischen Denk- und Handlungsschema von „Sammlung und Sendung". Der II. Weltjugendtag (1987) fand in Buenos Aires (Argentinien) statt; der IV. (1989) an dem alteuropäischen Pilgerziel Santiago de Compostella; der VI. (1991) nach dem Zusammenbruch der sozialistischen Imperiums im polnischen Tschenstochau, wobei zum ersten Mal mehr als 80 000 Teilnehmer aus dem ferneren Osteuropa herbeiströmten; der VIII. (1993) in Denver im Schatten der Rocky Mountains; der X. (1995) in Manila und der XII. (1997) in Paris. Mit seinen bis zu 1,2 Millionen Menschen anziehenden Teilnehmern übertraf Paris alle Erwartungen nicht nur der Organisationselite. Rom wird im Jahr 2000 – vom wohlgemerkt marianisch geprägten 15. August bis 20. August – der Schauplatz des nächsten zentralen Weltjugendtreffens sein,[5] das – nach dem Willen des Papstes – auch im nächsten Jahrhundert fortgesetzt werden soll.

b) Die Weltjugendtage sind – passagere – Massenveranstaltungen und gerade als Veranstaltungen mit einer besonderen Breitenwirkung, also mit der Interaktion und Kumulation einer großen Zahl von Menschen intendiert. Zeitliche und soziale Ausdehnung dieser „Großereignisse" stehen sozusagen in einem umgekehrt proportionalen Verhältnis. Ob dies auch das Verhältnis der Intensivierung und Extensivierung der Erlebnisqualität bestimmt, worauf

---

4   Die CD erscheint unter dem Titel eines persönlich gehaltenen Papstgedichts („Auf deinem weißen Grab") in Zusammenarbeit mit der vatikanischen Verlagsbuchhandlung „Libreria Editrice Vaticana". Die Neue Zürcher Zeitung (vom 20./21. 2. 1999) schreibt: „Da der Papst auf seinen Reisen wie ein Popsänger von den Massen umjubelt wird und seine Tourneen neuerdings auch ganz Rockstar-like von Konsumgüterproduzenten sponsern lässt, lag es nahe, eine Compact Disc mit dem Heiligen Vater herzustellen", der „damit an die Figur des ‚Cool Man' Steiner" gemahne, „der vor einigen Jahren zu kurzfristiger Popularität gelangt war".

5   Dieser XV. Weltjugendtag trägt – mit einem marianischen Vorzeichen – das Inkarnations-Motto: „Das Wort ist Fleisch geworden und hat unter uns gewohnt"; s. Die Tagespost vom 3.7. 1999 und vom 8.7. 1999. Dort ist auch der Einladungsbrief des Papstes „an die Jugendlichen der Welt" im Wortlaut abgedruckt.

Ronald Hitzler (in diesem Band) aufmerksam macht, läßt sich kaum sagen. So waren es zum Beispiel in Santiago 600 000, in Tschenstochau 1,5 Mio. Teilnehmer, in Paris – in sich steigernder sozialer Attraktion – von 300 000 bis zu 1,2 Mio. Die Masse, die situativ gleichsam zu einer hautnahen Gemeinschaft der Leiber verkleben kann, kommt im Gedicht eines beteiligten Jugendlichen über den Weltjugendtag in Paris im vergangenen Jahr zum Ausdruck: „Und dann kam die Begegnung mit dem Nachfolger Petri, Menschen, dicht an dicht gedrängt, in sengender Hitze ...".

c) Die Weltjugendtage sind Massenveranstaltungen, die sich aus einem international gemischten – jugendlichen – Publikum, also auch einander Fremder, zusammensetzen, die sich sowohl aus formierten und ad hoc entstehenden Gruppen und aus einzelnen Teilnehmern rekrutieren. Inwieweit es sich hierbei um eine allein vorübergehende, relativ bunt gemischte jugendliche Zuhörerschaft sozusagen eines die Rollen des wandernden messianischen Propheten, Pilgers, Poeten, Politikers und Popstars verschmelzenden Papstes handelt, die sich, wie sie zusammenkam, auch wieder zerstreut, ergänzt um eine – strukturell analoge – anwachsende Publikumsmenge, die einer religiösen Zelebration beiwohnt, oder eben auch um ständige Kreise, Stammpublika, die den „Superpapst", wie ihn einige seiner Fans wortwörtlich nennen, immer wieder aufsuchen, ist – wie vieles in diesem Zusammenhang – eine empirisch offene Frage. Auf dem Hintergrund der von Ronald Hitzler angedeuteten Problematik des Verhältnisses von Intensivierung und Extensivierung der Erlebnisqualität wird man eher von einer nur relativ kleinen „Kerngruppe" eines mehrheitlich wechselnden Publikums ausgehen. Wir haben es aller Wahrscheinlichkeit nach bei den Weltjugendtagen mit einer „split audience", also einem geteilten – und situativ fragmentierten, vermutlich eher diskontinuierlichen – Publikum zu tun, das auch bei den anderen Auftritten des jetzigen Papstes beobachtbar ist und vermutlich „bereits im Handeln und Erscheinen dieses Papstes angelegt ist" (Bergmann/Soeffner/Luckmann 1993: 135). Überhaupt fehlen uns meines Wissens nach die Kategorien für eine Soziologie der Publika[6], insbesondere für eine – bereits von Joachim Wach (1951), übrigens auch von Elias Canetti (1981) angeregte – Religionssoziologie der Publika, die den religiösen Autoritäten korrespondieren und die religiösen Sozialformen ganz entscheidend konstituieren bzw. figurieren. Die Formierung jugendlicher Publika dürften sich von anderen – auch generationsspezifisch – unterscheiden.

d) Die Weltjugendtage werden von einer Kommission der römischen Kurie zentral gesteuert, ihr steht der „Beauftragte des Päpstlichen Laienrats für die Weltjugendtage" (Monsignore Renato Boccard) vor. Inwieweit diese Organisationselite der römischen Zentrale der katholischen Kirche auf öko-

---

6   Ein erster Versuch einer solchen Kategorisierung findet sich bei Gebhardt/Zingerle 1998

nomische Event-Marketing-Konzepte zurückgreift oder von einschlägigen Experten beraten wird, kann ich nicht sagen, wohl aber, daß Marketing-Strategien in beiden Konfessionskirchen (hierzulande) zunehmend Akzeptanz finden. Auch einzelne Bistümer organisieren den Transport zu den Weltjugendtagen.[7] Als gewissermaßen päpstliche „Hilfstruppen" (Max Weber) bei der Organisierung dieser Massenreligiosität der Weltjugendtage und bei der Rekrutierung der Teilnehmer (teilweise selbst wieder über Etappen-Events, z.b. Jugendfestivals, im Vorfeld)[8] fungieren einige der sogenannten Neuen Geistlichen Gemeinschaften (vgl. Ebertz 2000). Als prophetisch-charismatische Bewegungen haben sie selbst Merkmale von „global players" (z.b. die „Fokolar-Bewegung"; die „Legionäre Christi"; die „Gemeinschaft Emmanuel"; „Comunione e Liberazione"), die ihrerseits in der öffentlichen Arena der Zivilgesellschaft religiöse Events veranstalten (vgl. Kepel 1991: 112ff.) und sich als Alternativen zur „unsichtbar" gewordenen kirchlichen Religion verstehen (vgl. Kallscheuer 1998a: 142ff.). Zu diesen „Hilfstruppen" gehört auch die sogenannte „JUGEND 2000 international", eine militante Aktionsgemeinschaft katholisch-fundamentalistischer Jugendverbände, die in Deutschland nur in zwei Bistümern (Köln und Augsburg) kirchlich approbiert und nicht in den BDKJ inkorporiert ist (vgl. Ebertz 1997; 1998: 235ff.).

e) Typisch für die zentralen Weltjugendtage ist auch – neben dem Auftritt des Papstes – die Heranziehung von international bekannter *religiöser* wie *profaner* Jet-Set-Prominenz, woran bereits der kultursynkretistische Zug dieser Events erkennbar wird. Zu diesem auf den Weltjugendtagen versammelten Ensemble gehören bzw. gehörten zum Beispiel Mutter Theresa, Frére Roger aus Taizé, Chiara Lubich von der Fokolar-Bewegung und Luigi Giussani von der Bewegung „Comunione e Liberazione" und – wie jüngst in Paris – Andrea Bocelli. Zur Prominenz zählen an herausragender Stelle auch Bi-

---

7   So lädt zum Beispiel die Abteilung Jugendseelsorge des Erzbistums Köln „alle Jugendlichen und jungen Erwachsenen im Alter zwischen 16 und 30 Jahren" zu einer „Diözesanwallfahrt zum 15. Weltjugendtag" ein: „Bei einer längeren Fahrt sind die Teilnehmer zuvor vom 9. Bis 13. August im Erzbistum Pisa zu Gast. Die Diözesanwallfahrt wird gemeinsam mit den Kölner Partnerdiözesen Dresden-Meißen sowie Kaunas und Vilnius in Litauen veranstaltet, außerdem zusammen mit Jugendlichen der Diözesen Galway/Irland und Besancon/ Frankreich"; Pressedienst des Erzbistums Köln vom 6. 10. 1999.

8   Seit 1996 wird im größten deutschen Marienwallfahrtsort Altötting von der „Gemeinschaft Emmanuel", der derzeit ca. 6000 Mitglieder (Ehepaare, Priester, Jugendliche) in sechzig Ländern angehören sollen, jährlich ein Internationales Jugendforum veranstaltet – 1999 als fünftägiges Treffen, das „neben Gottesdiensten und Gebeten eine Reihe von Workshops, Konzerten und Begegnungen" bietet. Auf dem Kapellplatz wird ein „Medien-Café eingerichtet ... Dort werden für die Teilnehmer Talk-Runden und Diskussionen angeboten. Außerdem haben sie die Möglichkeit, sich selbst bei Auftritten vor Kameras und Mikrophonen zu erproben. Als Gäste werden unter anderem der französische Rockerpriester Guy Gilbert erwartet ..." Geplant ist „für den 11. August, den Tag der Sonnenfinsternis, ein ‚Licht im Dunkeln'-Fest. Aber 12 Uhr mittags gibt ein Physiker auf dem Kapellplatz eine Einführung zu dem Naturschauspiel. Anschließend tritt die französische Sängerin Clara Mill auf. Ab dem Eintritt der totalen Sonnenfinsternis um 12.37 Uhr sollen die Besucher dann mit einem ‚special Lichter-Event' überrascht werden", so Die Tagespost vom 6.7. 1999: 4.

schöfe, also die zentralen Träger des katholisch-kirchlichen Amtscharismas. So haben zum Beispiel allein in Denver 1993 19 Kardinäle und 450 Bischöfe teilgenommen. Die Kumulation und öffentliche Darstellung von episkopalem Amtscharisma ist ein altes Muster der Inszenierung der römisch-katholischen Kirche in asymmetrisch polarisierten Veranstaltungen einer repräsentativen Öffentlichkeit, ein öffentliches Eindrucksmanagement, was zum Beispiel anläßlich des II. Vatikanischen Konzils selbst bei kommunistischen Pressebeobachtern sozusagen „Konversionszuckungen" ausgelöst haben soll. Die öffentlich inszenierte Kumulation von episkopalem Amtscharisma dient auch dazu, den Fokus der Aufmerksamkeit dramaturgisch auf die Eminenz des päpstlichen Vikariats zu lenken und die hierarchische Differenz augenfällig zu machen. So trugen bei der Papstmesse auf dem Weltjugendtag in Paris alle Bischöfe – mit Ausnahme des Papstes – liturgische Einheitskleidung, individuelle Differenzen allenfalls noch am Schuhwerk zulassend.

f) Typisch ist auch die – synkretistische und zugleich als abwechslungsreich geplante – Mischung unterschiedlicher Kommunikations- und Erlebnismöglichkeiten, und zwar auf den Weltjugendtreffen selbst, aber auch in den Vorbereitungs- und Nachbereitungsetappen (vgl. Frankfurter Allgemeine Zeitung vom 19. 8. 1997). *Mischung* gilt einerseits für die spezifisch religiöse Kommunikation, die andererseits in eine Vielfalt religiös unspezifischer Momente eingebettet wird und sich zu einem Nebeneinander von gemeinhin auch unverträglichen Elementen zu einer eigentümlichen Gesamterscheinung verdichtet. Gemischt werden Elemente von Fest und Feier (vgl. Gebhardt 1987; Schultheis/Ebertz 1988), von profanem Fest und religiöser Feier, von profaner Feier und religiösem Fest, von traditioneller Volksmission, Wallfahrt, Happening und Spektakel. Zwischen diesen Arrangements ist freilich ein von den Veranstaltern deutlich angelegter religiöser Hauptpfad aus den Elementen „Weg", „Umkehr", „Fest", „Begegnung" und Eucharistiefeier gespurt. Im Vergleich etwa zu Kirchen- oder Katholikentagen ist die Dimension der intellektuellen und der gesellschaftspolitischen Auseinandersetzung kaum besetzt bzw. nicht besonders ausgeprägt. Der integrative Mittelpunkt dieser Weltjugendtage ist ein spezifisch religiöser, nämlich die Gottesverehrung und Gottesbekehrung: Gebet, Schweigen, seelsorgliches Gespräch, Kontemplation, Meditation, Predigt, Katechese, geistliche Konzerte und Gesänge, dramatische symbolische Handlungen wie Tänze und Riten (z.B. Kreuzweg, heilige Messe, Ohrenbeichte und Zeugnisgeben). Riten und Rituale – auch weltjugendtagsspezifische Rituale (Weiterreichen und Aufstellen des Weltjugendtagskreuzes seit 1985) – sind ihre zentralen kommunikativen – auch integrativen – Elemente. Gemischt werden somit auch Elemente der katholisch-großkirchlichen Tradition – private Geständnisse in der Beichte – und der freikirchlichen Tradition, zu denen etwa öffentliche Bekenntnisse, etwa durch das sogenannte Zeugnisgeben, oder die Bekehrungs-, Bekenntnis-

oder Entscheidungstaufe zählen. Diese nimmt der Papst selbst vor und zeichnet sie mit seiner Ansprache aus. Zu den kommunikativen und integrativen Momenten gehört deshalb konstitutiv der Auftritt des Papstes, wie er etwa von Bergmann, Luckmann und Soeffner anläßlich anderer Papstreisen – auch kulturkritisch – beschrieben wurde: der Auftritt des Papstes, der die Massenversammlung asymmetrisch polarisiert wie zentriert, ihr charismatisch zur Efferveszenz verhilft und – in den Augen bestimmter Teilnehmer – kultische Züge annehmen kann (vgl. Ebertz 1997: 98).

Um die – auch kultursynkretistische – Mischung der Weltjugendtage zu illustrieren, zitiere ich aus der Meldung einer Nachrichtenagentur über den Weltjugendtag in Paris 1997 (KNA 1998: 20ff.):

„Nachdem sie am Tag zuvor eine 36 Kilometer lange ‚Menschenkette der Brüderlichkeit‘ um Paris gebildet hatten, waren die Teilnehmer in teils mehrstündigen Fußmärschen nach Longchamp geströmt. Dort bauten sie ihre Isomatten und Luftmatratzen auf, harrten bei Temperaturen um 34 Grad unter sengender Sonne aus, schwenkten Nationalfahnen und Transparente. Vor Beginn der eigentlichen Feier erlebten sie ein hochkarätiges Konzert: Der ehemalige Direktor der Pariser Bastille-Oper, Myung Whun Chung, begleitete mit einem Weltjugendtagsorchester unter anderem den italienischen Startenor Andrea Bocelli. Gabelstapler fuhren unablässig Paletten mit Mineralwasserflaschen auf das Rennbahngelände. Dennoch mußten mehr als 1.600 Menschen in den Erste-Hilfe-Stationen behandelt, einige sogar in Pariser Krankenhäuser transportiert werden. Erschöpfungszustände und Kreislaufprobleme lauteten die häufigsten Diagnosen ... Johannes Paul II., der nach seiner Ankunft am 21. August noch erschöpft und müde gewirkt hatte, schien die Hitze nichts auszumachen. Er dehnte seine Fahrten im Papamobil sogar aus, grüßte immer wieder und winkte später auch vom Podium mit seinem Hirtenstab. Am Samstagabend taufte der Papst bei einer Gebetsnacht zehn Jugendliche aus fünf Kontinenten, während Hunderttausende ein gigantisches Lichtermeer aus Kerzen entfachten ... Rundfunk- und Fernsehkommentatoren rangen angesichts der unerwarteten Menschenmassen um Worte. Ihr Fazit: ein Triumph für die Kirche – und für den Papst".

Teilnehmer sollen ihre Event-Erlebnisse z. B. in folgende Worte gebracht haben (Kirche heute Nr. 9/1997: 6, 8):[9]

„Es war eine einzigartige Stimmung während der Tage in Paris. Alle Jugendlichen, egal aus welchem Land, waren offen füreinander, sprachen, tanzten, sangen, lachten und beteten zusammen. Wir waren unterwegs, um jede Menge Spaß zu haben und sind dabei – so glaube ich – Gott ein Stück näher gekommen. Meine Meinung zum Papst, die ich mir bisher nur über die Medien machen konnte, hat sich gewaltig geändert",

---

9   Die in dieser Zeitschrift abgedruckten Aussagen sind freilich nicht nach sozialwissenschaftlichen Verfahren erhoben worden und ausschließlich positiv orientiert.

so der 18jährige Tobias Hunner, ein Azubi als Industrieelektriker. Und der gleichaltrige Florian Kröpfl, Azubi als Industriemechaniker, soll geäußert haben:

„Ich muß ganz ehrlich eingestehen, ich habe es keine Sekunde bereut, im Gegenteil: Mir hätte nichts Besseres passieren können. Es war ein einmaliges Erlebnis mit viel Spaß, Freude und einer super Gemeinschaft, vielen neugewonnenen Freunden, die mir geholfen haben, zur Kirche, dem Papst, auch zum Gebet ein ganz anderes, neues Verhältnis zu bekommen".

Franz-Georg Bächer schreibt in seinem Erlebnisbericht zum X. Weltjugendtag 1995 in Manila (Kirche heute 1/2/1995: 12):

„Die paradiesische Umgebung bot ideale Möglichkeiten, sich auf die Begegnung mit dem Vikar Christi vorzubereiten. Als eine sehr schöne Erfahrung empfanden es die meisten, den Rosenkranz im Schatten von Kokospalmen zu beten, und dabei das Rauschen des Meeres zu hören. In vielen Gesprächen mit den jungen Einheimischen war die Sehnsucht herauszuhören, den Papst in Manila zu erleben. Der Papst fühlt sich vor den vielen jungen Menschen sichtlich wohl. Bei der Vigilfeier schwingt er seinen Stock, den er seit seiner Hüftoperation benutzt, zum Takt der Musik. Am nächsten Morgen stimmten sich die jungen Menschen mit Gesängen auf die heilige Messe ein. Anfangs riefen Sprechchöre immer wieder: ‚John Paul two, we love you!' Später hörte man immer öfter: ‚John Paul two, where are you?' Hände reißen nach oben, Fahnen und Flaggen flattern, werden an Stangen wild geschwungen, Jubel bricht aus, als der Hubschrauber mit dem Pontifex landet und Johannes Paul II. den Altar betritt".

g) Die Events der Weltjugendtage gewinnen durch die zeitliche, sachliche, soziale und räumliche Herausgehobenheit aus den Routinen des Alltags, durch die „Vernetzung unterschiedlichster interaktiver Unterhaltungsangebote" und durch die „Verschmelzung multinationaler Kulturelemente" (Gebhardt/Pfadenhauer 1999: 190f.) sowie durch ihre amtscharismatische Kumulation und papstcharismatische Pointierung den Charakter des totalen, außeralltäglichen Erlebnisses, wie es auch in den – massenmedial verbreiteten – rekonstruktiven Kommunikationen zum Ausdruck kommt: Es dominieren dabei Kategorien vom Typ des Erlebens (vgl. Gabriel 1992: 191; Höhn 1998: 80; Nüchtern 1997; 1998) darunter der kollektiven Ekstase, von gemeinschaftlicher „Begeisterung". Die Weltjugendtage werden zu einer „erlebnishaften Begegnung des Menschen mit heiliger Wirklichkeit" (Rudolf Otto).

5. Vorläufiges Fazit zur Sozial- und Kulturgestalt der Weltjugendtage, ihrer Funktionen und Folgen

Die Weltjugendtage sind ein Fall religiöser Events und damit eine Sozialgestalt von Religion, an denen die Grenzen der Organisation Kirche relativ durchlässig werden auch für den modernen religiösen Handlungstypus der

„Suchenden" (seekers) und religiös unbestimmt Sozialisierten. Sie repräsentieren eine relativ offene – aber auch eine offensive, missionarisch, „evangelisierend" gedachte – Beteiligungsform und suchen Menschen auch im biographischen Später mit der Wirklichkeitsbestimmung des Christentums in Berührung zu bringen, insbesondere Jugendliche und junge Erwachsene. Die Weltjugendtage suchen jenseits der überkommenen kirchlichen Strukturen Gelegenheitsstrukturen für konjunktive religiöse Erfahrungen der jungen Generationen zu schaffen. Die Jugendlichen können dabei – situativ aber auch andere Teilnehmerinnen und Teilnehmer – relativ unabhängig von ihren Kirchen- und Gemeindebindungen zusammenkommen und sich als religiös Suchende imaginär und temporär – und womöglich mit dauerhaften Bindungseffekten – vergemeinschaften, wenn auch die Kategorie derer, die – gemessen an der Vielzahl religiöser Orientierungsmöglichkeiten – ihre religiösen Überzeugungen in den christlich – ja in den katholisch – überlieferten Symbolen noch relativ gut ausgedrückt finden, „vorherrschen" dürften. Die Weltjugendtage sind somit keine Events einer diffusen synkretistischen oder impliziten Religion, wie wir sie etwa aus den Auftritten von Guildo Horn, der den Spaß ernst nimmt und ein anschaulicher Fall für die Dispersion des Religiösen ist (vgl. Ebertz 1998: 155ff.), kennen oder aus Rockkonzerten mit ihrer „Liturgie ekstatischer ‚psychosomatischer Musik', samt Klatschen und Pfeifen, aber ohne Bewußtwerdung, ohne Predigt". Auch bleiben Drogen, Sexualität und Religion, die andernorts eine „vitale, berauschende neue Verbindung" (Albrecht 1993) eingehen können, sorgsam getrennt. Die Weltjugendtage sind aber auch keine Events eines allgemeinen oder eines intellektualisierten oder auch politisierenden Christentums, sondern haben eine eher kontemplativ-mystische, dabei spezifisch konfessionalistische Grundausrichtung. Anders als die freischwebenden Tele- oder „Technoevangelisten" hat der Vikar Christi "nicht nur ein Publikum zu begeistern, sondern eine Institution zu verantworten" (Kallscheuer 1998: 418) So repräsentieren die Weltjugendtage mit ihrer multisensitiv angelegten und außeralltäglichen, ja geradezu charismatisch pointierten Kommunikations- und Erlebnisform auch einen universalistischen und sakramentalen bzw. priesterlichen „Religionstyps des Auges", der auch in den nachfolgenden Generationen, die in den kirchlichen Ortsgemeinden Minderheit sind und sich hier zur Mehrheit verdichten, präsent sein will. In den Weltjugendtagen formiert sich eine strategisch geplante und kommunikativ hergestellte Sozialform des multisensitiven Erlebens von Weltkirche, von Universalität der römisch-katholischen Kirche – über die Grenzen der Sprache, der Kultur, der Nationalität, der Hautfarbe und der sozialen Herkunft hinweg. Es geht bei diesen öffentlichen Großereignissen, die dem Druck zur Privatisierung des Religiösen und dem massenmedial vermittelten negativen Image der Kirche unter Mobilisierung ja auch nicht unbedeutender personeller und finanzieller Ressourcen sozusagen gegen den Strich laufen wollen, dabei aber auch Zügen der religiösen Individualisierung Rechnung zu tragen suchen (öffentliches individuelles Bekenntnis), also nicht um Religion und Christentum im Allgemeinen, sondern um die Kirche, genauer um die katholische Kirche nach römischer Auslegungsart. Es geht um das freiwillige, individuelle und öffentliche Bekenntnis zur römisch-katholischen kirchlichen Institution, die andernorts deutliche Erosionstendenzen bzw. krisenhafte Tendenzen der Deinstitutionalisierung (vgl. Ebertz 1998) zeigt. Es geht zum einen um die katholische Reterritorialisierung eines sich auflösenden – entgrenzenden und entdifferenzierenden – religiösen Felds (vgl. Bourdieu 1992), um seine zugleich persönliche wie öffentliche Reformatierung unter den Kontextbedingungen der strukturellen, kulturellen und individuellen Pluralisierung der Moderne; zum anderen aber auch, sozusagen nach innen, um die zentristische Einbindung, ja Instrumentalisierung der katholischen Laienprophetie in Gestalt der Neuen Geistlichen Bewegungen und des gemäßigt fundamentalistischen katholischen Laientraditionalismus unter strikter Delegitimierung des Laienintellektualismus und übrigens auch des episkopalen Intellektualismus. Dieser war es wohlgemerkt, der als „liberal-modernistische Fraktion" im Kardinalskollegium den Bischof von Krakau „auf den Stuhl Petri gehievt hat, welche er später als Papst aus allen Schlüssel- und Machtpositionen hinaustreiben sollte" (Kallscheuer 1998: 411f.). Die Weltjugendtage erweisen sich somit auch als Moment einer Strategie, jenen eingangs skizzierten innerkirchlichen Kampf um das Charisma im Sinne des Papsttums zu entscheiden, auch als Teil des Versuchs einer neuen – zentralistischen – Umverteilung des religiösen Kapitals unter weltkirchlichen und weltgesellschaftlichen Bedingungen. Sie sind Ausdruck eines Papsttums, dessen messianischer Inhaber, „der aus dem Osten kam" und „seit Beginn seiner Amtszeit (...) seinen Leib um die Welt auf Pilgerreise geschickt" hat. „Seine dynamische Erscheinung", so der dem Pathos nicht abgeneigte Religionspolitologe Kallscheuer (1998: 403), „kommunizierte, erstmals leibhaftig, mit der Weltkirche. Er erniedrigte sich in triumphaler Demut vor allen Nationen und verkündete die Frohe Botschaft vom Siege des Christentums über den Kommunismus".

Auf den Weltjugendtagen, die zu diesen messianischen Kampagnen eines „Ausgreifens der Kirche ... in die Welt" (Kallscheuer 1998: 410) gehören, wird die Programmspezifität, die in den katholischen Ortskirchengemeinden häufig vom Integrations- und Harmoniemilieu und ihren spezifischen Erlebnisschemata mit der Angst vor allem Fremden und Ungewöhnlichen geprägt wird und damit häufig faktisch Jugendliche ausschließt (vgl. Ebertz 1998: 266ff.) ins Unterhaltungs-, Spaß- und Spannungsschema der heutigen jugendlichen Erlebniskultur – genauer: einer jugendlichen Erlebnisteilkultur – verlagert und mit ihr – zumindest selektiv – verschmolzen. In diesen Events verliert das Leben in einer vorübergehenden Außeralltäglichkeit seine Fragmentierung, „es gewinnt für einen Augenblick gleichsam die Dimension der Ganzheit zurück", „verwischt die Grenzen, die den Alltag prägen" (Daiber 1984: 294), auch diejenigen zwischen Fremden und Vertrauten, relativiert – zumindest situativ – auch das Trennende zwischen kirchlichen Amtsträgern und Laien, und gibt der Sehnsucht nach Transzendierung der Diastase von Öffentlichkeit und Privatheit Ausdruck: multisensitiv und multikommunikativ, mulitexpressiv und multidemonstrativ. Diese „Transzendenz im Augenblick" gipfelt sich gleichsam auf und wird auf den präsentativen Höhepunkt gebracht in der Inszenierung des amtlichen und persönlichen Charismas, sozusagen im „Triumph des Papstes", wie ihn die französische Presse – wohl nicht ohne historische Anspielungen[10] – nannte, der als global player des ältesten global players des westlichen Kulturkreises auch noch einen der wenigen Vaterfiguren repräsentiert und zugleich den – auch massenmedial verbreiteten – Anspruch verkörpert, in seinem Amt Himmel und Erde zu verbinden: charismatisch, wertrational, traditional gemischt in einem, jedenfalls auch „posttraditional" (Hitzler 1998). Im Event – und nicht zuletzt in demjenigen der Weltjugendtage – hat der römische Katholizismus eine Sozialgestalt des Religiösen für sich entdeckt bzw. wiederentdeckt und offensiv entfaltet, die in der Vielfalt religiöser Erscheinungsformen außerhalb wie auch innerhalb der Kirchen – wie diese Vielfalt selbst – noch gar nicht ausreichend beschrieben und interpretiert wird. Dieser hier skizzierte Fall der Eventisierung des Katholischen steht auch dafür, daß – entgegen gängiger Klischees – die verfaßten Konfessionskirchen auf die Moderne nicht bloß durch Abschottung von, sondern auch durch „Kompromisse" mit der modernen Welt reagieren, wie sie auch in der Vergangenheit so darauf reagiert haben und das Bild der Kirche – wenigstens partiell – auch zu einem jeweiligen „Abbild der Gesellschaft" machten (vgl. Ebertz 1995/96).

In seinem historischen Überblicksaufsatz mit dem Titel „Bild der Kirche – Abbild der Gesellschaft" hat Clemens Bauer (1964: 13, 22f.) gezeigt, daß die Kirche „von dem Augenblick an, da sie nach einer Phase (...) der Hoffnung auf die nahe Parusie (...) sich Welt-Durchdringung, Welt-Verchristlichung und Welt-Gestaltung zum Ziel setzt", „unter das Gesetz der Verschränkung mit der Gesellschaft und ihren Ordnungen tritt". Allerdings hebt, so Bauer weiter, „mit der französischen Revolution (...) eine neue Epoche kirchlicher Sozialgeschichte" an: „Mit der Ständegesellschaft des ‚Ancien régime' bricht definitiv auch die ‚Feudalkirche' als ihr Gegenstück im Raum der Kirche zusammen", was dieser die Möglichkeit eröffnet, „sich als ‚spiritualer Staat' mit eigener Rechtsordnung durchzubilden, ihre Verfassung im Sinne des

---

10 Nämlich auf die Schrift „Il trionfo della Santa Sede" (1799; dt. 1848), in welcher der spätere Papst Gregor XVI. (1831-1846) bereits 1799 „die Monarchie der Kirche und die Souveränität und Unfehlbarkeit der Päpste (...) zu beweisen" und zu überzeugen suchte, daß es „leichter sei, die Sonne zu vertilgen, als die Kirche zu zerstören"; so Brischar (1888: 1149).

straffsten Zentralismus und ihre Verwaltung völlig behördenmäßig und bürokratisch zu vollenden". Doch sei für die Kirche dabei „die Ordnungsfigur des liberalen und demokratischen Verfassungsstaates des neunzehnten Jahrhunderts (...) nicht assimilierbar und abbildbar oder vielmehr nicht vereinbar mit ihrem innersten Wesen und ihrem Strukturprinzip. So verläßt sie im Grund den Raum des Politischen und etabliert sich als autonome societas perfecta sozusagen in einem Vakuum" und verfalle schließlich „Zug um Zug der sozialen Standortlosigkeit, je mehr die aus dem achtzehnten Jahrhundert überkommene Erbmasse einer gestuften und ständisch geordneten Gesellschaft sich auflöst". Aus dieser gespreizten Modernisierung oder halbierten Anpassung der römisch-katholischen Kirche an die staatliche Bürokratie unter weitgehendem Verzicht auf deren demokratische Legitimationsbasis erwächst bis heute ein zentrales Dauerproblem, das in den aktuellen Postulaten einer Demokratisierung (oder Synodalisierung) der Kirche mündet. Das Papsttum reagiert auf solche Postulate mit deren Delegitimierung einerseits und andererseits mit der eigenen Legitimierung über das Instrument der plebiszitären demonstrativen Selbstdarstellung – im 19. Jahrhundert mit dem Rückgriff auf volkstümlich gewordene gegenreformatorische Aufmarschstrukturen z. B. in Form des Prozessions- und Wallfahrtswesens, im 20. Jahrhundert z.B. durch die Anverwandlung der Sozialform des Events.

Die Anschlußfähigkeit dieser sozusagen ambulanten und außeralltäglichen Sozial- und Kulturform des Weltjugendtagsevents mit den stationären und alltäglichen Strukturen der katholischen Kirche vor Ort, also insbesondere der Kirchengemeinden, ist ein ungelöstes innerkirchliches Problem. Als ungeplante Folge könnte sich deshalb ein Beitrag des Papsttums zur „Autonomisierung" des religiösen Events einstellen, daß sich also das religiöse Event zu einer eigentümlichen, ja geradezu eigensinnigen Sozialform des Religiösen verselbständigt – außerhalb, aber auch innerhalb des Kommunikations- und Handlungszusammenhangs der katholischen Kirche.

Literatur:

Albrecht, H.: Prince, Madonna, oder: Rock als Gottesdienst am Altar des Sexus. In: Ders.: Die Religion der Massenmedien. Stuttgart/Berlin/Köln 1993, S. 17-34
Bauer, C.: Bild der Kirche – Abbild der Gesellschaft. In: Ders.: Deutscher Katholizismus. Entwicklungslinien und Profile. Frankfurt/M. 1964, S. 9-27
Bergmann, J.R. /Soeffner, H.-G. /Luckmann, T.: Erscheinungsformen von Charisma – Zwei Päpste. In: Gebhardt, W./Zingerle, A./Ebertz, M. N. (Hrsg.): Charisma. Theorie – Religion – Politik. Berlin/New York 1993, S. 121-155
Bourdieu, P.: Die Auflösung des Religiösen. In: Ders.: Rede und Antwort. Frankfurt/M. 1992, S. 231-237

Brischar: Art. Gregor XVI. In: Wetzer und Welte's Kirchenlexikon. 5. Bd., Freiburg 1888, S. 1148-1155

Bruhn, M.: Kommunikationspolitik: Grundlagen der Unternehmenskommunikation. München 1997

Canetti, E.: Masse und Macht. Frankfurt/M. 1981

Daiber, K.-F.: Kirchentag als Sozialgestalt von Religion. In: Schmieder, T. /Schumacher, K. (Hrsg.): Jugend auf dem Kirchentag. Eine empirische Analyse. Stuttgart 1984, S. 285-299

Ebertz, M. N.: Grundzüge katholischer Massenreligiösität in der zweiten Hälfte des 19. Jahrhunderts. In: Historicum. Zeitschrift für Geschichte 1995/96, S.14-19

Ebertz, M. N.: Der Superpapst. Johannes Paul II. und seine jugendlichen Fans. In: Schüler '97: Stars – Idole – Vorbilder. Seelze 1997, S. 96-99

Ebertz, M. N.: Erosion der Gnadenanstalt? Zum Wandel der Sozialgestalt von Kirche. Frankfurt/M. 1998

Ebertz, M. N.: Neue Geistliche Gemeinschaften – innerkirchliche Sekten? Unveröffentlichter Vortrag auf der Jahrestagung der Görresgesellschaft 1997. (Erscheint 2000)

Ebertz, M. N. /Schultheis, F.: Populare Religiösität. In: Diess. (Hrsg.): Volksfrömmigkeit in Europa. Beiträge zur Soziologie popularer Religiosität aus 14 Ländern. München 1986, S.11-52

Foitzik, A.: Passanten auf der Kirchenmeile. In: Herder-Korrespondenz 53/1999, S. 325-327

Gabriel, K.: Christentum zwischen Tradition und Postmoderne. Freiburg/Basel/Wien 1992

Gebhardt, W.: Fest, Feier und Alltag. Über die gesellschaftliche Wirklichkeit des Menschen und ihre Deutung. Frankfurt/M. u. a. 1987

Gebhardt, W./Zingerle, A.: Pilgerfahrt ins Ich. Die Bayreuther Richard Wagner-Festspiele und ihr Publikum. Eine kultursoziologische Studie. Konstanz 1998

Hitzler, R.: Posttraditionale Vergemeinschaftung. Über neue Formen der Sozialbindung. In: Berliner Debatte INITIAL 9/1998, S. 81-89

Höhn, H.-J.: Glauben nach Wahl – oder: Wie sind die Menschen heute religiös? In: Lebendige Seelsorge 49/1998, S. 78-86

Kallscheuer, O.: Der Vatikan nach Johannes Paul II. Nachwort. In: T. J. Reese (Hrsg.): Im Inneren des Vatikan. Politik und Organisation der katholischen Kirche. Frankfurt 1998, S. 397-426

Kallscheuer, O.: Intransigenz und Postmoderne. Gibt es einen katholischen Fundamentalismus. In: Bielefeldt, H./ Heitmeyer, W. (Hrsg.): Politisierte Religion. Frankfurt 1998a, S.133-156

Kepel, G.: Die Rache Gottes. Radikale Moslems, Christen und Juden auf dem Vormarsch. München/Zürich 1991

Klein, G.: Electronic Vibration. Pop. Kultur. Theorie. Hamburg 1999

KNA (Hrsg.): Kirche im Blick – 97/98. Bonn 1998

Laeyendecker, L.: Die beschränkte Lernfähigkeit der Kirchen. In: Fechtner, K. u.a. (Hrsg.): Religion wahrnehmen. Festschrift für Karl-Fritz Daiber zum 65. Geburtstag. Marburg 1996, S. 103-111

Nüchtern, M.: Kirche in Konkurrenz. Herausforderungen und Chancen in der religiösen Landschaft. Stuttgart 1997

Nüchtern, M.: Die unheimliche Sehnsucht nach Religiösem. Stuttgart 1998.

Reese, T.J. (Hrsg.): Im Inneren des Vatikan. Politik und Organisation der katholischen Kirche. Frankfurt/M. 1998

Schreiber, G.: Strukturwandel der Wallfahrt. In: Ders. (Hrsg.): Wallfahrt und Volkstum. Düsseldorf 1934, S. 90 ff.

Schultheis, F./Ebertz, M. N.: Art. Feste und Feiern. In: Wörterbuch des Christentums. Gütersloh/Zürich 1988, S. 344-345.

Siefer, G.: Der geweihte Mann. In: Lukatis I./Sommer R./Wolf C. (Hrsg.): Religion und Geschlechterverhältnis. Opladen 1999, S. 203-214

Soeffner, H.-G.: Rituale des Antiritualismus – Materialien für Ausseralltägliches. In: Ders.: Die Ordnung der Rituale. Die Auslegung des Alltags 2. Frankfurt 1992, S. 102-130

Steininger, T. R.: Konfession und Sozialisation. Adventistische Identität zwischen Fundamentalismus und Postmoderne. Frankfurt/M. 1993

Wach, J.: Religionssoziologie. Tübingen 1951

Walf, K.: Zum Verrechtlichungsdilemma in Religion und Kirche. In: Orientierung 63/1999, S. 137-140.

Weber, M.: Wirtschaft und Gesellschaft. 5. Aufl., Tübingen 1972.

IX.
Event-Marketing

Frank Sistenich und Cornelia Zanger

Eventmarketing. Das Marketing-Event als metakommunikativer Baustein zur Etablierung von Kundenbeziehungen

Die Betriebswirtschaftslehre und im besonderen das Marketing hat das Event als Baustein der unternehmensseitigen Kommunikationspolitik erkannt. Das Eventmarketing hat sich heute bereits als ergänzendes Instrument der Kommunikationspolitik etabliert (vgl. Zanger/Sistenich 1996; Bruhn 1997: 775 ff.; Meffert 1998: 714 ff.; Nickel 1998). Die vorliegende Abhandlung versucht aufzuzeigen, daß das Event im marketingpolitischen Zusammenhang eine strategische Bedeutung im Rahmen der Kommunikationspolitik zugewiesen bekommen kann. Hintergrund dieser prominenten Stellung ist das Potential des Events zur Gestaltung von Kundenbeziehungen und die damit verbundene metakommunikative Funktion (vgl. Sistenich 1999).

1. Problemstellung

Die aktive und progressive *Gestaltung der Beziehung* zwischen anbietendem Unternehmen und seinen Kunden als Abnehmer wird zunehmend zu einem Schwerpunkt der aktuellen Marketingforschung. Vor dem Hintergrund der anwachsenden Komplexität der Märkte und deren Strukturen, denen sich die Unternehmen gegenüber sehen und den damit einhergehenden Wandlungsprozessen, rückt der Fokus der Betrachtung von einer ehemals mehr auf das Management von Transaktionsprozessen gerichteten Aufmerksamkeit nun auf ein Marketing verstanden als *Management von Beziehungen* (vgl. Meffert 1998: 9).

Hierin kann eine wesentliche Entwicklung der Marketinglehre innerhalb der neunziger Jahre gesehen werden. Erst über den Aufbau von *Kundenbeziehungen* ist eine aktive Gestaltung von Prozessen der *Kundenbindung* möglich, d.h. Kundenbeziehungen sind konstitutiv für ein erfolgreiches Kundenbindungsmanagement (vgl. Diller 1996). Nachfolgend soll aufgezeigt werden, daß über das Event als einem Instrument zur *Metakommunikation* versucht werden kann, erfolgreich eine Beziehung zum Kunden aufzubauen und progressiv zu gestalten. Wenn davon ausgegangen werden kann, daß als eine der wesentlichen Anforderungen an eine moderne Kommunikationspolitik die Integration der einzelnen Instrumente gesehen werden sollte (vgl. Bruhn 1997: 96), ist diese Forderung u.E. am ehesten durch das Event zu leisten. Über die Interaktionsprozesse und das eigene Erleben im Event wird eine Beziehung zwischen Unternehmen und Teilnehmenden gestaltbar und darüber eine „Verstehensanweisung" für den Kunden bezüglich der anderen Instrumente des Kommunikationsmixes möglich.

2. Die Intensivierung des Beziehungsmarketing

Der Ansatz des Beziehungsmarketing konzentriert sich auf die Gestaltung einer langfristig ausgerichteten Beziehung zwischen einem Unternehmen und seiner Umwelt. Im Rahmen der vorliegenden Arbeit erfolgt eine Einschränkung auf das Verhältnis Unternehmen und Kunden, resp. Endverbraucher (vgl. Diller/Kusterer 1988; Wehrli 1994; Bruhn/Bunge 1994; Diller 1995b; auch Homburg 1995 zum Begriff der „Kundennähe" von Industriegüterunternehmen). In der Marketingliteratur unterscheiden sich die Ansätze zur Definition des Begriffes des Beziehungsmarketing en detail, verweisen aber auf die gleichen Basisaussagen bzw. Kernkonzepte. In Anlehnung an Diller ist das Beziehungsmarketing als eine Unterkategorie des Beziehungs-Managements zu denken (vgl. Diller 1995a: Sp. 286). Unter dem Management von Beziehungen soll dabei *„die aktive und systematische Analyse, Selektion, Planung, Gestaltung und Kontrolle von Geschäftsbeziehungen im Sinne eines ganzheitlichen Konzeptes von Zielen, Leitbildern, Einzelaktivitäten und Systemen"* gesehen werden (Diller 1995b: 442). Die Geschäftsbeziehung unterscheidet sich dabei von der Einzeltransaktion in ihrer längerfristigen Perspektive. Das Beziehungsmarketing ist somit als absatzpolitische Konzeption dem Beziehungsmanagement unterzuordnen.

Die Konzentration der Marketingaktivitäten auf die Beziehungspflege hat eine qualitativ neue Ausrichtung der Instrumente des Marketingmixes, im besonderen der Kommunikationspolitik, zur Folge, da das vordergründige Ziel nicht im einzelnen Transaktionsabschluß zu sehen ist (vgl. Hentschel 1991; Wehrli 1994).

Nach Diller (vgl. Diller 1995b: 445 f.) kann eine nähere Betrachtung der Ausgestaltung des Beziehungsmarketing an fünf Prinzipien ausgerichtet werden, denen der Charakter strategischer Bausteine zugeschrieben wird und die nachfolgend als Ausgangspunkt unserer Arbeit kurz vorgestellt werden sollen:

Die konsequente *Individualisierung* aller Marketingbemühungen bez. der spezifischen Bedürfnisse einzelner Kunden ist ein kardinales Prinzip des Beziehungsmarketings. Das Angebot von Produkten und Dienstleistungen soll möglichst individuell auf die Nachfrage zugeschnitten werden, ein Sachverhalt, der sich auch auf eine Individualisierung der Transaktionsbeziehung zwischen dem einzelnen Kunden und dem Unternehmen auswirkt. Pepels spricht in diesem Zusammenhang auch von „Customized Marketing" (Pepels 1996: 130 ff.). Andere Autoren bezeichnen diesen Zusammenhang mit dem Begriff der „Mass Customization" (Wehrli/Wirtz 1997: 123). Beispiele aus der Kommunikationspolitik, die diese enge Kundenzentrierung aufgreifen, sind u.a. das Eventmarketing (vgl. Zanger/Sistenich 1996, auch 1998; Nickel 1998), die Möglichkeiten des Database-Marketing (vgl. Link/Hildebrand 1994; Kreutzer 1995) oder die Etablierung von Kunden-Clubs, die der individuellen Ansprache einzelner Kunden dienlich erscheinen (vgl. Wiencke/Koke 1995; Diller 1997).

Ein weiteres Prinzip ist die bewußte *Selektion und Priorisierung* langfristig aussichtsreicher Geschäfts- bzw. Kundenbeziehungen im Sinne eines investitionspolitischen Kalküls. Auf Grund der Langfristigkeit der Beziehung zum Kunden ist eine Betrachtung angemessen, die sich auf mehrperiodige Ein- und Auszahlungsströme richtet. Da die Beziehungspflege somit als Investition begriffen werden müßte, ist eine selektive Bearbeitungsstrategie zu empfehlen (vgl. Belz 1994: 37). Da der Anbieter im Regelfall durch Ressourcenknappheit gezwungen ist, bestimmten Beziehungspartnern Priorität einzuräumen, kann die Priorisierung von Beziehungspartnern auch als ein Sachziel des Beziehungsmarketings verstanden werden. Nach Diller steigen die Kosten eines Wechsels des Geschäftspartners für den Kunden, je enger die Partnerschaft mit dem Unternehmen ist und umgekehrt kann postuliert werden, daß gegenseitige Investitionen in enge Geschäftsbeziehungen den Vorteil von wahrgenommener Stabilität und Sicherheit in sich bergen. Sicherheit ist von Bedeutung, um die Kontinuität einer Beziehung zu gewährleisten, da niedrige Fluktuationsraten nicht nur das Beziehungsrisiko vermindern, sondern ebenso Transaktionskosten gesenkt werden können, da sich Lerneffekte im Rahmen der Kundenbeziehung auf beiden Seiten einstellen (vgl. Diller 1995a: 292).

Als weiteres Merkmal ist die *Interaktion* zu nennen. Um in einen Dialog mit dem Beziehungspartner zu treten, gehört der direkte und intensive Kontakt zum Interaktionspartner zu den vordringlichsten Aufgaben des Beziehungsmarketings. Die persönliche Interaktion soll mit Hilfe spezifischer Kommunikationsanlässe gefördert werden, die den Zugang zu einer emotionalen Beziehungsebene ermöglichen.

Der Aspekt der *Integration* kann auf Perspektiven des Leistungserstellungs- wie auch des Kommunikationsprozesses bezogen werden. Zum einen soll dem Nachfrager aktiv die Möglichkeit geboten werden, sich an mehreren Stellen bei der Leistungserstellung einzubringen. Vor dem Hintergrund einer Betrachtung der Integrativität als Brücke zwischen Einzeltransaktion und Geschäftsbeziehung können mit dem Leistungsergebnis, dem Leistungserstellungsprozeß und der Bereitstellungsleistung drei Dimensionen der Integrativität differenziert werden (vgl. Engelhardt/Freiling 1995: 39 f.).

Zu ergänzen wäre u.E. andererseits eine *kommunikationspolitische Integrationsperspektive*, die im vorliegenden Zusammenhang von besonderem Interesse ist. Diese beleuchtet die Integrationsalternativen, die dem Kunden zur aktiven Teilnahme an der Unternehmenskommunikation geboten werden sollen. Über das Verhalten des Kunden in den vom Unternehmen veranlaßten Interaktionssituationen kann die Bündigkeit der verfolgten Produktpositionierung im Rahmen des eigenen Erlebens überprüft werden. Die kommunizierten Erlebniswelten sind dann die Ausgangsbasis, vor deren Hintergrund die Interaktionsangebote erarbeitet werden und deren Aktivierungspotential über das Verhalten der Konsumenten als feed-back-Schleife kontrolliert werden kann (vgl. Zanger 1998). Eine Beziehung zum Kunden kann daher auf kommunikationspolitischem Wege etabliert werden.

Der letzte strategische Baustein betrifft die *Aktion*, d.h. ein Bemühen um eine aktive und systematische Steuerung der Kunden- bzw. Geschäftsbeziehung mit dem Fokus auf definierte Beziehungsziele, was eine sorgfältige Erforschung des Beziehungsstandes, die abwägende Beurteilung verschiedener beziehungspolitischer Instrumente und die Kontrolle der Zielerreichungsgrade einschließt. Dabei wird vorrangig eine koevolutive Haltung präferiert, um auf Veränderungen auf Kundenseite flexibel reagieren zu können.

3. Über Kundenbeziehungen zu Kundenbindungen

Das Beziehungsmarketing kann als zentrales Instrument gedacht werden, um eine langfristige Bindung des Kunden zu erreichen (vgl. Diller 1996: 92). Die Bindung des Kunden ist in dem Sinne als übergeordnetes Marketingziel zu sehen, durch das nicht nur zukünftige Geschäftstransaktionen gesichert, sondern auch Wachstum und Rentabilität einer Unternehmung gewährleistet werden sollen (vgl. Belz 1994: 50; Peter 1998: 74). Kotler und Bliemel gehen davon aus, daß es im Vergleich bis zu fünfmal kostenintensiver ist, eine Transaktion mit einem neu geworbenen Kunden herbeizuführen anstelle der Transaktion mit einem bereits gewonnenen Kunden, der zufriedengestellt ist und der gehalten wurde (vgl. Kotler/Bliemel 1995: 75). Über den Aufbau einer Beziehung zum Kunden kann dieser gebunden werden, um ihn wie auch das Unternehmen vor Abwerbungsversuchen zu schützen (vgl. Diller 1996: 81). Der Begriff der Kundenbindung ist in der Literatur nicht einheitlich definiert und es bedarf der Spezifizierung, ob eine *operative* oder eine *strategische* Ausrichtung des Begriffsverständnisses anvisiert ist. Die Marketingliteratur spricht teilweise von einer synonymen Verwendung der Begriffe Kundenbindung und Kundenloyalität, nachfolgend erfolgt eine Beschränkung auf den ersten der beiden Begriffe (vgl. Bliemel/Eggert 1998: 38).

In Anlehnung an Diller ist eine Beziehung im Sinne einer *dyadischen* Kunden- bzw. Geschäftsbeziehung zwischen Anbieter und Kunde die Voraussetzung für eine mögliche Kundenbindung. Dabei wird in der *Interaktion* ein kardinales Moment zur Gestaltung von Kundenbeziehungen und darüber zum Aufbau von Kundenbindungen gesehen (vgl. auch Gündling 1998). Über die Ausgestaltung interaktionsorientierter Marketinginstrumente sei der Aufbau einer Kundenbeziehung resp. Kundenbindung möglich. Da in einer Beziehung und deren Struktur der Anknüpfungspunkt bzw. die Basis für eine angestrebte, notwendige Kundenbindung liegt, kann es von Interesse sein, die *Struktur* und die *Gestaltung* der *Beziehung* zwischen Unternehmen und Kunden näher zu untersuchen. Die Definition einer Beziehung wird über einen kommunikativen Akt vom *Wie* der Kommunikation und weniger vom *Was* oder *Warum*, d.h. dem Inhalt oder dem Motiv der Kommunikation, bestimmt (vgl. Watzlawick/Beavin/Jackson 1996; Watzlawick/Weakland/Fisch 1992), und demnach sollte u.E. auch die Aufmerksamkeit dem *Wie eines Kommunikationsvorgangs* gewidmet sein. Dazu wird es als notwendig angesehen, über Kommunikation selbst zu kommunizieren, ein Sachverhalt, der als *Metakommunikation* bezeichnet wird (vgl. Watzlawick/Beavin/Jackson 1996: 41). Wenn es demnach zutrifft, daß eine Beziehung möglicherweise über Metakommunikation definiert werden kann, dann kann diese demzufolge möglicherweise auch als ein Instrument zur Entwicklung von Kundenbindungen diskutiert werden.

4. Zum Begriffsverständnis der Metakommunikation

Metakommunikation ist als soziale Mitteilungsaktivität zu bestimmen, die formale und kontextuelle Merkmale eines Kommunikationsvorganges thematisiert. So definiert Reck den Begriff:

> „*Metakommunikation* ist eine kommunikative Äußerung oder eine Serie von kommunikativen Äußerungen, die formale und/oder kontextuelle Merkmale einer Kommunikation oder eines Kommunikationsprozesses zum Inhalt hat (thematisiert). Hierbei bezeichnet ,Kommunikation' (und damit auch ,Kommunikationsprozeß', ,Metakommunikation' und ,kommunikativ') eine soziale Beziehung, in der sich Personen mittels Symbolen (Zeichen) etwas mitteilen" (Reck 1990: 309).

Eine Abgrenzung des Begriffes der Metakommunikation ist in dem Sinne nicht einfach, da sich kein einheitliches Verständnis etabliert hat. Auffassungen sind dahingehend zu differenzieren, daß sich einmal ein Kernbereich der Metakommunikation aus Äußerungen über die verbale Sprache, z.B. über die Betonung oder Satzpausen entwickelt hat. In einem weiterreichenden Begriffsverständnis werden andere Zeichensysteme als das der Sprache subsumiert und somit können diese auch als Grundlage für eine Metakommunikation bezeichnet werden (vgl. Techtmeier 1985). Zudem ist zu unterscheiden, ob sich Aspekte der Metakommunikation auf einen *einzelnen* Kommunikationsvorgang beziehen, innerhalb dessen metakommuniziert wird oder ob auf *weitere*, vorgelagerte oder auch parallel laufende Kommunikationen Bezug genommen wird. Die *Marketingliteratur* arbeitet mit einem sehr *weitgefaßten Begriffsverständnis* der Metakommunikation (vgl. Usunier 1996: 373; auch Usunier/Walliser 1993: 72 f.), das sich v.a. an den Definitionsgrundlagen von Watzlawick/Beavin/Jackson (1996) orientiert, die sich wiederum auf die Arbeiten von Bateson beziehen. Dabei ist selbst die Begriffsverwendung bei Watzlwick/Beavin/Jackson nicht einheitlich und es kommt vor, daß ein enges und ein weitergefaßtes Begriffsverständnis interferieren. Dieses weitergefaßte Begriffsverständnis der Metakommunikation findet auch in der *Managementforschung* Verwendung (vgl. Galle/Langdon 1988) und ist u.E ein Ausgangspunkt für den Bezug des Ansatzes der Metakommunikation für die Etablierung von Kundenbeziehungen und Kundenbindungen.

Im Rahmen ihrer Arbeit postulieren Watzlawick et al. im zweiten ihrer fünf pragmatischen Axiome menschlicher Kommunikation: *„Jede Kommunikation hat einen Inhalts- und einen Beziehungsaspekt derart, daß letzterer den ersteren bestimmt und daher eine Metakommunikation ist"* (Watzlawick/Beavin/Jackson 1996: 53). Der Inhaltsaspekt werde durch den semantischen Gehalt definiert, während der Beziehungsaspekt den pragmatischen Gehalt der Mitteilung determiniert. Die Mitteilung wird so interpretiert, wie die Beziehung zwischen den Kommunikationsteilnehmern strukturiert ist.

Im Rahmen des vierten der fünf Axiome beschäftigen sich die Autoren mit digitalen und analogen Modi menschlicher Kommunikation. In diesem Zusammenhang darf nicht übersehen werden, daß der Begriffsapparat sich Termini bedient, die auch in der Informatikwissenschaft etabliert sind, die sich aber im vorliegenden Kontext ausschießlich auf die menschliche Kommunikation beziehen: *„Menschliche Kommunikation bedient sich digitaler und analoger Modalitäten. Digitale Kommunikationen haben eine komplexe und vielseitige logische Syntax, aber auf dem Gebiet der Beziehungen eine unzulängliche Semantik. Analoge Kommunikationen dagegen besitzen das semantische Potential, ermangeln aber die für eindeutige Kommunikationen erforderliche logische Syntax"* (Watzlawick/Beavin/Jackson 1996: 61). Nach Ansicht der o.g. Autoren wird der Inhaltsaspekt der Kommunikation überwiegend digital vermittelt und der Beziehungsaspekt hauptsächlich analog. Erst über einen *analogen* Kommunikationsmodus wird die Mitteilung letztlich verständlich im Sinne des Senders.

Metakommunikation steht im Dienst einer gemeinsamen Konstitution des Dialogs und verweist auf die Probleme des Verstehens und Akzeptierens von Kommunikationen, deren Bedeutung im Zusammenhang mit dem situativen Handeln der Interaktionspartner gesehen werden muß (vgl. Schwitwalla 1979: 142; auch Roleff 1990). Metakommunikativen Handlungen wird ein entscheidender Beitrag an den Prozessen des Verstehens und der Verständigung zugeschrieben. Sie können der Effektivierung der Kooperation der Interaktionspartner dienen (vgl. Pinxt 1985) und sind zudem instrumental bezüglich übergeordneter Ziele von Kommunikationsteilnehmern (vgl. Wolf 1991: 27). Darüber hinaus eröffnen sie einen Zugang zum Kommunikations- bzw. Interaktionswissen der Beteiligten und indizieren zugleich direkt Handlungsstrategien in Abhängigkeit der Kommunikation. Interaktionswissen ist dabei gefaßt als das Wissen über die Art und Weise, wie einfache und komplexe Kommunikationsvorgänge erfolgreich gestaltet werden können. Es ist daher auch in stärkerem Maße ein „knowing how" als ein „knowing that" (vgl. Techtmeier 1990: 176). Der Handlungsaspekt und der Aspekt systematisch organisierten Kommunikationswissens werden über die Metakommunikation erfaßbar.

Da Metakommunikation *handlungsorientiert* ist, kann sie als ein Ergebnis des Nachdenkens über einen Kommunikationsprozeß aufgefaßt werden, weniger als diese Reflexion selbst (vgl. Techtmeier 1990: 167). Für den Sender leitet sich die Verpflichtung ab, klärende, absichernde, d.h. in seinem Sinne steuernde Kommunikationsmittel einzusetzen, um dem Empfänger eine „regelgerechte" Dekodierung der Kommunikationshandlung zu ermöglichen. Unter dem Begriff der Dekodierung ist hier der Prozeß des Rekonstruierens und des Verstehens als „Mitdenken, Sich-Ausdenken und Zu-Ende-Denken gefaßt" (Unger 1990: 194).

Metakommunikation kann somit als ein Mittel kommunikativer Steuerung gesehen werden, um einen optimalen Kommunikationsverlauf zu sichern (vgl. Hensel 1990: 92). Ihr kommt eine *strategische Bedeutung* zu, die sich implizit im Umgang mit Hintersinn, Indirektheit, Mehrdeutigkeit, Vagheit, Andeutung, Ironie, Metapher oder dergleichen mehr zeigen kann (vgl. Unger 1990: 198). *Als metakommunikativ können somit Botschaften bezeichnet werden, die den Kommunikationsvorgang selbst thematisieren, um ihn im eigenen oder gemeinschaftlichen Interesse zu steuern* (vgl. Unger 1990: 187).

Ein dialogisches Grundverständnis von Kommunikation postuliert, daß kommunikative Prozesse nicht allein aus der statischen Perspektive vereinzelter, isolierter Handlungsakte zu erklären sind, sondern aus einem dynamischen Geschehen zwischen den Partnern (s.o.). Eine isolierte Betrachtung kommunikativer Phänomene außerhalb der interaktionalen Verhältnisse, innerhalb derer sie produziert und rezipiert werden, ist u.E. wenig sinnvoll. Bei einem dialogischen Kommunikationsverständnis geht es nicht nur darum zu zeigen, was der Sender möchte, sondern ebenso darum zu zeigen, was der Rezipient möchte bzw. aus der Produzentenperspektive besehen, wie der Sender das, was der Rezipient möchte, antizipierend in seine Handlungsplanung einbezieht. Metakommunikative Äußerungen sind vor dem Hintergrund eines solchermaßen verstandenen *dialogischen Grundmodells* erklärbar, sie gelten als ein Beleg für die Bedeutung antizipatorischer Aktivitäten in der Kommunikation (vgl. Techtmeier 1985: 41). In Anlehnung an Wolf erscheint eine gewisse metakommunikative Kompetenz für alle an einem Kommunikationsvorgang Beteiligten für eine befriedigende Kommunikation unerläßlich zu sein (vgl. Wolf 1991: 7).

Es ist darauf zu verweisen, daß Metakommunikation sich immer auf den sachlichen Inhalt einer Kommunikation bezieht, d.h. für sich alleine genommen keinen Sinn macht. Sie bildet in dieser Perspektive mit dem Inhalt, auf den sie sich bezieht, eine kommunikative Einheit. Die metakommunikative Ebene als beziehungsorientierte Ebene der Kommunikation ist damit von der inhaltlichen Ebene abhängig, d.h. im hierarchischen Sinne dieser argumentativen Ebene untergeordnet. Logisch betrachtet, erscheint die metakommunikative Ebene dagegen als übergeordnet zu bestehen. Eine adäquate Rezeption einmal kommunizierter metakommunikativer Botschaften stellt eine nicht unwesentliche Voraussetzung für das Verständnis der argumentativ ausgerichteten Inhaltsebene dar (vgl. Hensel 1990: 100 f.).

Die Bedeutung der Metakommunikation bzw. metakommunikativ-steuernder Elemente für die *Kommunikationspolitik* im Rahmen des Marketing ist u.E. unter dem Aspekt des möglichen Zugangs zu einer Mehr-Ebenen-Struktur von Kommunikationsaktivitäten zu sehen.

5. Metakommunikation zur Gestaltung von Kundenbeziehungen

Wenn ein Unternehmen in eine Interaktionssituation mit einem Kunden tritt, kann u.E. – in Anlehnung an Diller – die Perspektive einer dyadischen Kundenbeziehung eingenommen werden, innerhalb der die anonyme Ebene der Kommunikationsstruktur, wie sie im Regelfall für die massenmediale Kommunikation Gültigkeit aufweist, verlassen wird. Das bedeutet, im optimalen Fall tritt das Unternehmen durch seine handelnden Akteure in eine unmittelbare *Interaktionssituation* mit den aktiv handelnden Konsumenten, die Beziehung wird weniger anonym und mehr durch eine zwischenmenschliche Komponente strukturiert. Denkbar ist auch, daß Interaktionssituationen durch unternehmensseitige Akteure moderiert werden und die Konsumenten im

Rahmen von *Marketing Events* auch mit weiteren Konsumenten als Akteuren der gleichen Bezugsgruppe oder Szene interagieren (vgl. Zanger/Sistenich 1996). Trifft es zu, daß den Unternehmen daran gelegen ist, Beziehungen zum Kunden aufzubauen und diese v.a. über dialogisch strukturierte Instrumente der Kommunikation, die auf Interaktionsmöglichkeiten für den Kunden beruhen, zu erreichen, dann ist auch von Interesse, wie diese Kommunikationsstruktur aus pragmatischer Perspektive näher analysiert werden kann.

In Anlehnung an die vorstehenden Überlegungen ist es für Unternehmen hilfreich, über Instrumente der Kommunikation zu verfügen, die gleichsam nicht nur eine Botschaft im engeren Sinn kommunizieren, sondern auch eine Verstehens- oder Interpretationsanweisung für die Unternehmens- oder Markenkommunikation mit sich führen. U.E. ist im Regelfall davon auszugehen, daß Unternehmen einen situationsadäquaten Kommunikationsmix mit individueller, problemzentrierter Ausgestaltung und Schwerpunktsetzung der einzelnen Instrumente zum Einsatz bringen, um kommunikationspolitische Zielstellungen möglichst umfassend zu erreichen.

Die verschiedenen Quellen der Kommunikation müssen eine *Einheit* bilden, um ein konsistentes Erscheinungsbild des Unternehmens bzw. des Markenauftritts zu gewährleisten. Ein *strategisch* ausgerichtetes Kommunikationskonzept setzt damit auf die Aktivierung der Konsumenten über diverse Kommunikationskanäle. Nur die Abstimmung untereinander und die gleichzeitige Ausrichtung der Kommunikationsinstrumente auf ein Unternehmensziel verspricht strategischen Erfolg (vgl. Bruhn 1997: 96).

Mit anderen Worten: Es erfolgt ein simultaner Einsatz mehrerer Instrumente, deren *inhaltliche Abbindung* über die angestrebte Marken- oder Unternehmenspositionierung erfolgt. So kann z.B. eine definierte *Erlebnispositionierung* als roter Leitfaden die Ausgestaltung der einzelnen Instrumente bestimmen. Es wird damit gefordert, daß der Einsatz der einzelnen Instrumente integrativ, d.h. auf einander abgestimmt, zu erfolgen hat. Dies meint nicht nur den einzelnen Kommunikationsvorgang, innerhalb dessen selbstverständlich auch metakommuniziert werden kann, sondern das gesamte *Ensemble der Kommunikationsinstrumente* innerhalb eines ganzheitlichen Auftritts. „In fortlaufenden Kommunikationsprozessen thematisiert Metakommunikation häufig formale und kontextuelle Merkmale von Kommunikationen, die zeitlich zurückliegen" (Reck 1990: 310).

Je differenzierter die strategische wie auch die operative Ausrichtung der Instrumente der Kommunikationspolitik gestaltet ist, desto eher erscheint u.E. die Betrachtung auch *metakommunikativer Kommunikationsstrukturen* von Relevanz. Diese ermöglichen es dem anbietenden Unternehmen, gegenüber dem Kunden *semantische* oder *strukturelle Beziehungen* innerhalb des konkreten Kommunikationsmixes aufzuzeigen.

Es wird eine „Verständnisanweisung" möglich, die die einzelnen Instrumente in dem Sinne abbindet, daß sie für den Rezipienten die Ganzheitlichkeit des Marken- oder Unternehmensauftritts leichter nachvollziehbar werden läßt und zwar nicht nur über eine Betonung der inhaltlichen Ebene, wie z.B. eine definierte Erlebnispositionierung, sondern über die Fokussierung einer Beziehungsdefinition. Metakommunikationen sind in dem Sinne *selbstreflexiv*, wie die Initiatoren eigene Beiträge (mit-) thematisieren (vgl. Reck 1990: 316; auch Portele 1980). Diese Überlegungen und Zusammenhänge sollen nun nachfolgend am Beispiel des *Eventmarketings* dargelegt werden.

6. Eventmarketing als metakommunikatives Instrument der Kommunikationspolitik

Im Rahmen der Notwendigkeit eines ganzheitlich und integriert ausgerichteten Kommunikationsmixes kann das Instrument des *Eventmarketings* vor dem Hintergrund seiner interaktiven Kommunikationsstruktur eine metakommunikative Verwendung finden. Über die Ausgestaltung von Marketingevents parallel zu dem Einsatz der übrigen Subinstrumente des Kommunikationsmixes kann eine *Beziehungsdefinition* zwischen dem anbietenden Unternehmen und teilnehmenden Kunden geleistet werden. Das geschieht dadurch, daß die i.d.R. abstrakten und nur monologisch kommunizierten Marken- oder Unternehmensbotschaften nun für den Kunden selbst erlebbar werden (vgl. Zanger/Sistenich 1996).

Metakommunikative Strukturen im Event sind damit auf zwei Ebenen gleichzeitig denkbar: Zum einen in einer übergeordneten Perspektive über die Bezugnahme auf die Ausgestaltung der weiteren Instrumente der Kommunikationspolitik, zum anderen über die Bezugnahme auf die kommunikativen Erlebnisse innerhalb des spezifischen Marketingevents selbst. Als metakommunikative Botschaften kann damit kommuniziert werden, *wie die ergänzenden Subinstrumente* des Kommunikationsmixes bzw. deren kommunizierte Inhalte, aufzufassen sind aber ebenso, *wie das Event selbst* mit seinem Erlebnishorizont der Markenpositionierung gedacht ist.

Anknüpfungspunkt für die Gestaltung einer *Beziehung* über metakommunikative Botschaften des Marketingevents ist das Interaktionswissen der Teilnehmer einer Interaktionssituation, d.h. der ausgewählten Zielgruppenmitglieder. „Da für ein erfolgreiches Kommunizieren die Zielrealisierung zentral ist, kann man davon ausgehen, daß Kenntnisse über mögliche Ziele, Zielkonstellationen und Zielrealisierungsmöglichkeiten den Kernbereich des Interaktionswissens bilden" (Techtmeier 1990: 176). *Interaktionswissen* entspricht damit dem Begriff des *Markenwissens* bzw. ist mit diesem vergleichbar. Die Beteiligten sollten ein Wissen darüber haben, wie sie in bestimmten

Interaktionsmomenten, an bestimmten Knotenpunkten der Interaktion, handeln können, welche Strategien sie einsetzen, welchen interaktionalen Normen sie folgen können. So ist im Marketing das Markenwissen angesprochen. Dies meint im vorliegenden Zusammenhang das Wissen über die *Erlebniswelt* einer Marke und die damit einhergehenden Verhaltenscodizes. Eine Möglichkeit der metakommunikativen Botschaftsgestaltung stellt die Schleifenbildung, d.h. der Rückgriff auf bestimmte Wissensgebiete, über die thematische Zusammenhänge signalisiert werden können (vgl. Lindemann 1990: 211), dar.

Wie sehr dieses *Interaktionswissen* von den Markenanbietern der Marketingevents „überprüft" wird, zeigen bspw. die sechsmonatigen Auswahlverfahren des „Marlboro-Adventure-Teams" oder für die Camel-Trophy 1998 in Patagonien. Im Beispiel von Marlboro wurden nach über 250.000 Bewerbungen und einer telefonischen Vorauswahl mittels in Englisch geführter Interviews noch vier nachgelagerte Assessment-Center-Runden durchgeführt, um eine bezüglich ihres Markenwissens möglichst homogene Teilnehmerschaft von zwölf ausgewählten Kandidaten zu gewährleisten.

Strebt ein Unternehmen an, eine Beziehung zum Kunden aufzubauen, um letztlich eine Bindung des Kunden zu erreichen und sich dazu metakommunikativer Kommunikationsstrukturen bedient, steht u.E. die Frage des *Wie* der Kommunikation im Vordergrund des Forschungsinteresses. Wenn daher das *Was* oder *Warum* der Kommunikation in den Hintergrund der Aufmerksamkeit rückt, bedeutet dies gleichwohl nicht, sich diesen Themen nicht zuwenden zu müssen. Wie o.g. bezieht sich doch Metakommunikation immer auf einen bestimmten Inhalt, ist demnach mit diesem verbunden, da es darum geht, diesen im Sinne der Intention der Unternehmenskommunikation leichter verständlich und interpretierbar werden zu lassen. Liegt die Aufmerksamkeit aber auf dem *Wie* der Kommunikation, lohnt es sich, in Anlehnung an die pragmatischen Axiome menschlicher Kommunikation, einen Blick auf die mögliche Beziehungsstruktur zu werfen, die über das Instrument des Eventmarketings etabliert werden könnte.

Ein Marketingevent darf nicht für sich alleine stehen. Vielmehr ist es Aufgabe, an die Konstruktion von *Markenbildern* und *Markenwelten* anzuknüpfen, die bereits über die klassischen Instrumente der Marketingkommunikation aufgebaut wurden, um diese nun im Rahmen des Events für die Teilnehmer erlebbar werden zu lassen (vgl. Zanger/Sistenich 1996, auch 1998; Nickel 1998). Über die Teilnahme der Konsumenten am Marketingevent kann das Unternehmen einen Beitrag leisten, um aufzuzeigen, wie die konstruierten Markenwelten oder Unternehmenspositionierungen „gedacht" sind.

Ein *Beispiel*: Der österreichische Energy-Drink-Hersteller „*Red Bull*" positioniert sein Getränk seit 1994 mit dem Slogan „*Red Bull verleiht Flügel*". Über die klassische Werbung im Print und Kinospot-Bereich werden Cartoons ausgestrahlt, in denen der unglückliche Held der Handlung über die Gabe einer Red-Bull Dose zu ungeahnten Kräften findet und sich dank des Power-Drinks stets zu behaupten weiß (vgl. Helms 1998: 126 f.).

Auf der metakommunikativen Eventebene wird deutlich, *wie* diese Botschaft bzw. Positionierung „gemeint" ist: Red Bull inszeniert und initiiert im Rahmen eines Marketingevents jährlich „*Red-Bull-Flugtage*". Es geht darum, über die eigene Konstruktion von Fluggeräten, die möglichst kreativ und innovativ sein sollten, an einem Wettbewerb teilzunehmen. Alle selbstentworfenen Geräte müssen ihre Tauglichkeit während des Events unter Beweis stellen. Flugweite und Originalität werden gemessen und bewertet (vgl. auch Heckel 1997: 75).

Das Event wird durch die Massenmedien begleitet. Ein Weg, der durchaus als breite Publikumsplattform zu sehen ist, einem Bestandteil im Rahmen eines Implementierungsmodells für das Eventmarketing, um auch breitere Schichten der Zielgruppe zu erreichen. Ihnen wird auf diese Weise eine „indirekte Partizipation" am Event möglich (vgl. Zanger/Sistenich 1996: 237). Auf diesen „Red-Bull-Flugtagen" (und über die massenmediale Berichterstattung – vgl. EuroSport am 2., 25., 26. und 28.12.1998) wird deutlich, daß der Energy-Drink nur sehr begrenzt Kräfte weckt und es keineswegs als ausgemacht gilt, daß der Gewinner sich auch des Mittels bedient hat. Aber gerade darum soll es auch gar nicht gehen. Vielmehr etabliert sich die Marke als Life-Style-Getränk mit dem v.a. eines zu verbinden ist: *Spaß* zu haben und eine *Flucht aus dem Alltag*.

Die Marke soll über den Zugang zu neuen „Erlebnisdimensionen" als Garant für Spaß und Abwechslung zum Alltagsbegleiter werden. Es geht um ein gemeinschaftliches Erleben von Spaß, nur am Rande um Wettkampf oder das Messen von Leistungspotentialen der Akteure. Durch die Bezugnahme z.B. über thematische Schleifen auf die Markenwelten (Red Bull verleiht Flügel und die Initiierung von Flugtagen) werden deren Inhalte über die Erlebnisebene „verständlich." Der für eine erfolgreiche Kundenbindung hinderliche Faktor des „*variety seeking*" (s.o.) kann über das Eventangebot dahingehend zu *kompensieren* versucht werden, daß dem Besucher (wie auch für den sich mit der Marke identifizierenden Rezipienten der massenkommunikativen Verwertung des Marketingevents) Abwechslungspotentiale nicht über die Wahl einer neuen Marke, wohl aber über das Ausprobieren eines konkreten und zur Alltagsstruktur differenzierten Erlebnisangebotes zugänglich werden.

Über die metakommunikative Verstehensanweisung kann u.E. im optimalen Falle der gesamte Kommunikationsmix in dem Sinne durch den Konsumenten in einem neuen Licht gesehen werden, daß für ihn die Bündigkeit der Marke für seine individuellen Zielpräferenzen, z.B. *Selbstdarstellung oder Statussymbol*, erhöht wird, was plausibel mit einer Verstärkung des Involvements zusammengehen wird. Mit anderen Worten: in Anlehnung an

376

die Terminologie Dillers kann über das Eventmarketing auch eine „*Erhitzung*" der *Beziehung* und damit in Folge auch der *Kundenbindung* erreicht werden.

Das bedeutet: Über einen Marketing-Event kann die Kundenbeziehung nicht nur über eine *emotionale,* sondern ebenso über eine *kognitive* Komponente erfolgen. Zudem ist u.E für das Eventmarketing die Betonung der vornehmlich *analogen* Kommunikationsstruktur relevant, da diese eher geeignet ist, *Beziehungsdefinitionen* zu leisten – im Unterschied zu erheblichen Teilen der klassischen Kommunikation, da diese sich zunehmend digitaler Kommunikationsmodi bedient und damit für eine Beziehungsdefinition in Anlehnung an Watzlawick et al. (s.o.) weniger geeignet erscheint.

Zwar enthalten auch klassische Kommunikationsinstrumente digitale sowie analoge Aspekte der Kommunikation, jedoch erscheint die analoge Komponente v.a. für das Eventmarketing interessant, da hier das notwendige *semantische Potential* über das Miteinander der beteiligten Akteure auf der Handlungsebene zur Definition und Ausgestaltung einer Beziehung höher bzw. stärker einzuschätzen ist. Der Konsument als Zielgruppenmitglied wird im Rahmen des Eventmarketings über das *Wie* der Kommunikation ernst genommen in seinem Bestreben, sich kreativ zu betätigen, eigenes Innovationspotential zu dokumentieren und seinen intrinsischen Motivationsstrukturen Raum geben zu können.

7. Fazit: Eventmarketing als metakommunikatives Instrument des Beziehungsmarketing zum Aufbau von Kundenbindungen

Zur Erinnerung: Richtet sich die Aufmerksamkeit auf die Etablierung und Gestaltung einer *Beziehung* zwischen Unternehmen und Kunden, werden die Grundprinzipien der *Individualisierung* der Marketingbemühungen, die bewußte *Selektion* und *Priorisierung* von langfristig aussichtsreichen Kundenbeziehungen, die *Interaktion* mit dem Beziehungspartner sowie dessen aktive *Integration* in die Kommunikationspolitik und eine *koevolutive Haltung* des Unternehmens ihm gegenüber angestrebt.

Das Instrument des *Eventmarketing*s kann u.E. in den Rahmen des Beziehungsmarketings eingeordnet werden, da es den fünf skizzierten Grundprinzipien entspricht. Das Grundprinzip der Selektion und Priorisierung erscheint erfüllt, da genau zu eruieren ist, für welche Zielgruppen bzw. Zielgruppenteilen der Marketingevent auszurichten ist. Nicht jedem Beziehungspartner wird sich ein Unternehmen in gleicher Intensität widmen können und es wird daher zu klären sein, wem gegenüber eine Investition zu rechtfertigen ist. Da sich ein Marketingevent im Regelfall nur an einen relativ kleinen Teil der

Zielgruppe richten kann und seine Teilnehmer in Interaktionen eingebunden werden sollen, kann auch dem Prinzip der Individualisierung Rechnung getragen werden. Wesentliche Kriterien sind Dialog und Handlungsorientierung und es wird möglich, unmittelbar zu integrieren. Das Unternehmen ist mit einer verfolgten Markenpolitik möglichst dicht an seinen Kunden und hat daher auch potentiell die Möglichkeit, Bedürfnis- oder Verhaltensänderungen auf Kundenseite aufzuspüren und diese koevolutiv in einem wechselseitigen Dialog in seiner Unternehmenspolitik zu berücksichtigen. Da die Situation im Marketing-Event durch Interaktionsprozesse mit den Kunden als Teilnehmer gekennzeichnet ist, kann eine Beziehung zwischen einem Markenanbieter und den Kunden aktiv gestaltet werden.

Konstitutiv für eine Kundenbindung ist u.E. die Ausrichtung einer Beziehung und dazu bedarf die Struktur einer Beziehung einer genaueren Analyse. Ein Medium zur Gestaltung von Beziehungen kann in der Metakommunikation gesehen werden. Indem sich Metakommunikation auf Inhalte der Kommunikationsakte bezieht und Hinweise gibt, wie diese aufzufassen sind, leistet Metakommunikation Interpretationshilfen. Über die Implementierung von Marketingevents bekommen diese Informationen, z.B. in Form einer inhaltlichen Positionierung, einen weiterreichenden Sinn, da die angestrebten Bezüge konkret für die Teilnehmer erlebbar werden und analog mit einem weiterreichenden semantischen Potential kommuniziert werden können. Es ist u.E. daher durchaus lohnend, Events unter metakommunikativen Forschungsperspektiven zum Aufbau von Kundenbeziehungen mit dem langfristigen Ziel einer Kundenbindung zu untersuchen. Ein Forschungsinteresse, für das keine einfachen, nach der Erscheinungsweise klassifizierenden Verfahren bzw. Methoden zur Verfügung stehen. Vielmehr erscheinen interpretierende, hermeneutische Vorgehensweisen zur Untersuchung von Events angemessen (vgl. Reck 1990: 315; zur qualitativen Marktforschung vgl. Zanger/Baier/ Sistenich 1999; auch Kepper 1996).

Literatur:

Belz, C. et al.: Management von Geschäftsbeziehungen. St. Gallen 1994

Bliemel, F.W./Eggert, A.: Kundenbindung – die neue Sollstrategie? In: Marketing ZFP 19/1998, S. 37-45

Bruhn, M.: Kommunikationspolitik. Grundlagen der Unternehmenskommunikation. München 1997

Bruhn, M./Bunge, B.: Beziehungsmarketing – Neuorientierung für Marketingwissenschaft und -praxis? In: Bruhn, M./Meffert, H./Wehrle, F. (Hrsg.): Marktorientierte Unternehmensführung im Umbruch. Stuttgart 1994, S. 41-84

Diller, H./Kusterer, M.: Beziehungsmanagement. Theoretische Grundlagen und explorative Befunde. In: Marketing ZFP 9/1988, S. 211-220

Diller, H.: Beziehungsmanagement. In: Köhler, R./Tietz, B./Zentes, J. (Hrsg.): Handwörterbuch des Marketing. Stuttgart 1995a, Sp. 285-300

Diller, H.: Beziehungsmarketing. In: WiSt-Wirtschaftswissenschaftliches Studium. 1995b, S. 442-447

Diller, H.: Kundenbindung als Marketingziel. In: Marketing ZFP 17/1996, S. 81-94

Diller, H.: Was leisten Kunden-Clubs? In: Marketing ZFP 18/1997, S. 33-41

Diller, H.: Innovatives Beziehungsmarketing. In: absatzwirtschaft 1998, S. 90-98

Engelhardt, H./Freiling, J.: Integrativität als Brücke zwischen Einzeltransaktion und Geschäftsbeziehung. In: Marketing ZFP 16/1995, S. 37-47

Galle, W.P./Langdon, C.W.: Metacommunication: Clouding the Selection Process. In: Personnel Administrator 34/1988, S. 80-84

Gündling, C.: Bedeutung der Kundenbindung im Rahmen des Eventmarketing In: Nickel, O. (Hrsg.): Eventmarketing. Grundlagen und Erfolgsbeispiele. München 1998, S. 79-90

Heckel, H.: Red Bull verleiht auch seinen Events Flügel. In: horizont 1997, S. 75

Helms, M.: Verleiht Flüüügel, Effie-Sieger des Jahres 1998. In: werben & verkaufen 1998, S. 126-127

Hensel, C.: Mittel kommunikativer Steuerung In: Zeitschrift für Phonetik, Sprachwissenschaft und Kommunikationsforschung 1990, S. 91-101

Hentschel, B.: Beziehungsmarketing. In: Wirtschaftsstudium 1991, S. 25-28

Homburg, C.: Kundennähe von Industriegüterunternehmen. Konzeption – Erfolgswirkungen – Determinanten. Wiesbaden 1995

Kotler, P./Bliemel, F.: Marketing. Management. 8. Aufl., Stuttgart 1995

Kreutzer, R. T.: Database-Marketing. In: Köhler, R./Tietz, B./Zentes, J. (Hrsg.) Handwörterbuch des Marketing. 2. Aufl., Stuttgart 1995, Sp. 403-414

Lindemann, P.: Gibt es eine Textsorte „Alltagsgespräch"? In: Zeitschrift für Phonetik, Sprachwissenschaft und Kommunikationsforschung 1990, S. 201-220

Link, J./Hildebrand, G.: Database Marketing und Computer Aided Selling. In: Marketing ZfP 15/1994, S. 107-120

Meffert, H.: Marketing, 8. Aufl., Wiesbaden 1998

Meyer, A./Oevermann, D.: Kundenbindung. In: Köhler, R/Tietz, B./Zentes, J. (Hrsg.): Handwörterbuch des Marketing. Stuttgart 1995, Sp. 1340-1351

Nickel, O.: Eventmarketing, Grundlagen und Erfolgsbeispiele. München 1998

Pepels, W.: Lexikon des Marketing. München 1996

Peter, S. I. : Kundenbindung als Marketingziel; Identifikation und Analyse zentraler Determinanten. Wiesbaden 1997.

Peter, S. I.: Kundenbindung als Marketingziel. In: absatzwirtschaft 1998, S. 74-80

Pinxt, S.: Metakommunikation und Diskussion. In: Deutsche Sprache 1985, S.289-305

Piontkowski, U.: Psychologie der Interaktion. 2. Aufl., München 1982

Portele, H.: Die Fähigkeit zur Metakommunikation: Weiterbildung mit Hochschullehrern. In: Zeitschrift für Humanistische Psychologie 1980, S. 46-55

Reck, S.: Metakommunikativer Ebenenwechsel. In: Gruppendynamik 1990, S. 305-318

Roloff, M. : Metakommunikative Äußerungen im Unterrichtsgespräch. In: Zeitschrift für Phonetik, Sprachwissenschaft und Kommunikationsforschung 1990, S. 221-242

Schwitwalla, J. : Metakommunikation als Mittel der Dialogorganisation und der Beziehungsdefinition. In: Dittmann, J. (Hrsg.): Arbeiten zur Konversationsanalyse. Tübingen 1979, S. 111-143

Sistenich, F.: Eventmarketing. Theoretische Grundlagen zur Metakommunikation mittels eines innovativen Instruments der Kommunikationspolitik. Wiesbaden 1999

Techtmeier, B.: Das Gespräch. Funktionen, Normen und Strukturen. Berlin 1985

Techtmeier, B.: Metakommunikation in Institutionen. In: Zeitschrift für Phonetik, Sprachwissenschaft und Kommunikationsforschung 1990, S. 167-174

Unger, F.: Wie implizit kann Metakommunikation sein? In: Zeitschrift für Phonetik, Sprachwissenschaft und Kommunikationsforschung 1990, S. 186-200

Usunier, J.-C./Walliser, B.: Interkulturelles Marketing. Mehr Erfolg im internationalen Geschäft. Wiesbaden 1993

Usunier, J.-C.: Marketing Across Cultures. 2. Aufl., London et al. 1996

Watzlawick, P./Jackson, B.: Menschliche Kommunikation. 9. Aufl. Bern et al. 1996

Watzlawick, P./Weakland, J. H./Fisch, R.: Lösungen – Zur Theorie und Praxis menschlichen Wandels. 5. Aufl., Bern et al. 1992

Wehrli, H.P./Wirtz, B.W.: Mass Customization und Kundenbeziehungsmanagement – Aspekte und Gestaltungsvarianten transaktionsspezifischer Marketingbeziehungen. GfK, Jahrbuch der Absatz- und Verbrauchsforschung 1997, S. 116-137

Wehrli, H.P.: Beziehungsmarketing. In: der markt 1994, S. 191-199

Wiencke, W./Koke, D.: Der Kundenclub als Dialogmarketing-Instrument. In: Markenartikel 1995, S.183-186

Wolf, R.: „Stopp mal bitte, wir müssen mal wieder zum Kern kommen!" – Zur Rolle d·r Metakommunikation bei der Thema-Entwicklung – untersucht an Problemlösungsgesprächen einer Musikergruppe. Potsdam 1990 (Dissertation)

Zanger, C./Sistenich, F.: Eventmarketing – Bestandsaufnahme, Standortbestimmung und ausgewählte theoretische Ansätze zur Erklärung eines innovativen Kommunikationsinstruments. In: Marketing ZFP 17/1996, S. 233-242

Zanger, C./Sistenich F.: Theoretische Ansätze zur Begründung des Kommunikationserfolgs von Eventmarketing – illustriert an einem Beispiel. In: Nickel, O. (Hrsg.): Eventmarketing. München 1998, S. 39-60

Zanger, C.: Eventmarketing. Ist der Erfolg kontrollierbar? In: absatzwirtschaft 1998, S. 76-81

Zanger, C./Baier, G./Sistenich, F.: Marktforschung. Wiesbaden 1999

Franz Liebl

Jugendliche Erlebniswelten für erwachsene Zielgruppen. Ein Trend-Monitoring der Generation N + X

„Fuck Dance, Let's Art!"
Coldcut (zit. nach Sievers 1997)

1. Der Trend zur Unübersichtlichkeit der Trends

Die Trendforschung steht vor neuen Herausforderungen – nicht nur wegen des Zwangs, die Medien kontinuierlich mit neuen Trends versorgen zu müssen (Tasma-Anargyros/Loeb/Laizé 1998; Liebl 1999a). Vor allem wird das herkömmliche Know-how über Diffusionsprozesse von Trends in zunehmendem Maße obsolet (Bauer 1998; Glaser 1995). In den Kommunikations- und Wirtschaftswissenschaften wurde in den 70er und 80er Jahren noch behauptet, gesellschaftliche und kulturelle Trends unterlägen einer Art standardmäßiger Verbreitung:

– Ausgehend von den 20–30-jährigen machten sie ihren Weg zu älteren und jüngeren Bevölkerungsgruppen hin, die nach und nach neue Wertmuster und ästhetische Vorstellungen übernähmen (Gerken/Merks 1996).
– Ausgehend von einer zeitgenössischen Avantgarde oder einer dissidenten Subkultur diffundierten ästhetische Neuerungen in den Mainstream hinein (Liebl 1999d; Bernard 1999), was auch jüngst im Katalog zu einer Ausstellung namens „Hip" zu lesen war: *„Die Geschichte hat eine bestimmte Logistik: sie beginnt bei Exponenten einer jugendlichen, rebellischen Generation und endet in den Feuilletons mit endlosen hermeneutischen Debatten, auf Joghurtdeckeln, als Zigarettenmarke."*(Bosshart 1997)

Diese Hypothese vom *„trickle-down"* (Schnierer 1995) trifft in solcher Zwangsläufigkeit heute nicht mehr zu. Erstens übernimmt die „Avantgarde" zum einen immer häufiger Motive aus der Populärkultur, wie der Trend des „White Trash" exemplarisch zeigt (Roller 1997). Zweitens löst sich der My-

381

thos von der Popkultur als dissidenter und subversiver Gegenkultur zunehmend auf (Diederichsen 1998; Liebl 1999d). Jugendkultur wird angesichts der Vielzahl partieller Differenzen kaum noch beschreibbar (Farkas 1997). Drittens können Trends ohne weiteres ihren Ausgangspunkt in Szenen sehr niedrigen Durchschnittsalters nehmen. Als idealtypisches Beispiel hierzu kann Techno herangezogen werden, der erst nach und nach in Altersgruppen jenseits der 25 eingedrungen ist (Burger 1995).

Nicht nur die Identifikation von stilistischen Vorreitern ist schwieriger geworden, auch die generellen Strategien im Umgang mit Jugendkultur und im Operieren mit jugendkulturellen Images haben sich gewandelt. Einst wurden die ästhetischen Praktiken der subkulturellen Avantgarden Jahre später in popularisierter – also domestizierter – Form dem jüngeren und älteren Massenpublikum gleichermaßen dargeboten, was bei Punk und New Wave als dissidenter Subkultur besonders stark der Fall war. Noch im Jahre 1994 etwa, also weitaus mehr als 15 Jahre nach dem Entstehen von Punk, wurden vergoldete Sicherheitsnadeln in der Kollektion Gianni Versaces als frivoles Punk-Zitat vom Publikum beklatscht. Mit anderen Worten, die Mitglieder der Szenen stellten vormals gar nicht den eigentlichen Markt dar; vielmehr fungierten sie vorrangig als Vehikel des Imagetransfers, um die Kaufkraft der Nachzügler in der breiten Grauzone abzuschöpfen. Bei Techno verhält sich das anders. Aufgrund ihrer Größe und Konsumorientierung wird die Szene selbst als attraktive Zielgruppe beziehungsweise kaufkräftiges Marktsegment anvisiert (Richard 1995b; Pesch 1995).

Der Zwang, den sich schnell wandelnden Strömungen nachzukommen, hat zur jungen Berufsgruppe der Trend-Scouts geführt (Gerken 1990; Kreye 1994). Daß diese von den Unternehmen ausgeschickten Sensoren vielfach nicht den erwarteten Erfolg gezeitigt haben, ist zum großen Teil auf ein naives Verständnis von Trendmanagement zurückzuführen (Liebl 1999a). Zahlreiche Firmen versuchten beispielsweise, über eine – oft mehr oder weniger vage – Verbindung mit dem Techno-Motiv ihren Marken oder Produkten Aktualität zu verschaffen. Techno firmiert in der Werbung als paradigmatisch für jugendlich und trendy – ungeachtet dessen, ob (Trend-) Banken oder (Trend-) Socken beworben werden sollen (Liebl 1999b).

In diesem Zusammenhang kommen vor allem Fragen der Authentizität von Marke und Unternehmensauftritt zum Tragen (Liebl 1999b). Wobei mit authentisch nicht so sehr das Echte und Urwüchsige gemeint sein kann, wenn eine Kultur vor allem von Sampling und Zitieren zehrt (Liebl 1999c). Vielmehr wird das zentral, was Lawrence Grossberg (1988) einst als „authentische Inauthentizität" bezeichnet hat. Ein besonders gutes Beispiel für einen Mangel an authentischer Inauthentizität gab vor einiger Zeit ein Zigarettenkonzern ab, der unter dem Motto „The Pulse of America" ausgerechnet Drum & Bass-Abende veranstaltete, um eine echte Amerika-Erlebniswelt zu erzeugen. Diese Events entbehrten folglich nicht einer gewissen Komik, wie die Süddeutsche Zeitung anläßlich eines Interviews mit dem DJ Tobestar vermeldete: *„Diesen Samstag tritt Tobestar im Ultraschall auf. Zusammen mit US-amerikanischen Drum & Bass-DJs, gesponsert von Marlboro. Was D&B angeht, sind die USA allerdings ein Entwicklungsland. »Marlboro wollte nur zahlen, wenn Amis auflegen«, sagt Tobestar und grinst. »Aber die werden eh fast nur britisches Zeug spielen.«"* (Champagner 1997)

2. Techno-Events für Erwachsene als Marketing-Problem

Während also Marketing im Techno-Bereich synonym für Jugendmarketing stand, wirft die zunehmende altersmäßige Ausdifferenzierung und Segmentierung der Szene (Thomas 1997; Thomas 1998; Amend 1998; Champagner 1998a; Diederichsen 1997; Bunz 1998b; Pesch 1998c; Klein 1998) die Frage auf, wie mit dem Techno-Motiv bei älteren Zielgruppen gearbeitet werden kann. Es entsteht das Problem, durch jugendliches Image für die Marke bzw. das Produkt nicht nur bei Jugendlichen die entsprechende Street Credibility zu erzeugen, sondern auch ganz gezielt die Jugendlichkeitsbedürfnisse von Erwachsenen zu bedienen. Daher soll in diesem Beitrag geklärt werden, auf welche Weise sich das Identifikationspotential einer Szene, deren Großereignisse Jahr für Jahr mehr Menschen anziehen, im Bereich älterer Bevölkerungsgruppen nutzen läßt.

Wo könnte man ansetzen, um eine Vorstellung eines erfolgsträchtigen „derivativen" Szene-Marketings zu erhalten? Lash/Urry (1994) haben in „Economies of Signs and Space" herausgearbeitet, daß die Kultur- und Medienproduktion in vieler Hinsicht den Produktionen anderer Sektoren vorauseilen. Daher lohnt eine nähere Betrachtung dieses „quartären Sektors", um zukünftige Entwicklungen in anderen Bereichen abzuschätzen. So sollen im folgenden Kultur-Events und andere kulturelle Güter bzw. Dienstleistungen, die Motive aus dem Techno-Bereich heranziehen, untersucht werden.

Wenn es nicht mehr nur um Produkte und deren Bewerbung, sondern um komplette Erlebniswelten in Form von Events geht, gestaltet sich die Frage nach einem Andocken bzw. einem Transfer besonders komplex (Liebl 1998b; Liebl 1999b). Bei Events für solche Zielgruppen handelt es sich nicht mehr um die bloße Produktion und Konstruktion von jugendkulturellen Erlebniswelten, sondern um die Re-Produktion und Re-Konstruktion von solchen Erlebniswelten im Erwachsenenkontext. Während in Jugendszenen die Events noch weitgehend als Instrumente zur Prägung von Kontexten dienen, müssen bei Personen höheren Alters weitgehend festgefügte Kontexte vorausgesetzt werden, an die es anzudocken gilt. Hierzu zählen beispielsweise ästhetische Kategorien und Vorstellungen sowie erlerntes Rezeptionsverhalten.

Damit jugendliche Erlebniswelten von Älteren konsumierbar werden, müssen Adaptionen stattfinden und geeignete Anknüpfungspunkte zur Verfügung gestellt werden. Die betriebswirtschaftliche Innovationsforschung liefert hier Ansätze, das Phänomen analytisch zu greifen. Denn auch neue Produkte auf dem Markt bewegen sich immer in einem Spannungsfeld zwischen der Negation des Herkömmlichen auf der einen Seite und der Anknüpfung an Bekanntes auf der anderen Seite. In diesem Zusammenhang hat sich das sogenannte MAYA-Prinzip herauskristallisiert, ein Akronym für „*Most Advanced, Yet Acceptable*". Will sagen, daß erfahrungsgemäß diejenigen Neuprodukte eine besonders hohe Erfolgswahrscheinlichkeit besitzen, die sich einerseits hinreichend von bekannten Waren unterscheiden, gleichzeitig aber über eine ausreichende Anschlußfähigkeit verfügen (Liebl 1998b).

Die Segmente im Kulturbetrieb lassen sich folglich dadurch charakterisieren, wie sie bei der Balance aus Fremdheit und Akzeptanz den Akzent setzen. Im Folgenden sollen die zwei vorherrschenden Erscheinungen analysiert werden. Diese unterscheiden sich danach, ob eine qualitätsmäßige Aufwertung oder Abwertung, ein sogenanntes „*Trading-up*" bzw. ein „*Trading-down*", vonstatten geht.

3. Trading-Down: Auf dem Weg zur Oktoberfest-Kompatibilität

Trading-down stellt insofern den einfacheren Fall dar, als es der ursprünglichen Logik der Diffusion am nächsten kommt. Typischerweise handelt es sich hierbei um Kommerzialisierung durch Eingemeindung in den Massengeschmack, was gemeinhin abwertende Formulierungen – „Kinder-Techno", „Deppen-Techno" oder „Kaffeehaus-Drum & Bass" – nach sich zieht und den Niedergang der Szene beschwört (z. B. Hitzler 1998; Weber 1998; Honigstein 1998; Kotteder 1995). Die Diffusion ist mittlerweile so weit fortgeschritten, daß bereits Sportsendungen mit Drum & Bass-Tunes eingeleitet werden.

Hinzu kommt, daß die Groß-Raves wegen ihrer zunehmenden Ähnlichkeit mit vertrauten Formen von populären Massenveranstaltungen ein beträchtliches Andockpotential für Personen in fortgeschrittenem Alter darstellen. Rock-Open-Air, Fasching und Oktoberfest wird in den verschiedenen Paraden und Mega-Raves immer weiter vereinnahmt, wohl am perfektesten und landschaftlich schönsten in der Züricher Street Parade. Gerade an diesen Beispielen läßt sich sehr deutlich die Wirkung des MAYA-Prinzips erkennen, wenn denn der Schwerpunkt auf breitestmögliche Akzeptanz gelegt wird. Das sogenannte „Abfeiern" wird in den späten 90er Jahren vorwiegend von

Autoren in fortgeschrittenem Alter emphatisch gewürdigt (z.B. Goetz 1998; Spiegel 1998).

Den bisherigen Kulminationspunkt einer Fusion von Techno und ZDF-Hitparade lieferte die Love Parade von 1999, bei der neben anderen Techno-fremden Trucks auch einer der Jungen Liberalen mitfuhr. Die FAZ berichtete unter dem Titel „Love Alaaf!" wie folgt: „*Gestern Nachmittag erkletterte Ex-Bundespräsident Walter Scheel vor der FDP-Bundeszentrale in Berlin-Mitte als erster den gelb-blauen Truck, mit dem die Jungen Liberalen in diesem Jahr am Umzug teilnehmen. Worauf er unverzüglich 'Hoch auf dem gelben Wagen' anstimmte. Pragmatische Liberalität, im Begriff sich endgültig durchzusetzen, zeigt ihr unverschleiertes Gesicht. Und Jugend trainiert für Karneval hat einen neuen Schirmherrn.*" (Ehlert 1999)

Doch auch Erwachsenen-Gesellungen jenseits des Unterhaltungsmilieus (Schulze 1992) werden mittlerweile von jugendkulturellen Musikproduktionen anschlußfähig bedient. Das vom Ableger eines multinationalen Konzerns veröffentlichte Drum & Bass-Album von 4 Hero wurde von der Kritik nicht ohne Grund im New-Age-Kontext verortet. In diesem – überdurchschnittlich zahlungskräftigen – Segment vermutet Mießgang (1998b) die geeignete Zielgruppe für „*gekräuselte Cappucino-Klänge, schwüle Saxophonweisen aus den siebziger Jahren, Digi-Dudel, Streicher-Schlieren aus der Konkursmasse von Henry Mancini, Räucherstäbchen-Lyrik von Schmetterlingsträumen und Bewußtseinsgärten*" (ebenda). Daß eine solche Veröffentlichung ausgerechnet zu Zeiten dramatisch sinkender Verkaufszahlen der deutschen Phonoindustrie lanciert wird, welche insbesondere auf die mangelnde Ausschöpfung älterer Zielgruppen jenseits der dreißig zurückgeführt werden (Sadowski 1998; Mießgang 1998a; Heiser 1997; Hentz 1996; anon. 1998), untermauert Mießgangs These.

4. Trading-Up, Part I: When Techno Turns into Art

In seinen Erscheinungsformen und seinen Konsequenzen bemerkenswerter erweist sich jedoch das Prinzip des Trading-up. Wenige Tage vor den Spektakeln von Pop-Komm, Love Parade und Street Parade berichtete der Spiegel wie folgt: „*Wenn DJ Georg Odijk, 28, im Kölner Klub Liquid Sky auflegt, tanzt niemand. Die Gäste der ehemaligen persischen Disko hocken auf Plüschsofas und nippen an ihren Caipirinhas. »Wer sich körperlich betätigen will, soll woanders hingehen«, sagt ex-Philosophiestudent Odijk. Sein DJ-Programm »Selten gehörte Musik« klingt wie ein Hauptseminar zum Thema Geschichte der elektronischen Musik. ...Von »spontaner Liebe zu einer schwierigen Musik«, die sie ergriffen habe, berichtet eine Kölnerin; andere schwärmen von der Entdeckung des »Techno für Erwachsene«.*" (Schreiber

1997) Nach dem illegal besetzten und dem öffentlichen Raum erobert Techno nun auch die – teils semi-privaten – „kleinen Clubs" (Bunz 1997; Bunz 1998b), die Wohnzimmer (Jahn 1996; Pesch 1996), die Feuilletons (z. B. Winter 1995; Schäfer 1998) und die Kunsträume. Insbesondere letztere Erscheinung soll im folgenden eingehend untersucht werden.

Wie kaum eine andere Form populärer Musikproduktion sind Techno und seine Abarten in den Kontext der Hochkultur und der Kunstwelt eingedrungen. Oder sollte man sagen: hat sich die Kunstwelt der Techno-Kultur bemächtigt? Wichtige Ausstellungen zur Kontext-Kunst hießen „Gender versus Techno", „When Techno Turns to Sound of Poetry" oder „Das Schweigen von Techno wird überbewertet". Die neuen Stars der Kunstszene wie Pipilotti Rist (1998) oder Sam Taylor-Wood (Bürgi 1997) nutzen in ihren Werken die verschiedenen Formen neuer elektronischer Musik. Andere Künstler veröffentlichen selbst Techno-Musik, so etwa Sylvie Fleury, Mika Vainio oder Gerwald Rockenschaub. Die Konzeptkünstler-Gruppen M+M und Chicks on Speed bieten strikt limitierte Techno-Schallplatten als Kunstwerke an. Die Performance-Gruppe Granular Synthesis (1997) installiert in Museen großräumige Techno-Environments. Eran Schaerf (1997; siehe auch Erfle 1997) stellte wiederholt in Kunstvereinen und Museen Clubwear aus, und Rineke Dijkstra zeigte in Berlin Verhaltensstudien aus der Techno-Disco in Form von Raver-Selbstdarstellungen (NGBK 1999). Gar noch weiter gingen Fischli & Weiß, als sie auf der 1997er Biennale in Venedig stundenlange Aufnahmen zuckender Raver-Massen mit Videos von endlosen Tunnel- und Zugfahrten sowie diversen Prozessen der Massenfertigung parallel schalteten. Die typische Ästhetik des Immergleichen, des tautologisch Individualisierten, dokumentieren auch die Ausstellungen von Beat Streuli, bei denen in Großprojektionen Straßenaufnahmen von Techno-Jugendlichen vorgeführt werden. Boris Groys (1999) schreibt im Katalog zu Streulis Ausstellung „CITY" über die technoide „One World/One Family": *Andy Warhol hat bekanntlich 'Coca-Cola' dafür gepriesen, daß es in allen Flaschen und überall auf der Welt gleich schmeckt. Die jungen, schönen Mädchen, die Streuli immer wieder liebevoll zeigt, vermitteln den gleichen angenehmen Eindruck der unbegrenzten Austauschbarkeit. Wie Streuli selbst in seinen Interviews sagt, zieht er es vor, ganz junge, noch nicht vom individuellen Schicksal gezeichnete Gesichter und Körper zu fotografieren. Diese jungen Menschen, die auch die heutige Modefotografie gerne zeigt, haben etwas rein Potentielles und damit unbestimmt Identisches an sich – wie noch ungeöffnete Coca-Cola-Flaschen."*

Zahllos sind die Kunst-Events, die sich der Techno-Form bedienen und auf diese Weise auf eine gegenseitige Befruchtung von Kunst und Popkultur spekulieren. Im dicht besetzten 1997er Kunstsommer wollte kein Großereignis auf DJing und Clubbing verzichten. Egal, ob documenta X oder Skulptur-

Projekt Münster, ob Berliner Artforum oder steirischer herbst in Graz – wobei jedoch das hieraus abgeleitete Role-Model des „Künstler-DJ", der bei Vernissagen oder Ausstellungen auflegt, wiederholt Kritik provoziert hat (Pesch 1998d; Marchart 1996; Eshun 1999). Hinzu kommen die zahlreichen theoretischen Arbeiten und journalistischen Berichte, welche die Club-Kultur als solche in den Kunst-Kontext stellen; so etwa geschehen in Themenheften der Zeitschriften Kunstforum International (1997), Springer (1996), neue bildende Kunst (Pesch 1998b), Jahresring (Groos/Müller 1998) und ART (Müller 1999).

Warum erweist sich gerade Techno als so kunst-kompatibel? Denn abgesehen von der Affinität zwischen der „No-New-York"-Szene und der Kunstwelt um 1980 hatte niemals eine jugendkulturelle Musikgattung soviel Resonanz im Kunstbetrieb erfahren. Das hohe Maß an Anschlußfähigkeit ist zum einen auf starke minimalistische Strömungen in Musik und Cover-Design zurückzuführen. Pesch (1998a; siehe auch Bunz 1998a) weist in einem Beitrag für eine Kunstausstellung über Popmusik darauf hin, daß der Tanz- und Spaßimperativ in diesen Fällen in den Hintergrund tritt. Statt dessen werden Fragen des Distinktionsgewinns virulent, die auf traditionell-ästhetischen Maßstäben gründen.

Hier kommt das Konzept des subkulturellen Kapitals, das Sarah Thornton (1995) in ihrem Buch „Club Cultures" geprägt hat, ins Spiel. Damit bezeichnet sie die Faktoren, die zum persönlichen Standing innerhalb einer subkulturellen Szene beitragen. Als Bestimmungsgrößen für akkumuliertes Kapital gelten beispielsweise der Umfang einer Plattensammlung und die Anzahl der darin enthaltenen Promo-Exemplare. Ebenso zählt das Outfit dazu und der gekonnte Umgang mit dem szene-spezifischen Jargon.

Interessant ist nun das Verhältnis von kulturellem und subkulturellem Kapital beim avantgardistischen Techno. Mit der Entwicklung von Techno entstandenes subkulturelles Kapital wird nach Auffassung von Pesch (1998a) *„mittels einer bestimmten Auswahl an ästhetischen Merkmalen in kulturelles Kapital umgewandelt und einem Wissen über Design, Kunst und Geschichte der Popmusik angeschlossen"*. Die Erfahrung zeigt jedoch, daß letzten Endes der umgekehrte Mechanismus mindestens ebenso stark wirksam wird. Im Falle Techno und Kunstbetrieb entpuppt sich das MAYA-Verhältnis nämlich als ein zweiseitiges. Nicht mehr nur Techno ist advanced und bedarf der Akzeptanz, sondern gleichzeitig gilt dies auch für die Einflüsse der Kunstwelt auf Techno. Besonders offensichtlich wird das bei den Mitgliedern der Organisationselite, die als Prominente immer auch die durchaus ernste Aufgabe der „Taste Leadership" (Thornton 1995) wahrzunehmen haben. Devianz vom Durchschnittsgeschmack der Szene ist in vielen sozialen Zusammenhängen ungeschriebenes Gebot für ihre prominenten Mitglieder und erzeugt entsprechenden Innovationsdruck. Slavoj Zizek (1996) drückt die dahinterstehende

Dialektik von Inklusion und Exklusion wie folgt aus: „*Wenn Du in sein willst, mußt Du die Regeln auf eine bestimmte Weise verletzen; wenn du nur in bist, bist du out.*" (Übers. d. Verf.) Im vorliegenden Fall wird also gezielt versucht, kulturelles Kapital in subkulturelles Kapital umzumünzen. Eben darin liegt offensichtlich der Schlüssel einer erfolgreichen Penetration älterer Zielgruppen. Denn die Kombination von Hochkultur und Subkultur verspricht einen Distinktionsgewinn nach beiden Seiten – was oft als Out-Hipping bezeichnet wird. Zum Techno-Mainstream hin wird erhöhte Sophistication demonstriert; zum traditionellen, langsamen Kunstbetrieb hin zehrt man vom Imagetransfer durch den Innovationsmythos der Pop-Subkultur (Marchart 1996): „Vorsprung durch Techno". In Bezug auf Alter und Distinktionsbedürfnisse ähneln die Zielgruppen des Trading-up der Organisationselite der Szene; daher überrascht es nicht, daß häufig eine personelle Überlappung festgestellt werden kann.

Die empirische Evidenz für die These vom zweiseitigen Distinktionsgewinn in den „konkurrenzkampfförmigen Verhältnissen" (Diederichsen 1996) der Kulturproduktion und -konsumtion ist beträchtlich. Besonders gut illustrieren läßt sie sich anhand folgender Internet-Ankündigung einer Veranstaltung zum steirischen herbst 1997: „*Im gemeinhin mit Popculture umrissenen Kulturfeld erscheint Techno-(Culture) als um einschlägige Soundarbeit geschichtetes Handlungs- und Zeichenfeld, als durch Entwicklungsgeschwindigkeit und -vielfalt radikalisierbares Möglichkeitsfeld an Kultur- und Lebenspraktiken. Darin angesiedelt rekurriert das Projekt 'Endoscape Technoscope' auf den zwei sowohl de facto wahrgenommenen als auch mutwillig gedachten Oppositionen, die als die zwei modellhaft gedachten Zugänge zur kulturpraktischen Verwendung neuer (Medien)Technologie bezeichnet werden können: Richtung vorhandenen (Menschen)Körper gedachte Techno-Culture und über den Körper hinaus arbeitende Medienkunst.*" (Muhr/Auer/Eisenberger 1997) Das Wesen von Pop-Theorie äußert sich also nicht zuletzt darin, daß Out-Reflecting zu einer der bevorzugten Spielarten des Out-Hipping wird.

5. Trading-Up, Part II: Incredibly Strange Loops

Ein zweiter Sachverhalt spielt eine wichtige Rolle für den Erfolg von Techno im Hochkultur-Bereich: der der Geräuschhaftigkeit von Techno-Musik (Schridde 1992b). Denn Techno und das dort praktizierte Sampling bedeuteten den vorläufigen Endpunkt einer lang andauernden Liebe zwischen der zeitgenössischen Musik und dem Geräusch. Die Karriere des Geräusches reichte von den Anfängen bei Futuristen bzw. Bruitisten über die musique concrète der 50er bis zur Industrial Music ab den späten 70er Jahren (Schridde 1992a). Im Techno hat sich nunmehr das Geräusch, das in der Moderne immer ein Symbol für Avantgarde ausdrückte, endgültig als vollwertige Klangquelle emanzipiert und durchgesetzt (Schridde 1992b). Indem die althergebrachte Technologie der Cut-ups und Tape-Loops durch das digitale Cut-Copy-and-Paste des Sampling konsequent weitergeführt wurde (Meinecke 1998; Diederichsen 1997; Liebl 1996a), hat Techno – gewollt oder ungewollt – einen alten Traum der Avantgarde verwirklicht.

Hieraus resultiert ein beträchtliches Anschlußpotential des Techno für Erwachsene, der die Generation der Spätzwanziger und Dreißiger dort abholt, wo sie in ihrer musikalischen Sozialisierung stehengeblieben war. Der für Techno interessante, weil subkultur-affine Teil ist in der Regel indiesozialisiert (z.B. Büsser 1998; Bruckmaier 1995; Bernard 1999). Und so zeigt sich auch, daß gerade die am frühen Industrial – z.B. an Throbbing Gristle, SPK oder Lustmord – geschulte Generation (z.B. Richard 1995a; Wahjudi 1996; Liebl 1995a; Liebl 1996b; Champagner 1998b) mehr und mehr Terrain im Bereich elektronischer Musik zurückgewinnt. „*The forgotten »industrial« component of techno*", wie sie Dan Sicko (1999) in seinem jüngst erschienenen Buch über die Techno-Historie genannt hat, wird wieder virulent. Beispielhaft nachvollziehen läßt sich dies anhand der Wiener Schule um die Plattenfirmen Mego und Sabotage, bei finnischen Minimalisten wie Pan Sonic oder bei den Veröffentlichungen des kalifornischen Labels Plug Research, unter denen sich auch eine Lustmord-Platte befindet. Die Genannten befinden sich naturgemäß an den Rändern des Techno-Feldes; dort ist die Anschlußfähigkeit und damit die Zugänglichkeit für fremde Kontexte immer größer als im Kern des Techno-Mainstreams. Daraus erklärt sich unmittelbar, wieso periphere Varianten für Externe eher Attraktivität ausüben und andererseits Einflüsse von außen primär über diese Kanäle zum Tragen kommen. Aus solchen Anschlußprozessen, die Dogan/Pahre (1990) „creative marginality" nennen, resultieren innovative Geräusch-Crossovers, wie beispielsweise im Bereich des Drum & Bass der „Drill and Bass" bzw. „Breakcore" auf Labels wie Ambush, Amputate und Praxis (Fringeli 1999; Liebl 1999c; Busche 1999; Young 1998), der als „Avant Hard" firmierende analoge Techno der Formation Add N To (X) (Eshun 1997; Ilic 1998; Crysell 1998; Deisl/Neidhart 1999; Shapiro 1998; Tepel 1998; Veld 1999; Geber 1999) oder die sich zunehmend deutlicher herauskristallisierende „Microwave" im Kielwasser von Goem, Ryoji Ikeda und Labels wie Rastermusic (Rose 1999) und Sigma.

Der Trend zum Erwachsenen-Techno läßt sich darüber hinaus auch quantitativ festmachen. Zum Beispiel an dem steigenden Anteil von Rezensionen im Frontpage-Nachfolger (Amend 1997) de:bug (Hartmann 1999; Zielke/Wahba 1998) und den darin abgedruckten Bekenntnissen zu generationsübergreifenden Stilen (z.B. Kösch 1998); oder auch daran, daß Hardwax

(Eberhard/Herrmann 1998), einer der wichtigsten europäischen Techno-Versender, in seinem Programm nunmehr eine eigene Rubrik („Strange Music") dafür eingerichtet hat.

Erste Ansätze, die dieses neue Trend-Cluster reflektieren, sind auch im E-vent-Marketing für die hier anvisierten Zielgruppen festzustellen. Die anläßlich der Einführung der Mercedes A-Klasse arrangierte A-Motion Tour versuchte auf noch ungekannte Weise, das Image des innovativen Produkts gerade aus der Verbindung von Techno-Musik einerseits und der – für ein Promotion-Spektakel hinreichend domestizierten – Industrial-Ästhetik der Theater- und Performance-Gruppe La Fura dels Baus zu generieren (Klages 1997; Liebl 1999c).

Die Ausdifferenzierung des einstigen Techno-Trends in Trend (Trading-Down) und Gegentrend (Trading-Up) läßt sich in den wesentlichen Punkten etwa wie folgt als Cognitive Map darstellen (siehe Abbildung 1).

Abbildung 1: **Ausdifferenzierte Trendlandschaft „Techno für Erwachsene"**
(aus: Liebl 1999b)

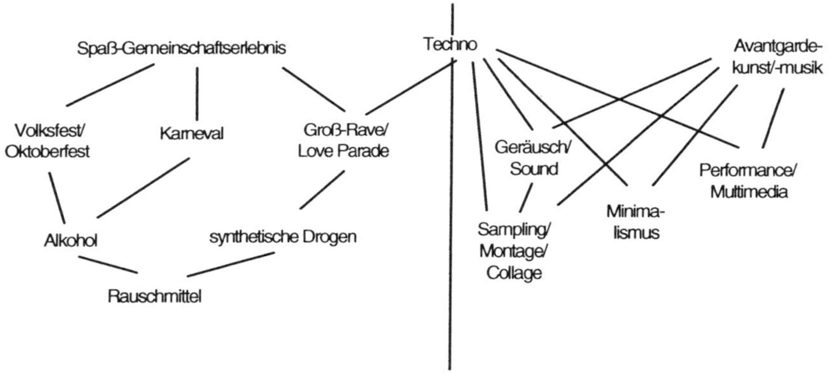

6. Im Hör-Saal: Clubs zu Akademien/Akademien zu Clubs

Egal ob man die Kategorie für den Erwachsenen-Techno „Intelligent", „Strange Music" oder „A-Musik" nennt (Liebl 1996b), der Pfad vom Club zum Hör-Saal und zurück ist, mit Umweg über Museum und Kunstverein (Draxler 1991; Diederichsen 1995; Diederichsen 1998; Marchart 1996; Liebl 1995b), deutlich vorgezeichnet. Die Bereitschaft des Publikums, diese seltsame Schleife mitzumachen, existiert durchaus. Der Popkritiker und Schriftsteller Thomas Meinecke (1998) hat in einem Interview betont, daß Theorie gerade dabei sei, für seine Generation die Rolle von Belletristik einzunehmen. Mit anderen Worten: für die anvisierte Zielgruppe wird Theorie damit zur Unterhaltung. Breakbeat-Science und Theorie-Pop stellen zwei Seiten derselben Edutainment-Erscheinung (z.B. Hebdige 1996; Hebdige 1997; Liebl 1998a; Agentur Bilwet 1999; Zielke 1997) dar, wie auch das Mission Statement von Add N To (X) (1998) nahelegt: „*Add N To (X) bridge the gap between art and mechanical reproduction. From Marinetti's Futurist manifesto to Walter Benjamin's admonition of the dissolution of the aura, avant-hard replaces doubt and insecurity with an experience which unites the city and urban environment to the music of science.*" Auch in der Kontext-Kunst ist vielfach dieser Zusammenhang zwischen naturwissenschaftlicher Technoscience (Aronowitz/Martinsons/Menser/Rich 1996; Sassower 1995; Büro-Bert/minimal club/Schultz 1996; Lovink/Schultz 1999), postmodernen Lebenswelten und der Techno-Musik hergestellt worden. Fuller (1994) nennt das, mit bewußtem Rekurs auf die ästhetischen Strategien des Industrial, „*Techno Theory for a Contaminated Culture*". Damit muß, so läßt sich folgern, Theorie in Zukunft auch notwendiger Bestandteil von entsprechenden Erlebniswelten sein. Es steht zu erwarten, daß Event-Formen wie Theorie-Performance oder Theorie-Installation in Zukunft noch wesentlich an Verbreitung gewinnen werden (Liebl 1998a), weil sie idealtypische Techno-Kultur für Erwachsene verkörpern.

Werden diese Erlebniswelten buchstäblich jugend-frei sein? Denn unmittelbar verbunden mit dieser Art von Techno-Kultur sei das „No Kids"-Phänomen, wie Marchart (1996) das Fernbleiben derjenigen nennt, die unter diesen Bedingungen „*sowieso schon draußen sind*". Bereits jetzt läßt es sich überall dort beobachten, wo kunst- und theorienahe Erlebniswelten Platz greifen. Und wenn Kids denn doch auftauchen, so zeigen eigene Feldversuche, wird ihnen der Tanzspaß postwendend vergällt (Liebl 2000). Der kanadische Minimalist Richie Hawtin spielte in Graz beim steirischen herbst die überfüllte Main Area leer, während im benachbarten Ambient Room sowieso zu keiner Zeit Jungvolk gesichtet wurde. Und im Münchener Club Ultraschall erzeugen die Auftritte der Mego-Crew bei den jungen Ravern, die sich zum Chillen in den grünen Ambient-Room zurückziehen wollen, immer wieder ein erhebliches Maß an Verstörung.

In ihrem Buch „Club Cultures" hat Sarah Thornton (1995) zu Recht darauf hingewiesen, daß Dance Culture alle Grenzen überwinde bis auf eine, nämlich die Altersgrenze. In den Münchner Kammerspielen konnte man das vor einiger Zeit sehr schön sehen. Dort lief mit großem Erfolg Patrick Marbers Stück „Hautnah", unterlegt mit Drum & Bass-Tracks von Fauna Flash. Gleich in der ersten Szene sagt der Protagonist Dan, als er die blutjunge Alice anbaggert: „*Ich bin 35. Ich bin zu alt für einen Rave – oder wie das diese Woche heißt.*"

Literatur

Add N To (X): Add N To (X) Mission Statement. o. O. 1998

Agentur Bilwet: 1000 Fehler. Köln 1999

Amend, C.: Der Technotod geht um: Die Zukunft der Dancemusik findet ohne die Szenezeitschrift „Frontpage" statt. In: Süddeutsche Zeitung vom 22. April, 1997, S. 14

Amend, C.: Wie geht's denn Techno, Jeff Mills? In: Jetzt, Vol. 6, 18. Mai, 1998, S. 22-23

anon.: Deutsche Musikindustrie erstmals seit dem Start der CD in der Krise. In: Süddeutsche Zeitung, 3. August, 1998, S. 17

Aronowitz, S./Martinsons, B. R./Menser, M./Rich, J. (Hrsg.): Technoscience and Cyberculture. London 1996

Bauer, C.: D'où vient la tendance? Dis-moi ce que tu consommes, je te dirais ce que tu achèteras l'année prochaine. In: Technikart, April, 1998, S. 91

Bernard, A.: Der wütende Kern der Töne: Leidenschaft oder Strategie? Ein Streifzug durch deutsche Journale. In: Süddeutsche Zeitung vom 27./28. März, 1999, S. 14

Bosshart, D.: HIP – If You Can't Get It, You Can't Get It: Über eine attraktive Form der Reduktion von Komplexität. In: Wolfs, M./Wolfs, R. (Hrsg.): Hip. Zürich 1997, S. 85

Bruckmaier, K.: Wir basteln eine Generation – Wynton Marsalis, Lo-Fi und die Mittdreißiger. In: Süddeutsche Zeitung vom 7./8. Januar 1995, S. 13

Bürgi, B. (Hrsg.): Sam Taylor-Wood. Zürich 1997

BüroBert/minimal club/Schultz, S. (Hrsg.): Copyshop 2: geld.beat.synthetik – Abwerten bio/technologischer Annahmen. Berlin 1996

Büsser, M.: Antipop. Mainz 1998

Bunz, M.: Micropolitics at Work. In: Regina – Das große Frühjahrsheft, 14. März, 1997, S. 70-75

Bunz, M.: Zehn Jahre sprachlos: Technorezeption in Deutschland. In: de:Bug, Oktober, 1998a, S. 12

Bunz, M.: My House Is Your House: Begriffe und Praktiken zwischen Clubkultur und Öffentlichkeit. In: Babias, M./Könnecke, A. (Hrsg.): Die Kunst des Öffentlichen: Projekte, Ideen, Stadtplanungsprozesse im politischen, sozialen, öffentlichen Raum. Dresden 1998b, S. 176-185

Burger, J.: Sterndeuter im Techno-Klub: Von den Geheimnissen der Jugendkultur. In: Süddeutsche Zeitung vom 17. Mai, 1995, S. 13

Busche, A.: Slasher Sampledelica: V/vm und Speedranch machen elektroniden Krach und rütteln an Eigentumsverhältnissen. Laut. In: Spex, Mai, 1999, S. 12-13

Champagner, A.: Electrophonics: Breakbeats. In: Süddeutsche Zeitung vom 21. Mai, 1997, S. 15

Champagner, A.: Electrophonics: Ich bin da. In: Süddeutsche Zeitung vom 22. April, 1998a, S. 17

Champagner, A.: Electrophonics: Den Schalter umlegen. In: Süddeutsche Zeitung vom 6. Mai, 1998b, S. 20

Crysell, A.: Equation Plug Foundation! In: New Musical Express, 14 February, 1998, S. 26

Deisl, H.; Neidhart, D.: „2001" Relocated – Mit Add N To (X) per Anhalter durch die analoge Techno-Galaxis. In: Skug, Vol. 39, Juli/August/September, 1999, S. 20-21

Diederichsen, D.: Zwischenfrage: Warum gehört Popkultur an die Hochschulen, Herr Diederichsen? (Ein Interview von Jonathan Fischer). In: Süddeutsche Zeitung vom 9./10. September, 1995, S. 31

Diederichsen, D.: Politische Korrekturen. Köln 1996

Diederichsen, D.: Hören, Wiederhören, Zitieren. In: Spex, Januar, 1997, S. 43-46

Diederichsen, D.: Alles ist Pop – Was bleibt von der Gegenkultur?. In: Süddeutsche Zeitung vom 8./9. August, 1998, S. 14

Diederichsen, D.: Club und Cube. In: Merz Akademie Stuttgart (Hrsg.): Merz Akademie 2. Stuttgart 1998, S. 71-76

Dogan, M./Pahre, R.: Creative Marginality: Innovation at the Intersections of Social Sciences. Boulder/CO 1990

Draxler, H.: Der Kunstverein wird zum Hörsaal, aber er verkommt dabei nicht ..Gabi Czöppan und Maribel Königer sprachen mit Helmut Draxler, dem neuen Direktor des Münchner Kunstvereins. In: Kunstforum International, Vol. 115, September/Oktober, 1991, S. 386-389

Eberhard, S./Herrmann, T.: Hardwax. In: de:Bug, März, 1998, S. 13-14

Ehlert, M.: Love Alaaf! Der Parade ist das Liebesbenzin ausgegangen. In: Frankfurter Allgemeine Zeitung vom 10. Juli, 1999, S. 41

Erfle, A.: Design und das Nichts: Eran Schaerf in Wort, Bild und Ton im Münchner Kunstverein. In: Süddeutsche Zeitung vom 15. Mai, 1997, S. 14

Eshun, K.: Music: Add N To X. In: i-D, November, 1997, S. 179

Eshun, K.: Halb Mensch, halb Plattenspieler. Die Zukunft der Musik (II): Der britische Autor Kodwo Eshun über DJ-Culture in den Neunzigern, elektronische Musik und Kunst. (Ein Interview von Marc Deckert). In: Süddeutsche Zeitung vom 23. August, 1999; S.10

Farkas, W.: Blindtext, der brennt – Von der Schwierigkeit, über Jugendkultur zu schreiben. In: Süddeutsche Zeitung vom 19. Februar, 1997, S. 13

Fringeli, C.: Mediation: Noise, Politics & the Media. In: Datacide, 1999, S. 17

Fuller, M. (Hrsg.): Unnatural – Techno-Theory for a Contaminated Culture. London 1994

Geber, F.: Analoge Zu(ku)nft. In: Spex, Mai, 1999, S. 32-35

Gerken, G.: Abschied vom Marketing – Interfusion statt Marketing. Düsseldorf 1990

Gerken, G./Merks, M. J. (Hrsg.): Szenen statt Zielgruppen – Vom Produkt zum Kult. Die Praxis der Interfusion. Frankfurt/M. 1996

Glaser, P.: Zurück in die Zukunft. In: Vogue, Januar, 1995, S. 46-48

Goetz, R.: Rave. Frankfurt/M. 1998

Granular Synthesis: NoiseGate-M6. Ostfildern-Ruit 1997

Groos, U./Müller, M. (Hrsg.): Jahresring 45 – Jahrbuch für moderne Kunst. Make It Funky: Crossover zwischen Musik, Pop, Avantgarde und Kunst. Köln 1998

Grossberg, L.: Patrolling Frontiers: The Articulation of the Popular. In: Grossberg, L./Fry, T./Curthoys, A./Patton, P. (Hrsg.): It's a Sin: Postmodernism, Politics and Culture. Sydney 1988, S. 35-71

Groys, B.: Die Dauer der Bilder. In: Streuli, B./Pfab, R. (Hrsg.): Beat Streuli CITY. Ostfildern-Ruit 1999, S. 13-19

393

Hartmann, A.: Das elektrische Leben: Die Techno-Zeitschrift „De:Bug" ist elitär, subversiv und stellenweise unverständlich – nun will sie Käufer finden. In: Süddeutsche Zeitung vom 31. März, 1999, S. 24

Hebdige, D.: „Heute geht es um eine anti-essentialistische Kulturproduktion vom DJ-Mischpult aus" – Über Cultural Studies, die Autorität des Intellektuellen, Mode und über die Module des Theorie-Samplings. In: Kunstforum International, Vol. 135 (Themenheft „Cool Club Cultures"), Oktober–Januar, 1996/1997, S. 160-164

Hebdige, D.: You've Got to Ride With the Storm, Always – Ein Interview mit dem Cultural Studies Theoretiker Dick Hebdige von Mercedes Bunz. In: Buzz, Vol. 1, Juli, 1997, S. 1, 8-9

Heiser, J.: Die Zombies des Pop – Rockmusik verkauft sich nicht mehr: Rettet Techno das Geschäft? In: Süddeutsche Zeitung vom 15. Mai, 1997, S. 13

Hentz, S.: Verloren in der Flut der Scheiben: Warum immer weniger Käufer über dreißig einen Schallplattenladen betreten. In: Die Zeit vom 16. August, 1996, S. 51

Hitzler, R.: Posttraditionale Vergemeinschaftung: Über neue Formen der Sozialbindung. In: Berliner Debatte INITIAL, Vol. 9, 1998, S. 81-89

Honigstein, R.: Drum & Bass: Vor fünf Jahren entstand das nächste große Ding, von dem heute niemand mehr redet. In: Jetzt, Vol. 6, 18. Mai, 1998, S. 40

Ilic, V. P.: Pram/Add N To X – UK: Birmingham Flapper & Firkin. In: The Wire, April, 1998, S. 81

Jahn, T.: Biep, blubb, bumm und bapp – Techno fürs Wohnzimmer: Drei Kölner verfeinern das Electronic Listening. In: Die Zeit vom 12. Juli, 1996, S. 55

Klages, R.: Über Brücken zu uns finden – Mit A-Motion durch die Städte. Interview mit Randy Klages. In: Freies Fach (Hrsg.): Raider heißt jetzt Twix – Freies Fach zu Stadt und Sprache. Berlin 1997, S. 100-106

Klein, H.: Clubbed to Death? In: Groove, August/September, 1998, S. 36-39

Kösch, S.: Ganz Angst (Galerie Jousse-Seguin Paris). In: de:Bug, März, 1998, S. 46

Kotteder, F.: Großverdiener am Plattenteller: Techno – eine Spaßbewegung wird zum festen Bestandteil des verpönten Mainstream. In: Süddeutsche Zeitung vom 29./30. April/1. Mai, 1995, S. VII

Kreye, A.: Generation X – Auch die Rebellen zähmt der Markt. In: Frankfurter Allgemeine Magazin, Vol. 737, 15. April, 1994, S. 24-32

Kunstforum International, Themenheft „Cool Club Cultures", Oktober 1996-Januar 1997

Lash, S./Urry, J.: Economies of Signs and Space. London 1994

Liebl, F.: Der Zukunfts-H@ngover der Generation W^3: ein Trialog. In: SIAM•letter, Vol. 8, 1995, S. 3-4

Liebl, F.: Gleichungen und Un-Gleichungen: Zur Ästhetik der „Political Correctness". In: SIAM•letter, Vol. 8, 1995, S. 45-50

Liebl, F.: Unbekannte Theorieobjekte der Trendforschung (XVI): Der Fetisch im Kontext der Technokultur. In: Hutter, M. (Hrsg.): Wittener Jahrbuch für ökonomische Literatur 1996. Marburg 1996a, S. 13-24

Liebl, F.: Designer Listening. In: siam.online – Studies in Industrial Culture, Vol. 9: The Cultural Studies Issue, 1996b, http://siam.home.pages.de

Liebl, F.: „New School Science" – Cultural Studies statt Trendforschung. In: gdi impuls, Vol. 16, 1998a, S. 22-33

Liebl, F.: „Feed Me Weird Things" – Produktentwicklung im Spannungsfeld von Trend und Planung. In: form.diskurs, I/1998b, S. 36-49

Liebl, F.: Trends im Kontext sehen: Cultural Studies bringen fundiertere Resultate als Trendscouts. In: Alpha – Der Kadermarkt der Schweiz, 17./18. April, 1999a, S. 1

Liebl, F.: Themenmanagement: Die Steuerung der Markenaktualität. In: Absatzwirtschaft, Vol. 42, März, 1999b, S. 32-38

Liebl, F.: „Style Wars" – Trends als Krisenphänomen. In: Priddat, B. P. (Hrsg.): Kapitalismus, Krisen, Kultur. Marburg 1999c (im Erscheinen)

Liebl, F.: Vorsprung durch Avantgarde? – Über die Mythen der postadornitischen Pop-Theorie. In: siam.online – Studies in Industrial Culture, Vol. 10: The AvantHard Issue, 1999d, http://siam.home.pages.de

Liebl, F.: Breakbeats of Disaster – Eine Topographie des Breakcore. In: siam.online – Studies in Industrial Culture, Vol. 10: The AvantHard Issue, 1999e, http://siam.home.pages.de

Liebl, F.: „Ein bißchen Spaß muß sein!" (Du-Darfst! Remix) – Grundzüge einer fetisch-basierten Analyse der Techno-Kultur. In: Hitzler, R./Pfadenhauer, M. (Hrsg.): Techno-Soziologie. Opladen 2000 (im Erscheinen)

Lovink, G./Schultz, P.: Grundrisse einer Netzkritik. In: Liebl, F. (Hrsg.): e-conomy – Management und Ökonomie in digitalen Kontexten. Marburg 1999 (im Erscheinen)

Marchart, O.: Ambient im White Cube: Über Künstler-DJ's und Kuratoren-Club Hosts. In: Springer, Vol. 2, Oktober/November, 1996, S. 24-29

Meinecke, T.: Gesampeltes Gedankenmaterial – Der Romancier Thomas Meinecke im Gespräch mit Charlotte Brombach und Ulrich Rüdenauer. In: Frankfurter Rundschau vom 21. März, 1998, S. ZB 3

Mießgang, T.: Pop? Flop! Die Plattenindustrie ist in die Krise gerutscht. In: Die Zeit vom 6. August, 1998a, S. 31

Mießgang, T.: Digitales Dudeln: Warum die Drum-'n'-Bass-Platte von 4 Hero so schlecht ist. In: Die Zeit vom 13. August, 1998b, S. 40

Müller, S.: Techno: Kunst neu erleben. In: Art, März, 1999, S. 10-27

Muhr, G./Auer, S./Eisenberger, M.: Endoscape Technoscope, Graz 1997, http://www.stherbst.at

NGBK (Neue Gesellschaft für Bildende Kunst) (Hrsg.): Fleeting Portraits/Flüchtige Portraits. Berlin 1998

Pesch, M.: Techno: Kulturelles Phänomen zwischen Millionenerfolg und Authentizität. In: Medien und Erziehung, Vol. 39, 1995, S. 199-204

Pesch, M.: Privat-Techno. In: Springer, Vol. 2, Juni/Juli, 1996, S. 48-49

Pesch, M.: Beitrag/Exponat zur Ausstellung „If I Ruled the World", Kunstraum München, Februar–April 1998a

Pesch, M.: Die Mauer muß wieder her: Gegen die kunstbetriebliche Okkupation von Popkultur und Musik. In: neue bildende kunst, Vol. 8, Oktober–Dezember, 1998b, S. 23-31

Pesch, M.: Read Me! Techno und Geschichte. In: Groove, Oktober/November, 1998c, S. 48-51

Pesch, M.: Mehr als Crossover – Techno, House und neue elektronische Musik in der aktuellen Kunst: Statements, Features und Interviews von, über und mit Stefan Altenburger, Stefan Hoderlein, Carsten Nicolai, Daniel Pflumm und Jo Zimmermann. In: Groos, U./Müller, M. (Hrsg.): Jahresring 45 – Jahrbuch für moderne Kunst. Make It Funky: Crossover zwischen Musik, Pop, Avantgarde und Kunst. Köln 1998d, S. 318-334

Richard, B.: Todesbilder: Kunst, Subkultur, Medien. München 1995a

Richard, B.: Love, Peace, Unity: Techno – Jugendkultur oder Marketing-Konzept?. In: Deutsche Jugend, Vol. 43, 1995b, S. 316-324

Rist, P.: Remake of the Weekend. Köln 1998

Roller, F.: Abba, Barbie, Cordsamthosen: Ein Wegweiser zum prima Geschmack. Leipzig 1997

Rose, P.: Küß mich, Computer! Rastermusic: Techno aus Chemnitz – ein Labelportrait. In: Süddeutsche Zeitung vom 3. März, 1999, S. 17

Sadowski, L.: Rammstein der Weisen – Standort Pop (I): Der deutschen Plattenbranche geht es schlecht. In: Süddeutsche Zeitung vom 13. August, 1998, S. 11

Sassower, R.: Cultural Collisions: Postmodern Technoscience. London 1995

Schäfer, O.: Es pumpt im Feuilleton. In: Beam Me Up, August, 1998, S. 9

Schaerf, E.: Recasting. Gent 1997

Schnierer, T.: Modewandel und Gesellschaft: Die Dynamik von „in" und „out". Opladen 1995

Schreiber, M.: Stockhausen auf dem Sofa. In: Der Spiegel vom 4. August, 1997, S. 167

Schridde, L.: Frühe Geräusche: Luigi Russolo (1885–1947). In: SIAM•letter, Vol. 5, 1992a, S. 45-47

Schridde, L.: Über und über Geräusche. In: SIAM•letter, Vol. 5, 1992b, S. 23-30

Schulze, G.: Die Erlebnisgesellschaft – Kultursoziologie der Gegenwart. Frankfurt/M. 1992

Shapiro, P.: Add N To X – On the Wires Of Our Nerves. In: The Wire, April, 1998, S. 57

Sicko, D.: Techno Rebels – The Renegades of Electronic Funk. New York 1999

Sievers, F.: Coldcut – Honey, They Got Rhythm. In: Intro, September, 1997, S. 13

Spiegel, H.: Poeterey – Rainald Goetz doziert. In: Frankfurter Allgemeine Zeitung vom 4. Mai, 1998, S. 43

Springer – Hefte für Gegenwartskunst, Vol. II, Themenheft „Grenzwerte", Oktober/November, 1996

Tasma-Anargyros, S./Loeb, F./Laizé, G. (Hrsg.): What If We Put The Clocks Back to Zero? Hypotheses for Probable Futures. Besançon 1998

Tepel, O.: Add N To X: Bleibt alles anders! In: Spex, Mai, 1998, S. 4-6

Thomas, T.: Wertegemeinschaft Techno – Die Segmentierung hat den Techno-Underground nur gestärkt. In: Spex, Januar, 1997, S. 49

Thomas, T.: Rave On?! In: Groove, Juni/Juli, 1998, S. 44-47

Thornton, S.: Club Cultures: Music, Media and Subcultural Capital. Cambridge 1995

Veld, H. in't: situationismus = sex + (stil). In: Intro, Mai, 1999, S. 17

Wahjudi, C.: Rhythmen in Dosen voller Salz: Die Amsterdamer Plattenfirma Staalplaat verkauft ihre Compact Discs in kunstvoller Verpackung. In: Die Zeit vom 23. August, 1996, S. 62

Weber, J.: Beat-Gewitter – Die „Enforcers"-Compilation: Drum & Bass will sich erneuern. In: Süddeutsche Zeitung vom 26. Februar, 1998, S. 15

Winter, M.: Bumm, Tzesch, Wumm: Der Feuilletonist im Zeitgeistrausch. In: Süddeutsche Zeitung vom 13. Juni, 1995, S. 13

Young, R.: Harder! Faster! Louder! In: The Wire, October, 1998, S. 18-25

Zielke, A.: Liebt Euch wie Wespe und Orchidee! – „Mille Plateaux-Nacht" im Ultraschall: Warum die Philosophie von Gilles Deleuze auf die Techno-Szene so faszinierend wirkt. In: Süddeutsche Zeitung vom 1./2. Februar, 1997, S. 16

Zielke, A./Wahba, A.: Wie klingt der Bauch des Präsidenten? Schreibt sich Techno mit E oder U? Die Zeitschrift „de:Bug" und die elektronische Kultur. In: Süddeutsche Zeitung vom 17. März, 1998, S. 17

Zizek, S.: Das rassistische Schibboleth. Vortrag auf dem Symposium „Postkolonialismus und globale Migration", steirischer herbst, 28. September 1996, Graz 1996

X.
Zur Kulturbedeutung des Events

Ronald Hitzler

„Ein bißchen Spaß muß sein!"
Zur Konstruktion kultureller Erlebniswelten

> „Advent heißt Ankunft, Event wahrscheinlich
> Abfahrt, und dazwischen klafft das schwarze
> Loch, in das unsereins nun fällt."
> (Das Streiflicht. In: Süddeutsche Zeitung
> Nr. 279/1999)

1. Phänomenologische und soziologische Aspekte der Spaßkultur

Das, was Spaß macht, ist immer und unabweisbar *Ansichtssache*. D.h.: Der Spaß, den man hat – oder auch nur sucht – hängt *essentiell* ab von Standpunkt, Blickwinkel und Perspektive des erlebenden Subjekts, von dessen (biographisch gewachsenen) Motivationsstrukturen und jeweiligem Relevanzsystem, kurz: vom situativen Insgesamt seines Erlebens.[1]

Manche thematischen Ausschnitte aus dem Insgesamt des subjektiven Erlebens erscheinen als im Bewußtseinsstrom „außergewöhnlich" herausgehoben (vgl. dazu Schütz 1974, v.a. 62-136) – zum Beispiel dadurch, daß man *seinen* „Spaß" hat (vgl. Blask 1996). Die Korrelate dieser „außergewöhnlichen" Ausschnitte des Erlebens, dieser Bewußtseinsenklaven, bezeichnen wir als „Erlebniswelten".

Diese Erlebniswelten betreten wir manchmal durch schlichtes Einschlafen (und bewohnen dann die Traumwelt). Manchmal betreten wir sie durch Phantasieren. Und sehr oft werden wir durch Kommunikationsangebote (z.B.

---

1 Diese ebenso schlichte wie evidente Einsicht scheint so manchem intellektuell-publizistischen Zeitgeist-Kritiker anhaltend verwehrt zu sein. Wie sonst wäre es zu erklären, daß die komplexe Idee der Spaß-Kultur immer wieder – und im entsprechend larmoyanten Duktus – reduziert wird auf eine Art je (medien-)modischer Varianten zu einem Lebensgefühl, wie es sich in jenem Schlagerklassiker von Roberto Blanco so einprägsam manifestiert? – Analytisch gesehen jedenfalls ist der Spaß, der sein muß, weder zwangsläufig der, der aus den (epochal überhöhten) „harmlos humorigen Vergnügungen des kleinen Mannes" resultiert (Koch 2000), noch der, der bei einer allfälligen Eventisierung natur- und ingenieurwissenschaftlicher Studiengänge intendiert sein dürfte (vgl. Wormer 2000; in diesem Sinne auch Göpfert 1999). Der Spaß, der sein muß, kann ebenso darin bestehen, sich Maximalrisiken aller möglichen Art auszusetzen, wie darin, andere Lebewesen (zu Tode) zu quälen, wie darin, sich in Katastrophengebieten aufzuhalten oder im Stau zu stehen – oder in irgendetwas Beliebigem anderen – zum Beispiel auch darin, als Urlaubsvergnügen „in sengender Sonne im Steinbruch zu schuften" (Pfeffer 1999), usw.

Klatsch und Tratsch) oder durch „zufällige" äußere Reize in sie hineingelockt – oder auch hineingezwungen (vgl. Schütz 1971 und 1972; Schütz/Luckmann 1979: 48-61, und 1984: 139-177). Insbesondere in Gesellschaften wie der unseren stehen kulturell aber auch mannigfaltige „Vehikel" zum *Konsum* bereit, die dezidiert dazu dienen, uns in „außergewöhnliche" Bewußtseinsenklaven, in Erlebniswelten zu befördern: z.B. legalisierte und nicht-legalisierte Drogen; z.B. technische Medien wie Bücher, Videofilme, Fernsehen, Radio, Schallplatten bzw. CDs, Computerspiele, usw.; aber eben auch soziale Veranstaltungen wie Kinos, Spielhallen, Nachtclubs, Gottesdienste, Kunstausstellungen, Sportwettkämpfe, Modeschauen, Volksfeste und dergleichen mehr.

An-, und das heißt hier in der Regel: feilgeboten wird dabei das Versprechen auf etwas, was sich also genau genommen gar nicht intersubjektiv vermitteln läßt, sondern was sich lediglich in subjektiven Bewußtseinsleistungen konstituiert: Feilgeboten wird das Versprechen auf – warum auch immer – gewünschte „außergewöhnliche" Erlebnisse. Und zur (drastischen) Erhöhung der statistischen Wahrscheinlichkeit des tatsächlichen Eintritts der gewünschten „außergewöhnlichen" Erlebnisse werden eben entsprechend geeignet erscheinende Vorkehrungen getroffen. Prinzipiell bezeichnen wir nun *alle* „außergewöhnlichen" Bewußtseinsenklaven, deren Rahmenbedingungen von anderen dergestalt mit der Intention vorproduziert und/oder bereitgestellt werden, vom erlebenden Subjekt benutzt, also im weitesten Sinne konsumiert zu werden, als „*kulturelle* Erlebniswelten".[2] Im Kontext dieses Bandes konzentriere ich mich jedoch auf solche „kulturellen Erlebniswelten", die durch jenen spezifischen Typus sozialer Veranstaltungen evoziert werden, den wir als „*Events*" bezeichnen (vgl. auch Schulze 1999: 79-104).

„Events" sollen heißen: Aus unserem spät-, post- bzw. reflexiv-modernen Alltag herausgehobene, raum-zeitlich verdichtete, performativ-interaktive Ereignisse mit hoher Anziehungskraft für relativ viele Menschen (vgl. Gebhardt/Hitzler/Liebl 1999; dazu auch Hitzler/Bucher/Niederbacher 2000). Diese Anziehungskraft resultiert wesentlich aus dem „Versprechen" eines hohen, teilnehmerspezifisch vorangelegten, typischerweise verschiedene Kulturformen übergreifenden *Spaß*-Erlebens. D.h., Events sind vor-produzierte Gelegenheiten zur massenhaften Selbst-Inszenierung der Individuen auf der Suche nach einem *besonderen* (und besonders interessanten) „eigenen Leben" (vgl. dazu Beck 1995).

Symptomatisch für das Event-Erleben erscheint eine zwar punktuell fokussierte, aber gleichwohl relativ nachhaltige emotionale und/oder mentale

---

2   Die Flut von dieses Konzept illustrierenden und „ausbuchstabierenden" Publikationen ist kaum noch überschaubar. Eher zufällig, wenn auch nicht grundlos herausgegriffen seien hier Schulze 1999; Köck 1990; Gebhardt/Zingerle 1998; sowie die Sammelbände von Ferchhoff/Sander/Vollbrecht 1995; Kemper 1996; Hartmann/Haubl 1998; Willems/Jurga 1998.

Involviertheit in das *interaktive* Gesamtgeschehen angesichts eines wie auch immer gearteten performativen Anlasses. Gerhard Schulze (1993: 20) etwa spricht von Erfahrungserwartungen wie „Ekstase, Spannung, Entspannung, sich wohlfühlen, Gemütlichkeit, sich ausagieren". Ich würde noch genereller sagen, daß es um den Wunsch nach dem geht, was Psychologen als „Eu-Stress" bezeichnen – wobei die konkreten Eu-Stress-Faktoren allerdings sehr breit streuen. Gelingenderweise bieten Events den Teilnehmern somit typischerweise außergewöhnliche Chancen, sich sozusagen wie in einem Kollektiv-Vehikel aus Lebens-Routinen heraustransportieren zu lassen und zeitweilig an symbolisch vermittelten, mehrkanaligen Sinnenfreuden zu partizipieren.

Vor dem Hintergrund vielfältiger, mit generellen Modernisierungsprozessen einhergehender Entzauberungserfahrungen erscheinen Events mithin als *die* transzendenzgesättigten Teilnahme-Optionen und sinnstiftenden Kommunikationsressourcen am Übergang in eine „andere" Moderne, die, Zygmunt Bauman (1995) zufolge, unter anderem eben dadurch gekennzeichnet ist, daß gemeinsames Handeln nicht mehr geteilten Interessen *folgt*, sondern diese Interessen vielmehr *erzeugt*. Events sind folglich weniger rituelle *Manifestationen* dessen, was wir im Anschluß an Zygmunt Bauman „posttraditionale Gemeinschaften" nennen (vgl. z.B. Hitzler 1998 und 1999a sowie Hitzler/Pfadenhauer 1998), als vielmehr deren *Bedingung* – und möglicherweise sogar deren raum-zeitlicher *Rahmen*.

2. Die Trajekt-Struktur des Events

„Technisch" gesehen sind Events mehrstufige, komplexe Konstruktions-Prozesse, bzw. mit Anselm Strauss (1993) gesprochen: *Trajekte*.[3] D.h., Events entstehen nicht quasi naturwüchsig bzw. spontan, sondern werden im Zusammenwirken mannigfaltiger Akteure und Akteursgruppen hergestellt, deren Aktivitäten letztlich nur dann Sinn ergeben, wenn man sie als durch einen „Ereigniskern" fokussiert begreift, der generell am Prinzip „Ein bißchen Spaß muß sein!" orientiert ist. Analyserelevant erscheinen somit sowohl die (intentionale) Produktion der *Voraussetzungen* solcher extraordinärer Kollektiv-Vergnügungen durch mehr oder minder „professionelle" Organisatoren, als auch die (habituelle) Konstruktion des Spaß-Habens *im Vollzug* durch die Interaktionen der Teilnehmer, als auch die (attentionale) Rekon-

---

3 Das Trajekt-Konzept ist von Strauss als theoretisches Instrument zur Rekonstruktion von sozialen Ereignisfeldern im Kontext biographischer Prozesse (insbesondere von Krankheitsverläufen) entwickelt worden (vgl. in diesem Sinne auch Strauss 1991; Riemann/Schütze 1991; Schütze 1994; dazu z.B. auch Honer 1994; Streckeisen 1994). Vorschläge zu allgemeineren kultursoziologischen Applikationsmöglichkeiten hat insbesondere Hans-Georg Soeffner (1991) gemacht (im Anschluß an ihn vgl. auch Broszewski 1997, v.a. 27-29).

struktion derartiger Ereignisse *im Rückblick* durch Kommentatoren, die sich aus Organisatoren, Teilnehmern und Außen-Beobachtern rekrutieren.

Diese drei Hauptphasen sind natürlich wiederum jeweils in sich vielfach differenziert. Einige besonders markante Elemente sind bei

der Produktion bzw. der Organisation der Voraussetzungen
- Die phantastische Idee
- Die Planung
- Die realistische Idee
- Die Finanzierung
- Das Management
- Die realisierte Idee

der Konstruktion bzw. dem Stattfinden im Vollzug
- Das reale Erleben
- Die soziale Besonderung
- Die zeitliche Besonderung
- Die räumliche Besonderung
- Die atmosphärischen Essentials
- Die erlebte Realität

der Rekonstruktion bzw. der Bearbeitung im Rückblick
- Das soziale Echo
- Das Accounting
- Die Verklärung
- Die erlebte Idee
- Die Erwartung

Auch anhand dieser groben Trajektstruktur sehen wir bereits, was Michaela Pfadenhauer (1998 und in diesem Band) expliziert, nämlich daß das, was dem „Konsumenten" intendiertermaßen Spaß macht, dem Produzenten der Voraussetzungen dieses Spaßes zunächst einmal, vor allem und mitunter auch *nur* Arbeit, eben Planungsarbeit, Organisationsarbeit, Auf- und Abbauarbeit macht, Kosten und Risiken aufbürdet. Unbeschadet dessen kann der Produzent *allein* das Event ebensowenig „machen" wie der Konsument. Der Produzent kann nur die Rahmenbedingungen herstellen bzw. optimieren. Der Konsument kann nur unter den (vom Produzenten im Verein mit dem „Zufall") gegebenen Bedingungen „etwas" erleben. In einer verwickelten Dialektik des Miteinander-Machens (des Vor-Machens, des Nach-Machens, des Mit-Machens) *aller* Beteiligten wird das Event als ein räumlich, zeitlich und sozial besonderes *Ereignis* „in situ" konstruiert. Das Event als ein als „Event" gerahmtes *Erlebnis*[4] aber konstituiert sich erst rekonstruktiv „ex post" – bzw. allenfalls in typisierender Antizipation nachmaliger Deutungen, Wertungen, Er- und Verklärungen und typisierender Erwartungen.

3. Intensivierung und Extensivierung des Erlebnisangebotes als Dilemma

Daß freizeitkulturelle Angebote aller Art erlebenswerte Ereignisse darstellen bzw. zumindest beinhalten müssen, wenn sie sich auf dem „Markt" multipler Optionen in spät-, post- oder reflexivmodernen Gesellschaften überhaupt behaupten sollen, das ist – spätestens seit Gerhard Schulzes Deklaration der „Erlebnisgesellschaft" (1992) – eine sozialwissenschaftlich triviale Einsicht. Erlebenswerte Ereignisse haben aber *zwei* Dimensionen: eine qualitative und eine quantitative bzw. eine der Intensivierung und eine der Extensivierung. Sehr vereinfacht gesagt:

Zielt ein Ereignis-Angebot stark auf Erlebnis-Intensivierung ab, reagieren die Nutzer des Angebots intendiertermaßen mit einer starken Bindung an dieses Angebot. Daraus resultiert sozusagen beiläufig jedoch auch die Tendenz zur quantitativen *Einschränkung* des potentiellen Nutzerkreises. Club-Leben bzw. Club-Kultur z.B. hat für die, die – warum auch immer – daran partizipieren, typischerweise einen starken Erlebniswert (vgl. dazu Redhead 1998a; 1998b). Dieser starke Erlebniswert basiert jedoch wesentlich auch auf dem Bewußtsein von Distinktion, also darauf, daß „die Vielen" draußen vor der Tür, auch vor der mentalen und emotionalen Tür bleiben. Es gilt, mehr oder weniger radikal: Rein kommt, wer drin ist.

Zielt ein Ereignis-Angebot stark auf Erlebnis-Extensivierung ab, nehmen die Nutzer des Angebots dieses eher beiläufig wahr, bzw.: sie nehmen es sozusagen „mit", sofern es situativ in ihr je eigenes Relevanzschema passt (vgl. dazu Ferchhoff/Neubauer 1997; Ferchhoff 1999 und – pointiert überzeichnet – Goebel/Clermont 1997 sowie Illies 2000). Daraus resultiert zwar einerseits die Tendenz zur quantitativen Ausweitung des potentiellen Nutzerkreises, andererseits aber „verflacht" sozusagen der Erlebniswert der jeweiligen Ereignis-Teilnahme. Die Super-Party an jedem Wochenende in jedem „Nest" z.B. konterkariert sich gleichsam selber. Denn woran alle mehr oder weniger jederzeit partizipieren können, das verliert eben seine punktuelle und individuelle Besonderheit. Es gilt dann, wiederum mehr oder weniger radikal: Wo jeder ist, ist keiner mehr „zu Hause".

---

4 Zum Konzept der Rahmung und v.a. der Umrahmung (durch Transformation, Modulation usw.) vgl. Goffman 1977; vgl. dazu auch Eberle 1991; Hettlage 1991 und Willems 1997.

Vor diesem Hintergrund meint die Frage nach dem Event-Potential von Veranstaltungen, ob bzw. inwiefern es dem organisatorischen Kern einer Szene gelingt, erlebniswerte Ereignisse anzubieten, die *sowohl* die Außeralltäglichkeit der Teilnahme und damit die relative Besonderheit des Teilnehmers *als auch* die mentale und emotionale Zugänglichkeit des infrage stehenden Events auch für den Gelegenheitsteilnehmer hinlänglich gewährleisten. Das ist natürlich eine dilemmatische Problemstellung, die unter den gegebenen kulturellen Bedingungen wahrscheinlich für *jede* Art von Event-Produzenten – zumindest auf Dauer – unlösbar ist (vgl. dazu – grosso modo mit deutlich „optimistischeren" Einschätzungen – die Beiträge z.B. in Deese u.a. 1996 und in Nickel 1998).

4. Eventisierung der postmodernen Existenz

Wenn es aber zutrifft, daß *keine*, auch keine noch so „professionelle" Organisation den von ihr je produzierten bzw. produzierbaren Event-Typus mehr dauerhaft *und* massenhaft „bindend" institutionalisieren kann, dann folgt daraus, daß in Zukunft die einzige kulturelle Stabilität in Gesellschaften, wie der unseren, im *Wechsel* prinzipiell instabiler Trends bzw. Moden bestehen dürfte – und für den angebotskonsumierenden Akteur damit typischerweise sozusagen in einem lebenslänglichen mentalen Kulturtourismus, der sich – generalisiert ausgedrückt – tatsächlich an nichts anderem orientiert, orientieren *kann*, als daran, daß auf jeden Fall ein bißchen Spaß (dabei) sein muß – allerdings eben immer *der* Spaß, den *er* haben will (vgl. dazu nochmals Blask 1996).

In diesem Verstande können wir einen Trend konstatieren – hin sozusagen zur Eventisierung der postmodernen Existenz schlechthin. „Eventisierung" meint dabei die wie auch immer gelingende Herstellung und Bereitstellung von Erlebniswelten für jede und jeden jederzeit, allerorten und mehr oder weniger „unter allen Umständen". Das, was damit gemeint ist, reicht so ungefähr von den Bayreuther Wagnerfestspielen bis zur Loveparade, vom Club Mediteranée-Prinzip bis zum Thai-Break der Partysanen, von der Kaffeefahrt für Rentner bis zur Cruise für Technoide, vom Heimspiel des FC Bayern bis zum Sportkletterer-Meeting, vom Erlebnisgottesdienst bis zur Vorlesung in der Fußgängerzone, vom Euro-Disneyland bis zum Spaßbad in Klein-Kleckersdorf, von der Tupperware-Verkaufsparty bis zum Firmenausflug, von der Fete im Museum bis zum Papstbesuch, von der Lichterkette bis zum Parteitag, usw.

Salopp formuliert: Der Event wird vielleicht nicht alles sein, aber alles wird nichts sein ohne Event. D.h., *Events* sind m.E. – letztlich vielleicht nicht hinreichende, gleichwohl jedoch unumgänglich notwendige – existentielle

Bezugs- und Kulminationspunkte des lebenslangen individuellen Sinnbastelns der vielen, aus *verbindlichen* Denk- und Verhaltensnormen, aus *verläßlichen* Sozialbeziehungen und Symbolwelten herausgelösten Einzelnen (vgl. dazu Hitzler 1999b).

Daraus wiederum folgt nun, daß in dem Maße, in dem jeder Einzelne sich *seinen* Spaß erlaubt, indem er sozusagen existentiell *Ernst* macht mit dem Spaß, der sein muß, einige zwar noch weitgehend unbedachte, gleichwohl vermutlich gravierende Konsequenzen für unser künftiges Zusammenleben zu gewärtigen sind (vgl. dazu Hitzler/Pfadenhauer 2000). *Eine* dieser Konsequenzen ist, daß „Spaß haben und niemandem weh tun" sich zwar durchaus als eine Art übergreifendes ethisches Postulat posttraditionaler Eventgemeinschaften rekonstruieren läßt, wie es Winfried Gebhardt vor kurzem getan hat (vgl. Gebhardt 1999), daß damit aber weder der – bislang im wesentlichen sozial geächtete – Ausnahmefall, in dem der Spaß eben gerade darin besteht, jemandem weh zu tun, noch der – in jeder Hinsicht alltagsübliche – Konfliktfall geklärt wäre, bei dem „des einen Freud" eben hochgradig korreliert mit „des anderen Leid".[5] Kurz: Eine Konsequenz der u.a. von Matthias Horx gestellten Prognose, daß Spaß zu einer ausgesprochen ernsten Angelegenheit werden dürfte (vgl. Burger 1999), wird der gravierende – und vermutlich bleibende bzw. sich verschärfende, weil eben nicht allgemein akzeptabel zu befriedigende – gesellschaftliche *Bedarf* sein an verbindlichen Regelungen des sozialen Verkehrs bzw. an der hinlänglich verläßlichen Geltung einer novellierten „Goldenen Regel" (vgl. Bellebaum/Niederschlag 1999) unter den Bedingungen einer generalisierten Spaßkultur.

5. Auf dem Weg in die ökonomisch radikalisierte Erlebnisgesellschaft

Eine andere dieser Konsequenzen ist der zum Teil bereits beobachtbare, zum weitaus größeren Teil derzeit aber „erst" prognostizierbare *Umbau* des Verhältnisses von ökonomischen Interessen hie und Spaßerwartungen da: Daß erlebniswerte Ereignisse und insbesondere *Verheißungen* auf erlebenswerte Ereignisse zweckdienliche Vehikel zur (besseren) *Vermarktung* von Gütern und Dienstleistungen ebenso wie von religiösen und politischen Heilsversprechen sind, ist eine – sich in wahrscheinlich universalhistorisch vorfindlichen Manipulations- bzw. Motivationstechniken niederschlagende – Binsen-

---

5   Ein besonders eklatantes Beispiel dafür dürften wohl sogenannte gewaltaffine (Jugend-)Kulturen darstellen (vgl. dazu u.v.a. Eckert/Wetzstein 1999; Farin 1999; Findeisen/Kersten 1999; Hebecker 1997; Rohmann 1999; Tertilt 1996; Trüller 1999; Utz/Benke 1997).

weisheit.[6] Diese Binsenweisheit gleichwohl in systematische Konzepte der – direkten wie indirekten – Verkaufsförderung zu transformieren, darin besteht im wesentlichen die professionelle Leistung des sogenannten Event-Marketing (vgl. dazu nochmals Nickel 1998). Inzwischen jedoch sind zumindest die „strategischen Frühaufklärer" (im Sinne von Liebl 1996) der Event-Marketing-Branche bereits wieder auf dem Trend-Weg zur szenespezifischen Diffundierung eines generell gültigen Event-Nutzungs-Konzepts (vgl. dazu z.B. Liebl 1997; 1998; 1999 und in diesem Band).

Die radikalisierte ökonomische Idee der Erlebnisgesellschaft aber basiert darauf, das Spaß-Versprechen nicht mehr als „wohlfeiles Hilfsmittel" dazu zu nutzen, andere Produkte (besser) zu vermarkten, sondern das Spaß-Versprechen selber zum zentralen zu erwerbenden Angebot zu machen (vgl. dazu auch Schulze 1998) – und zwar jenseits jener Arreale, die herkömmlicherweise der Unterhaltungs-Industrie zugeschlagen werden. D.h., die Erlebnis-Qualitäten z.B. einer Konsum-„Landschaft", deren Funktion bislang wesentlich darin bestanden hat, die Bereitschaft der Kunden zur Verausgabung von Ressourcen zum Erwerb der in diesem Rahmen präsentierten „eigentlichen" Waren und/oder Dienstleistungen zu erhöhen, werden nun selber zum – eben kostenpflichtig in Aussicht gestellten – Nutzungsgegenstand. Und vice versa werden nun herkömmliche Waren und Dienstleistungen ihrerseits zu „Beigaben" des Erwerbs einer Berechtigung, ein besonderes Setting und/oder Ereignis (mit) zu erleben: Das Essen im Restaurant wird zur (wortwörtlichen) Beilage eines extraordinären Erlebnis(provokations)raumes; das T-Shirt wird zur Erinnerungsgabe an die Teilnahme an einem Rätselspiel auf dem Trödelmarkt; die „vor Ort" gebrannte CD wird zum Beweisstück für den Auftritt beim Amateursängerwettstreit im Kaufhaus; usw.

Entscheidend dafür, daß wir dabei von einer radikalisierten Erlebnisökonomie sprechen, ist, daß die Produkte weder kostenpflichtig sind, noch (vorrangig) Werbeträger, sondern tatsächlich Beigaben anläßlich der Entrichtung von Eintrittspreisen, Aufenthaltsentgelten und/oder Teilnahmegebühren. Die Idee besteht im wesentlichen darin, das (gewohnte) „kostenlose" Setting zur Erhöhung von Konsumbereitschaft zu transformieren in einen als solchen kostenpflichtigen Erlebnis-Zeit-Raum. Nicht mehr Waren und/oder Dienstleistungen werden verkauft, sondern – wie bislang eben nur in der sogenannten Unterhaltungsbranche – Zugangs- und/oder Teilnahme-Berechtigungen. Feilgeboten wird im Rahmen einer radikalisierten Erlebnisökonomie also die

---

6 Zur anthropologischen bzw. universalhistorischen Dimension vgl. z.B. Turner 1989 und Berking 1993; zur kulturgeschichtlich-religionssoziologischen Dimension vgl. z.B. Eliade 1957; Gebhardt 1987 und 1994; zu kulturpolitischen Aspekten vgl. Häußermann/Siebel 1993; Hannigan 1998; zu konsumsoziologischen Aspekten im engeren Sinne vgl. z.B. Knoblauch 1988; Blaschka 1998 und Keim 1999; zum Prinzip der Erlebniswerbung im weiteren Sinne vgl. z.B. Reichertz 1992 und 1994.

Eventisierung selber – von (bekannten) Orten ebenso wie von (vertrauten) Abläufen.

Noch dürfte ein so geartetes Szenario, in dem schon die Berechtigung, in einem Einkaufszentrum Geld auszugeben, Geld kosten würde, in dem dafür zu bezahlen wäre, der Putzkolonne bei der Arbeit zuzusehen, in dem der Automechaniker für seinen Unterhaltungswert zu entlohnen wäre, usw., einigermaßen befremdlich anmuten. Aber nicht nur avancierte Marketingstrategen in den USA betreiben konzeptionelle Frühaufklärung (vgl. z.B. Pine/Gilmore 1999), sondern auch deutsche Traditionsgewerkschaften[7] bemühen sich schon um tarifliche Regelungen der Rahmenbedingungen, unter denen jegliches „Spaß haben", und insbesondere *seinen* „Spaß haben" nicht nur kulturell zu einer ernsten Angelegenheit, sondern auch ökonomisch zu einem allenthalben im wahrsten Wortsinne „teuren Vergnügen" zu werden verspricht.

Literatur:

Bauman, Z.: Ansichten der Postmoderne. Hamburg/Berlin 1995

Beck, U.: Eigenes Leben. In: Ders. u.a.: Eigenes Leben. München 1995, S. 9-174

Bellebaum, A./Niederschlag, H. (Hrsg.): Was Du nicht willst, daß man Dir tu'... Konstanz 1999

Berking, H.: Schenken. Zur Anthropologie des Gebens. Frankfurt/M./New York 1996

Blaschka, M.: Tupperware als Lebensform. Tübingen 1998

Blask, F.: „Ich will Spaß!" München 1996

Brosziewski, A.: Unternehmerisches Handeln in moderner Gesellschaft. Wiesbaden 1997

Burger, J.: Interview mit Matthias Horx (Serie „Helden der Popkultur"). In: Zeitmagazin Nr. 19, 26. Mai 1999, S. 7

Deese, U. u.a. (Hrsg.): Jugend und Jugendmacher. Düsseldorf/München 1996

Eberle, T.: Rahmenanalyse und Lebensweltanalyse. In: Hettlage, R./Lenz, K. (Hrsg.): Erving Goffman – ein soziologischer Klassiker der zweiten Generation. Bern/Stuttgart 1991, S. 157-210

Eckert, R./Wetzstein, T. A.: Soziale Identität, kulturelle Distinktion und Gewalt in Jugendcliquen. In: Gerhards, J./Hitzler, R. (Hrsg.): Eigenwilligkeit und Rationalität sozialer Prozesse. Opladen 1999, S. 415-449

Eliade, M.: Das Heilige und das Profane. Reinbek b. Hbg. 1957

Farin, K.: Skinhead. A Way of Life. Bad Tölz 1999

Ferchhoff, W.: Jugend an der Wende vom 20. zum 21. Jahrhundert. Opladen 1999

Ferchhoff, W./Neubauer, G.: Patchwork-Jugend. Opladen 1997

---

7 Laut „einblick" (gewerkschaftlicher Info-Service) vom 22.5.2000, S. 6, hat die IG Metall „gewerkschaftliches Niemandsland" betreten mit dem Abschluß eines eigenen Tarifvertrags für die Beschäftigten der sogenannten „Wolfsburger Autostadt", jenem „Erlebnispark, der den Autokauf als Event zelebriert".

Ferchhoff, W./Sander, U./Vollbrecht, R. (Hrsg.): Jugendkulturen – Faszination und Ambivalenz. Weinheim/München 1995

Findeisen, H.-V./Kersten, J.: Der Kick und die Ehre. München 1999

Gebhardt, W.: Fest, Feier und Alltag. Frankfurt/M. u.a. 1987

Gebhardt, W.: Charisma als Lebensform. Berlin 1994

Gebhardt, W.: „Spaß haben und niemandem weh tun". Über die Interpretation und Geltung der „Goldenen Regel" in pluralistischen Gesellschaften. In: Bellebaum, A./Niederschlag, H. (Hrsg.): Was Du nicht willst, daß man Dir tu'... Konstanz 1999, S. 159-178

Gebhardt, W./Hitzler, R./Liebl, F.: Szene-Entwicklungen und Szene-Events (Arbeitspapier). Koblenz/Dortmund/Witten 1999

Gebhardt, W./Zingerle, A.: Pilgerfahrt ins Ich. Konstanz 1998

Goebel, J./Clermont C.: Die Tugend der Orientierungslosigkeit. Berlin 1997

Göpfert, W.: Chemie als Comedy. In: Die Zeit Nr. 37, 9. September 1999, S. 73

Goffman, E.: Rahmen-Analyse. Frankfurt/M. 1997

Häußermann, H./Siebel, W. (Hrsg.): Festivalisierung der Stadtpolitik (Sonderheft 13 von „Leviathan"). Opladen 1993

Hannigan, J.: Fantasy City: Pleasure and Profit in the Postmodern Metropolis. London 1998

Hartmann, H.A./Haubl, R. (Hrsg.): Freizeit in der Erlebnisgesellschaft. Opladen 1998

Hebecker, E.: Vom Skinhead im Zeitalter seiner Unkenntlichkeit. In: SpoKK (Hrsg.): Kursbuch Jugendkultur. Mannheim 1997, S. 89-97

Hettlage, R.: Rahmenanalyse – oder die innere Organisation unseres Wissens um die Ordnung der Wirklichkeit. In: Ders./Lenz, K. (Hrsg.): Erving Goffman – ein soziologischer Klassiker der zweiten Generation. Bern/Stuttgart 1991, S. 95-154

Hitzler, R.: Posttraditionale Vergemeinschaftung. In: Berliner Debatte INITIAL 9/1998, S. 81-89

Hitzler, R.: Verführung statt Verpflichtung. Die neuen Gemeinschaften der Existenzbastler. In: Honegger, C./Hradil, S./Traxler, F. (Hrsg.): Grenzenlose Gesellschaft? Teil 1. Opladen 1999a, S. 223-233

Hitzler, R.: Individualisierung des Glaubens. In: Honer, A./Kurt, R./Reichertz, J. (Hrsg.): Diesseitsreligion. Konstanz 1999b, S. 351-368

Hitzler, R./Bucher, T./Niederbacher, A.: Leben in Szenen. Opladen 2000 (im Erscheinen)

Hitzler, R./Pfadenhauer, M.: Eine posttraditionale Gemeinschaft. In: Hillebrandt, F./Kneer, G./Kraemer, K. (Hrsg.): Verlust der Sicherheit? Opladen 1998, S. 83-102

Hitzler, R./Pfadenhauer, M.: Die Lage ist hoffnungslos, aber nicht ernst! In: Hettlage, R./Vogt, L. (Hrsg.): Identitäten im Umbruch. Opladen 2000 (im Erscheinen)

Honer, A.: Qualitätskontrolle. In: Schröer, N. (Hrsg.): Interpretative Sozialforschung. Opladen 1994, S. 178-197

Illies, F.: Generation Golf. Berlin 2000

Keim, G.: Magic Moments. Frankfurt/M./New York 1999

Kemper, P. (Hrsg.): Handy, Swatch und Party-Line. Frankfurt/M. 1996

Knoblauch, H.: Wenn Engel reisen... In: Soeffner, H.-G. (Hrsg.): Kultur und Alltag (Sonderband 6 von „Soziale Welt"). Göttingen 1988, S. 397-412

Koch, C.: Spaß muss nicht sein. In: Süddeutsche Zeitung Nr. 109, 12. Mai 2000, S. 20

410

Köck, C.: Sehnsucht Abenteuer. Berlin 1990

Liebl, F.: Strategische Frühaufklärung. München 1996

Liebl, F.: Strategic Issue Management in Complex Socio-Political Environments. In: Schweitzer, F. (Hrsg.): Self-Organization of Complex Structures. London 1997, S. 393-405

Liebl, F.: „New School Science" – Cultural Studies statt Trendforschung. In: gdi impuls, Vol. 16, Nr. 4, 1998, S. 22-33

Liebl, F.: Themenmanagement: Die Steuerung der Markenaktualität. In: Absatzwirtschaft, Vol. 42, Nr. 3 (März) 1999, S. 32-38

Nickel, O. (Hrsg.): Eventmarketing. München 1998

Pfadenhauer, M.: Postmoderner Professionalismus. In: Brosziewski, A./Maeder, C. (Hrsg.): Organisation und Profession (Dokumentation des 2. Workshops des Arbeitskreises „Professionelles Handeln"). Rorschach/St. Gallen (Universitäts-Druck) 1998, S. 73-83

Pfeffer, F.: In sengender Sonne im Steinbruch schuften. In: Süddeutsche Zeitung (SZ-Serie „Der etwas andere Urlaub in Bayern") Nr. 176, 3. August 1999, S. 40

Pine, B. J./Gilmore, J.H.: Every Business a Stage: Why Customers Now Want Experiences. Harvard 1999

Redhead, S.: Subculture to Clubcultures: An Introduction to Popular Cultural Studies. Oxford 1998a

Redhead, S. (Hrsg.): The Clubcultures Reader: Readings in Popular Cultural Studies. Oxford 1998b

Reichertz, J.: Der Morgen danach. In: Hartmann, H./Haubl, R. (Hrsg.): Bilderflut und Sprachmagie. Opladen 1992, S. 141-164

Reichertz, J.: Selbstgefälliges zum Anziehen. In: Schröer, N. (Hrsg.): Interpretative Sozialforschung. Opladen 1994, S. 253-280

Riemann, G./Schütze, F.: „Trajectory" as a Basic Theoretical Concept for Analyzing Suffering and Disorderly Social Processes. In: Maines, D. R. (Hrsg.): Social Organization and Social Process. Hawthorne, NY 1991, S. 333-356

Rohmann, G.: Spaßkultur im Widerspruch. Skinheads in Berlin. Bad Tölz 1999

Schütz, A.: Über die mannigfaltigen Wirklichkeiten. In: Ders.: Gesammelte Aufsätze, Band 1. Den Haag 1971, S. 237-298

Schütz, A.: Don Quixote und das Problem der Realität. In: Ders.: Gesammelte Aufsätze, Band 2. Den Haag 1972, S. 102-128

Schütz, A.: Der sinnhafte Aufbau der sozialen Welt. Frankfurt/M. 1974

Schütz, A./Luckmann, T.: Strukturen der Lebenswelt, Band 1 und 2. Frankfurt/M. 1979/1984

Schütze, F.: Ethnographie und sozialwissenschaftliche Methoden der Feldforschung. In: Groddeck, N./Schumann, M. (Hrsg.): Modernisierung Sozialer Arbeit durch Methodenentwicklung und -reflexion. Freiburg i.Br. 1994, S. 189-297

Schulze, G.: Die Erlebnisgesellschaft. Frankfurt/M./New York 1992

Schulze, G.: Vom Versorgungs- zum Erlebniskonsum. Produktentwicklung und Marketing im kulturellen Wandel. In: GDI-impuls, H. 3/1993, S. 15-29

Schulze, G.: Die Zukunft des Erlebnismarktes. In: Nickel, O. (Hrsg.): Eventmarketing. München 1998, S. 303-316

Schulze, G.: Kulissen des Glücks. Streifzüge durch die Eventkultur. Frankfurt/M./New York 1999

Soeffner, H.-G.: „Trajectory" – das geplante Fragment. In: BIOS 4/1991, S. 1-12

Strauss, A.: Continual Permutations of Action. New York 1993

Streckeisen, U.: Doing Death. In: Hitzler, R./Honer, A./Maeder, C. (Hrsg.): Expertenwissen. Opladen 1994, S. 232-246

Tertilt, H.: Turkish Power Boys. Frankfurt/M. 1996

Trüller, D.: Die Macht der Gefühle – Gefühle der Macht. In: Neckel. S./Schwab-Trapp, M. (Hrsg.): Ordnungen der Gewalt. Opladen 1999, S. 55-69

Turner, V.: Das Ritual. Frankfurt/M./New York 1989

Utz, R./Benke, M.: Hools, Kutten, Novizen und Veteranen. In: SpoKK (Hrsg.): Kursbuch Jugendkultur. Mannheim 1997, S. 102-115

Willems, H.: Rahmen und Habitus. Frankfurt/M. 1997

Willems, H./Jurga, M. (Hrsg.): Inszenierungsgesellschaft. Opladen 1998

Wormer, H.: Spaß muss sein beim Studieren. In: Süddeutsche Zeitung Nr. 106, 9. Mai 2000, S. 5

Wolfgang Lipp

Event Ware

1. Einführung

„Event Ware" – was ist das? Die vorliegende Abhandlung soll auf die Frage
Antwort geben; dabei sind ersichtlich drei Einzelkomplexe, der Komplex
„Event", der Komplex „Ware" sowie das Problem, wie Event und Ware zusammenhängen, zu behandeln. Events und Waren stellen einerseits Realitäten
sui generis, Wirklichkeiten eigenen Rechts und eigener Herkunft dar; dies ist,
bezogen auf die Phänomene selbst, begrifflich näher vorab zu klären; die
Grundunterscheidungen dazu werden in Abschnitt (2) entwickelt.

Events und Waren treten faktisch aber auch in Kopplung auf. Sie sind einander austauschbar, können überführt werden ineinander und machen – eins
ins andere – Metamorphosen durch. Wie ist das möglich? Was ist der Sinn,
was die Funktion solcher Metamorphosen? Und schließlich: Welchen Aufschluß gibt die Soziologie über Gesellschaften, in denen Events vorkommen
– und Events in Waren, und vice versa, übergehen, – generell? Fragen dieses
Typs stehen im folgenden im Mittelpunkt. Waren sind Waren, sie können
aber auch zum Event mutieren; Events sind Events, sie erscheinen jedoch
auch in Warenform, und sie ordnen sich unter das Wechselspiel von „Produktion" und „Konsum". „Events als Ware" und „Waren als Event" sind,
obwohl auseinanderzuhalten, auch als benachbart, verwandt, ja verbündet
anzusehen. Ob und wie dies zutrifft, und wohin es führt, wird im wesentlichen in Abschnitt (3) erörtert. Dort geht es zugleich um ein weiteres, zentral
wichtiges theoretisches Konzept, das Konzept der „Identität". Wie gewinnt
der Mensch in einer „Welt der Waren", der Fülle der Events und all der „Net-
ze", „Vernetzungen", „Kreisläufe" zwischen ihnen, kurz: unter Bedingungen,
wie die Kultur der „Postmoderne" sie heute setzt, Identität? Und wie kommt
Identität, wenn es sie gibt, dabei näher zustande?

Antworten hier sinnvoll entwickeln zu können setzt voraus, knapp zu klären, was unter Postmoderne selbst zu verstehen ist. Die Postmoderne gibt für die hier interessierenden Phänomene den soziokulturellen Rahmen vor (s. einführend Featherstone 1991; Vester 1993; vgl. a. Baudrillard 1970/98; Lipp 1995/99); „erwerbs-" nicht „bedarfswirtschaftlich" verankert, folgt sie ihrerseits elementaren „kapitalistischen" Prinzipien, so den Mechanismen des „Marktes", der „Konkurrenz", des „Profits". Dieser Gesellschaft geht es gut; sie „prosperiert". Von „Produktion" zunehmend auf „Konsum" umgestellt, baut sie auf auf den Pfeilern „sozial-" und „wohlfahrtsstaatlicher" Organisation und bringt neue, „postmaterielistische" Werte (zu diesen: Inglehart 1989) hervor. Gekennzeichnet einerseits durch das Zurücktreten ernsterer, klassen- und schichtspezifischer Konflikte, zum anderen – und im Pendant dazu – durch zunehmenden soziokulturellen „Pluralismus" (dem die Grundsätze auch der engeren „politischen Kultur" entsprechen), tritt die Postmoderne namentlich dadurch ins Profil, daß sie „Individuen", „Ich-Ansprüchen", dem Gewinn von „Ich-Identität" hohen Rang einräumt. Zu den typischen Strategien – und zugleich einschlägigen kulturellen Merkmalen –, die die Postmoderne dabei entwickelt hat, zählen – symbolisch eng verflochten – vor allem „Kulturalisierung", „Ästhetisierung" und „Inszenierung". Hier wie dort geht es um die Organisation, Sicherung und Entfaltung eines nicht mehr nur zweckgerichteten, funktionellen, sondern spielerisch freien, nicht nur leistenden, sondern genießenden „schönen Lebens". Schönes Leben ist Leben, das im Modus des „Erlebens" (sc. des „Schönen") lebt (Schulze, 1992, 1994). Anders als die „Moderne" geht die Postmoderne dabei davon aus, daß man schönes Leben nicht nur herstellen, verfügbar machen und verbrauchen, sondern „aufführen", „stylen", in seinen „Reizen" noch „steigern" kann. Leben wird hier „veranstaltet" (näher zu dieser Kategorie: Lipp 1968); „dramaturgisch" raffiniert geht es über ins „Theatralische"[1]. Es findet statt in Form von „Ereignissen" – besser: „Szenen", einer Folge von Szenen –, die auf einer „Bühne" spielen, ein „Stück" ergeben und bei Passanten, einem „Publikum", nach Beifall heischen.

Ereignisse treten auf in sehr unterschiedlicher Gestalt. Ereignisse, die die Form von Events – Events speziell des Typs Ware – aufweisen, interessieren hier zentral. Was haben Events – und die Menschen in ihnen – mit Waren – oder denen, die sie herstellen oder kaufen – gemein? Und was unterscheidet sie? Waren, Warenkreisläufe, Warenkonsum sind in die Kultur der Postmo-

---

1 Theatermetaphern hat für die Soziologie bahnbrechend Erving Goffman (vgl. bes. 1959/69) fruchtbar gemacht. Sie werden maßgeblich heute zur Charakterisierung der Kultur der Postmoderne herangezogen. S. z.B. Debord 1994; Müller-Dohm/Neumann-Braun 1995; Mikunda 1992; 1996; Welz 1996; Firat/Dholakia 1998; Willems/Jurga 1998; vgl. a. Lipp 1991/94. – Zur „dramatologischen" Fundierung der Konzepte („Theater", „Szenen", „Inszenierung" etc.) siehe grunds. Lipp 1984/94; dens. 1994 a; 1994 b. Beispielsfälle hat – im Zusammenhang bes. politikwissenschaftlicher Analysen – u.a. Hitzler 1993 (vgl. jetzt a. dens. 1998, anthropolog.), diskutiert.

derne gewissermaßen eingeschachtelt (Firat/Venkatesh 1993). Die Postmoderne und die Warengesellschaft ergänzen sich wechselweise (s. f. a. McAllister 1996; vgl. a. Humphery 1998). Wo aber liegen auch Brüche? Welche? Wie werden sie geglättet, überbrückt, „überspielt" (vgl. näher bes. Abschn. 4)? Ich vertrete zum Thema, das zur Debatte steht, Thesen wie folgt:

Waren „leben auf" in Events. Events können zur Ware werden. Die Übergänge geschehen im Modus der „Inszenierung"; sie finden statt als „dramatischer" Vorgang. In ihm wird der Mensch – und werden einzelne Individuen – an die Ware bis an den „point of sale" (dazu gut: Mikunda 1996, passim; ferner z.B. Stöhr 1995; betriebswirtschaftlich-exemplarisch), den schließlichen Kaufakt – und faktischen Kaufort – herangeführt. Wer Kaufakte vollzieht, läßt sich ein zunächst auf ein „Anderes", „Fremdes"; er kann daran scheitern, kann vollends darüber sich selbst „entfremden" (Karl Marx). Das Pendel indessen schwingt auch aus in die Gegenrichtung. Menschen, die kaufen, gewinnen an Ich-Gewicht, an sozialem Prestige gewiß auch hinzu. Sie erhalten im Grenzfall ich-überstrahlenden, „charismatischen" Glanz. Am point of sale – wie die „Regisseure" von Events, und die „Akteure" in ihm, ihn anpeilen – ereignen sich dann Ineinanderbrüche, Übergänge, Koinzidenzen: a) zwischen Ware und Person, b) zwischen Selbstaneignung und Selbstverlust und c) zwischen Routinegeschehen und freiem, charismatischem Aufblitzen von Persönlichkeit.

Stimmt aber diese Perspektive? Trügt sie nicht? Was besagen die Koinzidenzen? Gibt es sie wirklich? Sind sie nicht mystisches Dunkel, Rabulistenblack-box per se? Inwieweit ist Erhellung, Aufklärung, Analyse der Bezüge soziologisch vermehrt vonnöten?

So oder so: Der Vorgang als ganzer geht nicht ohne Kritik – am Ende lebensweltliche, von den Handelnden selbst vorgebrachte Kritik – vonstatten. Er wird im verdeckten manipulativen Charakter (hinter dem „Werbung", „Design", „corporate identity"-Strategien und kurz: das „Marketing" der Warenproduzenten stehen): d. h. in der Tendenz, den Menschen um sich selbst, seine Identität, seine Freiheit zu betrügen, vom Konsumenten am Ende durchschaut. Der „Glanz" der Waren, der Glanz von Events, unterliegt – so lebendig, verführerisch, faktisch belebend er immer wieder aufersteht – „Entzauberungs"-zwängen, der Infragestellung durch „Veralltäglichung" (Max Weber), der bohrenden „Dekonstruktion" (Jacques Derrida) insoweit Tag für Tag.

Legt man zugrunde, daß die Praxis selbst dazu imstande ist, den „Verblendungszusammenhang" (Theodor W. Adorno), der zwischen Waren, Events und Wirklichkeit, Identität und Entfremdung besteht, zu durchbrechen, ergibt sich für die kritisch-theoretische Diskussion, wie sie hier geführt wird, im Labyrinth der Bezüge ein erster schwacher Ariadnefaden: Sind Events „echte" soziokulturelle „Ereignisse" – Ereignisse, durch die der Mensch Ichverstärkung, Ichsteigerung, Ich-Apotheose geschehensunmittelbar, „aus erster Hand", erfährt –, oder stellen sie bloß „beliebige" (wenngleich absichtsvoll inszenierte) interaktionelle „Konstrukte" dar, durch die die „Herren" („Veranstalter"; W.L.) eines Events Geschäfte machen, ihren Rang erhöhen und nur die eigene (z.B. unternehmerische) Identität bestärken? Oder wie?[2] Und wie wären die Dinge vice versa, von den Ich-Ansprüchen des Konsumenten her, zu deklinieren (s.a. Abschn. 5)? Auch mit einem Ariadnefaden, und gerade mit ihm, läßt das Labyrinth sich nicht einfach geradeziehen.

2. Waren

Waren sind „Güter" – Güter, deren der Mensch „bedarf" (bzw. die ihm „Bedürfnis" sind), und Güter, nach denen er strebt; sie sind für den Menschen wertvoll; sie haben „Wert". Welchen Wert Waren haben, ergibt sich aus dem Verhältnis von „Angebot" und „Nachfrage"; es wird näher auf dem „Markt" geregelt. Märkte, Marktmechanismen speisen Waren in die Gesellschaft ein. Die Gesellschaft, ein „System der Bedürfnisse" (G. W. F. Hegel), saugt Waren umgekehrt in sich auf. Den Prinzipien folgend, „Mehrwert" abzuschöpfen und „Profite" zu machen, geschieht der Gesamtprozess im Modus laufender, kalkulierter „Verwertung". Der Wert, den Güter in der Welt der Waren, einer Welt der „Bilanzen", erhalten, wird in „Geld" gerechnet und erscheint als „Preis".

---

2 Mit der Unterscheidung „echter" – oder als echt unterstellter – und „beliebig konstruierter" – etwa „künstlicher" – Events wird gewiß hier schwieriges Terrain beschritten: Kann in Gesellschaft und Kultur, deren Inhalte, Elemente und Konturen auf „Konstruktion" – wechselnde, interaktionell verhandelte, normative Festlegungen – von Grund auf zurückgehen (vgl. Berger/Luckmann, 1966/69), von „echt" oder „unecht", „originell" oder „epigonal", „authentisch" oder „fremdbestimmt" alternativ überhaupt die Rede sein? Der Realsinn bejaht, ein penibler Verstand verschärft die Frage. So oder so: Antwort läßt sich hier nicht abstrakt, rein theoretisch gewinnen; sie ist an Beispielen selbst, am Probierstein empirischer Fälle, zu entwickeln. Leitender Gesichtspunkt dabei muß sein, daß Menschen die Lebensverhältnisse, die sie sich zimmern, wie die Sachgüter, die sie benutzen, in Regie - Eigenregie – nehmen, ja hervorbringen können immer nur näherungsweise, i. S. abgestufter, bald höherer, bald geringerer Grade von Authentizität. Authentizität ist nicht ohne jedweden nicht-authentischen Rest, ohne jede soziale (z.B. herrschaftliche) oder funktionelle (z.B. qualifikative, sachliche) Einschränkung zu realisieren. Umgekehrt gilt, daß Gegenkräfte, Widrigkeiten und kurz: Störgrößen aller Art, die Authentizität (Ansprüchen auf Authentizität) in die Quere kommen, vom Handeln prinzipiell auch durchschaut, kritisch „gestellt" und so kontrolliert werden können. Weder freilich gewinnen Kontrollen (Kontrolleure, Konstrukteure) hier über die Umstände (Kontingenzen, Kontrakonstruktionen), noch die Umstände über die Kontrollen voll die Oberhand. Daß Events die Gegensätze, die zwischen Authentizität und Nicht-Authentizität bestehen, teils zuspitzen und erst bewußt machen, teils verschleiern und eskamotieren können, ist evident; sie setzen Akzente, je nach Lage der Dinge, dabei freilich stets relativ. Welche Schlagseite –konstruktionsbedingte Schlagseite – Events dabei in der Tat aufweisen –, d.h. zu welchem Ausmaß, konkretem Ausmaß, sie Authentizität (Nicht-Authentizität) praktisch hervortreten, wahrnehmbar und sozial erst wirksam werden lassen –, bleibt Sache wie gesagt empirischer Überprüfung.

2.1 aus der Sicht des Produzenten

Warenproduzenten (abgeleitet: Anbieter, Verkäufer von Waren) sind daran interessiert, Ware (bzw. Werte, die sie in Waren investieren) möglichst profitabel zu „verwerten"; sie sind darauf aus, aus dem Verkauf der Güter „Mehrwert" abzuschöpfen. Mehrwert ist das „Surplus" an Wert, ein mehr, durch das Produzenten steigende eigene Bedürfnisse befriedigen bzw. aufkommende neue Güter erwerben (können). Dabei verselbständigt sich der Zusammenhang; er hebt sich zunehmend ab von inhaltlich-konkreten Bedürfnissen und unterwirft das Geschehen dem abstrakten Prinzip, Mehrwert überhaupt zu erzeugen, alles bloß Inhaltliche auf ein Formschema zu bringen und alle „Qualitäten", die ein Gut haben konnte, zu reinen „Quantitäten", also Geldwerten, umzuprägen und aufzusummieren.

2.2 aus der Sicht des Konsumenten

Blickt man auf Waren aus der Sicht des Konsumenten (Nachfragers) von Gütern, ergibt sich ein anderes Bild: Wer Waren kauft, kauft sie, um Bedürfnisse zunächst physischer – „naturaler" – Art zu befriedigen; er stillt Hunger z. B. durch Nahrungsmittelkauf, größeren Hunger durch Kauf größerer Portionen; entsprechend zahlt er Entgelte. Güter haben für den Konsumenten aber auch ansteigende „kulturelle" Bedeutung, i. e. sinnstiftenden, legitimativen und identifikativen Wert. Dieser Wert – elementar der „Tauschwert" von Gütern, ein Wert, den Prozesse des bargaining: Angebot, Nachfrage, „Auspreisen", Feilschen und „Begleichen", tragen – ist im Kern „sozial konstruiert" (i. S. von Berger/Luckmann); er tritt als „Preis" in Erscheinung, und wer ihn entrichtet, nimmt nicht nur am Marktgeschehen als solchem teil; er ordnet sich, vermittelt über diverse koordinative Faktoren (wie gegebene sozialmoralische Standards, Machtmechanismen, Modeströmungen) in ein System umfassender sozialer Beziehungen ein, und dies i. S. nicht nur einer Plazierung bloß nach „Soll" und „Haben" – ökonomischem Soll und Haben – , sondern nach Rangplatz – transökonomischem Rangplatz –, Prestige und Standing überhaupt. Güter zu konsumieren, und d. h. hier vor allem: „höhere" Güter, i. e. Güter zu konsumieren, die über die Funktion, naturale Bedürfnisse zu befriedigen, hinausgehen, heißt daher immer auch: soziokulturellen Status, Anerkennung durch Dritte, Selbstachtung und Selbstbestätigung mitzuerwerben (s. klassisch schon Veblen 1899/58): Zielinhalte, die für den Käufer umso höher wiegen, je wertvoller und teurer die Güter, deren Besitz er demonstriert, im System gehandelt werden.

Exkurs: Warentypen

Güter, die über Märkte zirkulieren, sind immer so „teuer", wie sie „billig" sind; will man einerseits, als Produzent, mit ihnen Profite erzielen, so daß man die Preise möglichst hinaufsetzt, achtet man andererseits, als Konsument, auf das Preis-Leistungs-Verhältnis, drosselt die Nachfrage und drückt den Preis. Der Wert eines Gutes pendelt sich damit auf eine nach Lage der Dinge „goldene" preisliche „Mitte" ein, und das dritte Prinzip marktwirtschaftlich-kapitalistischer Systeme, das Prinzip der „Konkurrenz", verschärft die Preiskontrolle – den Druck auf die Preise nach unten – noch zusätzlich. Warenproduzenten, die Anbieter von Ware, stehen untereinander im „Wettbewerb"; sie eifern um die Gunst der „Kunden", und nur der setzt sich durch und baut seine Stellung in Wirtschaft und Gesellschaft aus, der Kunden in der Tat auch gewinnt. Den Preis einer Ware möglichst „tief" zu legen – was Kunden erst die Möglichkeit gibt, ihre „Ausgaben" zu kontrollieren, ihren „Einsatz" variabel zu halten und auf die „Kosten" zu kommen – , ist dabei zwar die elementarste, nicht aber die einzige Strategie, die Produzenten verfolgen, um Ware an den Mann zu bringen. Ware zu verkaufen heißt generell, sie möglichst „schmackhaft" anzubieten; es heißt weiter, Bedürfnisse nach ihr, der Ware, in die Nachfrage selbst einzuschleusen; es heißt am Ende, Nachfrage (Bedürfnisse) in die gewünschte Richtung nicht nur zu wecken, sondern erst überhaupt herzustellen („kulturindustriell" zu produzieren; dazu klassisch: Horkheimer/Adorno 1947/69; s. a. Marcuse 1964/67). Die Summe der Methoden, die Warenproduzenten – konkret also: Firmen, Unternehmen, Wirtschaftskonzerne – hier aktivieren, wird unter dem Namen „Marketing" zusammengefaßt (vgl. f. a. Hill 1988; Kotler 1991; Clancy/Shulman 1993). Unter Marketing ist im einzelnen sehr vieles zu verstehen. Das Gestalten von Preisen, das Beschildern von Waren mit Preisetiketten, dann das Ausstellen; das Ausloben der Waren stellt nur eine, wenn auch die Basismethode des Marketing dar. Mit Blick auf das Thema, Event Ware, will ich ich im folgenden zeigen, welche Entwicklungen, Wandlungen, ja Kapriolen Marketing im Übergang von der Moderne zur Postmoderne, der Welt der Massenware, Massenbedürfnisse, zur Erlebnisbörse multipler sozialer Subjekte durchmacht, die nach „Identität" verlangen. In diesem Zusammenhang ist evident, daß sich nicht nur die Methoden des Marketing, sondern die Inhalte und Formen der Waren selbst verändert haben. Wie sehen die Dinge näher aus?

Waren stehen im Fadenkreuz von Angebot und Nachfrage; oder besser: sie werden im Schnittpunkt der Kräfte, die dort aufeinandertreffen, entscheidend erst konstituiert. Dabei gilt für die Nachfrageseite – setzt man die Kultur der Postmoderne, jenen Gesamtrahmen von Prosperität, postmaterialistischen Werten und pluralistisch (individualistisch) aufgefächerten Lebensstilen einmal voraus –, daß die Balancen zwischen Bedürfnissen und Bedürfnisbefriedigung, die durch Kaufakte erreicht werden soll, auf tendenziell immer höherem, subtilerem Niveau erfolgt. Nicht darum geht es nachzuvollziehen, daß und wie Primärbedürfnisse – Bedürfnisse des ursprünglichen organismischen Triebhaushalts – aktiviert und abgesättigt werden; von Interesse im folgenden ist vielmehr aufzuzeigen, auf welche Weise sekundäre, tertiäre etc. Bedürfnisse – Bedürfnisse abgeleiteter, reflexiv verfeinerter, kultureller Art – Befriedigung finden.

Die Palette dieser Bedürfnisse ist breit, und sie muß für die hier anstehende Thematik – das Wechselverhältnis von Ware und Event – durchgespielt und überprüft nicht in allen Nuancen werden. Über den Grundanspruch hinaus, Waren zu gutem Preis dergestalt zu erwerben, daß Bedürfnisse – Ausgangsbedürfnisse – quantitativ befriedigt werden, sind abgeleitete Bedürfnisse, je raffinierterem soziokulturellen Nährboden sie erwachsen, zunehmend auf Qualität, sc. „Produktqualität", gerichtet. Dazu unten noch mehr. Die Richtung, die die Entwicklung von Bedürfnissen, Kaufbedürfnissen, nimmt, und ihr Zielpunkt zeichnen sich so oder so damit näher ab: Die oberste – hier zentral interessierende – Hierarchiestufe – und zugleich höchste ästhetische Raffinierungsebene, auf der Warenwünsche sich anmelden – liegt in der Erwartung, sich mit bestimmten Waren unmittelbar auch „Charakter", die Vertiefung der „Persönlichkeit" und kurz: „Identität" anzueignen. Man kauft nicht nur – der Lebensnot, dem Lebenszwang gehorchend –, um den Hunger zu stillen. Der Mensch lebt nicht vom Brot allein. Man kauft am Ende, um Ich-Bedürfnisse – Bedürfnisse, die Freiheit, Individualität, Besonderung reklamieren – zu befriedigen, und kauft, um sein Ich, seine Ich-Qualitäten, sein Ich-Profil erst unter Beweis zu stellen. Überhaupt gilt, was Descartes, der Philosoph, schon für das bloße Denken annahm – daß man nämlich, sofern man denke und weil man denke, auch im Sein stehe und also sei – auch und gerade für den Akt des Kaufens: Man kauft, man konsumiert, also ist man und ist man jemand, und je mehr und je komplexere Ware man sich aneignet, desto markanter tritt man im Konsumgeschehen, das heute die Welt bedeutet, selbst in die Existenz.

Nun mögen Strategien – Konsumstrategien –, die solche Erwartung hegen, paradox anmuten: Wie kann es angehen, Identität als zutiefst individuelle, intim mit dem einzelnen verbundene Eigenschaft – eine Größe, die gleichwohl auf die Gesellschaft, den sozialen Umkreis aktiv ausstrahlt – auf dem Markt – jenem Tummel- und Umschlagplatz nicht nur laufender, „Fetische" erzeugender „Verdinglichung", sondern drohender sozialer „Entfremdung" – als Ware ergreifen, von der Stange nehmen und kaufen zu können?

Gewiß, der Einwand hat Gründe, und Horkheimer und Adorno haben die Argumente – gefolgt von Kultur- und Massenkulturkritikern aller Art bis heute (vgl. nur Steinert 1997) – schon früh vorgetragen. Realistisch gesprochen, hat freilich die Warenwelt vom Versuch, ja dem laufenden Kalkül, Identität, Ich-Werte, Persönlichkeit von Akten des Kaufens (und im Pendant:

des Verkaufens) her aufzubauen, inzwischen nicht abgelassen; sie ist den Weg, den sie einschlug, bis in die Gegenwart konsequent vielmehr vorangeschritten, und ihre Angebote, Identität zu konsumieren, werden gerade heute, unter den Vorzeichen, die die Kultur der Postmoderne setzt, marketingstrategisch verstärkt und mitten im Alltag selbst aufgepflanzt.

3. Events

Das prototypische Mittel, das in diesem Zusammenhang zum Einsatz kommt, ist das Marketing-Produkt des Events. Wie sind Events – verstanden als Ware, deren Erwerb Identität aufbaut – sozial näher strukturiert? Was geschieht, wenn sie sich ereignen, soziologisch gesehen im einzelnen? Ist es überhaupt richtig, Events den Charakter von Waren zuzuschreiben? Und noch einmal: Wie können aus Waren, deren Wesenszug am Ende Entfremdung, Fremdbestimmung, Ich-Vernichtung mit sich bringt, Ich-Qualitäten destilliert, Persönlichkeitsfunken geschlagen und kurz: Identität bezogen werden? Kommt das Versprechen, hier – im Bannkreis von Events, und durch Einbeziehung in ihn – Metamorphosen, ja Apotheosen des Ich zu ermöglichen, nicht dem Vorhaben gleich, die „Quadratur des Kreises" zu vollziehen? Oder fallen „Geschäfte", Ich-Nöte und Ich-Siege, fallen „Händler" und „Helden" (Werner Sombart) in Events mystisch am Ende in der Tat zusammen?

Was also sind Events, was bewirken sie? Ehe ich die Fragen direkt aufnehme (s. u. Kap. 3.3), wird es wichtig, Waren und ihre Erscheinungsformen, geordnet nach den Erkennungszeichen, die sie tragen, phänomenologisch einmal näher zu unterscheiden und zu Typen zusammenzufassen. Zwischen Waren bzw. Warentypen und Bedürfnissen bzw. Bedürfnisklassen, wie ich sie oben skizzierte, läßt sich dabei eine Parallele ziehen. Ähnlich wie Bedürfnisse – von elementaren zu höheren, abgeleiteten Formen aufsteigend – hierarchisch-pyramidal auseinander hervorgehen (vgl. grundlegend Maslow 1954), fügen sich auch Waren und Warengruppen, als Bedürfnisobjekte, in ein Schema ein, das dieser Logik folgt (oder ihr doch virtuell entspricht). Auch Waren und Warengruppen tragen bald einfache, bald komplexe, bald rohere, bald subtilere Züge, und sie stufen im Angebot-Nachfrage-System, ja in der Warenwelt als ganzer, funktionell aufeinander auf. Anders als Bedürfnisse, deren Typik (Sinngestalt) im System oft verborgen (und wohl auch flüssig) bleibt, lassen sich Waren auf die Warenklasse, der sie zugehören (und unter der sie registriert, identifiziert und konsumiert werden wollen), relativ sicher, ohne größere Fehleinschätzung (z.B. ihrer Qualität, ihres Wertes) beziehen. Waren zirkulieren in der Warenwelt nicht anonym. Sie tragen zumeist Namen (oder heften sich assoziativ an Namen an): die Namen etwa ihres Herstellers (z.B. Siemens, Sony), ihres Designers (z.B. Karl Lagerfeld,

Paloma Picasso), eines Stars oder Medienstars (z.B. Thomas Gottschalk, Claudia Schiffer), der sie benutzt und den sie selbst benutzen; oft lieben sie es auch, Namen ad hoc, i. S. der Erklärung von „Wahlverwandtschaft", bes. mit „celebrities" (dazu: Fowles, 1996, bes. Kap. „Stars as Endorsers", S. 123 ff., und passim, mit einer Fülle von Beispielen) zu adoptieren, so im Falle der Mozartkugel, oder – amerikanisch – der Allianz von Pepsi Cola und Michael Jackson. Waren weisen sich aus, sie zeigen ihre Visitenkarte, ihr pedigree, in Form von Aufdrucken, Aufnähern; sie preisen die Eigenschaften, die sie haben, mittels Legenden und Zertifikaten an; und sie schmücken sich mit Gütesiegeln, Auszeichnungen und Herkunftsgarantien. Waren begegnen dem Konsumenten, dem Nachfrager generell, insoweit mitteilsam; sie zeigen ihm auf – in welchen Varianten, welchen Macharten des Zeigens und Scheinens auch immer –, wer sie schuf, wer sie sind, wer nach ihnen begehrt, und sie nennen ihren Preis.

3.1 Etiketten

Waren tragen also „Etiketten", „labels", die näher Auskunft geben über sie, und als „Basislabel", das Waren von der untersten, einfachsten Warenklasse bis hin in die oberen Ränge – auf denen es an Bedeutung schließlich verliert und in den Hintergrund rückt – begleitet, ist in der Tat das „Preisschild" anzusehen. Preisauszeichnungen signalisieren „Quantität"; sie setzen den Käufer in die Lage, Preis-Leistungsvergleiche anzustellen, den Mechanismus der preisedrückenden wirtschaftlichen Konkurrenz auszunutzen und insofern möglichst kostengünstig, nämlich „billig" einzukaufen.

Die Antwort der Produzenten, der Warenhersteller, die ihrerseits auf Profit aus sind, ist gleichsam vorprogrammiert: Daran interessiert, die Nachfrage nach ihren Produkten nicht nur konstant zu halten, sondern zu verbreitern, heben sie zunehmend die „Qualität" der Ware hervor; mittels Reklame, Werbung, Produktbeschreibung betonen sie, daß ihre Angebote primär in sich selber wertvoll seien, und stehen für diese inhaltlichen Vorzüge (die an Geldwerten allein nicht zu messen seien) mit Garantien aller Art, Seriositätserklärungen oder ihrem Firmennamen ein. Waren, die im Wechselspiel von Angebot, Anbieterkonkurrenz und Nachfrage solche Wandlung erfahren haben, wechseln das Etikett: Sie schieben Preisauszeichnungen als Index bloß fürs Quantitative ins Kleingedruckte, pochen auf Qualität und tragen das Make up von „Markenware" auf. Das Gut wird zum „Markenartikel", einem für Produzenten wie für Konsumenten gleichermaßen attraktiven „sicheren Posten" auf dem Markt, (s. als frühe Studie: Domizlaff 1951), und es ist evident, daß diese Metamorphose nicht von selbst, aus der Natur der Ware heraus erfolgt, sondern „künstliche" Züge trägt und auf laufende „soziale Konstruktion" (Berger/Luckmann) zurückgeht. Die Methoden, Ziele und Prozesse des Marketing sind es auch hier, die „Marken" kreieren, maßschneidern und auf Waren verpassen können. Die Nachfrageseite, die Konsumentenschaft, geht im Gegenzug – der zunehmenden Qualifizierung, Raffinierung, Kultivierung der Bedürfnisse entsprechend – auf das Angebot ein; sie greift nach Gütern mit Marke und erwartet, daß die Sache – wie die Produzenten, die Firmen, es versprachen – wirklich auch wertvoll, garantiert und kurz: „echt" in sich selbst ist [3]. Tragen Waren der Warenklasse, wie sie soeben in Frage steht, Etiketten, die „Qualität" anzeigen, ergeben sich auf nächsthöheren Stufen, auf denen Waren produziert werden, neue Konstellationen. Führt einerseits Konkurrenz, anhaltende Konkurrenz, der Produzenten untereinander dazu, daß die Qualitätsunterschiede in den Angeboten sich verwischen, ja angleichen – so daß Waren und Marken zueinander indifferent werden –, verlagern sich andererseits die Erwartungen, die die Konsumenten an die Waren haben. Nicht mehr auf den „Inhalt", das „Innere" der Ware, dessen Qualität bisher die Marke garantierte, kommt es den Käufern nunmehr an; der Anreiz zu kaufen sowie die Erwartung, durch Kauf ebendieser, mit additivem Reiz versehenen Ware ein Surplus an Befriedigung zu erzielen, richten sich vielmehr jetzt auf die „Außenhaut", die Verpackung, den schönen Schein des Guts. Im Zirkulationsprozeß der Waren, im Wechselspiel von Angebot und Nachfrage ist damit eine neue Dimension erreicht. Implizit schon immer vorhanden, schiebt sich der Faktor des „Ästhetischen", der verführerischen, die Sinne ansprechenden Erscheinung, der Gestalt und Gestaltung des Produkts explizit in das Geschehen ein. Was der Käufer kauft, ist tendenziell insoweit immer weniger die Qualität der Ware; es ist ihr teils typisches, teils exzellentes Outfit, kurz: ihr „Design" (dazu gut: Rand 1993; Buchanan/Margolin 1995; Meamber 1995; ferner z.B. Collins/Papadakis 1989/90; Bürdek 1994), und während Waren bisher durch Preisaufkleber, Marken und sonstige einzelne Gütesiegel beschildert waren, sind es jetzt die Ästhetik des Guts, seine Sichtschicht, seine Oberfläche überhaupt, die besonderen Wert indizieren.

3.2 Design

Waren erhalten durch Design, das inhärente materiale (funktionelle) Charakteristika an ihnen überspielt, gleichsam reines Zeichenformat; sie werden

---

[3] Im Sinne der Logik von Markt und Marketing ist es dabei nur konsequent, wenn Garantien auf „Echtheit", wie sie Markenartikel geben, tendenziell als Deckname fürs Nicht- oder Unechte fungieren, so dort, wo die seinerzeit renommierte Firma „Caro Franck", Linz, für Kaffe-Ersatzprodukte, die sie herstellte, „echt Titzegold" - Reklame machte. Daß Markenartikel vor dem Dilemma stehen, hinsichtlich „authentisch"/„nicht-authentisch" nicht eindeutig unterscheidbar zu sein, gilt im übrigen prinzipiell: „The brand plays the role of a sign which guarantees the origin and authenticity of the offer through a possibility of duplication, whereas authenticity originally supposes unicity and the impossibility of any duplication." (Heilbrunn 1998: 191). Zu umfassenden kulturphilosophischen Studien zum Echtheits-Dilemma vgl. eingehend jetzt Schwartz 1996.

durch Design, das schöpfergleiche „prometheische" Kraft entfaltet (Manzini 1995), zunehmend „semiotisiert", i. e. umgewandelt in Chiffren, die dem, dem sie erglänzen, dem Konsumenten, Bedeutsamkeit und höheren, wenn oft auch enigmatischen Sinn suggerieren. Waren gewinnen, mit einem Wort, durch Design – postmodernes Design – tendenziell damit zurück, was sie im Durchgang durch die Voretappe, die Epoche der Moderne, kulturgeschichtlich schon verloren hatten: sozial überspringenden semantischen Mehrwert und kurz: „Ausstrahlung" und „Aura" (dazu: Heilbrunn 1998, in Auseinandersetzung mit Walter Benjamin), die nunmehr die Seele, das Ich auf neue Weise neu ansprechen.

Daß Design, ästhetische Produktgestaltung, längst zu den Hauptrequisiten, besser: Hauptstrategien, auf Seiten der Produzenten, der großen Unternehmen und hier vor allem: ihres Marketing zählt, liegt auf der Hand. Wenn für die Produzentenseite – und ihr Marketing – alles darauf ankommt, Kaufentscheidungen (des Konsumenten) dort auszulösen, wo es unternehmerisch profitabel wird, ist es – unter den Vorzeichen der Ästhetisierung der Gesamtkultur – in der Tat konsequent, den point of sale – den Ort, an dem der Verkäufer zu Geld kommt, der Käufer virtuell Befriedigung findet – dort anzupeilen, wo der Ware ästhetischer Glanz erst verliehen wird: im Planungsbüro nicht nur der Abteilung Werbung, sondern vorab der Abteilung Design. Wer Gewinne erzielen, also Waren verkaufen will, muß heute wesentlich in Design investieren; dabei darf er, das ist zwangsläufig mitgesetzt, beim Design bloß der Ware, die er herstellt, bei einfachem Produktdesign, nicht stehenbleiben; die Aufgabe, der Produktion als ganzer, schließlich aber der Produktionsstätte selbst, dem Unternehmen, Design zu geben, erhebt sich und wird unausweichlich (s. f. a. Bachinger 1990; zu weiterer Lit. vgl. a. nachstehenden Exkurs). Nicht Design oder Nichtdesign, schon gar nicht Design oder Sein, Schein oder Substanz, ist hier die Frage. Entscheidend ist nicht ob, sondern wie: in welchen Nuancen, welchen Weiterungen, nach welchen ästhetischen, künstlerischen, kreativen Ideen Design ein- und angesetzt wird. Daß Design zu den Zeichen der Zeit gehört, daß Design universell wird und nicht nur immer subtilere, sondern breitere Wirklichkeitsfelder – so ganze Firmen qua Firmendesign – erfaßt, braucht kaum belegt zu werden; was aber hat Design mit „Events" und was mit dem näheren Thema, Event Ware, zu tun?

Exkurs: Identität, heute

Der Schlüssel zur Antwort liegt im Umstand, daß Waren – und der Kauf und Verkauf von Waren – heute, im Rahmen der Kultur der Postmoderne, nicht mehr (oder nur zu schwindendem Anteil) in Relation zu einfachen elementaren Bedürfnissen zu setzen sind; sie befriedigen nicht nur, wie schon erörtert, Bedürfnisse erster, sondern zweiter und höherer, abgeleiteter Ordnung, und sie haben – über die Bedienung von Grundansprüchen (organismischpsychischer Provenienz) hinaus – am Ende die Funktion, Defizite, Schäden, Belastungen auszugleichen, die der Mensch als gesellschaftliches Wesen – im Mit- und Gegeneinanderhandeln, in Rand- und Außenseiterstellung – erfahren kann. Waren – und der Kauf und Verkauf von Waren –, die die Konstruktstufe des Design erreicht haben und nicht nur Elementaransprüchen, einem bloßen Dahinleben, Genüge leisten, sondern ästhetisch gesättigtes „schönes Leben", Leben mit „Stil", ein „Life-Style"-Leben vor Augen führen, rücken zentral insoweit in Prozesse ein, die gegen Marginalisierung und Statusminderung, Ich-Schwäche und Ich-Verfall, wie sie den Menschen strukturell bedrohen, Aufstieg zu neuem sozialem Rang, Ich-Zugewinn, und kurz: „Identität" in Aussicht stellen.

Ware als Gut, das in Design verpackt ist, Ware, deren Glanz verführt und nach der man greift, weil sie Teilhabe am „schönen Leben" verspricht, garantiert – wenn man sie kauft – den Gewinn von Identität indessen weder umstandslos, wie von selbst, noch hinreichend spezifisch; die Landschaften des Konsums, die der Mensch der Postmoderne auf der Suche nach dem Ich – einem schwankenden, multipel flimmernden Ich – durchstreifen kann, sind weit und labyrinthisch angelegt, und das Treibgut an Ware, ja vielleicht nur Warenverpackung, das man ansammelt im Leben, gibt weder hier Orientierung noch auf die Dauer Befriedigung.

Gewiß, daß man Identität habe, Identität sich beschaffen könne, ist kein Ungedanke; er wird praktiziert, und wird erfahrbar, tagtäglich erfahrbar, auch und gerade in der Warenwelt. Identität läßt sich herstellen, als Produkt vertreiben; sie läßt sich ins Kalkül nehmen, erwirtschaften und zu Markte tragen. Wie schon erwähnt, haben früh schon die Wirtschaftskonzerne, die Unternehmen und ihre Zentralen selbst erkannt, daß es geschäftlich von Vorteil ist, Identität, also Firmenidentität, „corporate identity" – gezogen auf dem Humus von „corporate culture" – vorzuführen (dazu gut: Olins 1978/90; Antonoff 1987; Langkau/Wolf 1993), und sie zeigen, daß und wie es möglich ist, Identität (bzw. „Images" von Identität) werbetechnisch, mit Hilfe eines konsequenten, die gesamte Organisation umfassenden Design, auf dem Markt auch durchzusetzen (vgl. f. a. Arthur D. Little International 1990).

Identität, so „corporate identity", kann also hergestellt werden; es gibt sie im Sinne des hier interessierenden wirtschaftlichen Faktums in der Tat. Sie ist auf dem Markt, weil – und weshalb – auch Nachfrage nach ihr besteht, und sie bewährt – oder besser: verwertet – sich mit jedem Stück Ware, das ein Unternehmen absetzt, selbstverstärkend neu. Wie aber kann man Identität, eigene Identität, auf Seiten des Käufers erwerben? Kauft der Käufer, der den Identitätsmarkt betritt, Unternehmensware, erwirbt er zwar Anteilsscheine – Aktien – auf Identität; es handelt sich um Identität aber eben des Unternehmens und nicht – oder nur abgeleitet – um die des eigenen Ich. Das Ich und vorab: die Darstellung des Ich wird unter das Image des Unternehmens vielmehr selbst subsumiert; es wird zumindest daran ausgerichtet. Der Mercedesstern am Wagen, den man fährt, oder das Joop-Signet auf dem Sakko: die Embleme sagen über Status und Statusanspruch, Selbstwert und Selbstverständnis ihres „Halters" zwar durchaus etwas aus; elegant kann die Lösung des Identitätsproblems, die hier vorliegt, aus der Sicht des Konsumenten aber nicht zu nennen sein; er fragt nach ergänzenden, vielleicht erst vervollständigenden Strategien, nach Identität schaffenden Alternativen, und es gibt sie auch.

3.3 Events

Als Ware, durch die der Mensch – bewegt von den Phantasmen, die die Kultur der Postmoderne erzeugt – Identität vermeintlich direkt erwirbt, treten inzwischen zunehmend Spezialartikel, „Events", in Funktion. Nochmals: Was sind Events, wie können sie beschrieben werden, wie ist namentlich ihr Warencharakter zu verstehen?

Event (engl.; franz. événement) läßt sich ins Deutsche elementar mit „Ereignis" – einem „besonderen" Ereignis – übersetzen, einem Geschehen, das zeitlich gesehen „plötzlich kommt" und gleichsam „hervorbricht", sachlich gesehen „Überraschungen" enthält und neue „unerwartete", ja „sensationelle" Inhalte mit sich bringt [4]. Grundsätzlich zu unterscheiden ist zwischen „naturalen" und „sozialen" („soziokulturellen") Events. Erscheinen erstere in Form außergewöhnlicher naturaler Konstellationen, bei „Gestaltsprüngen" aller Art wie Naturkatastrophen, Sonnenfinsternissen etc., so letztere – sie interessieren im folgenden hier ausschließlich – in Form zugespitzter, auch hier zum Gestaltsprung neigender, ja sich „dramatisch" entladender, sozialer „Szenen"[5]. Offenkundig „künstlicher", i.e. gesellschaftlich-kulturell verfaßter

---

4 Die Kategorie (in der Fassung des deutschen Wortes „Ereignis") hat grundlegende philosophische Beachtung im Spätwerk Martin Heideggers erfahren. – Wichtig für die aktuelle sozialwissenschaftliche Diskussion sind Unterscheidungen, wie sie Reinhart Koselleck (1979) zwischen „Ereignis" und „Struktur" getroffen hat (geschichtswiss.). – Im Sprachgebrauch der Soziologie steht „Ereignis" in signifikanter Nachbarschaft zu „Erlebnis", „Erleben". In diesem Zusammenhang ist namentlich auf Max Weber (vgl. zuletzt: Hettling 1997) sowie Georg Simmel zu verweisen.

5 „Szenen" können – im Sinne des hier zugrundegelegten „dramatologischen" Ansatzes (vgl. Fußnote 1) – als „Schauplätze" gekennzeichnet werden, auf denen soziale Geschehnisse (und mit ihnen: Menschen und Menschengruppen), die ruhig ansonsten im Alltagsroutinen fließen, aufeinandertreffen, sich kreuzen und sich bündeln, teils um sich „Sensationen" auszusetzen, teils um „Spannungen" durchzustehen (bzw. „Spannungslösungen" zu entwickeln), die das Dasein – coram publico – bald ins „Tragische", bald ins „Komödiale" ziehen. Schlagen Szenen, in denen die Komponenten des Tragischen dominieren, in der Regel um in Formen des „Tribunals" – die Zuschreibung, Ahndung und gegebenenfalls Aufhebung von „Schuld" –, so befreien Szenen, auf denen es komisch zugeht und Ignoranz, Tölpelhaftigkeit und Naivität zum Zuge kommen, die Zuschauer zum teils erleichterten, teils bitteren und bösen „Gelächter". Hier wie dort treten am Ende „Charismatiker" – „Helden", auch „Clowns", kurz: „Persönlichkeiten" – auf den Plan; sie markieren die Klärung, das Durchsichtigwerden, das Auf- und Ausstrahlen des Ereignisses (etymolog.: des „Eräugnisses"), dem sie zugleich erst Tiefenschärfe geben, und wer ihnen folgt, ja das Ereignis nur „miteräugt" (miterlebt), nimmt Anleihen – und hat Teil – an ihrem Ich-Profil selbst.

Natur, sind sie inhaltlich auf die verschiedensten – interaktiv verhandelten – „Themen" (Sinnfelder, Sinnausschnitte) bezogen. Dabei müssen folgende weitere Unterklassen auseinandergehalten werden: Events finden einmal an festen, in Gesellschaft und Kultur institutionell verankerten, sozialen Orten und Zeiten statt; hierunter fallen diverse, brauchtümlich gebundene, sakrale wie profane „Feste" und „Feiern", weil und soweit sie Alltagsroutinen durchbrechen (dazu näher: Gebhardt 1987; Lipp 1989/94); und Events ereignen sich, zum anderen, auch ungebunden, quer zu den Institutionen, und legen relativ zum Gesamtgeschehen, in das sie eingestreut sind, „chaotisch"- „anomische" Züge an den Tag. Zu den Besonderheiten dieses letzteren Unterfalls zählt, daß Ereignisse, wie sie hier eintrudeln – wenn etwa ein Zirkus das Zelt aufschlägt, Wanderprediger auftreten oder Marktschreier Wunder verkaufen –, im gesellschaftlich-kulturellen Umfeld nicht ohne Spuren bleiben. Indem sie Aufmerksamkeit auf sich ziehen und Passanten, Zuschauer, Neugierige, kurz: ein Publikum um sich scharen, verlagern sie im Geschehensfluß, dem Gewebe von Schuß und Kette, Strukturen und Funktionen, die bisher geltenden Gewichte. Eine neue soziodramatische „Bühne" tut sich auf; die Spieler beginnen ein neues „Spiel", und sie setzen es neu „in Szene".

Daß Menschen sich ansammeln, daß sie zusammenlaufen, „where the action is" – dort, „wo was los ist" – und am Ende selbst mitmachen, hat gut schon Goffman (1967/71) beschrieben. Events, die dem Schema entsprechen, sind für das hier erörterte Phänomen – Event Ware – von zentraler Bedeutung; doch bedarf die Sache der näheren Klärung.

Exkurs: Szenen

Wie soziales Geschehen insgesamt, haben auch Szenen „dramatische" – spezifisch dramatische – Struktur: sie geben, dramatologisch gesprochen, „Rollen" und Rollen„masken" vor, kennen „Akteure", die die Rollen „spielen", den Masken „Ausdruck" verleihen, und rücken „Protagonisten", „Hauptdarsteller" ins Rampenlicht, die das Spiel von „Auftritt" zu „Auftritt" zu Höhepunkten – bis hin zur Klärung, Lösung und Neubegründung (und u.U. zum Scheitern) der „Spielidee" – führen. Die Spielidee selbst bleibt lange dabei vage; „Skripts", in welcher Ausarbeitung auch immer, stehen nur unvollkommen zur Verfügung, und „Regisseure", die „Regie" aus einem Zug führen könnten, gibt es nicht oder sind unbekannt. Regie nimmt Gestalt erst vielmehr in actu an; umso gespannter verfolgt das Publikum das Tun der Protagonisten, der „Helden", „Clowns" – oder auch „Schurken" – des „Stücks". Sie, die Hauptdarsteller, führen vor, wie Ideen, Werte, Programme gelebt, verraten oder verlacht werden können; sie zeigen – im Kontext immer des Stücks, das sie hervorbringen – dem Publikum auf, wie „Ich" und „Ich-Stärke" sich durchsetzen und was „Charakter" ist. Sie beglaubigen, wie „Identität" – gegenhaltend gegen die Engen und Ängste, den Druck, die Ver-

426

krustungen des Alltags, ihres „Schicksals" – dramatisch geschmiedet, gehärtet und behauptet wird.

Zu den im vorliegenden Zusammenhang wichtigsten Erscheinungen, die mit Szenen – Realszenen zunächst erster, lebensunmittelbarer, handlungspraktischer Ordnung – verbunden sind, zählt nun der Umstand, daß die Protagonisten des Geschehens – soweit sie das Spiel voranbringen, Schwierigkeiten überwinden und alle Beteiligten, Mitspieler wie Publikum, an Lösungen, Ends, vielleicht Happy-Ends, heranführen – ausstrahlende, „charismatische" Wirkung entfalten; sie machen Eindruck, legen „Aura" authentisch um sich und treten prominent als Vorbild – „Meister", „Führer" oder „Star" – hervor. Die Ich-Stärke, die sie auszuzeichnen scheint, ihr „Charisma", schlägt durch auf das Publikum; dieses, umgekehrt, wird dazu gebracht – der eine mehr, der andere weniger, dieser fanatisch, jener moderat – , das eigene, oft nur schwach entwickelte Ich, das eigene flackernde Bedürfnis nach Identität am Ende auf Idole, die Charismatiker, zu projizieren. Sie, die Charismatiker, halten Identität dann stellvertretend für das Publikum vor. Das Ich, nach dem das Publikum auf der Suche war, sonnt sich im Licht des Ereignisses und glänzt in ihm gleichsam auf; es bleibt freilich auch hier letztlich derivativ, abhängig von den Umständen und nur geborgt.

So stellt sich die Frage erneut: Kann man Identität einfach kaufen, erwerben fürs gute eigene Geld? Und wenn ja: Wie sehen Waren aus, die Identität transportieren? Wie – und wo im ökonomischen System – wird „Identitätsware" hergestellt? Und schließlich: Wie, auf welchen Ebenen, läuft Ware – Identitätsware – rund in der Warenwelt?

4. Waren, Events, Identität

Meine These ist – ich habe sie eingangs schon vorgetragen –, daß Identität in der Warenwelt, der Warenwelt der Postmoderne, in der Tat immer stärkere Nachfrage erfährt. Ohne Zweifel bestehen Bedürfnisse nach Identität; sie stellen in der Hierarchie der Bedürfnisse den funktionell voraussetzungsvollsten, oft nur mit Mühe zu setzenden Schlußstein dar und treten – sind elementarere Bedürfnisse einmal befriedigt – beim einzelnen – wie in der Gesellschaft insgesamt – evident und mit drängendem Gewicht auf den Plan. Umgekehrt bietet auch die Produzentenseite Identitätsware auf hohem organisatorischen, designerischen und überhaupt „sozial-konstruktionistischen" Niveau an, und zu den Hauptartikeln, die sie hier auf den Markt bringt, sind „Events" zu rechnen.

Events des Typus Event Ware sind von Events, Realevents, wie ich sie bisher beschrieben und kategorial kurz umrissen habe, in wichtiger Hinsicht freilich dabei zu unterscheiden. Event Ware, diese Formel besagt zunächst zweierlei: einmal, daß es Events gibt, die zur Ware gemacht und als Ware verkauft werden, und zum anderen, daß Waren existieren – und Waren gekauft werden können –, die Eventcharakter haben bzw. Effekte nach sich ziehen, wie auch Events sie bewirken.

4.1. Events als Ware

Nimmt man erstere Bestimmung unter die Lupe, zeigt sich, daß Events, die zugerichtet sind (bzw. vom Hersteller / Veranstalter zugerichtet werden) zur Ware, ihre Authentizität, ihr ursprüngliches soziokulturelles Leben, tendenziell verlieren. Events stellen hier nicht Ereignisse dar, die aus sich selbst heraus erfolgen; die Szenen, die sie durchspielen, entwickeln sich nicht spontan, und Protagonisten, die auftreten, schöpfen nicht aus eigenen, Mut und Witz, Charakter und Identität gebenden Quellen. Events dieser Art sind vielmehr in Regie: die Regie des Herstellers genommen. Sie werden „aufgeführt" weniger von Akteuren, die am Ereignis beteiligt oder besser: von ihm im Kern betroffen sind; als „Veranstaltung" abgewickelt, geraten sie zur Funktion höchst planvoller unternehmerischer Strategien. Dabei ist es nicht nur das vorgeschaltete betriebswirtschaftliche Kalkül des „Sich-Rechnen"-Müssens, das Events zur Ware macht; Events werden vielmehr auch ästhetisch durchmodelliert; sie werden, wie oben schon anvisiert, mit Stil, aktuellem Life-Style versehen, der abgestimmt ist mit dem Firmen-„Image" selbst, und ordnen sich so der „Kultur", der „Identität", dem „Identitätsgeschäft" eines Unternehmens als ganzem unter.

Events erster Ordnung – dramatisch aufbrechende, spontane Events – mutieren im Sog, den Betriebswirtschaft, Wirtschaftspsychologie und Marketing heute erzeugen, also zu Events zweiter, dritter Ordnung etc., zu raffinierten, aber abgeleiteten sozialen Gebilden, hinter denen die Ziele, Konkurrenzbedingungen, Verwertungsinteressen der Hersteller stehen. Daß Events – ursprünglich handlungspralle, existentiell mitreißende, szenische Ereignisse – verwandelt werden – oder verwandelt sind – in Waren, läßt sich in der Regel dabei daran erkennen, daß das Auf und Ab, die Konflikte, Nöte, Wunschphantasien des konkreten Daseins – die über „Geschäfte", Warengeschäfte, stets hinausgehen – Platz machen mußten teils abstrakten, rein sprachlichen Texterereignissen (z.B.Talks und ihren Suadas; Werbesprüchen, Spruchblasen, Palavergelaber; Worthybriden und Wortfetzen; sortiert nach „infotainment" – resp. „infomercial"-Qualitäten; vgl. f. a. McAllister 1996, passim, mit ausführlichen Beispielsfällen), teils bunten, doch sprachlosen Sequenzen von Bildern, Bildtrümmern, digitalisierten Bildvomitationen. Vorgänge, die ursprünglich komplexe, raum-zeitlich erstreckte, dramatische Struktur aufwiesen, werden reduziert auf bloße Zweidimensionalität, etwa von Videos, ja sind überhaupt auf das Punktformat von Monologen, auf Implosionen wie

Gags, Raps und Plots geschrumpft, die verblüffen, deren Sinn aber gegen Null tendiert.

Beispiel 1

Aber Achtung: Klammern wir die hier angedeutete kulturkritische Bewertung der Dinge einmal weg: Wichtiger ist es, die Zusammenhänge analytisch zu durchdringen: Gibt es tatsächlich Events, die zugerichtet zur Ware werden, Events, an denen man teilhat gegen Geld und die man als Zapfsäule nutzt, aus der man Charisma und herausragende, Anerkennung verheißende Identität bezieht? Nehmen wir das Ereignis einer Sonnenfinsternis, ein zunächst rein naturales Ereignis, als dessen Protagonisten, wie man sagen könnte, die Planeten selbst erscheinen. Zum sozialen Geschehen – und zum Event – kann die Sache dadurch werden, daß Menschen zusammenkommen, die die Gestirne, ihre Umlaufbahnen, ihre „Kopulation" beobachten wollen. Ein Publikum bildet sich, ein zunächst noch latenter, aber aktivierbarer sozialer Adressat des Geschehens, der bereit ist, sich die „Schau" etwas kosten zu lassen. Damit ist zugleich der Punkt erreicht, an dem das Event – über seine naturale wie die soziale Seite hinaus – kommerzialisiert wird und umschlägt in die Warenform [6]. Interessenten treten auf, die am Vorgang verdienen wollen und ihn als „Show" organisieren; sie schaffen ihm einen „Rahmen", i.e. szenischen Rahmen, im Sinne z.B. eines „Empfangs" – „es wird Sekt gereicht" –, einer Begleitung durch erlesene klassische Musik, dargeboten von Starinterpreten, oder eines Lachs- und Häppchen-Buffets, um das das Publikum sich schart, um das Ereignis lukullisch zu genießen. Natürlich ist für den Eintritt Geld zu entrichten; wer aber Karten beschafft hat, tut – durch künstlich geschwärzte, seriell schnell gefertigte, modische „Finsternisbrillen" hindurch – mehr als nur einen Blick auf Sonne und Mond; nicht nur, daß er das Drama der Kopulation, des Fressens und Gefressenwerdens der Planeten, der Verfinsterung der Szene und der Wiederkehr des Lichts „existentiell" erlebte; entscheidend ist nicht weniger, daß er „sozial" dabei war, zum Publikum zählte, und aufstieg zum erregten, bewegten, hochgestimmten „Genossen" des Stücks.

Das Ich dieses Genossen, seine Individualität und Identität werden spezifisch – eventspezifisch – dabei dadurch bestärkt, daß sie in eine Situation versetzt werden, die dramatisch angelegt ist und Problemspannungen, Problemzuspitzungen und Problemlösungen kennt. Die Protagonisten des Stücks

---

6 Daß die „totale Sonnenfinsternis", zu der es am 11.08.1999 in Europa kam, zum „Mega-Event" des Jahres geraten würde – mit „Volksfesten" und „Open Air Konzerten", „Gipfelparties" und „Sonnenfinsternis-Brunch", „Sun-Dance-Sensation", „Märchennacht" und „mystischer Tageswanderung zu den Quellen der Kraft" (so diverse Programme aus der Finsternis-Schneise – Salzburg, Salzkammergut – des nördlichen Alpenbogens) –, hat mit guter Witterung und klugem Kommentar im Frühsommer die FAZ (Pahlke 1999) vorausgesagt.

– in unserem Beispiel Naturgewalten, im allgemeinen teils personifizierte mythische Figuren, teils bloße heroische Imagines und Bildsymbole – spielen eine „Geschichte" durch (und treiben diese Geschichte zugleich hervor), die einem „Kampf" von „Finsternis" und „Licht" generell entspricht: eine Geschichte, in der das Licht am Ende obsiegt und so der Welt – und den Menschen in ihr – Leben, Glanz, Mut erneut verleiht. Das von mir so genannte „mytho-dramatische" Schema (zur Sache näher: Jung 1952/73; Campbell 1953; vgl. a. Lipp 1985), das in der Heroisierung, der Überhöhung des (der) Protagonisten zum charismatischen „Helden" schließlich gipfelt, wird auf das Publikum, Teilnehmer für Teilnehmer, „mytho-motorisch" dabei übertragen (dazu näher: Assmann 1997: 75 ff. et passim; kulturgeschichtl.); es stellt seelische Resonanz bei ihm her, hat gleichsam heilende, psychotherapeutische Wirkung und hebt das Ich auch des Zuschauers, die Identität des beliebigen „zahlenden Gastes" auf höhere Status-, Achtungs- und Selbstachtungshöhen.

Der Zugewinn an Identität, den der Kauf von Anteilscheinen, i.e. Teilnahmetickets, an Events – Events als Waren – ermöglicht, liegt also entlang der Linie, die die dramatische, charismatisierende, heroisierende Struktur des Geschehens selbst vorgibt. Er richtet sich, präziser gesprochen, nach der Art der Ereignisse – hier: „besonderer" Ereignisse – im einzelnen. Im vorliegenden Zusammenhang sind es vor allem der Kommerzialisierungsgrad, das Ausmaß und die Raffinesse des Designs, der spezifische Verwertungsdruck, die die Leistungsfähigkeit eines Events, sein Vermögen, Identität gegen Geld zu tauschen, hier für die Produzenten-, dort für die Konsumentenseite bestimmen. Konkret liegen Beispiele in verschiedensten Varianten vor; sie reichen von Events, die sich von lebensechten szenischen Ereignissen kaum abzuheben scheinen, über Mischfälle – wie „Disneylands" in allen Varianten, „sitcoms" oder „soap operas" (dazu gut: McAllister 1996, passim) –, die zunehmend erfaßt, kontrolliert und ausgebeutet werden seitens ökonomischer Interessenten, bis hin zu Formen – flottierenden konsumistischen Sinngespinsten (wie „Gewinn-", „Genuß-," und „Lust"-Versprechen, Zusagen auf „Erlebnisse", Wechsel auf „Status", „Selbstverwirklichung" und „Identität") –, die Events hochabstrahieren auf die Ebene luftiger, rein symbolischer Texturen, dem Dasein genuine handlungspraktische Kraft aber nicht – oder nur noch fiktional – vermitteln. Immerhin: die Beispiele, die ich hier meine, *ähneln* Events. Sie *erinnern* an sie, solange sie *inszeniert* sind als Events, und das Besondere, Außergewöhnliche, das durch und mit Events zutage tritt, wird inszeniert hier durch verstärkt „verdichteten" (wie verstärkt auch verkitschten), immer plakativer werdenden „heroischen Design" (W.L.) [7].

---

7   Momente des „Heroischen" sind mit Events strukturell mitgesetzt. Dies gilt auch und gerade dann, wenn die Bezugskultur – wie die Kultur der Postmoderne – verhaltenstypisch primär die Figur des „Antihelden" favorisiert (vgl. Vester 1993: 103 ff.). Die Paradoxie – und auch „Ironie" –, die mit dieser Lage ge-

Beispiel 2

Ich stelle, um zu verdeutlichen, ein Exempel zu den Mischfällen vor. Zu ihnen zählen, in offener Reihe, Warenhäuser (dazu näher: Lipp 1991/94), die großen amerikanischen Malls (vgl. f. a. Kowinski 1985; Crawford 1992; Goss 1993), Toontowns und Erlebnisparks (s. gut jetzt Herding 1999; Thomas 1999), aber auch Ausstellungen, Expos und Messen (vgl. grds. a. Lipp 1989/94), Wahlparties oder Gala-Abende. Greifen wir letztere einmal gesondert heraus: Gala-Abende, wie sie zu Ehren bestimmter, verdienter Persönlichkeiten (oft des Medienbetriebs, der Talks und Shows), und bei Anwesenheit dieser, vor großem Publikum zum Zweck veranstaltet werden, die Teilnehmer („Gäste") für eine „gute Sache" zu Spenden zu bewegen. Es geht, erklärtermaßen, um Geld, und meine These ist, daß, wer sich einkauft in das Event, zugleich Anteile auf Identitätsgewinn erwirbt. Das Event insgesamt fungiert als Ware; es wird als Ware verkauft, als Gut, auf das – nimmt man es auch nicht als ganzes in Besitz – Anleihen gemacht und Zinsen – Zuwächse eben an Identität – verrechnet werden können.

4.2 Interpretation

Auch hier wird Identität entlang einer Linie abgeschöpft, die der Protagonist des Events, die verdiente Persönlichkeit, teils biographisch-generell, teils im Kairos des Events, im Scheitelpunkt des strahlenden öffentlichen Ereignisses, des Gala-Auftritts selbst, vorgibt. Auch hier hat der Vorgang dramatischen, charismatisierenden und heroisierenden Charakter, und auch hier erzeugt seine Spannung, erzeugen Ruhm und Ehre des Protagonisten, Applaus und Huldigung des Publikums beim Gast, der zahlt, Resonanz dergestalt, daß er ich-bestätigende Ich-Erlebnisse, ich-bestärkenden Ich-Gewinn und kurz: Ich-Aufwertung selbst erfährt. Dabei ist – vom „außenstehenden Beobachter" wie vom Beteiligten selbst her gesehen – evident, daß das Gesamtgeschehen „sozial konstruiert" ist und bald höherem, bald schwächerem manipulativen Druck unterliegt. Unter Kontrolle genommen sind vorab hier die Ziele, die mit dem Event die Veranstalter selbst verbinden: Geld zu sammeln, einen Fond einzurichten (wozu als Vehikel – gedacht, geplant und getan – das Event dienen soll), stellt hier nur eine erste, die Zielbestimmungsseite des Geschehens dar; „Event-Sponsoren" (dazu ausführlich: McAllister 1996: Kap.

---

geben ist, hat zur Folge, daß Helden hier lediglich verzerrt, schräg, in der verkappten Rolle tendenziell von Clowns, Gauklern, Narren (dazu Hinweise – die die Dinge vorsichtig positiv sehen – bei Maclaran/Stevens 1998, im Anschluß bes. an Michail Bachtin; vgl. a. Hutcheon 1994) ins Spiel kommen können. Entsprechend abgeschwächt, reduziert, ins „Dekonstruktive" gerichtet, scheint damit die Chance zu sein, daß Helden (Antihelden) in Events, wie die Postmoderne sie inszeniert, für Ich-Erfahrungen, Ich-Bestärkungen Vorbild werden, das ins Publikum überspringt.

6: „Sponsorship", 177-223), „Event-Partner"[8] und Animateure setzen die Sache in Bewegung aber schon von Anfang an; sie sorgen dafür, daß das Event organisatorisch umgesetzt, vermarktet, professionell verwertet wird, und sie verwandeln es, verpackt in schönem, teils tiefere, meist flachere Erlebnisse versprechenden Design, konsequent und unentrinnbar zur Ware.

Exkurs: Zur Funktion von Prominenz

Daß zum point of sale, dem Ort, an dem die hier fraglichen sozialen Ich-Geschäfte besiegelt werden, namentlich „Prominente" (vgl. zu diesen: Peters 1996; begriffl., sozialtypolog.) – anerkannte, mediengerechte Erfolgsfiguren: Filmdivas und Bodybuilder, Salonlöwen und Halbweltdamen, auch Professoren, Elder Statesmen oder Sportkanonen – avancieren, bestätigt die Lage. Nicht Subjekte, die ihren Status, ihre besondere Position, ein strahlendes Ich dramatisch erst erringen, werden zum Vorbild und helfen, die Qualitäten, um die es geht, auf den Gast zu übertragen; vielmehr sind es schon approbierte, „fertige", i. S. jener „fun morality" (vgl. schon Riesman 1950/58: 156 et passim; aktuell z.B. Campbell 1987), die die Postmoderne ausgebildet hat, „geeichte" Charaktere – „celebrities" –, die im Identitätsgeschäft in der Regel hier abgetauscht werden: Sie bahnen – aus der Sicht der Hersteller, Manager und Betreiber des Events – Geschäftsabschlüsse in Sachen Identität verführerisch damit zwar an – wer wärmte sich nicht gerne, zu scheinbar garantiertem guten Geldkurswert, am Herd, ja Aschenofen der Prominenz? – ; im Interesse der Nachfrageseite, der Käufer, wäre freilich einzuwenden, daß manipulierte, einseitige Geschäfte – Geschäfte, die zu hohem Einsatz reizen, aber Gütern gelten, deren Wertsteigerung abgeschlossen ist oder schon wieder absinkt – Gewinn am Ende ausbleiben lassen. Zugleich muß fehlgehen, wer darauf aus ist, Identität von Prominenten – Auslaufmodellen aller Sorten – risikolos nur abzupausen. Identität zu gewinnen, sie aufzuwerten bei sich heißt vielmehr, sich auf ein spannendes, dramatisches, eben riskantes Geschehen einzulassen – ein Geschehen, das gegen Mitlaufen, Marionettentum, Nachäffen Eigenhandeln, gegen Manipulation Eigensinn setzt, und das auch Scheitern, Untergang und Neubeginn kennt.

4.3 Waren als Event

Doch lassen wir das Räsonnieren; bleiben wir beim Faktum, daß Events heute vielfach als Ware erscheinen, und daß gerade sie – Ware, durch die man an Ereignissen, Spannungen, am Aufstieg heldischer Charaktere partizipiert – heute, im Horizont der Kultur der Postmoderne, dem Menschen dazu

---

8   So die wortwattensanfte postmoderne Bezeichnung für Dienstleistungen, die bisher „Party-Service" hießen; man kann den Ausdruck auf Prospekten, Rechnungszetteln etc. sog. „catering"-Firmen finden.

dient, Ich-Entwicklungen mitzuvollziehen und Ich-Stärke, Ich-Aufwertung ins eigene Ich zu übertragen. Der genannte, oben exemplarisch erörterte Zusammenhang ist mit seiner Umkehrform, der Erscheinung von „Ware als Event", dabei eng verbunden. Das Phänomen wird abschließend kurz kommentiert; zu ausführlicheren Analysen ist hier nicht mehr Gelegenheit.

Die Grundkonstellation ist bekannt; sie sei hier begrifflich präziser erfaßt. „Events als Ware" und „Waren als Events" sind einander eingeschachtelt; eins schlägt ins andere um oder kann, was von Fall zu Fall ein schillerndes Bild ergibt, zum Umschlag tendieren. Die „Koinzidenz der Gegensätze", die man hier konstatieren könnte, trägt kaum freilich nichtige, irreale Züge; sie ist Funktion und Resultat der Postmoderne überhaupt und geht einerseits auf die zentrale kapitalistisch-marktwirtschaftliche Ratio, alles zur Ware zu machen, zum anderen – und im Pendant – auf die zunehmend optimierten, zunehmend raffinierten Möglichkeiten des Marketing und des Design zurück, Waren zugleich den Schein des „Unmittelbaren", des „Authentischen" und „Echten", ja von Ereignissen zu geben, die sich „von selbst" ereignen, eben von Events. Die Intention, Waren in Events umzuwandeln, durch die etwas Besonderes geschieht, etwas, das durchschlägt ins Identitäre: diese Intention mag überzogen sein, und sie ist zur Höhe, Stärke und Komplexität des Ichs der Adressaten, i.e. der einzelnen Warenkonsumenten – Männer, Frauen, Kinder, Greise –, gewiß in Relation zu setzen: Gelten wird gleichwohl, daß das Unterfangen, Waren und Events aus einem Guß, dem Guß der Warenform selbst, herzustellen, der Tendenz nach besteht und eine reale soziokulturelle Basis hat. Ob der Marlboro-Reiter den Ich-Gewinn, die Freiheit, die er verspricht, am Ende wirklich gewährt, muß der, der die Zigaretten und die Schachtel gezogen hat, am besten selber wissen; er wird es früher oder später erfahren; und ob der Weihnachtsmann – der mit der roten Mütze, der zum Weihnachtsmannjob den Weihnachtsmannkurs absolviert hat[9] –, wenn man ihm vor dem Kaufhaus begegnet, dem Ich Beglückung, Segen, den höheren

---

9 Dazu treffende, das Phänomen teils beschreibende, teils kritisch kommentierende Ausführungen bei Barthold (1999). – Daß die Figur des Weihnachtsmanns, ihre Symbolik und ihr Szenario heute durchgehend kommerzialisiert sind, ist offenkundig. Zugleich schwindet die Erinnerung, daß der Weihnachtsmann (ikonographisch ein Mischgebilde christlich-heidnischer Traditionen) im Weihnachtsfest, dem wohl bedeutendsten Fest (Event), das das Christentum hervorgebracht hat (und das die Zivilisation bis heute prägt), dramatologisch gesehen im Geschehen die Rolle des Zentralheroen ausübt: Als Mittler, Sendbote und Künder des Christuskinds, i. e. von Christi Geburt, weist er nicht nur hin auf die heilsgeschichtliche Erneuerung, das Wiedergeborenwerden, auch des (Christen)Menschen selbst, sondern zeigt auf die Würde des Menschen, die „Ebenbildlichkeit" von Gott und Mensch, den Kern des Menschseins überhaupt. Wer sich der Einsicht nicht verschließen kann, daß Kommerz und Marketing das Bild des Menschen – hier des Weihnachtsmanns (und der „Mär", die er bringt) – inzwischen zur Karikatur, zum Bild des Zipfeltrottels und bodenlosen Unbilds abgewrackt haben, wird über den Stellenwert, den Events in der Postmoderne haben können, am Ende ein nüchternes Urteil fällen. Die Koinzidenzen, möglichen Koinzidenzen, zwischen Event und Ware, Güterkonsum und Identitätsarbeit, von denen eingangs die Rede war, scheinen vielfach nicht nur nicht zu glücken; im Zuge des Mißlingens gehen sie penetrant oft auch noch Allianzen der Häßlichkeit, der Banalisierung, Barbarisierung und Zerstörung ein.

Herzschlag in Wahrheit bringt, hängt davon ab, wie naiv, gemütstief – und natürlich: wie nüchtern – eben jenes Ich die Dinge ins Auge faßt. Vielleicht steckt hinter dem Rauschebart, unter der Perlonpelzkutte Gott oder das Gotteskind ja in der Tat – und nur wenige, die vorbeikommen, glauben oder wissen oder erfahren es. Die Symbole, die den Anschein erwecken lassen – oder doch erwecken können –, die Dinge gehörten zusammen, schlagen hier – wie in Kultur und Gesellschaft grundsätzlich – über die Dinge einen weiten, überbrückenden Bogen (s. Lipp 1979/94; ferner z.B. Korff 1997), und Rezepte, handlungspraktische Rezepte, wie über den Bogen am besten zu turnen sei, gibt es nicht.

5. Schluß

Oder gibt es sie doch? Zumindest auf der Ebene des „subjektiv gemeinten Sinns" (Max Weber), auf der der Mensch und gerade der Mensch der Warenwelt – Tag für Tag darauf aus ist, Waren zu konsumieren, um Bedürfnisse, bis hin zum Bedürfnis nach Identität, zu befriedigen, zugleich aber darüber besorgt sein muß, daß „hinter" den Waren Mechanismen „stecken", die ihn, den Menschen, manipulieren, konditionieren, ja sich selbst, seinem „höheren", „eigentlichen" Ich „entfremden" lassen können? Hier klafft erhebliche „kognitive Dissonanz" (Leon Festinger) auf; sie muß bewältigt werden, und in der Tat hat es den Anschein, daß der Mensch individuell-subjektiv, im Horizont drängender praktischer Lösungen, dazu neigt, Waren, Warenkonsum und Events – die Erledigung von Lebensnotwendigkeiten wie die Teilhabe an Ereignissen, durch die das Leben dramatisch gesteigert wird (und erst eigene, personale Substanz erhält) – in eine Linie zu stellen, ja symbolisch zusammenfallen zu lassen. Was analytisch gesehen gewiß unterschieden bleiben muß, greift im Alltag im Effekt dann doch ineinander; es kommt zur oben schon apostrophierten „mystischen" Verschmelzung der Dinge, ob Theorie und Kritik es wollen oder nicht, und Waren üben, je nach Warentyp und eingesetztem designerischen Raffinement, ihre Verführungskraft, ihren Zauber durchaus dann auch zwingend aus. So glimmen in Waren – obwohl doch bloß „toten" oder „künstlichen" oder „Entfremdung" säenden Zuschnitts – immer wieder lebendige, Aktualität, Handlungsunmittelbarkeit, Auratisierung versprechende „eventive" Funken. Wer sie kauft und wer ihren Reizen verfällt, dem wird – kommt es zwischen Waren, ihrem Design und Event-Design und den Erwartungen, Projektionen und Identifikationen des Käufers zur Resonanz – das Unwahrscheinliche, das Ereignis, selbst zum Ereignis. Dies mag mehr sein als nur ein Gleichnis. Der Phönix phantastischer Ich-Ansprüche steigt, ist die Ware aufgeschnürt, aus der Asche der

Verpackung oft vielleicht wirklich hoch – hoch in die Wolkenschaukel von Events –, und das Ich, das ihm nachhängt, schaukelt mit.

Literatur:

Antonoff, R.: Die Identität des Unternehmens. Ein Wegbegleiter zur Corporate Identity. Frankfurt/M.1987

Arthur D.: Little International: Praxis des Design-Management. Frankfurt/New York 1990

Assmann, J.: Das kulturelle Gedächtnis. Schrift, Erinnerung und politische Identität in frühen Hochkulturen. München 1997

Bachinger, R.: Unternehmenskultur. Ein Weg zum Erfolg. Frankfurt/M. 1990

Barthold, H.-M.: Wenn der Weihnachtsmann klingelt, hat er etwas falsch gemacht. Nicht jeder Aspirant besteht den Eignungstest. Dominant auftreten, phantasievoll und einfühlsam reagieren. In: Frankfurter Allgemeine Zeitung, Nr. 300, 24.12.1999, S. 61

Baudrillard, J.: The Consumer Society. Myths and Structures. London/New Delhi 1970/98 (zuerst frz., 1970)

Berger, P.L./Luckmann, T.: The Social Construction of Reality. New York 1966 (Deutsch: Die gesellschaftliche Konstruktion der Wirklichkeit. Frankfurt/M. 1972)

Buchanan, R./Margolin, V. (Hrsg.): Discovering Design: Explorations in Design Studies. Chicago 1995

Bürdek, B.E.: Design. Geschichte, Theorie und Praxis der Produktgestaltung. 2. Aufl., Köln 1994

Campbell, C.: The Romantic Ethic and the Spirit of Modern Consumerism. Oxford 1987

Campbell, J.: Der Heros in tausend Gestalten. Frankfurt/M. 1953

Clancy, K. I./Shulman,R.S.: Die Marketing-Revolution. Frankfurt/M. u.a. 1993

Collins, M./ Papadakis A. C.: Post-modern Design. London 1989 (Deutsch: Design und Postmoderne. München 1990)

Crawford, M.: The world in a shopping mall. In: Sorkin, M. (Hrsg.): Variations on a Theme Park. New York 1992, S. 3-30

Debord, G.: Society of the Spectacle. New York 1994

Domizlaff, H.: Die Gewinnung des öffentlichen Vertrauens. Hamburg 1951

Featherstone, M: Consumer Culture and Postmodernism. London/New Delhi 1991

Firat, A. F./Nikilesh Dholakia: Consuming People. From Political Economy to Theaters of Consumption. London/New York 1998

Firat, A. F./Alladi Venkatesh: Postmodernity: The age of marketing. In: International Journal of Research in Marketing 10/1993, S. 227 - 249

Fowles, J.: Advertising and Popular Culture. London/New Delhi 1960

Gebhardt, W.: Fest, Feier und Alltag. Über die gesellschaftliche Wirklichkeit des Menschen und ihre Deutung. Frankfurt/Bern/New York/Paris 1987

Goffman, E.: The Presentation of Self in Everyday Life. New York 1959. (Deutsch: Wir alle spielen Theater. Die Selbstdarstellung im Alltag. München 1969)

Goffman, E.: Wo was los ist - wo es Action gibt. In: Ders.: Interaktionsrituale. Über Verhalten in direkter Kommunikation. Frankfurt/M. 1971, S. 164-292. (zuerst engl. 1967)

Goss, J.: The „magic of the mall": An analysis of form, function, and meaning in the contemporary retail built environment. In: Annals of the Association of American Geographers 1993, S. 18-47

Haug, W.F: Warenästhetik und kapitalistische Massenkultur (I). „Werbung" und „Konsum". Systematische Einführung in die Warenästhetik. Berlin 1980

Heilbrunn, B.: In search of the lost aura. The object in the age of marketing romanticism. In: St. Brown/Doherty, A. M./Clarke, B.(Hrsg.): Romancing the Market. London/New York.

Herding, K.: Mittelalter aus Plastik. Toontown und das Bedürfnis nach dem Irrationalen. In: Frankfurter Allgemeine Zeitung, Nr. 151, 03.07.1999, S. 6

Hettling, M.: Das Unbehagen in der Erkenntnis. Max Weber und das „Erlebnis". In: Simmel Newsletter 1997, S. 49-65

Hill, W.: Marketing. 2 Bde., 6. Aufl., Bern/Stuttgart 1988

Hitzler, R.: Der gemeine Macchiavellismus - Zur dramatologischen Rekonstruktion erfolgsorientierten Alltagshandelns. In: Sociologia Internationalis 31/1993, S. 133-147

Hitzler, R.: Das Problem, sich verständlich zu machen. Anthropologische Aspekte einer Dramatologie. In: Willems H./Jurga M. (Hrsg.): Die Inszenierungsgesellschaft 1998, S. 93-105

Horkheimer, M. Adorno, T. W: Dialektik der Aufklärung, Amsterdam 1947 (Neuauflage: Frankfurt/M. 1969)

Humphery, K.: Shelf Life. Supermarkets and the Changing Cultures of Consumption. Cambridge/New York/Melbourne 1998

Hutcheon, L: Irony´s Edge. The Theory and Politics of Irony. London 1994

Inglehart, R.: Kultureller Umbruch. Wertwandel in der westlichen Welt. Frankfurt/New York 1989

Jung, C. G.: Symbole der Wandlung. Analyse des Vorspiels zu einer Schizophrenie (zuerst 1952). (= Gesammelte Werke, Bd. 5). Olten/Freiburg i.Br. 1973

Korff, G.: Antisymbolik und Symbolanalytik in der Volkskunde. In: Brednich, R.W./ Schmitt, H. (Hrsg.): Symbole. Zur Bedeutung der Zeichen in der Kultur. Münster/New York/München/Berlin, S. 11-30 1997

Koselleck, R: Darstellung, Ereignis und Struktur. In: Ders.: Vergangene Zukunft. Zur Semantik geschichtlicher Zeiten. Frankfurt/M. 1979, S. 144-157

Kotler, P.: Marketing-Management. Englewood Cliffs, N.J., 7. Aufl., 1991. (Deutsche Ausg., bes. von F. Bliemel: Marketing-Management, 7. Aufl., Stuttgart 1992)

Kowinski, W. S.: The Malling of America. New York 1985

Langkau,T./Wolff, S.: Corporate Identity: Präsentation und Inszenierung. In: Bußkamp, W./Pankoke, E. et.al. (Hrsg.) : Innovationsmanagement und Organisationskultur im Ruhrgebiet. Essen 1993, S. 163-190

Lipp, W.: Institution und Veranstaltung. Zur Anthropologie der sozialen Dynamik. Berlin 1968

Lipp, W.: Kulturtypen, kulturelle Sybole, Handlungswelt. Zur Plurivalenz von Kultur. In: Kölner Zeitschrift für Soziologie und Sozialpsychologie 31/1979, S. 450-484

(= Schwerpunkthaft „Kultursoziologie", besorgt von W. Lipp und F.H. Tenbruck), Wiederabdruck in: Lipp, 1994 a, S. 33-74

Lipp, W. : Kultur, dramatologisch, in: Österreichische Zeitschrift für Soziologie 9/1984, Heft 1 + 2 (= Schwerpunktheft „Kunst - Kultur - Gesellschaft"), S. 8-25 (Wiederabdruck in: Lipp 1994 a, S. 207-235)

Lipp, W.: Stigma und Charisma. Über soziales Grenzverhalten (= Schriften zur Kultursoziologie, Bd. 1). Berlin 1985

Lipp, W.: Feste heute. Animation, Partizipitation und Happening. In: Haug, W./Warning, L.(Hrsg): Das Fest. (= Poetik und Hermeneutik, Bd. XIV). München 1989, S. 663-683 (Wiederabdurck in: Lipp 1994 a, S. 523-547)

Lipp, W.: Warenhäuser. Zentren moderner Stadtkultur. In: Gephart, W./Schreiner, H. P. (Hrsg.): Stadt und Kultur. Opladen 1991, S. 102-118. (Wiederabdruck in: Lipp 1994 a, S. 572-588)

Lipp, W.: Drama Kultur. Teil 1: Abhandlungen zur Kulturtheorie. Teil 2: Urkulturen - Institutionen heute - Kulturpolitik (= Sozialwissenschaftliche Abhandlungen der Görres-Gesellschaft, Bd. 22). Berlin 1994a

Lipp, W.: Art. Kultur. In: Wörterbuch der Religionssoziologie. Hrsg.von S.R. Dunde. Gütersloh 1994b, S. 172-182

Lipp, W.: Kulturgesellschaft - was und wohin? In: Kultursoziologie, Aspekte, Analysen, Argumente. 4/1995, S. 7-26 (Wiederabdruck, erweit. Fassung, in: Ders.: Heimat - Nation - Europa. Wohin trägt uns der Stier? Standorte in Bewegung. Würzburg 1999, S. 111-123)

McAllister, M.P.: The Commercialization of American Culture. New Advertizing Control and Democracy. London/New Delhi 1996

Maclaran, P./Stevens L.: Romancing the utopean marketplace. Dallying with Bakhtin in the Powerscort Townhouse Centre. In: St. Brown, A. M. Doherty/Clark, B. (Hrsg): Romancing the Market. London/New York 1998, S. 172-186

Manzini, E.: Prometheus of the everyday. The ecology of the artificial and the designer´s responsibility. In: Buchanan, R./Margolin, V. (Hrsg.): Discovering Design: Explorations in Design Studies. Chicago 1995, S. 219-243.

Marcuse, H.: Der eindimensionale Mensch. Studien zur Ideologie der fortgeschrittenen Industriegesellschaft. Neuwied/Berlin 1967 (zuerst engl., 1964)

Maslow, A.H.: Motivation and Personality. New York 1954

Meamber, L.A.: Symbols for self-construction: Product design in post-modernity In:Stern, B.B./Zinkhan, G.A. (Hrsg.): AMA Educator´s Conference: Enhancing Knowledge Development in Marketing. Chicago 1995, S. 529-534.

Mikunda, C.: Strategische Dramaturgie. Werbung, Public Relations, Corporate Identity. In: gdi - impuls 1992, S. 22-33.

Mikunda, C.: Der verbotene Ort oder: Die inszenierte Verführung. Unwiderstehliches Marketing durch strategische Dramaturgie. Düsseldorf 1996

Müller-Dohm, S./Neumann-Braun, K. (Hrsg.): Kulturinszenierungen. Frankfurt/M. 1995

Olins, W.: Corporate Identity. Frankfurt/M. - New York 1990 (zuerst engl. 1978)

Pahlke, H.: Ein Moment, der „herzzerreißend" wirkt. Die totale Sonnenfinsternis am 11. August wird ein Mega-Event. In: Frankfurter Allgemeine Zeitung, Nr. 143, 24.6.1999, S. R5

Peters, B.: Prominenz. Eine soziologische Analyse ihrer Entstehung und Wirkung. Opladen 1996

Rand, P.: Design, Form and Chaos. New Haven/London 1993

Riesman, D. u.a.: Die einsame Masse. Eine Untersuchung der Wandlungen des amerikanischen Charakters. Darmstadt/Berlin/Neuwied 1958. (zuerst engl., 1950)

Schulze, G.: Die Erlebnisgesellschaft. Kultursoziologie der Gegenwart. Frankfurt/New York 1992

Schulze, G.: Das Projekt des schönen Lebens. Zur soziologischen Diagnose der modernen Gesellschaft. In: Bellebaum, A./Barheier, K. (Hrsg.): Lebensqualität. Ein Konzept für Praxis und Forschung. Opladen 1994, S. 13-36

Schwartz, H.: The Culture of the Copy. Striking Likeness, Unreasonable Facsimiles. London 1996

Steinert, H: Kulturindustrie. Münster 1998

Stöhr, A.: Olfaktorische Stimulation am PoS. In: Forschungsgruppe Konsum und Verhalten. Arbeitspapier Nr. 16. Paderborn 1995

Thomas, G.: Wo das Millenium beginnen soll. England, New Labor, die Königin und Tony Blair: Alle hoffen, vom Rummel um das Riesenzelt zu profitieren. In: Frankfurter Allgemeine Zeitung, Nr. 305, 31.12.1999, S. 43

Veblen, T.: Theorie der feinen Leute. Köln 1958 (zuerst engl. 1899)

Vester, H.-G.: Soziologie der Postmoderne. München 1993

Welz, G.: Inszenierungen kultureller Vielfalt. Frankfurt/Berlin 1996

Willems, H./Jurga,M. (Hrsg.): Inszenierungsgesellschaft. Opladen 1998

Angaben zu den Autoren

Dr. Karl-Heinz Bette, geb. 1952, Professor für Sportwissenschaft am Institut für Sport und Sportwissenschaft der Universität Heidelberg

Jana Binder, geb. 1972, Studentin der Kulturanthropologie, Anglistik, Lateinamerikanistik

Dr. Dr. Ralf Bohnsack, geb. 1948, Professor für qualitative Methoden in den Sozialwissenschaften am Fachbereich Erziehungswissenschaft und Psychologie der Freien Universität Berlin, verantwortlich für das Zusatzstudium „Qualitative Methoden in den Sozialwissenschaften"

Dr. Regina Bormann, geb. 1956, Lehrbeauftragte am Institut für Soziologie an der Universität Regensburg und Lehrbeauftragte am Fachbereich für Architektur und Städtebau an der Fachhochschule für Technik in Stuttgart

Dr. Arnulf Deppermann, geb. 1964, Wissenschaftlicher Assistent am Fachbereich Gesellschaftswissenschaften der Universität Frankfurt

Dr. Michael N. Ebertz, geb. 1953, Professor im Fachbereich Sozialarbeit an der Katholischen Fachhochschule Freiburg und Privatdozent am Fachbereich Soziologie der Universität Konstanz

Dr. Wilfried Ferchhoff, geb. 1946, Professor an der Fakultät für Pädagogik der Universität Bielefeld und Professor am Fachbereich Sozialpädagogik der Fachhochschule Bochum

Susanne Frank M.A., geb. 1967, 1997 – 1999 wissenschaftliche Mitarbeiterin im Projekt „Arena in der Arena – Weimar, Kulturstadt Europas 1999" an der

Professur „Soziologie und Sozialgeschichte der Stadt", Fakultät für Architektur, Bauhaus-Universität Weimar

Dr. Winfried Gebhardt, geb. 1954, Professor für Soziologie am Fachbereich 1 der Universität Koblenz-Landau, Abteilung Koblenz

Dr. Andreas Hepp, geb. 1970, wissenschaftlicher Mitarbeiter am Institut für Medien- und Kommunikationsforschung der Technischen Universität Ilmenau

Dr. Ronald Hitzler, geb. 1950, Professor für Allgemeine Soziologie am Fachbereich 14 der Universität Dortmund

Dr. Reiner Keller, geb. 1962, Wissenschaftlicher Assistent am Lehrstuhl für Wirtschaftssoziologie der Universität Augsburg

Dr. Hubert Knoblauch, geb. 1959, Privatdozent für Soziologie an der Universität Konstanz, Fachbereich Soziologie; (ab Sept. 2000) Professor für Religionssoziologie und -wissenschaft an der Universität Zürich

Bettina Krüdener, geb. 1962, Diplom-Pädagogin und Jugendreferentin

Dr. Christian Lahusen, geb. 1962, Wissenschaftlicher Assistent am Lehrstuhl Soziologie II der Universität Bamberg

Dr. Franz Liebl, geb. 1960, Professor für Betriebswirtschaftslehre, Inhaber des Aral-Stiftungslehrstuhls für strategisches Marketing und Leiter des CompetenceCenter Strategie & Marketing der Universität Witten-Herdecke

Dr. Wolfgang Lipp, geb. 1941, Professor für Soziologie an der Philosophischen Fakultät III der Universität Würzburg

Arnd-Michael Nohl M.A., geb. 1968, Wissenschaftlicher Mitarbeiter am Institut für Bildungssoziologie der Freien Universität Berlin, Fachbereich Erziehungswissenschaft und Psychologie

Michaela Pfadenhauer, geb. 1968, Diplom-Politologin, wissenschaftliche Mitarbeiterin am Lehrstuhl für Allgemeine Soziologie am Fachbereich 14 der Universität Dortmund

Dr. Silke Roth, geb. 1962, 1997 – 1999 Leitung des Projekts „Arena in der Arena – Weimar, Kulturstadt Europas 1999" an der Professur ‚Soziologie und Sozialgeschichte der Stadt' der Fakultät für Architektur der Bauhaus-Universität Weimar

Dr. Uwe Schimank, geb. 1955, Professor für Soziologie am Fachbereich Erziehungs-, Sozial- und Geisteswissenschaften der FernUniversität Hagen

Axel Schmidt, geb. 1968, Diplom-Soziologe/Diplom-Pädagoge, Wissenschaftlicher Mitarbeiter am Fachbereich Gesellschaftswissenschaften der Universität Frankfurt

Dr. Jörgen Schulze-Krüdener, geb. 1962, Wissenschaftlicher Assistent im Fach Pädagogik an der Universität Trier

Dr. Frank Sistenich, geb. 1965, Berater für Strategische Kommunikation bei MetaDesign Berlin (Marktführer im Bereich Corporate Identity und Corporate Design), Lehraufträge im Bereich Marketing und Kommunikation

Dr. Hans-Georg Soeffner, geb. 1939, Professor für Allgemeine Soziologie im Fachbereich Geschichte und Soziologie der Universität Konstanz

Dr. Waldemar Vogelgesang, geb. 1952, wissenschaftlicher Mitarbeiter am Fachbereich IV – Soziologie der Universität Trier

Dr. Herbert Willems, geb. 1956, Privatdozent, Vertretung der Professur für Kultursoziologie am Institut für Soziologie der Universität Giessen

Dr. Cornelia Zanger, geb. 1953, Professorin für Marketing und Handelsbetriebslehre an der Technischen Universität Chemniz

Dr. Arnold Zingerle, geb. 1942, Professor für Allgemeine Soziologie an der Kulturwissenschaftlichen Fakultät der Universität Bayreuth